Entrega Contínua

Como Entregar Software de Forma Rápida e Confiável

H919e Humble, Jez.
Entrega contínua : como entregar software de forma rápida e confiável / Jez Humble, David Farley ; tradução: Marco Aurélio Valtas Cunha, Ronaldo Melo Ferraz ; revisão técnica: Rafael Prikladnicki. – Porto Alegre : Bookman, 2014.
xxxii, 464 p. : il. ; 25 cm.

ISBN 978-85-8260-103-7

1. Engenharia de programas de computador. 2. Projetos de softwares. I. Farley, David. II. Título.

CDU 004.41

Catalogação na publicação: Ana Paula M. Magnus – CRB 10/2052

Jez Humble | David Farley

ENTREGA CONTÍNUA

COMO ENTREGAR SOFTWARE DE FORMA RÁPIDA E CONFIÁVEL

Tradução
Marco Aurélio Valtas Cunha
Lead Consultant e Líder da Prática de
Entrega Contínua no Brasil – ThoughtWorks

Ronaldo Melo Ferraz
Principal Consultant e Managing Director do Brasil – ThoughtWorks

Revisão técnica
Rafael Prikladnicki
Doutor em Ciência da Computação – PUCRS
Professor Adjunto da Faculdade de Informática – FACIN/PUCRS
Coordenador do Grupo de Usuários de Metodologias Ágeis do Rio Grande do Sul (GUMA-RS)

2014

Obra originalmente publicada sob o título *Continuous Delivery: Reliable Software Releases Through Build, Test, and Deployment Automation*, 1st Edition

ISBN 0321601912

Authorized translation from the English language edition, entitled *Continuous Delivery: Reliable Software Releases Through Build, Test, and Deployment Automation*,1st Edition, 0321601912 by HUMBLE,JEZ; FARLEY,DAVID,published by Pearson Education,Inc., publishing as Addison-Wesley Professional, Copyright © 2011. All rights reserved. No part of this book may be reproduced or transmitted in any form or by any means, electronic or mechanical, including photocopying, recording or by any information storage retrieval system, without permission from Pearson Education,Inc.

Portuguese language edition published by Bookman Companhia Editora Ltda, a Grupo A Educação S.A. company, Copyright © 2014

Tradução autorizada a partir do original em língua inglesa da obra intitulada *Continuous Delivery: Reliable Software Releases Through Build, Test, and Deployment Automation*, 1ª Edição, 0321601912, autoria de HUMBLE,JEZ; FARLEY,DAVID,publicado por Pearson Education, Inc., sob o selo Addison-Wesley Professional, Copyright © 2011. Todos os direitos reservados. Este livro não poderá ser reproduzido nem em parte nem na íntegra, nem ter partes ou sua íntegra armazenado em qualquer meio, seja mecânico ou eletrônico, inclusive fotoreprografação, sem permissão da Pearson Education,Inc.

A edição em língua portuguesa desta obra é publicada por Bookman Companhia Editora Ltda, uma empresa do Grupo A Educação S.A., Copyright © 2014

Gerente editorial: *Arysinha Jacques Affonso*

Colaboraram nesta edição:

Editora: *Maria Eduarda Fett Tabajara*

Capa: *Márcio Monticelli* (arte sobre capa original)

Preparação de originais: *Renata Ramisch*

Editoração: *Techbooks*

Reservados todos os direitos de publicação, em língua portuguesa, à
BOOKMAN EDITORA LTDA., uma empresa do GRUPO A EDUCAÇÃO S.A.
Av. Jerônimo de Ornelas, 670 – Santana
90040-340 – Porto Alegre – RS
Fone: (51) 3027-7000   Fax: (51) 3027-7070

É proibida a duplicação ou reprodução deste volume, no todo ou em parte, sob quaisquer formas ou por quaisquer meios (eletrônico, mecânico, gravação, fotocópia, distribuição na Web e outros), sem permissão expressa da Editora.

Unidade São Paulo
Av. Embaixador Macedo Soares, 10.735 – Pavilhão 5 – Cond. Espace Center
Vila Anastácio – 05095-035 – São Paulo – SP
Fone: (11) 3665-1100   Fax: (11) 3667-1333

SAC 0800 703-3444 – www.grupoa.com.br

IMPRESSO NO BRASIL
PRINTED IN BRAZIL
Impresso sob demanda na Meta Brasil a pedido de Grupo A Educação.

Os Autores

Jez Humble é fascinado por computadores e eletrônica desde que ganhou seu primeiro ZX Spectrum, aos 11 anos. Passou vários anos explorando máquinas Acorn usando assembler para processadores 6502 e ARM e BASIC até ter idade para trabalhar. Entrou para o mercado de TI em 2000, a tempo de ver a bolha ponto-com estourar. Desde então, atua como desenvolvedor, administrador de sistemas, instrutor, consultor, gerente e palestrante. Trabalhou com diversas plataformas e tecnologias, prestando consultoria para organizações sem fins lucrativos, telecoms, empresas de serviços financeiros e de varejo eletrônico. Desde 2004, trabalha para a ThoughtWorks e Thoughtworks Studios em Pequim, Bangalore, Londres e São Francisco. É formado em Física e Filosofia pela Oxford University e em Etnomusicologia pela Faculdade de Estudos Orientais e Africanos da London University. Atualmente vive em São Francisco com a esposa e a filha.

Dave Farley vem se divertindo com computadores há quase 30 anos. Trabalhou com quase todos os tipos de software – de *firmware*, explorando sistemas operacionais e drivers de dispositivos, a jogos e aplicações comerciais de todos os tipos e tamanhos. Começou a trabalhar em sistemas distribuídos de grande porte há 20 anos, pesquisando o desenvolvimento de sistemas com baixo acoplamento para troca de mensagens, precursores de SOA (*service oriented architecture* – arquitetura orientada a serviços). Tem vasta experiência liderando o desenvolvimento de software de alta complexidade em times grandes e pequenos, nos Estados Unidos e no Reino Unido. Dave começou a adotar metodologias ágeis quando elas ainda estavam surgindo e empregou desenvolvimento iterativo, integração contínua e níveis significativos de automação de testes em projetos comerciais já no início dos anos 1990. Refinou suas abordagens para desenvolvimento ágil na ThoughtWorks, onde foi diretor técnico e responsável por alguns dos maiores e mais desafiadores projetos da empresa. Dave atualmente trabalha para o London Multi-Asset Exchange (LMAX), uma organização que está construindo uma das maiores bolsas financeiras de alto desempenho no mundo, na qual usam-se as técnicas descritas neste livro.

Este livro é dedicado ao meu pai, que sempre me deu amor e apoio incondicionais.
— Jez

Este livro é dedicado ao meu pai, que sempre me mostrou o caminho certo.
— Dave

Agradecimentos

Muitas pessoas contribuíram para este livro. Em especial, agradecemos aos nossos revisores: David Clack, Leyna Cotran, Lisa Crispin, Sarah Edrie, Damon Edwards, Martin Fowler, James Kovacs, Bob Maksimchuk, Elliotte Rusty Harold, Rob Sanheim e Chris Smith. Também agradecemos aos nossos times editoriais e de produção na Addison-Wesley: Chris Guzikowski, Raina Chrobak, Susan Zahn, Kristy Hart e Andy Beaster. Dmitry Kirsanov e Alina Kirsanova fizeram um trabalho fantástico de edição, revisão e adequação do texto usando seu sistema inteiramente automatizado.

Muitos de nossos colegas foram fundamentais no desenvolvimento das ideias contidas neste livro, incluindo Chris Read, Sam Newman, Dan North, Dan Worthington-Bodart, Manish Kumar, Kraig Parkinson, Julian Simpson, Paul Julius, Marco Jansen, Jeffrey Fredrick, Ajey Gore, Chris Turner, Paul Hammant, Hu Kai, Qiao Yandong, Qiao Liang, Derek Yang, Julias Shaw, Deepthi, Mark Chang, Dante Briones, Li Guanglei, Erik Doernenburg, Kraig Parkinson, Ram Narayanan, Mark Rickmeier, Chris Stevenson, Jay Flowers, Jason Sankey, Daniel Ostermeier, Rolf Russell, Jon Tirsen, Timothy Reaves, Ben Wyeth, Tim Harding, Tim Brown, Pavan Kadambi Sudarshan, Stephen Foreshew, Yogi Kulkarni, David Rice, Chad Wathington, Jonny LeRoy e Chris Briesemeister.

Jez gostaria de agradecer a sua esposa, Rani, por ser a parceira mais amorosa que ele poderia pedir ou imaginar, e por incentivá-lo quando ele estava irritado durante a criação do livro. Ele também agradece a sua filha, Amrita, por seus balbucios, abraços e sorrisos. Além disso, é profundamente grato aos seus colegas da ThoughtWorks por tornarem a empresa um local inspirador para trabalhar, e a Cyndy Mitchell e Martin Fowler, por seu suporte a este livro. Finalmente, agradece a Jeffrey Fredrick e Paul Julius, por terem criado o CITCON, e pelas conversas gratificantes que ele teve com as pessoas que encontrou lá.

Dave gostaria de agradecer a sua esposa, Kate, e a seus filhos, Tom e Ben, pelo suporte incansável a cada momento, tanto neste projeto quanto em diversos outros. Ele também agradece especialmente à ThoughtWorks, que, embora não seja mais sua empregadora, cultiva um ambiente de crescimento e incentivo para as pessoas que trabalham lá, mantendo abordagens criativas para encontrar soluções – muitas das quais fazem parte deste livro. Além disso, agradece ao seu empregador atual, LMAX, com uma menção especial a Martin Thompson, pelo suporte, confiança e disposição em adotar as técnicas descritas neste livro em um ambiente tecnicamente desafiador de aplicações computacionais de alto desempenho de padrão mundial.

Prefácio de Martin Fowler

No final dos anos 1990, fui visitar Kent Beck, que estava trabalhando na Suíça para uma empresa de seguros. Ele me mostrou alguns detalhes de seu projeto, e um dos aspectos mais interessantes de seu time extremamente disciplinado era o fato de que eles colocavam seu código em produção todas as noites. Essa produção regular tinha muitas vantagens: código que já tinha sido escrito não ficava desnecessariamente parado no repositório, esperando por uma versão, era possível lidar rapidamente com problemas e oportunidades, e o progresso rápido levava a uma relação mais próxima entre o time, seus clientes de negócios e os usuários finais das aplicações.

Trabalho há dez anos na ThoughtWorks, e um tema recorrente em nossos projetos tem sido o tempo do ciclo entre uma ideia e sua implementação na forma de software que pode ser utilizado. Já ouvi inúmeras histórias de projetos, e todas envolvem uma redução do tempo desse ciclo. Apesar de normalmente não executarmos entregas diárias em produção, é comum os times entregarem versões de software a cada duas semanas.

Dave e Jez têm feito parte dessa mudança, pois se envolvem ativamente em projetos que criaram uma cultura de entregas frequentes e confiáveis. Eles e nossos colegas já mostraram o mundo da Entrega Contínua, em que colocar software em produção é uma rotina, a organizações que antes viam seus produtos serem implantados uma vez ao ano.

O fundamento dessa abordagem, pelo menos para o time de desenvolvimento, é a Integração Contínua (IC). A IC mantém todo o time de desenvolvimento alinhado e elimina os atrasos causados por problemas de integração. Há alguns anos, Paul Duvall escreveu um livro sobre IC nesta série; mas a IC é apenas o primeiro passo. Software que foi criado com sucesso – plenamente integrado no fluxo de desenvolvimento principal – ainda não é software que está em produção fazendo o que deveria fazer. O que Dave e Jez escreveram aqui continua o processo iniciado com a IC e aborda o trecho final do caminho, descrevendo como construir uma "linha de produção" que transforma código integrado em software em produção para o usuário final.

Esse tipo de pensamento sobre a entrega de software foi, por muito tempo, deixado de lado pelos profissionais da área de desenvolvimento de software e ficava em um espaço não muito definido entre times de desenvolvimento e times de operação. Não é uma surpresa, portanto, que as técnicas descritas neste livro se baseiem na união desses dois times – precursoras do recém-nascido, mas crescente, movimento chamado de DevOps. Esse processo também envolve testadores, já que os testes são um elemento fundamental para garantir versões de software sem erros. O suporte de tudo isso é um alto grau de automação, para que as coisas possam ser feitas rapidamente e sem erros.

Fazer tudo isso funcionar demanda bastante esforço, mas os benefícios são enormes. Entregas longas e intensas fazem parte do passado. Clientes veem suas ideias se transformando rapidamente em algo que eles podem usar no dia a dia. Além disso, e talvez o mais importante, eliminamos uma das maiores fontes de estresse no processo de desenvolvimento. Ninguém gosta de passar os finais de semana tentando atualizar um sistema e colocá-lo em produção antes que a segunda-feira chegue.

Acredito que todos os profissionais da área terão vontade de ler um livro que mostra como entregar software frequentemente e sem o usual estresse. Para o bem de seu time, espero que você concorde.

Prefácio

Introdução

Seu chefe pediu que você demonstrasse uma nova funcionalidade de seu sistema para um cliente, mas você não pode mostrar nada. Todos os desenvolvedores estão desenvolvendo novas funcionalidades, mas nenhum deles consegue fazer a aplicação funcionar no momento. Você tem código, o código compila e todos os testes unitários passam no servidor de integração contínua, mas são necessários alguns dias para que uma nova versão seja colocada no ambiente de testes de aceitação.

Você tem um defeito crítico em produção e está disperdiçando dinheiro todos os dias. Você sabe qual é a solução: uma modificação em uma única linha em uma biblioteca que é usada em todas as três camadas de seu sistema e uma modificação correspondente em uma tabela no banco de dados. Mas, da última vez que conseguiu colocar uma nova versão em produção, você ficou um final de semana inteiro trabalhando até às 3 horas da madrugada, e a pessoa que fez a entrega pediu demissão logo depois. Você sabe que a próxima versão levará mais do que um final de semana, e isso significa que ela também estará fora do ar durante dias úteis.

Esses problemas, embora muito comuns, não são uma consequência inevitável do processo de desenvolvimento de software: eles são uma indicação de que alguma coisa está errada. Entregar uma nova versão de um sistema deveria ser um processo rápido e repetível. Atualmente, muitas empresas conseguem fazer isso várias vezes ao dia. E isso é possível até mesmo em projetos enormes e com bases de código complexas. Neste livro, mostraremos como isso pode ser feito.

Mary e Tom Poppendieck perguntaram certa vez: "Quanto tempo levaria para sua organização entregar uma mudança que envolve uma única linha de código? Você entrega mudanças neste ritmo de uma forma repetível e confiável?"[1] O tempo gasto entre a decisão de que uma mudança precisa ser feita e o momento em que ela está em produção é conhecido como o *tempo de ciclo*, uma métrica vital para qualquer projeto.

Em muitas organizações, a duração de um ciclo é medida em semanas ou meses. O processo de colocar em produção certamente não é repetível ou confiável, mas manual, e muitas vezes exige um time para colocar em produção mesmo em um ambiente de testes ou homologação. Entretanto, já conhecemos projetos igualmente complexos que começaram assim, e, após um processo in-

---

[1] *Implementando o desenvolvimento lean de software: do conceito ao dinheiro* (Bookman Editora, 2011).

tenso de reengenharia, o time conseguiu alcançar um tempo de ciclo medido em horas ou minutos para correções críticas. Isso somente foi possível em função da existência de processos seguros, automatizados e repetíveis para os vários estágios de compilação, implantação, testes e produção. Automação é a resposta. Ela permite que as tarefas comuns envolvidas na criação e na implantação do software possam ser feitas por desenvolvedores, testadores e pessoal de operação com um simples apertar de um botão.

Este livro descreve como revolucionar o processo de entrega de software tornando o caminho entre a ideia e o valor de negócio criado – o tempo de ciclo – mais curto e mais seguro.

Um sistema não gera lucro ou valor até que esteja nas mãos de seus usuários. Isso é óbvio, mas, na maioria das organizações, colocar um sistema em produção é um processo intensamente manual, suscetível a erros e cheio de riscos. Embora um tempo de ciclo medido em meses seja comum, muitas organizações ainda conseguem fazer pior do que isso: ciclos superiores a um ano não são muito raros. Para grandes empresas, qualquer semana de demora entre ter uma ideia e colocar o código em produção pode representar milhões de dólares em custo de oportunidades – e, ainda assim, são essas empresas que apresentam os ciclos mais longos.

Apesar de tudo isso, os mecanismos e processos que permitem entregas de software com baixo risco ainda não se tornaram parte integral da maioria dos projetos de desenvolvimento modernos.

Nosso objetivo é tornar a entrega de software das mãos dos desenvolvedores ao ambiente de produção um processo confiável, previsível, visível e o mais automatizado possível, com riscos quantificáveis e bem entendidos. Usando a abordagem que descrevemos neste livro, é possível ir de uma ideia a um código funcional que a implementa em produção em questão de minutos ou horas, ao mesmo tempo em que a qualidade do que se entrega também é melhorada.

A grande maioria do custo associado com a entrega de software é gasta depois da primeira versão. Esse é o custo de suporte, manutenção, inclusão de nova funcionalidade, resolução de defeitos e assim por diante. Isso vale especialmente para software que é entregue por meio de processos iterativos, em que a primeira versão contém somente o mínimo de funcionalidade que oferece algum valor agregado ao cliente final. Daí o título deste livro, *Entrega Contínua*, que vem do primeiro princípio do Manifesto Ágil: "Nossa maior prioridade é satisfazer o cliente por meio da entrega adiantada e contínua de software de valor" [bibNp0]. Isso reflete a realidade: para um software ser bem-sucedido, a primeira versão é somente o começo do processo de entrega.

Todas as técnicas que descrevemos neste livro reduzem o tempo e o risco associados à entrega de novas versões do software para os usuários. Elas fazem isso por meio do aumento de feedback e otimizando a colaboração entre desenvolvedores, testadores e pessoal de operação responsáveis pela entrega. Essas técnicas garantem que, quando você precisar modificar uma aplicação – seja para corrigir defeitos ou entregar novas funcionalidades –, o tempo entre realizar essas modificações e colocá-las em produção e em uso seja o menor possível; que problemas sejam encontrados cedo o bastante para que sejam fáceis de corrigir; e que os riscos associados sejam bem compreendidos.

Para quem é este livro e o que ele aborda?

Um dos principais objetivos deste livro é melhorar a colaboração entre os responsáveis pela entrega de software. Em especial, temos em mente desenvolvedores, testadores, administradores de banco de dados e de sistemas e gerentes.

Iremos abordar tópicos como gerência tradicional de configuração, controle de versão de código-fonte, planejamento de versão, auditoria, conformidade e integração para a automação do processo de compilação, testes e implantação. Também descrevemos técnicas como automação de testes de aceitação, gerência de dependências, migração de bancos de dados, criação e gerência de ambientes de teste e produção.

Muitas pessoas envolvidas na criação de software consideram essas atividades secundárias em relação à escrita do código em si. Nossa experiência, porém, tem mostrado que elas demandam uma quantidade enorme de tempo e esforço, e são cruciais para entregas bem-sucedidas de software. Quando os riscos associados a essas atividades não são adequadamente compreendidos e geridos, podem acabar custando muito dinheiro, algumas vezes mais do que o custo de construir a aplicação em si. Este livro fornece a informação de que você precisa para entender esses riscos e – mais importante ainda – descreve estratégias para reduzi-los.

Esse é um objetivo ambicioso, e obviamente não podemos cobrir todos esses tópicos em detalhes em um único livro. De fato, corremos o risco de afastar partes de nosso público-alvo com isso: desenvolvedores, por não abordar tópicos como arquitetura, desenvolvimento dirigido a comportamento e refatoração em detalhes; testadores, por não dedicar tempo suficiente a testes exploratórios e estratégias de gerência de testes; pessoal de operação, por não dar a devida atenção a planejamento de capacidade, migração de bancos de dados e monitoramento de produção.

Entretanto, há outros livros que cobrem cada um destes tópicos em detalhes. O que acreditamos que faltava na literatura era um livro que discutisse como todas as partes se encaixam: gerência de configuração, testes automatizados, integração e entrega contínuas, gerência de dados, gerência de ambiente e gerência de versão e entrega. Um dos ensinamentos do movimento *lean* de desenvolvimento de software é a importância de otimizar o todo. Para fazer isso, é necessária uma abordagem holística, de forma a unir todas as partes do processo de entrega e todos os envolvidos nele. Somente quando você tem controle sobre o progresso de cada mudança desde sua introdução até sua implantação em produção é que pode começar a otimizar a qualidade e a velocidade de sua entrega.

Nosso objetivo é apresentar uma abordagem holística, bem como os princípios envolvidos nela. Iremos fornecer a informação necessária para que você possa decidir como aplicar essas práticas em seus projetos. Não acreditamos que haja uma solução que sirva para todos os cenários em desenvolvimento de software, ainda mais em áreas tão grandes quanto gerência de configuração e controle operacionais de sistemas corporativos. Entretanto, os fundamentos que descrevemos neste livro são amplamente aplicáveis a qualquer tipo de projetos de software – pequenos, fortemente técnicos ou de iterações curtas visando ao valor agregado inicial. À medida que você começar a colocar esses princípios em prática, descobrirá quais tópicos precisarão de maior aprofundamento para seu caso. Há uma bibliografia no fim do livro, bem como indicações de outros recursos online que lhe proporcionarão mais informações sobre os tópicos discutidos.

Este livro está dividido em três partes. A primeira parte apresenta os princípios por trás da entrega contínua e as práticas necessárias para suportá-la. A parte dois descreve o paradigma central do livro – um padrão que chamamos de pipeline de implantação. A terceira parte apresenta mais detalhes sobre o ecossistema que suporta esse pipeline de implantação – técnicas que permitem desenvolvimento incremental; padrões avançados de controle de versão; infraestrutura, ambiente e gerência de dados; e governança.

Muitas dessas técnicas parecem se aplicar somente a aplicações de larga escala. Ainda que a maior parte de nossa experiência seja com esse tipo de aplicação, acreditamos que mesmo os projetos menores podem se beneficiar com o uso rigoroso dessas técnicas, pelo simples fato de que projetos crescem. As decisões que você toma quando começa um projeto pequeno têm um impacto inevitável em sua evolução, e começar da maneira certa o poupará (e os outros que virão depois) de muitas complicações.

Os autores são *experts* em filosofias de desenvolvimento de software iterativas e em desenvolvimento enxuto de software (filosofia *lean*). Com isso, queremos dizer que nosso objetivo é entregar para os usuários software de valor, que realmente funciona, de forma rápida e iterativa, trabalhando continuamente para eliminar o desperdício do processo de entrega. Muitos dos princípios e das técnicas que descrevemos foram inicialmente desenvolvidos no contexto de grandes projetos ágeis. Entretanto, as técnicas que apresentamos têm aplicações mais gerais. Muito do nosso foco é melhorar a colaboração por meio de melhor visibilidade e feedback mais rápido. Isso tem um impacto positivo em qualquer projeto, independentemente de usar ou não processos iterativos de desenvolvimento de software.

Tentamos garantir que os capítulos e as seções pudessem ser lidos isoladamente. No mínimo, esperamos que tudo o que você precisa saber, assim como referências e informações posteriores, esteja claramente demarcado e acessível, de modo que você consiga usar este livro como uma referência.

Precisamos mencionar também que não temos a intenção de dar rigor acadêmico aos assuntos abordados. Há diversos livros mais teóricos no mercado, muitos dos quais contém informações interessantes e *insights*. Não nos concentramos em padronizações, mas sim em técnicas e habilidades testadas em campo que pessoas que trabalham em projetos reais considerarão úteis, explicando-as de forma clara e simples para que possam ser usadas diariamente. Quando apropriado, contamos também histórias reais, ilustrando e contextualizando essas técnicas.

Conteúdo

Reconhecemos que nem todo mundo precisa ler este livro do início ao fim. Para isso, procuramos escrevê-lo de forma que você possa utilizá-lo de várias maneiras. Alguns assuntos se repetem, mas esperamos que não o bastante para torná-lo tedioso, caso você queira lê-lo por inteiro.

O livro contém três partes. A primeira parte, Capítulos 1 a 4, abrange os princípios básicos de entregas regulares, repetidas, de baixo risco e as práticas que as suportam. A segunda parte, Capítulos 5 a 10, descreve o pipeline de implantação. Do Capítulo 11 em diante, detalhamos o ecossistema que suporta entrega contínua.

Recomendamos que todos leiam o Capítulo 1. Acreditamos que pessoas que ainda não estão familiarizadas com o processo de entrega e versionamento de software, mesmo que sejam desenvolvedores experientes, considerarão o material desafiador em relação a suas visões do que significa ser um desenvolvedor profissional. O restante do livro pode ser aproveitado da forma que você julgar mais adequada.

Parte I – Fundamentos

A Parte I descreve os pré-requisitos para a compreensão do pipeline de implantação. Cada capítulo complementa o anterior.

O Capítulo 1, "O Problema de Entregar Software", começa descrevendo alguns dos antipadrões que vemos em muitas equipes de desenvolvimento de software, e continua descrevendo nosso objetivo e como realizá-lo. Concluímos mostrando os princípios básicos da entrega de software nos quais o resto do livro é baseado.

O Capítulo 2, "Gerência de Configuração", descreve como gerir tudo o que é necessário para construir, compilar, implantar, testar e liberar a aplicação para produção, do código-fonte aos scripts de compilação e configuração da aplicação ou de seu ambiente.

O Capítulo 3, "Integração Contínua", aborda a prática de construir e rodar testes automatizados a cada mudança feita no código para garantir que o software sempre esteja em um estado usável.

O Capítulo 4, "Como Implementar uma Estratégia de Testes", introduz os vários tipos de testes manuais e automatizados que formam uma parte integral de todo projeto, e discute como decidir qual estratégia é mais apropriada para o projeto.

Parte II – O Pipeline de Implantação

A segunda parte do livro abrange o pipeline de implantação em detalhes, mostrando como implementar os vários estágios do pipeline.

O Capítulo 5, "Anatomia de um Pipeline de Implantação", discute os padrões que compõem o núcleo deste livro – um processo automatizado para conduzir cada mudança do momento em que é introduzida no código ao momento em que é liberada para produção. Discutimos também como implementar esse pipeline tanto no nível do time como no nível organizacional.

O Capítulo 6, "Scripts de Compilação e Implantação", discute tecnologias para automatizar a compilação e a implantação, e as melhores práticas para seu uso.

O Capítulo 7, "O Estágio de Commit", aborda o primeiro estágio do pipeline, um conjunto de processos automatizados que deve ser disparado no momento em que uma mudança é introduzida na aplicação. Discutimos como criar um conjunto rápido e eficiente de testes para esse estágio.

O Capítulo 8, "Automação de Testes de Aceitação", apresenta o processo de automação de testes de aceitação, da análise à implementação. Discutimos por que esse tipo de teste é essencial para a entrega contínua e como criar um conjunto de testes com o custo-benefício apropriado para proteger as partes mais valiosas da funcionalidade da aplicação.

O Capítulo 9, "Como Testar Requisitos Não Funcionais", discute requisitos não funcionais, com uma ênfase em testes de capacidade. Descrevemos como criar esse tipo de testes e como configurar um ambiente para eles.

O Capítulo 10, "Implantação e Entrega de Versões de Aplicações", aborda o que acontece depois dos testes automatizados: a liberação de versões candidatas para ambientes de testes manuais, testes de aceitação, homologação, e finalmente a versão para produção, passando por tópicos essenciais como implantação contínua, rollbacks e implantação sem parada.

Parte III – O Ecossistema de Entrega

A parte final do livro descreve técnicas e práticas relacionadas que suportam o pipeline de implantação.

O Capítulo 11, "Gerência de Infraestrutura e Ambientes", aborda a criação, gerência e monitoramento automático de ambientes, incluindo virtualização e computação em nuvem.

O Capítulo 12, "Gerência de Dados", mostra como criar e migrar dados de testes e produção ao longo do ciclo de vida da aplicação.

O Capítulo 13, "Como Gerenciar Componentes e Dependências", começa discutindo como manter sua aplicação em estado de entrega contínua sem a necessidade de branches. Descrevemos então como organizar a aplicação como uma coleção de componentes e como gerenciar sua contrução e teste.

O Capítulo 14, "Controle de Versão Avançado", fornece uma visão geral das ferramentas mais populares e detalha os vários padrões para utilizar controle de versão.

O Capítulo 15, "Gerenciando Entrega Contínua", demonstra as várias abordagens para gerência de risco e conformidade, e apresenta um modelo de maturidade para gerência de configuração e implantação. Ao longo do texto, discutimos o valor da entrega contínua para o negócio e o ciclo de vida de projetos iterativos que entregam valor de forma incremental.

Recursos online*

Em vez de colocar uma lista completa de links para sites externos, nós os abreviamos e colocamos neste formato: [bibNp0]. Você pode usar esse link de duas formas.

- pelo bit.ly, no qual o link de exemplo estaria assim: http://bit.ly/bibNp0.
- pelo serviço que instalamos em http://continuousdelivery.com/go/, que usa as mesmas chaves – de modo que o exemplo ficaria agora http://continuousdelivery.com/go/bibNp0.

A ideia é que, caso o bit.ly desapareça por algum motivo, os links estejam preservados. Da mesma forma, caso os endereços das páginas mudem, tentaremos manter os links em http://continuousdelivery.com/go/ atualizados, mesmo que não funcionem no bit.ly.

Sobre a capa

Todos os livros da série assinada por Martin Fowler têm uma ponte na capa. Originalmente, planejávamos usar a Iron Bridge, mas ela já tinha sido escolhida para outro livro da série. Em vez disso, usamos outra ponte britânica: a ponte Forth Rail, retratada aqui em uma incrível fotografia de Stewart Hardy.

A ponte Forth Rail foi a primeira ponte no Reino Unido construída com aço manufaturado usando o novo processo de forno Siemens-Martin, e entregue por dois altos-fornos na Escócia e no País de Gales. O aço foi entregue na forma de treliças tubulares – foi a primeira vez que uma ponte no Reino Unido usou partes produzidas em massa. Os projetistas, Sir John Fowler, Sir Benjamin Baker e Allan Stewart, calcularam a incidência de estresses de construção, tomaram providências para a redução de custos de manutenção futuros, calcularam os efeitos da pressão do vento e o efeito de estresses de temperatura na estrutura – algo bem similar aos requisitos funcionais e não funcionais que temos em software. Também supervisionaram a construção da ponte para garantir que os requisitos fossem cumpridos.

A construção da ponte envolveu mais de 4.600 trabalhadores, dos quais tragicamente mais do que cem morreram e centenas de outros ficaram mutilados. Entretanto, o resultado final é uma das maravilhas da Revolução Industrial. Quando foi concluída, em 1890, era a ponte mais longa do mundo, e, hoje, permanece sendo segunda maior ponte em cantilever do mundo. Como um projeto de longo uso de software, a ponte precisa de manutenção constante. Isso foi planejado desde o projeto, com trabalhos auxiliares para a ponte, que incluíram não somente uma oficina e um pátio de manutenção, mas uma "colô-

---

* A Bookman Editora não se responsabiliza pelo conteúdo destes sites (disponíveis apenas em inglês) ou por alterações que venham a sofrer.

nia" na estrada de ferro com cerca de cinquenta casas na Estação de Dalmeny. Estima-se que o tempo de vida útil remanescente da ponte seja cerca de 100 anos.

Colofão

Este livro foi escrito diretamente em DocBook. Dave editou o texto no TextMate e Jez usou o Aquamacs Emacs. Os diagramas foram criados com o OmniGraffle. Dave e Jez normalmente não se encontravam na mesma parte do mundo, então colaboraram mantendo tudo em um repositório do Subversion. Também foi empregada a integração contínua, usando um servidor CruiseControl.rb que rodava o dblatex para produzir um PDF do livro toda vez que alguma mudança era feita.

Um mês antes da impressão, Dmitry Kirsanov e Alina Kirsanova começaram o trabalho de produção, e colaboravam com os autores pelo repositório do Subversion, por e-mail e por uma planilha no Google Docs compartilhada para coordenação. Dmitry trabalhou na edição usando o código DocBook no XEmacs e Alina fez todo o resto: formatação do texto usando um folha de estilos XSLT customizada e um formatador XSL-FO, compilando e editando o índice, e finalmente fazendo as correções finais.

Sumário

Parte I   Fundamentos 1

Capítulo 1   O Problema de Entregar Software 3

Introdução 3
Alguns antipadrões comuns de entrega de versão 4
    Antipadrão: implantar software manualmente 5
    Antipadrão: implantar em um ambiente similar ao de produção somente quando o desenvolvimento estiver completo 7
    Antipadrão: gerência de configuração manual dos ambientes de produção 9
    Podemos fazer melhor? 11
Como alcançar nosso objetivo? 12
    Cada mudança deve disparar o processo de feedback 13
    O feedback deve ser obtido o mais rápido possível 14
    A equipe responsável pela entrega deve receber o feedback e aproveitá-lo 16
    Esse processo é escalável? 16
Quais são os benefícios? 17
    Dar autonomia às equipes 17
    Reduzir erros 18
    Reduzir o estresse 21
    Flexibilidade de implantação 21
    A prática leva à perfeição 22
A versão candidata 23
    Todo check-in é uma versão em potencial 24
Princípios da entrega de software 25
    Criar um processo de confiabilidade e repetitividade de entrega de versão 25
    Automatize quase tudo 26
    Mantenha tudo sob controle de versão 26
    Se é difícil, faça com mais frequência e amenize o sofrimento 27
    A qualidade deve estar presente desde o início 27
    Pronto quer dizer versão entregue 28

Todos são responsáveis pelo processo de entrega 28
Melhoria contínua 29
Resumo..29

Capítulo 2   Gerência de Configuração 31
Introdução 31
Controle de versão 32
Mantenha absolutamente tudo sob controle de versão...................33
Faça check-ins regulares para o trunk..35
Use mensagens relevantes nos check-ins 37
Como gerenciar dependências..38
Como gerenciar bibliotecas externas 38
Como gerenciar componentes 39
Como gerenciar configuração de software 40
Configuração e flexibilidade..40
Tipos de configuração 42
Como gerenciar a configuração da aplicação..................................43
Como gerenciar configuração entre aplicações 47
Princípios de gerência de configuração de aplicações...................48
Como gerenciar seus ambientes..49
Ferramentas para gerenciar ambientes 52
Como gerenciar o processo de mudança..53
Resumo..53

Capítulo 3   Integração Contínua... 55
Introdução 55
Como implementar integração contínua 56
De que você precisa antes de começar 56
Um sistema básico de integração contínua 58
Pré-requisitos para a integração contínua...59
Check-ins regulares 59
Crie um conjunto de testes automatizados abrangente.................60
Mantenha o processo de compilação e de testes curto..................60
Como gerenciar seu espaço de trabalho de desenvolvimento 62
Como usar software de integração contínua...63
Operação básica...63
Extras 63
Práticas essenciais 66
Não faça check-ins se o processo de compilação estiver quebrado........66

Sempre rode os testes de commit localmente antes de um check-in, ou use o servidor de IC para isso 66
Espere que os testes obtenham sucesso antes de continuar 67
Nunca vá para casa com um processo de compilação quebrado 68
Esteja sempre preparado para voltar à revisão anterior 69
Limite o tempo antes de reverter 70
Não comente testes que estão falhando 70
Assuma a responsabilidade pelas quebras causadas por suas mudanças 70
Desenvolvimento guiado por testes 71
Práticas sugeridas 71
Extreme Programming 72
Quebrar o processo de compilação por falhas arquiteturais 72
Quebrar o processo de compilação para testes lentos 73
Quebrar o processo de compilação em avisos e problemas de estilo 73
Equipes distribuídas 75
O impacto no processo 75
Integração contínua centralizada 76
Questões técnicas 76
Abordagens alternativas 77
Sistemas distribuídos de controle de versão 79
Resumo 82

Capítulo 4   Como Implementar uma Estratégia de Testes 83

Introdução 83
Tipos de testes 85
Testes voltados ao negócio que suportam o processo de desenvolvimento 85
Testes voltados à tecnologia que suportam o processo de desenvolvimento 89
Testes voltados ao negócio que criticam o projeto 90
Testes voltados à tecnologia que criticam o projeto 91
Dublês de teste 92
Situações reais e estratégias 93
Novos projetos 93
No meio do projeto 94
Sistemas legados 95
Testes de integração 97
Processo 99
Como gerenciar backlogs de defeitos 100
Resumo 102

Parte II O Pipeline de Implantação..103

Capítulo 5 Anatomia de um Pipeline de Implantação.....................105
Introdução..105
O que é um pipeline de implantação?..106
  Um pipeline de implantação básico...111
Práticas para o pipeline de implantação...113
  Compile seus binários somente uma vez..113
  Faça a implantação da mesma maneira para cada ambiente..............115
  Use smoke tests..117
  Implante em uma cópia de produção..117
  Cada mudança deve ser propagada pelo pipeline instantaneamente....118
  Se qualquer parte do pipeline falhar, pare o processo........................119
O estágio de commit..120
  Melhores práticas do estágio de commit...121
A barreira de testes de aceitação automatizados...................................122
  Melhores práticas de testes de aceitação...124
Estágios subsequentes de testes...126
  Testes manuais..128
  Testes não funcionais..128
Preparando para a entrega...129
  Automação de implantação e geração de versão................................129
  Como reverter mudanças..131
  Como maximizar o sucesso...132
Como fazer um pipeline de implantação...133
  Como modelar o fluxo de valor e criar um esqueleto do processo......133
  Como automatizar o processo de compilação e implantação.............134
  Como automatizar testes unitários e análise de código......................135
  Como automatizar testes de aceitação..136
  Evoluindo seu pipeline..137
Métricas...138
Resumo..141

Capítulo 6 Scripts de Compilação e Implantação..........................143
Introdução..143
Uma visão geral das ferramentas de compilação...................................144
  Make..146
  Ant...147
  NAnt e MSBuild..148

Maven 149
Rake 150
Buildr 151
Psake 151
Princípios e práticas de compilação e implantação 152
   Crie um script para cada estágio em sua implantação 152
   Utilize a tecnologia apropriada para implantar sua aplicação 152
   Utilize os mesmos scripts para implantar em todos os ambientes 153
   Utilize as ferramentas de gerenciamento de pacotes
   de seu sistema operacional 154
   Garanta que o processo de implantação seja idempotente 155
   Evolua seu sistema incrementalmente 156
Estrutura de projetos para aplicações com JVM 157
   Estrutura de projeto 157
Scripts de implantação 160
   Como implantar e testar camadas 162
   Como testar a configuração do ambiente 163
Dicas 164
   Sempre use caminhos relativos 164
   Elimine passos manuais 165
   Construa rastreabilidade de binários até o controle de versão 165
   Não coloque binários no controle de versão durante a compilação 166
   Tarefas de testes não devem fazer o processo de compilação falhar ... 166
   Limite sua aplicação com smoke tests *de integração* 167
   Dicas e truques para .NET 167
Resumo 168

Capítulo 7 O Estágio de Commit 169

Introdução 169
Princípios e práticas do estágio de commit 170
   Fornecer feedback rápido e útil 171
   O que poderá fazer o estágio de commit falhar? 172
   Cuide do estágio de commit 173
   Transforme os desenvolvedores em donos do processo 173
   Use um build master para equipes muito grandes 174
Os resultados do estágio de commit 175
   O repositório de artefatos 175
Princípios e práticas dos testes do estágio de commit 177
   Evite a interface de usuário 179

Use Injeção de Dependências 179
Evite o banco de dados 179
Evite código assíncrono em seus testes unitários 180
Use dublês de testes 180
Minimizar estado nos testes 184
Simular tempo 184
Força bruta 185
Resumo 186

Capítulo 8   Automação de Testes de Aceitação 187

Introdução 187
Por que testes de aceitação automatizados são essenciais? 188
Como criar testes de aceitação fáceis de manter 190
Como testar interfaces de usuário 192
Como criar testes de aceitação 193
O papel de analistas e testadores 193
Análise em projetos iterativos 194
Critérios de aceitação como especificações executáveis 195
A camada do driver de aplicação 198
Como expressar seus critérios de aceitação 200
O padrão driver de janelas: separando os testes da interface de usuário 201
Como implementar testes de aceitação 204
Estado em testes de aceitação 204
Fronteiras do processo, encapsulamento e testes 206
Como gerenciar tempo limite e assincronia 207
Como usar dublês de teste 210
O estágio de testes de aceitação 213
Como manter os testes de aceitação verdes 214
Testes de implantação 217
Desempenho dos testes de aceitação 218
Refatore tarefas comuns 219
Compartilhe recursos caros 219
Testes paralelos 220
Usar grids de computação 220
Resumo 222

Capítulo 9   Como Testar Requisitos Não Funcionais 225

Introdução 225
Gerenciar requisitos não funcionais 226
    Analisar requisitos não funcionais 227
Como programar para capacidade 228
Como medir capacidade 231
    Como definir sucesso e falha para testes de capacidade? 233
O ambiente de testes de capacidade 235
Como automatizar testes de capacidade 238
    Testes de capacidade via interface de usuário 240
    Gravar interações com um serviço ou API pública 242
    Usar modelos de interação gravados 242
    Usar stubs de testes de capacidade para desenvolver testes 244
Como incorporar testes de capacidade no pipeline de implantação 245
Benefícios adicionais de um sistema de teste de capacidade 247
Resumo 249

Capítulo 10   Implantação e Entrega de Versões de Aplicações 251

Introdução 251
Como criar uma estratégia de lançamento 252
    O plano de entrega de versão 253
    Lançamento de produtos 254
Como implantar e promover sua aplicação 255
    A primeira implantação 255
    Como modelar seu processo de entrega e promover versões 256
    Como promover configuração 259
    Orquestração 260
    Implantações em ambientes de homologação 260
Como reverter implantações e versões sem parada 261
    Reverta uma aplicação para a última boa versão 262
    Versões sem parada 262
    Implantações azul-verde 263
    Implantação canário 264
Correções de emergência 267
Implantação contínua 268
    Entrega contínua de versão de software instalado pelo usuário 269

Dicas 272
    As pessoas que fazem a implantação deveriam estar envolvidas na criação do processo 272
    Mantenha um log de atividades de implantação 273
    Não remova arquivos antigos: mova-os 273
    Implantações são responsabilidade de toda a equipe 273
    Aplicações de servidor não deveriam ter interfaces gráficas de usuário 273
    Tenha um período de transição para novas implantações 274
    Falhe rapidamente 275
    Não faça mudanças diretamente no ambiente de produção 275
Resumo 275

Parte III   O Ecossistema de Entrega 277

Capítulo 11   Gerência de Infraestrutura e Ambientes 279

Introdução 279
Entender as necessidades da equipe de operações 281
    Documentação e auditoria 282
    Alertas para eventos anormais 283
    Plano de continuidade de serviço de TI 284
    Use a tecnologia com a qual sua equipe de operações está familiarizada 285
Modelar e gerenciar a infraestrutura 285
    Como controlar o acesso à infraestrutura 288
    Como fazer mudanças na infraestrutura 289
Gerência do provisionamento e da configuração de servidor 290
    Como provisionar servidores 291
    Gerência contínua de servidores 292
Gerência da configuração de middleware 298
    Como gerenciar configuração 298
    Pesquise o produto 300
    Examine como o middleware lida com estado 301
    Procure por uma API de configuração 301
    Use uma tecnologia melhor 302
Gerência de serviços de infraestrutura 302
    Sistemas multihomed 304
Virtualização 305
    Como gerenciar ambientes virtuais 307
    Ambientes virtuais e o pipeline de implantação 310
    Testes altamente paralelizados em ambientes virtuais 312

Computação em nuvem 314
    Infraestrutura em nuvem 315
    Plataformas em nuvem 316
    Tamanho único não serve para todos 317
    Críticas à computação em nuvem 318
Monitoramento de infraestrutura e aplicações 319
    Coleta de dados 320
    Logs 322
    Criação de dashboards (painéis de controle) 323
    Monitoramento guiado por comportamento 324
Resumo 325

Capítulo 12   Gerência de Dados 327

Introdução 327
Scripting de banco de dados 328
    Inicializar banco de dados 329
Mudanças incrementais 330
    Versionar o banco de dados 330
    Gerenciar mudanças orquestradas 332
Rollback de banco de dados e versões sem parada 333
    Rollback sem perda de dados 334
    *Desacoplar a implantação da aplicação da migração do
    banco de dados* 335
Gerência de dados de teste 337
    Como criar um banco de dados fictício para testes unitários 337
    Como gerenciar o acoplamento entre testes e dados 338
    Isolamento de testes 339
    Preparação (setup) e finalização (tear down) 340
    Cenários de teste coerentes 340
Gerenciamento de dados e o pipeline de implantação 341
    Dados no estágio de teste de commit 341
    Dados nos testes de aceitação 342
    Dados nos testes de capacidade 344
    Dados em outros estágios de teste 345
Resumo 346

Capítulo 13   Como Gerenciar Componentes e Dependências 349

Introdução 349
Manter a aplicação pronta para entrega 350
    Esconda novas funcionalidades até que estejam prontas 351

Faça todas as mudanças incrementalmente 353
Branching por abstração 353
Dependências 355
Inferno de dependências 356
Como gerenciar bibliotecas 358
Componentes 360
Como dividir uma base de código em componentes 360
Componentes no pipeline 364
O pipeline de integração 365
Como gerenciar grafos de dependências 367
Construir grafos de dependências 367
Pipelines para grafos de dependências 369
Quando devemos acionar compilações? 373
Otimismo cauteloso 374
Dependências circulares 376
Como gerenciar binários 377
Como um repositório de artefatos deve funcionar 377
Como seu pipeline de implantação deve interagir com o
repositório de artefatos 378
Como gerenciar dependências com Maven 379
Refatorações de dependências do Maven 381
Resumo 383

Capítulo 14   Controle de Versão Avançado 385

Introdução 385
Um breve histórico do controle de revisão 386
CVS 386
Subversion 387
Sistemas de controle de versão comerciais 389
Não use locking pessimista 390
Branching e merging 392
Merging 393
Branches, frentes de trabalho e integração contínua 395
Sistemas de controle de versão distribuídos 397
O que é um sistema de controle de versão distribuído? 397
Um breve histórico dos sistemas de controle de versão distribuídos 399
Sistemas de controle de versão distribuídos em ambientes
corporativos 400

Usando sistemas de controle de versão distribuídos 401
Sistemas de controle de versão baseados em frentes de trabalho 403
    O que é um sistema de controle de versão baseado em frentes
    de trabalho? 403
    Modelos de desenvolvimento com frentes de trabalho 405
    Visões estáticas e dinâmicas 407
    Integração contínua com sistemas de controle de versão
    baseados em frentes de trabalho 407
Desenvolvendo no trunk 409
    Fazendo mudanças complexas sem branches 410
Branches para entrega de versão 412
Branches por funcionalidade 414
Branches por equipe 416
Resumo 419

Capítulo 15   Como Gerenciar Entrega Contínua 421

Introdução 421
Um modelo de maturidade para gerência de configuração
e entrega de versão 423
    Como usar o modelo de maturidade 423
Ciclo de vida de projetos 425
    Identificação 426
    Concepção 427
    Iniciação 428
    Desenvolvimento e entrega de versão 430
    Operação 432
Um processo de gestão de risco 433
    Gestão de risco 101 433
    Linha de tempo de gestão de risco 434
    Como fazer um exercício de gestão de risco 435
Problemas comuns de entrega: sintomas e causas 436
    Implantações infrequentes e com erros 437
    Baixa qualidade da aplicação 438
    Processo de integração contínua mal gerenciado 439
    Processo ruim de gerência de configuração 440
Observância e auditoria 440
    Automação em vez de documentação 441
    Garantindo rastreabilidade 442

Trabalhando em silos 443
Gestão de mudança 444
Resumo 445

Bibliografia 447

Índice 449

Parte I

Fundamentos

Capítulo 1

O Problema de Entregar Software

Introdução

O principal problema enfrentado pelos profissionais da área de desenvolvimento de software é: como transformar uma boa ideia em um sistema e entregá-lo aos usuários o quanto antes? Este livro mostra como resolver esse problema.

Vamos nos concentrar em como construir, implantar, testar e entregar software, tema que tem sido pouco abordado. Não estamos afirmando que outras abordagens de desenvolvimento não são importantes, mas que, sem um enfoque em outros aspectos do ciclo de vida de um software – que normalmente são vistos como secundários –, é impossível conseguir entregar versões de software de forma confiável, rápida e com poucos riscos, a fim de apresentar os resultados de nosso trabalho aos usuários da maneira mais eficiente.

Há muitas metodologias de desenvolvimento, mas elas se concentram sobretudo na gerência de requisitos e no impacto desses requisitos no esforço de desenvolvimento em si. Há muitos livros excelentes que tratam detalhadamente de diferentes abordagens para o projeto, desenvolvimento e teste de software, mas eles também só abrangem uma parte de toda a *cadeia de valor* que entrega valor às pessoas e às organizações que pagam pelo nosso esforço.

O que acontece depois da identificação de requisitos, projeto, desenvolvimento e teste das soluções? Como unir e coordenar todas essas atividades para tornar o processo tão eficiente e confiável quanto possível durante sua execução? Como fazer desenvolvedores, testadores e pessoal de operação trabalharem juntos de maneira eficiente?

Este livro descreve um padrão eficaz desde o desenvolvimento do software até sua entrega final. Descrevemos técnicas e boas práticas que podem ajudar a implementar esse padrão e mostramos como essa abordagem se encaixa nos outros aspectos da entrega de software.

O padrão central deste livro é chamado de *pipeline de implantação*. O pipeline de implantação é, em essência, uma implementação automatizada do processo de compilar todas as partes de uma aplicação, implantá-la em um ambiente qualquer – seja de homologação ou produção – testá-la e efetuar sua entrega final. Cada organização tem implementações diferentes de seu pipeline de implantação, dependendo de sua cadeia de valor para entregar software, mas os princípios que regem o pipeline são os mesmos.

Um exemplo de um pipeline de implantação é mostrado na Figura 1.1.

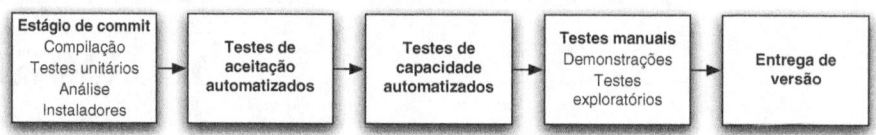

Figura 1.1 *O pipeline de implantação.*

Resumidamente, o modo como o pipeline de implantação funciona é o seguinte. Cada mudança feita na configuração, no código-fonte, no ambiente ou em dados da aplicação cria uma nova instância do pipeline. Um dos primeiros passos no pipeline é a criação de binários e instaladores. O restante do pipeline executa uma série de testes nos binários para provar que é possível gerar uma entrega de versão. Cada teste no qual os binários em questão – também conhecidos como *release candidate* ou versão candidata – passam aumenta a confiança de que essa combinação de código binário, informações de configurações, ambiente e dados funcionará. Se a versão candidata passa em todos os testes, pode ser realizada a entrega de versão.

O pipeline de implantação baseia-se no processo de *integração contínua*, e é essencialmente o princípio de integração contínua levado à sua conclusão lógica.

O pipeline de implantação tem três objetivos. Em primeiro lugar, ela torna cada parte do processo de compilação, implantação, teste e entrega de versão visível a todos os envolvidos, promovendo a colaboração. Em segundo, melhora o feedback do processo, de modo que os problemas são identificados e resolvidos o mais cedo possível. Finalmente, permite que equipes entreguem e implantem qualquer versão de seu software para qualquer ambiente a qualquer momento por meio de um processo completamente automatizado.

Alguns antipadrões comuns de entrega de versão

O dia do lançamento de uma nova versão de um software tende a ser bem tenso. Por que isso acontece? Na maioria dos projetos, isso ocorre em função do risco associado ao processo – que transforma cada entrega em algo assustador.

Em muitos projetos, a entrega de uma versão é um processo intensamente manual. Os ambientes que hospedam a versão do software em geral são criados de maneira individual por um time de operações. Instala-se software de terceiros do qual a aplicação depende; os artefatos da aplicação em si são copiados para os ambientes de produção. A informação de configuração é copiada ou criada por meio de painéis de operação dos servidores Web, servidores de aplicação ou outros componentes do sistema criados por terceiros. Dados de referência são copiados e, finalmente, a aplicação é iniciada em partes, como uma aplicação distribuída ou orientada a serviços.

As razões para o nervosismo são claras: muitas coisas podem dar errado no processo. Se cada passo não for executado perfeitamente, a aplicação não funcionará da maneira correta. Nesse momento, talvez não esteja claro onde está o erro ou o que deu errado.

O restante deste livro discute como evitar esses riscos – como reduzir o estresse no dia da entrega de uma versão e como garantir que cada entrega de versão seja confiável. Antes disso, porém, precisamos esclarecer quais tipos de falhas no processo estamos tentando evitar. A seguir estão alguns antipadrões comuns que impedem um processo confiável de entrega de versão, mas que mesmo assim são muito comuns em nossa área.

Antipadrão: implantar software manualmente

A maioria das aplicações modernas de qualquer tamanho é complexa e envolve muitas partes móveis. Muitas organizações entregam versões de software de forma manual. Entrega manual é o processo de implantação em que cada passo é visto como separado e atômico, executado individualmente ou por uma equipe. É necessário fazer julgamentos a cada passo do processo, o que o torna mais sujeitos a erro humano. Mesmo que esse não seja o caso, diferenças na ordenação e no tempo de execução dos passos podem levar a resultados diferentes. Essas diferenças raramente são boas.

Os sinais desse antipadrão são:

- Produção de documentação extensa e detalhada que descreve os passos a serem executados e como eles podem falhar.

- Dependência de testes manuais para confirmar que a aplicação está funcionando.

- Chamadas frequentes aos desenvolvedores para que esses expliquem algo que está dando errado no dia da entrega de uma versão.

- Correções frequentes no próprio processo de entrega de uma versão no dia em que ele está sendo executado.

- Ambientes em um cluster que têm configurações diferentes, por exemplo, dois ou mais servidores de aplicação com configurações diferentes de bancos de dados, sistemas de arquivos com interface diferente e assim por diante.

- Entregas de versão que levam mais do que alguns minutos para executar.
- Entregas de versão imprevisíveis, que muitas vezes precisam ser canceladas, e com ambientes que precisam ser restaurados aos seus padrões anteriores em função de problemas desconhecidos.
- Noites em claro antes do dia da entrega de uma versão, tentando entender como fazê-la funcionar.

Em vez disso...

Com o tempo, o processo de implantação deve tender à automação completa. Somente duas tarefas devem ser executadas por humanos quando uma nova versão for implantada em um ambiente de teste, desenvolvimento ou produção: escolher que versão e ambiente, e apertar um botão para que o processo de implantação seja executado. Entregar software que é empacotado com instaladores deve envolver um único processo automatizado que cria o instalador.

Discutimos bastante a automação ao longo deste livro, e sabemos que algumas pessoas não aceitam completamente essa ideia. Para explicar por que consideramos isso um objetivo indispensável, mostramos agora alguns argumentos:

- Quando o processo não é automático, ocorrerão erros toda vez que ele for executado. A questão é se os erros são ou não significativos. Mesmo com ótimos testes de implantação, é difícil rastrear os defeitos.
- Quando o processo não é automatizado, ele não pode ser repetido com segurança, e perde-se tempo rastreando erros de implantação.
- Um processo manual precisa ser documentado. Manter a documentação é uma tarefa complexa, que consome tempo significativo e envolve a colaboração entre diversas pessoas, de modo que ela geralmente está incompleta ou ultrapassada. Um conjunto de scripts de automação serve como documentação e sempre estará completo e atualizado, ou a implantação não funcionará.
- Automação incentiva a colaboração, porque tudo está expresso em script de código. Documentação depende de suposições sobre o nível de conhecimento do leitor, e na verdade geralmente é escrita como um lembrete para a pessoa que executou a implantação naquele momento, tornando o conhecimento obscuro para outras pessoas.
- Um corolário da afirmação anterior: processos manuais de implantação dependem de um especialista. Se ele está de férias ou pediu demissão, você está em apuro.
- Executar qualquer processo de implantação manualmente é tedioso e repetitivo – e, ironicamente, exige um alto grau de conhecimento. Pedir para que pessoas com esse conhecimento façam algo tedioso e repetitivo – e ao mesmo tempo tecnicamente exigente – é a melhor maneira de garantir que ocorrerão erros humanos (exceto, talvez, por privação de sono

ou embriaguez). Automação permite que sua equipe altamente treinada e cara trabalhe em tarefas que de fato agregam valor ao negócio.

- A única maneira de testar um processo manual de implantação é executá-lo. Isso consome tanto tempo e esforço quanto o próprio processo. Processos de implantação automatizados são fáceis e baratos de testar.
- Já ouvimos o argumento de que processos manuais de implantação são mais auditáveis do que processos automatizados. O fato de alguém acreditar nisso nos deixa perplexos. Em um processo manual, não há qualquer garantia de que a documentação foi seguida. Apenas um processo automatizado é completamente auditável. O que pode ser mais auditável do que um script de implantação?

Se há um processo automatizado, ele deve ser o único modo pelo qual software é implantado. Essa disciplina é a única garantia de que ele funcionará quando necessário. Um dos princípios que descrevemos nesse livro é que o mesmo script de implantação deve ser usado em todos os ambientes. Se você usar o mesmo script, então o caminho da produção à implantação terá sido testado centenas ou mesmo milhares de vezes antes de ser necessário no dia de gerar uma entrega de versão. Problemas identificados na entrega de versão com certeza serão resultado de problemas específicos de configuração do ambiente e não de seus scripts.

Temos certeza de que, às vezes, os processos manuais de entrega de versão também funcionam bem. Podemos até ter tido o azar de ver mais falhas do que o normal em nossa carreira. Entretanto, se esse processo não é visto como sujeito a falhas, por que envolver tantas pessoas e tanta cerimônia nele? Por que tanta documentação? Por que as pessoas precisam fazer isso no fim de semana? Por que há pessoas de plantão, caso as coisas não funcionem conforme o esperado?

Antipadrão: implantar em um ambiente similar ao de produção somente quando o desenvolvimento estiver completo

Nesse antipadrão, a primeira vez em que um software é implantado em um ambiente similar ao de produção (por exemplo, um ambiente de homologação) é quando todo o desenvolvimento está concluído – ou pelo menos o que foi definido como concluído pelo time de desenvolvimento.

Esse antipadrão se parece com o seguinte:

- Se foram envolvidos testadores no processo até o momento, eles testaram somente em máquinas de desenvolvimento.
- A geração de uma versão para um ambiente de homologação é a primeira vez em que o pessoal de operação se envolve com uma versão do software. Em algumas organizações, um time de operação separado é usado para implantar o software em ambientes de homologação e produção. Nesse caso, a primeira vez em que uma pessoa de operação vê o software é o dia em que ele vai para a produção.

- Ou um ambiente similar ao da produção é muito caro e seu acesso é estritamente controlado, ou não existe naquele momento, ou ninguém acha que ele é necessário.
- A equipe de desenvolvimento cria os instaladores corretos, os arquivos de configuração, as migrações de bancos de dados e a documentação necessária para passar às pessoas que executam o processo de implantação – tudo isso ainda não foi testado em um ambiente de produção ou homologação.
- Há pouca ou nenhuma colaboração entre o time de desenvolvimento e as pessoas que realmente fazem a implantação.

Quando ocorre a implantação em homologação, é criada uma equipe para isso. Às vezes essa equipe tem todas as habilidades necessárias, mas em grandes organizações a responsabilidade geralmente é dividida entre vários grupos. DBAs (*database administrators*), equipes de middleware, equipes de servidores Web participam em etapas específicas no processo de instalar a última versão de um software. Como os vários passos nunca foram testados em homologação, ocorrem erros. A documentação não tem todos os passos necessários; a documentação e os scripts fazem suposições erradas sobre versões ou configurações dos ambientes, e o processo falha. A equipe de implantação tem então de adivinhar as intenções da equipe de desenvolvimento.

Geralmente, essa falta de colaboração causa tantos problemas no processo de passagem de desenvolvimento para homologação que todo ele se baseia em chamadas telefônicas, e-mails de última hora e consertos feitos às pressas. Um time disciplinado irá incorporar toda essa comunicação no plano de implantação – mas raramente esse tipo de esforço é eficaz. À medida que a pressão aumenta, o processo de colaboração entre a equipe de desenvolvimento e a equipe de implantação é transformado para que a implantação possa ser feita dentro do prazo dado à equipe responsável.

Durante o processo de implantação, não é incomum descobrir que pressuposições incorretas sobre o ambiente foram incorporadas ao próprio projeto do sistema. Por exemplo, uma aplicação que ajudamos a implantar usava o sistema de arquivos para fazer cache de dados. Isso funcionava muito bem nas máquinas de desenvolvimento, mas isso não acontecia nos ambientes em cluster de produção. Resolver problemas como esse pode levar muito tempo, e realizar uma implantação pode ser impossível sem que eles sejam resolvidos.

Uma vez que a aplicação esteja em homologação, é comum que sejam encontrados defeitos. Infelizmente, muitas vezes não é possível resolver todos eles, pois a data de implantação está se aproximando rapidamente e, nesse estágio do projeto, adiá-la seria inaceitável. Sendo assim, os defeitos mais críticos são resolvidos às pressas, e uma lista de defeitos conhecidos é guardada pelo gerente de projeto, e será priorizada quando o trabalho recomeçar, na próxima versão.

Às vezes a situação pode ser ainda pior. Há algumas coisas que agravam os problemas associados a uma entrega de versão.

- Ao trabalhar em uma nova aplicação, a primeira implantação em homologação é geralmente a mais complicada.
- Quanto maior o ciclo de desenvolvimento de uma versão, mais tempo a equipe de desenvolvimento tem para fazer suposições incorretas antes da implantação, e mais tempo será necessário para corrigi-las.
- Em grandes organizações em que o processo de implantação é dividido entre vários grupos, como desenvolvimento, DBAs, operações, testadores, etc., o custo de coordenação entre esses silos pode ser enorme, e algumas vezes o processo todo fica preso em um inferno de chamadas para o suporte. Nesse cenário, desenvolvedores, testadores e pessoal de operação estão continuamente abrindo chamadas de suporte (ou enviando e-mails) uns para os outros para conseguir ir adiante em qualquer processo de implantação – ou para resolver problemas que surgiram durante o processo.
- Quanto maior a diferença entre os ambientes de produção e de desenvolvimento, menos realistas serão as suposições feitas durante o desenvolvimento. Isso pode ser difícil de quantificar, mas é fácil imaginar que, se você está desenvolvendo em uma máquina Windows e implantando em um cluster Solaris, é provável que haja surpresas.
- Se a aplicação ou seus componentes são instalados por usuários, é provável que você não tenha muito controle sobre o ambiente, especialmente fora de ambientes corporativos. Nesse caso, testes extras serão necessários.

Em vez disso...

A solução é integrar todas as atividades de teste, implantação e entrega de versão ao processo de desenvolvimento. Transforme-as em uma etapa normal e contínua do desenvolvimento, de modo que haja pouco risco, já que você ensaiou antes em muitas ocasiões diferentes, em ambientes cada vez mais próximos da produção. Garanta que todos os envolvidos no processo de entrega de software, de desenvolvedores a testadores, passando por times de implantação e operação, trabalhem juntos desde o começo do projeto.

Nós adoramos testes, e o uso de integração contínua e entrega contínua, como um modo de testar tanto o software quanto o processo de implantação, é a base da abordagem que descrevemos.

Antipadrão: gerência de configuração manual dos ambientes de produção

Muitas organizações gerenciam a configuração dos seus ambientes de produção por meio de uma equipe de operação. Se uma mudança é necessária – como, por exemplo, a mudança de uma configuração do banco de dados ou o aumento do número de threads em um *thread pool* no servidor de aplicação –, ela é feita manualmente nos servidores de produção. Se for feito algum registro de tal mudança, é provável que seja um registro em um banco de dados de mudanças de configuração.

Sinais desse antipadrão são:

- Depois de o software ter sido implantado com sucesso várias vezes em um ambiente de homologação, a implantação em produção falha.
- Membros diferentes de um cluster de máquinas se comportam de maneiras diferentes – por exemplo, um dos nodos suporta menos carga ou demora mais para processar requisições do que outro.
- A equipe de operações demora muito para preparar um ambiente para a entrega de uma versão.
- Você não pode voltar para uma configuração anterior de um servidor, incluindo sistema operacional, servidor de aplicações, servidor Web, banco de dados ou qualquer outra configuração de infraestrutura.
- Servidores em clusters possuem, de forma não intencional, versões diferentes de sistema operacionais, infraestrutura de terceiros, bibliotecas ou patches.
- A configuração de um sistema é feita por meio da modificação direta da configuração nos sistemas de produção.

Em vez disso...

Todos os aspectos dos seus ambientes de testes, homologação e produção – e em especial a configuração de elementos de terceiros existentes em seu sistema – devem ser executados a partir de controle de versão por um processo automatizado.

Uma das práticas fundamentais que descrevemos neste livro é a gerência de configuração; em parte isso significa ser capaz de recriar repetidamente qualquer parte da infraestrutura usada por sua aplicação de forma automática. Isso significa poder gerenciar sistemas operacionais, seus patches, todas as bibliotecas e configuração requeridas pela aplicação e assim por diante. Você precisa ser capaz de recriar o seu ambiente de produção de forma exata, de preferência de maneira automatizada. A virtualização pode ajudar bastante no início.

Você deve saber exatamente o que está em produção. Isso significa que cada mudança feita para a produção deve ser registrada e auditável. Muitas vezes, implantações falham porque alguém aplicou alguns patches ao ambiente de produção na última implantação e isso não foi registrado em lugar algum. De fato, não deveria ser possível fazer mudanças manuais nos ambientes de teste, homologação e produção. A única maneira de realizar modificações nesses ambientes seria por meio de um processo automatizado.

Aplicações muitas vezes dependem de outras aplicações. Deveríamos poder logo ver de qual é a versão exata de entrega de cada parte de software.

O processo de entrega de um software pode ser estimulante, mas também pode ser exaustivo e deprimente. Quase toda entrega envolve mudanças de última hora, como resolver problemas de conexão ao banco de dados, atualizar a URL de um serviço externo, e assim por diante. Deve haver um modo de introduzir tais mudanças de modo que sejam registradas e testadas. Mais uma vez, a automação é essencial. As mudanças devem ser feitas em um sistema de versionamento e propagadas para produção por meio de processos automatizados.

Da mesma forma, deve ser possível usar o mesmo processo para reverter uma versão em produção se a implantação falhar.

Podemos fazer melhor?

Com certeza, e o objetivo deste livro é mostrar como. Os princípios, as práticas e as técnicas que descrevemos tornam as implantações tediosas, mesmo em ambientes "corporativos" complexos. Entregas de versões de software podem – e devem – ser um processo de baixo risco, frequente, barato, rápido e previsível. Essas práticas foram desenvolvidas ao longo de muitos anos e fizeram uma grande diferença em muitos projetos. Todas as práticas descritas neste livro foram testadas em grandes projetos corporativos com times distribuídos e com times pequenos. Sabemos que elas funcionam, e que são escaláveis para projetos maiores.

> **O poder de implantações automatizadas**
>
> Um dos nossos clientes costumava ter um time enorme de pessoas dedicadas a cada entrega de uma versão de software. O time trabalhava junto por sete dias, incluindo um fim de semana inteiro, para conseguir colocar a aplicação em produção. A taxa de sucessos era baixa, e eram introduzidos erros a cada entrega de versão, com um alto nível de intervenções no dia da entrega da versão, além de várias correções e mudanças nos dias subsequentes para corrigir outros erros introduzidos durante a implantação ou causados por erro humano na configuração do software.
>
> Nós ajudamos esse cliente a implementar um sistema sofisticado de implantação, desenvolvimento, teste e entrega de versão automatizado com todas as práticas e técnicas de desenvolvimento necessárias para suportá-lo. A última entrega de versão que acompanhamos foi colocada em produção em sete segundos. Ninguém percebeu coisa alguma, exceto, é claro, o comportamento novo introduzido nas funcionalidades daquela implantação. Se a implantação tivesse falhado por algum motivo, todas as mudanças poderiam ser revertidas nos mesmos sete segundos.

Nosso objetivo é descrever como o uso de pipelines de implantação, combinado com um alto grau de automação tanto de testes como de entrega, e um uso adequado de gerência de configuração possibilita entregas realizadas apenas apertando um botão – em qualquer ambiente necessário (teste, desenvolvimento ou produção).

Ao longo do texto, descreveremos esse padrão e as técnicas necessárias para adotá-lo e para que ele funcione. Daremos informações sobre abordagens para resolver os problemas que você enfrentará. Descobrimos que as vantagens dessa abordagem claramente superam os custos de alcançá-la.

Nada disso está fora do alcance de qualquer equipe de projeto. Não é necessário um projeto rígido, documentação significativa ou muitas pessoas. No final deste capítulo, esperamos que você entenda os princípios por trás dessa abordagem.

Como alcançar nosso objetivo?

Como mencionamos, nosso objetivo como profissionais de desenvolvimento é entregar software útil e funcional aos usuários o mais rápido o possível.

Velocidade é essencial porque há um custo de oportunidade associado à não entrega do software. Você só começa a obter um retorno sobre o investimento quando uma versão do software for entregue. Assim, um dos principais objetivos deste livro é encontrar formas de reduzir o *tempo de ciclo*, ou seja, o tempo entre a decisão de fazer uma mudança em um software – seja uma correção ou a adição de uma nova funcionalidade – e o momento em que ela está disponível para os usuários.

A entrega rápida também é importante porque permite que você descubra quais correções e funcionalidades implementadas de fato são úteis. O responsável pelas decisões por trás da criação de uma aplicação, que chamaremos de cliente, cria hipóteses sobre qual funcionalidade ou correção é mais útil para os usuários. Entretanto, até que estejam disponíveis para os usuários que escolhem como irão usar o software, elas continuam sendo hipóteses. Portanto, é vital minimizar o tempo de ciclo para que seja estabelecido um ciclo eficaz de feedback.

Uma parte importante da utilidade é a qualidade. Nosso software precisa se adequar a seus objetivos. Qualidade não é o mesmo que perfeição – como Voltaire disse: "O perfeito é o inimigo do bom" – mas o objetivo deve ser entregar software com qualidade suficiente para gerar valor aos seus usuários. Embora seja importante entregar o mais rápido possível, é essencial manter um nível apropriado de qualidade.

Assim, para refinar ligeiramente nosso objetivo, queremos encontrar formas de entregar aos usuários software de alto valor e alta qualidade de maneira eficiente, confiável e rápida.

Descobrimos que, para alcançar esse objetivo – tempo de ciclo curto e alta qualidade – precisamos entregar versões frequentes e automatizadas de nosso software. Por quê?

- **Automatizadas:** Se o processo completo de entrega não é automatizado, ele não é passível de repetição. Todas as suas realizações serão diferentes, em função de mudanças na aplicação, na configuração do sistema, no ambiente ou no próprio processo de entrega. Como os passos são manuais, são passíveis de erro, e não existe uma forma de rever exatamente o que foi feito. Isso significa que não há como ter controle sobre o processo de entrega de versão e, consequentemente, de garantir que a qualidade seja alta. Entregar software algumas vezes é uma arte, mas deveria ser uma disciplina de engenharia.

- **Frequentes:** Se as entregas de versão são frequentes, a variação entre elas será menor. Isso reduz significativamente o risco associado a elas e torna o processo de reverter mudanças muito mais fácil. Entregas frequentes também conduzem a feedback mais rápido – na verdade, elas exigem isso. Grande parte deste livro se concentra em obter feedback sobre as mudanças feitas em uma aplicação e sua configuração associada (incluindo seu ambiente, processo de implantação e dados) o mais rápido possível.

Feedback é essencial para entregas frequentes e automatizadas. Há dois critérios para que ele seja útil:

- Cada mudança, seja qual for, deve disparar o processo de feedback.
- O feedback deve ser obtido assim que possível.
- A equipe responsável pela entrega deve receber o feedback e agir sobre ele.

Vamos examinar esses três critérios em detalhes e considerar como podemos alcançá-los.

Cada mudança deve disparar o processo de feedback

Uma aplicação de software funcional pode ser dividida em quatro componentes: código executável, configuração, ambiente de hospedagem e dados. Se qualquer um deles muda, o comportamento da aplicação pode mudar. Portanto, é necessário manter esses quatro componentes sob controle e garantir que cada mudança feita em qualquer um deles seja verificada.

Quando uma mudança é feita no código-fonte, o código executável muda. Toda vez que se faz uma mudança no código-fonte, o binário resultante deve ser compilado e testado. Para ter controle sobre esse processo, a compilação e os testes do binário devem ser automatizados. A prática de compilar e testar a aplicação a cada mudança é conhecida como integração contínua e é mais bem descrita no Capítulo 3.

Esse código executável deve ser o mesmo código executável implantado em todos os ambientes, seja de teste ou produção. Se o sistema usa uma linguagem compilada, você precisa garantir que o resultado binário de seu processo de compilação seja reusado sempre que for necessário e nunca recompilado.

Qualquer mudança entre ambientes deve ser capturada como informação de configuração. Qualquer mudança na configuração da aplicação, em qualquer ambiente, deve ser testada. Se o software vai ser instalado diretamente para os usuários, as possíveis configurações devem ser testadas em uma faixa representativa de sistemas de exemplo. A gerência de configuração é discutida no Capítulo 2.

Se algum dos ambientes em que a aplicação será implantada mudar, o sistema completo deve ser testado levando em conta essas mudanças. Isso inclui as mudanças de sistema operacional, a lista de softwares que suportam a aplicação, as configurações de rede e qualquer infraestrutura interna ou externa. O Capítulo 11 discute a gerência de infraestrutura e ambientes, incluindo a automação da criação e manutenção de ambientes de teste e produção.

Finalmente, se a estrutura dos dados muda, essa mudança também deve ser testada. Discutimos gerência de dados no Capítulo 12.

O que é o processo de feedback? Ele envolve testar cada mudança de forma tão automatizada quanto possível. Os testes variam de acordo com o sistema, mas devem incluir no mínimo as seguintes verificações:

- O processo de criação do código executável deve funcionar. Isso verifica se a sintaxe do código é válida.

- Devem ser feitos testes unitários. Isso verifica se o código se comporta como esperado.

- O software deve atender a certos critérios de qualidade, como cobertura de testes e outras métricas dependentes da tecnologia.

- Devem ser feitos testes de aceitação funcionais. Isso verifica se a aplicação está de acordo com os critérios de aceitação do negócio – isto é, ela entrega o valor de negócio esperado.

- Devem ser feitos testes não funcionais. Isso verifica se a aplicação funciona suficientemente bem em termos de capacidade, disponibilidade e segurança, e se atende às necessidades dos usuários.

- O software deve passar por alguns testes exploratórios e uma demonstração para o cliente e um grupo de usuários. Isso geralmente é feito em um ambiente de testes manuais. Nessa parte do processo, o responsável pelo projeto pode decidir que funcionalidade está faltando ou encontrar defeitos que precisam ser corrigidos e testes automatizados que precisam ser criados para prevenir regressões.

O ambiente em que esses testes são executados deve ser o mais próximo possível do ambiente de produção, para verificar que mudanças no ambiente não influenciaram a capacidade de execução da aplicação.

O feedback deve ser obtido o mais rápido possível

A chave para feedback rápido é a automação. Com processos completamente automatizados, seu único limite é a quantidade de hardware que se pode usar. Se você tem processos manuais, depende de pessoas para fazer o trabalho. Pessoas demoram mais, introduzem problemas e não são auditáveis. Além disso, executar essas tarefas manualmente é tedioso e repetitivo – com certeza não a melhor maneira de aproveitar essas pessoas. Elas são caras e valiosas, e devem se concentrar na produção de software que agrade aos seus usuários e na entrega deste o mais rápido possível – e não em tarefas tediosas e passíveis de erro como testes de regressão, provisionamento de servidores virtuais, implantação, e assim por diante, que são executadas com maior eficiência por máquinas.

Entretanto, a implementação do pipeline de implantação é algo que consome recursos, especialmente quando você tem uma boa cobertura em seus testes automatizados. Um dos principais objetivos é otimizar o uso de recursos humanos: queremos que as pessoas se concentrem em trabalhos interessantes e deixem o trabalho repetitivo para máquinas.

Podemos caracterizar os testes no estágio de desenvolvimento do pipeline (Figura 1.1) da seguinte forma:

- Eles executam rapidamente.

- Eles são tão completos quanto possível, ou seja, cobrem mais do que 75% da base de código, de modo que quando são executados com sucesso, temos um bom grau de confiança de que a aplicação funciona.

- Se qualquer um deles falhar, isso significa que a aplicação tem uma falha crítica e que, de maneira alguma, a versão deve ser gerada e entregue. Isso significa que testes para verificar a cor de um elemento da interface não devem estar incluídos nesse conjunto de testes.

- Os testes são o mais independentes possível do ambiente, ou seja, o ambiente não precisa ser uma réplica perfeita do ambiente de produção – isso é mais barato e mais simples.

Por outro lado, os testes dos próximos estágios têm as seguintes características:

- Executam mais lentamente e por isso são candidatos à paralelização.

- Alguns deles podem falhar, e ainda podemos gerar uma versão da aplicação em algumas circunstâncias (talvez haja uma correção crítica da versão candidata que faz o desempenho cair abaixo de algum parâmetro definido, mas podemos decidir entregar uma versão mesmo assim).

- Eles rodam em um ambiente bem próximo ao do de produção, de modo que, além dos testes de funcionalidade, também cobrem aspectos do processo de implantação e mudanças no ambiente de produção.

Essa organização do processo de testes significa que temos um alto grau de confiança do software depois do primeiro conjunto de testes que são efetuados em máquinas mais baratas e de forma mais rápida. Se esses testes falham, a versão candidata não progride para os próximos estágios. Isso garante um uso otimizado dos recursos. Você encontrará mais informações sobre isso no Capítulo 5, "Anatomia de um Pipeline de Implantação", e nos Capítulos 7, 8 e 9, que descrevem o estágio de testes iniciais, testes de aceitação automatizados e testes de requisitos não funcionais.

Um dos elementos fundamentais de nossa abordagem é a necessidade de feedback rápido. Garantir esse feedback em mudanças exige atenção ao processo de desenvolvimento do software – em especial ao uso de controle de versão e à organização do código. Os desenvolvedores devem realizar commits frequentes para o sistema de versionamento e separar o código em componentes para gerenciar equipes maiores ou distribuídas. Criar novos branches deve ser evitado na maioria das vezes. Discutimos entrega incremental e o uso de componentes no Capítulo 13, "Como Gerenciar Componentes e Dependências", e branching e *merging* no Capítulo 14, "Controle de Versão Avançado".

A equipe responsável pela entrega deve receber o feedback e aproveitá-lo

É essencial que todos os envolvidos no processo de entrega de software estejam igualmente envolvidos no processo de feedback. Isso inclui desenvolvedores, testadores, equipe de operação, administradores de banco de dados, especialistas de infraestrutura e gerentes. Se as pessoas com essas funções não trabalharem juntas no dia a dia (embora seja recomendado que as equipes sejam multifuncionais), é essencial que se encontrem com frequência e trabalhem para melhorar o processo de entrega. Um processo baseado em melhorias contínuas é essencial para a entrega rápida de software de qualidade. Processos iterativos ajudam a estabelecer um ritmo para esse tipo de atividade – pelo menos uma reunião de retrospectiva por iteração em que todos discutem como melhorar o processo para a próxima iteração.

Ser capaz de reagir ao feedback também significa espalhar a informação. O uso de painéis de informação grandes e visíveis (que não precisam ser eletrônicos) e outros mecanismos de notificação é essencial para garantir que o feedback seja de fato realimentado e seja bem compreendido por todos. Esses painéis devem estar sempre presentes, e deve haver pelo menos um deles no local onde o time de desenvolvimento está.

Finalmente, nenhum feedback é útil se for ignorado. Isso requer disciplina e planejamento. Quando alguma coisa precisa ser feita, é responsabilidade da equipe como um todo parar o que está fazendo e decidir a melhor atitude a ser tomada. Depois que isso for feito, o time pode continuar seu trabalho.

Esse processo é escalável?

Uma objeção comum a isso é que o processo descrito aqui é idealístico. Os opositores dizem que pode funcionar para equipes pequenas, mas é impossível que funcione para projetos grandes e distribuídos!

Nós trabalhamos em muitos projetos de grande porte ao longo dos anos em várias indústrias diferentes. Também tivemos a sorte de trabalhar com colegas com muitas experiências. Todos os processos e técnicas que descrevemos neste livro foram experimentados e comprovados em projetos reais em todos os tipos de organizações, tanto grandes como pequenas, em diversas situações. Encontrar os mesmos problemas toda vez nesses projetos é o que nos levou a escrever este livro.

Os leitores irão notar que este livro é inspirado pela filosofia e pelas ideias do movimento *lean*. Os objetivos da produção *lean* são garantir a entrega rápida de produtos de alta qualidade e focar a redução de desperdícios e de custos. O uso dessas técnicas e ideias resulta em grande economia de recursos e redução dos custos, produtos de maior qualidade e menor tempo de entrada no mercado em várias indústrias. Essa filosofia está começando a se tornar comum também no campo de desenvolvimento e é subjacente a muito do que discutimos neste livro. A aplicação das técnicas *lean* não se limita a sistemas pequenos. Foram criadas e aplicadas a grandes organizações e até mesmo a economias inteiras.

Tanto a teoria quanto a prática são tão relevantes para equipes grandes como para equipes pequenas, e nossa experiência é de que funcionam. Entretanto, não pedimos que você simplesmente acredite no que dizemos. Experimente e descubra por conta própria. Mantenha o que funciona e elimine o que não funciona, e escreva sobre suas experiências para que outros também se beneficiem.

Quais são os benefícios?

O principal benefício da abordagem que descrevemos na seção anterior é que ela cria um processo de entrega confiável, previsível e passível de repetição, que, por sua vez, gera grandes reduções no tempo de ciclo e entrega novas funcionalidades e correções aos usuários rapidamente. A redução de custos em si já é suficiente para cobrir todo o tempo investido no estabelecimento e na manutenção do próprio processo.

Além disso, há muitos outros benefícios; alguns deles já haviam sido previstos anteriormente, enquanto outros surgiram como surpresas agradáveis quando observados.

Dar autonomia às equipes

Um dos princípios fundamentais do pipeline de implantação é que ele é um sistema de autosserviço: permite que testadores, pessoal de operações e suporte obtenham qualquer versão da aplicação que quiserem em qualquer ambiente que escolherem. Em nossa experiência, uma contribuição importante para o tempo de ciclo são as pessoas envolvidas no processo de entrega que estão esperando para receber uma "versão boa" da aplicação. Muitas vezes, receber uma versão boa requer um processo interminável de envio de e-mails, chamadas de suporte e outras formas ineficientes de comunicação. Quando a equipe de entrega é distribuída, isso se torna uma fonte enorme de ineficiência. Com a implementação de um pipeline de implantação, esse problema é eliminado – todos podem ver quais versões estão disponíveis para os ambientes nos quais têm interesse, e têm a habilidade de fazer a implantação dessas versões com um simples clique em um botão.

O que geralmente vemos como resultado disso é a existência de várias versões em diferentes ambientes, enquanto diversos membros da equipe fazem seu trabalho. A habilidade de implantar facilmente qualquer versão em qualquer ambiente tem muitas vantagens.

- Testadores conseguem selecionar versões anteriores da aplicação para verificar mudanças no comportamento das novas versões.

- A equipe de suporte pode implantar versões anteriores da aplicação que os usuários estão usando para reproduzir um defeito.

- A equipe de operação pode selecionar uma versão que eles sabem que é boa para implantar em produção como parte de um exercício de recuperação de desastres.

- Implantações podem ser feitas com um único clique.

A flexibilidade que nossas ferramentas de implantação oferecem muda a forma como elas funcionam – para melhor. De maneira geral, membros de uma equipe têm mais controle sobre seu trabalho, o que aumenta sua qualidade e faz com que a qualidade da aplicação também aumente. A equipe colabora de forma mais eficiente e menos reativa, e pode trabalhar com maior eficiência porque não perde tanto tempo esperando por versões da aplicação.

Reduzir erros

Erros podem ser introduzidos em software a partir de vários locais. As pessoas que pediram o software podem ter pedido as coisas erradas, os analistas que capturaram os requisitos podem tê-los entendido mal, e os desenvolvedores podem ter criado código com defeitos. Os erros dos quais estamos falando aqui, entretanto, são especificamente aqueles introduzidos em produção em função da má *gerência de configuração*. Iremos explicar o que queremos dizer com gerência de configuração em mais detalhes no Capítulo 2. Por hora, pense em todas as coisas que precisam estar corretas para que uma aplicação funcione – a versão correta do código, é claro, mas também a versão correta do esquema do banco de dados, a configuração correta dos *load-balancers*, a URL correta de *serviço Web* usados em produção e assim por diante. Quando falamos em gerência de configuração, referimo-nos a todos os processos e mecanismos que permitem que você identifique e controle esse conjunto de informação.

> **A diferença que um byte faz**
>
> Há alguns anos, Dave estava trabalhando em um ponto de vendas de grande escala para um atacadista conhecido. Isso aconteceu quando a ideia sobre o que era automação ainda não estava tão desenvolvida, de modo que alguns processos eram bem automatizados, mas outros não. Nessa época, um defeito vergonhoso apareceu em produção na aplicação. De repente, estávamos vendo uma explosão de erros nos logs em circunstâncias desconhecidas e difíceis de determinar. Não conseguíamos reproduzir o problema em nossos ambientes de teste. Tentamos de tudo: testes de carga no ambiente de desempenho, simulações do que parecia um problema patológico de produção, mas não conseguíamos reproduzir o que estava acontecendo. Finalmente, depois de muitas investigações, decidimos auditar tudo o que pensávamos que poderia estar diferente entre os dois sistemas. Enfim, encontramos uma única biblioteca binária, da qual nosso sistema dependia, que pertencia a um software que estávamos usando e que era diferente entre o ambiente de produção e de testes. Mudamos a versão em produção e o problema desapareceu.
>
> A moral dessa história não é que não éramos esforçados ou cuidadosos, ou que éramos espertos porque pensamos em auditar o sistema. A moral é que software pode ser muito frágil. Esse era um sistema consideravelmente grande, com dezenas de milhares de classes, milhares de bibliotecas e muitos pontos de integração com sistemas externos. Ainda assim, um erro sério foi introduzido em produção devido a alguns poucos bytes diferentes entre versões de uma biblioteca de terceiros.

Nos muitos gigabytes de informação que compõem um sistema moderno de software, nenhum ser humano – ou equipe de seres humanos – será capaz de identificar uma mudança na escala do exemplo descrito acima sem auxílio de máquinas. Em vez de esperar para que o problema ocorra, por que não usar máquinas para eliminar essa possibilidade?

O gerenciamento ativo de tudo que pode mudar com o uso de um sistema de versionamento – arquivos de configuração, scripts de criação de banco de dados, scripts de compilação, frameworks de testes e versões de ambiente e configurações de sistema operacionais – permite que computadores trabalhem no que são bons: garantir que tudo está onde esperamos que esteja, pelo menos até o momento em que o código começa a ser executado.

> **O custo da gerência manual de configuração**
>
> Outro projeto em que trabalhamos tinha um grande número de ambientes de testes dedicados. Cada um rodava um servidor de aplicações EJB conhecido. Essa aplicação era desenvolvida como um projeto ágil e tinha boa cobertura de testes automatizados. A compilação local era bem gerenciada, e era relativamente fácil para um desenvolvedor executar o código localmente de forma a continuar o desenvolvimento. Entretanto, isso foi antes de começarmos a ter mais cuidado com

> a automação da implantação. Cada ambiente de testes era configurado de forma manual, usando ferramentas de terminal oferecidas pelo servidor de aplicação. Embora uma cópia dos arquivos de configuração usada pelos desenvolvedores para configurar a aplicação localmente fosse guardada sob controle de versão, as configurações dos ambientes de testes não o eram. Cada uma era diferente: cada uma tinha propriedades em ordens diferentes, em algumas faltavam propriedades e outras tinham valores ou nomes de propriedades diferentes. Não existiam dois ambientes similares e todos eram diferentes dos ambientes de produção. Era incrivelmente difícil determinar quais propriedades eram essenciais, quais eram redundantes, quais deveriam ser comuns a todos os ambientes e quais deveriam ser únicas. O resultado era que o projeto empregava uma equipe de cinco pessoas responsáveis por gerenciar as configurações desses diferentes ambientes.

Nossa experiência mostra que essa dependência da configuração manual é comum. Em muitas das organizações com as quais trabalhamos, isso vale tanto para ambientes de produção como de testes. Às vezes, não importa se o servidor A tem um conjunto de conexões limitado a 120 enquanto o servidor B está limitado a 100. Em outras, importa bastante.

Quais diferenças nas configurações importam e quais não importam é algo que você quer descobrir por acaso durante o período mais agitado do dia. Esse tipo de informação de configuração define o ambiente em que o código executa, e frequentemente especifica caminhos novos ao longo desse código. Mudanças nessas configurações devem ser levadas em consideração, e o ambiente em que o código executa deve ser tão bem definido e controlado quanto o comportamento do próprio código. Se tivermos acesso à configuração de seu banco de dados, servidor de aplicações ou servidor Web, garantimos que podemos fazer sua aplicação falhar mais rápido do que tendo acesso ao compilador e ao código-fonte.

Quando tais parâmetros de configuração são definidos e geridos manualmente, eles sofrem com o fato de que humanos tendem a cometer erros em tarefas repetitivas. Um simples erro de grafia pode impedir o funcionamento correto de uma aplicação. Pior do que isso, linguagens de programação em geral possuem verificadores de sintaxe e testes unitários para garantir que não há erros de grafia – esses testes, porém, quase nunca são aplicados a informação de configuração, sobretudo se esta é digitada diretamente em um terminal.

O simples ato de adicionar as informações de configuração em um sistema de controle de versão é uma evolução enorme. No mínimo, o sistema alertará sobre o fato de que você mudou a configuração de forma inadvertida. Isso elimina pelo menos uma fonte muito comum de erros.

Quando toda a informação de configuração estiver armazenada em um sistema de controle de versão, o próximo passo óbvio é eliminar o intermediário e deixar que o computador aplique a configuração em vez de digitá-la novamente. Isso é mais fácil em algumas tecnologias do que em outras e, às vezes, você e os próprios fornecedores de infraestrutura ficarão surpresos com até que ponto você pode chegar se começar a pensar com atenção sobre configuração – mesmo dos sistemas de terceiros mais complicados. Discutiremos isso em mais detalhes no Capítulo 4 e no Capítulo 11.

Reduzir o estresse

Entre os benefícios óbvios, o mais agradável é a redução do estresse de todos os envolvidos com uma entrega de versão. A maioria das pessoas que já se envolveu em um projeto de software próximo da data de sua entrega de versão sabe o quão estressante o evento pode ser. Nossa experiência mostra que isso também pode se tornar uma fonte de problemas. Já vimos gerentes de projetos conservadores, sensíveis e conscientes sobre qualidade perguntarem para seus desenvolvedores: "Vocês não podem simplesmente modificar o código?", ou administradores de bancos de dados sensatos inserirem dados diretamente no banco de dados para aplicações que não conhecem. Em ambas as ocasiões, e em muitas outras como essas, a mudança foi uma resposta direta à pressão de "simplesmente fazer a coisa funcionar".

Não nos entenda mal – também já estivemos na mesma situação. Não estamos nem sugerindo que essa seja sempre a resposta errada: se você colocou código em produção que está fazendo sua organização perder dinheiro, quase qualquer medida que impeça isso pode ser justificada.

O argumento que estamos abordando é outro. Em ambos os casos acima, as ações rápidas para colocar o sistema em produção não foram guiadas por motivações comerciais, mas por pressão mais sutil de entregar a versão no dia previsto. O problema é que tais entregas em produção são eventos importantes. Enquanto isso acontecer, esses eventos serão cheios de cerimônia e de nervosismo.

Por um momento, imagine se sua próxima entrega pudesse ser feita com um simples clique em um botão. Imagine que ela pudesse ser feita em alguns minutos, ou mesmo em segundos, e que, se acontecesse o pior, você pudesse voltar ao estado anterior no mesmo tempo. Imagine que você estivesse entregando frequentemente, de modo que a variação entre o que está em produção e o que está em desenvolvimento fosse muito pequena. Se isso fosse verdade, o risco de qualquer entrega seria significativamente menor, e toda aquela sensação desagradável de que você está apostando sua carreira no sucesso dessa entrega seria bem reduzida.

Para um conjunto pequeno de projetos, esse ideal pode não ser atingível na prática. Entretanto, para a maioria dos projetos ele é, embora exija certo grau de esforço. A chave para reduzir o estresse é ter o tipo de processo automatizado que descrevemos, exercitá-lo frequentemente e ter uma boa explicação pronta para quando for necessário voltar atrás se acontecer o pior. Na primeira vez em que você exercitar automação em seus projetos, isso será difícil – mas com o tempo ficará mais fácil, e os benefícios para você e para o projeto serão incalculáveis.

Flexibilidade de implantação

Executar a aplicação em um ambiente novo deveria ser uma tarefa simples – idealmente, seria apenas uma questão de ativar novas máquinas físicas ou virtuais e criar algum tipo de informação que descreve as propriedades únicas daquele ambiente. Você conseguiria usar seu processo automatizado para preparar o ambiente para a entrega, e então implantar nele uma versão escolhida do software.

> **Executando software corporativo em um laptop**
>
> Estávamos trabalhando em um projeto recente cujo plano de negócios havia sido subitamente invalidado por uma mudança na legislação. O projeto deveria criar um sistema central para um novo tipo de negócio que seria distribuído internacionalmente, e por isso o software tinha sido projetado para rodar em uma coleção grande e heterogênea de máquinas caras. Naturalmente, todos estavam um pouco desanimados com a notícia de que a razão de o projeto existir acabara de desaparecer.
>
> No entanto, víamos um ponto positivo nisso. A organização para a qual estávamos desenvolvendo o software fizera uma análise de downsizing. Nossos clientes perguntaram qual seria a menor especificação de máquina para rodar o sistema e como os custos de capital poderiam ser limitados. Nossa resposta foi que o software rodaria no laptop em que trabalhávamos. Eles ficaram surpresos, já que esse era um sistema multiusuário sofisticado e, após refletirem sobre isso, perguntaram como sabíamos que funcionaria. Respondemos mostrando o funcionamento de todos os testes e perguntamos que tipo de carga o sistema deveria suportar. Com a resposta em mãos, mudamos uma linha nos parâmetros dos testes de desempenho e os executamos. Mostramos que o laptop era lento, mas nem tanto. Um servidor configurado de forma decente suportaria as necessidades deles e, quando estivesse disponível, levaria apenas alguns minutos para executar a aplicação em seu ambiente.
>
> Esse tipo de flexibilidade não é somente uma função do tipo de técnicas automatizadas que estamos descrevendo neste livro; a aplicação também era bem projetada. Entretanto, nossa habilidade de colocar o software onde fosse necessário, sob demanda, deu ao nosso cliente e a nós uma grande confiança em nossa habilidade de gerenciar a entrega a qualquer momento. Quando as entregas de versão se tornam menos sensíveis, é mais fácil considerar aspectos como o ambiente ágil ideal para a entrega no fim de uma iteração. Mesmo se isso não for apropriado para um tipo específico de projeto, ainda assim significa que geralmente temos nossos fins de semana de volta.

A prática leva à perfeição

Nos projetos em que trabalhamos, tentamos obter um ambiente dedicado para cada desenvolvedor ou par de desenvolvedores. Entretanto, mesmo em projetos que não chegam a esse ponto, qualquer time que usa integração contínua ou técnicas de desenvolvimento incrementais e iterativas precisará implantar a aplicação em diversos ambientes com frequência.

A melhor tática é usar a mesma estratégia de implantação seja qual for o ambiente final. Não devem existir estratégias especiais para QA (*quality assurance*), para testes de aceitação ou para o ambiente de produção. Dessa forma, toda vez que a aplicação é implantada em algum ambiente, confirma-se que o processo funciona. Em essência, o processo final de entrega em produção está sendo ensaiado continuamente.

Há um caso especial em que se permite alguma variação: o ambiente de desenvolvimento. Faz sentido que os desenvolvedores precisem criar binários em vez de usar binários previamente preparados em algum outro lugar, de modo que essa limitação pode ser removida dessas entregas específicas. Mesmo assim, deve-se tentar utilizar o processo também em ambientes de desenvolvimento.

A versão candidata

O que é uma versão candidata? Uma mudança feita no código pode ou não fazer parte de uma versão. Se você olhar para a mudança e se perguntar se deve ou não implantá-la em uma versão, qualquer resposta será apenas um palpite. Todo o processo de compilação, implantação e testes que aplicamos à mudança valida se ela pode ou não fazer parte de uma versão. O processo nos dá confiança de que a mudança é segura. Analisamos essa pequena mudança – seja nova funcionalidade, correção ou ajuste do sistema para conseguir alguma alteração de desempenho – e verificamos com algum grau de confiança se podemos ou não gerar uma versão do sistema com ela. Para reduzir ainda mais o risco, queremos fazer essa validação no menor tempo possível.

Embora qualquer mudança gere um artefato que teoricamente pode ser entregue aos usuários, elas não começam assim. Qualquer mudança deve ser verificada de acordo com sua aptidão para isso. Se o produto resultante é livre de defeito e segue os critérios de aceitação estabelecidos pelo cliente, então ele pode ser entregue.

A maioria das abordagens para entregar versões de software identifica versões candidatas no fim do processo, o que faz algum sentido quando há trabalho associado à identificação. Quando este livro foi escrito, a entrada da Wikipédia descrevendo os passos de desenvolvimento (Figura 1.2) mostrava "versão candidata" como um passo distinto do processo. Nós temos uma ideia um pouco diferente quanto a isso.

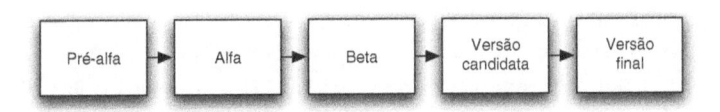

Pré-alfa → Alfa → Beta → Versão candidata → Versão final

Figura 1.2 *Visão tradicional de versão candidata.*

Abordagens tradicionais para o desenvolvimento de software adiam a escolha de uma versão candidata até que diversos passos custosos foram realizados para garantir que o software tem qualidade suficiente e em que a funcionalidade requerida. Entretanto, em um ambiente em que compilação e verificação são automatizadas de forma significativa e acompanhadas por testes igualmente completos, não há necessidade de se perder tempo e dinheiro em testes manuais intensivos no final do projeto. Nesse estágio, a qualidade da aplicação é significativamente mais alta, de modo que o teste manual é apenas uma afirmação de que funcionalmente a aplicação está completa.

De fato, adiar os testes para o final do processo de desenvolvimento, de acordo com nossa experiência, é uma maneira infalível de *reduzir* a qualidade da aplicação. É melhor descobrir e resolver defeitos no momento em que são introduzidos. Se forem descobertos depois, é sempre mais caro resolvê-los. Os desenvolvedores já esqueceram o que estavam fazendo no momento em que criaram o defeito, e a funcionalidade pode ter mudado nesse período. Deixar os testes para o fim geralmente significa que não há tempo para resolver de fato os problemas, e apenas uma pequena parte é tratada. Queremos, portanto, encontrar e resolver esses problemas o mais cedo o possível, de preferência *antes* que sejam introduzidos no código final.

Todo check-in é uma versão em potencial

Toda mudança que um desenvolvedor realiza no código pretende agregar valor ao software de alguma maneira. Toda mudança registrada no sistema de controle de versão supostamente melhora o sistema que está sendo criado. Como podemos saber se isso é mesmo verdade? A única maneira viável é exercitar o software de modo a verificar que ele possui o valor que esperamos. Muitos projetos adiam essa parte do processo até que a maioria ou toda a funcionalidade esteja presente. Se algo não funciona nesse momento, normalmente a correção exige uma quantidade razoável de trabalho. Essa frase é descrita como integração e é a parte mais imprevisível e menos gerenciável do processo de desenvolvimento. Em função de ser uma etapa difícil, muitos times a adiam, integrando-a com pouca frequência, o que a torna ainda pior.

Em software, quando algo é difícil, a maneira de reduzir o sofrimento é fazer isso com maior frequência, e não com menor. Em vez de integrar ocasionalmente, devemos integrar como resultado de qualquer mudança no sistema. A prática de integração contínua leva isso ao extremo, criando uma mudança de paradigma no processo de desenvolvimento. A integração contínua detecta qualquer mudança que introduza problemas no sistema ou que não atenda aos critérios de aceitação especificados pelo cliente no momento em que foi introduzida. Equipes podem, então, corrigir o problema assim que ele ocorre (essa é a primeira regra de integração contínua). Quando essa prática é seguida, o software está *sempre* em um estado funcional. Se seus testes cobrem suficientemente a aplicação e você os está executando em um ambiente suficientemente similar ao de produção, então a versão do software está *sempre pronta para a entrega*.

Cada mudança é, essencialmente, uma versão candidata. Toda vez que uma mudança é introduzida no sistema de versão, a expectativa é que todos os testes resultem em sucesso, produzindo código funcional que pode ser implantado em produção. Essa é a pressuposição inicial. O trabalho do sistema de integração contínua é negar essa pressuposição, mostrando que uma versão candidata em especial não atende aos critérios necessários para produção.

Princípios da entrega de software

As ideias subjacentes a este livro vieram do trabalho realizado pelos autores em diversos projetos ao longo dos anos. Quando começamos a sintetizar nossos pensamentos e capturá-los nessas páginas, notamos que os mesmos princípios apareciam repetidamente. Iremos enumerá-los aqui. Parte do que dizemos está sujeito a interpretações e a ressalvas; os princípios abaixo não estão. Eles não podem ser deixados de lado se queremos que o processo de entrega seja eficaz.

Criar um processo de confiabilidade e repetitividade de entrega de versão

Esse princípio é uma declaração do nosso propósito ao escrever este livro: entregar uma versão de software deve ser fácil, porque você testou cada parte do processo centenas de vezes antes. Deve ser tão simples quanto apertar um botão. A repetitividade e confiabilidade derivam desses dois princípios: automatizar quase tudo e manter tudo o que você precisa para compilar, configurar, implantar e testar a aplicação dentro de um sistema de controle de versão.

Implantar um software em última instância envolve três coisas:

- Fornecer e gerenciar o ambiente em que a aplicação executará (configuração de hardware, software, infraestrutura e sistemas externos).

- Instalar a versão correta da aplicação nesse ambiente.

- Configurar a aplicação, incluindo qualquer dado ou estado que a aplicação exija.

Deve-se fazer a implantação da aplicação em produção usando um processo completamente automatizado a partir do sistema de controle de versão. A configuração da aplicação também deve ser um processo automatizado, e os scripts e dados necessários, mantidos em um sistema de controle de versão ou bancos de dados. Obviamente, hardware não pode ser versionado; mas, com a chegada de tecnologia de virtualização com custo acessível e ferramentas como Puppet, o provisionamento também pode ser automatizado.

O resto deste livro é essencialmente uma descrição de técnicas para atingir esse objetivo.

Automatize quase tudo

Há algumas coisas impossíveis de se automatizar. Testes exploratórios dependem de profissionais experientes; demonstração para representantes da comunidade de usuários não podem ser feitas por computadores; aprovações para propósitos de conformação à regulamentação ou a padrões depende de intervenção humana. Entretanto, a lista de processos que não podem ser automatizados é menor do que se pensa. Em geral, todo o processo de compilação deve ser automatizado até o ponto em que sejam necessárias direção ou decisões humanas. Isso também vale para o processo de implantação e, de fato, para todo o processo de entrega. Testes de aceitação podem ser automatizados, upgrades ou downgrades do banco de dados também podem e mesmo configurações de rede e firewall. Você deve automatizar tudo o que puder.

Os autores deste livro podem dizer honestamente que ainda não encontraram um processo de compilação ou de implantação que não possa ser automatizado com trabalho e imaginação suficientes.

Muitos dos times de desenvolvimento não automatizam seu processo de entrega porque isso parece uma tarefa assustadora. É mais fácil apenas fazer tudo de forma manual. Talvez isso se aplique na primeira vez em que você executa algum passo do processo, mas certamente não vale para a décima vez em que você o realiza, e provavelmente também não para a terceira ou quarta vez.

Automação é um pré-requisito para o pipeline de implantação, porque é somente por meio dela que podemos garantir que as pessoas terão o que precisam ao apertar de um botão. Entretanto, você não precisa automatizar tudo de uma vez só; deve começar procurando pelas partes do processo que são gargalos. Você pode, e deve, automatizar de forma gradual, com o tempo.

Mantenha tudo sob controle de versão

Tudo que é necessário para compilar, configurar, implantar, testar e entregar uma versão de sua aplicação deve ser mantido em algum tipo de sistema de versionamento. Isso inclui documentação, scripts de testes, casos de teste automatizados, scripts de configuração e rede, scripts de implantação, criação de banco de dados, atualizações e inicialização, configuração da plataforma tecnológica, bibliotecas, ferramental, documentação técnicas e assim por diante. Tudo isso deve estar sob controle de versão, e as versões relevantes devem ser identificáveis para cada compilação. Isso significa que o *conjunto* deve ter algum identificador único, como o número da compilação ou o número do item de mudança no controle de versão.

Qualquer membro novo do time deve poder sentar-se em sua nova estação de trabalho, realizar um check-out da versão atual do software no sistema de versionamento e executar um comando único para compilar e implantar a aplicação em um ambiente acessível, incluindo a estação de trabalho local.

Também deve ser possível ver qual versão da aplicação está instalada em cada ambiente, e de quais versões do código e da configuração ela veio.

Se é difícil, faça com mais frequência e amenize o sofrimento

Esse é o princípio mais geral em nossa lista, e é provável que fosse mais bem descrito como uma heurística. Talvez seja a heurística mais útil que conhecemos no contexto de entrega de software e está presente em tudo que dizemos. Integração normalmente é um processo sofrido. Se isso acontece em seu projeto, integre toda vez que alguém submete uma nova versão do código, e faça isso desde o começo do projeto. Se testar é um processo difícil que ocorre logo antes da entrega da versão, não deixe para o fim. Em vez disso, teste continuamente desde o início do projeto.

Se entregar é algo penoso, tenha como objetivo fazer isso sempre que uma mudança passar pelos testes automatizados. Se você não pode entregar para os usuários reais toda vez, use um ambiente similar ao de produção depois de cada nova versão. Se criar a documentação da aplicação é difícil, faça isso a cada nova funcionalidade em vez de deixar para o fim. Crie documentação para cada parte da funcionalidade que satisfaz os princípios de entrega, e automatize o que puder.

Dependendo do seu nível de prática, o esforço para atingir esse ponto pode ser considerável, e ao mesmo tempo você precisa entregar o software. Tenha objetivos intermediários, como uma versão interna em intervalos de algumas semanas ou, se já está fazendo isso, toda semana. Progressivamente aproxime-se do ideal – mesmo passos pequenos têm grandes benefícios.

XP, ou *Extreme Programming* (Programação Extrema), é essencialmente a aplicação dessa heurística ao processo de desenvolvimento. Muitos dos conselhos neste livro vêm da experiência de aplicar o mesmo princípio ao processo de entrega de versão de software.

A qualidade deve estar presente desde o início

Esse princípio e o último que mencionamos nesta seção – melhoria contínua – são copiados sem vergonha alguma do movimento *lean*. "Construa com qualidade desde o início" era o lema de W. Edwards Deming que, entre outras distinções, foi um dos pioneiros do movimento *lean*. Quanto mais cedo você conseguir identificar defeitos, mais barato é para corrigi-los. E é ainda mais barato corrigi-los se eles sequer entrarem no controle de versão.

As técnicas que descrevemos neste livro, como integração contínua, cobertura extensiva de testes automatizados e implantação automatizada, têm como objetivo identificar defeitos o mais cedo possível no processo de entrega (uma aplicação do princípio de amenizar o sofrimento o mais rápido possível). O próximo passo é corrigi-los. Um alarme de incêndio torna-se inútil se todo mundo o ignorar. Times de entrega devem ser disciplinados o suficiente para corrigir defeitos assim que forem encontrados.

Há dois outros corolários deste princípio. Primeiro, teste não é uma fase, e certamente não deve vir depois da fase de desenvolvimento. Se os testes forem deixados para o fim, será tarde demais e não haverá tempo para corrigir os defeitos. Segundo, os testes também não são responsabilidade, pura ou mesmo principal, dos testadores. Todos no time de entrega são responsáveis pela qualidade em todos os momentos.

Pronto quer dizer versão entregue

Quantas vezes você já ouvir um desenvolvedor dizer que uma história ou funcionalidade está "pronta"? Ou já ouviu um gerente de projeto perguntar a um desenvolvedor se algo está "pronto"? O que "pronto" realmente quer dizer? De fato, uma funcionalidade só está pronta quando está entregando valor aos usuários. Isso é parte da motivação da prática de entrega contínua (veja o Capítulo 10, "Implantação e Entrega de Versões de Aplicações").

Para alguns times de entrega ágeis, "pronto" significa entrega de uma versão em produção. Essa é a situação ideal para um projeto de desenvolvimento de software. Entretanto, nem sempre é prático usar isso como uma medida de "pronto". Pode demorar um pouco até que a entrega inicial de um sistema esteja em um estado em que usuários externos reais possam se beneficiar dela. Então, vamos voltar à segunda melhor opção e dizer que uma funcionalidade está "pronta" quando foi demonstrada com sucesso e experimentada por representantes da comunidade de usuários, em um ambiente similar à produção.

Não existe "80% pronto": algo está pronto ou não. É possível estimar o trabalho necessário para que algo esteja pronto – mas serão sempre estimativas. Usar estimativas para determinar o trabalho que ainda precisa ser feito resulta em recriminações e apontar de dedos quando se descobre que esse cálculo está, como invariavelmente acontece, errado.

Esse princípio tem um corolário interessante: não é possível que uma única pessoa faça tudo que falta para que algo esteja pronto. É necessário um número maior de pessoas na equipe trabalhando em conjunto para que a tarefa seja concluída. Por isso é importante que todos – testadores, pessoal de operação, pessoal de suporte e desenvolvedores – trabalhem juntos para entregar – um princípio tão importante que possui uma seção dedicada a ele.

Todos são responsáveis pelo processo de entrega

Em um contexto ideal, todos dentro da organização estão alinhados com seus objetivos e trabalham em conjunto para atingi-los. Em última instância, uma equipe falha ou tem sucesso como um time e não como indivíduos. Entretanto, em muitos projetos, a realidade é que os desenvolvedores entregam seu trabalho por baixo da porta para os testadores. Os testadores, por sua vez, fazem a mesma coisa com os times de operações no momento da entrega de versão. Quando algo dá errado, as pessoas perdem mais tempo culpando umas às outras do que corrigindo os defeitos que inevitavelmente surgem em tal abordagem.

Se você está trabalhando em uma organização pequena ou um departamento relativamente independente, é provável que tenha controle completo sobre os recursos necessários para entregar uma aplicação. Se esse é o caso, fantástico. Caso contrário, conseguir colocar esse princípio em prática pode exigir trabalho duro durante um bom tempo para quebrar as barreiras entre os silos que isolam as pessoas em papéis diferentes.

Comece juntando todos os envolvidos no início do processo e garanta que eles têm oportunidade de se comunicar com frequência. Quando as barreiras começarem a cair, a comunicação deve ser contínua, mas você deve buscar esse objetivo de forma incremental. Inicie um sistema em que todos podem ver rapidamente o estado da aplicação, suas condições, as várias compilações, que testes passaram e o estado dos ambientes que foram implantados. Esse sistema deve garantir que as pessoas possam fazer seu trabalho, tal como a implantação de ambientes sob seu controle.

Esse é um dos princípios centrais do movimento DevOps. O movimento DevOps está centrado no mesmo objetivo que estabelecemos para este livro: encorajar uma colaboração maior entre todos os envolvidos no processo de entrega de software de valia com maior confiança e rapidez [aNgvoV].

Melhoria contínua

Vale a pena enfatizar que a primeira entrega de versão de uma aplicação é o primeiro estágio em seu ciclo de vida. Todas as aplicações evoluem, e haverá mais entregas. É importante que o processo de entrega também evolua com elas.

O time completo deve se encontrar rapidamente e fazer uma retrospectiva sobre o processo de desenvolvimento. Isso significa que ele deve refletir sobre o que funcionou bem, o que não funcionou, e discutir ideias sobre como melhorar as coisas. Alguém deve ser nomeado como responsável pela ideia e garantir que ela seja realizada. Então, na próxima vez em que o time se encontrar, essas pessoas devem reportar sobre o que foi feito. Isso é conhecido como o *ciclo de Deming*: planejar, executar, verificar e agir.

É essencial que todos na organização estejam envolvidos com esse processo. Permitir que haja feedback somente dentro dos silos e não entre todos é uma receita para o desastre: leva a otimizações localizadas em vez de a otimização geral – e, em última instância, dedos apontados para os outros.

Resumo

Tradicionalmente, a entrega de versão de software sempre foi um momento estressante para os envolvidos. Ao mesmo tempo, comparada com as disciplinas associadas à criação e ao gerenciamento de código, é tratada com um processo manual, sem verificação, que se baseia em técnicas de gerência de configuração *ad hoc* para aspectos cruciais do sistema. Em nossa visão, o estresse associado com essas entregas e sua natureza manual estão relacionados.

Ao adotar as técnicas de automação deste livro, colhemos seus benefícios. Ganhamos visibilidade para verificar mudanças, tornar o processo passível de repetição em diversos ambientes e eliminar em grande escala as chances de que ocorram erros em produção. Ganhamos a habilidade de entregar mudanças logo e colher os benefícios de negócio mais rapidamente, porque o processo em si não é mais um impedimento. A implementação de um sistema automatizado encoraja a implementação de outras partes, como desenvolvimento guiado por comportamento (*behavior-driven development* – BDD) e gerência extensiva de configuração.

Também ganhamos fins de semana com nossas famílias e amigos, bem como vidas menos estressadas, e somos ao mesmo tempo mais produtivos. Como não gostar disso? A vida é muito curta para passarmos os nossos fins de semana em salas de servidores implantando aplicações.

A automação do desenvolvimento, testes e entrega tem um impacto profundo na velocidade, qualidade e no custo do software. Um dos autores trabalhou em um complexo sistema distribuído. Implantar esse sistema em produção, incluindo migração de dados em grandes bancos de dados, demora de 5 a 20 minutos, dependendo das migrações associadas àquela entrega específica. Mover dados demanda um bom tempo. Um sistema similar que conhecemos gasta cerca de trinta dias na mesma parte do processo.

O restante do livro é centrado em conselhos mais concretos e recomendações, mas queremos que este capítulo ofereça uma visão ideal, mas realística, de seu escopo. Os projetos aos quais nos referimos aqui são projetos reais e, embora tenhamos disfarçado um pouco para proteger os culpados, tentamos não exagerar nos detalhes técnicos ou no valor das técnicas.

Capítulo 2

Gerência de Configuração

Introdução

Gerência de configuração é um termo amplamente usado, muitas vezes como sinônimo de controle de versão. Vale, então, estabelecer o contexto deste capítulo com uma definição formal:

> Gerência de configuração se refere ao processo pelo qual todos os artefatos relevantes ao seu projeto, e as relações entre eles, são armazenados, recuperados, modificados e identificados de maneira única.

Sua estratégia de gerência de configuração determinará como você gerencia todas as mudanças que ocorrem dentro do seu projeto. Ela registra, assim, a evolução de seus sistemas e aplicações. Ela também determinará a forma como seu time colabora – uma consequência vital, mas muitas vezes ignorada, de qualquer estratégia de gerência de configuração.

Embora sistemas de controle de versão sejam uma ferramenta óbvia em gerência de configuração, a decisão de usá-los (e todo time deve usar um, não importa o quão pequeno seja) é apenas o primeiro passo no desenvolvimento de uma estratégia de gerência de configuração.

Em última instância, você tem uma boa estratégia para gerência de configuração se conseguir dar uma resposta afirmativa a todas as questões abaixo:

- Eu consigo reproduzir exatamente qualquer um dos meus ambientes, incluindo versões específicas do sistema operacional, configurações de rede, plataforma de software, aplicações instaladas e suas configurações?

- Eu posso facilmente realizar mudanças incrementais nesses itens individuais e implantá-las em quaisquer dos meus ambientes ou em todos eles?

- Eu posso facilmente identificar quais foram as mudanças ocorridas para um ambiente específico e rastreá-las para ver quando e por que a mudança foi feita, e quem a fez?

- Eu posso satisfazer todos os requisitos de conformidade a regulamentações aos quais estou sujeito?
- Qualquer membro da equipe pode facilmente obter a informação de que precisa e fazer as mudanças que precisam ser feitas? Ou a estratégia impede entrega eficiente e leva a um tempo maior de ciclo e a feedback reduzido?

O último item acima é importante, já que geralmente encontramos estratégias de gerência de configuração que resolvem os primeiros quatro, mas criam barreiras na colaboração entre equipes. Isso é desnecessário – com o cuidado suficiente, a última restrição não precisa se contrapor às outras. Não lhe diremos como resolver todas essas questões neste capítulo, mas elas serão abordadas no decorrer do livro. Neste capítulo, vamos dividir o problema em três partes:

1. Obter os pré-requisitos para gerenciar o processo de compilação, implantação, teste e entrega de uma versão de sua aplicação. Dividimos isso em duas partes: colocar tudo em um sistema de controle de versão e gerenciar dependências.
2. Gerenciar a configuração da aplicação.
3. Gerenciar a configuração para o ambiente como um todo: o software, o hardware e a infraestrutura da qual a aplicação depende; os princípios por trás da gerência de ambiente, de sistema operacional a servidores de aplicação; bancos de dados e outros softwares comerciais (COTS, ou *commercial off-the-shelf software* – software de prateleira) dos quais a aplicação depende.

Controle de versão

Sistemas de controle de versão – também conhecidos como controle de código, sistemas de gestão de código-fonte ou sistemas de controle de revisões de código – são um mecanismo para guardar múltiplas versões de seus arquivos, de modo que, quando você modifica um deles, ainda tem acesso às versões anteriores. Eles também são um dos principais mecanismos de colaboração entre as pessoas envolvidas na entrega de um software.

O primeiro sistema popular de controle de versão foi uma ferramenta UNIX proprietária chamada de SCCS (*Source Code Control System*), criada nos anos 1970. Ela foi sucedida pelo RCS (*Revision Control System*) e posteriormente pelo CVS (*Concurrent Versions System*). Todos esses sistemas ainda são usados hoje, embora sua participação nesse mercado seja cada vez menor. Existem atualmente sistema de controle de versão cada vez melhores, tanto abertos quanto proprietários, projetados para diversos ambientes. Nós acreditamos que há algumas circunstâncias em que ferramentas de código aberto (*open source*) – Subversion, Mercurial ou Git – não satisfazem a maior parte dos requisitos de uma equipe. Exploraremos alguns sistemas de controle de versão e formas de usá-los, incluindo branching e *merging*, no Capítulo 14, "Controle de Versão Avançado".

Um controle de versão tem basicamente dois objetivos. Em primeiro lugar, ele deve guardar a cada versão de cada arquivo armazenado nele e garantir acesso a ela. Tais sistemas também fornecem uma forma de associar metadados – isto é, informação que descreve os dados armazenados – a cada arquivo ou grupo de arquivo. Em segundo lugar, ele permite que equipes distribuídas no tempo e no espaço colaborem.

Por que você precisa disso? Há algumas razões, mas em última análise trata-se de poder responder às questões abaixo:

- O que constitui uma determinada versão de sua aplicação? Como você pode reproduzir um estado específico dos binários de sua aplicação e a configuração que existia em um ambiente de produção?
- O que foi feito, quando, por quem e por quê? Essa não é uma informação útil quando as coisas dão errado, mas também é a história de sua aplicação.

Esses são os fundamentos do controle de versão. A maioria dos projetos nessa área usa alguma forma de controle. Se o seu não usa, leia as próximas sessões, depois deixe este livro temporariamente de lado e adicione isso ao seu projeto imediatamente. As próximas seções dão conselhos sobre como usar controle de versão de maneira mais eficaz.

Mantenha absolutamente tudo sob controle de versão

Uma das razões pelas quais optamos pelo termo controle de versão em vez de versionamento de código é que controle de versão não é somente para código. Qualquer artefato relacionado à criação de sua aplicação deve estar em controle de versão. Os desenvolvedores devem usá-lo para código, é claro, mas também para testes, scripts de bancos de dados, arquivos de compilação e implantação, documentação, bibliotecas e arquivos de configuração para sua aplicação, para seu compilador e todas as ferramentas relacionadas, e assim por diante – de modo que um novo membro da equipe possa começar do zero.

É importante guardar toda a informação requerida para recriar os ambientes de testes e de produção nos quais a aplicação é executada. Isso deve incluir informação de configuração para a plataforma na qual a aplicação roda e para o sistema operacional, que inclui arquivos de DNS, configurações de firewall e assim por diante. No mínimo, você precisa de *tudo* o que for necessário para recriar os binários e os ambientes nos quais a aplicação é executada.

O objetivo é armazenar de maneira controlada tudo que pode mudar em qualquer ponto do ciclo de vida do projeto. Isso permite que você recupere um *snapshot* exato do estado do sistema como um todo, do ambiente de desenvolvimento ao de produção, em qualquer ponto da história do projeto. Também é útil guardar os arquivos de configuração dos ambientes de desenvolvimento, porque isso permite que todos na equipe usem as mesmas configurações. Analistas devem guardar documentos de requisitos; testadores devem guardar os scripts de teste e seus procedimentos; e gerentes de projeto devem guardar os planos de versão, gráficos de progresso e logs de análise de risco. Em resumo, todos os membros da equipe devem guardar todos os documentos e arquivos relacionados ao projeto em controle de versão.

> **Guarde tudo**
>
> Há muitos anos, um dos autores trabalhou em um projeto que estava sendo desenvolvido por três times diferentes, que operavam em três locais distintos. Os subsistemas nos quais cada time trabalhava se comunicavam uns com os outros utilizando um protocolo de mensagens proprietário via IBM MQSeries. Isso foi antes de começarmos a usar integração contínua para lidar com problemas resultantes de gerência de configuração.
>
> Havíamos sido rigorosos no uso de controle de versão para o código. Aprendemos essa lição bem cedo em nossas carreiras. Entretanto, nosso controle de versão só chegava até o código.
>
> Quando chegou a hora de integrar os três subsistemas separados, pouco antes da primeira entrega do projeto, descobrimos que uma das equipes estava usando uma versão diferente da especificação funcional que descrevia o protocolo de mensagens. Na verdade, descobrimos que o documento sobre o qual eles tinham implementado o subsistema já estava desatualizado há seis meses. Naturalmente, trabalhamos muito durante vários dias para tentar corrigir os problemas causados por isso e manter o projeto dentro do cronograma.
>
> Se tivéssemos simplesmente armazenado aquele documento em nosso sistema de controle de versão, esse problema não ocorreria. Se tivéssemos usado integração contínua, o projeto teria sido entregue consideravelmente mais cedo.

Voltamos a enfatizar a importância de uma boa gerência de configuração para um projeto. É isso que possibilita o restante das práticas descritas neste livro. Se você não tem todos os artefatos do projeto em um sistema de controle de versão, não irá aproveitar os benefícios que discutimos aqui. Todas as práticas discutidas para reduzir o tempo de ciclo e aumentar a qualidade da aplicação, da integração contínua e testes automatizados à implantação com o apertar de um botão, dependem do armazenamento de tudo que está relacionado ao projeto em um repositório de controle de versão.

Além de guardar código-fonte e informação de configuração, muitos projetos também armazenam imagens binárias de servidores de aplicação, compiladores, máquinas virtuais e outras partes do conjunto de ferramentas de controle de versão. Isso é muito útil, pois acelera a criação de novos ambientes e, ainda mais importante, garante que as configurações básicas estejam completamente definidas e sejam boas. Ao armazenar tudo o que precisa em um repositório de controle de versão, você garante uma plataforma estável para ambientes de desenvolvimento, testes e produção. Você pode guardar ambientes completos, incluindo sistemas operacionais de referência com configuração básica aplicada e imagens virtuais para um nível ainda maior de certeza e simplicidade de implantação.

Essa estratégia oferece controle máximo e comportamento seguro. Não há como adicionar erros em estágios posteriores em um sistema sob um controle tão rigoroso de configuração. Esse nível de gerência de configuração garante que, se o repositório estiver intacto, você sempre conseguirá obter uma versão funcional de seu software. Isso o protege, mesmo quando compiladores, linguagens de programação e outras ferramentas associadas ao projeto desaparecem.

Por várias razões, não recomendamos que você guarde o resultado binário da compilação de sua aplicação em controle de versão. Primeiro, geralmente ele são grandes e, ao contrário de compiladores, multiplicam-se rapidamente (criamos novos binários para cada check-in que compila e passa pelos testes automatizados nesse estágio). Segundo, se você tem um sistema automatizado de compilação, consegue recriá-los rápida e facilmente a partir do código executando novamente o script de compilação. Note que não recomendamos recompilação como parte do seu processo normal. Entretanto, a combinação de seu sistema de compilação e código-fonte deveriam ser suficientes para recriar uma instância da aplicação em uma emergência. Finalmente, armazenar o resultado binário do processo rompe a ideia de correlacionar uma única versão no repositório com uma única versão da aplicação, já que podem existir dois check-ins para uma versão: um para o código e outro para os binários. Isso pode parecer irrelevante agora, mas é muito importante no momento da criação de pipelines de entrega – um dos tópicos centrais deste livro.

> **Controle de versão: a liberdade de excluir**
>
> Uma consequência de ter cada versão de cada arquivo sob controle de versão é que isso permite que você seja agressivo em relação a excluir coisas que acha que não irá precisar. Com controle de versão, você pode responder à questão "Devemos excluir esse arquivo?" com um "Sim!" sem risco; se for a decisão errada, é simples corrigi-la recuperando uma versão anterior.
>
> A liberdade de excluir é um grande avanço na manutenção de conjuntos complexos de configuração. Consistência e organização são a chave para que uma equipe grande trabalhe com eficiência. A habilidade de se livrar de ideias e implementações velhas permite que o time experimente coisas novas e melhore o código.

Faça check-ins regulares para o trunk

Existe uma tensão em relação ao uso de sistemas de controle de versão. De um lado, para ter acesso a muitos dos seus benefícios, como voltar a versões recentes, reconhecidamente boas, de seus artefatos, é necessário que o código seja versionado frequentemente.

Por outro lado, uma vez que as mudanças estejam no sistema de controle de versão, elas se tornam públicas, disponíveis para todos no time imediatamente. Além disso, se você está usando integração contínua, como recomendamos, as mudanças não são visíveis somente para os outros desenvolvedores do time; você acabou de gerar uma nova versão que pode chegar aos testes de aceitação e mesmo a produção.

Como o check-in é uma forma de publicação, é importante garantir que seu trabalho, seja qual for, esteja pronto para o nível de visibilidade que ele implica. Isso se aplica especialmente a desenvolvedores que, dada a natureza de seu trabalho, precisam ter cuidado em relação ao efeito das mudanças que introduzem no código. Se um desenvolvedor está realizando uma tarefa em uma parte complexa do sistema, pode não querer fazer um check-in até que tenha terminado; quer ter certeza de que o código esteja em bom estado que não afetará outras funções do sistema.

Em algumas equipes, isso pode fazer com que se passem dias ou semanas entre check-ins, o que é problemático. Os benefícios de controle de versão são maiores se você versiona frequentemente. É impossível refatorar uma aplicação com segurança a menos que todos versionem frequentemente para o branch principal – resolver conflitos entre as versões se torna muito complexo. Se você faz check-ins regularmente, suas mudanças se tornam disponíveis para que todos as vejam e interajam com elas, você tem uma indicação clara de que não causaram problema algum na aplicação e merges são pequenos e gerenciáveis.

A solução de algumas pessoas para resolver esse dilema é criar um branch separado dentro do controle de versão para funcionalidades novas. Em algum ponto, quando as mudanças são consideradas satisfatórias, elas são inseridas no branch principal. Isso é como um check-in em dois estágios; e, de fato, alguns controles de versão funcionam naturalmente dessa forma.

Entretanto, somos contra esta prática (com três exceções, discutidas no Capítulo 14). Esse é um ponto de vista controverso, especialmente para usuários de ferramentas como ClearCase. Essa abordagem tem alguns problemas.

- É contrário à integração contínua, já que a criação do branch adia a integração de nova funcionalidade, e problemas de integração somente serão encontrados quando o código nos dois branches for unido;

- Se vários desenvolvedores criarem branches, o problema cresce exponencialmente, e o processo de merge se torna muito complexo;

- Embora existam várias ferramentas ótimas para resolução de conflitos de maneira automática, elas não resolvem problemas semânticos, como acontece quando alguém renomeia um método em um branch e outra pessoa adiciona uma nova chamada a ele em outro;

- É mais difícil refatorar o código, já que branches tendem a aumentar o número de arquivos envolvidos, tornando merges ainda mais complexos.

Discutiremos a complexidade de branches e merges em mais detalhes no Capítulo 14, "Controle de Versão Avançado".

Uma abordagem muito melhor é desenvolver nova funcionalidade de maneira incremental e versioná-la no trunk de maneira frequente e regular. Isso mantém a aplicação sempre integrada em um estado conhecido e operacional. Isso significa que seu software também sempre é testado, porque os testes automatizados rodam no trunk no servidor de integração contínua a cada novo check-in. Isso reduz a possibilidade de grandes conflitos causados por refatoração e garante que problemas de integração sejam imediatamente encontrados e facilmente corrigidos, resultando em software de maior qualidade. Discutimos técnicas para evitar branches em mais detalhes no Capítulo 13, "Como Gerenciar Componentes e Dependência".

Para garantir que você não vai introduzir problemas na aplicação em um check-in, existem duas práticas úteis. Uma delas é rodar o conjunto de testes para a fase de desenvolvimento a cada check-in. Esse é um conjunto de testes que roda rapidamente (menos de dez minutos), mas é abrangente, e garantirá que você não introduziu nenhuma regressão óbvia. Muitos servidores de integração contínua possuem uma funcionalidade chamada de *pretested commits*, que permite que você execute esses testes em um ambiente similar ao de produção antes de um check-in.

A segunda é introduzir mudanças de maneira incremental. Recomendados que seu objetivo seja versionar logo após a conclusão de cada mudança incremental ou refatoração. Se usar essa técnica corretamente, você versionará pelo menos uma vez por dia, e geralmente várias vezes por dia. Isso parece pouco realístico quando você não está acostumado com a prática, mas garantirmos que resulta em um processo de entrega muito mais eficiente.

Use mensagens relevantes nos check-ins

Todo sistema de controle de versão permite que se acrescente uma descrição a um check-in. É fácil omitir essas mensagens, e muitas pessoas adquirem o mau hábito de ignorá-las. O motivo mais importante para usar mensagens descritivas em commits é que, se uma compilação falhar, você saberá quem causou a falha e por quê. Mas essa não é a única razão. Nós já tivemos problemas com mensagens pouco descritivas em várias ocasiões, muitas vezes quando tentávamos depurar um problema complexo em pouco tempo. O cenário normalmente é o seguinte:

1. Você descobre um defeito em uma linha obscura de código.
2. Você usa o controle de versão para descobrir quem escreveu aquela linha e quando.
3. A pessoa está de férias ou já foi para casa, e a mensagem no commit diz "defeito obscuro corrigido".
4. Você muda a linha para corrigir o defeito encontrado.
5. Algum outro problema aparece.
6. Você gasta horas tentando fazer a aplicação funcionar novamente.

Nessas situações, uma mensagem detalhada explicando o que a pessoa estava fazendo ao introduzir a mudança pode economizar horas de trabalho de depuração. Quanto mais isso acontecer, mais você vai desejar ter usado boas mensagens de versionamento. Não há prêmio para quem escrever a menor mensagem de commit. Algumas frases relativamente longas com uma visão geral do que foi feito pode poupar muito tempo e esforço depois.

Um estilo do qual gostamos é uma mensagem em vários parágrafos em que o primeiro parágrafo é um resumo e os demais acrescentam mais detalhes. O primeiro parágrafo é o que aparece em listagens de commits – pense nele como o título de uma reportagem, dando ao leitor informação suficiente para que ele decida se está interessado em continuar lendo ou não.

Você também deve incluir um link para um identificador em sua ferramenta de gerenciamento de projeto para a funcionalidade ou o defeito em que está trabalhando. Em muitas equipes nas quais trabalhamos, os administradores de sistema bloquearam commits que não incluíam essa informação.

Como gerenciar dependências

As dependências externas mais comuns em sua aplicação são as bibliotecas externas que ela usa e as relações entre os componentes e os módulos em desenvolvimento por outras equipes dentro de sua organização. Bibliotecas geralmente são usadas na forma de arquivos binários, e não são modificadas pela equipe de desenvolvimento, além de serem atualizadas com pouca frequência. Componentes e módulos estão em desenvolvimento ativo pelas outras equipes e mudam com bastante frequência.

Discutiremos dependências com mais detalhes no Capítulo 13, "Como Gerenciar Componentes e Dependência". Aqui, entretanto, abordaremos algumas das questões pertinentes de gerência de dependências no que tange a gerência de configuração.

Como gerenciar bibliotecas externas

Bibliotecas externas normalmente são distribuídas de forma binária, a menos que você esteja usando uma linguagem interpretada. Mesmo com linguagens interpretadas, porém, bibliotecas externas normalmente são instaladas de maneira global no sistema por alguma ferramenta de gerência de pacotes, como Ruby Gems ou módulos Perl.

Discute-se a respeito de versionar bibliotecas ou não. Por exemplo, Maven, uma ferramenta de compilação para Java, permite que você especifique de quais JARs sua aplicação depende, e faz o download deles a partir de repositórios na Internet (ou um cache local, se você possui um).

Isso nem sempre é desejável; um novo membro da equipe é forçado a "fazer download de toda a Internet" (ou pelo menos de uma boa parte dela) para começar o projeto. Entretanto, isso faz com que check-outs do sistema de controle de versão sejam bem menores.

Recomendamos que você mantenha cópias de suas bibliotecas externas em algum repositório local (no caso de Maven, sugerimos que crie um repositório para sua organização com versões aprovadas das bibliotecas que usa). Isso é essencial se for necessário seguir regulamentações, e permite que as pessoas comecem a trabalhar em um projeto mais rapidamente. Isso também significa que você possui a habilidade de reproduzir o processo de compilação. Além disso, enfatizamos que o processo de compilação sempre deve especificar a versão exata das bibliotecas externas usadas. Se não fizer isso, a compilação não pode ser reproduzida exatamente exceto por coincidência. E se não puder repeti-la, ocasionalmente você enfrentará longas sessões de depuração rastreando erros estranhos porque pessoas ou processos automatizados usaram versões diferentes de bibliotecas.

Manter ou não bibliotecas sobre controle de versão envolve certos *trade--offs*. É muito mais fácil correlacionar versões de sua aplicação com as versões das bibliotecas que foram utilizadas para desenvolvê-las. Entretanto, os repositórios de controle de versão ficarão maiores e os check-outs, mais longos.

Como gerenciar componentes

Exceto para aplicações muito pequenas, é sempre uma boa prática dividi-las em componentes menores. Isso limita o escopo de mudanças na aplicação e reduz defeitos causados por regressões. Também incentiva reúso e permite um desenvolvimento mais eficiente em projetos maiores.

Normalmente, começa-se com um processo de compilação monolítico, criando binários ou instaladores para a aplicação em um único passo rodando todos os testes unitários ao mesmo tempo. Dependendo da tecnologia usada, um processo monolítico é a forma mais eficiente para aplicações de pequeno e médio porte.

Entretanto, se o sistema crescer ou você tiver componentes dos quais vários projetos dependem, provavelmente terá de dividir a compilação destes em pipelines separadas. Se fizer isso, é importante ter dependências binárias entre os pipelines, e não dependências de código. Recompilar dependências não só é algo ineficiente como significa que você poderá criar um artefato potencialmente diferente do que você já testou. Usar dependências binárias pode tornar mais difícil o processo de rastrear uma quebra na mudança de código-fonte que a causou, mas um bom servidor de integração contínua pode ajudar com isso.

Embora servidores modernos sejam bons em gerenciar dependências, eles geralmente tornam mais difícil reproduzir o processo de compilação como um todo em máquinas de desenvolvedores. Idealmente, tendo-se alguns poucos componente em forma de código na máquina, deveria ser fácil mudar um deles e rodar um simples comando que reconstrói todos os bits necessários na ordem correta, cria os binários apropriados e executa os testes relevantes. Isso, entretanto, está além da capacidade da maioria dos sistemas de compilação, ainda que ferramentas como Iby e Maven e tecnologias de *scripting* como Gradle e Buildr tornem essas tarefas mais fáceis.

Há muito mais sobre gerência de componentes e dependências no Capítulo 13.

Como gerenciar configuração de software

Configuração é uma das três partes que compõem uma aplicação, juntamente com os executáveis e os dados. Pode-se usar informação de configuração para mudar o comportamento do software em tempo de compilação, implantação ou execução. Equipes de entrega precisam considerar cuidadosamente quais opções de configuração estão disponíveis, como gerenciá-las ao longo do ciclo de vida da aplicação, e como garantir que a configuração seja gerenciada de maneira consistente entre componentes, aplicações e tecnologias. Acreditamos que você deve tratar a configuração de seu sistema da mesma forma como trata o código: torne-o parte da gerência e do teste do sistema.

Configuração e flexibilidade

Se você perguntar, todos respondem que preferem software flexível. Quem não prefere? Mas flexibilidade geralmente tem um custo.

Claramente há um *continuum*: de um lado, há software criado para um único propósito, o qual cumpre com sucesso, mas com comportamento pouco ou nada flexível. De outro lado, há linguagens de programação que podem ser usadas para escrever jogos, servidores de aplicação ou sistemas de controle de estoque – isso é flexibilidade! A maioria das aplicações, entretanto, fica no meio-termo. Elas são desenhadas para um propósito específico, mas, dentro dos limites desse propósito, oferecem formas de modificar seu comportamento.

O desejo de obter flexibilidade pode levar a um antipadrão comum, chamado de "extrema configurabilidade", que frequentemente é considerado um requisito em projetos de software. Na melhor das hipóteses, isso não ajuda nada; na pior, este único requisito pode destruir um projeto.

A qualquer momento, você pode mudar o comportamento da aplicação que está programando. A linguagem em que você programa essas mudanças pode ser mais ou menos limitada, mas ainda assim é programação. Quanto mais configurabilidade você pretende oferecer aos usuários, menos limitações podem ser introduzidas na configuração do sistema, e mais sofisticado o ambiente de programação precisa ser.

Em nossa experiência, é comum acreditar que é menos arriscado mudar informação de configuração do que código-fonte. Nós acreditamos que, se tiver acesso a ambos, podemos fazer o sistema parar de funcionar tão facilmente mudando a configuração quanto mudando o código-fonte. Se mudarmos o código-fonte, há diversas maneiras de nos protegermos de nós mesmos; o compilador não aceitará coisas que não fazem sentido, e testes automatizados capturarão a maior parte dos erros. Por outro lado, geralmente a maior parte da informação de configuração de um sistema carece de testes e tem forma livre. Na maioria dos sistemas, não há o que nos impeça de mudar a URI de "http://www.asciimation.co.nz/" para "isso não é uma URI válida". A maioria dos sistemas não notará a mudança até o momento em que a informação for usada – momento em que, em vez de se divertir com uma versão ASCII de *Star Wars*, os usuários verão uma exceção incômoda, porque a classe URI não consegue interpretar "isso não é uma URI válida".

Há algumas armadilhas no percurso até um software altamente configurável, mas as piores são as seguintes:

- Frequentemente isso causa a paralisia na análise, em que os problemas parecem tão grandes e intratáveis que a equipe passa o tempo todo pensando como resolvê-los e pouco tempo realmente fazendo alguma coisa a respeito;
- O sistema se torna tão complexo que a maior parte dos benefícios de configuração são perdidos, chegando ao ponto em que o custo de configuração é comparável ao custo de desenvolvimento customizado.

> **O perigo de configurabilidade extrema**
>
> Certa vez, fomos contatados por um cliente que trabalhara durante três anos com um vendedor de aplicações fechadas em um determinado mercado vertical. A aplicação fora projetada para ser muito flexível e configurável, a fim de atender às necessidades dos clientes, embora fossem necessários especialistas em configuração para isso.
>
> Nosso cliente estava preocupado porque o sistema não estava nem próximo de estar pronto para produção. Nossa organização implementou o equivalente customizado em Java, do zero, em oito meses.
>
> Software configurável nem sempre é uma solução barata. É melhor focar em entregar funcionalidade de alto valor com pouca configuração e adicionar opções de configuração quando necessário.

Não nos entenda mal: configuração não é inerentemente algo ruim. Mas precisa ser gerenciada com cuidado e de forma consistente. Linguagens de computador modernas desenvolveram todo tipo de características e técnicas para ajudar a reduzir erros. Na maioria dos casos, essas proteções não existem para informação de configuração, e não há testes para verificar se o sistema foi configurado da maneira correta em ambientes de teste e produção. *Smoke tests** após a implantação, como descritos na seção, "Use *smoke tests*", na página 117, são uma forma de diminuir o problema, e devem ser usados sempre.

---

* N. de T.: Historicamente, *smoke tests*, ou testes de fumaça, eram realizados quando se faziam mudanças em componentes eletrônicos. Ligando-se o equipamento, se não houvesse fumaça, por curto-circuito ou outro problema, o equipamento seguia para mais testes. Optamos por manter o termo em inglês visto que não há termo amplamente utilizado em português para esse tipo de testes no contexto do desenvolvimento de software.

Tipos de configuração

Informação de configuração pode ser introduzida na aplicação em vários pontos do processo de entrega, e não é comum que seja incluída em mais de um ponto.

- Seus scripts de compilação podem usar configuração para incorporá-la em seus binários no **momento da compilação**.
- O processo de **criação de pacotes de instalação** pode introduzir configuração nesse momento, quando estiver criando assemblies, ears, ou gems.
- Seus scripts de instalação ou os próprios instaladores podem buscar a informação de configuração, requisitar informações ao usuário sobre ela, e passá-la para a aplicação no **momento da instalação**.
- A própria aplicação pode buscar informação de configuração no **momento de inicialização** ou durante a **execução**.

Geralmente, consideramos uma má prática inserir informação de configuração no momento da compilação ou da criação de pacotes de instalação. Isso segue o mesmo princípio de que devemos usar os mesmos binários em cada ambiente de modo ao garantir que o que está sendo entregue é igual ao que foi testado. A consequência disso é que qualquer mudança de uma implantação a outra deve ser capturada como configuração, e não deve ser inserida na aplicação quando é compilada ou instalada.

> **Empacotando informação de configuração**
>
> Um dos problemas sérios com a especificação J2EE é que a configuração precisa ser empacotada no war ou no ear juntamente ao restante da aplicação. A menos que você use outro mecanismo de configuração em vez daquele que a especificação fornece, isso significa que você precisa criar um arquivo war ou ear diferente para cada ambiente em que for usá-los. Se você está preso a isso, precisa encontrar outra forma de configurar sua aplicação durante a instalação ou execução. Damos algumas sugestões abaixo.

Normalmente é importante conseguir configurar a aplicação no momento da instalação, de modo que se consiga dizer onde estão os serviços dos quais ela depende (como bancos de dados, servidores de mensagens ou sistemas externos). Por exemplo, se a configuração de execução é armazenada em um banco de dados, é necessário passar os parâmetros de conexão deste para a aplicação no momento da instalação, para que ela o use quando for executada.

Se você controla seu ambiente de produção, geralmente pode fazer seus scripts de implantação buscarem essa configuração de algum lugar para passar para a aplicação. No caso de software fornecido em pacotes, a configuração em geral faz parte do pacote, e deve haver alguma forma de sobrescrever essa informação durante a instalação para fins de teste.

Finalmente, talvez seja necessário configurar a aplicação durante sua inicialização ou execução. A configuração de inicialização pode ser passada como variáveis de ambiente ou argumentos de linha de comando. Você ainda pode usar os mesmos mecanismos para configuração de tempo de execução: configurações no registro, banco de dados, arquivos de configuração ou serviços externos de configuração (acessados por interfaces SOAP ou REST, por exemplo).

Seja qual for o mecanismo escolhido, recomendamos que, tanto quanto possível na prática, você passe toda a informação de configuração para todas as aplicações e os ambientes em sua organização usando os mesmos mecanismos. Isso nem é sempre possível; mas quando é, significa que há uma única fonte de configuração a mudar, gerenciar, versionar e sobrescrever (se necessário). Já vimos pessoas, em organizações em que essa prática não é seguida, ficarem durante horas rastreando um problema causado por configuração em um dos ambientes.

Como gerenciar a configuração da aplicação

Há três questões a considerar na gerência da configuração de sua aplicação:

1. Como representar a informação de configuração?
2. Como os scripts de implantação acessarão essa informação?
3. Como a informação variará entre ambientes, aplicações e versões de aplicações?

Informações de configuração geralmente são modeladas como um conjunto de *strings* no formato nome-valor[1]. Às vezes é útil usar tipos no seu sistema de configuração e organizá-lo hierarquicamente. Arquivos de propriedade do Windows que contêm *strings* nome-valor organizadas em seções; arquivos YAML, populares no mundo Ruby; e arquivos de propriedade Java são formatos simples que conferem flexibilidade suficiente na maioria dos casos. Provavelmente o limite útil de complexidade é armazenar informação em um arquivo XML.

Há algumas escolhas óbvias de onde armazenar a configuração da aplicação: em bancos de dados, em sistemas de controle de versão, no diretórios da aplicação ou no registro. Sistemas de controle de versão são os mais fáceis – você pode simplesmente fazer o check-in dos arquivos de configuração e ainda ganha um histórico da configuração ao longo do tempo. Também vale a pena guardar uma lista de opções de configuração disponíveis para a aplicação no mesmo repositório do código-fonte.

> Note que o local em que você armazena a configuração não é a mesma coisa que o mecanismo pelo qual você a acessa. Sua aplicação pode acessar a configuração via um arquivo no sistema de arquivos ou via mecanismos mais incomuns, como um serviço Web ou um serviço de diretório. Veja mais sobre isso na próxima seção.

---

[1] Tecnicamente, a informação de configuração é um conjunto de tuplas.

Às vezes é importante manter a informação de configuração específica para os ambientes de produção e teste de sua aplicação em um repositório separado do código-fonte. Essa informação geralmente muda em uma velocidade diferente dos outros artefatos gerenciados por controle de versão. Entretanto, se seguir esse caminho, você precisará ser cuidadoso ao rastrear quais versões da informação de configuração se relacionam com quais versões da aplicação. Essa separação é particularmente relevante para configurações relacionadas à segurança, como senhas e certificados digitais, cujo acesso deve ser restrito.

> **Não guarde senhas no controle de versões ou codifique-as em sua aplicação**
>
> O pessoal de operações "arrancará seu fígado" se o pegar fazendo isso. Se precisar guardar as senhas em algum lugar que não seja sua cabeça, você pode colocá-las em um diretório *home* em uma versão criptografada.
>
> Uma versão pior desse costume é guardar a senha de uma camada de sua aplicação no código ou no sistema de arquivo na camada que a acessa. O usuário que está executando a implantação é o responsável por inserir a senha necessária. Há várias formas aceitáveis de lidar com autenticação em um sistema multicamadas. Você pode usar certificados, um serviço de diretório ou um sistema de *single sign-on*.

Bancos de dados, diretórios e registros são locais convenientes para guardar arquivos de configuração, já que podem ser acessados remotamente. Entretanto, garanta que você está guardando um histórico dessas mudanças para auditoria e para quando for necessário revertê-las. Tenha um sistema que cuide disso, trate o sistema de controle de versão como seu sistema de referência de configuração, ou tenha um script que carregue a versão apropriada do seu banco de dados ou diretório sob demanda.

Acessando a configuração

A maneira mais eficiente de gerir configuração é ter um serviço central por meio do qual toda a aplicação pode obter a configuração de que precisa. Isso vale tanto para software que será instalado na máquina dos usuários quanto para aplicações corporativas internas e software como serviço hospedado na Internet. A principal diferença entre esses cenários está em como a informação de configuração é inserida na aplicação – no momento em que o instalador for gerado, no caso de software instalável, ou no momento de implantação ou de execução em geral.

Provavelmente a maneira mais fácil de uma aplicação acessar sua informação de configuração é pelo sistema de arquivos. A vantagem desse método é que ele é multiplataforma e pode ser suportado por qualquer linguagem – embora possa não ser tão apropriado para ambientes de execução limitados como *applets*, por exemplo. Há também o problema de manter a sincronia da informação entre sistemas de arquivos se for necessário executar a aplicação em um cluster.

Outra alternativa é buscar a informação em um repositório centralizado como um banco de dados, um serviço de diretório como LDAP, ou um serviço Web. Uma ferramenta livre chamada de ESCAPE [apvrEr] permite gerir e acessar informação de configuração facilmente por meio de uma interface REST. Aplicações podem executar uma requisição HTTP GET, que inclui a aplicação e o nome do ambiente em uma URI para obter a informação de configuração. Esse mecanismo faz mais sentido quando a informação de configuração for necessária durante a implantação ou a execução da aplicação. Você pode passar o nome do ambiente para seus scripts de implantação (por meio de uma propriedade, uma opção de linha de comando ou uma variável de ambiente), e então seus scripts obtêm a informação apropriada pelo serviço, passando-a para a aplicação, talvez como um arquivo.

Qualquer que seja a natureza no serviço de informação, recomendamos que você isole os detalhes da tecnologia com o simples uso do padrão conhecido como *Façade*, por exemplo:

```
getPropertyA()
getPropertyB()
```

Isso permite que você substitua essa informação durante testes e mude o mecanismo quando for necessário.

Como modelar a configuração

Cada propriedade na configuração pode ser modelada com uma tupla, de modo que a configuração de uma aplicação consiste em um conjunto de tuplas. Entretanto, o conjunto de tuplas disponível para a aplicação depende normalmente de três coisas:

- da aplicação;
- da versão da aplicação;
- do ambiente em que a aplicação é executada (por exemplo, desenvolvimento, aceitação, homologação ou produção).

Assim, por exemplo, a versão 1.0 de sua aplicação de relatórios terá um conjunto diferente de tuplas do que a versão 2.2 ou a versão 1.0 de sua aplicação de gerência de portfólio. Os valores das tuplas dependerão, por sua vez, do ambiente em que elas serão implantadas. Por exemplo, o servidor de banco de dados usado pela aplicação no ambiente de aceitação será tipicamente diferente do usado em produção, e também pode variar entre máquinas de desenvolvimento. O mesmo se aplica a software instalável ou a pontos de integração externos – o serviço de atualização usado pela aplicação durante os testes de integração será diferente daquele usado quando ela for acessada na máquina de um cliente.

Independentemente da estratégia usada para representar e servir a configuração de informação – arquivos XML no sistema de controle de arquivos ou serviços Web com interfaces REST – você deve ser capaz de lidar com essas várias dimensões. Aqui estão alguns casos a considerar quando estiver modelando a informação de configuração:

- A adição de um novo ambiente (uma nova estação de desenvolvimento ou um ambiente de teste de capacidade). Nesse caso, você precisar se capaz de especificar um novo conjunto de valores para a aplicação que está sendo implantada no novo ambiente.
- A criação de uma nova versão da aplicação. Geralmente, isso introduzirá novas propriedades de configuração e removerá algumas antigas. Você deve garantir que uma nova versão implantada em produção obterá estas novas informações mas se precisar reverter a aplicação, deverá garantir que ela obtenha novamente os valores antigos.
- A promoção de uma nova versão da aplicação de um ambiente para outro. Você deve garantir que quaisquer novas propriedades estarão disponíveis no novo ambiente, mas que os valores apropriados para ele também estejam configurados.
- A mudança de um servidor de banco de dados. Você deve ser capaz de atualizar, de maneira muito simples, qualquer informação de configuração que faça referência ao banco de dados para apontar para o novo banco.
- A gerência de ambientes por meio da virtualização. Você deve ser capaz de usar sua ferramenta de gerência de virtualização para criar novas instâncias de um ambiente específico com todas as VMs configuradas corretamente. Você pode querer incluir essa informação como parte das propriedades de configuração em uma determinada versão da aplicação implantada naquele ambiente.

Uma abordagem para a gerência de configuração entre ambientes é transformar a informação de configuração para o ambiente de produção em informação base, e sobrescrever essa informação em outros ambientes como apropriado (garanta que existam firewalls no ambiente de produção para que ele não seja acessado por engano). Isso significa que configurações específicas para outros ambientes são reduzidas para apenas as propriedades necessárias para aquele ambiente específico, simplificando o que precisa ser configurado e onde. Entretanto, isso depende de se a informação de produção é privilegiada ou não – algumas organizações esperam que a informação de configuração seja mantida em um repositório separado dos outros ambientes.

Como testar a configuração do sistema

As informações de configuração também dependem de testes, assim como a aplicação e os scripts de compilação. Os testes de configuração dividem-se em duas partes.

O primeiro passo é garantir que todas as referências para serviços externos sejam válidas. Você deve, como parte de seu script de implantação, garantir que o serviço de mensagens configurado para uso em sua aplicação esteja realmente funcionando no endereço configurado, e que o serviço de *mocking* para finalização de pedidos que a aplicação espera no ambiente de testes funcionais esteja funcionando. No mínimo, você precisa verificar se todos os serviços externos estão respondendo. O script de implantação ou de instalação deve falhar se qualquer coisa da qual a aplicação depende não estiver disponível – isso vale como um grande *smoke test* para as informações de configuração.

O segundo passo é realmente rodar alguns *smoke tests* depois que sua aplicação estiver instalada para garantir que está funcionando como esperado. Isso deve envolver apenas alguns testes de funcionalidade que depende dos serviços configurados. Idealmente, esses testes devem parar a aplicação e fazer o processo de instalação ou de implantação falhar se os resultados não forem os esperados.

Como gerenciar configuração entre aplicações

O problema de gerir configurações é particularmente complexo em médias e grandes organizações em que muitas aplicações precisam ser geridas em conjunto. Geralmente, em tais organizações, aplicações legadas existem com configurações enigmáticas que são pouco compreendidas. Uma das tarefas mais importantes, então, é manter um catálogo de todas as opções de configuração que sua aplicação possui, onde elas estão armazenadas, qual é seu ciclo de vida e como podem ser alteradas.

Se possível, toda essa informação deve ser gerada automaticamente do código da aplicação como parte do processo de compilação. Quando isso não for possível, a informação deve ser armazenada em um wiki ou outro sistema de gerência de documentação.

Quando for o caso de gerenciar aplicações que não são inteiramente instaladas pelo usuário, é importante saber qual é a configuração corrente para cada aplicação em execução. O objetivo é poder ver cada configuração de cada aplicação por meio do sistema de monitoração do time de operação, que também deve ser capaz de mostrar qual versão de cada aplicação está em cada ambiente. Ferramentas como Nagios, OpenNMS e HP OpenView oferecem serviços para registrar tal informação. Alternativamente, se você controla seu sistema de compilação e implantação de maneira automatizada, a informação de configuração deve ser aplicada por meio desse processo, e armazenada em um sistema de controle de versão ou em uma ferramenta como Escape.

É especialmente importante ter acesso a essa informação em tempo real quando suas aplicações dependem umas das outras e quando implantações precisam ser orquestradas. Muito tempo já foi perdido com configurações erradas em uma aplicação, que causaram problemas em um conjunto inteiro de serviços. Tais problemas são muito difíceis de serem diagnosticados.

A gerência de configuração de cada aplicação deve ser planejada como parte da concepção do projeto. Pense em como outras aplicações em seu ecossistema gerenciam sua configuração e use o mesmo método, se possível. Muitas vezes, decisões sobre como gerenciar configuração são tomadas de maneira *ad hoc*, e o resultado é que cada aplicação gerencia sua configuração de forma diferente em um local diferente, com maneiras diferentes de acesso. Isso torna desnecessariamente difícil determinar a configuração dos ambientes.

Princípios de gerência de configuração de aplicações

Trate a configuração de sua aplicação da mesma forma como você trata seu código. Gerencie-o apropriadamente e teste-o. Veja uma lista de princípios a serem considerados na criação do sistema de configuração da aplicação:

- Considere onde, no ciclo de vida da aplicação, faz sentido inserir determinada informação de configuração – no ponto em que você está criando os pacotes de implantação ou instalação, no momento da própria implantação ou instalação, no momento em que a aplicação é iniciada, ou durante sua execução. Converse com o pessoal de operações e de suporte para descobrir quais são as necessidades deles.

- Mantenha uma lista de configurações disponíveis para sua aplicação no mesmo repositório em que está o código-fonte, mas mantenha os valores em outro lugar. As informações de configuração têm um ciclo de vida completamente diferente do código, e, de qualquer forma, senhas e informações delicadas não devem ser mantidas sob controle de versão de forma alguma.

- A configuração deve ser sempre feita por processos automatizados, usando valores de um repositório de configuração, de modo que você sempre consiga identificar a configuração de cada aplicação em todos os ambientes.

- O sistema de configuração deve ser capaz de fornecer valores diferentes para a aplicação (incluindo instaladores, empacotadores e scripts de implantação) baseado na aplicação, em sua versão e no ambiente em que está sendo instalado. Qualquer pessoa deve ser capaz de visualizar facilmente quais opções de configuração estão disponíveis para uma versão específica de uma aplicação em todos os ambientes em que a aplicação está sendo implantada.

- Use convenções óbvias para os nomes das opções de configuração. Evite nomes obscuros ou enigmáticos. Imagine que alguém está lendo a configuração sem um manual: deve ser possível entender o que as propriedades representam.

- Garanta que a informação de configuração é modular e encapsulada para que mudanças em um lugar não tenham efeitos colaterais em outras partes de configuração não relacionadas.

- Use DRY (*Don't Repeat Yourself* – Não Se Repita). Defina os elementos da sua configuração de modo que cada conceito tenha somente uma representação em um conjunto de informações de configuração.

- Seja minimalista. Mantenha a informação de configuração tão simples e focada quanto possível. Evite criar novas informações a menos que haja um requisito ou que faça sentido.

- Evite complexidade desnecessária no código de seu sistema de configuração; mantenha-o tão simples quanto possível.

- Garanta que você tem testes para sua configuração que rodam no momento de implantação ou de instalação. Verifique se os serviços dos quais sua aplicação depende estão disponíveis e use *smoke tests* para garantir que a funcionalidade que depende das opções de configuração funciona como deveria.

Como gerenciar seus ambientes

Nenhuma aplicação é uma ilha. Cada aplicação depende de hardware, software, infraestrutura e sistemas externos para funcionar. Neste livro, vamos nos referir a isso como o ambiente da aplicação. Abordamos o tópico de gerência de ambiente com bastante profundidade no Capítulo 11, "Gerência de Infraestrutura e Ambientes", mas vamos introduzi-lo brevemente no contexto de gerência de configuração.

O princípio a ser observado durante o gerenciamento do ambiente em que a aplicação roda é que a configuração do ambiente é tão importante quanto a configuração da aplicação. Se, por exemplo, a aplicação depende de um serviço de mensagens, o serviço precisa ser configurado corretamente ou ela não funcionará. A configuração do sistema operacional também é importante. Por exemplo, uma aplicação pode depender de disponibilidade de um grande número de *file descriptors*. Se o sistema operacional possui um limite baixo para isso como padrão, sua aplicação não funcionará.

A pior maneira de gerenciar esse tipo de configuração é lidar com ela de maneira *ad hoc*. Isso significa que as partes relevantes devem ser instaladas e configuradas manualmente. Essa é a estratégia mais comum que encontramos. Embora pareça simples, ela tem vários problemas comuns que irão surgir mesmo nos sistemas mais triviais. O problema mais óbvio é que, se por alguma razão a nova configuração não funcionar, voltar a um bom estado anterior com a certeza de que ele é válido é muito difícil. O problema pode ser resumido da seguinte forma:

- A coleção de informações de configuração é muito grande.

- Uma pequena mudança pode inutilizar a aplicação como um todo ou afetar seriamente seu desempenho.

- Se houver um problema, encontrá-lo e consertá-lo toma uma quantidade enorme de tempo e requer pessoal sênior.

- É extremamente difícil reproduzir com precisão ambientes configurados de forma manual para fins de teste.
- É difícil manter tais ambientes sem que a configuração e, consequentemente, o comportamento de nodos diferentes comecem a diferir.

No livro *The Visible Ops Handbook*, os autores se referem a ambientes configurados manualmente como "obras de arte". Para reduzir os custos e o risco de gerenciar ambientes, é essencial que eles sejam objetos produzidos em massa, cuja criação é passível de repetição e cujo tempo é conhecido. Já estivemos envolvidos em muitos projetos em que a gestão inadequada de configuração produziu gastos significativos – chegando ao ponto em que equipes eram pagas para trabalhar exclusivamente nisso. Isso se torna um contínuo redutor de produtividade no processo de desenvolvimento, tornando a implantação de ambientes e teste, desenvolvimento e produção muito mais complexa e mais cara do que o necessário.

A chave para gerenciar ambientes é tornar sua criação um ambiente completamente automatizado. Deveria ser sempre mais barato criar um novo ambiente do que corrigir um antigo. Ser capaz de reproduzir seus ambientes é essencial por vários motivos.

- Elimina o problema de ter pedaços aleatórios da infraestrutura cuja configuração é compreendida apenas por alguém que não está mais na organização e não pode ser contatado. Esse é um risco grande e desnecessário.
- Consertar um ambiente pode demorar horas. É sempre melhor ser capaz de reproduzir o ambiente em um tempo previsível.
- É essencial ser capaz de criar cópias do ambiente de produção para fins de teste. Em termos de configuração de software, ambientes de testes devem ser réplicas exatas dos ambientes de produção, de modo que problemas de configuração sejam descobertos o mais cedo possível.

Os tipos de informação de configuração de ambientes com os quais você deve se preocupar são:

- os vários sistemas operacionais de seu ambiente, incluindo versões, níveis de *patching* e propriedades;
- os pacotes adicionais que precisam ser instalados em cada ambiente para suportar a aplicação, incluindo suas versões e sua configuração;
- a topologia de rede requerida pela aplicação;
- sistemas externos dos quais a aplicação depende, incluindo suas versões e sua configuração;
- quaisquer dados ou outro estado presente neles (por exemplo, bancos de dados de produção).

Há dois princípios que, como descobrimos, formam a base de uma gerência de configuração eficiente: mantenha os binários independentes da informação de configuração, e mantenha toda a informação de configuração em um só lugar. A aplicação desses princípios a todas as partes de seu sistema irá abrir o caminho até o ponto em que a criação de novos ambientes, a atualização de partes do sistema e aplicação de novas configurações sem indisponibilizar o sistema se torna um processo simples e automatizado.

Todos esses aspectos precisam ser considerados. Embora não seja razoável manter o sistema operacional dentro do controle de versão, faz sentido manter a configuração lá. Uma combinação de sistemas de instalação remotos e ferramentas de gerência de ambiente como Puppet ou CfEngine tornam a configuração e a gerência centralizada de sistema operacionais algo relativamente trivial. O tópico é abordado em detalhes no Capítulo 11, "Gerência de Infraestrutura e Ambientes".

Para a maioria das aplicações, é ainda mais importante aplicar isso a software de terceiros dos quais a aplicação depende. Bons instaladores podem ser rodados a partir da linha de comando sem intervenção do usuário e têm configurações que também podem ser mapeadas em sistemas de controle de versão sem intervenção. Se suas dependências de terceiros não atendem a esse critério, você deve encontrar alternativas – esses critérios de seleção são tão importantes que devem estar no centro de qualquer exercício de avaliação de software. Ao avaliar serviços e produtos de terceiros, comece com as seguintes questões:

- Podemos instalá-lo?
- Podemos versionar sua configuração de maneira eficaz?
- Como ele se encaixará em nossa estratégia automatizada de implantação?

Se a resposta para qualquer dessas questões for negativa, há várias alternativas possíveis, que serão discutidas em mais detalhes no Capítulo 11.

Um ambiente em um estado apropriado de implantação é conhecido com uma baseline na terminologia de gerência de configuração. Seu sistema de provisionamento automatizado deve ser capaz de estabelecer, ou restabelecer, uma baseline qualquer da história recente de seu projeto. Toda vez que você mudar um aspecto do ambiente de suas aplicações, deve armazenar a mudança, criando uma nova versão da baseline e associando essa versão da aplicação com a nova versão da baseline. Isso garante que, da próxima vez em que você instalar a aplicação, ou criar um novo ambiente, a mudança será incluída.

Aplicando gerência de configuração à infraestrutura

Trabalhamos recentemente em dois projetos que acentuaram a diferença entre um uso eficiente de configuração de ambiente e uma abordagem menos eficaz.

No primeiro projeto, decidimos trocar a infraestrutura de mensagens sobre a qual o projeto era baseado. Tínhamos uma gerência de configuração eficaz e uma boa modularização do projeto. Antes de trocarmos a infraestrutura, tentamos uma atualização para a versão mais recente, já que o fornecedor havia garantido que ela resolvia a maior parte dos nossos problemas.

> Nosso cliente e o fornecedor claramente pensavam que a atualização era algo complexo. Eles haviam planejado a mudança por meses e se preocupado com o impacto sobre o time de desenvolvimento. Na mudança em si, dois membros de nossa equipe trabalharam para criar uma nova baseline da maneira que descrevemos nesta seção. Testamos localmente, incluindo a execução de nosso conjunto completo de testes automatizados na versão de testes. Nossos testes mostraram uma série de problemas.
>
> Corrigimos os problemas mais sérios, mas não conseguimos obter um resultado positivo em todos os testes de aceitação. Entretanto, havíamos chegado a um ponto em que sabíamos que a correção dos problemas adicionais seria trivial, e que o pior caso seria ter de voltar à baseline anterior, guardada com segurança em nosso sistema de controle de versão. Com a aprovação do resto da equipe, fizemos o check-in das mudanças para que toda a equipe pudesse corrigir os defeitos introduzidos por elas. O processo completo demorou um único dia, incluindo rodar todos os testes para garantir nosso trabalho. Monitoramos a aplicação cuidadosamente durante os testes manuais na próxima iteração para descobrir eventuais defeitos, mas não encontramos nenhum. Nossa cobertura provara ser suficientemente boa.
>
> No segundo projeto, o cliente pedira que fizéssemos algumas correções em um sistema legado que estava em produção por vários anos e que estava caindo aos pedaços, lento e cheio de erros. Não havia teste automatizado quando chegamos, e existia somente a gerência de configuração mais básica no código. Uma de nossas tarefas era atualizar o servidor de aplicação, já que a versão que o sistema estava rodando não era mais suportada pelo fornecedor. Mas mesmo para uma aplicação nesse estado, sem um sistema de integração contínua e sem testes automatizados, o processo transcorreu razoavelmente bem. Por outro lado, foi necessária uma equipe de seis pessoas e dois meses para executar as mudanças, testá-las e implantá-las em produção.
>
> Como qualquer projeto de software, é impossível fazer comparações diretas. As tecnologias em questão eram diferentes, e o código também. Entretanto, ambas tiveram em comum a atualização de uma peça fundamental de infraestrutura. Uma demorou dois meses com uma equipe de seis pessoas, e a outra tomou um dia de trabalho de duas pessoas.

Essencialmente, você deve tratar seu ambiente da mesma forma como trata seu código – mudando-o incrementalmente e guardando as mudanças no controle de versão. Cada mudança deve ser testada para garantir que não quebra funcionalidade e que roda em novas versões do ambiente.

Ferramentas para gerenciar ambientes

Puppet e CfEngine são dois exemplos de ferramentas que tornam possível gerenciar a configuração de sistemas operacionais de maneira automatizada. Usando essas ferramentas, você pode definir especificamente quais usuários podem ter acesso a quais máquinas e que software deveria ser instalado. Essas definições podem ser armazenadas em seu sistema de controle de versão. Agentes rodando em seu sistema podem obter regularmente a configuração mais recente e atualizar o sistema operacional e o software instalado. Com sistemas assim, não há motivo para acessar um sistema e fazer mudanças. Todas as mudanças podem ser iniciadas pelo sistema de controle de versão, de forma que você tenha um registro de todas as mudanças que foram feitas e por quem.

A virtualização também pode melhorar a eficiência de um processo de gerência de ambiente. Em vez de criar um novo ambiente do zero, usando um processo automatizado, você pode simplesmente fazer uma cópia de cada máquina no ambiente e guardá-la como uma baseline. Torna-se comum criar novos ambientes – isso pode ser feito com o clique de um botão. A virtualização também tem outros benefícios, como a possibilidade de consolidar hardware e padronizar a plataforma se a aplicação requer ambientes mistos.

Discutimos essas ferramentas com mais detalhes no Capítulo 11.

Como gerenciar o processo de mudança

Finalmente, é essencial ser capaz de gerenciar o processo de mudanças para seus ambientes. Um ambiente de produção deve ser completamente boqueado. Não deve ser possível que *qualquer pessoa* faça qualquer mudança nele sem passar pelo processo de mudança de configuração. A razão para isso é simples: mesmo uma pequena mudança pode inutilizar um ambiente. Uma mudança deve ser testada antes de ir para produção, e para isso ela deve ser convertida em um script e mantida sob o controle de versão. Assim, uma vez que uma mudança seja aprovada, ela pode ser implantada em produção de maneira automatizada.

Nesse sentido, uma mudança no ambiente é como uma mudança no software: precisa passar pelo mesmo processo de compilação, testes e implantação. Assim, ambientes de testes devem ser tratados da mesma forma como ambientes de produção. O processo de aprovação deve ser mais simples – e estar sob responsabilidade das pessoas que gerenciam os testes – mas em todos os outros aspectos a gerência de configuração é a mesma. Isso é essencial porque você está testando o processo usado para gerenciar os ambientes de produção durante as implantações mais frequentes em ambientes de teste. Vale repetir que seu ambiente de teste deve espelhar o ambiente de produção em termos de configuração para evitar surpresas na implantação em produção. Isso não implica que os ambientes de teste devam ser clones de ambientes de produção caros, mas que devem ser gerenciados, implantados e configurados da mesma forma.

Resumo

Gerência de configuração é a base de todo o restante do livro. É impossível fazer integração contínua e gerência de entregas e criar pipelines de entrega sem ela. Ela também tem um grande impacto positivo na colaboração entre times de entrega. Esperamos que tenha ficado claro que não é somente uma questão de escolher e implementar uma ferramenta, embora isso também seja importante; é principalmente uma questão de colocar boas práticas em ação.

Se o seu processo de gerência de configuração é sólido, você deve ser capaz de responder de modo afirmativo às seguintes questões:

- Você consegue recriar seu sistema de produção do zero, com exceção dos dados, a partir dos recursos versionados?
- Você pode voltar a um estado conhecido da aplicação?
- Você consegue garantir que cada ambiente implantado em produção, homologação ou testes é configurado da mesma forma?

Se não, sua aplicação está correndo um risco. Em especial, recomendamos uma estratégia para armazenar baselines e controlar mudanças em:

- conjuntos de ferramentas de desenvolvimento, testes e operação;
- ambientes usados em desenvolvimento, testes e produção;
- o conjunto completo de software associado com suas aplicações – tanto os binários quanto a sua configuração;
- a configuração associada a cada ambiente em que a aplicação executa, ao longo de seu ciclo de vida (compilação, implantação, teste e operação).

Capítulo 3
Integração Contínua

Introdução

Uma característica bem estranha, mas comum, de muitos projetos de software é que, por longos períodos durante o processo de desenvolvimento, a aplicação não está em um estado funcional. De fato, muito do software desenvolvido por grandes equipes se encontra em um estado basicamente inútil durante a maior parte de seu desenvolvimento. É fácil de entender o motivo disso: ninguém está interessado em executar a aplicação até que esteja terminada. Desenvolvedores introduzem novo código, e podem até rodar os testes automatizados, mas ninguém realmente tenta executar a aplicação em um ambiente parecido com o de produção.

Isso é duplamente verdadeiro em projetos que usam branches de código de longa duração ou que adiam testes de aceitação até o final. Muitos projetos programam longas fases de integração no fim do desenvolvimento para permitir que a equipe tenha tempo de unificar os branches e colocar a aplicação em um estado funcional para que os testes de aceitação possam ser feitos. Ainda pior é que alguns projetos descobrem somente nessa fase que o software não atende ao propósito original para o qual foi criado. Esses períodos de integração podem tomar um bom tempo, e o pior de tudo é que ninguém consegue prever quanto.

Por outro lado, já vimos alguns projetos em que a aplicação está em um estado não funcional somente por alguns minutos, quando são feitas mudanças. A diferença é o uso de integração contínua. Integração contínua exige que a aplicação seja compilada novamente a cada mudança feita e que um conjunto abrangente de testes automatizados seja executado. É fundamental que, se o processo de compilação falhar, o time de desenvolvimento interrompa o que está fazendo e conserte o problema imediatamente. O objetivo da integração é manter o software em um estado funcional o tempo todo.

A primeira pessoa a escrever sobre integração contínua foi Kent Beck, em seu livro *Extreme Programming Explained* (publicado pela primeira vez em 1999). Como todas as outras práticas de Extreme Programming, a ideia da integração contínua é: se a integração frequente do código é boa, por que não fazer isso o tempo todo? No contexto de integração, "o tempo todo" significa a cada vez que alguém introduz uma mudança no código. Como um de nossos colegas, Mike Roberts, diz: "Continuamente é mais vezes do que você pensa" [aEu8Nu].

Integração contínua representa uma mudança de paradigma. Sem ela, seu software será considerado como não funcional até que se prove que ele funciona, o que normalmente acontece durante o estágio de testes ou de integração. Com integração contínua, assume-se que o software está funcionando (desde que haja um conjunto considerável de testes automatizados) com cada mudança – você sabe quando para de funcionar e pode consertá-lo imediatamente. A equipe que usa integração contínua de modo eficaz é capaz de entregar software muito mais rápido, e com menos defeitos, do que equipes que não a usam. Defeitos são descobertos mais cedo no processo de entrega, e é mais barato consertá-los, o que representa ganhos de custo e tempo. Dessa forma, consideramos a prática essencial para times profissionais, talvez tão importante quanto o uso de controle de versão.

O resto deste capítulo descreve como implementar integração contínua. Explicamos como resolver os problemas comuns que ocorrem à medida que o projeto se torna mais complexo e listamos práticas eficientes que suportam integração contínua e seus efeitos no projeto e no desenvolvimento. Discutiremos tópicos mais avançados, incluindo como fazer integração contínua com times distribuídos.

Integração contínua também é discutida em detalhes na obra *Continuous Integration*, escrita por Paul Duvall (Addison-Wesley, 2006). Se você quer ler mais detalhes sobre o que discutiremos neste capítulo, recomendamos consultá-lo.

Este capítulo tem como foco principal os desenvolvedores. Entretanto, também contém informação útil para gerentes de projeto que querem entender mais sobre a *prática* de integração contínua.

Como implementar integração contínua

A prática de integração contínua se baseia em alguns pré-requisitos. Abordaremos essa parte e veremos as ferramentas disponíveis. Mais importante ainda, a integração contínua exige que o time siga algumas práticas essenciais, e gastaremos algum tempo com elas.

De que você precisa antes de começar

Há três coisas de que você precisa antes de começar com integração contínua:

1. Controle de versão

Tudo em seu projeto deve estar em um único repositório: código, testes, scripts de bancos de dados, scripts de compilação e implantação, e tudo o que for necessário para criar, instalar, executar e testar sua aplicação. Isso pode parecer óbvio, mas ainda há projetos que não usam qualquer forma de controle de versão. Algumas pessoas não consideram seus projetos grandes o bastante para exigir o uso de controle de versão. Não acreditamos que haja projetos pequenos o suficiente para não usar controle de versão. Quando escrevemos código em nossos próprios computadores, para uso pessoal, ainda assim usamos controle de versão. Existem vários sistemas de controle de versão simples, leves e poderosos.

Descrevemos a escolha e o uso de sistemas de controle de versão em mais detalhes na seção "Usando controle de versão", na página 32, e no Capítulo 14, "Controle de Versão Avançado".

2. Um processo automatizado de compilação

Você deve conseguir executar seu processo de compilação a partir da linha de comando. Você pode começar com um simples programa que diz ao seu IDE como compilar a aplicação e rodar os testes, ou pode usar um sistema de múltiplos estágios que chamam outros scripts para fazer seu trabalho. Qualquer que seja o mecanismo, deve ser possível para qualquer pessoa compilar, testar e instalar a aplicação de maneira automatizada a partir da linha de comando.

IDEs e outras ferramentas de integração contínua estão bem sofisticadas, e você pode compilar a aplicação e rodar os testes sem se aproximar da linha de comando. Acreditamos, porém, que você ainda deve ter scripts que podem ser executados a partir da linha de comando sem depender do IDE. Ainda que pareça controverso, há várias razões para isso:

- Você precisa se capaz de executar o processo de compilação automaticamente em seu ambiente de integração contínua, de modo que ele possa ser auditado quando algo der errado.

- Seus scripts devem ser tratados da mesma forma que o resto do código. Devem ser testados e refatorados continuamente para que estejam limpos e fáceis de entender. É impossível fazer isso com um processo gerado pelo IDE. Isso se torna mais importante à medida que o projeto se torna mais complexo.

- Isso torna o processo de entender, manter e deputar o processo de compilação mais fácil, e permite maior colaboração com o pessoal de operação.

3. Aceitação da equipe

Integração contínua é uma prática, não uma ferramenta. Ela requer um alto grau de comprometimento e disciplina da equipe de desenvolvimento. É necessário que todos se acostumem a fazer o check-in de nova funcionalidade no trunk de desenvolvimento em mudanças pequenas e incrementais, e que todos concordem que a tarefas de maior prioridade no projeto é consertar qualquer mudança que quebre a aplicação. Se as pessoas não adotarem a disciplina necessária para que isso funcione, qualquer tentativa de integração contínua não levará às melhorias de qualidade esperadas.

Um sistema básico de integração contínua

Você não precisa de software de integração contínua para fazer integração contínua – como mencionamos anteriormente, ela é uma prática, não uma ferramenta. James Shores descreve a maneira mais simples de começar com integração contínua em um artigo intitulado "Continuous Integration on a Dollar a Day" [bAJpjp], e usa uma máquina livre de desenvolvimento, um patinho de borracha e um sino. Vale a pena ler o artigo porque ele demonstra maravilhosamente a essência da integração contínua sem qualquer ferramenta além do sistema de controle de versão.

Na realidade, porém, a instalação e a configuração de ferramentas modernas de integração contínua são muito simples. Há várias ferramentas livres, como Hudson e a venerável família CruiseControl (CruiseControl, CruiseControl.NET e CruiseControl.rb). Ambas são de instalação e configuração simples e direta. O CruiseControl.rb é bem leve e pode ser facilmente entendido por alguém com algum conhecimento de Ruby. O Hudson tem uma grande coleção de plugins que permitem que ele se integre com praticamente qualquer ferramenta no ecossistema de compilação e implantação.

No momento em que escrevemos isto, dois servidores de integração contínua (IC) possuem edições grátis disponíveis para times pequenos: Go, da ThoughtWorks Studios, e TeamCity, da JetBrains. Outros servidores de IC comerciais incluem o Bamboo, da Atlassian, e o Pulse, da Zutubi. Servidores *high-end* de gerência de versões e sistema de aceleração de compilação também podem ser usados para IC e incluem: AntHillPro, da Urban Code; EletricCommander, da EletricCloud; e BuildForge, da IBM. Há vários outros sistemas; para uma lista completa, veja a matriz de funcionalidades de IC [bHOgH4].

Quando você tiver instalado sua ferramenta de IC favorita, dadas as precondições acima, é possível começar a configurar a ferramenta em alguns minutos com a localização de seu repositório de código, qual script de compilação a executar, se necessário, como rodar os testes automatizados, e como dizer se o último conjunto de mudanças quebrou a aplicação.

Quando rodar a ferramenta de IC pela primeira vez, você provavelmente vai descobrir que a máquina em que ela está sendo executada não possui o software ou as configurações necessárias para o processo de compilação. Essa é uma oportunidade única – anote tudo o que você precisa para fazer a aplicação funcionar e coloque na página do projeto. Você deve, então, colocar todas essas aplicações e configuração necessárias no sistema de controle de versão e automatizar o provisionamento de uma nova máquina.

O próximo passo é que todos comecem a usar o servidor de IC. Abaixo está um processo simples a ser seguido.

Quando você estiver pronto para fazer o check-in de uma mudança:

1. Verifique se o processo de compilação está rodando. Se está, espere ele terminar. Se falhar, você precisa trabalhar com o restante da equipe para fazê-lo ter sucesso antes de enviar suas mudanças para o controle de versão.

2. Quando o processo terminar, e os testes forem bem-sucedidos, atualize o código em sua versão de desenvolvimento de controle de versão.

3. Execute os scripts de compilação e de testes na máquina de desenvolvimento, e garanta que tudo está funcionando corretamente em sua máquina, ou use a funcionalidade de compilação pessoal da ferramenta de IC.
4. Se a compilação local funcionar, faça o check-in.
5. Espere que a ferramenta de IC execute com suas mudanças.
6. Se o processo falhar, pare o que estiver fazendo e conserte o problema imediatamente em sua máquina local, voltando ao passo 3.
7. Se o processo for bem-sucedido, pule de alegria e passe para a próxima ferramenta.

Se todos no time seguirem esses passos simples sempre que fizerem uma mudança no código, você saberá que sua aplicação executa em uma máquina com as mesmas configurações da máquina de IC continuamente.

Pré-requisitos para a integração contínua

A prática de integração contínua, por si só, não resolverá problemas no processo de compilação. De fato, pode ser bem sofrido começá-la no meio do projeto. Para que ela seja eficiente, as seguintes práticas devem ser seguidas antes do início.

Check-ins regulares

A prática mais importante de *integração contínua* é a de check-ins regulares para o trunk de desenvolvimento. De fato, check-ins devem acontecer regularmente ao longo do dia.

Essa prática traz outros benefícios. Torna suas mudanças menores e reduz a probabilidade de falharem. Isso significa que você sempre terá uma versão anterior do software se precisar reverter mudanças incorretas ou que foram na direção errada. Também ajuda você a ser mais disciplinado sobre refatoração e se ater a mudanças menores para preservar o comportamento. Ajuda a garantir que mudanças que alterem muitos arquivos tenham pouca chance de entrar em conflito com o trabalho dos outros. Permite que desenvolvedores explorem mais, experimentando ideias e descartando-as ao reverter para a versão anterior. Força desenvolvedores a parar regularmente e esticar seus músculos para evitar a síndrome do túnel do carpo ou lesão por esforço repetitivo (LER). Também significa que, se algo catastrófico acontecer (como a remoção acidental de algum arquivo), você não perdeu muito trabalho.

Mencionamos check-ins no trunk propositalmente. Muitos projetos usam branches no controle de versão para gerenciar grandes times de desenvolvimento. Mas é impossível fazer integração contínua usando branches, porque, por definição, se você está trabalhando em um branch, seu código não está sendo integrado com o de outros desenvolvedores. Equipes que o uso de branches isolados por longos períodos de tempo enfrentam os mesmos problemas de integração descritos no começo do capítulo. Não recomendamos o uso de branches, exceto em circunstâncias muito especiais. Discutimos isso em mais detalhes no Capítulo 14.

Crie um conjunto de testes automatizados abrangente

Se você não tem um conjunto abrangente de testes automatizados, uma compilação que foi bem-sucedida significa apenas que a aplicação pode ser compilada. Embora isso já seja um grande passo para algumas equipes, é essencial que haja algum nível de testes automatizados para garantir que a aplicação está de fato funcionando. Há muitos tipos de testes automatizados, que serão discutidos em detalhe no próximo capítulo. Entretanto, há três tipos de testes que deveriam ser executados a partir do processo de integração contínua: testes unitários, testes de componentes e testes de aceitação.

Testes unitários são escritos para testar o comportamento de pequenas partes de sua aplicação em isolamento (digamos, um método, ou uma função, ou a interação entre um pequeno grupo destes). Eles podem ser executados sem a necessidade de executar a aplicação por completo. Não usam o banco de dados (se a aplicação tem algum), o sistema de arquivos ou a rede, nem exigem que a aplicação seja executada em um ambiente como o de produção. Testes unitários devem rodar bem rápido – todo o conjunto de testes unitários, mesmo o de uma grande aplicação, deve executar em menos que dez minutos.

Testes de componentes testam o comportamento de vários componentes da aplicação. Como os testes unitários, geralmente não exigem que a aplicação seja executada por completo. Entretanto, podem usar o banco de dados, o sistema de arquivos ou outros sistemas (possivelmente usando métodos que simulam o outro sistema, um processo conhecido como *stubbing* ou *mocking*). Testes de componentes normalmente demoram mais para serem executados.

Testes de aceitação garantem que a aplicação satisfaz os critérios de aceitação decididos pelo negócio, incluindo tanto a funcionalidade que a aplicação deve oferecer como outras características, como capacidade, disponibilidade, segurança e assim por diante. Testes de aceitação são melhores quando escritos de forma a rodar sobre a aplicação por completo em um ambiente como o de produção. Também podem demorar muito para rodar – não é incomum que um conjunto de testes de aceitação demore um dia inteiro para executar.

Esses três conjuntos de testes, combinados, devem fornecer um nível bastante alto de confiança de que qualquer mudança introduzida não afeta a funcionalidade já existente.

Mantenha o processo de compilação e de testes curto

Se levar muito tempo para compilar o código e rodar os testes unitários, você acabará enfrentando os seguintes problemas:

- As pessoas vão parar de rodar a compilação por completo e de executar os testes quando fazem um check-in, o que fará a compilação falhar com mais frequência.
- O processo de integração contínua demorará tanto que diversos check-ins terão sido feitos até o momento em que a compilação voltar a ser executada, de modo que você não saberá qual deles quebrou a compilação, se esse for o caso.

- As pessoas farão check-ins menos frequentes porque terão de esperar um bom tempo para que o software seja compilado e os testes rodem.

Idealmente, o processo de compilação e de testes que você roda antes de fazer um check-in e que também ocorre no servidor de IC não deve demorar mais do que alguns minutos. Acreditamos que dez minutos seja o limite, cinco minutos é melhor, e cerca de 90 segundos é o ideal. Dez minutos parecerá muito tempo para pessoas acostumadas com projetos pequenos. E parecerá um tempo muito curto para o pessoal mais antigo, acostumado com compilações de uma hora. E é mais ou menos o tempo que alguém pode dedicar para fazer uma xícara de café, bater um papo, verificar o e-mail ou esticar os músculos.

Esse requisito parece contradizer o anterior – de ter um conjunto abrangente de testes automatizados. Mas há várias técnicas que podem ser usadas para reduzir o tempo de compilação. A primeira é conseguir fazer os testes rodarem mais rápido. Ferramentas do tipo XUnit, como JUnit e NUnit, podem fornecer informações de quanto tempo um teste demorou. Descubra quais testes estão rodando mais lentamente, e veja se há alguma forma de otimizá-los e ainda conseguir a mesma cobertura de código com menos processamento. Essa é uma prática que deve ser regular.

Entretanto, em algum ponto você precisará dividir seu processo de teste em múltiplos estágios, como discutido em detalhes no Capítulo 5, "Anatomia de Pipeline de Implantação". Como você deve dividi-los? Sua primeira ação deve ser criar dois estágios. O primeiro deve compilar a aplicação, executar os testes unitários que testam as classes individuais que compõem a aplicação, e criar um binário para implantação. Esse estágio é chamado de estágio de commit. Ele será abordado com mais detalhes no Capítulo 7.

O segundo estágio deve pegar os binários do primeiro estágio e executar os testes de aceitação e os testes de integração e de desempenho, se você os tiver. Servidores de IC modernos tornam esse processo de criar estágios algo bem simples, e permitem rodar múltiplas tarefas paralelamente e agregar o resultado de modo que seja possível ver o estado da compilação imediatamente.

O estágio de commit deve executar antes do check-in e rodar no servidor de IC a cada check-in. O estágio que roda os testes de aceitação deve executar assim que os testes do check-in são realizados, mas pode demorar mais. Se descobrir que a segunda compilação demora mais de uma hora, você deve pensar em rodar os testes em paralelo em uma máquina maior e multiprocessada, ou talvez criar um *grid* para a compilação. Sistemas de IC modernos também transformam essa tarefa em algo simples. Muitas vezes é útil incorporar alguns *smoke tests* na aplicação no estágio de commit. Os *smoke tests* devem executar alguns testes simples de integração e aceitação para garantir que a funcionalidade mais usada não parou de funcionar – e informar rapidamente, se esse for o caso.

> Geralmente é desejável agrupar os testes de aceitação por áreas funcionais. Isso permite que porções dos testes possam ser executadas com foco em um comportamento específico do sistema depois que uma mudança foi feita. Muitos frameworks de testes unitários permitem que você categorize seus testes dessa forma.

Você pode chegar ao ponto em que o projeto precise ser dividido em vários módulos funcionalmente independentes. Isso requer avaliações cuidadosas sobre como esses subprojetos serão organizados no repositório de controle de versão e no servidor de IC. Trataremos desse assunto no Capítulo 13, "Como Gerenciar Componentes e Dependências".

Como gerenciar seu espaço de trabalho de desenvolvimento

É importante para a produtividade e a sanidade dos desenvolvedores que seu ambiente de desenvolvimento seja cuidadosamente gerido. Desenvolvedores sempre devem trabalhar a partir de algum ponto bem conhecido quando começam algo novo. Eles devem ser capazes de executar o processo de compilação, de executar os testes automatizados e de implantar a aplicação em um ambiente de controle. Em geral isso deve ser feito em suas próprias máquinas locais. Apenas em circunstâncias especiais podem ser usados ambientes compartilhados para o desenvolvimento. A execução da aplicação em um ambiente local de desenvolvimento deve usar os mesmos processos automatizados usados no servidor de integração contínua e nos testes de ambiente e, em última instância, em produção.

O primeiro requisito para isso é a gerência cuidadosa de configuração, não somente do código-fonte, mas também dos dados de testes, scripts de bancos de dados, scripts de compilação e scripts de implantação. Todos estes devem ser armazenados sob controle de versão, e a versão estável mais recente deve ser usada como ponto de partida para nova funcionalidade. Nesse contexto, versão estável significa a versão em que você está trabalhado e que foi aprovada em todos os testes automatizados no servidor de integração contínua.

O segundo passo é a gerência de configuração de dependências externas, bibliotecas e componentes. É essencial que você tenha todas as versões de todas as bibliotecas e componentes, ou seja, as mesmas versões que funcionam com a versão do código-fonte em que está trabalhando. Há ferramentas de código aberto que ajudam a gerenciar essas dependências – Maven e Ivy são as mais comuns no mundo Java, por exemplo. Entretanto, ao trabalhar com essas ferramentas, deve-se ter o cuidado de garantir que elas estão configuradas corretamente para não buscar sempre a versão mais recente disponível de alguma dependência em sua cópia local de trabalho.

Na maioria dos projetos, as bibliotecas de terceiros das quais eles dependem não mudarão com muita frequência, e a solução mais simples é manter essas versões no mesmo repositório em que está o código. Há mais informações sobre como fazer isso no Capítulo 15, "Gerenciando Entrega Contínua".

O passo final é garantir que os testes automatizados, incluindo os *smoke tests*, executem nas máquinas de desenvolvimento. Em grandes sistemas, isso envolverá a configuração de sistemas de middleware e a execução de versões em memória ou versões com um único usuário de bancos de dados. Isso demanda certo esforço, mas permite que os desenvolvedores executem testes sobre o código antes dos check-ins, o que faz uma diferença enorme para a qualidade do código. De fato, um dos sinais de boa arquitetura é que ela permite que a aplicação seja executada sem maiores problemas nas máquinas de desenvolvimento.

Como usar software de integração contínua

Há muitos produtos no mercado que fornecem a infraestrutura para os processos automatizados de compilação e testes. A funcionalidade mais básica de um software de integração contínua é verificar regularmente o sistema de controle de versão em busca de novas versões de código e, se estas existirem, baixar a última versão disponível, rodar os scripts de compilação para compilar o software, executar os testes e notificar os interessados sobre os resultados.

Operação básica

Em essência, servidores de integração contínua têm dois componentes básicos. O primeiro é um processo que roda continuamente e que pode executar um *workflow* simples em intervalos regulares. O segundo fornece a visualização dos resultados dos processos que foram executados, notifica sucessos e falhas no processo de compilação e nos testes, e oferece acesso aos relatórios de testes, instaladores e assim por diante.

Um servidor de IC verifica o sistema de controle de versão em intervalos regulares. Se detectar alguma mudança, ele obtém a versão mais recente do código e a coloca em um diretório no próprio servidor ou em algum agente de compilação. Em seguida, ele executa os comandos especificados sobre essa versão. Em geral, isso envolve a compilação da aplicação e a execução dos testes relevantes.

A maioria dos servidores de IC inclui um servidor Web que mostra uma lista das compilações executadas (Figura 3.1) e permite a visualização dos relatórios que definem o sucesso ou a falha de uma compilação. Essa sequência de instruções de compilação deve culminar na produção e no armazenamento de artefatos resultantes como binários ou instaladores, de modo que testadores e clientes possam baixar facilmente a versão usável mais recente do software. A maioria dos servidores de IC também pode ser configurada pela mesma interface ou por meio de simples scripts.

Extras

Você pode especificar o *workflow* do seu IC para fazer muito mais do que a funcionalidade básica. Pode, por exemplo, enviar o resultado da compilação mais recente para algum aparelho externo. Já vimos pessoas usarem lâmpadas de lava verdes e vermelhas para mostrar a situação da última compilação, e outras usarem um sistema de IC que enviava a situação para um coelho eletrônico *wireless* da Nabaztag. Conhecemos um desenvolvedor que, com algumas habilidades em eletrônica, criou uma torre extravagante de luzes e sirenes que entravam em ação para indicar o progresso de várias compilações em um sistema complexo. Outro truque é usar software de vocalização para ler o nome da pessoa que quebrou a compilação. Alguns servidores podem mostrar a situação da compilação juntamente a avatares das pessoas que fizeram as mudanças no código – e isso pode ser mostrado em uma tela grande ou uma televisão.

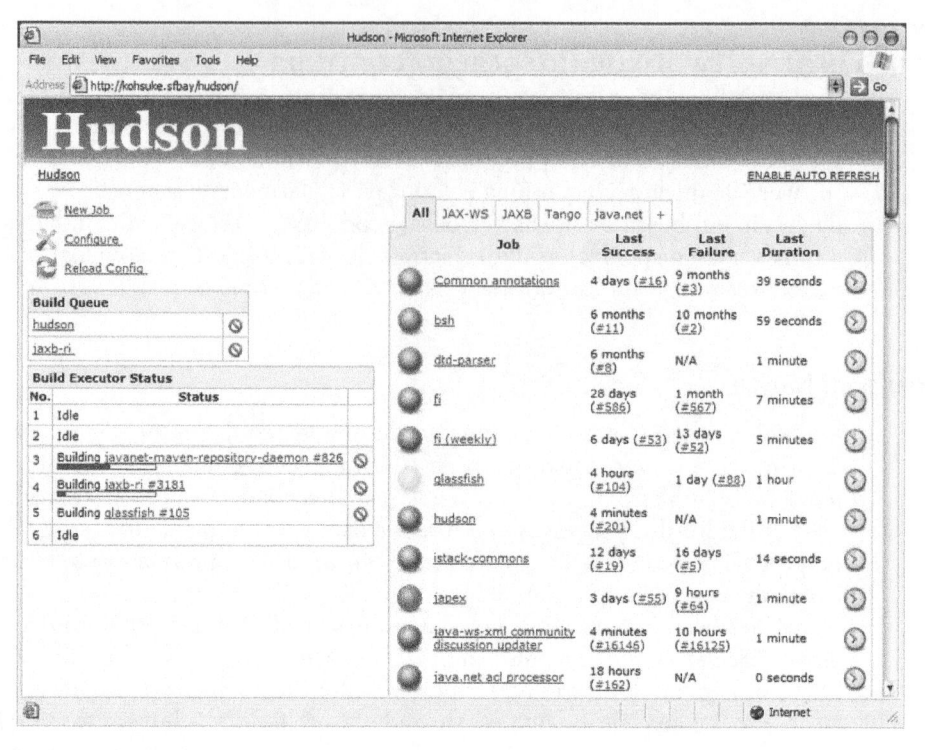

Figura 3.1 *Screenshot do Hudson, por Kohsuke Kawaguchi.*

Projetos usam dispositivos como esses por uma razão simples: é uma boa forma de permitir que todos vejam a situação de uma compilação imediatamente. Visibilidade é um dos maiores benefícios de um servidor de IC. A maioria dos servidores de IC possuem alguma forma de *widget* que pode ser instalado em máquinas de desenvolvimento para mostrar o progresso e o resultado da compilação em algum lugar do desktop. Ferramentas com essas são especialmente úteis para times distribuídos ou que não estão trabalhando na mesma sala.

O único problema dessa visibilidade é que, se os desenvolvedores estão trabalhando próximos aos clientes, como é o caso na maioria dos projetos ágeis, falhas na compilação – parte natural do processo – podem acabar sendo consideradas um sinal de problemas com a qualidade da aplicação. O fato é que o contrário é a verdade: toda vez que a compilação falha, essa é uma indicação de que um problema que, de outra forma, teria sido descoberto somente em produção foi encontrado. Entretanto, pode ser difícil explicar isso para o cliente. Passamos por isso várias vezes, inclusive por conversas difíceis com o cliente quando a compilação ficava quebrada por mais tempo do que gostaríamos, e recomendamos que você mantenha uma tela mostrando o resultado da compilação com o máximo de visibilidade possível e trabalhe bastante para explicar seus benefícios. A melhor resposta, é claro, é trabalhar bastante para que a compilação sempre esteja verde.

Você também pode fazer seu processo de compilação executar análises do código-fonte. Equipes geralmente determinam métricas de cobertura e duplicação de código, adesão a padrões de código, complexidade ciclomática e outras indicações da saúde do código, e colocam essas métricas na página de resumo da compilação. Você também pode executar programas para produzir gráficos do modelo de objetos ou do banco de dados. Isso é visibilidade em ação.

Servidores de IC avançados também podem distribuir o trabalho ao longo de um *grid*, gerenciar o processo de compilação de coleções de componentes e dependências colaborativas, reportar diretamente no sistema de gerência de projeto, e muitas outras coisas.

Antecessores da integração contínua

Antes da introdução de integração contínua, muitos times usavam uma compilação noturna. Essa foi uma prática comum na Microsoft por muitos anos. Se a compilação fosse quebrada, a pessoa responsável tinha de ficar e monitorar as compilações subsequentes até que a próxima pessoa causasse uma quebra.

Muitos projetos ainda têm compilações noturnas. A ideia é que um processo qualquer compile e integre a base de código todas as noites, quando todo mundo tiver ido embora. Essa é uma medida que vai na direção correta, mas não é muito útil quando o time chega, no dia seguinte, e encontra código que não compilou. No próximo dia, eles fazem as mudanças, mas não conseguem verificar se o sistema integra até a próxima noite. Assim, a compilação permanece vermelha por vários dias – até que o time de integração comece seu trabalho novamente. Além disso, essa estratégia não é tão útil quando um time trabalha em lugares diferentes com a mesma base de código.

O próximo passo na evolução foi adicionar testes automatizados. A primeira vez que tentamos algo assim foi há muitos anos. Os testes em questão eram *smoke tests* básicos, que simplesmente garantiam que a aplicação rodasse depois de uma compilação. Esse já foi um grande salto em nosso processo de compilação na época, e ficamos muito orgulhosos de nós mesmos. Atualmente, esperamos muito mais, mesmo dos processos de automação mais básicos. Testes unitários avançaram bastante, e mesmo um conjunto básico de testes já aumenta substancialmente o nível de confiança em um processo de compilação.

O próximo nível de sofisticação usado em alguns projetos (embora tenhamos de admitir que não temos visto exemplos disso) é usar um esquema de *rolling builds* em que, em vez de um processo noturno, o processo de compilação é executado continuamente. Assim que uma compilação termina, a próxima versão é recuperada do repositório de código e o processo começa novamente. Dave usou isso com um bom resultado no início dos anos 1990; era muito melhor que compilação a noturna. O problema com essa abordagem é que não há elo direto entre um check-in específico e uma compilação. Assim, embora haja feedback contínuo útil para o desenvolvedor, não há rastreabilidade suficiente em relação ao que realmente quebrou o processo de compilação, para que esse processo seja escalável para times maiores.

Práticas essenciais

Até agora, muito do que descrevemos está relacionado à automação do processo de compilação e implantação. Entretanto, essa automação existe dentro do ambiente de processos humanos. Integração contínua é uma prática, não uma ferramenta, e depende de disciplina para ser eficiente. Manter um sistema de integração contínua operando, particularmente quando se lida com sistemas de IC grandes e complexos, requer bastante disciplina do time de desenvolvimento como um todo.

O objetivo de um sistema de IC é garantir que o software funcione a qualquer momento. Para isso, apresentamos a seguir uma série de práticas que adotamos em nossas equipes. Depois, discutiremos práticas opcionais mas desejáveis; as práticas listadas abaixo são, no entanto, obrigatórias para o funcionamento de integração contínua.

Não faça check-ins se o processo de compilação estiver quebrado

O principal erro em integração contínua é a introdução de código novo quando o processo de compilação está quebrado. Se a compilação quebra, os desenvolvedores responsáveis estão esperando para consertá-lo. Eles identificam a causa do problema assim que possível e a corrigem. Se essa estratégia for adotada, o código sempre estará na melhor condição para que os problemas sejam resolvidos imediatamente. Se alguém fez um check-in e quebrou o processo de compilação como resultado, a melhor chance de resolver o problema imediatamente é deixar que essa pessoa tente consertá-lo. O pior que pode ser feito nesse momento é introduzir código não relacionado, pois isso fará a compilação rodar novamente, causando mais problemas.

Quando essa regra não é respeitada, a resolução de problemas de compilação se torna inevitavelmente mais longa. As pessoas se acostumam a ver o processo de compilação quebrado, e rapidamente se chega ao ponto em que ela está quebrada o tempo todo. Isso continua até que alguém no time decide que basta de compilação quebrada, e é feito um esforço hercúleo para que a compilação esteja verde novamente. Então, o processo recomeça. Depois de todo esse trabalho, o melhor a ser feito é renir todos e ter certeza de que o princípio será seguido, para garantir que a compilação sempre esteja verde e que o software sempre esteja funcionando.

Sempre rode os testes de commit localmente antes de um check-in, ou use o servidor de IC para isso

Como já estabelecemos, um check-in cria uma versão candidata. Funciona como em uma publicação. A maioria das pessoas verifica o trabalho antes de publicá-lo em algum lugar, e com um check-in não é diferente.

Queremos check-ins pequenos o bastante para que não tenhamos receio de fazer isso a cada vinte minutos, mas formais o bastante para que pensemos por um instante antes de um deles. Rodar os testes localmente é uma espécie de teste de saúde antes de executar alguma coisa. É uma forma de garantir que o que acreditamos funcionar realmente funciona.

Quando desenvolvedores estão prontos para parar e fazer um check-in, eles devem atualizar a cópia local com a versão mais recente do repositório. Isso deve gerar um processo de compilação local e a execução dos testes de commit. Somente quando estes tiverem resultados positivos o desenvolvedor está pronto para fazer o check-in de suas mudanças no sistema de controle de versão.

Se você não está familiarizado com essa abordagem, pode estar imaginando por que rodar os testes localmente se isso é a primeira coisa que vai acontecer no servidor de IC. Há duas razões:

1. Outras pessoas podem ter feito check-in depois da última vez que você atualizou sua cópia a partir do repositório central, e a combinação de suas mudanças com estas pode causar falhas nos testes. Se você fizer um merge e rodar os testes, identificará esses problemas sem quebrar o processo de compilação.
2. Uma fonte comum de erros em check-ins é esquecer de adicionar algum novo artefato ao repositório. Se você segue os passos corretos e a compilação funciona, mas seu sistema falha localmente, saberá que isso aconteceu porque alguém adicionou algo nesse período ou porque você esqueceu de adicionar alguma nova classe ou arquivo em que estava trabalho ao sistema de controle de versão.

Seguir os passos acima mantém a compilação verde.

Muitos servidores de IC oferecem uma funcionalidade chamada de commit pré-testado ou compilação pessoal. Se você usar essa funcionalidade, o IC carregará suas mudanças locais e as executará separadamente. Se a compilação funcionar, o servidor de IC fará o check-in para você. Se a compilação funcionar, você será informado das mudanças. Essa é uma forma excelente de seguir a prática sem precisar esperar para que os testes sejam positivos antes de começar a trabalhar na próxima funcionalidade ou em uma correção.

Os servidores de IC Pulse, TeamCity e EletricCommander oferecem essa funcionalidade. Essa prática é melhor quando usada em conjunto com um sistema de controle de versão distribuído, que permite armazenar commits localmente sem precisar enviá-los para um repositório central. Dessa forma, é muito fácil guardar as mudanças por meio da criação de um patch e reverter para a versão enviada para o servidor IC se a compilação falhar.

Espere que os testes obtenham sucesso antes de continuar

O sistema de IC é um recurso compartilhado pela equipe. Quando a equipe está usando IC efetivamente, seguindo nossos conselhos e fazendo check-ins frequentemente, qualquer quebra no processo de compilação é apenas um inconveniente para o time e para o projeto como um todo.

Entretanto, quebras são uma parte normal e esperada no processo. Nosso objetivo é encontrar os erros e eliminá-los assim que possível, sem esperar perfeição ou ausência total de erros.

No momento do check-in, os desenvolvedores que o fizeram são responsáveis por monitorar o progresso da compilação. Até que o check-in tenha sido compilado e tenha passado nos testes, os desenvolvedores não devem começar nenhuma tarefa nova: não devem sair para o almoço ou entrar em uma reunião, e sim prestar atenção ao processo de compilação para saber o resultado dentro de alguns segundos depois do final do estágio de commit.

Se o commit tiver sucesso, os desenvolvedores estão livres para partir para a próxima tarefa. Se ele falhar, eles estão disponíveis para começar a determinar a natureza do problema e corrigi-lo com um novo check-in ou com o retorno para a versão anterior, guardando as mudanças até que se entenda o que é necessário para fazê-las funcionar.

Nunca vá para casa com um processo de compilação quebrado

São seis horas de uma sexta-feira e todos os seus colegas estão saindo, mas você acabou de fazer um check-in e o processo de compilação quebrou. Você pode se conformar com o fato de que vai sair mais tarde e tentar corrigi-lo, reverter as mudanças e tentar novamente na próxima semana ou simplesmente sair e deixar a compilação quebrada.

Se escolher a última opção, não se lembrará com clareza das mudanças feitas quando voltar, e demorará bem mais para entender o problema e corrigi-lo. Se você não for a primeira pessoa a chegar para corrigir a compilação, perderá o respeito do time quando seus colegas chegarem e descobrirem que você quebrou a compilação, e que a capacidade de trabalho deles foi comprometida. Se você ficar doente durante o fim de semana e não puder ir trabalhar, pode esperar vários telefonemas para obter detalhes sobre como você quebrou o processo de compilação e como corrigi-lo, ou verá seu commit ser revertido sem a menor cerimônia por seus colegas.

O efeito de um processo de compilação quebrado em geral, e especificamente de uma compilação que foi deixada quebrada ao fim de um dia de trabalho, é multiplicado quando você está trabalhando com um time distribuído em diferentes fusos horários. Nessas circunstâncias, ir para casa com a compilação quebrada é a maneira mais eficaz de irritar seus colegas remotos.

Não estamos defendendo que você madrugue para corrigir o problema. Recomendamos que faça check-ins regularmente e cedo o bastante para que tenha tempo de lidar com eles se houver um problema. Você também pode deixar o commit para o dia seguinte; muitos desenvolvedores experientes mantêm uma regra de nunca fazer um check-in a menos de uma hora para o final do expediente. Se todo o resto falhar, reverta suas mudanças e as deixe em uma cópia local. Alguns sistemas de controle de versão, incluindo os distribuídos, facilitam a tarefa de acumular check-ins em um repositório local antes de enviá-los para outros usuários.

> **Disciplina de compilação em projetos distribuídos**
>
> Trabalhamos em um projeto que acreditamos ter sido, em dado momento, o maior projeto ágil do mundo. Era um projeto geograficamente distribuído com uma base de código compartilhada. Em vários momentos do ciclo de vida do projeto, o time estava trabalhando simultaneamente em São Francisco e Chicago, nos Estados Unidos; em Londres, no Reino Unido; e em Bangalore, na Índia. Durante um determinado dia, havia somente cerca de três horas em que ninguém, em qualquer desses lugares, estava trabalhando no código. No restante do dia, havia um fluxo constante de mudanças enviadas para o sistema de controle de versão, e um fluxo constante de novas compilações sendo criadas.
>
> Se uma equipe na Índia tivesse quebrado a compilação e ido para casa, o time de Londres teria seu dia radicalmente afetado. Da mesma forma, se o time de Londres quebrasse a compilação, seus colegas nos Estados Unidos rangeriam os dentes pelas próximas oito horas.
>
> Disciplina rigorosa de compilação era essencial: tínhamos um *build master**, dedicado a preservar o processo de compilação e a fiscalizá-lo, garantindo que quem o tivesse quebrado estivesse trabalhando nisso. Caso contrário, o engenheiro de compilação revertia o check-in.
>
> ---
>
> * N. de T.: *Build master* é o papel ocupado pela pessoa que vigia a compilação nos ambientes de integração contínua (IC) com o objetivo de manter o ambiente válido e não bloquear outros times caso o ambiente de IC esteja falhando por problemas de compilação, configuração ou testes que não passam.

Esteja sempre preparado para voltar à revisão anterior

Como descrevemos anteriormente, apesar de tentarmos ser esforçados sempre, todos cometemos erros, e temos certeza de que o processo de compilação às vezes será quebrado. Em projetos maiores, isso geralmente acontece todos os dias, embora commits pré-testados aliviem bastante o sofrimento. Nessas circunstâncias, as correções são simples, serão reconhecidas quase que imediatamente e envolvem uma ou poucas linhas. Entretanto, às vezes o problema é bem maior, e não é possível encontrá-lo rapidamente. Há ocasiões em que só após o commit percebemos que esquecemos algo fundamental na mudança que foi feita.

Seja qual for a reação a uma falha na compilação, é importante que tudo esteja funcionando novamente logo. Se não pudermos consertar o problema rapidamente por algum motivo, devemos voltar à versão anterior – que está no controle de versão – e corrigir o problema no ambiente local. Afinal, um dos objetivos de um sistema de controle de versão é possibilitar isso.

Pilotos de avião aprendem que sempre que pousam devem assumir que algo vai dar errado, e que devem estar prontos para abortar o pouso e "retornar" para tentar novamente. Use esse mesmo princípio quando fizer um check-in. Assuma que pode quebrar algo que levará mais alguns minutos para consertar e saiba o que fazer para reverter as mudanças e voltar ao estado anterior. Sabemos que a revisão anterior é boa porque *não fazemos check-ins se o processo de compilação estiver quebrado*.

Limite o tempo antes de reverter

Estabeleça uma regra para o time: se o processo de compilação quebrar, tentaremos consertá-lo durante dez minutos. Se, depois de dez minutos, não tivermos terminados, reverteremos para a versão anterior. Dependendo do caso, pode-se permitir uma pequena tolerância. Se você está no meio de uma compilação local, preparando-se para um check-in, por exemplo, permitiremos que continue para ver se funciona. Se funcionar, pode fazer um check-in e, com sorte, a mudança será boa; se falhar localmente ou no próximo check-in, voltaremos ao estado conhecido anterior.

Desenvolvedores experientes manterão a regra e irão reverter tranquilamente compilações de outras pessoas que estão quebradas por dez minutos ou mais.

Não comente testes que estão falhando

Quando você começa a seguir a regra anterior, os desenvolvedores geralmente começam a comentar testes que estão falhando para que o check-in possa ser feito. Esse impulso é compreensível, mas incorreto. Quando testes que foram bem-sucedidos por um tempo começam a falhar, pode ser difícil entender o porquê. Realmente foi encontrada uma regressão? Talvez algo que o teste está assumindo não valha mais, ou a aplicação realmente mudou e a funcionalidade testada está diferente por algum bom motivo. Descobrir quais dessas condições são aplicáveis requer um esforço considerável tanto de tempo quanto de pessoas, mas é essencial descobrir o que está acontecendo e corrigir o código (se uma regressão foi descoberta), modificar o teste (se uma das premissas mudou) ou removê-lo (se a funcionalidade não existe mais).

Comentar testes que estão falhando deve ser o último recurso, raramente usado, a menos que você seja disciplinado o bastante para corrigi-los imediatamente. Não é errado comentar ocasionalmente um teste que exige um desenvolvimento considerável que ainda está por vir, ou que depende de discussões mais extensas com o cliente. Entretanto, isso pode levar a um círculo vicioso. Já vimos código em que metade dos testes estavam comentados. Deve-se rastrear o número de testes comentados e mostrar isso em um local bem visível, seja em um monitor ou em um quadro. A compilação pode até começar a falhar se o número de testes comentados exceder um limite, talvez 2% do total.

Assuma a responsabilidade pelas quebras causadas por suas mudanças

Se você introduz uma mudança no código e todos os seus testes são bem-sucedidos, mas os outros quebram, a compilação ainda está quebrada. Normalmente isso significa que você introduziu uma regressão na aplicação. É sua responsabilidade – já que você fez a mudança – corrigir todos os testes que não estão tendo sucesso como resultado dela. No contexto de IC, isso é óbvio, mas não é uma prática realmente comum em muitos projetos.

Essa prática tem várias implicações. Significa que você precisa ter acesso a qualquer código que pode quebrar como resultado de suas mudanças, para que possa corrigi-lo. Também significa que nenhum desenvolvedor pode ser o dono de uma parte do código de modo que somente ele trabalhe nela. Para usar IC efetivamente, todos devem ter acesso ao código completo. Se, por alguma razão, você não puder ter código compartilhado com todo o time, é preciso gerenciá-lo por meio da colaboração eficiente entre as pessoas que têm acesso. Ainda assim, essa não é a situação ideal, e você deve trabalhar para que as restrições sejam removidas.

Desenvolvimento guiado por testes

Um conjunto abrangente de testes é essencial para integração contínua. Apesar de abordarmos em detalhes as estratégias para testes automatizados no próximo capítulo, vale a pena notar que feedback rápido – o resultado central da integração contínua – somente é possível com cobertura excelente de testes unitário (cobertura excelente de testes de aceitação também é essencial, mas estes demoram mais para executar). Em nossa experiência, a única maneira eficaz de obter cobertura excelente é por meio de TDD (*Test-Driven Development*, ou desenvolvimento guiado por testes). Tentamos não ser dogmáticos sobre práticas de desenvolvimento ágeis neste livro, mas acreditamos que TDD é essencial para que seja alcançada a prática de entrega contínua.

Para aqueles que não estão familiarizados com o conceito, a ideia é que quando uma nova funcionalidade está sendo desenvolvida, ou quando um defeito está sendo corrigido, a primeira atitude que os desenvolvedores devem tomar é a criação de uma especificação executável de qual deve ser o comportamento do código a ser escrito. Esses testes não somente guiam a arquitetura da aplicação, como também servem como testes de regressão e documentação sobre o código e o comportamento esperado da aplicação.

Uma discussão sobre TDD está além do escopo deste livro. Entretanto, vale notar que, como todas as outras práticas, é importante ser tanto disciplinado como pragmático sobre o assunto. Recomendamos duas leituras adicionais sobre o tópico: *Growing Object-Oriented Software, Guided by Tests*, por Steve Freeman e Nat Pryce; e *xUnit Test Patterns: Refactoring Test Code*, por Gerard Meszaros.

Práticas sugeridas

As seguintes práticas não são obrigatórias, mas as consideramos úteis, e você deveria pelo menos pensar em usá-las em seu projeto.

Extreme Programming

Integração contínua é uma das doze práticas essenciais de XP descritas no livro de Kent Beck e, como tal, complementa e é complementada pelas demais práticas de XP. Integração contínua pode fazer uma grande diferença em qualquer equipe, mesmo que ela não esteja usando as outras práticas, mas é ainda mais eficaz em conjunto com as demais. Em particular, juntamente com TDD e código coletivo, que descrevemos nas seções anteriores, você também deve considerar a prática de refatoração como um dos fundamentos de desenvolvimento eficiente de software.

Refatoração significa fazer uma série de pequenas mudanças incrementais que melhoram o código sem mudar o comportamento da aplicação. IC e TDD permitem isso ao garantir que suas mudanças não alteram o comportamento da aplicação. Dessa forma, sua equipe fica livre para fazer mudanças que podem afetar grandes áreas do código sem se preocupar em quebrar a aplicação. A prática também possibilita check-ins pequenos e frequentes.

Quebrar o processo de compilação por falhas arquiteturais

Às vezes, há aspectos da arquitetura do sistema que os desenvolvedores esquecem com facilidade. Uma técnica já utilizada é inserir testes no momento de commit que provem que quebras desses aspectos não estão ocorrendo.

Essa técnica é tática e difícil de descrever sem exemplos.

> **Garantindo chamadas remotas no momento da compilação**
>
> O melhor exemplo do qual nos lembramos é um projeto que implementava uma coleção de serviços distribuídos. Este era um sistema genuinamente distribuído em que uma parte significativa da lógica de negócio era executada em sistemas clientes, e uma quantidade considerável de lógica real de negócio também era executada no servidor – em função de requisitos reais de negócio, e não somente de programação ruim.
>
> Nosso time de desenvolvimento colocou todo o código, tanto para sistemas clientes quanto para o servidor, em seu ambiente de desenvolvimento. Era muito fácil para um desenvolvedor fazer uma chamada local de um cliente para o servidor ou vice-versa, sem perceber que o comportamento realmente necessário era uma chamada remota.
>
> Havíamos organizado o código em pacotes representando um aspecto da estratégia de desenvolvimento em camadas que nos ajudava no desenvolvimento. Usamos essa informação e algumas ferramentas abertas que avaliavam dependências de código e usamos *grep** para verificar, na saída da ferramenta, se havia dependências entre pacotes que quebravam as regras.
>
> Isso evitava quebras desnecessárias durante os testes funcionais e ajudava a manter a arquitetura do sistema – lembrando os desenvolvedores da importância das fronteiras de processo entre os dois sistemas.
>
> * N. de T.: Ferramenta utilizada em ambientes Unix/Linux para encontrar trechos de textos dada uma entrada. Essa entrada pode ser um arquivo ou a saída de outro programa.

Essa técnica pode parecer pesada demais, e não se destina a substituir um entendimento claro da arquitetura do sistema sob desenvolvimento pela equipe. Mas ela pode ser bem útil quando há questões arquiteturais importantes a considerar – questões que podem ser difíceis de detectar facilmente.

Quebrar o processo de compilação para testes lentos

Como dissemos anteriormente, IC funciona melhor com commits frequentes e pequenos. Se a execução dos testes demora demais, isso pode prejudicar seriamente a produtividade da equipe em função do tempo gasto esperando que o processo de compilação e de testes termine. Isso, por sua vez, desencoraja check-ins frequentes, de modo que a equipe começa a armazenar commits, tornando-os mais complexos – com maior possibilidade de conflitos e maior chance de introduzir erros e causar falhas nos testes. Tudo isso reduz ainda mais a velocidade do processo.

Para manter o time focado na importância da velocidade dos testes, você pode fazer os testes no momento do commit falharem se um teste específico levar mais do que um determinado tempo. Na última vez em que usamos isso, o processo de compilação falhava para qualquer teste que demorava mais de dois segundos para executar.

Normalmente gostamos de práticas em que uma pequena mudança pode ter um grande efeito. Essa prática é assim. Se um desenvolvedor escrever um teste que demora demais para rodar, o processo de compilação falhará quando ele estiver pronto para fazer o check-in. Isso o encorajará a pensar cuidadosamente sobre estratégias para fazer os testes rodarem mais rapidamente. Se os testes rodam rápido, os desenvolvedores farão check-ins com maior frequência, reduzindo a chance de conflitos de código, e qualquer problema que surgir será fácil e rápido de corrigir, o que aumenta a produtividade dos desenvolvedores.

Porém, é necessário fazer uma advertência: essa prática pode ser uma faca de dois gumes. Você precisa tomar cuidado para não criar testes intermitentes, que falham em seu ambiente de IC por motivos inusitados. Descobrimos que o uso mais eficiente dessa estratégia é para manter um time grande focado em problemas específicos, mas não como algo que usamos em qualquer compilação. Se o processo de compilação ficar lento, você pode usar isso para manter o time focado, por um período, em acelerar as coisas.

Note que estamos falando de desempenho dos testes, não de testes de desempenho. Testes de capacidade são abordados no Capítulo 9, "Como Testar Requisitos Não Funcionais".

Quebrar o processo de compilação em avisos e problemas de estilo

Avisos do compilador têm bons motivos para existir. Uma estratégia adotadas com algum sucesso é fazer o processo de compilação quebrar em caso de avisos do compilador. Isso pode ser inflexível em algumas circunstâncias, mas é uma boa maneira de tornar boas práticas efetivas.

Você pode tornar essa técnica ainda mais rigorosa adicionando verificações para práticas específicas ou lapsos de código em geral. Já usamos várias ferramentas abertas de qualidade de código com algum sucesso:

- Simian é uma ferramenta que identifica duplicação nas linguagens mais populares (incluindo texto puro).
- JDepend para Java, e seu primo comercial NDepend para .NET, gera muitas informações úteis (e algumas menos úteis) de métricas de qualidade de código;
- CheckStyle pode testar práticas ruins de código, como construtores públicos em classes utilitárias, blocos aninhados e linhas longas. Também pode encontrar causas comuns de defeitos e problemas de segurança, além de ser facilmente estendida. FxCop é o correspondente para .NET.
- FindBugs é um sistema baseado em Java que fornece uma alternativa para o CheckStyle, incluindo um conjunto similar de validações.

Como dissemos anteriormente, fazer a compilação falhar em função de avisos pode ser inflexível em alguns projetos. Uma abordagem usada para introduzir isso gradualmente é *ratcheting*. Isso significa comparar o número de questões como avisos e TODOs com o mesmo número no check-in anterior. Se o número subir, a compilação falha. Essa prática garante uma fácil manutenção da regra de reduzir o número de avisos e TODOs em pelo menos um.

CheckStyle: importunar vale a pena, a final

Em um dos projetos em que adicionamos um teste do CheckStyle à coleção de testes de commit, cansamos rapidamente dos constantes avisos do teste. Como éramos um time de desenvolvedores experientes, concordamos que a chatice, por um tempo, valia a pena para manter bons hábitos e começar o projeto de maneira adequada.

Depois de algumas semanas, removemos o teste. Isso tornou a compilação mais rápida e eliminou o incômodo. Então o time cresceu um pouco e, algumas semanas depois, começamos a perceber mais problemas de código e descobrimos que estávamos perdendo bastante tempo com a limpeza do código.

No final das contas, percebemos que, embora tivesse um custo, o CheckStyle estava ajudando a equipe a perceber questões aparentemente irrelevantes que se somavam e faziam a diferença entre código de qualidade e simplesmente código. Ativamos o CheckStyle novamente e gastamos algum tempo corrigindo todas as pequenas reclamações reportadas, mas valeu a pena, e, pelo menos para aquele projeto, paramos de reclamar da chatice.

Equipes distribuídas

O uso de integração contínua em equipes distribuídas é, em termos de processo e tecnologia, basicamente a mesma coisa que para times que compartilham o mesmo ambiente. Entretanto, o fato de que o time não está reunido na mesma sala – talvez por trabalharem em fusos horários diferentes – tem um impacto em outras áreas.

A abordagem mais simples do ponto de vista técnico, e a mais eficaz do ponto de vista de processo, é um sistema de versionamento e um sistema de integração contínua compartilhados. Se o projeto usa pipelines de entrega como os descritos nos próximos capítulos, eles devem estar igualmente disponíveis para todos os membros das equipes.

Quando dizemos que essa abordagem é mais eficaz, enfatizamos que é consideravelmente mais eficaz. Vale a pena trabalhar duro para atingir esse ideal; todas as outras abordagens descritas aqui são significativamente secundárias.

O impacto no processo

Para equipes distribuídas dentro do mesmo fuso horário, integração contínua é igual a outras situações. Você não consegue usar *tokens* físicos para os check-ins – embora alguns servidores de IC suportem *tokens* virtuais – e isso se torna um pouco mais impessoal de modo que é mais fácil ofender uma pessoa ao lembrá-la que ela deve corrigir o processo de compilação. Funcionalidades como compilações pessoais se tornam mais úteis. No geral, porém, o processo é o mesmo.

Para times distribuídos em fusos diferentes, há mais questões a serem consideradas. Se o time em São Francisco quebra o processo de compilação e vai para casa, isso pode ser um forte limitador para o time em Pequim, que está começando a trabalhar quando o time em São Francisco está indo embora. O processo não muda, mas a importância de aderir a ele aumenta.

Em grandes projetos com equipes distribuídas, ferramentas como VoIP (p. ex., Skype) e IM são de enorme importância para viabilizar a comunicação refinada necessária para manter as coisas funcionando. Todos os envolvidos no desenvolvimento – gerentes de projeto, analistas, desenvolvedores e testadores – devem ter acesso e estar acessíveis ao outros por meio de IM e VoIP. É essencial para o bom funcionamento de um processo de entrega que as pessoas visitem umas às outras de vez em quando, de modo que cada grupo tenha contato pessoal com outro grupo. Isso é importante para construir elos de confiança entre os membros das equipes – a primeira coisa que é abalada em times distribuídos. É possível fazer retrospectivas, *showcases*, *stand-ups* e outros encontros regulares por meio de videoconferência. Outra técnica é pedir que cada equipe de desenvolvimento grave um vídeo curto, usando captura de tela, explicando a funcionalidade em que trabalhou durante o dia.

Naturalmente, esse é um tópico muito maior do que integração contínua. A questão que estamos observando aqui é que o processo deve ser mantido, mas que a disciplina deve ser maior em sua aplicação.

Integração contínua centralizada

Alguns servidores de integração contínua mais poderosos possuem funcionalidades para lidar com processos de compilação distribuídos e controles sofisticados de autenticação que possibilitam a integração contínua como um serviço centralizado para times distribuídos. Esses sistemas facilitam o *self-service* de integração contínua para as equipes sem que elas precisem obter seu próprio hardware. Também permitem que times de operações consolidem recursos e controlem a configuração de ambientes de integração contínua e de testes para garantir que sejam consistentes e similares aos de produção. Além disso, incentivam boas práticas, como gerência de configuração de bibliotecas de terceiros, e fornecem ferramentas pré-configuradas para obter métricas consistentes de cobertura e qualidade de código. Finalmente, permitem a coleta de métricas padronizadas ao longo de projeto e possibilitam que gerentes e equipes de entrega criem painéis de controle para monitorar a qualidade de código no escopo do programa.

Virtualização também funciona bem em conjunto com IC centralizada, possibilitando provisionamento de máquinas virtuais a partir de imagens de baseline ao clique de um botão. Você pode usar virtualização para tornar o provisionamento de novos ambientes um processo completamente automatizado, que pode ser usado por meio de *self-service* pelas próprias equipes. Também garante que compilações e entregas aconteçam em versões consistentes desses ambientes. Isso tem como ótimo resultado a remoção de ambientes de integração contínua que são "obras de arte": acumularam software, bibliotecas, e configuração ao longo dos meses que já não têm mais relação com o que está nos ambientes de teste e de produção.

Integração contínua centralizada pode trazer benefícios a todos. Entretanto, para que esse seja o caso, é essencial que o time de desenvolvimento possa fornecer seus próprios ambientes, configurações, compilações e implantações de maneira automatizada. Se uma equipe precisa de vários e-mails e dias esperando por um novo ambiente para a última versão, ela eliminará o processo e voltará a usar máquinas reservas por baixo dos panos para fazer integração contínua – ou pior, não fará IC de forma alguma.

Questões técnicas

Dependendo da escolha do sistema de controle de versão, pode ser difícil fornecer acesso a ele e a recursos associados de compilação e testes para uma equipe globalmente distribuída e em que as conexões entre as equipes são lentas.

Se a integração contínua está funcionando bem, a equipe inteira está fazendo check-ins regulares. Isso significa que a interação com o controle de versão está sendo mantida em níveis razoavelmente altos. Embora cada interação seja pequena em termos de bytes trocados, a frequência dos commits e das atualizações combinada com a conexão ruim podem causar uma grande redução na produtividade. Vale investir em conexões de banda suficientemente alta entre os centros de desenvolvimento. Também vale considerar uma mudança para sistemas de controle distribuídos como Git ou Mercurial, que permitem que as pessoas façam check-ins mesmo quando não há uma conexão para um servidor central convencionalmente designado.

> **Controle de versão distribuído: quando nada mais funciona**
>
> Há alguns anos, trabalhamos em um projeto em que isso era um problema. A infraestrutura de comunicações para os nossos colegas na Índia era tão lenta e esporádica que, em alguns dias, eles não conseguiam fazer check-ins. Fizemos uma análise de custo de tempo perdido e descobrimos que o custo de um upgrade nas conexões seria compensado em uma questão de dias. Em outro projeto, era simplesmente impossível obter uma conexão rápida e confiável. O time decidiu parar de usar o Subversion, um VCS centralizado, e usar o Mercurial, um VCS distribuído, com ganhos notáveis de produtividade.

Faz sentido que o sistema de controle de versão esteja razoavelmente perto da infraestrutura de compilação que hospeda os testes automatizados. Se esses testes estão rodando a cada check-in, isso implica em uma boa quantidade de interação entre sistemas separados na rede.

As máquinas físicas que hospedam o controle de versão, o sistema de integração contínua e os vários ambientes de testes em seu pipeline devem estar acessíveis em condições iguais para todas as equipes de desenvolvimento. O time de desenvolvimento em Londres estará em desvantagem se o sistema de controle de versão na Índia para de funcionar porque o disco está cheio e porque ninguém que tem acesso a ele está trabalhando. É necessário que exista controle administrativo completo em ambas as localizações. Garanta que cada time não somente tenha acesso aos sistemas, mas que saiba gerenciar os problemas que podem ocorrer durante seu período de trabalho.

Abordagens alternativas

Se há problemas que não podem ser resolvidos e que impedem o investimento em conexões rápida entre os times de desenvolvimento, é possível, mas não ideal, ter versões locais de sistemas de integração contínua e de testes, e mesmo de versionamento em circunstâncias extremas. Como você já deve esperar, não recomendamos essa abordagem. Faça o que for preciso para evitá-la: é cara em termos de tempo e esforço e não funciona nem de perto tão bem quanto o acesso compartilhado.

A parte fácil é o sistema de integração contínua. É perfeitamente possível ter servidores de integração contínua e ambientes de testes locais, e mesmo um pipeline de implantação completa localmente. Isso pode ser valioso quando há uma grande quantidade de testes manuais a ser feita. É claro que esses ambientes devem ser gerenciados cuidadosamente para que sejam consistentes em todas as regiões envolvidas. A única ressalva é que binários e instaladores devem ser compilados ou empacotados uma única vez e então enviados para todos os outros locais conforme necessário. Isso pode ser impraticável dependendo do tamanho dos instaladores. Se precisar executar o processo de compilação localmente, é ainda mais importante que você gerencie a configuração de suas ferramentas rigorosamente para garantir que os mesmos binários sejam criados em qualquer lugar. Uma possibilidade é gerar *hashes* automaticamente dos seus binários, usando md5 ou algum algoritmo similar, e fazer com o que o servidor de IC os verifique em comparação com os binários do mestre para garantir que não há diferenças.

Em certas situações extremas – por exemplo, se o servidor de controle de versão é remoto e conectado a um link lento – a vantagem de hospedar um processo de integração contínua local é seriamente comprometida. Nosso objetivo no uso de integração contínua é a habilidade de identificar problemas assim que possível. Se o controle de versão estiver separado, comprometemos essa habilidade. Em circunstâncias em que somos forçados a isso, o objetivo de separar o controle de versão deve ser o de minimizar os erros introduzidos e maximizar a capacidade de identificá-los.

Essencialmente, há duas opções para fornecer acesso local a um sistema de controle de versão para equipes distribuídas: divisão da aplicação em componentes e uso de sistemas de versão distribuídos ou que suportam topologias com mais de um mestre.

Ao usar a abordagem de separação por componentes, tanto os repositórios de controle de versão quanto os times são divididos por componentes ou por funcionalidades. Essa abordagem é discutida em mais detalhes no Capítulo 13, "Como Gerenciar Componentes e Dependências".

Outra técnica é usar repositórios locais ao time e sistemas de compilação com um repositório global. Os times separados funcionalmente fazem check-ins locais ao longo do dia. Em um momento regular todos os dias, geralmente depois do término do dia de um dos times, um membro do time local tem a responsabilidade de enviar todas as mudanças feitas pelo time para o repositório central e assume o compromisso de unificar todas as mudanças. Claramente, isso é muito mais fácil se um sistema de controle de versão distribuído – feito para isso – está sendo usado. Entretanto, essa solução não é de forma alguma ideal, e já a vimos falhar miseravelmente devido à introdução de conflitos de código significativos.

Em resumo, todas as técnicas que descrevemos neste livro já foram experimentadas em times distribuídos em muitos projetos. De fato, podemos considerar o uso de integração contínua um dos dois ou três fatores mais importantes para tornar o trabalho conjunto de equipes geograficamente distribuídas possível. O contínuo em integração contínua é mais importante; se realmente não há outras opções, existem formas de contornar os problemas, mas nosso conselho é fazer o investimento em banda – no médio e longo prazo, é mais barato.

Sistemas distribuídos de controle de versão

A ascensão de sistemas distribuídos de controle de versão (DVCSs) está revolucionando a forma como as equipes cooperam. Projetos abertos usavam patches enviados por e-mail ou postados em fórum; hoje ferramentas como Git e Mercurial tornam o processo de selecionar e enviar patches entre desenvolvedores uma tarefa incrivelmente fácil, e as equipes podem criar e unificar branches de maneira simples. DVCSs permitem que você trabalhe offline, faça check-ins locais e unifique seu trabalho com uma versão upstream antes de enviá-la para outros usuários. A principal característica de um DVCS é que cada repositório mantém um histórico completo do projeto, o que significa que nenhum repositório é privilegiado exceto por convenção. Assim, comparados a repositórios centralizados, DVCSs possuem um nível indireto adicional. Mudanças em sua cópia local devem passar por um check-in no repositório local antes de serem enviadas para outros repositórios, e atualizações de outros repositórios devem ser conciliadas com seu repositório local antes que sua cópia local possa ser atualizada.

DVCSs oferecem novas e poderosas formas de colaboração. O GitHub, por exemplo, foi pioneiro em um novo modelo de colaboração entre projetos de código aberto. No modelo tradicional, os desenvolvedores agiam como guardiões do repositório definitivo de um projeto, aceitando ou rejeitando patches de colaboradores. *Forks* de um projeto só ocorriam em circunstâncias extremas, quando havia argumentos incompatíveis entre os desenvolvedores. No modelo do GitHub, isso foi completamente modificado. Contribuições são feitas por meio, primeiramente, da realização de um *fork* do repositório do projeto com o qual se deseja contribuir, e em seguida são feitas as mudanças e pede-se aos donos do repositório original que incluam as mudanças feitas. Em projetos ativos, redes de *forks* se multiplicam rapidamente, cada uma com um conjunto específico de novas funcionalidades. Ocasionalmente, esses *forks* divergem. Esse modelo é muito mais dinâmico que o modelo tradicional em que patches definham, ignorados em listas de discussão. Como resultado, o desenvolvimento tende a ser mais rápido no GitHub, com uma nuvem maior de colaboradores.

Entretanto, esse modelo desafia uma premissa fundamental da prática de IC: o princípio de que há uma única versão canônica do código (geralmente chamada de *mainline*, ou trunk) na qual todas as mudanças são feitas. É importante lembrar que é possível usar o modelo *mainline* de controle de versão para IC sem problemas, usando um DVCSs. Você simplesmente precisa designar um repositório como mestre e garantir que o processo de IC seja acionado a qualquer mudança nesse repositório, e todos os desenvolvedores enviam suas mudanças para ele. Essa é uma abordagem perfeitamente razoável, que já foi usada com bastante sucesso em vários projetos. Ela mantém os benefícios de DVCSs, como a habilidade de fazer check-ins locais com muita frequência sem precisar compartilhá-los (como salvar um jogo), o que é muito útil quando uma nova ideia for explorada, ou quando uma série complexa de refatorações precisar ser feita. Há, entretanto, alguns padrões de uso de DVCSs que evitam IC. O modelo GitHub, por exemplo, não segue o conceito de *mainline*/trunk e impede integração contínua real.

No GitHub, o conjunto de mudanças de cada usuário fica em um repositório separado e não há uma forma fácil de identificar quais conjuntos de quais usuários serão integrados com sucesso. Você pode usar a abordagem de criar um repositório que vigie todos os outros e tente fazer um merge automático quando detectar uma mudança nos outros. Entretanto, isso quase sempre vai falhar no estágio do merge, e mais ainda no estágio de testes automatizados. À medida que o número de pessoas que contribuem cresce, o problema se torna exponencialmente maior. Ninguém prestará atenção a o que o servidor de IC diz, e o método IC de comunicar se a aplicação está funcionando ou não falha.

É possível usar um modelo mais simples, que oferece alguns dos benefícios da integração contínua. Nesse modelo, cria-se um servidor de IC para cada repositório. Sempre que uma mudança é feita, tenta-se fazer o merge com o repositório *master* designado e rodar a compilação. A Figura 3.2 mostra o CruiseControl.rb para o projeto RapidSMS fazendo a compilação do repositório principal com dois *forks* dele.

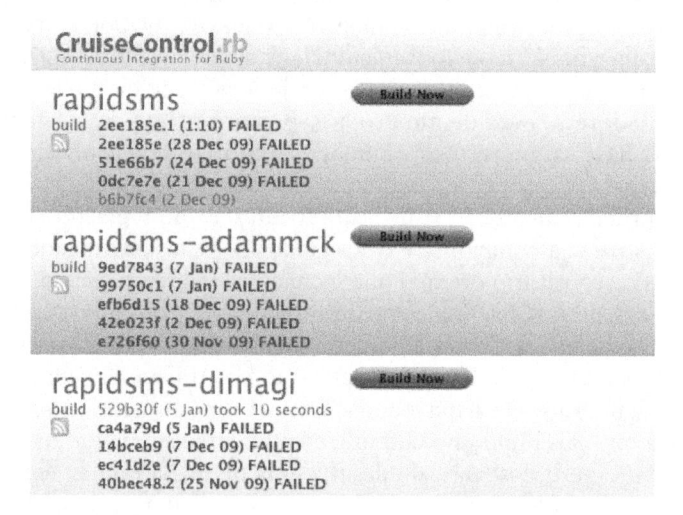

Figura 3.2 *Integração de branches.*

Para criar esse sistema, um branch apontando para o projeto principal foi adicionado a cada um dos repositórios Git do CC.rb usando o comando `git remote add core git://github.com/rapidsms/rapidsms.git`. Toda vez que a compilação é feita, o CC.rb tenta fazer o merge e roda a compilação:

```
git fetch core
git merge -- no-commit core/master
[command to run the build]
```

Depois do processo de compilação, o CC.rb roda `git reset -- hard` para retornar o repositório local para o topo de repositório para onde está apontando. Esse sistema não oferece integração contínua verdadeira. Entretanto, ele *diz* aos mantenedores dos *forks* – e ao mantenedor do repositório principal – se o *fork* poderia, em princípio, sofrer um merge com o repositório principal, e se o resultado seria uma versão funcional da aplicação. A Figura 3.2, de maneira interessante, mostra que o processo de compilação do repositório principal está quebrado, mas que o *fork* Dimagi não somente sofre um merge bem-sucedido, como também corrigiu os testes quebrados (possivelmente adicionando alguma funcionalidade própria).

Ainda mais distante da integração contínua está o que Martin Fowler chama de "integração promíscua" [bBjxbS]. Nesse modelo, pessoas que contribuem não somente obtêm mudanças do repositório central, mas também entre *forks*. Esse padrão é comum em projetos grandes que usam o GiTHub, nos quais alguns desenvolvedores estão efetivamente trabalhando em branches que existem por muito tempo e obtêm mudanças de outros repositórios que fizeram um *fork* daquele branch. Uma versão específica poderia vir de qualquer um dos *forks* desde que seja aprovada em todos os testes e seja aceita pelos líderes do projeto. Isso leva a possibilidade dos DVCSs à sua conclusão lógica.

Essas alternativas à integração contínua podem criar software que funciona e em alta qualidade. Entretanto, isso só é possível sob as seguintes condições:

- Um time pequeno e experiente de desenvolvedores que gerenciam os patches, cuidam dos testes automatizados e garantem a qualidade do código.

- Merges regulares para evitar que o inventário de mudanças se acumule com o tempo. Essa condição é especialmente importante se há um cronograma rígido de entrega, porque a tentação é deixar todas as integrações para quando a entrega estiver próxima, momento em que essa integração se torna incrivelmente árdua – justamente o problema que a integração contínua se propõe resolver.

- Um conjunto relativamente pequeno de desenvolvedores centrais, talvez complementado por uma comunidade que contribui em um ritmo mais lento. Isso é o que torna os merges tratáveis.

Essas condições se mantém para a maior parte dos projetos abertos, e para pequenos times em geral. Entretanto, raramente se sustentam em projetos médios ou longos.

Para resumir: de maneira geral, sistemas distribuídos de controle de versão são um grande avanço, e fornecem ferramentas poderosas de colaboração, independentemente de se tratar de um projeto distribuído. DVCSs podem ser muito eficientes como parte de um sistema tradicional de integração contínua, em que há um repositório central para o qual todos contribuem regularmente (pelo menos uma vez por dia). Eles também podem ser usados em outras formas de integração que não são contínuas, mas que também podem ser eficientes para a entrega de código. Entretanto, não recomendamos o uso desses padrões quando as condições corretas, listadas acima, não existirem. O Capítulo 14, "Controle de Versão Avançado", fornece uma discussão completa sobre esses e outros elementos e condições sob os quais eles são eficazes.

Resumo

Se você precisar escolher somente uma das práticas deste livro para implementar em um time de desenvolvimento, sugerimos que você implemente integração contínua. Mais de uma vez, vimos IC fazer uma diferença crucial na produtividade de equipes de desenvolvimento.

Implementar IC é criar uma mudança de paradigma em sua equipe. Sem IC, sua aplicação não funciona até que se prove o contrário. Com IC, o estado padrão de sua aplicação é ela estar funcionando, ainda que com um nível de confiança que depende da cobertura de seus testes automatizados. IC cria um feedback contínuo que permite que você corrija problemas assim que eles forem introduzidos, quando ainda é barato corrigi-los.

Implementar IC o força a seguir duas outras práticas importantes: boa gerência de configuração e criação e manutenção de um sistema automatizado de compilação e testes. Para algumas equipes, isso pode parecer uma tarefa enorme, mas é algo que pode ser alcançado de forma gradual. Já discutimos os passos para boa gerência de configuração no capítulo anterior. Você encontrará mais sobre automação do processo de compilação no Capítulo 6, "Scripts de Compilação e Implantação". Discutimos os testes em mais detalhes no próximo capítulo.

Deve ficar claro que o processo de IC requer disciplina no time – por outro lado, qualquer projeto exige isso. A diferença é que com integração contínua você tem um bom indicador de se a disciplina está sendo ou não seguida – o processo de compilação continua verde. Se descreve que o processo de compilação está verde, mas não há disciplina suficiente – por exemplo, cobertura pobre de testes – você pode facilmente adicionar verificações no processo de IC para que o comportamento necessário seja alcançado.

Isso nos traz ao nosso objetivo final. Um sistema estabelecido de IC é uma base sobre a qual você pode construir mais infraestrutura:

- Monitores grandes e visíveis que agregam informação sobre seu sistema de compilação para fornecer feedback de alta qualidade.

- Um sistema de referência para relatório e instaladores para sua equipe de testes.

- Um provedor de dados sobre a qualidade de aplicação para os gerentes de projeto.

- Um sistema que pode ser estendido para produção, usando o pipeline de implantação, que fornece testadores e pessoal de operação com implantação de um clique.

Capítulo 4

Como Implementar uma Estratégia de Testes

Introdução

Muitos projetos contam apenas com testes de aceitação manuais para verificar se um software está em conformidade com seus requisitos funcionais e não funcionais. Mesmo quando existem testes automatizados, eles geralmente são precários e desatualizados, e requerem diversos testes manuais complementares. Este e capítulos da Parte II deste livro visam ajudá-lo a planejar e implementar sistemas de testes automatizados eficazes. Nós oferecemos estratégias para automação de testes em situações comuns e descrevemos práticas que suportam e viabilizam testes automatizados.

Um dos quatorze pontos de W. Edwards Deming's é "Cessar a dependência em inspeção massiva para atingir qualidade. Em primeiro lugar, melhora o processo e acrescenta qualidade ao produto" [9YhQXz]. Testar é uma atividade multifuncional que envolve todo o time e deve ser executada continuamente desde o início do projeto. Acrescentar qualidade significa escrever testes em múltiplos níveis (unitários, de componentes e de aceitação) e executá-los como parte do pipeline de implantação, que é chamado a cada mudança feita na aplicação, em sua configuração ou no ambiente e software em que é executado. Testes manuais também são essenciais para adicionar qualidade: demonstrações, testes de usabilidade e testes exploratórios devem ser realizados continuamente ao longo do projeto. Acrescentar qualidade também significa trabalhar continuamente para a melhoria da estratégia de testes.

Em nosso projeto ideal, testadores colaboram com os desenvolvedores e usuários para a escrita de testes automatizados desde o início do projeto. Estes testes são escritos antes que os desenvolvedores iniciem seus trabalhos nessas funcionalidades. O conjunto desses testes forma uma especificação executável do comportamento do sistema e, quando eles tiverem bons resultados, demonstrarão que a funcionalidade solicitada pelo cliente foi completamente implementada e de forma correta. Os testes são executados pelo sistema de IC sempre que uma mudança é feita na aplicação – o que significa que eles também atuam como um conjunto de testes de regressão.

Esses testes não apenas testam os aspectos funcionais do sistema. Capacidade, segurança e outros requisitos não funcionais são estabelecidos no início, e o conjunto de testes automatizados é escrito para checá-los. Os testes automatizados garantem que quaisquer problemas que comprometam o cumprimento desses requisitos são identificados logo, quando o custo para corrigi-los é baixo. Os testes para os comportamentos não funcionais do sistema permitem aos desenvolvedores a refatoração e a correção da arquitetura com base em evidência empírica: "As recentes mudanças na busca causaram a degradação do desempenho da aplicação – nós precisamos modificar a solução para garantir que cumpriremos os requisitos de capacidade".

Este mundo ideal é completamente alcançável em projetos que adotam as disciplinas apropriadas no início. Caso você precise implementá-las em um projeto que está em andamento há algum tempo, as coisas serão um pouco mais difíceis. Atingir um alto nível de cobertura com testes automatizados levará um tempo e exigirá planejamento cuidadoso para garantir que o desenvolvimento possa continuar enquanto os times aprendem como implementar os testes automatizados. Bases legadas de código certamente irão se beneficiar de muitas dessas técnicas, mas poderá levar um longo tempo até que alcancem o nível de qualidade de um sistema que iniciou com testes automatizados. Discutiremos maneiras de aplicar essas técnicas a sistemas legados mais adiante neste capítulo.

O projeto de uma estratégia de testes é principalmente um processo de identificação e priorização dos riscos do projeto e decisão de quais atitudes tomar para reduzi-los. Uma boa estratégia de testes tem muitos efeitos positivos. Testar estabelece confiança de que o software está funcionando como deveria, o que significa menos defeitos, menos custo de manutenção e melhor reputação. Testar também fornece uma restrição ao processo de desenvolvimento que encoraja boas práticas de desenvolvimento. Um conjunto de testes automatizados abrangente fornece até a mais completa e atualizada forma de documentação, na forma de uma especificação executável não apenas de como o sistema deve funcionar, mas também de como de fato funciona.

Finalmente, vale a pena notar que iremos apenas explorar brevemente o assunto de testes. Nossa intenção é abordar os fundamentos dos testes automatizados, oferecendo contexto suficiente para que o restante do livro faça sentido, e para permitir que você implemente um pipeline de implantação adequado para seu projeto. Não iremos nos aprofundar nos detalhes técnicos da implementação de testes e tampouco iremos discutir tópicos como testes exploratórios em detalhes. Para mais detalhes sobre testes, sugerimos que você consulte *Agile Testing*, de Lisa Crispin e Janet Gregory (Addison-Wesley, 2009).

Tipos de testes

Existem muitos tipos de testes. Brian Marick apresentou a Figura 4.1, que é amplamente utilizada para modelar os vários tipos de testes que devem ser usados para garantir a entrega de uma aplicação de alta qualidade.

Neste diagrama, ele categorizou os testes voltados para o negócio ou voltados para a tecnologia, e aqueles que suportam o processo de desenvolvimento ou são utilizados para criticar o projeto.

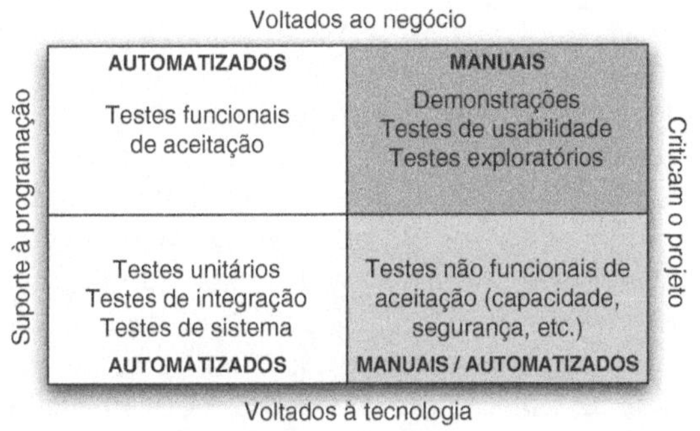

	Voltados ao negócio		
Suporte à programação	**AUTOMATIZADOS** Testes funcionais de aceitação	**MANUAIS** Demonstrações Testes de usabilidade Testes exploratórios	Criticam o projeto
	Testes unitários Testes de integração Testes de sistema **AUTOMATIZADOS**	Testes não funcionais de aceitação (capacidade, segurança, etc.) **MANUAIS / AUTOMATIZADOS**	
	Voltados à tecnologia		

Figura 4.1 *Quadrante de testes, atribuído a Brian Marick, baseado nas ideias que estavam "no ar" na época.*

Testes voltados ao negócio que suportam o processo de desenvolvimento

Os testes nesse quadrante são mais conhecidos como testes funcionais ou de aceitação. Testes de aceitação garantem que os critérios de aceitação de uma história sejam satisfeitos. Eles devem ser escritos, e preferencialmente automatizados, antes do início do desenvolvimento de uma história. Testes de aceitação, como os critérios de aceitação, podem testar todos os tipos de atributos do sistema que está sendo construído, incluindo funcionalidade, capacidade, usabilidade, segurança, fácil modificação, disponibilidade, e assim por diante. Testes de aceitação responsáveis pela funcionalidade do sistema são conhecidos como testes de aceitação funcional – testes de aceitação não funcional pertencem ao quarto quadrante do diagrama. Para mais informações sobre a distinção um pouco confusa e frequentemente mal compreendida entre testes funcionais e não funcionais, veja nossa cobertura sobre testes voltados à tecnologia que são fundamentais para projeto.

Testes de aceitação são fundamentais num ambiente de desenvolvimento ágil, pois respondem às questões "Como sei que terminei?", para os desenvolvedores, e "Consegui o que queria?", para os usuários. Quando os testes de aceitação obtêm sucesso, quaisquer que sejam os requisitos ou histórias que eles testam podem ser considerados completos. Então, num mundo ideal, clientes e desenvolvedores irão escrever testes de aceitação, já que eles definem o critério de sucesso para cada requisito. Ferramentas modernas de testes automatizados, como Cucumber, JBehave, Concordion, e Twist, visam realizar este ideal separando os scripts de testes de sua implementação, enquanto fornecem um mecanismo que simplifica a sincronização entre ambos. Dessa maneira, os usuários podem escrever os scripts de testes, enquanto os desenvolvedores e testadores trabalham juntos no código que os implementa.

Em geral, para cada história ou requisito existe apenas um caminho aprovado dentro da aplicação no que diz respeito às ações executadas pelo usuário. Isso é conhecido como *caminho esperado*. Isso geralmente é expressado utilizando a forma "Dado [algumas características importantes do estado da aplicação quando os testes iniciam], quando [o usuário executa um conjunto de ações], então [algumas características importantes do novo estado da aplicação] será o resultado." Isso às vezes é chamado de modelo "dado-quando--então"* para testes.

No entanto, qualquer uso, em qualquer sistema, exceto os mais simples, permitirá variações de seu estado inicial, de ações executadas e do estado final da aplicação. Por vezes, essas variações formam casos distintos de uso, que são conhecidos como *caminhos alternativos*. Em outros casos, eles deverão causar condições de erro, resultando no que é chamado de *caminhos não esperados*. Obviamente existem muitos testes possíveis, que podem ser executados com diferentes valores para estas variáveis. Análise de particionamento de equivalência e análise de valor limite irão reduzir essas possibilidades para um conjunto menor de casos que testarão completamente o requisito em questão. No entanto, você ainda deverá utilizar sua intuição para escolher os casos mais relevantes.

Testes de aceitação devem ser executados quando seu sistema encontra-se em um modo similar ao de produção. Testes de aceitação manuais normalmente são feitos colocando-se a aplicação num ambiente de homologação (UAT**), que deve ser, o mais semelhante possível ao da produção em sua configuração e em termos do estado da aplicação – no entanto, pode utilizar versões *mock* de serviços externos. O testador utiliza a interface padrão da aplicação para testá--la. Da mesma forma, testes de aceitação automatizados devem executar em um ambiente parecido ao da produção, em que os testes interagem com a aplicação da mesma forma que um usuário faria.

Automatizando testes de aceitação

Testes de aceitação automatizados têm diversas propriedades valiosas:

- Eles aceleram o feedback – desenvolvedores podem executar os testes automatizados e descobrir se completaram um determinado requisito sem precisar recorrer aos testadores.

---

* N. de T.: Decidimos traduzir o modelo *"given-when-then"*, visto que, do contrário, não poderíamos traduzir os exemplos que aparecem adiante.

** N. de T.: O que é conhecido como ambiente de homologação no Brasil, nos Estados Unidos é conhecido como *user acceptance testing* (UAT) *environment*. Mantivemos UAT como abreviação em função do uso extensivo em diagramas e no texto.

- Eles reduzem o trabalho dos testadores.
- Eles liberam os testadores para que se concentrem em testes de exploração e em outras atividades de valor maior em vez de tarefas repetitivas.
- Seus testes de aceitação representam um poderoso conjunto de testes de regressão. Isso é particularmente importante ao escrever grandes aplicações ou trabalhar com grandes times em que frameworks ou muitos módulos são utilizados, e mudanças em parte da aplicação provavelmente irão afetar outras funcionalidades.
- Ao usar nomes legíveis para testes e conjuntos de testes, como defendido pelo desenvolvimento dirigido ao comportamento, é possível gerar automaticamente documentação sobre os requisitos a partir de seus testes. De fato, ferramentas como Cucumber e Twist são projetadas para que analistas possam escrever requisitos como scripts executáveis de testes. O benefício dessa abordagem é que a documentação nunca está desatualizada – pode ser gerada automaticamente a cada processo de compilação.

A questão de testes de regressão é particularmente importante. Testes de regressão não são mencionados no diagrama porque são uma categoria transversal. Eles representam todo o conjunto de testes automatizados. Sua função é garantir que, quando você faz uma modificação, não quebre funcionalidades existentes. Eles também possibilitam a fácil refatoração do código verificando se você não modificou o comportamento quando a refatoração termina. Ao escrever testes de aceitação automatizados, você deve ter em mente que eles farão parte de seu conjunto de testes de regressão.

No entanto, manter testes de aceitação automatizados pode ser dispendioso. Se forem mal feitos, impõem um custo significativo ao time. Por essa razão, alguns argumentam contra a criação de um conjunto extenso de testes automatizados.[1] No entanto, seguindo boas práticas e utilizando as ferramentas corretas, é possível reduzir drasticamente os custos de criar e manter os testes de aceitação automatizados até o ponto em que os benefícios claramente excedem os custos. Discutimos essas técnicas em mais detalhes no Capítulo 8, "Automação de Testes de Aceitação".

É importante lembrar que nem tudo precisa ser automatizado. Há muitos aspectos do sistema que com certeza são mais bem testados por pessoas. Usabilidade, consistência de aparência e outros aspectos são extremamente difíceis de verificar com testes automatizados. Testes exploratórios também são impossíveis de automatizar – embora, é claro, testadores utilizem automação como parte dos testes exploratórios para questões como criar cenários e dados de teste. Em muitos casos, testes manuais podem ser suficientes, ou de fato superiores aos testes automatizados. Em geral, tendemos a limitar nossos testes de aceitação automatizados a uma cobertura completa dos comportamentos dos caminhos esperados e uma cobertura limitada das outras partes mais im-

---

[1] Por exemplo, James Shore [dsyXYv].

portantes. Essa é uma estratégia segura e eficiente, assumindo que você tem um conjunto abrangente de testes de regressão de outros tipos. Geralmente entendemos conjunto abrangente como mais que 80% de cobertura de código, embora a qualidade dos testes seja muito importante e cobertura apenas seja uma métrica pobre. Cobertura de testes automatizados inclui testes unitários, de componentes e de aceitação; em cada um a cobertura deve ser de 80% da aplicação (nós não aceitamos a ideia ingênua de que se ganha 80% de cobertura com 60% de testes unitários e 20% de testes de aceitação).

Para um bom teste sobre a cobertura dos testes de aceitação automatizados, considere o seguinte cenário. Suponha que você substitua uma parte de sua aplicação – como a camada de persistência – por uma implementação diferente. Você termina a substituição, executa os testes de aceitação, e eles são bem-sucedidos. O quão confiante você se sente de que seu sistema está realmente funcionando? Um bom conjunto de testes automatizados deve lhe dar a confiança necessária para realizar refatorações e trocar a arquitetura de sua aplicação sabendo que, se os testes forem positivos, o comportamento de sua aplicação não foi afetado.

Como outros aspectos do desenvolvimento de software, cada projeto é diferente, e você precisa monitorar quanto tempo se usa na repetição de testes manuais para, então, decidir quando automatizá-los. Uma regra geral é automatizar quando você repetiu o mesmo teste algumas vezes, e quando você tem certeza de que não perderá muito tempo dando suporte ao teste. Para saber mais sobre quando automatizar, leia o artigo de Brian Marick "Quando um teste deve ser automatizado?" [90NC1y].

> **Testes de aceitação devem chegar até a interface de usuário?**
>
> Testes de aceitação geralmente são testes de ponta a ponta que executam em um ambiente similar ao da produção. Isso significa que, num mundo ideal, eles irão executar diretamente sobre a interface do usuário da aplicação.
>
> No entanto, muitas das ferramentas de teste de interface do usuário adotam uma estratégia ingênua que os acopla à interface do usuário; o resultado disso é que, quando a interface do usuário muda, mesmo que pouco, os testes quebram. Isso gera muitos falsos positivos: testes que quebram não porque há um problema no comportamento da aplicação, mas porque um campo de formulário teve seu nome alterado. Manter os testes em sincronia com a aplicação pode tomar uma quantidade enorme de tempo sem entregar qualquer valor. Uma boa questão a se fazer de vez em quando é "Quão frequentemente meus testes de aceitação quebram devido a problemas reais, e quanto devido a mudanças de requisitos?".
>
> Há várias maneiras de resolver esse problema. Uma é adicionar uma camada de abstração entre os testes e a interface do usuário, reduzindo o trabalho necessário quando a interface muda. Outra é executar os testes de aceitação em relação a uma API pública que está logo abaixo da interface do usuário – a mesma API que a interface utiliza para executar suas ações (deve-se saber que a interface não deve conter regras de negócio). Isso não elimina a necessidade de testes para a interface do usuário, mas significa que eles podem ser reduzidos a algumas checagens da interface, não das regras de negócio. O volume do con-

> junto de testes de aceitação pode, então, ser executado diretamente em relação às regras de negócio.
>
> Discutimos esse tópico mais detalhadamente no Capítulo 8, "Automação de Testes de Aceitação".

O mais importante teste automatizado a ser escrito é o de caminho esperado. Toda história ou requisito dever ter pelo menos um teste de aceitação automatizado para o caminho esperado. Esses testes devem ser utilizados individualmente pelos desenvolvedores para fornecer um feedback rápido caso eles tenham quebrado uma parte de uma funcionalidade na qual estejam trabalhando. Eles devem ser os primeiros candidatos à automação.

Quando você tem tempo para escrever e automatizar mais testes, é difícil escolher entre caminhos esperados e não esperados da aplicação. Se sua aplicação é razoavelmente estável, então caminhos esperados alternativos devem ser prioridade, já que eles representam todos os cenários definidos pelos usuários. Se sua aplicação apresenta erros e falha frequentes, a aplicação estratégica de testes para caminhos não esperados pode ajudá-lo a identificar áreas problemáticas e corrigi-las, e a automação pode garantir que a aplicação se mantenha estável.

Testes voltados à tecnologia que suportam o processo de desenvolvimento

Estes testes são escritos e mantidos exclusivamente pelos desenvolvedores. Existem três tipos de testes que pertencem a essa categoria: testes unitários, testes de componentes e testes de implantação. Testes unitários testam uma parte específica do código de forma isolada. Por isso, eles frequentemente dependem de dublês (veja a sessão "Dublês de Teste", na página 92). Testes unitários não devem ser conectados ao banco de dados, utilizar o sistema de arquivos, conversar com sistemas externos, ou ter qualquer interação com componentes do sistema. Isso permite que eles executem muito rapidamente, e você recebe rapidamente, um feedback caso as mudanças tenham quebrado funcionalidades existentes. Estes testes também devem cobrir praticamente todos os caminhos existentes no sistema (pelo menos 80%). Portanto, formam uma parte importante dos testes de regressão.

No entanto, a desvantagem dessa velocidade é que se perdem alguns erros resultantes das interações das várias partes de sua aplicação. Por exemplo, é muito comum que objetos (da programação OO) ou partes dos dados da aplicação tenham diferentes ciclos de vida. Você só encontra erros decorrentes dos ciclos de vida dos dados ou dos objetos incorretamente gerenciados testando grandes porções de sua aplicação.

Testes de componentes testam grandes grupos de funcionalidades, para que possam identificar problemas como estes. Eles geralmente são mais lentos, já que precisam de uma configuração mais complexa e exigem mais I/O, conectando-se a banco de dados, sistema de arquivo ou outros sistemas. Às vezes, testes de componentes são conhecidos como "testes de integração" – mas o termo "testes de integração" é sobrecarregado, então não o utilizaremos neste contexto nesse livro.

Testes de implantação são executados sempre que você implanta sua aplicação. Eles verificam se a implantação funcionou – em outras palavras, se sua aplicação está corretamente instalada, corretamente configurada, é capaz de acessar quaisquer serviços de que precise, e se está respondendo.

Testes voltados ao negócio que criticam o projeto

Estes testes manuais verificam se a aplicação irá de fato entregar aos usuários o valor que eles esperam. Não se trata somente de verificar se a aplicação está de acordo com as especificações, mas de verificar se as especificações estão corretas. Não conhecemos sequer um projeto em que a aplicação foi especificada perfeitamente com antecedência. Inevitavelmente, quando os usuários passam a utilizar a aplicação no cotidiano, eles descobrem que há espaço para melhorias. Eles quebram a aplicação porque executam conjuntos de operações que não foram tentadas antes. Eles reclamam que a aplicação poderia ajudá-los melhor com as tarefas que eles executam com mais frequência. Talvez eles sejam inspirados pela aplicação e identificam novas funcionalidades que irão agregar ainda mais valor a ela. Desenvolvimento de software é naturalmente um processo interativo que desenvolve o estabelecimento de feedback eficiente; estaríamos nos enganando se víssemos de outra forma.

Um tipo particularmente importante de testes voltados ao negócio e que criticam o projeto são as demonstrações. Times ágeis fazem demonstrações aos usuários ao final de cada iteração para demonstrar as novas funcionalidades que foram entregues. Funcionalidades também devem ser demonstradas aos clientes sempre que possível durante o desenvolvimento, de forma a garantir que quaisquer mal-entendidos ou problemas nas especificações sejam identificados logo. Demonstrações bem-sucedidas podem ser uma bênção ou uma maldição – usuários adoram brincar com novidades. Mas com certeza eles terão várias sugestões de melhorias. Nesse ponto, o cliente e o time do projeto deverão decidir o quanto desejam modificar seu plano para incorporar essas sugestões. Independentemente do resultado, é muito melhor receber o feedback mais cedo do que ao final do projeto, quando é muito tarde para fazer mudanças. As demonstrações são o centro de qualquer projeto: é o primeiro momento em que você pode realmente dizer que parte do trabalho está pronta de acordo com a satisfação das pessoas que, afinal, estão pagando por ele.

Testes de exploração são descritos por James Bach como uma forma de teste manual em que "o testador controla ativamente o projeto desses testes, já que eles são executados e usam informações coletadas durante os testes para confeccionar testes novos e melhores".[2] Testes exploratórios são um processo de aprendizado criativo que não apenas descobre erros, mas também

---

[2] *Exploratory Testing Explained*, por James Bach [9BRHOz], p. 2.

leva à criação de novos conjuntos de testes automatizados, e potencialmente novos requisitos para a aplicação.

Testes de usabilidade são realizados para descobrir o quanto será fácil para os usuários completarem uma tarefa utilizando esse software. É muito fácil se familiarizar demais com o problema durante o desenvolvimento, mesmo que haja pessoas não técnicas trabalhando na especificação da aplicação. O teste de usabilidade, portanto, é o teste final para verificar se a aplicação realmente entregará valor aos usuários. Há várias abordagens diferentes para testes de usabilidade, desde pesquisa contextual até usuários sentados testando sua aplicação e sendo filmados durante a execução de tarefas comuns. Testes de usabilidade coletam métricas e medem quanto tempo os usuários levam para terminar suas tarefas, observam pessoas apertando nos botões errados, medem quanto tempo leva para eles encontrarem o campo de texto correto e também solicitam que os usuários registrem seu nível de satisfação no final.

Finalmente, você pode disponibilizar sua aplicação para os usuários reais por meio de programas *beta*. De fato, muitos sites parecem estar em eterno estado *beta*. Alguns sites modernos (NetFlix, por exemplo) liberam continuamente novas funcionalidades para usuários selecionados sem que eles percebam. Muitas organizações utilizam implantação canário (veja a sessão "Implantação Canário", na página 264), em que versões sutilmente diferentes da aplicação estão em produção ao mesmo tempo e sua eficácia é comparada. Essas organizações coletam estatísticas de como a nova funcionalidade está sendo usada e a eliminam se não estiver entregando valor suficiente. Isso oferece uma abordagem evolutiva muito eficaz para a adoção de novas funcionalidades.

Testes voltados à tecnologia que criticam o projeto

Testes de aceitação têm duas categorias: testes funcionais e testes não funcionais. Testes não funcionais seriam todas as qualidades de um sistema que não sejam suas funcionalidades, como capacidade, disponibilidade, segurança. Como mencionamos antes, a distinção entre testes funcionais e não funcionais de certa forma falha, assim como a ideia de que estes testes não são voltados ao negócio. Isso pode parecer óbvio, mas muitos projetos não tratam os requisitos não funcionais da mesma maneira que outros requisitos ou (pior) nem se preocupam em validá-los. Mesmo que os usuários raramente percam tempo especificando características de capacidade e segurança no início, eles sem dúvida ficarão muito insatisfeitos se suas informações de cartão de crédito forem roubadas ou se o site está constantemente fora do ar devido a problemas de capacidade. Por isso muitos argumentam que "requisitos não funcionais" não é um bom nome, e sugerem outros requisitos multifuncionais ou características do sistema. Apesar de concordar com esta posição, iremos nos referir a eles, ao longo deste livro, como características não funcionais, para que todos saibam do que estamos falando. Independentemente da forma como nos referimos a eles, critérios de aceitação não funcionais devem ser especificados como parte dos requisitos da aplicação exatamente como critérios de requisitos funcionais.

Os testes utilizados para verificar se esses critérios de aceitação foram satisfeitos, e as ferramentas para executar esses testes, tendem a ser bastante diferentes daqueles utilizados para verificar a conformidade de critérios de aceitação funcionais. A preparação e a implementação desses testes frequentemente exigem recursos consideráveis, como ambientes especiais e conhecimento específico, e sua execução leva muito tempo (automatizados ou não). Portanto, sua implementação tende a ser adiada. Mesmo quando totalmente automatizados, eles em geral são executados com menos frequência e mais tarde no pipeline de implantação do que os testes funcionais de aceitação.

No entanto, as coisas estão mudando. As ferramentas utilizadas para a execução desses testes estão evoluindo, e as técnicas utilizadas para desenvolvê-los estão ficando mais em evidência. Fomos surpreendidos várias vezes por um desempenho ruim logo antes do lançamento, e recomendamos que você prepare pelo menos alguns testes não funcionais simples no início de qualquer projeto, não importando o quão simples ou inconsequente. Para projetos mais complexos e críticos, você deveria designar alocar tempo de projeto para pesquisa e implementação de testes não funcionais no início.

Dublês de teste

Uma parte fundamental da automação de testes envolve a substituição de parte do sistema em tempo de execução por uma versão simulada. Dessa maneira, as interações de parte da aplicação testada com o restante dela poderão ser bastante limitadas, e seu comportamento poderá ser determinado mais facilmente. Tais simulações em geral são conhecidas como *mocks*, *stubs*, *dummies* e assim por diante. Seguiremos a terminologia que Gerard Meszaros utiliza em seu livro *xUnit Test Patterns*, como resumido por Martin Fowler [aobjRH]. Meszaros cunhou o termo genérico "dublês de teste". Eis os diversos tipos de dublês de teste:

- Objetos *dummy* são passados adiante, mas nunca utilizados. Geralmente eles são utilizados apenas para preencher listas de parâmetros.

- Objetos falsos na verdade possuem implementação, mas em geral tomam um atalho que os torna inadequados para o ambiente de produção. Um bom exemplo disso é um banco de dados na memória.

- *Stubs* têm respostas padrão para chamadas feitas durante os testes, e normalmente não respondem a nada que esteja fora do que está programado para o teste.

- Espiões são *stubs* que gravam alguma informação baseados na maneira como são chamados. Um exemplo poderia ser um serviço de e-mail que grava quantas mensagens foram enviadas.

- *Mocks* são pré-programados com expectativas que formam uma especificação de quais chamadas eles esperam receber. Eles podem lançar uma exceção caso recebam uma chamada inesperada, e checam no tempo de verificação se todas as chamadas esperadas foram realizadas.

Mocks são uma forma especialmente maltratada de dublê de testes. É muito fácil utilizar *mocks* de forma incorreta ao escrever testes frágeis e sem sentido, utilizá-los para verificar detalhes específicos funcionais de uma parte do código em vez de suas interações com colaboradores. Tal uso é frágil, pois, se a implementação muda, o teste falha. Examinar as distinções entre *mocks* e *stubs* vai além do escopo deste livro, mas você encontrará mais detalhes no Capítulo 8, "Automação de Testes de Aceitação". Provavelmente o artigo mais completo de como utilizar *mocks* corretamente é "Mock Roles, Not Objects" [duZRWb]. Martin Fowler também faz algumas observações em seu artigo "Mocks Aren't Stubs" [dmXRSC].

Situações reais e estratégias

Veja alguns cenários típicos encontrados por times que decidiram automatizar seus testes.

Novos projetos

Projetos novos representam uma chance de alcançar os ideais que descrevemos neste livro. Nesse estágio, o custo de mudança é baixo e, estabelecendo algumas regras básicas e criando uma infraestrutura simples de teste, você pode iniciar muito bem seu processo de integração contínua. Nessa situação, o mais importante é começar a escrever testes de aceitação automatizados desde o começo. Para fazer isso, você precisará:

- Escolher a plataforma de tecnologia e as ferramentas de teste.
- Preparar uma compilação automatizada e simples.
- Trabalhar com histórias que seguem os princípios INVEST* [ddVMFH] (elas devem ser Independentes, Negociáveis, Valiosas, Estimáveis, Pequenas e Testáveis), com critério de aceitação.

Você pode implementar um processo estrito:

- Clientes, analistas e testadores definem o critério de aceitação.
- Testadores trabalham com os desenvolvedores para automatizar os testes de aceitação baseando-se no critério de aceitação.
- Desenvolvedores codificam o comportamento para satisfazer o critério de aceitação.
- Se qualquer teste automatizado falhar (unitário, de componente ou de aceitação), a prioridade dos desenvolvedores passa a ser corrigi-lo.

---

* N. de T.: Em inglês, *Independent, Negotiable, Valuable, Estimable, Small, and Testable*.

É muito mais simples adotar esse processo no início de um projeto do que resolver algumas iterações depois que você precisar de testes de aceitação. Nesses estágios tardios, você não apenas precisa tentar descobrir novas maneiras de implementar os testes de aceitação – já que a estrutura para eles não existe em seu framework – mas também terá de convencer desenvolvedores céticos a seguir o processo de maneira diligente. Condicionar um time a testes automatizados é mais simples no início do projeto.

No entanto, é essencial que todos no time, incluindo clientes e gerentes de projeto, estejam convencidos desses benefícios. Conhecemos projetos que foram cancelados porque o cliente sentiu que se perdia muito tempo com testes de aceitação automatizados. Se os clientes realmente preferem sacrificar o conjunto de testes de aceitação automatizados para chegar ao mercado rapidamente, eles podem tomar essa decisão – mas as consequências devem ser expostas de forma clara.

Finalmente, é importante ter certeza de que seus critérios de aceitação são cuidadosamente escritos de forma que expressem o valor de negócio que a história entrega do ponto de vista do usuário. Automatizar cegamente critérios de aceitação mal escritos é uma das maiores causas da geração de conjuntos de testes de aceitação de difícil manutenção. Para cada critério de aceitação que você escreve, deve ser possível escrever um teste de aceitação automatizado que prove que o valor descrito é entregue ao usuário. Isso significa que testadores devem ser envolvidos na escrita dos requisitos desde o início, garantindo que um conjunto de testes de aceitação automatizados coerente e de fácil manutenção é mantido ao longo da evolução do sistema.

Seguir o processo que descrevemos muda a maneira como desenvolvedores escrevem código. Ao comparar bases de código que foram desenvolvidas com testes de aceitação automatizados desde o início com aquelas em que testes de aceitação foram uma ideia tardia, nós quase sempre vemos melhor encapsulamento, intenção clara, melhor separação de preocupações e melhor reúso de código no primeiro caso. Este é realmente o círculo virtuoso: testar no tempo certo resulta em um código melhor.

No meio do projeto

Embora seja sempre prazeroso iniciar um projeto a partir do zero, na realidade quase sempre estamos trabalhando com um time grande e com pouco recursos desenvolvendo sobre uma base de código que muda rapidamente, sob pressão de entrega.

A melhor maneira de introduzir testes automatizados é iniciar com os casos de uso da aplicação mais comuns, mais importantes e de alto valor. Isso irá demandar conversas com o cliente para identificar claramente onde está o valor real de negócio e, em seguida, defender esta funcionalidade em oposição a regressões com os testes. Baseado nessas conversas você deve automatizar testes que cubram os caminhos esperados destes cenários de alto valor.

Além disso, é útil maximizar o número de ações que este testes cobrem. Faça-os cobrir cenários um pouco mais abrangentes do que você normalmente faria com testes de aceitação por histórias. Preencha quantos campos forem necessários e pressione a maior quantidade de botões possíveis para satisfazer as necessidades do teste. Essa estratégia dá uma cobertura maior da funcionalidade testada nesses testes essenciais, mesmo que eles não mostrem falhas ou mudanças em detalhes no sistema. Por exemplo, você saberá que o comportamento básico de seu sistema está funcionando, mas pode não perceber o fato de que algumas validações não estão. Isso tem a vantagem de tornar os testes manuais um pouco mais eficientes, já que você não terá de testar todos os campos. Você terá certeza de que compilações que passarem por seus testes automatizados funcionarão corretamente e entregarão valor de negócio mesmo se alguns aspectos de seu comportamento não são exatamente como você gostaria.

Esta estratégia significa que, já que você está automatizando apenas o caminho esperado, precisará executar uma grande quantidade de testes manuais para garantir que seu sistema está funcionando como deveria. Você descobrirá que os testes manuais irão mudar rapidamente, já que irão testar funcionalidades novas ou recentemente atualizadas. No momento que você descobrir que está testando a mesma funcionalidade manualmente várias vezes, verifique se é provável que ela o mude novamente. Se não, automatize o teste. Da mesma forma, se descobrir que está perdendo muito tempo consertando alguns testes específicos, você pode assumir que a funcionalidade em teste está mudando. Novamente, verifique com o cliente e o time de desenvolvimento se este é o caso. Se sim, normalmente é possível fazer o framework de testes ignorar o teste, lembrando de detalhar o máximo possível o comentário no qual ele será ignorado para que você possa saber quando habilitar o teste novamente. Se suspeitar que o teste não será mais utilizado na forma que está, apague-o – você sempre poderá recuperá-lo do controle de versão, caso esteja enganado.

Quando você é pressionado pelos prazos, não poderá fazer muito esforço para lidar com cenários complexos com muitas interações. Nessa situação, é melhor utilizar uma variedade de dados de teste para garantir cobertura. Especifique claramente o objetivo de seu teste, descubra o script mais simples que satisfaça esse objetivo e complemente com o maior número de cenários possíveis de acordo com o estado da aplicação no início do teste. Nós discutiremos carregamento automático de dados de teste no Capítulo 12, "Gerência de Dados".

Sistemas legados

Michael Feathers, em *Trabalho eficaz com Código Legado* (Bookman Editora, 2013), afirma, de maneira provocativa, que sistemas legados são aqueles que não possuem testes automatizados. Essa é uma definição útil e simples (no entanto, controversa). Essa definição simples implica uma regra simples: teste o código que você modifica.

A primeira prioridade ao lidar com tal sistema é criar um processo automatizado de compilação, se não existir, e então criar uma estrutura de testes funcionais automatizados à sua volta. A criação de um conjunto de testes automatizados será mais fácil se há documentação ou, melhor ainda, membros do time que trabalhou no sistema legado disponíveis. No entanto, em geral este não é o caso.

Frequentemente, os patrocinadores do projeto são relutantes em permitir que o time de desenvolvimento use o tempo para algo que lhes parece uma atividade de baixo valor: criar testes para o comportamento de um sistema que já está em produção. "Isso já não foi testado no passado pelo time de QA?". Então é importante manter o foco nas ações de alto valor do sistema. É fácil explicar ao cliente o valor de criar conjuntos de testes de regressão para proteger essas funções do sistema.

É importante reunir-se com os usuários do sistema para identificar seus usos de alto valor. Utilizando as mesmas técnicas descritas na seção anterior, crie um conjunto abrangente de testes automatizados para cobrir essa principal funcionalidade de alto valor. Você não deve perder muito tempo fazendo isso, já que isso é um esqueleto para proteger as funções legadas. Serão adicionados novos testes incrementalmente mais tarde para o novo comportamento. Estes são apenas *smoke tests* para o sistema legado.

Uma vez que estes *smoke tests* estão em vigor, você pode iniciar o desenvolvimento de histórias. É útil, neste ponto, usar uma abordagem em camadas para os testes automatizados. A primeira camada deve ser de testes simples e de rápida execução para problemas que impeçam que você execute testes úteis e desenvolva qualquer funcionalidade em que está trabalhando. A segunda camada testa a funcionalidade fundamental para uma história específica. Na medida do possível, novos comportamentos devem ser desenvolvidos e testados da mesma maneira como descrevemos para um novo projeto. Histórias com critério de aceitação devem ser criadas para novas funcionalidades, e testes automatizados devem ser obrigatórios para a conclusão dessas histórias.

Às vezes isso pode ser mais difícil do que parece. Sistemas planejados para ser testados tendem a ser mais modulares e fáceis de testar do que aqueles que não o são. No entanto, isso não deve desviá-lo de seu objetivo.

Um problema específico desses sistemas legados é que o código não é muito modular e bem estruturado. Portanto, é comum que uma mudança em uma parte do código afete o comportamento em outra parte. Uma estratégia útil nessas circunstâncias é a inclusão de uma validação cuidadosa do estado da aplicação ao final do teste. Se você tiver tempo, pode testar caminhos alternativos da história. Finalmente, pode escrever testes de aceitação verificando se há condições excepcionais ou protegendo-se contra modos comuns de falha ou efeitos colaterais indesejados.

É importante lembrar que você deve escrever testes automatizados apenas onde eles irão entregar valor. Você pode essencialmente dividir sua aplicação em duas partes. Há código que implementa funcionalidades da aplicação, e há o código de suporte ou framework por baixo. A maioria dos defeitos de regressão é causada pela alteração do código de framework – então se você está apenas adicionando funcionalidades à aplicação que não requerem mudanças no framework e no código de suporte, então há pouco valor em escrever uma estrutura abrangente.

A exceção é quando seu software deve executar em diferentes ambientes. Nesse caso, testes automatizados combinados com implantação automatizada a ambientes similares à produção entregam um grande valor, já que você pode apontar seus scripts apenas aos ambientes que devem ser testados e poupar muito esforço em testes manuais.

Testes de integração

Se sua aplicação se comunica com vários sistemas externos por meio de diferentes protocolos, ou se a aplicação em si consiste em uma série de módulos de baixo acoplamento com interações complexas entre eles, então testes de integração tornam-se muito importantes. A linha entre testes de integração e testes de componentes não é bem definida (sobretudo porque "testes de integração" é, de certa forma, um termo demasiadamente usado). Usamos o termo *testes de integração* para nos referirmos a testes que garantem que cada parte independente de sua aplicação funciona corretamente com os serviços dos quais depende.

Testes de integração podem ser escritos da mesma maneira como você escreve seus testes de aceitação. Normalmente, testes de integração devem executar em dois contextos: primeiramente com o sistema em teste executando contra sistemas reais dos quais depende, ou suas réplicas controladas pelo provedor de serviço, e em segundo contra as estruturas de teste que você criou como parte do código.

É essencial garantir que você não utilize um sistema externo real a não ser que esteja em produção ou tenha alguma maneira de informar ao serviço que está enviando transações com o objetivo de testá-las. Existem duas maneiras utilizadas para garantir que você pode testar sua aplicação com segurança sem utilizar um sistema externo real, e geralmente você precisará utilizar as duas:

- Isolar o acesso ao sistema externo em seu ambiente de testes com um firewall, o que você provavelmente quer fazer de qualquer forma no início do processo de desenvolvimento. Essa também é uma técnica útil para testar o comportamento da aplicação quando um serviço externo não está disponível.
- Ter uma configuração em sua aplicação que a faça conversar com uma versão simulada do sistema externo.

Numa situação ideal, o provedor de serviço terá uma réplica de teste que se comporta exatamente como o serviço de produção, com exceção dos aspectos de desempenho. Você pode desenvolver seus testes contra isto. No entanto, no mundo real, você geralmente irá desenvolver suas próprias estruturas de teste. Este é o caso quando:

- O sistema externo está em desenvolvimento, mas sua interface externa foi definida previamente (nessas situações, esteja preparado para a mudança de interface).
- O sistema externo já está desenvolvido, mas você não possui uma instância de teste disponível para seus testes, ou o sistema de teste é muito lento ou problemático para comportar-se como um serviço para a execução de testes automatizados.

- O sistema de teste existe, mas as repostas não são determinísticas, tornando impossível a validação dos resultados de testes automatizados (por exemplo, um *feed* do mercado de ações).
- O sistema externo tem a forma de outra aplicação de difícil instalação ou requer intervenção manual via interface gráfica.
- Você precisa escrever testes automatizados de aceitação para funcionalidades que envolvem serviços externos. Estes quase sempre devem ser executados contra dublês de teste.
- A carga que seu sistema automatizado de integração contínua impõe, e o nível de serviço que é exigido, sobrecarrega o ambiente de teste, que é configurado apenas para algumas interações manuais exploratórias.

A estrutura de teste pode ser um tanto sofisticada, em especial quando o dublê de serviço mantém seu estado ou não. Se o sistema externo se lembra de seu estado, a estrutura irá se comportar de maneira diferente de acordo com as requisições enviadas. Os testes de maior valor que pode escrever nessa situação são testes de caixa preta, nos quais você considera todas as respostas possíveis que seu sistema externo pode dar e escreve um teste para cada uma das respostas. Seu *mock* do sistema externo precisa de alguma maneira de identificar sua requisição e enviar a resposta apropriada ou uma exceção, caso receba uma requisição inesperada.

É essencial que sua estrutura de testes replique não apenas as respostas esperadas para as chamadas de serviço, mas também as inesperadas. Em *Release It!*, Michael Nygard discute a criação de uma estrutura que simula o comportamento pernicioso esperado de um serviço remoto que não funcione ou que tenha problemas de infraestrutura.[3]

Esses comportamentos podem ocorrer devido a problemas na rede, problemas de protocolo de rede, problemas de protocolo da aplicação e problemas de lógica da aplicação. Exemplos incluem fenômenos patológicos como recusar conexões de rede, aceitá-las e então descartá-las, aceitá-las mas nunca responder, responder extremamente devagar às requisições, enviar de volta grandes quantidades não esperadas de dados, responder com lixo, recusar credenciais, enviar de volta exceções ou responder com respostas bem formadas que são inválidas dado o estado da aplicação. Sua estrutura de testes deve poder simular essas condições, talvez ouvindo em diversas portas, cada uma correspondendo a um tipo de falha.

Você deve testar sua aplicação contra o máximo de situações patológica que consiga simular para ter certeza de que pode lidar com elas. Outros padrões que Nygard descreve, como o "Disjuntor" e "Divisórias", podem ser utilizados para fortificar a aplicação contra eventos inesperados que irão ocorrer em produção.

Testes de integração automatizados podem ser reutilizados como *smoke tests* durante a implantação do sistema na produção. Eles também podem ser

---

[3] Seção 5.5, p. 136-140.

utilizados como monitores de diagnóstico para a produção. Se você identificar problemas de integração como um risco durante o desenvolvimento, o que eles quase sempre serão, desenvolver testes de integração deve ser uma prioridade.

É essencial incorporar atividades relativas à integração em seu plano de entrega. Integração com serviços externos é complexa e requer tempo e planejamento. Sempre que você precisa integrar com um serviço externo, aumenta o risco do projeto:

- O serviço de testes estará disponível e irá executar de forma satisfatória?
- Os provedores do serviço estarão disponíveis para responder perguntas, corrigir erros e adicionar funcionalidades customizadas?
- Terei acesso à versão de produção em que poderei testar e diagnosticar problemas de capacidade ou disponibilidade?
- A API do serviço é facilmente acessada utilizando a mesma tecnologia com a qual minha aplicação foi desenvolvida ou precisaremos de um conhecimento específico no time?
- Vamos escrever e manter nosso próprio serviço de teste?
- Como minha aplicação irá se comportar quando o serviço externo não se comportar como o esperado?

Além disso, você terá de adicionar escopo para construir e manter a camada de integração e a configuração associada em tempo de execução, como também quaisquer serviços de testes e estratégias como testes de capacidade.

Processo

A produção de testes de aceitação pode ser uma tarefa cara e trabalhosa se a comunicação entre os membros do time não for eficaz. Muitos projetos dependem dos testadores para examinar novos requisitos em detalhes, passando por todos os cenários possíveis e criando scripts complexos que serão seguidos mais tarde. Os resultados desse processo podem ser enviados para o cliente para aprovação, após a implementação dos testes.

Há vários pontos em que este processo pode ser simplesmente otimizado. Acreditamos que a melhor solução é fazer uma reunião com todos os patrocinadores no início de cada iteração, ou mais ou menos uma semana antes que o desenvolvimento da história comece, caso você não esteja utilizando iterações. Juntamos clientes, analistas e testadores numa sala e descobrimos quais são os cenários de alta prioridade a se testar. Ferramentas como *Cucumber*, *JBehave*, *Concordion* e *Twist* permitem que você escreva critérios de aceitação em linguagem natural num editor de texto e então escreva código para tornar estes testes executáveis. Refatorações nos códigos de teste também atualizam a especificação dos testes. Outra maneira é utilizar linguagem específica de domínio

(DSL*) para testar. Isso permite que o critério de aceitação seja escrito em DSL. No mínimo, nós iremos pedir aos clientes que escrevam os testes de aceitação o mais simples possível que cobrem os caminhos esperados desses cenários. Depois dessa reunião, as pessoas geralmente irão adicionar mais conjuntos de dados para melhorar a cobertura dos testes.

Estes testes e aceitação, e uma breve descrição de seus objetivos, tornam-se o ponto inicial para os desenvolvedores que estão trabalhando nessas histórias. Testadores e desenvolvedores devem juntar-se o mais cedo possível para discutir os testes de aceitação antes do início do desenvolvimento. Isso permite aos desenvolvedores uma boa visão geral da história e o entendimento de quais cenários são mais importantes. Isso também reduz o tempo de feedback entre desenvolvedores e testadores que, do contrário, pode ocorrer ao final do desenvolvimento da história, e ajuda a reduzir o número de funcionalidades esquecidas e de defeitos.

O processo de transferência entre desenvolvedores e testadores ao final da história pode facilmente tornar-se um gargalo. No pior caso, desenvolvedores podem terminar a história e iniciar outra, e ser interrompidos no meio desta por um testador que descobriu defeitos na história anterior (até mesmo uma história que foi completada algum tempo atrás). Isso é muito ineficiente.

Colaboração estreita entre desenvolvedores e testadores durante o desenvolvimento de uma história é essencial para um caminho tranquilo até a geração de uma versão. Sempre que os desenvolvedores terminam uma funcionalidade, eles devem chamar os testadores para revisá-la. Os testadores devem usar a máquina do desenvolvedor para realizar o teste. Durante esse período, desenvolvedores podem continuar trabalhando no terminal ou laptop adjacente, talvez consertando algum defeito de regressão marcante. Dessa forma, eles ainda estarão ocupados (já que o teste pode tomar algum tempo), mas estão facilmente disponíveis caso testadores precisem discutir alguma coisa.

Como gerenciar backlogs de defeitos

Idealmente, defeitos nunca deveriam ser introduzidos na aplicação. Se você está praticando desenvolvimento guiado por testes e integração contínua, e possui um conjunto abrangente de testes automatizados, incluindo testes de aceitação no nível do sistema e testes unitários e de componentes, os desenvolvedores devem ser capazes de descobrir defeitos antes que eles sejam descobertos pelos testadores ou pelos usuários. No entanto, testes exploratórios, demonstrações e usuários inevitavelmente irão descobrir defeitos em seu sistema. E esses defeitos tipicamente terminam num *backlog* de defeitos.

Há diversas linhas de pensamento sobre o que constitui um *backlog* de defeitos aceitável e como endereçá-lo. James Shore defende zero defeitos [b3m55V]. Uma maneira de alcançar isso é garantir que, sempre que um defeito é encontrado, ele seja consertado imediatamente. Isso naturalmente requer que seu time seja estruturado de maneira que os testadores possam encontrar

---

* N. de T.: Do inglês, *Domain-Specific Language*.

defeitos logo, e desenvolvedores possam consertá-los imediatamente. No entanto, isso não irá ajudar se você já possuir um *backlog* de defeitos.

Onde houver um *backlog* de defeitos, é importante que o problema esteja claramente visível a todos, e os membros do time de desenvolvimento devem ser os responsáveis por facilitar o processo de reduzir o *backlog*. Possuir o status de sua compilação de aceitação como "Passou" ou "Falhou" não é bom o suficiente se está sempre falhando. Em vez disso, mostre o número de testes que passaram, o número dos que falharam e o número de ignorados, e coloque um gráfico destes números ao longo do tempo em algum lugar visível. Isso concentra a atenção do time no problema.

Os cenários em que você decide continuar com um *backlog* de defeitos são arriscados. Muitos times de desenvolvimento e processos de desenvolvimento ignoraram um número significativo de defeitos, postergando o esforço de consertá-los para uma ocasião mais conveniente no futuro. Depois de alguns meses, isso inevitavelmente levou a listas enormes de defeitos, dos quais alguns nunca seriam consertados, alguns não eram mais relevantes, pois a funcionalidade do sistema mudou, e alguns eram críticos para algum usuário, mas foram perdidos em meio a tanto ruído.

O problema é ainda pior quando não há testes de aceitação ou quando testes de aceitação não são eficazes, pois funcionalidades estão sendo desenvolvidas em branches que não são integrados regularmente à linha principal. Nesse caso, é muito comum, quando o código é integrado e testes manuais no nível do sistema começam, que times fiquem completamente sobrecarregados por defeitos. Testadores, desenvolvedores e a gerência começam a discutir, a data de geração da versão é perdida e os usuários acabam recebendo um software de pouca qualidade. Este é um caso em que muitos defeitos poderiam ser evitados apenas seguindo um processo melhor. Veja o Capítulo 14, "Controle de Versão Avançado", para mais detalhes.

Outra maneira é tratar os defeitos da mesma forma como funcionalidades. Afinal, trabalhar num defeito toma tempo e esforço que poderiam ser usados em outra funcionalidade, então fica a critério do cliente priorizar a importância relativa de um determinado defeito em relação a uma funcionalidade. Por exemplo, um defeito raro com uma alternativa conhecida na tela de administração que tem apenas alguns usuários pode não ser tão importante de consertar quanto a nova funcionalidade geradora de receita para toda a aplicação. No mínimo, faz sentido classificar os defeitos como "críticos", "bloqueadores", e de prioridade "média" e "baixa". Uma abordagem mais abrangente pode levar em conta a frequência com a qual o defeito ocorre, qual o efeito no usuário e se existe uma alternativa.

Dada esta classificação, defeitos podem ser priorizados em seu *backlog* da mesma maneira que histórias, e eles podem aparecer juntos. Além de remover imediatamente os argumentos sobre se uma parte específica do trabalho é um defeito ou uma funcionalidade, também significa que você pode ver rapidamente quanto de trabalho resta a ser feito, e priorizá-lo de acordo. Defeitos de prioridade baixa voltarão ao *backlog*, e você pode tratá-los da mesma maneira como trata histórias de prioridade baixa. Quase sempre, os clientes preferem não consertar alguns defeitos – então manter os defeitos no *backlog* juntamente com as funcionalidades é uma maneira lógica de gerenciá-los.

Resumo

Em muitos projetos, testes são tratados como uma fase distinta, executada por especialistas. No entanto, software de alta qualidade somente é possível se a atividade de teste se tornar uma responsabilidade de todos os envolvidos na entrega do software e for praticada desde o início do projeto e durante toda sua existência. Testes se concentram principalmente no estabelecimento de feedback que guia o desenvolvimento, o projeto e a geração de versão. Qualquer plano que adia os testes para o final do projeto falha, porque remove o feedback que gera alta qualidade, alta produtividade e, o mais importante, qualquer medida do quão completo está o projeto.

Os feedbacks mais rápidos são criados por meio de conjuntos de testes automatizados que executam a cada mudança no sistema. Tais testes devem executar em todos os níveis – de testes unitários até testes de aceitação (ambos funcionais e não funcionais). Testes automatizados devem ser complementados com testes manuais como testes exploratórios e demonstrações. Este capítulo teve como objetivo fornecer um bom entendimento dos vários tipos de testes automatizados e manuais exigidos para criar um excelente feedback, e como implementá-los em vários tipos de projetos.

Nos princípios abordados em "Introdução", na página 83, discutimos o que define "pronto". Incorporar testes em todas as partes do processo de entrega é vital para que o trabalho seja feito. Já que nossa abordagem sobre testes define nosso entendimento de "pronto", os resultados dos testes são a base do planejamento do projeto.

Testes estão fundamentalmente interconectados com nossa definição de "pronto", e a estratégia de testes deve se concentrar em ser capaz de entregar esse entendimento a cada funcionalidade e garantir que testes estejam presentes ao longo de todo o processo.

Parte II

O Pipeline de Implantação

CAPÍTULO 5

Anatomia de um Pipeline de Implantação

Introdução

Integração contínua (IC) é um enorme avanço em produtividade e qualidade para a maioria dos projetos que a adotam. Ela garante que equipes que estão trabalhando juntas para criar sistemas grandes e complexos possam atingir seus objetivos com um nível de qualidade e controle mais alto do que seria possível sem ela. Garante também que o código que criamos, como um time, funcione – e faz isso por meio do feedback rápido sobre problemas que tenhamos introduzido com as mudanças efetuadas na base de código. Seu objetivo principal é garantir que o código compile com sucesso e faça um conjunto de testes unitários e de aceitação. Entretanto, IC não é o bastante.

IC concentra-se principalmente no time de desenvolvimento. O resultado de um sistema de IC normalmente se torna a entrada de um processo manual de testes e, então, segue para o restante do processo de entrega de uma versão. Muito do desperdício durante uma entrega de software está na passagem do software pelas etapas de testes e operação. Por exemplo, é comum ver coisas como:

- Equipes de operação esperando por documentação ou correções.
- Testadores esperando por versões "boas" do software.
- Equipes de desenvolvimento recebendo informações sobre defeitos depois de já estarem trabalhando há semanas em outras funcionalidades.
- A descoberta, já no fim do processo de desenvolvimento, de que a arquitetura da aplicação não suporta os requisitos não funcionais do sistema.

Tudo isso leva a software que não pode ser posto em produção, porque se perdeu muito tempo tentando colocá-lo sem sucesso em um ambiente similar ao de produção, e que está cheio de erros, já que o ciclo de feedback entre o time de desenvolvimento e os times de testes e operações se tornou muito longo.

Há várias melhorias incrementais que podem ser aplicadas ao processo de entrega de software e que trazem benefícios imediatos, como ensinar os desenvolvedores a escrever software pronto para produção, executar IC em ambientes similares aos de produção e criar times multifuncionais. Entretanto, embora práticas como essas certamente melhorem a situação, ainda não serão capazes de expor os gargalos do processo de entrega e como otimizá-lo.

A solução é adaptar uma visão mais holística, de ponta a ponta, do processo de entrega. Já abordamos vários aspectos e questões mais amplas de gerência de configuração e automação de grandes partes do processo de compilação, testes e implantação. Chegamos ao ponto em que a implantação de uma aplicação, mesmo em produção, pode ser feita com um simples apertar de um botão para selecionar a versão que queremos implantar. Isso cria um poderoso ciclo de feedback: já que é tão fácil implantar a aplicação em ambientes de testes, o time recebe um feedback rápido, tanto sobre o código, quanto sobre o processo de implantação. Como o processo de implantação (seja para uma máquina de desenvolvimento ou para a versão final) é automatizado, ele é executado regularmente – e, portanto, testado regularmente – reduzindo o risco de uma versão e transferindo conhecimento de implantação para o time de desenvolvimento.

O resultado (em jargão *lean*) é um sistema puxado. Equipes de testes podem criar e implantar seus próprios ambientes de testes com o apertar de um botão; equipes de operação também podem implantar versões em homologação ou produção com o apertar de um botão. Desenvolvedores podem ver quais versões passaram por quais estágios do processo de entrega e quais problemas foram encontrados, e gerentes podem verificar e monitorar métricas fundamentais como tempo de ciclo, *throughput* (taxa de transferência) e qualidade de código. Como resultado, todos os envolvidos no processo de entrega conseguem acesso àquilo de que precisam e quando precisam, além de visibilidade sobre o processo de entrega de modo a identificar, otimizar e remover gargalos. Isso leva a um processo de entrega que não somente é mais rápido, como mais seguro.

A implementação de ponta a ponta de automação do processo de compilação, testes e implantação tem diversos efeitos secundários, trazendo benefícios inesperados. Um desses resultados é que, depois de utilizar as mesmas técnicas em vários projetos, identifica-se o que há de comum nos sistemas de pipelines de implantação que são construídos. Acreditamos que, com as abstrações identificadas, alguns padrões se encaixam em todos os projetos nos quais os experimentamos até agora. Essa compreensão nos permitiu criar processos bastante sofisticados de compilação, testes e entrega desde o início dos projetos. Esse pipeline de implantação de ponta a ponta também significa que experimentamos um grau de liberdade e flexibilidade em nossos projetos que seria difícil de imaginar alguns anos atrás. Estamos convencidos de que essa abordagem nos permite criar, testar e implantar sistemas complexos de maior qualidade, e custos e riscos significativamente menores do que teríamos feito sem ela.

É para isso que o pipeline de implantação existe.

O que é um pipeline de implantação?

Em um nível abstrato, o pipeline de implantação é uma manifestação automatizada do processo de levar o software do controle de versão até os usuários.

Cada mudança no software passa por um processo complexo no percurso de entrega. Esse processo envolve compilar o software, seguido pelo progresso do resultado da compilação por vários estágios de testes e implantação. Isso, por sua vez, requer a colaboração entre vários indivíduos, ou mesmo entre várias equipes. O pipeline de implantação modela esse processo, e sua inversão em uma ferramenta de integração contínua e gerência de versões é o que permite que uma equipe veja e controle o processo de cada mudança à medida que ela se move do controle de versão, por vários testes e implantações, até a entrega ao usuário final.

Assim, o processo modelado pelo pipeline de implantação – o processo de levar o software de um commit à entrega – torna-se parte do processo de levar uma funcionalidade da mente do cliente ou usuário até suas mãos. O processo como um todo – do conceito ao dinheiro – pode ser modelado como um mapa de fluxo de valor. Um fluxo de valor em alto nível para a criação de um novo produto é mostrado na Figura 5.1.

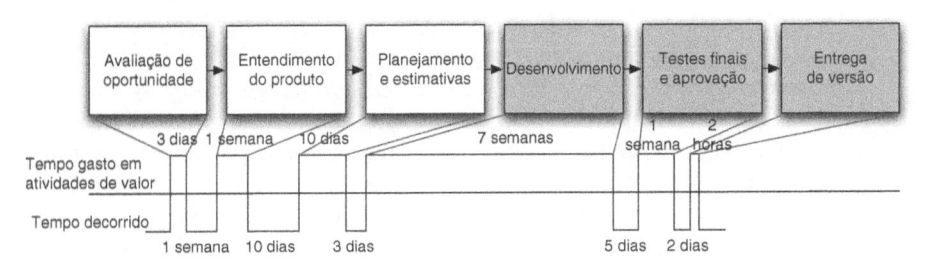

Figura 5.1 *Um mapa de fluxo de valor simples para um produto.*

Esse mapa de fluxo de valor conta uma história. O processo todo leva cerca de três meses e meio. Aproximadamente dois meses e meio consistem em trabalho real – há esperas entre os vários estágios do processo de levar o software do conceito ao dinheiro. Por exemplo, há uma espera de cinco dias entre a finalização do trabalho pela equipe de desenvolvimento e o início dos testes. O motivo pode ser o tempo que leva para implantar a aplicação em um ambiente similar ao de produção, por exemplo. Veja que deliberadamente não deixamos claro no diagrama se o produto está sendo ou não desenvolvido de maneira iterativa. Em um processo iterativo, você esperaria que o processo de desenvolvimento em si fosse composto por vários ciclos que incluem testes e demonstração. Todo o processo, desde a descoberta até a entrega de uma versão, seria repetido várias vezes.[1]

Criar um mapa de fluxo de valor pode ser um processo que exige pouca tecnologia. No clássico livro *Lean Software Development: An Agile Toolkit*, de Mary e Tom Poppendieck, o processo é descrito da seguinte forma:

---

[1] A importância da descoberta iterativa baseada em feedback do cliente no processo de desenvolvimento do produto é enfatizada em livros como *Inspired*, Marty Cagan, e *The Four Steps to the Epiphany*, de Steven Gary Blank.

Com um lápis e um bloco de anotações em mãos, vá ao local onde um pedido do cliente entra em sua organização. Seu objetivo é desenhar um gráfico de uma requisição qualquer de um cliente, desde o momento em que ela chega até quando é atendida. Trabalhando com as pessoas envolvidas em cada atividade, faça um rascunho de todos os passos do processo necessários para atender à requisição, bem como do tempo médio gasto em cada passo. Na parte inferior do mapa, desenhe uma linha de tempo que mostra quanto tempo foi gasto em atividades que agregaram valor ao processo e quanto tempo foi gasto em espera e outras atividades.

Se estiver interessado em trabalhar na transformação organizacional para melhorar seu processo, você precisa ir ainda mais a fundo e detalhar quem é responsável por cada uma das partes do processo, quais subprocessos ocorrem em condições excepcionais, quem aprova entregas em partes do processo, quais recursos são necessários, qual é a estrutura de cargos envolvida, e assim por diante. Entretanto, isso não é necessário para esta discussão. Para mais detalhes, consulte o livro *Implementando o Desenvolvimento Lean de Software: do Conceito ao Dinheiro* (Bookman Editora, 2011) escrito por Mary e Tom Poppendieck.

A parte do fluxo de valor que discutimos neste livro é aquela que vai do desenvolvimento à entrega de versão – as caixas escurecidas na Figura 5.1. Uma diferença fundamental nessa parte do fluxo de valor é que códigos compilados passam por ela várias vezes em seu percurso até uma versão. De fato, uma maneira de entender o pipeline de implantação e como as mudanças se movem por ela é visualizá-la como um diagrama de sequência[2], como mostrado na Figura 5.2.

Note que a entrada inicial do pipeline é uma revisão particular no sistema de controle de versão. Cada mudança cria um código compilado que irá passar por uma sequência de testes e desafios de viabilidade para se tornar uma versão para produção. Esse processo de uma sequência de estágios de testes, em que cada um avalia a compilação de uma perspectiva diferente, começa com cada commit no sistema de controle de versão, da mesma forma como o início do processo de integração contínua.

À medida que o código compilado passa pelos testes de viabilidade, a confiança em sua adequação aumenta. Portanto, os recursos que estamos dispostos a gastar com ele aumentam, o que significa que os ambientes pelos quais ele passa se tornam progressivamente mais similares aos de produção. O objetivo é eliminar versões candidatas que não estejam prontas para produção o quanto antes no processo e obter feedback sobre a causa da falha o mais rápido possível. Por isso, qualquer compilação que falhe em um estágio não seguirá para o próximo estágio. Os *trade-offs* dessa situação podem ser vistos na Figura 5.3.

Há algumas consequências importantes da aplicação dessa abordagem. Primeiro, você é efetivamente impedido de implantar em produção compilações que não foram apropriadamente testadas e que não são adequadas ao objetivo pretendido. Regressões são evitadas, especialmente quando correções urgentes são necessárias em produção (tais correções passam pelo mesmo processo que quaisquer outras mudanças). Em nossa experiência, é extremamente comum

---

[2] Chris Read teve essa ideia [9EIHHS].

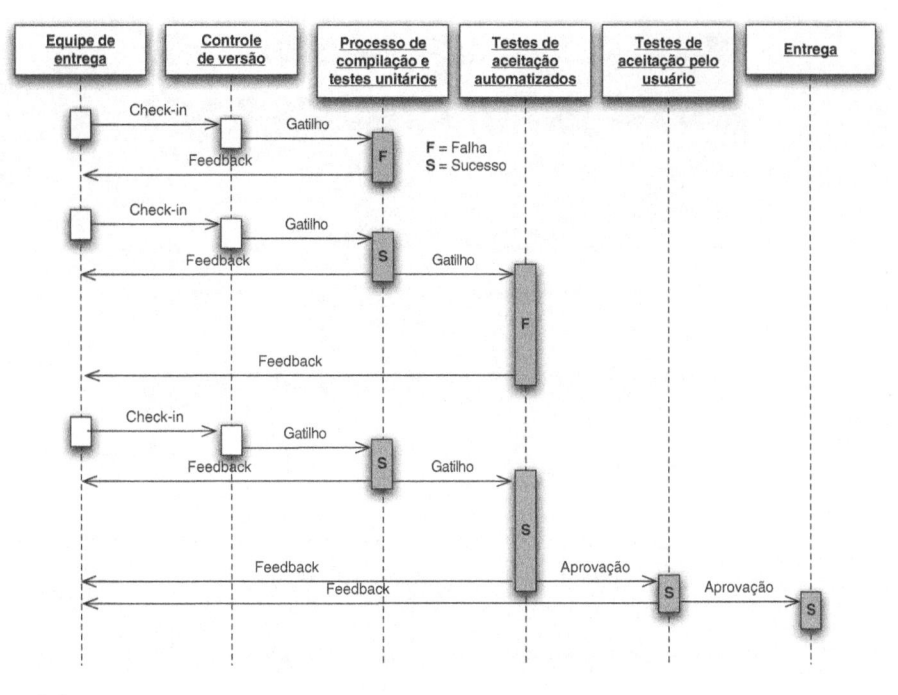

Figura 5.2 *Mudanças se movendo por um pipeline de implantação.*

que software recém-entregue quebre em função de alguma interação imprevista entre componentes do sistema e seu ambiente – por exemplo, resultante de uma nova topologia de rede ou de pequenas diferenças de configuração no servidor. A disciplina de um pipeline de implantação reduz isso.

Segundo, quando a implantação e a entrega em produção são automatizadas, elas são rápidas, passíveis de repetição e confiáveis. Geralmente é tão mais fácil fazer entregas quando o processo está automatizado que elas se tornam eventos "normais" – o que significa que, se quiser, você pode fazer entregas mais frequentes. Isso se aplica particularmente ao caso em que você tanto pode implantar uma nova versão quanto voltar a uma versão anterior. Quando esta capacidade está presente, entregas são essencialmente isentas de risco. O pior que pode acontecer é você descobrir que introduziu um defeito crítico em produção – e, nesse momento, pode voltar a uma versão anterior, que não demonstra o mesmo problema, enquanto corrige a nova versão (veja o Capítulo 10, "Implantação e Entrega de Versões de Aplicações").

Para chegar a esse estágio, você deve automatizar um conjunto de testes que prova que as versões candidatas atendem aos critérios de produção. Também devemos automatizar a implantação em ambientes de testes, homologação e produção para remover os passos manuais, sujeitos a erro. Para muitos sistemas, outras formas de testes e outros estágios no processo são necessários, mas o subconjunto comum a todos os projetos é o seguinte:

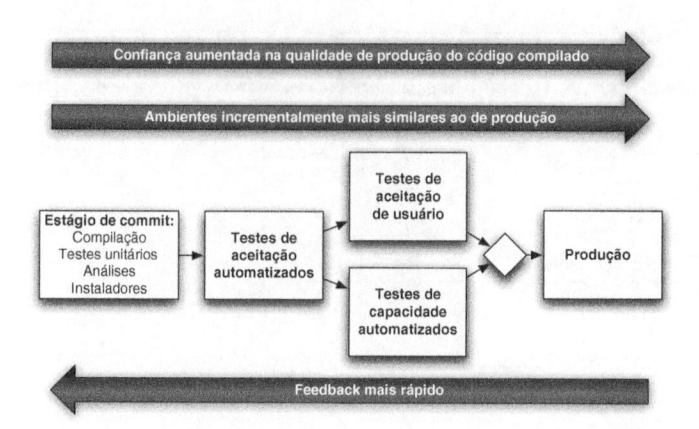

Figura 5.3 Trade-offs *no pipeline de implantação.*

- O *estágio de commit* garante que o sistema funcione em um nível técnico. Ele compila, passa com sucesso por um conjunto de testes automatizados (principalmente unitários) e é feita a análise de código.

- O *estágio de testes de aceitação automatizados* garante que o sistema funcione dos pontos de vista funcional e não funcional; que seu comportamento atenda às necessidades dos usuários e às especificações do cliente.

- O *estágio de testes manuais* garante que o sistema seja usável e atenda seus requisitos, detectando defeitos que não foram encontrados pelos testes automatizados, e que ele tenha valor para seus usuários. Esse estágio normalmente inclui ambientes de testes exploratórios, ambientes de integração e UAT (*user acceptance testing*, ou testes de aceitação de usuário).

- O *estágio de entrega* coloca o sistema nas mãos dos usuários, seja com um software empacotado ou por sua implantação em um ambiente apropriado de produção ou homologação (um ambiente de homologação é um ambiente de testes idêntico ao ambiente de produção).

Nos referimos ao conjunto desses estágios, e quaisquer outros estágios adicionais necessários para modelar o processo de entrega, como um *pipeline de implantação*. Ele também pode ser chamado de pipeline de integração contínua, pipeline de código compilado, linha de produção de implantação ou compilação viva. Independentemente do termo escolhido, ele é, em essência, um processo automático de entrega de software. Isso não implica que não há interação humana com o sistema durante o processo de entrega; ela garante que passos complexos e passíveis de erro sejam automatizados, passíveis de repetição e confiáveis. Na verdade, a interação humana é aumentada: a habilidade de implantar o sistema ao longo de todos os estágios com o apertar de um botão encoraja seu uso frequente pelos testadores, analistas, desenvolvedores e (mais importante) usuários.

Um pipeline de implantação básico

A Figura 5.4 mostra um pipeline de implantação típico e captura a essência da abordagem. É claro que um pipeline real irá refletir o processo real usado por seu projeto.

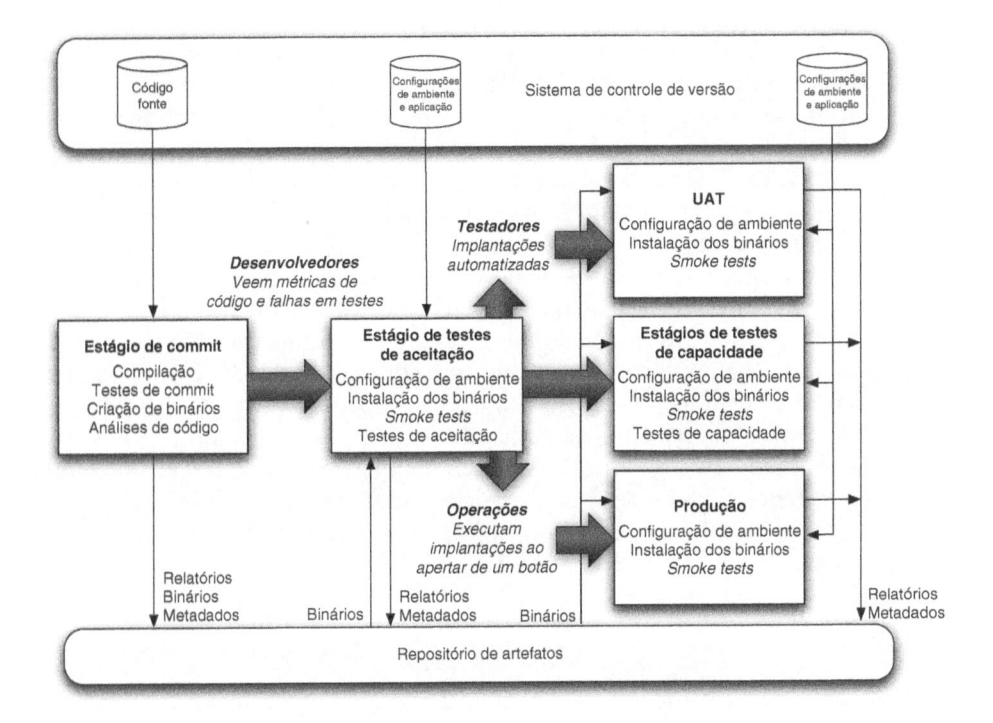

Figura 5.4   *Um pipeline de implantação básico.*

O processo começa quando um desenvolvedor faz um novo check-in no sistema de controle de versão. Nesse ponto, o sistema de integração contínua responde ao check-in criando uma nova instância do pipeline. O primeiro estágio do pipeline (estágio de commit) compila o código, executa os testes unitários, realiza análise de código e cria instaladores. Se os testes unitários são bem-sucedidos e o código está em boa condição, ele é compilado em binários que são armazenados em um repositório de artefatos. A maioria dos servidores de IC modernos tem um repositório embutido facilmente acessível, tanto aos usuários quanto a estágios posteriores do pipeline. Existem ainda várias ferramentas, como Nexus e Artifactory, que permitem que você gerencie seus artefatos. Há outras tarefas que também podem rodar como parte do estágio de commit do pipeline, como a preparação de um banco de dados de testes para uso em testes de aceitação. Servidores modernos de IC permitem que você execute essas tarefas em paralelo em um *grid*.

O segundo estágio é composto de testes de aceitação automatizados que demoram mais para serem executados. Novamente, seu servidor de IC deve permitir que você divida esses testes em conjuntos que podem ser executados em paralelo para aumentar sua velocidade e fornecer feedback mais rápido – dentro de uma ou duas horas. Esse estágio será chamado automaticamente se o primeiro estágio for bem-sucedido.

Neste ponto, o pipeline pode ser dividido em implantações automáticas do código compilado em vários ambientes – nesse caso, UAT (testes de aceitação de usuário), testes de capacidade e produção. Geralmente, não é desejável que esses estágios rodem automaticamente se o segundo estágio for bem-sucedido. Ao contrário, é preferível que os testadores e a equipe de operação sejam capacidades de fazer isso por meio de um sistema de *self-service*. Para facilitar isso, você precisará de um script automatizado que consiga fazer a implantação. Seus testadores devem ser capazes de ver quais são as versões candidatas disponíveis e sua situação – quais dos estágios anteriores os códigos compilados obtiveram sucesso, quais foram os comentários do check-in, e quaisquer outros comentários associados ao processo de compilação. Eles devem, então, poder apertar um botão e implantar um código compilado selecionado rodando o script de implantação no ambiente apropriado.

O mesmo princípio se aplica a estágios posteriores do pipeline, exceto que normalmente os vários ambientes em que você pode fazer a implantação têm "donos" diferentes, com restrições de quem pode realizar implantações automáticas neles. Por exemplo, o time de operações pode ser o único capaz de aprovar implantações em produção.

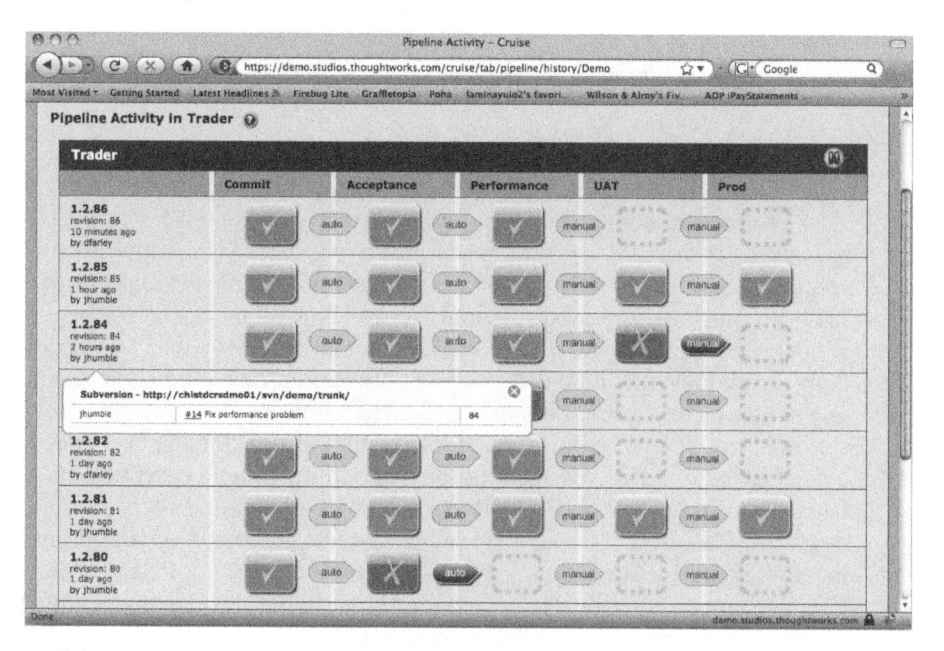

Figura 5.5 *Go mostrando quais mudanças passaram por quais estágios.*

Finalmente, é importante lembrar que o propósito de tudo isso é obter feedback o mais cedo possível. Para tornar o ciclo de feedback mais rápido, você precisa saber qual compilação está instalada em qual ambiente e por quais estágios do pipeline ela passou. A Figura 5.5 mostra um captura de tela do Go mostrando como isso funciona na prática.

Note que você pode ver qualquer check-in do lado direto da página, por quais estágios ele passou, e se o resultado foi bem-sucedido ou não. Conseguir correlacionar um check-in e, portanto, um código compilado, aos estágios do pipeline pelos quais ele passou é crucial. Isso significa que, se encontrar um problema em um teste de aceitação (por exemplo), conseguirá imediatamente saber quais mudanças causaram aquele problema específico.

Práticas para o pipeline de implantação

Em breve, discutiremos em mais detalhes os estágios do pipeline de implantação. Antes disso, porém, para que você obtenha os benefícios da abordagem, veja algumas práticas que deveria seguir.

Compile seus binários somente uma vez

Por conveniência, nos referiremos aos conjuntos de código executável que compõem um projeto como binários. Se você não precisar compilar seu código, esses "binários" podem ser apenas coleções de código-fonte. Arquivos .jar ou .so e assemblies .NET são exemplos de binários.

Muitos sistemas de compilação usam o código-fonte que está no sistema de controle de versão como fonte canônica em vários passos. O código será compilado repetidas vezes em contextos diferentes: durante o processo de commit, durante os testes de aceitação, durante os testes de capacidade e, em geral, uma vez para cada *target* do processo. Toda vez que você compila o código, corre o risco de introduzir alguma diferença. A versão do compilador usada em outros estágios pode ser diferente da versão usada nos testes de commit. Você pode usar acidentalmente uma versão diferente de alguma biblioteca de terceiros. Até mesmo a configuração do compilador pode mudar o comportamento da aplicação. Já vimos defeitos causados por todos esses problemas chegarem à produção.

> Um antipadrão relacionado é promover no âmbito do código em vez de no âmbito dos binários. Para mais informações sobre esse antipadrão, veja a seção "ClearCase e o antipadrão de recompilar do código" na página 406.

Esse antipadrão viola dois princípios importantes. O primeiro é manter o pipeline de implantação eficiente, de modo que a equipe obtenha feedback o mais rápido possível. Recompilar a todo momento viola esse princípio porque demora mais, especialmente em sistemas maiores. O segundo princípio é que você sempre deve construir sobre fundações que pode garantir que são sólidas. Os binários que chegam à produção devem ser exatamente os mesmos que passaram pelos testes de aceitação – e, de fato, em muitas implementações do pipeline, isso é garantido armazenando-se *hashes* dos binários no momento em que foram criados para verificar se os binários são idênticos nos próximos estágios do processo.

Se recriarmos os binários, corremos o risco de introduzir alguma mudança entre a criação dos binários e sua entrega em algum ambiente, como mudanças no ferramental entre compilações, e de que o binário seja diferente do que testamos. Para fins de auditoria, é essencial garantir que nenhuma mudança foi introduzida, seja por maldade ou por erro, entre a criação dos binários e sua entrega. Algumas organizações insistem que a compilação e a criação de assemblies, ou empacotamento em caso de linguagens interpretadas, sejam feitas em um ambiente especial, que não pode ser acessado por ninguém a não ser por pessoal sênior. Uma vez que os binários forem criados, podemos reusá-los a qualquer ponto sem precisar recriá-los.

Assim, você deve criar seus binários somente no estágio de commit. Esses binários devem ser armazenados no sistema de arquivos em algum lugar (não no controle de versão, já que são derivados de sua baseline e não parte da definição desta) em que seja fácil de recuperá-los para estágios posteriores do pipeline. A maioria dos servidores de IC faz isso para você, e também executa a tarefa crucial de permitir que você identifique qual revisão no sistema de controle de versão foi usada para criar aqueles binários específicos. Não vale a pena gastar tempo e esforço garantindo que os binários estejam em backups, já que é possível recriá-los exatamente pelo processo automatizado a partir da revisão correta no controle de versão.

> Se aceitar nosso conselho, inicialmente pode parecer que você terá mais trabalho. Você precisa estabelecer alguma forma de espalhar seus binários para os demais estágios do pipeline se o IC não fizer isso. Algumas das ferramentas mais simples de gerência de configuração que vêm com os ambientes de desenvolvimento mais populares farão a coisa errada. Um exemplo disso são templates de projeto que geram assemblies contendo tanto código como configuração, como arquivos .ear e .war, como um único passo do processo.

Uma consequência importante desse princípio é que deve ser possível implantar esses binários em qualquer ambiente. Isso o força a separar código, que é o mesmo para todos os ambientes, e configuração, que é diferente entre ambientes. Isso, por sua vez, fará você gerenciar sua configuração corretamente, fazendo uma leve pressão em direção a sistemas de compilação mais estruturados.

> **Por que binários não devem ser específicos ao ambiente**
>
> Consideramos uma prática ruim criar arquivos binários para rodar em um único ambiente. Essa abordagem, embora comum, tem sérias desvantagens, que comprometem a facilidade de implantação e a flexibilidade e facilidade de manutenção do sistema. Algumas ferramentas, entretanto, chegam a incentivar essa abordagem.
>
> Quando sistemas de compilação são organizados dessa forma, eles rapidamente se tornam complexos, gerando diversas improvisações de casos especiais para lidar com as diferenças e excentricidades dos vários ambientes. Em um projeto em que trabalhamos, o sistema de compilação era tão complexo que foi necessária uma equipe de cinco pessoas apenas para mantê-lo. Liberamos a equipe desse trabalho organizando a compilação e separando as configurações específicas de ambiente dos binários independentes do ambiente.
>
> Tais sistemas de compilação tornam desnecessariamente complexas tarefas que deveriam ser triviais, como adicionar um novo servidor a um cluster. Isso, por sua vez, cria um processo de entrega frágil e custoso. Se seu processo de compilação cria binários que rodam apenas em máquinas específicas, comece agora mesmo a planejar como reestruturá-lo!

Isso nos leva à segunda prática.

Faça a implantação da mesma maneira para cada ambiente

É essencial usar o mesmo processo para fazer a implantação em todos os ambientes – seja uma máquina de desenvolvimento, uma estação de trabalho de um analista, um ambiente de testes ou a própria produção – de maneira a garantir que o processo em si seja efetivamente testado. Desenvolvedores criam novos ambientes locais a todo momento; testadores e analistas, com menor frequência; e geralmente você vai implantar em produção de maneira relativamente infrequente. Essa frequência de entregas, porém, é inversamente proporcional ao risco associado com o ambiente. O ambiente em que você implanta com menor frequência (o de produção) é o mais importante. Somente depois de testar o processo centenas de vezes em vários ambientes você pode eliminar o script de implantação como uma fonte de erro.

Cada ambiente é diferente de alguma maneira. No caso mais básico, o IP será único, embora também existam outras diferenças: sistemas operacionais e configurações de middleware, localização de bancos de dados e sistemas externos e outras informações de configuração que só podem ser feitas quando o sistema for implantado. Isso não significa que você deve usar um script diferente em cada ambiente. Em vez disso, mantenha as configurações específicas de cada ambiente separadas. Esses arquivos devem estar no controle de versão, e o arquivo correto deve ser obtido por meio da verificação do nome do servidor local (ou em ambientes de mais de uma máquina) pelo uso de uma variável de ambiente passada ao script. Algumas formas de fornecer configuração em tempo de implantação incluem mantê-la em algum serviço de diretório (como

LDAP ou ActiveDirectory) ou armazená-la em algum banco de dados que pode ser acessado por aplicações como ESCAPE [apvrEr]. Há mais sobre o assunto na seção "Como gerenciar configuração de software", na página 40.

> É importante usar o mesmo mecanismo de configuração em tempo de implantação para todas as aplicações. Isso vale especialmente para grandes empresas, ou onde são usadas muitas tecnologias heterogêneas. Geralmente, somos contrários a decretos que vêm de cima para baixo a partir do escalão superior, – mas já vimos muitas organizações em que era bem complicado descobrir – para uma dada aplicação em um dado ambiente – qual configuração estava sendo usada na implantação. Conhecemos alguns lugares onde é preciso mandar e-mails para equipes em componentes diferentes para conseguir essa informação. Isso se torna uma enorme barreira à eficiência quando se está tentando descobrir a principal causa de algum defeito – e quando adicionamos isso às perdas de tempo no fluxo de valor, o custo é incrivelmente alto.
>
> Deve ser possível consultar uma única fonte (um repositório de controle de versão, um diretório de serviço ou um banco de dados) para descobrir as configurações para todas as aplicações em todos os ambientes.

Se você trabalha em uma empresa onde ambientes de produção e ambientes de testes e desenvolvimento são gerenciados por equipes diferentes, ambos os times precisarão trabalhar em conjunto para garantir que o processo automatizado de implantação funcione em todos os ambientes, incluindo os ambientes de desenvolvimento. Usar o mesmo script para todos os ambientes é uma maneira fantástica de prevenir a síndrome de "funciona na minha máquina" [c29ETR]. Isso também significa que, quando chegar a hora de entregar, você já testou o processo centenas de vezes em todos os ambientes. Essa é uma das melhores formas de reduzir o risco de entregar software.

> Assumimos que você usa um processo automatizado para a implantação de suas aplicações – mas, é claro, muitas organizações ainda implantam de forma manual. Se você tem um processo manual de implantação, deve garantir que ele é o mesmo para todos os ambientes e começar a automatizá-lo aos poucos, com o objetivo de tê-lo completamente em um script. Em última instância, você deveria especificar somente o ambiente alvo e a versão da aplicação para iniciar uma implantação bem-sucedida. Um processo automatizado e padronizado tem um efeito enormemente positivo em sua capacidade de entregar a aplicação com frequência e confiança, e garante que tudo seja completamente auditado e documentado. Abordaremos automação da implantação em mais detalhes no próximo capítulo.

Esse princípio é de fato outra aplicação da regra que diz que você deve separar o que muda do que não muda. Se seu script de implantação é diferente para cada ambiente, você não tem como saber se o que está testando realmente vai funcionar em produção. Se, por outro lado, você usar o mesmo processo para implantar em todos os ambientes, quando uma implantação não funcionar para um determinado ambiente, saberá que isso se deve a uma dessas três causas:

- Alguma propriedade do arquivo de configurações específicas de ambiente de sua aplicação.
- Um problema com infraestrutura ou com um dos serviços dos quais a aplicação depende.
- A configuração do ambiente.

Descobrir qual dessas é a causa principal é o objetivo das duas próximas práticas.

Use *smoke tests*

Quando você implanta a aplicação, deve ter um script automatizado que realiza algum tipo de *smoke test** para garantir que ela está rodando. Isso pode ser tão simples quanto executar a aplicação e garantir que a tela principal apareça com o conteúdo esperado. Seus *smoke tests* também devem garantir que os serviços dos quais a aplicação depende estejam rodando – como banco de dados, serviços de mensagens ou serviços externos.

Um *smoke test*, ou teste de implantação, provavelmente é o teste mais importante a ser criado depois que você já tem um conjunto de testes unitários iniciais; podemos dizer que ele é ainda mais importante. Ele lhe dá a confiança de que a aplicação realmente está sendo executada. Se ela não conseguir ser executada, o *smoke teste* deve ser capaz de fornecer algum diagnóstico básico, como se a aplicação não está rodando devido a algo de que ela depende ou porque não está funcionando mesmo.

Implante em uma cópia de produção

Outro problema que muitas equipes enfrentam quando entregam em produção é que esse ambiente é significativamente diferente dos ambientes de testes e desenvolvimento. Para ter um bom nível de segurança de que a entrega em produção funcionará, você precisa realizar seus testes e a integração contínua em ambientes o mais parecidos possível com o de produção.

Idealmente, se o ambiente de produção é simples ou você tem um orçamento suficientemente grande, pode ter uma cópia exata da produção para executar seus testes manuais e automatizados. Garantir que os ambientes sejam os mesmos exige certa disciplina e boas práticas de gerência de configuração. Você precisa garantir que:

---

* N. de R. T.: Historicamente, *smoke tests*, ou testes de fumaça, eram realizados quando se faziam mudanças em componentes eletrônicos. Ligando-se o equipamento, se não houvesse fumaça, por curto-circuito ou outro problema, o equipamento seguia para mais testes. Optamos por manter o termo em inglês visto que não há termo amplamente utilizado em português para esse tipo de testes no contexto do desenvolvimento de software.

- Sua infraestrutura – topologia de rede e configurações de firewall, por exemplo – seja a mesma.
- A configuração do sistema operacional, incluindo patches, seja a mesma.
- O conjunto de tecnologias usado pela aplicação seja o mesmo.
- Os dados da aplicação estejam em um estado válido e conhecido. Migrar dados ao mesmo tempo em que são realizadas atualizações pode ser uma grande fonte de problemas. Discutiremos esse tópico no Capítulo 12, "Gerência de Dados".

Você pode usar práticas como imagens de disco e virtualização, e ferramentas como Puppet e InstallShield, juntamente a repositórios de controle de versão para gerenciar a configuração dos ambientes. Discutiremos isso em mais detalhes no Capítulo 11, "Gerência de Infraestrutura e Ambientes".

Cada mudança deve ser propagada pelo pipeline instantaneamente

Antes que o conceito de integração contínua surgisse, muitos projetos rodavam várias partes de seu processo de forma agendada – por exemplo, o processo de compilação poderia ser realizado a cada hora, testes de aceitação seriam executados toda noite, e testes de capacidade, durante o fim de semana. O pipeline de implantação cria uma abordagem diferente: o primeiro estágio é chamado a cada check-in, e cada estágio deve chamar o próximo se for bem-sucedido. Obviamente, isso nem sempre é possível quando desenvolvedores (especialmente em grandes equipes) estão fazendo commits com muita frequência, já que alguns estágios no processo podem levar uma quantidade significativa de tempo. O problema é mostrado na Figura 5.6.

Nesse exemplo, alguém faz um commit com uma mudança, criando a versão 1. Isso, por sua vez, cria o primeiro estágio do pipeline (compilação e testes unitários). Este é bem-sucedido e começa o segundo estágio: os testes de aceitação automatizados. Então, alguém faz outro commit, criando a versão 2. Isso cria outra instância do pipeline, que fará a compilação mais uma vez e executará os testes unitários. Entretanto, mesmo que estes obtenham sucesso, eles não podem criar uma nova instância dos testes automatizados, pois eles já estão sendo executados. Enquanto isso, dois outros commits ocorreram em rápida sucessão. Entretanto, o sistema de IC não deve tentar compilar ambos – se esse fosse o caso, e os desenvolvedores continuassem a fazer commit com a mesma velocidade, as compilações ficariam cada vez mais para trás em relação ao que os desenvolvedores estivessem fazendo.

Em vez disso, quando uma instância do estágio de compilação e testes unitários terminar, o sistema de IC verifica se mais mudanças estão disponíveis e, se esse for o caso, age somente sobre a mudança mais recente – nesse caso, a versão 4. Suponha que isso quebre o processo de compilação. O sistema não sabe qual commit, 3 ou 4, causou o problema no estágio, mas geralmente é mais simples deixar que os desenvolvedores identifiquem isso. Alguns sistemas de IC permitem que você rode uma determinada versão fora de ordem – nesse caso, os desenvolvedores poderiam rodar o primeiro estágio da revisão 3 para ver se ele passa ou falha, e assim descobririam se foi o commit 3 ou o 4 que quebrou o processo de compilação. Seja qual for o resultado, o time de desenvolvimento cria o commit 5, que resolve o problema.

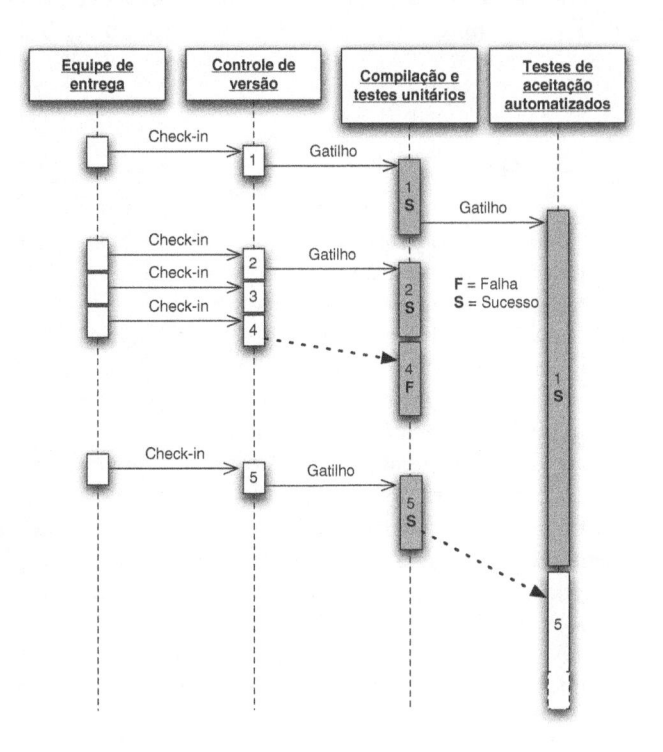

Figura 5.6   *Agendamento de estágios em um pipeline.*

Quando os testes de aceitação finalmente terminam, o módulo de agendamento do sistema de IC nota que novas mudanças estão disponíveis e começa uma nova execução dos testes sobre a versão 5.

Esse tipo de agendamento inteligente é crucial para montar um pipeline de implantação. Garanta que seu servidor de IC suporta esse tipo de fluxo de agendamento – muitos suportam – e que as mudanças são propagadas imediatamente para que você não precise rodar os estágios em alguma espécie de agendamento fixo.

Isso se aplica somente a estágios completamente automatizados, como os que contêm testes automatizados. Os estágios posteriores do pipeline que implantam em ambientes de teste manual devem ser ativados sob demanda – descreveremos isso mais adiante neste capítulo.

Se qualquer parte do pipeline falhar, pare o processo

Como foi dito na seção "Como implementar integração contínua", na página 56, o passo mais importante para alcançar os objetivos deste livro – entregas rápidas, passíveis de repetição e confiáveis – é que seu time aceite que, toda vez que faz um check-in, o processo de compilação e testes unitários deve resultar em sucesso. Isso se aplica a toda o pipeline. Se uma implantação falha, o time todo é responsável por ela, seja em qual for o ambiente. Eles devem parar e corrigir o problema antes de continuar qualquer outra coisa.

O estágio de commit

Uma nova instância do pipeline de implantação é criada a cada check-in e, se o primeiro estágio é bem-sucedido, isso cria uma versão candidata. O objetivo do primeiro estágio do pipeline é eliminar compilações que sejam impróprias para produção e sinalizar para a equipe o mais rápido possível que a aplicação está quebrada. Queremos gastar o mínimo de tempo e esforço em uma versão da aplicação que está obviamente quebrada. Assim, quando um desenvolvedor faz check-in com uma mudança no sistema de controle de versão, queremos avaliar a versão mais recente rapidamente. O desenvolvedor que trabalhou nela deve esperar os resultados antes de começar outra tarefa.

Há algumas coisas que queremos fazer como parte do estágio de commit. Normalmente, essas tarefas são executadas como um conjunto de tarefas em um grid de compilação (algo que quase todos os servidores de IC fornecem), de modo que o estágio termine em um período razoável de tempo. O estágio de commit idealmente deve demorar menos de cinco minutos para rodar, e com certeza não mais do que dez minutos. O estágio de commit envolve os seguintes passos:

- Compilar o código (se necessário).
- Executar um conjunto de testes de commit.
- Criar binários para uso nos demais estágios.
- Realizar análise de código para verificar sua qualidade.
- Preparar artefatos, como bancos de dados, para uso nos demais estágios.

O primeiro passo é compilar a última versão do código e notificar o desenvolvedor que introduziu as mudanças desde o último check-in se houve um erro na compilação. Quando esse passo falha, você pode falhar o estágio de commit imediatamente e eliminar essa instância do pipeline de qualquer consideração posterior.

Depois, roda um conjunto de testes otimizado para rodar rapidamente. Nós nos referimos a esse conjunto como testes de commit, e não testes unitários, porque, embora a maioria deles seja realmente testes unitários, é sempre interessante incluir uma pequena seleção de outros tipos de testes nesse estágio, a fim de conseguir um nível maior de confiança de que a aplicação realmente está funcionando se o estágio de commit tiver resultado positivo. Esses são os mesmos testes que os desenvolvedores rodam localmente antes de fazerem o check-in de seu código (ou, se o servidor de IC permite isso, rodam por meio de um commit pré-testado no grid de compilação).

Comece a criação de seu código executando todos os testes unitários. Depois, quando tiver aprendido sobre que tipos de falhas são mais comuns em testes de aceitação e demais estágios do pipeline, pode adicionar testes específicos no estágio de commit para encontrar esses problemas o mais cedo possível. Isso é parte de um processo de otimização constante que é importante para evitar custos maiores de encontrar e resolver defeitos em estágios posteriores do pipeline.

Estabelecer que seu código funciona é ótimo, mas isso não diz muito sobre as características não funcionais de sua aplicação. Testar características não funcionais pode ser difícil, mas você pode executar ferramentas de análise de código que lhe deem feedback sobre características da base de código como cobertura de testes, facilidade de manutenção e problemas de segurança. Se o código falhar em atender a limites preestabelecidos para essas métricas, você deve causar a falha do estágio de commit da mesma forma como um teste de falha deve fazer. Métricas úteis incluem:

- Cobertura de testes (se os testes só cobrem 5% de sua base de código, eles são inúteis).
- Quantidade de código duplicado.
- Complexidade ciclomática.
- Acoplamento aferente e eferente.
- Número de avisos.
- Estilo de código.

O passo final do estágio de commit, depois da execução bem-sucedida de tudo até esse ponto, é a criação de um assembly instalável do código pronto para implantação nos estágios subsequentes. Isso também deve ter resultado positivo para que o estágio seja considerado bem-sucedido como um todo. Tratar a criação de código executável como um critério de sucesso em si é uma maneira simples de garantir que o próprio processo de compilação esteja sendo avaliado e revisado pelo sistema de integração contínua.

Melhores práticas do estágio de commit

A maioria das práticas descritas no Capítulo 3, "Integração Contínua", aplica-se ao estágio de commit. Desenvolvedores devem esperar que o estágio termine com sucesso. Se ele falhar, devem resolver o problema imediatamente ou reverter suas mudanças no repositório de código. No mundo ideal – um mundo com infinito poder de processamento e banda infinita – os desenvolvedores deveriam esperar que todos os testes fossem concluídos, incluindo os testes manuais, para que fosse possível corrigir o problema imediatamente. Na realidade, isso não é prático, já que estágios seguintes do pipeline (testes de aceitação automatizados, testes de capacidade e testes manuais de aceitação) são atividades demoradas. Essa é a razão para a criação de um pipeline – é importante obter feedback tão rápido e abrangente quanto possível.

> **A origem do termo "pipeline de implantação"**
>
> Quando usamos esse termo pela primeira vez, usamos pipeline não porque dava a ideia de tubulações, mas porque o processo lembrava-nos o modo como os pipelines de execução de um processador trabalham para obter paralelismo. Processadores podem executar instruções em paralelo. Mas como tomar uma sequência de instruções de máquina consideradas em série e dividi-las em instruções paralelas que façam sentido? O modo como processadores fazem isso é bem inteligente e bastante complexo, mas, essencialmente eles chegam várias vezes ao ponto em que precisam "adivinhar" o resultado de uma operação em um pipeline separado e começar a executar supondo que o resultado esteja certo. Se depois se descobre que o resultado estava errado, as operações realizadas são ignoradas e descartadas. Não houve ganho – mas também não houve perda. Entretanto, se a suposição estava certa, o processador fez o dobro de trabalho durante mesmo tempo em que executaria somente um conjunto de instruções – nesse período, para todos os fins práticos, ele estava rodando no dobro da velocidade.
>
> O conceito de pipeline de implantação funciona da mesma forma. Projetamos o estágio de commit para que ele pegue a maior parte dos erros, ao mesmo tempo em que executa bem rápido. O resultado é que fazemos uma suposição de que todo os nossos estágios seguintes passarão, e voltamos a trabalhar em novas funcionalidades, preparando o próximo commits e uma nova versão candidata. Enquanto isso, nosso pipeline trabalha na suposição de sucesso, paralelamente ao desenvolvimento de novas funcionalidades.

Passar pelo estágio de commit é uma etapa importante na jornada de uma versão candidata. É um limite que, uma vez vencido, libera os desenvolvedores para a próxima tarefa. Entretanto, eles ainda têm a responsabilidade de monitorar o processo dos demais estágios. Corrigir um processo de compilação quebrado é a prioridade máxima da equipe de desenvolvimento mesmo quando esses problemas ocorrem nos demais estágios do pipeline. Estamos apostando no sucesso – mas estamos prontos para arcar com as consequências técnicas se a aposta falhar.

Se você implementar apenas o estágio de commit em seu processo de desenvolvimento, ele já representa um grande avanço na confiabilidade e na qualidade daquilo que seus times estão produzindo. Entretanto, há vários outros estágios necessários para completar o que consideramos um pipeline mínima de implantação.

A barreira de testes de aceitação automatizados

Um conjunto abrangente de testes de commit é um ótimo teste para muitas classes de erros, mas muitos não são detectados. Testes unitários, que são a maioria dos testes de commit, estão tão acoplados à API de baixo nível que muitas vezes é difícil para os desenvolvedores evitar a armadilha de provar que a solução funciona de uma determinada maneira em vez de garantir que resolve um problema específico.

Por que testes unitários não são o bastante

Certa vez, trabalhamos em um grande projeto, com cerca de 80 desenvolvedores. O sistema estava sendo desenvolvido com integração contínua no núcleo do processo. Como uma equipe, nossa disciplina de compilação era muito boa; e precisava ser, com uma equipe desse tamanho.

Um dia, implantamos o último código compilado que passara pelos testes unitários em ambiente de testes. Essa era uma abordagem demorada, mas controlada, de implantação que nossos especialistas de ambiente realizavam. Entretanto, o sistema parecia não estar funcionando. Gastamos muito tempo tentando descobrir o que estava errado com a configuração do ambiente, mas não encontramos o problema. Então um dos desenvolvedores mais experientes testou a aplicação em uma máquina de desenvolvimento. Também não funcionou.

Ele voltou a todas as versões e descobriu que o sistema parara de funcionar três semanas antes. Um problema pequeno e obscuro estava impedindo que o sistema carregasse corretamente.

Esse projeto tinha boa cobertura de teste, com uma média de cerca de 90% para todos os módulos. Mesmo assim, 80 desenvolvedores, que rodavam apenas os testes em vez da aplicação em si, não perceberam o problema por três semanas.

Corrigimos o defeito e introduzimos em nosso processo de integração contínua alguns *smoke tests* simples e automatizados, que provaram que a aplicação rodava e conseguia realizar suas funções mais básicas.

Aprendemos várias lições a partir desse episódio e de outras experiências nesse complexo projeto. A lição fundamental, no entanto, foi que testes unitários testam somente a perspectiva do desenvolvedor quanto à solução. Eles têm uma capacidade limitada de provar que a aplicação faz o que é necessário do ponto de vista do usuário. Se quisermos ter certeza de que a aplicação entrega aos usuários o valor esperado, precisamos de outro tipo de testes. Nossos desenvolvedores poderiam ter conseguido isso rodando a aplicação com mais frequência e interagindo com ela. Isso teria resolvido os problemas específicos mencionados acima, mas não é muito eficiente quando se desenvolve uma grande aplicação.

Essa história ainda ilustra outro problema comum no processo de desenvolvimento que estávamos usando. Nossa primeira suposição foi que o problema estava na implantação – de certa forma, tínhamos configurado incorretamente o sistema quando o implantamos em nosso ambiente de teste. Era uma hipótese razoável, já que esse tipo de falha era comum. Implantar a aplicação era um processo manual complexo e intensivo sujeito a erros.

Assim, embora tivéssemos um processo disciplinado, sofisticado e bem gerenciado de integração contínua, ainda não tínhamos certeza de que podíamos identificar problemas funcionais reais, nem de que não introduziríamos novos erros durante o próprio processo de implantação. E como o desenvolvimento demorava muito, o processo mudava a cada nova implantação. Isso significa que cada implantação era um experimento – um processo manual, sujeito a erros. Isso criou um ciclo vicioso que levava a entregas de alto risco.

Testes de commit que rodam após cada check-in oferecem feedback rápido sobre problemas com a compilação mais recente e sobre problemas em nossa aplicação em um âmbito mais restrito. Mas sem rodar testes de aceitação em ambiente similar ao de produção, é impossível saber se a aplicação atende às especificações do cliente e se consegue ser implantada e se manter no mundo real. Se quisermos feedback rápido sobre essa parte, precisamos estender o alcance do processo de integração contínua e exercitar esses aspectos de nosso sistema.

A relação entre o estágio de testes automatizados do pipeline de implantação com os testes de aceitação funcionais é similar à relação entre testes de commit e testes unitários. A maioria dos testes a serem executados durante o estágio de testes de aceitação são testes funcionais, mas nem todos.

O objetivo do estágio de testes de aceitação é garantir que o sistema entrega o valor esperado ao cliente e que ele atender aos critérios de aceitação. O estágio de testes de aceitação também vale como um conjunto de testes de regressão, verificando que nenhum *defeito* foi introduzido no comportamento existente em função de novas mudanças. Como descrevemos no Capítulo 8, "Automação de Testes de Aceitação", o processo de criar e manter testes automatizados de aceitação não é realizado por uma equipe separada, mas trazido para o centro do processo de desenvolvimento e feito por equipes de entrega multifuncionais. Desenvolvedores, testadores e clientes trabalham em conjunto para criar esses testes, juntamente aos testes unitários e ao código que escrevem como parte do processo normal de desenvolvimento.

É fundamental que a equipe de desenvolvimento responda imediatamente a quebras nos testes de aceitação que ocorrem em função do processo normal de desenvolvimento. Eles devem decidir se o problema é resultado de uma regressão que foi introduzida, uma mudança intencional no comportamento da aplicação ou um problema com os testes. Devem, então, tomar as atitudes apropriadas para que os testes sejam feitos novamente.

A barreira de testes de aceitação é a segunda etapa mais importante no ciclo de vida de uma versão candidata. O pipeline de implantação permitirá que estágios posteriores, como implantações manuais, acessem apenas códigos compilados que passaram pelos testes automatizados. Embora seja possível tentar subverter o sistema, isso demanda tanto tempo e é tão custoso que é melhor se esforçar para corrigir problemas identificados pelo pipeline e continuar fazendo implantações de maneira controlável e fácil de repetir. O pipeline de implantação garante que seja fácil de fazer a coisa certa, de modo que equipes tendem a fazer isso.

Dessa forma, uma versão que não atenda aos critérios de aceitação nunca chegará até os usuários.

Melhores práticas de testes de aceitação

É importante considerar os ambientes que sua aplicação encontrará em produção. Se está implantando em um único ambiente de produção sob seu controle, você tem sorte. Simplesmente rode os testes de aceitação em uma cópia desse ambiente. Se o ambiente de produção é complexo e caro, você pode usar uma versão reduzida deste, como usar alguns servidores de middleware enquanto há muito mais deles em produção. Se sua aplicação depende de serviços externos, você pode usar dublês de testes para infraestrutura interna da qual você depende. Veja mais sobre isso no Capítulo 8, "Automação de Testes de Aceitação".

Se você precisa implantar em muitos ambientes diferentes – por exemplo, se está desenvolvendo algo que precisa ser instalado no computador do usuário –, é necessário rodar os testes de aceitação em uma seleção de ambientes prováveis. Isso pode ser alcançado mais facilmente com um grid de compilação. Crie uma seleção de ambientes de testes, pelo menos um por ambiente alvo, e rode os testes de aceitação em paralelo em todos eles.

Em muitas organizações em que são feitos testes de aceitação, uma prática comum é ter uma equipe separada dedicada à criação e manutenção desses testes. Como descrito em detalhes no Capítulo 4, "Como implementar uma Estratégia de Testes", essa não é uma boa ideia. O resultado mais problemático dessa prática é que os desenvolvedores não se sentem responsáveis pelos testes de aceitação. O resultado é que eles tendem a não prestar atenção em problemas nesse estágio do pipeline de implantação, o que o que a faz ficar quebrada por longos períodos. Da mesma forma, testes de aceitação escritos sem envolvimento da equipe de desenvolvimento tendem a estar fortemente acoplados à UI e, consequentemente, a ser frágeis e difíceis de refatorar, porque os testadores não têm qualquer visibilidade sobre o projeto subjacente à interface e não têm as habilidades necessárias para criar camadas de abstração ou para rodar os testes de aceitação sobre uma API pública.

A verdade é que *todo o time é responsável pelos testes de aceitação*, da mesma forma que todos são responsáveis por todos os estágios do pipeline. Se os testes de aceitação falham, a equipe como um todo deve parar o que está fazendo e corrigi-los.

Uma consequência importante dessa prática é que desenvolvedores precisam ter a capacidade de executar testes de aceitação em seus ambientes de desenvolvimento. Se um desenvolvedor encontrar uma falha em um teste de aceitação, o processo de verificar e corrigir a falha em seu ambiente deve ser fácil. Os obstáculos mais comuns são a falta de licenças da ferramentas de testes usadas e uma arquitetura que impede que o sistema seja implantando em ambientes de desenvolvimento de modo que os testes possam ser executados nele. Para que sua estratégia de testes de aceitação seja bem-sucedida no longo prazo, esses obstáculos devem ser eliminados.

É muito fácil testes de aceitação se tornarem fortemente acoplados a uma solução específica da aplicação em vez de identificar o valor de negócio do sistema. Quando isso acontece, mudanças no comportamento do sistema invalidam os testes. Testes de aceitação devem ser expressos na linguagem do negócio (o que Eric Evans chama de linguagem ubíqua[3]), não na linguagem da tecnologia da aplicação. O que queremos dizer com isso é que, embora seja correto escrever os testes de aceitação na mesma linguagem de programação que a equipe usa para o desenvolvimento, a abstração deve funcionar no âmbito de

---

[3] Evans, 2004.

comportamento do negócio – "realizar pedido" e não "clicar no botão de finalizar compra", "confirma transferência de fundos" e não "verificar se a tabela de fundos possui algum resultado" e assim por diante.

Embora testes de aceitação sejam muito valiosos, também pode ser caro criá-los e mantê-los. Assim, é essencial ter em mente que testes de aceitação automatizados também são testes de regressão. Não siga um processo ingênuo de automatizar cada critério de aceitação.

Já trabalhamos em vários projetos em que descobrimos, seguindo as melhores práticas acima, que os testes funcionais automatizados não estavam entregando valor suficiente. Eles custavam muito caro e por isso foram interrompidos. Essa é a decisão certa se os testes custam mais do que o valor que entregam, mas mudar a forma como se gerencia a criação e manutenção dos testes pode ter impactos significativos na redução do esforço e pode mudar consideravelmente a equação custo-benefício. Fazer testes de aceitação da maneira correta é o tópico principal do Capítulo 8, "Automação de Testes de Aceitação".

Estágios subsequentes de testes

O estágio de testes de aceitação é uma etapa significativa no ciclo de vida de uma versão candidata. Quando esse estágio se completa, uma versão candidata bem-sucedida não é mais prioridade da equipe de desenvolvimento, e se transforma em algo útil e interessante.

Para os pipelines de implantação mais simples, um código compilado que passou nos testes de aceitação está pronto para ser entregue aos usuários, pelo mesmo do ponto de vista limitado dos testes de aceitação automatizados. Se uma versão candidata falha nesse estágio, ela não está pronta para produção.

A progressão de versões candidatas até esse ponto tem sido automática, e candidatas bem-sucedidas em um estágio pulam automaticamente para o próximo. Se você está entregando software incrementalmente, é possível ter implantações automáticas para produção, como descrito no artigo *Continuous Deployment*, de Timothy Fritz [dbnlG8]. No entanto, para muitos sistemas, é desejável que haja alguma forma de testes manuais antes da entrega, mesmo quando há um conjunto abrangente de testes automatizados. Muitos projetos têm ambientes para testes de integração com outros sistemas, ambientes para testes de capacidade, ambientes para testes exploratórios e ambientes de homologação e produção. Cada um desses ambientes pode ser mais ou menos similar ao de produção, e cada um tem sua própria configuração.

O pipeline de implantação também lida com ambientes de testes. Sistemas de gerência de entrega, como AntHill Pro e Go, oferecem a possibilidade de ver o que está implantado em cada ambiente e realizar implantação com o apertar de um botão para qualquer ambiente. Obviamente, nos bastidores, ele está simplesmente executados os scripts de implantação que foram escritos para o processo.

É possível também construir seu próprio sistema para fazer isso, baseado em ferramentas abertas como Hudson ou a família CruiseControl, embora ferramentas comerciais tenham funcionalidades adicionais como visualizações, relatórios e controle granulares de autorização de implantações por padrão. Se você criar seu próprio sistema, os requisitos fundamentais são a capacidade de ver uma lista de versões candidatas que passaram nos testes de aceitação, com um botão para implantar aquela versão em qualquer ambiente; ver qual versão candidata está em qual ambiente; e qual versão no repositório gerou aquela versão candidata. A Figura 5.7 mostra um sistema próprio capaz de realizar essas funções.

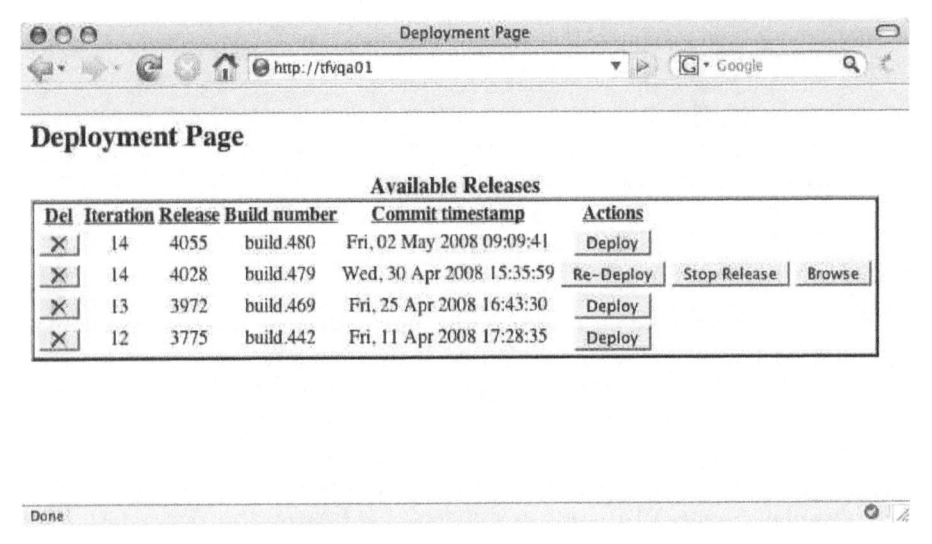

Figura 5.7 *Exemplos de uma página de implantação.*

Implantações para esses ambientes podem ser executadas em sequência, e cada uma depende do resultado da anterior, de modo que você pode implantar em produção somente se já implantou em UAT e homologação. Elas também podem ocorrer em paralelo ou ser oferecidas em estágios opcionais manualmente selecionados.

Fundamentalmente, os pipelines de implantação permitem que testadores implantem qualquer código compilado em seus ambientes de testes sob demanda. Isso substitui o conceito de "compilação noturna". Em um pipeline de implantação, em vez de testadores receberem códigos compilados baseados em revisões arbitrárias (a última mudança feita antes de todo mundo ter ido para casa), eles podem ver quais códigos compilados passam pelos testes de automação e quais mudanças foram feitas na aplicação, e escolher qual código compilado querem implantar. Se as compilação se mostra insatisfatória de alguma forma – talvez porque não incluiu a mudança correta, ou porque contém algum defeito que a inutiliza para testes – os testadores podem escolher outro código compilado para implantação.

Testes manuais

Em um processo interativo, testes de aceitação quase sempre são seguidos por alguns testes manuais na forma de testes exploratórios, testes de usabilidade e demonstrações. Antes disso, entretanto, os desenvolvedores já demonstraram a funcionalidade da aplicação para analistas e testadores, mas ninguém perdeu tempo em um processo de compilação que não passou nos testes de aceitação automatizados. O papel de um testador nesse processo não é o de garantir que não há regressões, mas garantir que os testes de aceitação de fato validem o comportamento do sistema provando manualmente que os critérios de aceitação foram atendidos.

Depois disso, os testadores se concentram no tipo de testes que humanos fazem muito bem, mas que testes automatizados não conseguem cobrir. Eles realizam testes exploratórios e testes de usuário na usabilidade da aplicação, verificam o *look and feel** em várias plataformas, e executam testes patológicos de piores cenários. Testes de aceitação automatizados permitem que testadores tenham tempo para se concentrar nessas atividades de alto valor, em vez de executar mecanicamente os scripts de testes.

Testes não funcionais

Todo sistema tem muitos requisitos não funcionais. Por exemplo, quase todos os sistemas têm algum tipo de requisito sobre capacidade e segurança, ou sobre os SLA (*service-level agreements* – acordos de nível de serviço) com os quais deve estar de acordo. Geralmente faz sentido executar testes automatizados para medir quão bem o sistema atende esses requisitos. Para mais detalhes sobre como fazer isso, veja o Capítulo 9, "Como Testar Requisitos Não Funcionais". Para outros sistemas, não é necessário fazer o teste de requisitos não funcionais continuamente. Em nossa experiência, entretanto, se ele for exigido, é melhor ter um estágio no pipeline para rodar esse tipo de teste automatizado.

O critério para decidir se o resultado dos testes de capacidade é uma barreira para estágios posteriores ou simplesmente uma maneira de apoiar o processo de tomada de decisão sobre uma versão candidata deve ser determinado pela organização do pipeline de implantação. Para aplicações de alto desempenho, faz sentido rodar testes de capacidade como um resultado automatizado do sucesso do estágio de testes de aceitação. Se a versão candidata falha nos testes de capacidade, geralmente não é levada em conta para fins de implantação.

Para muitas aplicações, entretanto, o julgamento do que é aceitável para produção é mais subjetivo. Faz mais sentido apresentar os resultados na conclusão dos testes de capacidade e permitir que um humano decida se a versão candidata deve ser promovida ou não.

---

* N. de T.: Termo que designa a aparência (*look*) e o comportamento interativo (*feel*) de uma interface com o usuário.

Preparando para a entrega

Há um risco de negócio associado a cada entrega de um sistema em produção. No melhor dos casos, se há um problema sério no momento da implantação, isso pode atrasar a introdução de funcionalidades novas e valiosas. No pior, se não há um plano de rollback, uma falha pode deixar um negócio sem recursos de missão crítica, porque eles foram desativados como parte da entrega do novo sistema.

A redução desses problemas é muito simples quando a entrega se torna o resultado natural do pipeline de implantação. Fundamentalmente, queremos:

- Ter um plano de entrega criado e mantido por todos os envolvidos nela, incluindo desenvolvedores, testadores, operações, infraestrutura e suporte.
- Minimizar o efeito de erros cometidos por pessoas por meio da máxima automação do processo possível, começando com os estágios mais sujeitos a erros.
- Ensaiar o procedimento em ambientes similares ao de produção, de modo que seja possível depurar o sistema e a tecnologia que o suporta.
- Ter a capacidade de executar um rollback de uma entrega se as coisas não acontecerem de acordo com o plano.
- Ter um estratégia de migração de dados e configuração de produção como parte do processo de rollback.

Nosso objetivo é um processo completamente automatizado de entrega. Uma implantação deve ser tão simples quanto escolher uma versão da aplicação para colocar em produção e apertar um botão. Rollback também deve ser muito simples. Há bem mais informações sobre esses tópicos no Capítulo 10, "Implantação e Entrega de Versões de Aplicações".

Automação de implantação e geração de versão

Quando menos controle você tiver sobre o ambiente em que o código executa, maior o potencial para comportamentos inesperados. Assim, sempre que entregamos um sistema, queremos controlar cada bit que será implantado. Há dois fatores que podem contrariar esse ideal. O primeiro é que, em muitas aplicações, você simplesmente não tem controle completo sobre seu ambiente operacional. Isso vale especialmente para produtos e aplicações que são instaladas pelos usuários, como jogos e aplicações de produtividade. Esse problema pode ser minimizado pela seleção de uma amostra representativa dos ambientes de instalação e a subsequente execução de testes de aceitação automatizados neles em paralelo. Você pode coletar os dados gerados e descobrir o que está falhando em cada plataforma.

A segunda limitação é que geralmente se assume que o custo de estabelecimento desse tipo de controle é superior a seus benefícios. Entretanto, acontece o contrário: a maioria dos problemas em produção é causada por controle insuficiente. Como descrevemos no Capítulo 11, ambientes de produção devem ser completamente restritos – mudanças neles só podem ser efetuadas por processos automatizados. Isso inclui não somente a implantação da aplicação, como também mudanças de configuração, aplicações de plataforma, topologia de rede e estado. Somente assim é possível auditar, diagnosticar e resolver problemas com confiança e em tempo previsível. À medida que a complexidade de um sistema cresce e aumentam os tipos de servidores requeridos e o nível de desempenho exigido, ainda mais importante esse tipo de controle se torna.

O processo de gerenciar um ambiente de produção deve ser usado para os outros ambientes de teste, como homologação, integração e assim por diante. Dessa forma, você pode usar um sistema automatizado de gerência de configuração para criar uma configuração perfeitamente adequada a seus ambientes de testes manuais. Estes podem ser ajustados com perfeição, por exemplo, usando o feedback dos testes de capacidade para avaliar mudanças de configuração a serem feitas. Quando você estiver satisfeito com o resultado, pode replicá-lo para todos os servidores que precisam da mesma configuração, incluindo a produção, de maneira previsível e confiável. Todos os aspectos do ambiente devem ser gerenciados dessa forma, incluindo middleware (bancos de dados, servidores Web, serviços de mensagens e servidores de aplicação). Todos podem ser configurados e ajustados, e as configurações ótimas podem ser adicionadas à baseline de configuração.

Os custos de automatizar o provisionamento e a manutenção de ambientes pode ser significativamente reduzido usando automação, boas práticas de gerência de configuração e (se for apropriado) virtualização.

Quando a configuração do ambiente for gerida de maneira adequada, a aplicação pode ser implantada. Os detalhes disso variam de acordo com as tecnologias usadas no sistema, mas os passos são sempre muito similares. Usamos essa similaridade na abordagem para a criação e manutenção dos scripts de compilação e implantação, discutidos no Capítulo 6, "Scripts de Compilação e Implantação", e na maneira como monitoramos o processo.

Com implantação e geração de versão automatizadas, o processo de entrega se torna democrático. Desenvolvedores, testadores e equipe de operações não precisam mais depender de chamados ou e-mails para que suas compilações sejam implantadas de modo a obter feedback sobre a adequação de produção do sistema. Testadores podem decidir quais versões do sistema eles querem em seus ambientes de testes sem que precisem ser *experts* técnicos ou depender da disponibilidade dessa *expertise* para a implantação. Como a implantação é simples, eles podem mudar a compilação a ser testada com maior frequência, e retornar a versões anteriores do sistema para comparar seu comportamento com a última versão se encontrarem algum defeito interessante. O pessoal de vendas pode acessar a versão mais recente com a funcionalidade inovadora que mudará o rumo de uma conversa com o cliente. Também há mais mudanças sutis. Nossa experiência mostra que as pessoas começam a relaxar um pouco. Elas percebem que o processo como um todo se torna menos arriscado – principalmente, porque *é* menos arriscado.

Uma razão importante para a redução do risco é o grau em que o próprio processo é ensaiado, testado e aperfeiçoado. Já que você usa o mesmo processo para implantar em todos os ambientes e para realizar a entrega em si, o processo acaba sendo testado com bastante frequência – talvez várias vezes ao dia. Depois que você implantou um sistema completo diversas vezes sem nenhum problema, começa a perceber que uma implantação não tem nada de especial. Nosso objetivo é chegar a esse estágio o mais rápido possível. Se quisermos ter plena confiança no processo de implantação e na tecnologia, devemos usá-los e provar que eles se encontram em bom estado regularmente, como qualquer outro aspecto do sistema. Deve ser possível implantar uma mudança em produção com o mínimo de tempo e cerimônia. O processo de implantação deve ser continuamente avaliado e melhorado, problemas devem ser identificados o mais próximo possível do ponto em que foram introduzidos.

Muitos negócios exigem a capacidade de realizar implantações em produção várias vezes ao dia. Até mesmo empresas de produtos precisam tornar novas versões de seu software disponíveis para os usuários o mais rápido possível, especialmente em caso de defeitos críticos ou problemas de segurança. O pipeline de implantação e as práticas associadas descritas neste livro são o que possibilita a realização desse objetivo de maneira confiável e segura. Apesar de muitos processos de desenvolvimento ágeis se basearem em entregas frequentes em produção – um processo que recomendamos fortemente, se for aplicável – nem sempre é útil fazer isso. Algumas vezes é necessário bastante trabalho antes de se chegar ao ponto em que é possível entregar um conjunto de funcionalidades que faça sentido para o usuário como um todo, particularmente em termos de desenvolvimento de produto. Entretanto, mesmo que você não precise implantar em produção várias vezes ao dia, o processo de implementar um pipeline de implantação para seu sistema ainda terá um impacto positivo enorme em relação à capacidade que a organização tem de entregar software com confiança e rapidez.

Como reverter mudanças

Há duas razões pelas quais os dias de implantação são temidos. A primeira é o medo de introduzir um problema porque alguém cometeu um erro de difícil detecção enquanto executava os passos manuais da implantação ou porque há um erro nas próprias instruções. A segunda é que, se a entrega falhar, seja por problemas no processo de entrega ou por um defeito em uma versão específica do software, não existe opção. Nesse caso, a única esperança é que você seja esperto o bastante para resolver o problema rapidamente.

O primeiro problema é minimizado ao ensaiar a entrega várias vezes ao dia, provando que o sistema automatizado de implantação funciona. O segundo medo é reduzido por meio de uma estratégia de rollback. No pior caso, você pode voltar para onde estava quando começou a entrega, o que permite que você tenha tempo para avaliar o problema e descobrir uma solução razoável.

De maneira geral, a melhor estratégia de rollback é manter a aplicação anterior disponível enquanto a nova versão está sendo implantada – e por mais algum tempo depois. Essa é a base de algumas estratégias de implantação que discutimos no Capítulo 10, "Implantação e Entrega de Versões de Aplicações". Em uma aplicação muito simples, é possível conseguir isso (ignorando migração de configuração e dados) colocando cada versão em um diretório e usando um link simbólico para apontar para a versão atual. Geralmente, os problemas mais complexos associados tanto com implantação como com rollbacks estão na migração de dados de produção. Isso é discutido em detalhes no Capítulo 12, "Gerência de Dados".

A melhor opção na sequência é reimplantar a versão anterior da aplicação a partir do zero. Para isso, você deve ser capaz de apertar um botão e implantar qualquer versão de sua aplicação que passou por todos estágios de testes, da mesma forma como para todos os outros ambientes sob o controle do pipeline de implantação. Essa posição idealística pode ser alcançada com sucesso em algumas aplicações, mesmo para sistemas com grandes quantidades de dados associados. Entretanto, para alguns sistemas, mesmo para mudanças individuais, o custo, em tempo ou em dinheiro, de criar um modo de rollback completo e independente de versão pode ser excessivo. Mesmo assim, o ideal é útil, porque cria um objetivo que todo projeto pode almejar. Mesmo se isso não pode ser obtido completamente, quanto mais perto do ideal você chegar, mais fácil é o processo de implantação.

Em hipótese alguma você deve ter um processo diferente para voltar a uma versão anterior do processo que aquele da implantação, ou realizar implantações ou rollbacks incrementais. Esses processos raramente são testados e não são confiáveis. Também não começam de uma baseline conhecida e válida e, portanto, são frágeis. Sempre volte para uma versão conhecida mantendo a versão anterior no ar ou restaurando um estado conhecido.

Como maximizar o sucesso

No momento em que uma versão candidata está disponível para entrega em produção, sabemos que as seguintes afirmações sobre ela são verdadeiras:

- O código compila.
- O código faz o que o desenvolvedor pensa que ele faz, porque passa pelos testes unitários.
- O sistema faz o que os analistas pensam que ele faz, porque passa pelos testes unitários.
- A configuração de infraestrutura e ambientes da baseline é gerenciada apropriadamente, porque a aplicação foi testada em um análogo da produção.
- O código tem todos os componentes corretos no lugar, porque é implantável.
- A implantação funciona porque, no mínimo, foi usada na própria versão candidata pelo menos uma vez no ambiente de desenvolvimento, uma vez

no estágio de testes de aceitação, e uma vez no ambiente de testes antes que pudesse ser promovida a esse estágio.

- O sistema de controle de versão tem tudo de que precisamos para a implantação, sem necessidade de intervenção manual, porque implantamos o sistema várias vezes.

Essa abordagem de "construir sobre sucessos anteriores", aliada ao nosso mantra de causar a falha do processo ou parte dele o mais rápido possível, é válida para todos os níveis.

Como fazer um pipeline de implantação

Independentemente de estar começando um novo projeto do zero ou tentando criar um pipeline automatizado para um projeto existente, você deve usar uma abordagem incremental para a implementação de um pipeline de implantação. Nesta seção, apresentaremos uma estratégia para sair do zero e chegar a um pipeline completo. Geralmente, os passos são os seguintes:

1. Modelar o fluxo de valor e criar um esqueleto do processo.
2. Automatizar os processos de compilação e implantação.
3. Automatizar os testes unitários e análise de código.
4. Automatizar os testes de aceitação.
5. Automatizar a entrega como um todo.

Como modelar o fluxo de valor e criar um esqueleto do processo

Como descrevemos no começo deste capítulo, o primeiro passo é mapear a parte do fluxo de valor que vai do check-in até a entrega. Se o projeto já está em andamento, você pode fazer isso rapidamente usando lápis e papel. Converse com todos os envolvidos no processo e escreva os passos. Inclua as melhores estimativas sobre tempo decorrido e tempo gasto nas atividades que agregaram valor. Se você está trabalhando em um projeto novo, terá de desenhar um fluxo de valor apropriado. Uma maneira de fazer isso é verificar outro projeto na mesma organização que tem características similares ao seu. Alternativamente, você pode começar com o mínimo: um estágio de commit para compilar sua aplicação, rodar os testes unitários básicos e recolher métricas básicas; um estágio para executar os testes de aceitação; e um terceiro estágio para implantar sua aplicação em um ambiente similar ao de produção, em que você possa demonstrá-la.

Quando o fluxo de valor estiver desenhado, você pode modelar o processo em uma ferramenta de integração contínua e gestão de entregas. Se essa ferramenta não permite que você modele o fluxo de valor diretamente, você pode simulá-lo usando dependências entre projetos. Esses projetos não precisam fazer nada no começo – são apenas um espaço reservado que você pode usar como gatilhos. Usando o exemplo mínimo descrito acima, o estágio de commit rodaria toda vez que alguém fizesse um check-in. O estágio que roda os testes de aceitação deve começar automaticamente depois que o estágio de commit passar usando o mesmo binário criado no estágio de commit. Qualquer estágio que faça implantações em ambientes similares ao de produção para testes manuais ou entregas deve apenas pedir que você aperte um botão para selecionar a versão que implantará, e essa capacidade geralmente requer autorização.

Depois você pode começar a transformar os espaços vazios em estágios que fazem alguma coisa. Se o seu projeto está em andamento, isso significa encaixar os scripts de compilação, testes e implantação neles. Caso contrário, seu objetivo é criar um "esqueleto" [bEUuac], o que significa fazer o mínimo para que os elementos principais estejam funcionando. Antes de tudo, faça o estágio de commit funcionar. Se você ainda não tem código ou testes unitários, simplesmente crie o exemplo mais básico de um "Hello, World", ou, para um aplicação Web, uma única página HTML, e crie um teste unitário que simplesmente faça uma asserção verdadeira. Você pode, então, fazer a implantação – por exemplo, por meio da criação de um diretório virtual no IIS onde a aplicação será colocada. Finalmente, pode fazer testes de aceitação – você precisará fazer isso depois da implantação, já que é necessária a informação em funcionamento para rodar os testes de aceitação. Seu teste de aceitação inicial pode ser tão simples como usar o WebDriver ou Sahi para verificar que a página contém "Hello, World".

Em um projeto novo, tudo isso deve ser feito antes que o desenvolvimento comece – como parte da iteração zero, se você está usando um processo iterativo de desenvolvimento. Os administradores de sistema de sua organização ou o pessoal de operações devem ser envolvidos na configuração de um ambiente similar ao de produção em que demonstrações possam ser feitas, e também no desenvolvimento de scripts para implantar a aplicação nele. Nas seções seguintes, há mais detalhes de como criar o esqueleto e como desenvolvê-lo à medida que o projeto cresce.

Como automatizar o processo de compilação e implantação

O primeiro passo na implementação de um pipeline é a automação do processo de compilação e implantação. O processo de compilação pega o código-fonte como entrada e produz binários como saída. "Binário" é uma palavra deliberadamente vaga, já que o que o processo produz depende da tecnologia que está sendo usada. A característica principal dos binários é que você precisa ser capaz de copiá-los para uma nova máquina, dados um ambiente devidamente configurado e as configurações corretas da aplicação para esse ambiente, e iniciar sua aplicação – sem depender da instalação de qualquer parte do ferramental de desenvolvimento nessa máquina.

O processo de compilação deve ser realizado toda vez que alguém faz um check-in pelo servidor de integração contínua. Use uma das muitas ferramentas listadas na seção "Como implementar integração contínua", na página 56. Seu servidor de IC deve ser configurado de forma a monitorar o sistema de controle de versão, obter uma nova versão do código-fonte ou atualizar o código já obtido toda vez que uma nova mudança é feita, executar o processo automatizado de compilação e guardar os binários no sistema de arquivos de forma que estejam acessíveis a toda a equipe por meio da interface do servidor de IC.

Uma vez que você tenha um processo de compilação em execução, o próximo passo é automatizar a implantação. Primeiramente, você precisa de uma máquina em que possa implantar a aplicação. Para um projeto novo, pode ser a própria máquina que roda o servidor de integração contínua. Para um projeto mais maduro, podem ser necessárias várias máquinas. Dependendo das convenções de sua organização, esse ambiente pode ser chamado de homologação ou ambiente de testes de aceitação de usuário (UAT, *user acceptance testing*). De qualquer forma, esse ambiente deve ser similar ao de produção, como descrito no Capítulo 10, "Implantação e Entrega de Versões de Aplicações", e seu provisionamento e manutenção devem ser um processo completamente automatizado, como descrito no Capítulo 11, "Gerência de Infraestrutura e Ambientes".

Várias abordagens comuns para a implantação de aplicações são discutidas no Capítulo 6, "Scripts de Compilação e Implantação". A implantação pode depender do empacotamento de sua aplicação antes, talvez em vários pacotes se partes diferentes da aplicação precisam ser instaladas em máquinas separadas. Depois disso, o processo de instalação e configuração da aplicação deve ser automatizado. Finalmente, você deve escrever alguma forma de teste de implantação que verifica se a aplicação foi implantada com sucesso. É importante que o processo de implantação seja confiável, já que é usado como pré-requisito para um processo de testes de aceitação automatizados.

Quando o processo de implantação estiver automatizado, o próximo passo é conseguir realizar implantações nos ambientes de homologação ou UAT apertando um botão. Configure o servidor de IC de modo que consiga escolher um código compilado qualquer da aplicação e clicar um botão para iniciar um processo que pega os binários gerados para esse código compilado, roda o script de implantação e roda os testes pós-implantação. Garanta que, ao desenvolver o sistema de compilação e implantação, você use os princípios descritos anteriormente, como compilar os binários uma única vez, de modo que possam ser usados em qualquer ambiente. Isso garantirá que a gerência de configuração de seu projeto comece da maneira correta com uma base sólida.

Exceto para software instalado pelo usuário, o processo de entrega deve ser o mesmo usado para os ambientes de testes. A única diferença técnica deve ser a configuração usada no ambiente.

Como automatizar testes unitários e análise de código

O próximo passo no desenvolvimento do pipeline de implantação é a implementação de um estágio de commit completo. Isso significa rodar os testes unitários, analisar o código e, em última instância, selecionar testes de aceitação e integração a cada check-in. A execução de testes unitários provavelmente não depende de configurações complexas, já que testes unitários, por definição, não dependem da execução da própria aplicação. Em vez disso, eles devem ser executados por algum tipo de framework no estilo xUnit.

Já que testes unitários não tocam o sistema de arquivos ou o banco de dados (ou seriam testes de componente), eles devem rodar rapidamente. É por isso que se começa o pipeline executando os testes diretamente após compilar a aplicação. Você também pode rodar alguma ferramenta de análise estática de código para obter métricas úteis, como estilo de código, cobertura de testes, complexidade ciclomática, acoplamento, e assim por diante.

À medida que sua aplicação se torna mais complexa, você precisará escrever um conjunto maior de testes unitários e um conjunto de testes de componentes. Estes últimos também fazem parte do estágio de commit. No momento em que o estágio de commit demorar mais do que cinco minutos para rodar, é útil separá-lo em conjuntos que podem executar em paralelo. Para conseguir isso, você precisará de várias máquinas (ou uma máquina com bastante memória e alguns processadores a mais) e usar um servidor de IC que suporte dividir a carga e executá-la em paralelo.

Como automatizar testes de aceitação

A fase de testes de aceitação em seu pipeline pode usar o mesmo script que implanta a aplicação em seu ambiente de testes. A única diferença é que, após a execução dos *smoke tests*, o framework de testes de aceitação deve rodar, e os relatórios gerados por ele devem ser coletados. Também faz sentido armazenar os logs gerados pela aplicação. Se sua aplicação possui uma GUI, você também pode usar alguma ferramenta como Vnc2swf para gravar a tela enquanto os testes estão executando para ajudar na depuração de problemas.

Existem dois tipos de testes de aceitação: funcionais e não funcionais. É essencial começar a testar os parâmetros não funcionais da aplicação, como capacidade e escalabilidade, desde o começo do projeto, de modo que você consiga ter uma ideia de como a aplicação se comporta em relação a esses aspectos. Em termos de configuração e implantação, esse estágio se comporta da mesma forma que o estágio de aceitação. Entretanto, os testes obviamente serão diferentes (veja o Capítulo 9, "Como Testar Requisitos Não Funcionais" para mais informações sobre a criação desses testes). Quando você inicia o projeto, é perfeitamente possível rodar os testes de aceitação e desempenho em conjunto no mesmo estágio. Você pode separá-los, porém, para conseguir distinguir mais facilmente qual conjunto falhou. Um bom conjunto de testes de aceitação o ajudará a descobrir problemas intermitentes e difíceis de reproduzir – como condições de corrida e *deadlocks* – e a conter recursos, já que é significativamente mais caro corrigi-los quando a aplicação estiver em produção.

A variedade de testes que podem ser criados como parte dos estágios de commit e aceitação do pipeline depende, é claro, de sua estratégia de testes (veja o Capítulo 4, "Como Implementar uma Estratégia de Testes"). Entretanto, você deve tentar criar pelo menos um ou dois de cada tipo de testes que precisam rodar de maneira automatizada já no começo do projeto, e incorporá-

-los em seu pipeline de implantação. Dessa forma, você terá um framework que tornará a adição de testes posteriores algo mais simples.

Evoluindo seu pipeline

Os passos que descrevemos acima são encontrados basicamente em qualquer fluxo de valor e, portanto, em todos os pipelines que já vimos. Eles são normalmente os primeiros alvos de uma automação. À medida que o projeto se torna mais complexo, o fluxo de valor evoluirá. Há duas outras extensões potenciais bem comuns para o pipeline: componentes e branches. A boa construção de um grande sistema geralmente depende de sua divisão em componentes que são integrados no final. Em tais projetos, faz sentido ter um pequeno pipeline para cada componente, e um pipeline final que integra todos os componentes e executa os testes de aceitação, testes não funcionais e implantação nos diversos ambientes da aplicação completa. Esse tópico é discutido em mais detalhes no Capítulo 13, "Como Gerenciar Componentes e Dependências". A gestão de branches é descrita no Capítulo 14, "Controle de Versão Avançado".

A implementação do pipeline varia muito entre projetos, mas as tarefas em si são consistentes para a maioria dos projetos. Usá-las como um padrão pode acelerar a criação do processo de compilação e implantação. Entretanto, em última instância, o alvo do pipeline é modelar o processo de compilar, implantar, testar e entregar a aplicação. O pipeline garante que cada mudança passa por esse processo independentemente de maneira tão automatizada quanto possível.

À medida que o pipeline é implementado, você descobrirá que as conversas que teve com as pessoas envolvidas e os ganhos de eficiência colhidos terão um efeito no processo. Sendo assim, é importante lembrar três coisas.

Primeiro, o pipeline completo não deve ser implementado de uma vez, mas incrementalmente. Se alguma parte do processo for manual, crie um marcador para ela em seu *workflow*. Garanta que sua implementação registre quando o processo manual começa e quando ele termina. Isso permite que se veja quanto tempo é gasto em cada parte do processo e permite estimar até que ponto essa parte é um gargalo.

Segundo, o pipeline é uma rica fonte de dados sobre a eficiência do processo de compilar, implantar, testar e entregar aplicações. A implementação do pipeline de implantação que você criou deve registrar toda vez que um processo começa e termina e quais mudanças ocorreram em cada estágio do processo. Esses dados, por sua vez, permitem que você meça o tempo de ciclo entre o momento em que uma mudança foi introduzida por meio de um check-in e o momento em que ela chegou à produção, com o tempo gasto em cada estágio do processo (algumas ferramentas comerciais no mercado fazem isso para você). Torna-se possível, então, saber exatamente quais são os gargalos no processo e atacá-los em ordem de prioridade.

Finalmente, o pipeline de implantação é um sistema vivo. À medida que você trabalha continuamente para melhorar o processo de entrega, deve continuar tomando conta do pipeline, trabalhando para melhorá-lo e refatorá-lo da mesma forma que faz com a aplicação que está sendo entregue.

Métricas

Feedback é o centro de qualquer processo de entrega de software. A melhor maneira de otimizar o feedback é tornar seus ciclos mais curtos e os resultados visíveis. Você deve medir continuamente e tornar os resultados disponíveis para todos de forma que seja difícil ignorá-los, como cartazes em uma parede ou um monitor dedicado a mostrar os resultados em letras grandes. Tais dispositivos são conhecidos como radiadores de informação.

A questão mais importante, entretanto, é: o que deve ser medido? O que você escolhe para medir terá uma influência enorme no comportamento de sua equipe (isso é conhecido como efeito Hawthorne). Meça as linhas de código, e os desenvolvedores escreverão muitas linhas curtas; meça a quantidade de defeitos, e os testadores registrarão dúzias de problemas que poderiam ter sido resolvidos com discussões rápidas com os desenvolvedores.

De acordo com a filosofia *lean*, é essencial otimizar globalmente e não localmente. Se você gasta muito tempo resolvendo um gargalo que não é responsável pelas restrições em seu processo de entrega, não fará qualquer diferença no processo. É importante, portanto, ter uma métrica global que determine se o processo de entrega como um todo está com problemas.

Para o processo de entrega de software, a métrica global mais importante é o tempo de ciclo. Esse é o tempo entre a decisão de que uma funcionalidade precisa ser implementada e o momento em que é disponibilizada para os usuários. Como Mary Poppendieck pergunta: "Quanto tempo levaria para sua organização entregar uma mudança que envolvesse uma única linha de código? Você entrega mudanças neste ritmo de uma forma repetível e confiável?"[4] Essa métrica é difícil de medir porque cobre muitas partes de processo de entrega – da análise ao desenvolvimento, e então à produção. Entretanto, ela nos diz mais sobre o processo do que qualquer outra métrica.

Muitos projetos incorretamente usam outras medidas como métricas principais. Projetos que se preocupam com a qualidade do software geralmente medem o número de defeitos. Entretanto, essa é uma métrica secundária. Se uma equipe usando essa métrica descobre um defeito e demora seis meses para colocar a correção em produção, saber que o defeito existe não é muito útil. Focar a redução do tempo de ciclo incentiva práticas que aumentam a qualidade, como o uso de um conjunto abrangente de testes automatizados que roda a cada check-in.

Uma implementação apropriada do pipeline de implantação simplifica o cálculo da parte do tempo de ciclo correspondente à parte do fluxo de valor

---

[4] *Implementando o Desenvolvimento Lean de Software*, p. 110.

que vai de um check-in até a entrega. Ela também deve permitir que você descubra a latência do check-in para cada estágio do processo, de modo que consiga descobrir seus gargalos.

Uma vez que você saiba o tempo de ciclo de sua aplicação, pode começar a trabalhar para reduzi-lo. Você pode usar a Teoria das Restrições para fazer isso, aplicando o seguinte processo:

1. Identifique a restrição limitadora de seu sistema. Essa parte do processo de compilação, testes, implantação e entrega é o gargalo. Para usar um exemplo qualquer, talvez seja o processo de testes manuais.

2. Explore a restrição. Isso significa garantir que você consegue maximizar a vazão dessa parte do sistema. Em nosso exemplo (testes manuais), você precisa garantir que sempre há uma quantidade de histórias esperando para serem manualmente testadas, e garantir que os recursos envolvidos nos testes manuais não sejam usados para mais nada.

3. Subordine todos os outros processos à restrição. Isso implica que outros recursos não devem funcionar 100% – por exemplo, se seus desenvolvedores trabalham desenvolvendo histórias na capacidade máxima, o *backlog* de histórias esperando por testes manuais só crescerá. Em vez disso, mantenha seus desenvolvedores trabalhando o suficiente para manter o *backlog* em um nível constante, e use o restante do tempo da equipe de desenvolvimento na criação de testes automatizados que possam identificar defeitos, de maneira que menos testes manuais sejam necessários.

4. Eleve a restrição. Se o tempo de ciclo ainda é muito longo (em outras palavras, os passos 2 e 3 não ajudaram o suficiente), você precisa aumentar os recursos disponíveis (contratar mais testadores ou talvez investir mais esforço em testes automatizados).

5. Repita o processo. Descubra a próxima restrição e volte ao passo 1.

Embora o tempo de ciclo seja a métrica mais importante na entrega de software, há outros diagnósticos que podem avisar sobre problemas. Estes incluem:

- Cobertura de testes automatizados.
- Propriedades da base de código como a quantidade de duplicação existente, a complexidade ciclomática, acoplamento aferente e eferente, problemas de estilo de código e assim por diante.
- Número de defeitos.
- Velocidade, a taxa com que seu time entrega código funcional, testado e pronto para uso.
- Número de commits feitos no sistema de controle de versão por dia.
- Número de compilações por dia.

- Número de falhas no código compilado por dia.
- Duração da compilação, incluindo testes automatizados.

Vale a pena considerar como essas métricas são apresentadas. Os relatórios descritos produzem uma quantidade enorme de dados, e interpretar esses dados é uma arte. Gerentes de projeto, por exemplo, provavelmente esperam que esses dados estejam analisados e agregados em uma única métrica "de saúde" que seja representada, por exemplo, na forma de um sinal de tráfego que esteja vermelho, amarelo ou verde. O líder técnico do time exigirá mais detalhes, mas mesmo ele não irá analisar páginas e páginas de relatórios. Um dos nossos colegas, Julias Shaw, criou um programa chamado de Panopticode, que produz visualizações ricas e densas de uma série desses relatórios (como exibido na Figura 5.8), que permitem ver se há um problema a base de código e onde ele está. A chave é criar visualizações que agreguem os dados e os apresentem de forma que permita que o cérebro humano use sua capacidade inigualável de reconhecimento de padrões para identificar problemas com o processo ou com a base de código.

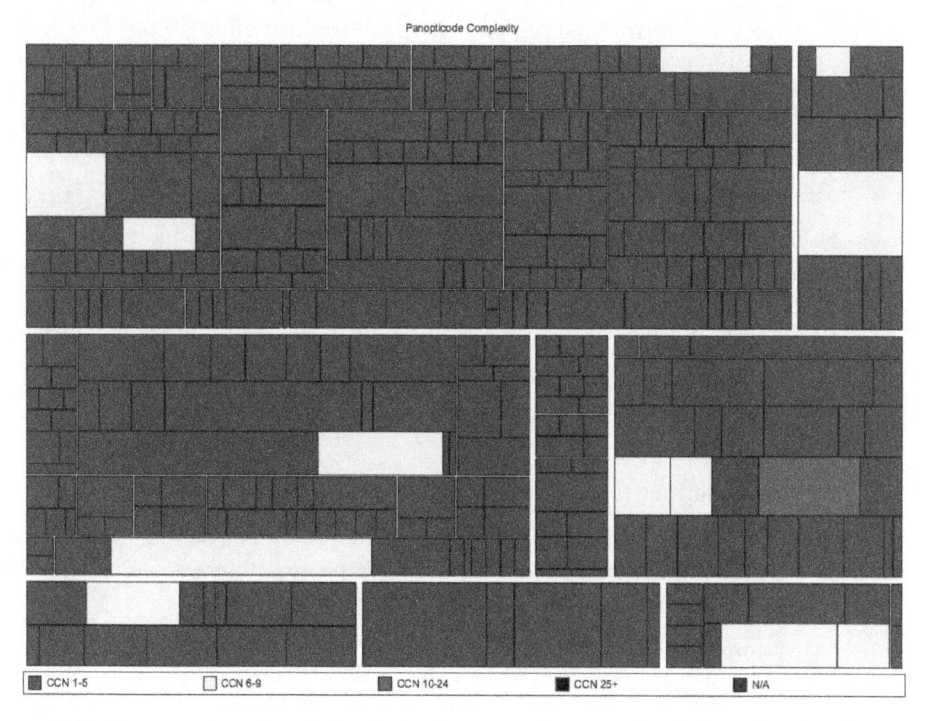

Figura 5.8 *Um mapa gerado pelo Panopticode mostrando a complexidade ciclomática de uma base de código Java.*

O servidor de integração contínua de cada equipe deve gerar esses relatórios e visualizações a cada check-in e armazená-los do repositório de artefatos. Você deve então agregar os resultados em um banco de dados e rastreá-los para cada equipe. Os resultados devem ser publicados em um site interno – com uma página para cada projeto. Finalmente, agregue os dados completos de modo que possam ser monitorados para todos os projetos do programa de desenvolvimento, ou mesmo para a organização como um todo.

Resumo

O propósito do pipeline de implantação é dar a todos os envolvidos no processo de entrega visibilidade sobre o progressos dos processos de compilação do check-in à entrega. Deve ser possível visualizar quais mudanças quebraram a aplicação e quais resultaram em versões candidatas apropriadas para testes manuais ou entrega. Sua implementação deve possibilitar implantações com o apertar de um botão em ambientes de testes manuais e a verificação de quais versões candidatas estão em cada um desses ambientes. Escolher implantar uma versão candidata qualquer em produção também deve ser uma tarefa a ser realizada com um simples apertar de um botão com a certeza de que passou por todo o pipeline com sucesso e, portanto, foi submetida a uma série de testes automatizados e manuais em ambientes similares aos de produção.

Uma vez que o pipeline de implantação esteja implementado, ineficiências do processo de entrega se tornarão mais óbvias. Vários tipos de informações úteis podem ser derivados de um pipeline de implantação funcional, como o tempo que uma versão candidata gasta em cada estágio de testes manual, o tempo de ciclo médio de um check-in à entrega, quantos defeitos foram descobertos em cada estágio, e assim por diante. Quando tiver essa informação, você pode trabalhar para otimizar seu processo de desenvolvimento e entrega de software.

Não há uma solução única que se encaixe em todos os problemas complexos da implementação de um pipeline de implantação. O ponto crucial é criar um sistema de registro que gerencie cada mudança de um check-in à entrega, dando a informação necessária para descobrir problemas o mais cedo possível no processo. Um pipeline implementado pode ajudar a remover ineficiências do processo de modo a tornar o ciclo de feedback mais rápido e poderoso, por exemplo, pela adição de mais testes de aceitação automatizados e pela paralelização mais agressiva destes, por tornar os ambientes de testes mais similares ao de produção ou pela implementação de uma gestão melhor de processos de configuração.

Um pipeline de implantação, por sua vez, depende de algumas funções: boa gerência de configuração, scripts automatizados para compilação e implantação da aplicação, e testes automatizados para provar que a aplicação entrega valor aos usuários. Ela também requer disciplina, garantindo que somente mudanças que passaram por compilação, testes e implantação automatizados cheguem à produção. Discutimos esses pré-requisitos e disciplinas necessárias em mais detalhes no Capítulo 15, "Gerenciando Entrega Contínua", que também inclui um modelo de maturidade para integração contínua, testes, gestão de dados e assim por diante.

Os capítulos seguintes abordam detalhadamente a implementação de pipelines de implantação, explorando algumas das questões comuns que surgem e discutindo técnicas que podem ser adotadas no contexto de pipelines de ciclo complexo de implantação.

Capítulo 6

Scripts de Compilação e Implantação

Introdução

Em projetos muito simples, o software pode ser compilado e testado utilizando as capacidades do seu IDE (*Integrated Development Environment* – ambiente integrado para o desenvolvimento de software). No entanto, isso só é apropriado para as tarefas mais triviais. Assim que o projeto envolver mais de uma pessoa, estender-se por mais que alguns dias ou produzir mais de um arquivo executável como saída, ele demanda mais controle para que não se torne complexo e desajeitado. Também é vital criar scripts de compilação, testes e empacotamento de aplicações quando se trabalha em grandes times distribuídos (incluindo projetos de código aberto), já que, do contrário, pode levar dias para que um novo membro do time esteja pronto para trabalhar.

O primeiro passo, na verdade, é bastante simples: quase todas as plataformas modernas têm uma maneira de compilar via linha de comando. Projetos Rails podem executar a tarefa padrão Rake; projetos .NET podem utilizar MsBuild; projetos Java (se configurados corretamente) podem utilizar Ant, Maven, Buildr[1], ou Gradle; e com SCons, não é preciso muito para ter um projeto C/C++ em andamento. Isso torna simples iniciar a integração contínua – apenas faça seu servidor de IC executar esse comando para criar os binários. Executar os testes também é um processo simples em muitas plataformas, contanto que você esteja utilizando um ou mais frameworks de teste populares. Usuários de projetos Rails e Java que usam Maven ou Buildr podem executar apenas o comando relevante. Usuários de .NET e C/C++ precisarão usar alguns "copiar e colar" para colocar as coisas em funcionamento. No entanto, quando seu projeto se tornar mais complexo – você tiver múltiplos componentes ou necessidade de empacotamento não convencional –, você precisará arregaçar as mangas e se aprofundar nos scripts de compilação.

---

[1] Buildr também suporta Scala, Groovy e Ruby perfeitamente – esperamos que logo suporte mais linguagens baseadas na JVM.

Automatizar implantações introduz mais complexidades. Implantar software nos ambientes de teste e produção raramente é tão simples quanto colocar um arquivo binário no ambiente de produção e sentar com um sorriso de satisfação. Na maioria dos casos, requer uma série de passos como a configuração da aplicação, inicialização dos dados, configuração da infraestrutura, sistemas operacionais, integração, configuração de *mocks* para serviços externos e assim por diante. E quando os projetos ficam mais complexos, estes passos tornam-se mais numerosos, longos e (se não automatizados) mais propensos a erros.

Utilizar ferramentas de funcionalidade genérica de compilação para implantações é procurar por problemas, exceto nos casos mais simples. Os mecanismos de implantação serão limitados a aqueles suportados pelo ambiente e seu middleware. Mais importante, decisões de como as implantações automatizadas são realizadas devem ser tomadas pelos desenvolvedores e equipe de operações juntos, já que ambos deverão estar familiarizados com a tecnologia.

Este capítulo tem o objetivo de fornecer uma visão geral dos princípios comuns a todas as ferramentas de compilação e implantação, informações para você começar, algumas dicas e truques e indicações para mais informações. Nós não abordamos o gerenciamento de ambientes de forma automatizada neste capítulo; isso será discutido no Capítulo 11, "Gerência de Infraestrutura e Ambientes." Também não fornecemos aqui exemplos de códigos e descrições detalhadas das ferramentas, já que estes se tornarão desatualizados rapidamente. Você encontrará muito mais detalhes sobre as ferramentas disponíveis, juntamente com exemplos, no site deste livro [pdzMeNE].

Sistemas de compilação e implantação devem ser capazes de viver e respirar para se manterem não apenas durante o início do projeto, mas também ao longo de sua vida como um sistema de software de fácil suporte em produção. Portanto, eles precisam ser planejados e mantidos com atenção – tratados da mesma maneira como você trataria o restante do código-fonte – e exercitados regularmente de modo que sabíamos que irão funcionar quando estivermos prontos para usá-los.

Uma visão geral das ferramentas de compilação

Ferramentas automatizadas de compilação fazem parte do desenvolvimento de software por um bom tempo. Muitos se lembram do Make e suas muitas variações que foram o padrão utilizado por muitos anos. Todas as ferramentas de compilação têm uma base comum: elas permitem que você modele uma rede de dependências. Quando você executa sua ferramenta, ela irá calcular como atingir o objetivo especificado executando as tarefas na ordem correta, executando cada tarefa do qual seu objetivo depende apenas uma vez. Por exemplo, digamos que você deseja executar seus testes. Para fazer isso, será necessário compilar o código e os testes, e configurar os dados para teste. Qualquer compilação irá exigir que você inicialize seu ambiente. A Figura 6.1 mostra uma rede de dependências como exemplo.

Sua ferramenta de compilação irá descobrir que deve executar cada tarefa na rede de dependências. Ela irá iniciar em *Init* ou *Set up test data*, uma vez que estas tarefas são independentes. Quando *Init* for completado, ela pode compilar o código ou os testes – mas precisa executar ambas e preparar os dados de testes antes que estes possam ser executados. Mesmo que diversas tarefas dependam de *Init*, ele será executado apenas uma vez.

Figura 6.1 *Uma rede de dependências simples para compilação.*

Uma questão a destacar é que uma tarefa tem duas características essenciais: o que faz e aquilo de que depende. Estas duas características são modeladas em cada ferramenta de compilação.

No entanto, existe uma área em que as ferramentas de compilação diferem: elas são *orientadas à tarefa* ou *orientadas ao produto*. Ferramentas de compilação orientadas à tarefa (for exemplo, Ant, NAnt e MsBuild) descrevem a rede de dependências como um conjunto de tarefas. Uma ferramenta orientada ao produto, como Make, descreve as coisas em termos do produto gerado, como um executável.

A distinção parece um pouco teórica a princípio, mas é importante para entender como otimizar compilações e garantir que os processos de compilação estejam corretos. Por exemplo, uma ferramenta de compilação deve garantir que, dado um objetivo, cada pré-requisito seja executado apenas uma vez. Se um pré-requisito é executado mais de uma vez, na melhor das hipóteses a compilação irá demorar mais (caso o pré-requisito seja idempotente), e na pior das hipóteses o resultado da compilação será ruim.

Normalmente, ferramentas de compilação irão percorrer toda a rede de dependências, chamando (mas não necessariamente executando) cada tarefa. Então nossa ferramenta hipotética pode chamar, em nosso exemplo, as tarefas *Set up test data*, *Init*, *Compile source*, *Init*, *Compile tests* e, então, *Run tests*. Em uma ferramenta orientada à tarefa, cada tarefa saberá se foi executada como parte da compilação. Assim, mesmo que a tarefa *Init* seja chamada duas vezes, ela será executada apenas uma vez.

No entanto, em uma ferramenta orientada ao produto, o mundo é modelado como um conjunto de arquivos. Então, por exemplo, os objetivos *Compile Source* e *Compile tests* em nosso exemplo irão resultar em um único arquivo que contém todo o código compilado – vamos chamá-los de source.so e tests.so. A tarefa *Run tests*, por sua vez, gera um arquivo chamado de testreports.zip. Um sistema de compilação orientado ao produto irá garantir que *Run tests* seja chamado depois de *Compile source* e *Compile tests*, mas o objetivo *Run tests* será executado apenas se a data de criação do arquivo em qualquer dos arquivos .so for posterior à data de criação do arquivo testreports.zip.

Ferramentas de compilação orientadas ao produto, portanto, mantêm seu estado na forma de datas de criação dos arquivos gerados em cada tarefa (SCons utiliza assinaturas MD5). Isso é ótimo quando você está compilando C ou C++ (por exemplo), pois Make irá garantir que você compilará aqueles arquivos fonte que foram modificados desde a última vez que a compilação foi executada. Essa funcionalidade, conhecida como compilação incremental, pode poupar horas em uma compilação completa em grandes projetos. Comparativamente, compilação em C/C++ é longa, porque os compiladores trabalham bastante para otimizar o código. Em linguagens que executam em máquinas virtuais, o compilador apenas cria *byte code*, e o compilador *just-in-time* (JIT) faz a otimização no tempo de execução.

Ferramentas orientadas às tarefas, em contrapartida, não mantêm estado entre compilações. Isso as torna menos poderosas e completamente inadequadas para compilar C++. No entanto, elas funcionam bem para linguagens como C#, já que os compiladores para estas linguagens têm lógica integrada para compilações incrementais.[2] Finalmente, vale a pena notar que Rake pode funcionar como uma ferramenta orientada ao produto ou orientada à tarefa. Para saber mais sobre redes de dependências, veja *DSL: Linguagens Específicas do Domínio* de Martin Fowler (publicado pela Bookman Editora).

Agora vamos explorar brevemente as ferramentas atuais de compilação. Novamente, você pode encontrar exemplos de scripts utilizando muitas dessas tecnologias, e mais referências, no site deste livro [dzMeNE].

Make

Make e suas variantes ainda crescem bastante no mundo de desenvolvimento de sistemas. É uma ferramenta orientada ao produto poderosa, capaz de rastrear dependências de compilação e compilar apenas componentes afetados por uma mudança específica. Isso é essencial para otimizar o desempenho do time de desenvolvimento quando o tempo de compilação representa um custo significativo no ciclo de desenvolvimento.

Infelizmente, Make tem diversas desvantagens. Quando as aplicações tornam-se mais complexas e o número de dependências entre seus componentes cresce, a complexidade das regras colocadas no Make as torna difíceis de depurar.

---

[2] As coisas são um pouco mais complicadas em Java. No momento da escrita deste livro, o compilador Javac da Sun não fazia compilações incrementais (daí a tarefa Ant), mas o compilador da IBM Jikes, sim. No entanto, a tarefa javac do Ant irá executar compilação incremental.

Para vencer um pouco dessa complexidade, uma convenção comum adotada por times que trabalham em grandes bases de código é criar um Makefile por diretório e ter um Makefile no nível superior do diretório que executa recursivamente Makefiles em cada subdiretório. Isso significa que a informação de compilação e os processos acabam espalhados em muitos arquivos. Quando alguém modifica a compilação, pode ser difícil descobrir o que exatamente mudou e como isso afetará os resultados finais.

Makefiles também estão sujeitos a uma classe de defeito bastante difícil de encontrar, pois espaços em branco podem ser importantes em certas circunstâncias. Por exemplo, num script de comandos, comandos dados ao *shell* devem ser precedidos de *tab*. Se, em vez disso, forem utilizados espaços, o script não irá funcionar.

Outra desvantagem do Make é que ele depende do *shell* para fazer algo. Como resultado, Makefiles são específicos de um sistema operacional (de fato, muito trabalho foi feito nas ferramentas que suportam o Make para permitir que ele funcione nas várias distribuições UNIX). Já que os Makefiles são uma DSL que não fornece extensões para o sistema principal (a não ser definir novas regras), quaisquer extensões precisam reinventar soluções comuns sem acesso às estruturas de dados internas do Make.

Esses problemas, juntamente ao fato de que o modelo de programação declarativa utilizados pelo Make não é muito conhecido pela maioria dos desenvolvedores (que normalmente preferem a programação imperativa), fazem com que o Make raramente seja utilizado como ferramenta de compilação em novas aplicações comerciais.

> "Este é um daqueles dias em que não estou satisfeito com o software. Às vezes me surpreende a quantidade destes dias que envolvem Make." – Mark Dominus, "Suffering from 'make install'" [dyGIMy].

Atualmente, muitos desenvolvedores C/C++ preferem utilizar SCons em vez de Make. SCons e seus arquivos de compilação são escritos em Python. Isso o torna uma ferramenta muito mais poderosa e flexível que Make. SCons inclui muitas funcionalidades úteis, como suporte a Windows por padrão e compilações em paralelo.

Ant

Com o aparecimento de Java, desenvolvedores passaram a usar mais desenvolvimento multiplataforma. As limitações inerentes ao Make tornaram-se mais dolorosas. Em resposta, a comunidade Java experimentou diversas soluções; a primeira delas foi portar Make para Java. Ao mesmo tempo, XML começava a se destacar como uma maneira conveniente de criar documentos estruturados. Ambas as estratégias se uniram e resultaram na ferramenta de compilação Apache Ant.

Totalmente multiplataforma, Ant inclui um conjunto de tarefas escritas em Java para executar operações como compilação e manipulação do sistema de arquivos. Ant pode ser facilmente estendido com novas tarefas escritas em

Java. Rapidamente tornou-se o padrão como ferramenta de compilação para projetos Java, e agora é amplamente suportada por IDEs e outras ferramentas.

Ant é uma ferramenta orientada a tarefas. Os componentes em tempo de execução do Ant são escritos em Java, mas os scripts Ant são uma DSL externa escrita em XML. Essa combinação dá ao Ant uma grande capacidade multiplataforma. Também é um sistema extremamente flexível e poderoso, com tarefas Ant para a maioria das coisas que você poderia querer fazer.

No entanto, Ant tem várias deficiências:

- Você precisa escrever seus scripts de compilação em XML, que não é sucinto ou agradável para a leitura humana.

- Ant possui um modelo de domínio anêmico. Não existem conceitos reais de domínio sob ou sobre uma tarefa, o que significa que você precisará perder muito tempo escrevendo código de suporte para compilar, criar JARs, executar testes e assim por diante.

- Ant é uma linguagem declarativa, não imperativa. No entanto, existem tags de estilo imperativas suficientes (como a temida `<antcall>`) que permitem que os usuários misturem metáforas e gerem aborrecimentos e confusão.

- Você não pode facilmente questionar sobre as tarefas Ant, como "Quantos testes foram executados?" e "Quanto tempo eles demoraram?". O que você pode fazer é ter uma ferramenta para imprimir essa informação na tela e então analisá-la, ou ligar-se aos internos do Ant escrevendo código Java customizado para modificá-lo.

- Ainda que Ant suporte reúso por meio das tarefas `import` e `macrodef`, estas são pouco entendidas por novatos.

Como resultado dessas limitações, arquivos Ant tendem a ser longos e pouco refatorados – arquivos Ant com milhares de linhas não são raros. Uma valiosa referência quando se trabalha com arquivos Ant é o artigo de Julian Simpson *Refactoring And Build Files*, no livro *The ThoughtWorks Anthology*.

NAnt e MSBuild

Quando a Microsoft apresentou o framework .NET, ele tinha muitas funcionalidades em comum com a linguagem Java e seu ambiente. Desenvolvedores Java que trabalhavam nessa nova plataforma rapidamente portaram algumas de suas ferramentas Java de código aberto. Então, em vez de JUnit e JMock, existem NUnit e NMock – e, mais previsível, NAnt. NAnt utiliza essencialmente a mesma sintaxe do Ant, apenas com algumas diferenças.

Mais tarde, a Microsoft apresentou sua própria pequena variação do NAnt e a chamou de MSBuild. É um descendente direto do Ant e NAnt, e parecerá familiar para qualquer um que utilizou estas ferramentas. No entanto, ela é um pouco mais acoplada ao Visual Studio, e sabe como compilar soluções e projetos do Visual Studio e como gerenciar dependências (como resultado, scripts do NAnt frequentemente chamam o MSBuild para executar a compilação). Embora alguns usuários reclamem que o MSBuild oferece menos flexibilidade que o NAnt, o fato é que ele é atualizado com maior frequência e é entregue juntamente com o framework .NET, o que fez da NAnt uma ferramenta de nicho.

Ambas apresentam muitas das limitações do Ant descritas anteriormente.

Maven

Por algum tempo, Ant era a ferramenta mais usada na comunidade Java – mas a inovação não parou por aí. Maven tenta remover uma grande quantidade de texto repetitivo encontrado em arquivos Ant utilizando um domínio mais complexo, que faz várias suposições sobre como um projeto Java é mantido. Este princípio de convenção em vez de configuração significa que, se o projeto Java estiver em conformidade com a estrutura ditada pelo Maven, ele irá executar quase qualquer compilação, implantação, teste e tarefas de versão com apenas um comando, com não mais que algumas linhas de XML. Isso inclui como padrão a criação de um site que hospeda os Javadocs da aplicação.

Outra funcionalidade importante do Maven é seu suporte para o gerenciamento automático de bibliotecas Java e dependências entre projetos, um dos problemas mais complicados em grandes projetos Java. Maven também suporta um complexo, porém rígido, esquema de particionamento, que permite que você decomponha soluções complexas em componentes menores.

O problema com Maven pode ser divido em três partes. Primeiramente, se o projeto não atende às suposições do Maven sobre estrutura e ciclo de vida, pode se tornar extremamente difícil (senão impossível) fazer com que o Maven faça o que você quer. Em algumas situações, isso é considerado uma funcionalidade – força os times de desenvolvimento a estruturar seus projetos conforme os critérios do Maven. Isso pode ser bom para um grupo de desenvolvimento inexperiente ou para uma grande quantidade de projetos, mas se você quer fazer algo um pouco diferente (como carregar dados customizados de teste antes de executá-los), precisa alterar o ciclo de vida do Maven e seu modelo de domínio – uma tarefa árdua e de difícil manutenção, mas que frequentemente é inevitável. Ant é muito mais flexível que Maven.

O segundo problema é que ele também utiliza uma DSL externa escrita em XML, o que significa que, para estendê-la, você precisa escrever código. Mesmo que escrever um plugin para o Maven não seja excessivamente complexo, não é algo que você possa concluir em alguns minutos; você precisará aprender sobre Mojos, descritores de plugin e qualquer inversão de controle que Maven esteja utilizando no momento em que você estiver lendo isto. Felizmente, o Maven tem plugins para quase qualquer coisa que você queira fazer num projeto Java comum.

O terceiro problema com Maven é que, em sua configuração padrão, ele é autoatualizável. O core do Maven é bem pequeno, e para se tornar funcional, ele faz o download de seus plugins na Internet. O Maven tentará atualizar toda vez que for executado e, com o upgrade ou downgrade de um de seus plugins, pode falhar de forma imprevisível. Talvez o mais grave seja que você não pode reproduzir suas compilações. Um problema relacionado é que as bibliotecas e o gerenciamento de dependências do Maven permitem o uso, entre projetos, de snapshots de componentes, e isso novamente torna difícil reproduzir uma compilação específica se forem utilizados snapshos de dependências.

Para alguns times, as restrições do Maven podem ser muito sérias, ou poderão exigir muito esforço para reestruturar a compilação para as suposições do Maven. Como resultado, eles estão presos ao Ant. Mais recentemente, uma ferramenta chamada de Ivy foi criada, e permite gerenciar bibliotecas e dependências entre componentes sem o Maven. Isso torna possível obter alguns benefícios do Maven se você estiver, por alguma razão, preso ao Ant.

Note que, embora Ivy e Maven sejam excelentes para gerenciar dependências entre componentes, seu mecanismo padrão de gerenciamento de dependências externas – fazendo o download de repositórios da Internet mantidos pela comunidade Maven – não é sempre a melhor escolha. Para começar, há a história de que, para iniciar a compilação pela primeira vez, é necessário esperar até que o Maven baixe metade da Internet. Mais problemático é que, a menos que você seja bastante disciplinado sobre quais versões de cada dependência está usando, é fácil ter problemas em uma dependência em formato diamante ou quebras em função de Maven trocar a versão de uma biblioteca e você não notar.

Para mais saber sobre gerenciamento de bibliotecas e dependências entre componentes, veja o Capítulo 13, "Como Gerenciar Componentes e Dependências".

Rake

Ant e seus semelhantes são ferramentas com linguagens específicas de domínio (DSLs) para compilar software. No entanto, a escolha por XML para representar essas linguagens fez com que elas fossem difíceis de criar, ler, manter e estender. A ferramenta dominante em Ruby, Rake, foi criada como um experimento para verificar se as funcionalidades do Make poderiam ser representadas como uma DSL interna em Ruby. A resposta foi positiva, e então surgiu Rake. Rake é uma ferramenta orientada ao produto similar a Make, mas também pode ser utilizada como uma ferramenta orientada a tarefas.

Assim como Make, Rake não tem conhecimento algum além de tarefas e dependências entre elas. No entanto, já que os scripts são em Ruby, você pode utilizar a API do Ruby para executar tarefas que desejar. Como resultado, criar poderosos scripts de compilação independentes de plataforma com Rake é muito simples: você tem todo o poder de uma linguagem genérica à disposição.

Obviamente, o uso de uma linguagem genérica significa que todas as ferramentas para o desenvolvimento do software também estão disponíveis para manter o script de compilação. Você pode refatorar e modularizar suas compilações, e utilizar seu ambiente de desenvolvimento para isso. É simples e direto depurar Rake utilizando depurador padrão do Ruby. Se você encontrar um defeito na execução do script Rake, pode conseguir uma *stack trace* para ajudá-lo a entender o que aconteceu. De fato, já que as classes do Ruby são abertas para extensão, você pode adicionar métodos às classes do Rake dentro do seu script com o objetivo de depurar. Esta e outras técnicas úteis para o Rake estão descritas no *bliki* de Martin Fowler "Using the Rake Build Language" [9lfL15].

O fato de o Rake ter sido desenvolvido por programadores Ruby e ser utilizado amplamente para projetos Ruby não significa que ele não possa ser utilizado para outras tecnologias (por exemplo, o projeto Albacore fornece um conjunto de tarefas Rake para a compilação de sistemas .NET). O Rake é uma ferramenta de compilação genérica. Obviamente, seu time de desenvolvimento deverá ter (ou adquirir) algum conhecimento básico de Ruby, mas o mesmo vale para o Ant ou NAnt.

Há duas desvantagens em relação ao Rake: primeiro, você deve ter certeza de que possui um *runtime* decente disponível em sua plataforma (JRuby está rapidamente ganhando espaço como a plataforma mais flexível e confiável); e segundo, você deve interagir com RubyGems.

Buildr

A simplicidade e o poder do Rake criam um bom argumento para que os scripts de compilação sejam escritos em uma verdadeira linguagem de programação. A nova geração de ferramentas de compilação, como Buildr, Gradle e Gantt, utilizaram essa estratégia. Todas possuem DSLs internas para a compilação de software. No entanto, elas tentam fazer com que os desafios de gerenciamento de dependências e projetos múltiplos sejam mais simples. Iremos discutir o Buildr em mais detalhes, pois é a ferramenta com a qual somos mais familiarizados.

Buildr é construído sobre o Rake; portanto, tudo que você consegue fazer no Rake pode ser feito no Buildr. No entanto, Buildr também é um substituto para Maven – ele utiliza as mesmas convenções do Maven, incluindo layout de sistema de arquivos, especificação de artefatos e repositórios. Ele também permite que você utilize tarefas Ant (incluindo as customizadas) sem qualquer configuração, e incrementa o framework orientado a produto do Rake para compilações incrementais. Incrivelmente, ele também é mais rápido que o Maven. No entanto, diferente do Maven, é extremamente simples customizar suas tarefas e criá-las você mesmo.

Se você está iniciando um novo projeto em Java ou procurando uma alternativa ao Ant ou Maven, recomendamos fortemente que você considere Buildr ou Gradle, se você preferir suas DSLs em Groovy.

Psake

Usuários do Windows não podem perder essa nova onda de ferramentas de compilação com DSL interna. Psake é uma DSL interna escrita em PowerShell, que fornece rede de dependências orientada a tarefas.

Princípios e práticas de compilação e implantação

Nesta seção, vamos delinear alguns princípios e práticas de compilação e implantação que devem ser aplicados independentemente da tecnologia usada.

Crie um script para cada estágio em sua implantação

Gostamos muito de projetos orientados a domínio[3], e aplicamos essas técnicas no projeto de qualquer software que criamos. Isso funciona da mesma forma quando fazemos o projeto de nossos scripts de compilação. Talvez essa seja uma maneira pomposa de dizer que desejamos que nossos scripts de compilação representem claramente os processos que estamos implementando. Adotar esta estratégia garante que nossos scripts possuam uma estrutura bem definida, que nos ajuda a mantê-los limpos durante sua manutenção e minimiza as dependências entre componentes do sistema de implantação. Felizmente, os estágios de implantação oferecem excelentes princípios para dividirmos as responsabilidades entre ter os scripts de compilação.

Quando você inicia seu projeto, faz sentido ter um script que contenha todas as operações que serão executadas no curso da implantação, com passos não funcionais para estágios que ainda não estão automatizados. No entanto, quando seus scripts se tornam suficientemente longos, você pode dividir os passos em scripts diferentes para cada estágio. Assim, terá um script final para todos os estágios necessários para compilar sua aplicação, criar pacotes, executar os testes e a análise estática de seu código.[4] Então você precisa de um script de teste funcional de aceitação que chame a ferramenta de implantação para implantá-la no ambiente apropriado, prepare os dados e, finalmente, execute os testes de aceitação. Você também pode ter um script que execute testes não funcionais como testes de estresse ou de segurança.

> Mantenha todos os scripts sob o controle de versão, preferencialmente no mesmo em que o código está hospedado. É essencial que desenvolvedores e pessoal de operações sejam capazes de colaborar nos scripts de compilação e implantação, e mantê-los no mesmo repositório é o que permite isso.

Utilize a tecnologia apropriada para implantar sua aplicação

Num esquema típico de implantação, a maioria dos estágios que se seguem depois de um commit bem-sucedido, como testes automatizados de aceitação, depende de a aplicação estar implantada num ambiente similar ao de produção.

---

[3] Veja Evans (2003).

[4] Existem exemplos de scripts para Ant, Maven, MSBuild e Psake no site do livro [dzMeNE].

É vital que essa implantação também seja automatizada. No entanto, você deve utilizar a ferramenta correta quando estiver automatizando a implantação, não uma linguagem de programação (a não ser que o processo de implantação seja extremamente simples). Quase todo middleware possui ferramentas para configuração e implantação, então você deve utilizá-las. Se estiver utilizando o WebSphere Application Server, por exemplo, deve utilizar o *Wsadmin* para configurar o servidor e implantar sua aplicação.

Mais importante, sua aplicação será implantada pelos desenvolvedores (em suas máquinas locais ou em outro lugar) e pelos testadores e pessoal de operações. Assim, você deve considerar todas essas pessoas quando tomar a decisão de como implantar a aplicação, e isso deve acontecer logo no início do projeto.

> **Operações e desenvolvedores precisam colaborar no processo de implantação**
>
> Em um projeto de uma grande empresa de telecomunicação, os desenvolvedores criaram um sistema para implantação local baseado em Ant. No entanto, quando chegou o momento da implantação em um ambiente similar ao da produção para testes, não só o script dos desenvolvedores falhou, como o time de operações que gerenciava o ambiente se recusou a usá-lo, pois não tinha expertise sobre Ant.
>
> Essa foi uma das razões pelas quais um time para criar um processo unificado para implantação em todos os ambientes foi criado. O time precisou trabalhar próximo aos desenvolvedores e ao pessoal de operações para criar um sistema que fosse aceitável para ambos, e criou uma série de scripts em Bash (conhecido como "Conan, o implantador" – *Conan The Deployer*), que fazia tarefas como reconfigurar o Apache e WebLogic remotamente.
>
> Havia duas razões principais para o time de operações ficar satisfeito com o Conan para implantação em produção. Primeiro, eles foram envolvidos em sua criação. Segundo, eles tiveram a chance de ver o script sendo utilizado em todos os estágios para implantação nos ambientes de testes e, assim, passaram a confiar nele.

O script de implantação deve abranger o caso de atualização de sua aplicação, bem como a instalação do início. Isso significa, por exemplo, que deve parar aplicações anteriores que estão executando antes de implantar a nova, e também deve ser capaz de criar qualquer banco de dados do início, bem como atualizar um existente.

Utilize os mesmos scripts para implantar em todos os ambientes

Como descrito em "Práticas para o pipeline de implantação", na página 113, é essencial utilizar o mesmo processo para implantação em todos os ambientes nos quais a aplicação executa para garantir que os processos de compilação e implantação serão efetivamente testados. Isso significa utilizar o mesmo script para implantar em cada ambiente e representar as diferenças – como URIs de serviços e endereços de IP – como configurações geridas separadamente. Separe as informações de configuração do script e as armazene no controle de versão, fornecendo um mecanismo para seu script de implantação reavê-las como descrito no Capítulo 2, "Gerência de Configuração".

É essencial que os scripts de compilação e implantação funcionem nas máquinas dos desenvolvedores, bem como em ambientes similares ao de produção, e que eles sejam utilizados pelos desenvolvedores para executar todas as atividades de compilação e implantação. É muito fácil surgir um sistema paralelo de compilação utilizado apenas pelos desenvolvedores – mas isso elimina um dos principais aspectos que mantêm seus scripts de compilação e implantação flexíveis, bem refatorados e bem testados. Se a aplicação depende de outros componentes desenvolvidos internamente, você deseja ter certeza de que é fácil obter as versões corretas – aquelas que são conhecidas por funcionar juntas – nas máquinas dos desenvolvedores. É a área na qual ferramentas como Maven e Ivy são bem úteis.

Se sua aplicação é complexa em termos de arquitetura de implantação, você deverá fazer algumas simplificações para fazê-la funcionar nas máquinas dos desenvolvedores. Isso pode envolver um trabalho significativo, como a habilidade de substituir um cluster Oracle por um banco de dados em memória em tempo de implantação. No entanto, esse esforço certamente irá ser recompensado. Quando desenvolvedores dependem de recursos compartilhados para executar a aplicação, é necessário executar com menos frequência, e o tempo de feedback é muito maior. Isso, por sua vez, leva a mais defeitos e um ritmo mais lento de desenvolvimento. A questão não é "Como podemos justificar o custo?", mas "Como podemos justificar a falta de investimento para fazer a aplicação executar localmente?".

Utilize as ferramentas de gerenciamento de pacotes de seu sistema operacional

Usamos o termo "binários" neste livro como um termo genérico para todos os objetos colocados nos ambientes como parte do processo de implantação. Na maioria das vezes, esses binários são compostos por arquivos compilados ou interpretados, quaisquer bibliotecas das quais sua aplicação dependa, e talvez algum conjunto de arquivos estáticos guardados no controle de versão.

Entretanto, implantar diversos arquivos que precisam ser distribuídos no sistema de arquivos é algo muito ineficiente e torna a manutenção – atualizações, rollbacks ou remoções – um processo difícil. Por isso, foram inventados sistemas de empacotamento. Se você implantar somente em um sistema operacional, ou um conjunto pequeno de sistemas operacionais relacionados, recomendamos fortemente que use a tecnologia de empacotamento existente no sistema operacional. Por exemplo, tanto o Debian quanto o Ubuntu usam o sistema de pacotes do Debigan; RedHat, Suse e muitos outros tipos de Linux usam o sistema de pacotes do RedHat; usuários do Windows podem usar o Microsoft Installer, e assim por diante. Todos esses sistemas geralmente são fáceis de usar e possuem um bom ferramental.

Sempre que suas implantações tiverem de espalhar arquivos pelo sistema operacional ou adicionar chaves ao Registry, use o sistema de pacotes do seu sistema operacional para fazer isso. É mais fácil manter a aplicação, você também pode ligar o processo de implantação a ferramentas de gestão de ambiente como Puppet, CFEngine ou Marimba; simplesmente atualize seus pacotes para um repositório da organização e use as ferramentas para instalar a versão apropriada do pacote – da mesma maneira que você as usaria para instalar, por exemplo, o Apache. Se precisar de pacotes diferentes instaladores em máquinas diferentes (talvez por estar usando uma arquitetura em camadas), pode criar um pacote por camada ou por tipo de máquina. O empacotamento em si deve ser uma parte automatizada da seu pipeline de implantação.

Obviamente nem todas as implantações podem ser gerenciadas dessa forma. Servidores comerciais de middleware, por exemplo, geralmente exigem ferramentas especiais para a implantação. Use pacotes para tudo que não exigir esse tipo de ferramentas, e as ferramentas especializadas para o restante da implantação.

> Você também pode usar sistemas de pacotes específicos de sua plataforma, como Ruby Gems, Python Eggs, Perl's CPAN, para distribuir sua aplicação. Entretanto, nossa preferência é pelo sistema de pacotes de seu sistema operacional. Ferramentas de plataforma funcionam bem para distribuir bibliotecas para essa plataforma, mas são projetadas por e para desenvolvedores, não administradores de sistemas. A maioria dos administradores de sistemas não gosta dessas ferramentas, porque elas adicionam outra camada de complexidade que nem sempre funciona bem com o sistema de pacotes do SO. Se você está implantando uma aplicação Rails pura em vários sistemas operacionais, não há problemas em usar o RubyGems, mas, se possível, use o ferramental padrão do sistema operacional.[5]

Garanta que o processo de implantação seja idempotente

Seu processo de implantação sempre deve deixar o ambiente alvo no mesmo estado (correto), independentemente do estado em que ele estava antes do início da implantação.

A maneira mais simples de alcançar isso é começar com uma versão bem conhecida do ambiente, provisionada automaticamente ou por meio de virtualização. Esse ambiente deve incluir todo o middleware apropriado e qualquer outra coisa da qual sua aplicação precise. Seu processo de implantação pode, a partir daí, obter a versão da aplicação que você especificar e implantar nesse ambiente, usando as ferramentas apropriadas para o middleware.

Se seus procedimentos de gerência de configuração não são bons o suficiente para conseguir isso, o próximo passo aceitável é validar as suposições

---

[5] O CPAN é um dos melhores sistemas de empacotamento projetados, pois permite converter um módulo Perl em um pacote RedHat ou Debian de maneira completamente automatizada. Se todos os formatos de pacotes de plataforma fossem projetados dessa maneira, não existiria conflito.

feitas pelo processo de implantação quanto ao ambiente, e fazer o processo falhar como um todo se as condições não forem satisfeitas. Você pode, por exemplo, validar que o middleware apropriado está instalado, rodando e na versão correta. De qualquer forma, também deve validar que quaisquer serviços dos quais sua aplicação depende estão rodando na versão correta.

Se sua aplicação é compilada, testada e integrada em uma peça única, geralmente é útil implantá-la como uma peça única. Isso significa que toda vez que implantar, você deve implantar tudo do zero, baseado em binários derivados de uma única revisão no sistema de controle de versão. Isso inclui sistemas multicamadas em que, por exemplo, a aplicação e as camadas de apresentação são desenvolvidas ao mesmo tempo. Quando você implanta uma camada, deve implantar todas elas.

Muitas organizações insistem que você deve implantar somente os artefatos que mudaram, para minimizar a mudança. Mas o processo de decidir o que mudou pode ser mais complexo e sujeito a erros do que simplesmente começar do zero. Também é muito mais difícil de testar; obviamente, é impossível testar todas as permutações possíveis do processo, de modo que o pior caso não considerado acontecerá justamente na próxima entrega, deixando seu sistema em um estado indefinido.

Há poucas exceções a essa regra. Primeiro, no caso de sistemas em clusters, não faz sentido implantar o cluster completo de uma só vez; veja a seção "Implantação canário", na página 264.

Segundo, se sua aplicação é componentizada e os componentes fornecem de múltiplos repositórios, você precisa implantar os binários criados de uma tupla de revisões (x, y, z, ...) a partir do sistema de controle de versão. Nesse caso, se você sabe que somente um componente mudou e *já testou a combinação de componentes que está prestes a implantar*, então pode implantar somente o componente que mudou. A distinção crucial aqui é que o novo estado já foi testado. Os mesmos princípios se aplicam a serviços em uma arquitetura orientada a serviços.

Finalmente, outra abordagem é usar ferramentas para implantação idempotentes por si próprias. Em um nível mais baixo, por exemplo, o Rsync consegue garantir que um diretório em um sistema alvo é idêntico a um diretório em outro sistema fonte, seja qual for o estado em que o sistema alvo estiver inicialmente, por meio do uso de um poderoso algoritmo que transfere somente as diferenças entre os dois diretórios. Sistemas de controle de versão que atualizam diretórios conseguem o mesmo resultado. O Puppet, descrito no Capítulo 11, "Gerência de Infraestrutura e Ambientes", analisa a configuração do ambiente alvo e faz somente as mudanças necessárias para sincronizá-lo com uma especificação declarativa do estado desejado do ambiente. MBC, HP e IBM possuem várias aplicações comerciais para gerenciar implantações e entregas.

Evolua seu sistema incrementalmente

Qualquer pessoa consegue perceber a vantagem de um processo de implantação completamente automatizado: "implante seu sistema apertando um único botão". Quando você vê um grande sistema corporativo sendo implantado dessa forma, parece mágica. O problema com mágica é que ela pode parecer incrivelmente complexa para quem olha de fora. Mas se você examinar um dos sistemas de implantação que criamos, verá que são apenas uma coleção de passos simples e incrementais que – com o tempo – criaram um sistema sofisticado.

A lição aqui é que você não precisa completar todos os passos para que seu trabalho seja valorizado. A primeira vez que você escreve um script para implantar a aplicação em um ambiente de desenvolvimento local e o compartilha com a equipe já representa uma grande economia de tempo.

Comece convencendo a equipe de operações a trabalhar com os desenvolvedores para automatizar a implantação da aplicação em um ambiente de testes. Garanta que a equipe de operações se sinta à vontade com as ferramentas usadas para isso. Garanta que os desenvolvedores possam usar o mesmo processo para implantar e executar a aplicação em seus ambientes de desenvolvimento. A partir daí, comece a refinar o scripts para que possam ser usados também no ambiente de testes de aceitação. Na sequência, avance no pipeline e garanta que a equipe de operações consiga usar as mesmas ferramentas para implantar a aplicação em homologação e produção.

Estrutura de projetos para aplicações com JVM

Embora este livro evite ao máximo falar de tecnologias específicas, achamos que valeria a pena dedicar uma seção para descrever como estruturar projetos que serão implantados sob uma JVM. O motivo é que, ainda que existam convenções úteis, elas não são utilizadas fora do mundo Maven.[6] Entretanto, a vida fica mais fácil para os desenvolvedores se eles mantiverem uma estrutura comum. Deve ser possível abstrair a informação apresentada aqui para outras tecnologias com pouco esforço. Em especial, projetos .NET podem usar com sucesso exatamente o mesmo formato, invertendo somente as barras que delimitam diretórios.[7]

Estrutura de projeto

Apresentaremos a estrutura de projeto assumida pelo Maven, conhecida como *Maven Standard Directory Layout* ou Estrutura Padrão de Diretórios do Maven. Mesmo que você não use Maven, uma de suas contribuições mais importante foi criar uma convenção para estruturas de projeto.

Uma estrutura típica se parece com isso:

---

[6] Ao contrário do Rails, que exige certa estrutura de diretórios, e do ferramental .NET, que lida com isso para você.

[7] Confira o artigo de Jean-Paul Boodhoo [ahdDZO].

```
/[nome do projeto]
   README.txt
   LICENSE.txt
   /src
      /main
         /java        Arquivos Java do projeto
         /scala       Se você usa outras linguagens, elas ficam no mesmo nível
         /resources   Arquivos de suporte do projeto
         /filters     Arquivos de filtros
         /assembly    Descritores de pacotes
         /config      Arquivos de configuração
         /webapp      Arquivos de suporte a aplicações Web
      /test
         /java        Código-fonte dos testes
         /resources   Arquivos de suporte de testes
         /filters     Arquivos de filtros de testes
      /site           Código-fonte do site de seu projeto
      /doc            Qualquer outra documentação
   /lib
      /runtime        Bibliotecas necessárias em tempo de execução
      /test           Bibliotecas necessárias para os testes
      /build          Bibliotecas necessárias para a compilação
```

Se você usa subprojetos no Maven, cada um fica em um diretório na raiz do projeto, com subdiretórios que seguem o mesmo padrão. Note que o diretório lib não é parte do Maven – Maven baixará automaticamente dependências e as armazenará em um diretório local. Entretanto, se você não está usando Maven, verifique se as bibliotecas são parte do seu código.

Como gerenciar o código-fonte

Sempre siga a prática padrão Java e mantenha seus arquivos em diretórios com o nome do pacote em que estão, com uma classe por arquivo. O compilador Java e todos os ambientes modernos de desenvolvimento garantem o cumprimento dessa convenção, mas ainda encontramos lugares em que as pessoas a violam. Se você não pode seguir esta e outras convenções da linguagem, acaba se sujeitando a defeitos difíceis de serem encontrados, mas, mais importante, fica mais difícil manter o projeto, e o compilador gerará avisos. Por essa razão, garanta que a convenção de nomes em Java está sendo seguida, com os nomes nos pacotes em PascalCase e classes em camelCase. Use uma ferramenta como CheckStyle ou FindBugs para garantir adesão a essas convenções no passo de análise de código do estágio de commit. Para mais detalhes sobre convenção, confira a documentação da Sun: "Code Conventions for the Java Programming Language" [asKdH6].

Configuração ou metadados (p.ex., gerados por anotações ou XDoclet) não devem ficar no diretório src. Em vez disso, coloque-os no diretório alvo de modo que possam ser removidos quando você faz uma compilação limpa, do zero, e para evitar que acabem no sistema de controle de versão.

Como gerenciar testes

Todo o código de testes fica no diretório test/[linguagem]. Testes unitários devem ser armazenados em um espelho da hierarquia de pacotes do código – isto é, um teste para uma classe deve estar no mesmo pacote que a classe.

Outros tipos de testes, como testes de aceitação e testes de componentes, podem ficar em pacotes separados – por exemplo, com.mycompany.myproject.acceptance.ui, com.mycompany.myproject.acceptance.api, com.mycompany.myproject.acceptance.integration. Entretanto, é normal guardá-los no mesmo diretório que o restante dos testes. Em seus scripts de compilação, use filtros baseados no nome do pacote para garantir que sejam executados separadamente. Algumas pessoas preferem criar diretórios abaixo de testes para tipos diferentes de testes – mas essa é uma questão de preferência, já que IDEs e ferramentas de compilação são capazes de lidar com estruturas diferentes.

Como gerenciar o resultado da compilação

Quando o Maven compila seu projeto, ele coloca tudo em um diretório na raiz do projeto chamado de target. Isso inclui o código gerado, metadados como arquivos de mapeamento do Hibernate, etc. Colocar esses arquivos em diretórios separados torna mais simples o processo de limpeza de artefatos da compilação anterior, pois isso se torna apenas uma questão de excluir o diretório. Você não deve colocar nada que está nesse diretório sob controle de versão; se decidir fazer o check-in de artefatos binários, copie-os para outro diretório no repositório. O diretório de target deve ser ignorado pelo sistema de controle de versão. O Maven cria arquivos nesse diretório da seguinte forma:

```
/[nome do projeto]
  /target
    /classes           Classes compiladas
    /test-classes      Classes de teste compiladas
    /surefire-reports  Relatórios de testes
```

Se você não está usando o Maven, pode simplesmente usar um diretório chamado de reports, no qual guardará os relatórios de teste.

O processo de compilação deve gerar binários na forma de JARs, WARs e EARs. Esses arquivos são guardados no diretório target e no repositório de artefatos do sistema de compilação. No começo, o projeto deve usar um único JAR. Entretanto, à medida que o sistema cresce, você pode criar JARs diferentes para componentes diferentes (para mais detalhes sobre componentes, confira o Capítulo 13, "Como Gerenciar Componentes e Dependências"). Por exemplo, você pode criar JARs diferentes para partes funcionais do sistema que representam componentes inteiros ou serviços.

Independentemente da sua estratégia, considere que há duas vantagens na criação de múltiplos JARs: primeiro, para simplificar o processo de implantação da aplicação; segundo, para que seus processos de compilação e testes sejam mais eficientes e minimizem a complexidade de seu grafo de dependências. Essas considerações devem guiar sua escolha de como empacotar a aplicação.

Em vez de guardar todo o código como um único projeto e criar múltiplos JARs, a alternativa é criar projetos separados para cada componente ou subprojeto. Quando seu projeto atinge certo tamanho, isso pode simplificar a manutenção em longo prazo, embora também possa prejudicar a navegabilidade do código em certos IDEs. A escolha realmente depende de seu ambiente de implantação e do nível de acoplamento entre diferentes componentes. Criar um passo separado em seu processo de compilação para unir a aplicação dos vários JARs que a compõem pode ajudar a reter a flexibilidade para que você mude sua decisão sobre empacotamento mais tarde, se esse for o caso.

Como gerenciar bibliotecas

Há várias opções para gerenciar bibliotecas. Uma é delegar completamente o processo para uma ferramenta como Maven e Ivy. Nesse caso, você não precisa fazer o check-in de quaisquer bibliotecas no sistema de controle de versão – simplesmente declare as dependências que deseja na especificação do projeto. Outra opção é fazer o check-in de todas as bibliotecas de que você precisa para compilar, testar e executar seu projeto. Nesse caso, é comum colocá-los em um diretório lib na raiz do projeto. Gostamos de separar bibliotecas em diretórios diferentes dependendo do seu uso em tempo de compilação, de testes ou de execução.

Há algumas discussões sobre até que ponto lidar com o armazenamento de dependências de tempo de compilação, como o próprio Ant. Acreditamos que muito depende do tamanho e da duração do projeto. Por um lado, ferramentas como o compilador ou a versão do Ant podem ser usadas para compilar múltiplos projetos, e armazená-las em cada projeto seria um desperdício de espaço. Nesse caso, há um *trade-off*: à medida que um projeto cresce, também cresce o trabalho de manter dependências. Uma solução simples é armazenar as dependências em um projeto próprio ou no sistema de controle de arquivos.

Uma abordagem mais sofisticada é criar um repositório dentro de sua organização para guardar todas as bibliotecas necessárias para seus projetos. Tanto o Maven quanto o Ivy suportam repositórios customizados. Em uma organização em que observância é importante, isso pode ser usado como uma forma de tornar bibliotecas sancionadas disponíveis. Essas abordagens são discutidas em mais detalhes no Capítulo 13, "Como Gerenciar Componentes e Dependências".

Você precisa garantir que quaisquer bibliotecas das quais sua aplicação depende sejam empacotadas juntamente aos binários como parte do pipeline de implantação, como descrito na seção "Utilize as ferramentas de gerenciamento de pacotes de seu sistema operacional", na página 154. Maven e Ivy não devem existir nas máquinas de produção.

Scripts de implantação

Um dos princípios básicos de gerenciamento de ambientes é que mudanças para ambientes de testes e de produção só devem ser feitas via processos automatizados. Isso significa que você não deve acessar a máquina diretamente para executar uma implantação; o processo deve ser inteiramente executado por scripts. Há três maneiras de fazer isso. Se seu sistema roda em uma única máquina, você pode escrever um script que faça tudo o que for necessário localmente nessa máquina.

Entretanto, na maioria das vezes as implantações exigem algum nível de orquestração – isto é, executar scripts em diferentes computadores para realizar a implantação. Nesse caso, você precisa ter um conjunto de scripts de implantação – um para cada parte independente do processo – e executar todos eles nos servidores em que isso for necessário. Não faz sentido ter um script por servidor – por exemplo, pode existir um script para atualizar o banco de dados, um para implantar um novo binário para todos os servidores de aplicação e um terceiro script para atualizar um serviço do qual sua aplicação depende.

Você tem três opções para fazer uma implantação em máquinas remotas. A primeira é escrever um script que faz o login em cada máquina e executa os comandos apropriados. A segunda é escrever um script que executa localmente e usar um agente para executá-lo nas máquinas remotas. A terceira é empacotar a aplicação usando a tecnologia apropriada do sistema operacional ou plataforma e usar uma ferramenta de gerenciamento de infraestrutura para implantar novas versões, rodando as ferramentas necessárias para inicializar qualquer middleware. A terceira opção é a mais poderosa pelas seguintes razões:

- Ferramentas de implantação como ControlTier e BMC BladeLogic e ferramentas de gestão de infraestrutura como Marionette Collective, CfEngine e Puppet são declarativas e idempotentes, garantindo que a versão correta dos pacotes esteja instalada em todas as máquinas necessárias, mesmo que algumas delas não estejam operacionais durante a janela de implantação, ou se você adicionar uma nova máquina ou VM ao seu ambiente. Veja o Capítulo 11, "Gerência de Infraestrutura e Ambientes", para mais detalhes sobre essas ferramentas.

- Você pode usar o mesmo conjunto de ferramentas para gerenciar a implantação e a infraestrutura. Já que as mesmas pessoas – operações – são responsáveis por essas duas coisas, e as duas andam em conjunto, faz sentido usar uma única ferramenta nos dois casos.

Se essa opção não for possível, servidores de integração contínua que têm um modelo baseado em agentes (quase todos) facilitam a segunda opção. Essa abordagem tem vários benefícios:

- Você trabalha menos. Apenas escreve os scripts como se fossem executados localmente, faz o check-in deles no controle de versão e usa o servidor de IC para rodá-los em máquinas remotas específicas.

- O servidor de IC fornece toda a infraestrutura necessária para gerenciar tarefas, como executá-los novamente em caso de falha, mostrar a saída da execução e fornecer um painel de controle no qual você pode ver a situação da implantação e quais versões da aplicação estão em cada ambiente em dado momento.

- Dependendo de seus requisitos de segurança, pode ser útil que os agentes de IC em suas máquinas acessem o servidor de IC para obter o que precisam, sem que os scripts precisem acessar os ambientes remotamente.

Finalmente, se há alguma razão para não usar as ferramentas acima, você pode escrever seus próprios scripts. Se suas máquinas forem UNIX, você pode usar Scp e Rsync para copiar os binários e dados, e Ssh para executar os comandos relevantes para a implantação. Se estiver usando o Windows, também há opções: PsExec e PowerShell. Há ferramentas de alto nível como Fabric, Func e Capistrano que abstraem os detalhes básicos, tornando a criação de scripts um processo relativamente trivial.

Entretanto, nem usar IC, nem criar seus próprios scripts lhe permitirá lidar com erros, como implantações parcialmente concluídas, ou com o caso em que uma nova máquina é adicionada e precisa ser provisionada. Por isso, é preferível usar uma ferramenta de implantação apropriada.

As ferramentas disponíveis nesse campo estão evoluindo continuamente. Há exemplos de algumas ferramentas, como usá-las, e atualizações sobre novas ferramentas no site deste livro: [dzMeNE].

Como implantar e testar camadas

O ponto central de nossa abordagem para entrega, em geral, e para a compilação e implantação de sistemas complexos, especificamente, é a noção de que você sempre deve tentar construir sobre fundações comprovadamente boas. Não se preocupe em testar mudanças que não compilam, ou executar testes de aceitação em código que não passou pelo estágio de commit.

Isso vale ainda mais na hora de implantar em produção. Antes de nos preocuparmos em copiar os binários para o local correto no sistema de arquivos, precisamos saber se o ambiente está pronto para isso. Para conseguir chegar a esse ponto, precisamos pensar em implantações como um depósito de uma série de camadas, como mostrado na Figura 6.2.

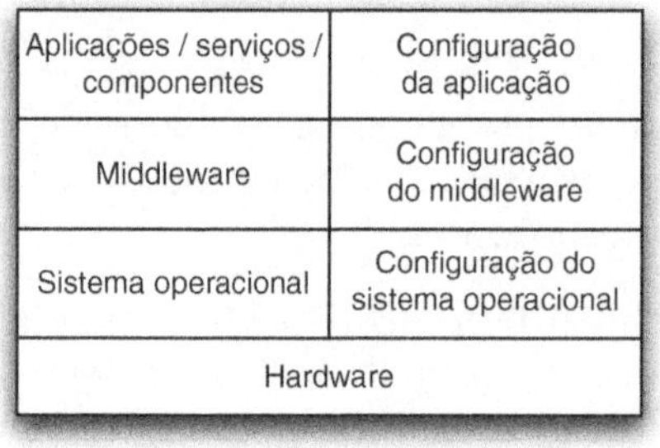

Aplicações / serviços / componentes	Configuração da aplicação
Middleware	Configuração do middleware
Sistema operacional	Configuração do sistema operacional
Hardware	

Figura 6.2 *Implantação em camadas.*

A camada mais baixa é o sistema operacional. Depois disso está o middleware e qualquer outro software do qual sua aplicação depende. Depois que essas duas camadas estão em seus locais apropriados, é necessário aplicar algumas configurações para prepará-las para a implementação da aplicação. Somente depois que isso foi adicionado podemos implantar o software – os binários implantáveis, serviços e suas configurações associadas.

Como testar a configuração do ambiente

Cada camada que você implanta pode, se for implantada incorretamente, impedir que a aplicação funcione como deveria. Isso significa que é preciso testar cada camada à medida que ela for implantada, de modo que você possa abortar o processo rapidamente se ocorrer um problema. Esse teste deve dar uma indicação clara de onde está o problema.

Esses testes não precisam ser exaustivos; eles simplesmente precisam identificar alguns erros comuns e falhas potencialmente onerosas. Eles devem ser *smoke tests* simples que acusem a presença ou ausência de recursos necessários. O objetivo é ter um alto grau de confiança de que a camada implantada está funcionando.

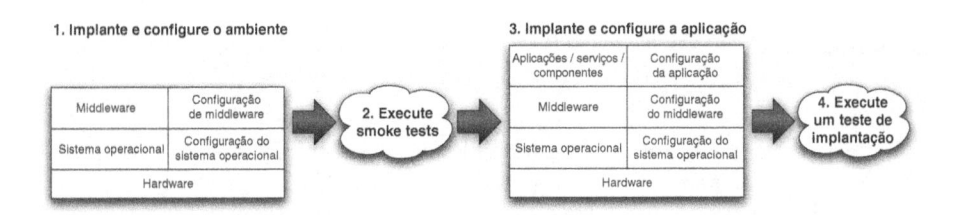

Figura 6.3 *Testando a implantação de camadas.*

Os *smoke tests* de infraestrutura que você escreve são únicos para qualquer sistema, mas sua intenção é consistente: provar que a configuração do ambiente está alinhada com nossas expectativas. Há mais detalhes sobre monitoramento de infraestrutura na seção "Monitoramento de infraestrutura e aplicações", na página 319. Para dar uma ideia do que estamos sugerindo, seguem alguns exemplos de testes que nos foram úteis no passado:

- Confirmar que conseguimos obter um registro do banco de dados.
- Confirmar que conseguimos acessar o site.
- Verificar que o serviço de mensagens possui um conjunto correto de mensagens registradas.
- Enviar vários "pings" pelo firewall para provar que ele permite tráfego e que usa uma distribuição *round-robin* entre os servidores.

> **Smoke tests de aplicações em camadas**
>
> Estávamos implantando um projeto .NET em um conjunto de servidores. Como na maioria dos ambientes .NET, a aplicação tinha múltiplas camadas fisicamente separadas. Nesse sistema, serviços Web eram implantados em dois servidores: um servidor de banco de dados e um servidor de aplicações. Cada serviço Web tinha sua própria porta e URI especificados em arquivos de configuração de outras camadas. Diagnosticar problemas era difícil e envolvia percorrer logs do serviço nas máquinas nos dois lados no canal de comunicação para descobrir o que estava acontecendo.
>
> Escrevemos um script Ruby simples que fazia um *parsing* dos arquivos config.xml e tentava se conectar com cada URL. Os resultados eram impressos no console, da seguinte forma:
>
> ```
> http://database.foo.com:3002/service1 OK
> http://database.foo.com:3003/service2 OK
> http://database.foo.com:3004/service3 Timeout
> http://database.foo.com:3003/service4 OK
> ```
>
> Isso tornava o processo de depuração bem simples.

Dicas

Nesta seção, listaremos algumas soluções e estratégias que já usamos para resolver problemas comuns no processo de compilação e implantação.

Sempre use caminhos relativos

O erro mais comum durante compilações é usar caminhos absolutos como padrão. Isso cria uma dependência forte entre a configuração de uma máquina específica e o processo de compilação, tornando difícil configurar e manter outros servidores. Por exemplo, é impossível fazer dois check-outs do mesmo processo em uma máquina – uma prática que pode ajudar bastante em várias situações, de depuração comparativa até testes em paralelo.

Seu padrão deve ser o uso de caminhos relativos para tudo. Dessa forma, cada instância do processo é autocontida, e a imagem da qual você faz um commit no sistema de controle de versão automaticamente garante que tudo está no lugar certo e que funciona.

Ocasionalmente, é difícil de evitar o uso de caminhos absolutos. Tente ser criativo e evite-os sempre que possível. Se você for forçado a usar caminhos absolutos, garanta que eles sejam um caso especial no processo, não o padrão. Verifique também que estejam armazenados em arquivos de propriedades ou algum outro tipo de mecanismo de configuração independente da compilação. Também há algumas boas razões para usar caminhos absolutos, se necessário. A primeira é se você precisar se integrar com uma biblioteca de terceiros que depende de caminhos fixos. Isole essas partes do sistema o máximo possível e não deixe que afetem o restante do projeto.

Mesmo quando você implanta a aplicação é possível evitar caminhos absolutos. Todo sistema operacional e ferramental tem uma convenção para instalar software, como o FHS (*Filesystem Hierarchy Standard*, ou Padrão de Hierarquia do Software). Use as ferramentas de empacotamento de seu sistema operacional para fazer valerem essas convenções. Se você ainda assim precisar instalar em algum local que não é padrão, crie uma opção no sistema de configuração. Tente minimizar isso fazendo com que todos os caminhos no sistema sejam relativos a um ou mais caminhos raiz bem definidos – o caminho de implantação, o caminho de configuração e assim por diante.

Para mais informação sobre como configurar a aplicação em tempo de implantação, veja o Capítulo 2, "Gerência de Configuração".

Elimine passos manuais

O número de pessoas que implantam um sistema manualmente ou por meio de ferramentas com GUIs é impressionante. Para muitas organizações, um script é um documento impresso com uma série de instruções como esta:

```
...
PASSO 14:   Copie todas as DLLS do diretório CDROM E:\web_server\dlls em um novo
            diretório virtual
PASSO 15:   Abra uma janela do console e digite: regsvr webserver_main.dll
PASSO 16:   Abra o gerenciador de IISS e clique Criar Nova Aplicação
...
```

Esse tipo de implantação é entediante e sujeito a erros. A documentação está sempre errada e desatualizada e, portanto, exige ensaios extensivos em ambientes de pré-produção. Cada implantação é única – uma correção ou pequena mudança no sistema pode exigir que somente uma ou duas partes do sistema sejam implantadas novamente. Assim, o procedimento deve ser revisado para cada entrega. Conhecimento e artefatos de implantações anteriores não podem ser reutilizados. Cada implantação é um exercício de memória e entendimento do sistema para a pessoa que a está realizando, e é principalmente propensa a erros.

Então, quando você deve pensar em automatizar algum processo? A resposta mais simples é "Quando precisar fazer algo pela segunda vez". A terceira vez já deveria ser feita de maneira automatizada. Essa abordagem granular e incremental rapidamente cria um sistema para automatizar partes repetidas do processo de desenvolvimento, compilação, testes e implantação.

Construa rastreabilidade de binários até o controle de versão

É essencial ser capaz de determinar, a partir de um binário qualquer, qual revisão no controle de versão foi usada para gerá-lo. Se você tem um problema em um ambiente de produção, a capacidade de descobrir exatamente quais versões de cada componentes estão nessa máquina e de onde vieram pode fazer toda a diferença. (Bob Aiello conta uma história excelente sobre isso em seu livro *Configuration Management Best Practices*).

Há várias maneiras de fazer isso. No .NET, você pode incluir metadados de versionamento em seus assemblies – apenas garanta que os scripts de compilação façam isso e incluam a revisão do controle de versão no binário. Arquivos JAR também podem incluir metadados em seus manifestos, de modo que você pode fazer algo similar. Se sua tecnologia não tem a capacidade de incluir metadados em pacotes, você pode fazer isso de outra maneira como obter um *hash* MD5 de cada binário que o processo gera, juntamente a seu nome e revisão de onde veio, e guardar isso em um banco de dados. Dessa forma, você simplesmente precisa obter um MD5 do binário em produção e consultar o banco para descobrir de onde ele veio.

Não coloque binários no controle de versão durante a compilação

Às vezes pode parecer uma boa ideia guardar os binários ou relatórios gerados na compilação no controle de versão. Entretanto, essa é uma má ideia por várias razões.

Em primeiro lugar, uma das funções mais importantes do sistema de controle de versão é ser capaz de rastrear o que aconteceu em um conjunto específico de check-ins. Geralmente, você irá associar um número de revisão a uma compilação específica, e usar isso para rastrear as mudanças pelos vários ambientes por que passaram em direção à produção. Se você fizer um check-in com seus binários e relatórios de compilação, isso significa que os binários correspondentes a uma determinada revisão terão um número diferente da revisão em que foram criados – o que provavelmente causará confusão.

Em vez disso, coloque os relatórios e binários em um sistema de arquivos compartilhado. Se perdê-los e precisar recriá-los, a melhor prática é obter o código-fonte e criá-los a partir daí. Se não conseguir fazer isso a partir do código, seu sistema de gerência de configuração não está funcionando e precisa ser melhorado.

De maneira geral, a regra é não fazer o check-in de nada *criado* pelo ciclo de compilação, testes e implantação. Em vez disso, trate esses artefatos como metadados associados à revisão que levou àquela compilação específica. A maioria dos servidores modernos de IC e dos servidores de gestão de entregas possui repositórios de artefatos e sistemas de gerenciamento que podem ajudar nisso, ou você pode usar ferramentas como Maven, Ivy e Nexus.

Tarefas de testes não devem fazer o processo de compilação falhar

Em alguns sistemas de compilação, o comportamento padrão é o processo falhar logo que uma tarefa falhar. Se parte do processo é executar a tarefa de testes e estes falham, então todo o processo de compilação falha imediatamente após a execução da tarefa. Isso quase sempre é ruim – em vez disso, registre o fato de que a atividade falhou e continue com o restante da compilação. Somente então, no fim do processo, verifique se uma das tarefas falhou e termine com um código falho.

Esse problema surge porque em vários projetos faz sentido ter múltiplas tarefas de teste. Por exemplo, em um conjunto de testes de commit pode haver um conjunto de testes unitários, alguns testes de integração e alguns *smoke tests* de aceitação. Se os testes unitários rodam primeiro e falham, você não consegue saber se os testes de integração teriam tido sucesso até o próximo check-in, ou seja, mais tempo perdido.

Uma prática melhor é simplesmente fazer a compilação falhar depois de gerar relatórios mais úteis ou rodar um conjunto mais completo de testes. Por exemplo, no NAnt e no Ant, isso pode ser feito usando o atributo `failure-property` da tarefa.

Limite sua aplicação com *smoke tests* de integração

Designers de interação geralmente limitam interfaces para evitar entradas indesejadas. Da mesma maneira, você pode limitar sua aplicação para que ela não funcione se estiver em uma situação estranha. Por exemplo, pode fazer com que seus scripts de implantação verifiquem se estão rodando na máquina correta antes de implantar qualquer coisa. Isso é particularmente importante para máquinas de testes e produção.

Quase todos os sistemas têm alguma funcionalidade de processamento em lote que roda periodicamente. Em sistemas de finanças, há componentes que rodam uma vez por mês, por trimestre ou por ano. Nesse caso, sua versão implantada deve validar a configuração quando ela for instalada.

Dicas e truques para .NET

O .NET tem algumas peculiaridades – abaixo estão algumas questões às quais você deve prestar atenção.

Soluções e projetos em .NET contêm referências aos arquivos que compilarão na prática. Se um arquivo não é referenciado, ele não é compilado. Isso significa que é possível que um arquivo seja removido da solução, mas ainda exista em disco. Isso pode levar a problemas difíceis de diagnosticar, já que, em algum lugar, alguém pode olhar para o arquivo e questionar sua utilidade. É importante manter o projeto limpo, removendo esses arquivos. Uma maneira simples é ativar a opção "Mostrar arquivos escondidos" na solução e monitorar os arquivos sem ícones. Quando vir um deles, remova-o do controle de versão.

Idealmente, isso deveria acontecer de forma automática quando o arquivo for removido da solução, mas a maioria das ferramentas de controle de versão que integram com o Visual Studio não faz isso. Enquanto isso não é implementado, é importante fazer manualmente.

Monitore os diretórios bin e obj. Garanta que sua tarefa *clean* remova esses diretórios. Uma maneira de fazer isso é garantir que *clean* chame o *clean* do Devenv em sua solução.

Resumo

Usamos o termo "script" de uma maneira bem ampla. Geralmente ele significa qualquer tipo de automação que nos ajude a compilar, testar, implantar e entregar o software. Quando você aborda a ampla coleção de scripts do fim do pipeline de implantação, ela parece bastante complexa. Entretanto, cada tarefa em um script de compilação ou implantação é simples, e o processo não é realmente complexo. Nosso conselho é usar o processo de compilação e implantação como um guia para sua coleção de scripts. Aumente as capacidades de compilação e implantação gradualmente, identificando de maneira iterativa as necessidades do pipeline e automatizando os passos mais complicados. Tenha em mente o objetivo final a todo momento – isto é, compartilhar o mesmo mecanismo de implantação entre desenvolvimento, testes e produção –, mas não se fixe muito nisso quando começar a criar suas ferramentas. Entretanto, envolva as equipes de operação e desenvolvimento desde o começo na criação desse mecanismo.

Atualmente, existem diversas tecnologias para criar esses scripts. Mesmo o Windows, tradicionalmente um ambiente pobre para automação, já conta com ferramentas poderosas como PowerShell e as interfaces de *scripting* do IIS e o restante das ferramentas Microsoft. Ressaltamos as mais populares neste capítulo e indicamos onde você pode encontrar mais informações sobre esses e outros recursos. Obviamente, não conseguimos abordar esse aspecto em detalhes em um livro geral como este. Se conseguimos passar um entendimento sólido das fundações de scripts de compilação e implantação e das várias possibilidades disponíveis – e, mais importante, inspiramos você a ir adiante e automatizar o processo – conseguimos atingir nosso objetivo.

Finalmente, vale reiterar que scripts são partes essenciais de seu sistema e devem passar pelo mesmo ciclo de vida da aplicação. Além disso, devem ser versionados, mantidos, testados e refatorados, bem como o *único* mecanismo usado para implantação. Muitas equipes tratam seus sistemas de implantação como uma consideração secundária; nossa experiência tem mostrado que a arquitetura de sistemas de compilação e implantação é sempre deixada de lado. Como resultado, sistemas mantidos de maneira tão pobre são em geral a barreira para um processo sensato e passível de repetição de entrega, em vez de sua implantação. Equipes de entrega devem dedicar tempo e atenção para fazer a coisa certa nos scripts de compilação e implantação. Essa não é uma tarefa para um estagiário. Use um tempo para pensar sobre os objetivos que quer atingir e faça uma arquitetura apropriada para alcançá-los.

Capítulo 7
O Estágio de Commit

Introdução

O estágio de commit começa com uma mudança no estado do projeto – isto é, um commit que é feito no sistema de controle de versão. Ele termina com um relatório de erro ou, se for bem-sucedido, com uma coleção de artefatos binários e pacotes instaláveis a serem usados nos próximos estágios de testes e implantação, e com relatórios sobre o estado da aplicação. Idealmente, o estágio de commit deve demorar menos do que cinco minutos para rodar, e certamente não mais do que dez.

O estágio de commit representa, de várias maneiras, uma entrada para o pipeline de implantação. Ele não somente é o ponto em que uma versão candidata é criada, mas também em que muitas equipes começam a implementar o pipeline de implantação. Quando uma equipe implementa a prática de integração contínua, ela automaticamente cria um estágio de commit no processo.

Esse primeiro passo é vital. O uso de um estágio de commit garante que o projeto reduzirá o tempo gasto em integração no âmbito do código. Ele ajuda a manter boas práticas de projeto e tem um efeito significativo na qualidade do código – e na velocidade da entrega.

O estágio de commit também é o ponto em que você deve começar a construção de um pipeline de implantação.

Nós já descrevemos brevemente o estágio de commit nos capítulos anteriores, "Integração Contínua" e "Anatomia de um Pipeline de Implantação". Neste capítulo, estenderemos a discussão descrevendo em mais detalhes como criar um estágio de commit efetivo e eficiente. O público-alvo do capítulo são os desenvolvedores, que são os principais usuários do feedback do estágio de commit. O estágio de commit é representado na Figura 7.1.

Relembrando, o estágio de commit funciona da seguinte forma: alguém faz um check-in com uma mudança no código no branch principal de desenvolvimento (o trunk ou *mainline*) no sistema de controle de versão. O servidor de integração contínua detecta a mudança, obtém o código e executa uma série de tarefas incluindo:

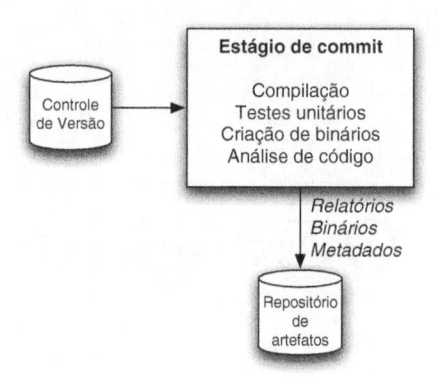

Figura 7.1 *O estágio de commit.*

- Compilar o código (se necessário) e executar os testes unitários existentes sobre o código integrado.
- Criar binários que podem ser instalados em qualquer ambiente (isso inclui compilar e montar o código, se você estiver usando uma linguagem compilada).
- Executar qualquer análise necessária para verificar a saúde da base de código.
- Criar outros artefatos (como migrações de bancos de dados ou dados de teste) que serão usados nos demais estágios do pipeline.

Essas tarefas são orquestradas por scripts de compilação que executam no servidor de integração contínua. Você encontrará mais sobre esses scripts no Capítulo 6, "Scripts de Compilação e Implantação". Os binários (se o estágio obtiver sucesso) e relatório são armazenados em um repositório central para uso do time de entrega e de outros estágios do pipeline.

Para desenvolvedores, o estágio de commit é o ciclo de feedback mais importante no processo de desenvolvimento. Ele fornece feedback rápido quanto aos erros mais comuns que eles introduzem no sistema. O resultado do estágio de commit representa um evento significativo na vida de uma versão candidata. Obter sucesso nesse estágio é a única forma de entrar no pipeline de implantação e, dessa forma, iniciar o processo de entrega de software.

Princípios e práticas do estágio de commit

Se um dos objetivos do pipeline de implantação é eliminar compilações que não atendam aos critérios de produção, então o estágio de commit atua como um "segurança". Sua intenção é garantir que indesejáveis sejam rejeitados antes que possam causar problemas. O objetivo principal do estágio de commit é criar um artefato implantável ou falhar rapidamente e notificar a equipe sobre o motivo da falha.

Abaixo estão alguns princípios e práticas que compõem um estágio de commit eficiente.

Fornecer feedback rápido e útil

Falhas nos testes de commit podem ser atribuídas a uma das três seguintes causas: um erro de sintaxe foi introduzido no código e detectado por compilação em linguagens compiladas; um erro semântico foi introduzido na aplicação, causando a falha de um ou mais testes; há algum problema com a configuração da aplicação ou de seu ambiente (incluindo o sistema operacional). Seja qual for o problema, em caso de falhas o estágio de commit deve avisar os desenvolvedores assim que os testes terminarem e oferecer um resumo das razões das falhas, como uma lista de testes que não tiveram sucesso, erros de compilação ou quaisquer outras condições de erro. Os desenvolvedores devem poder acessar facilmente a saída gerada pela execução do estágio de commit, que pode ter sido executado em várias máquinas diferentes.

Erros são mais fáceis de corrigir se forem detectados cedo, próximo ao momento em que foram introduzidos. Isso se dá não só porque as informações relevantes ainda estão frescas na memória daqueles que introduziram o erro no sistema, mas também porque a mecânica da descoberta da causa do erro também é mais simples. Se um desenvolvedor faz uma mudança que resulta em uma falha em um teste, e a causa não é evidente, a atitude natural a tomar é analisar tudo que mudou desde a última vez em que o sistema estava funcionando para reduzir o foco da busca.

Se um desenvolvedor está seguindo nossos conselhos e fazendo check-ins frequentes, o escopo de cada mudança será bem pequeno. Se o pipeline de implantação é capaz de identificar a falha rapidamente, de preferência no estágio do commit, o escopo de mudança é limitado às mudanças feitas especificamente por este desenvolvedor. Isso significa que resolver problemas encontrados no estágio de commit é bem mais simples do que resolver erros identificados em estágios posteriores, que podem testar uma grande quantidade de mudanças ao mesmo tempo.

Assim, para que nosso pipeline de implantação seja eficiente, precisamos encontrar erros o mais cedo possível. Na maioria dos projetos, começamos esse processo antes do estágio de commit, maximizando o uso de ambientes modernos de desenvolvimento – trabalhando para resolver quaisquer avisos em tempo de compilação (se aplicável) e erros de sintaxe assim que forem indicados pelo ambiente de desenvolvimento. Muitos servidores modernos de IC também têm uma funcionalidade chamada de commit pré-testado, que roda o estágio de commit sobre suas mudanças antes de um check-in. Se você não tem essa funcionalidade, deve compilar e rodar os testes de commit localmente antes de um check-in.

O estágio de commit é o primeiro passo formal que leva o foco de qualidade para além do escopo de um único desenvolvedor. A primeira coisa que ocorre no estágio de commit é que as mudanças feitas por um desenvolvedor são integradas no branch principal, e então é feita uma espécie de "verificação" automatizada da aplicação integrada. Se quisermos manter o objetivo de identificar erros o mais cedo possível, precisamos focar em falhar rapidamente; portanto, o estágio de commit precisa detectar a maioria dos erros que um desenvolvedor pode introduzir na aplicação.

Um erro comum na adoção de integração contínua é entender o princípio de "falhar rapidamente" de maneira muito literal e fazer o estágio falhar imediatamente se um erro for encontrado. Isso está quase certo, mas é uma otimização excessiva. Geralmente dividimos o estágio de commit em uma série de tarefas (as tarefas exatas dependerão do projeto), como compilação, testes unitários e assim por diante. Somente interrompemos o estágio de commit se um erro impedir que as demais tarefas do estágio sejam executadas – por exemplo, um erro de compilação. Caso contrário, rodamos o estágio até o fim e apresentamos um relatório agregado de todos os erros e falhas, de modo que possam ser corrigidos de uma só vez.

O que poderá fazer o estágio de commit falhar?

Tradicionalmente, o estágio de commit é projetado para falhar em uma das circunstâncias descritas anteriormente: erros de compilação, falhas nos testes ou problemas de ambiente. De outra forma, o estágio é concluído com sucesso, e informa que tudo está correto. Mas e se os testes passarem porque só existem alguns poucos deles? E se a qualidade do código é ruim? E se a compilação obtiver sucesso, mas há centenas de avisos que deveriam ser eliminados? Um estágio verde de commit pode facilmente ser um falso positivo, sugerindo que a qualidade da aplicação é aceitável quando na verdade não é.

Há um forte argumento de que a restrição de binários imposta sobre o estágio de commit – ou passar ou falhar – é limitadora demais. Deve ser possível fornecer informação mais rica, como um conjunto de gráficos representado cobertura de código e outras métricas ao final da execução do estágio. Essa informação pode ser agregada pelo uso de uma série de limites em uma visualização, por exemplo, sinais de tráfego (verde, amarelo e vermelho) ou qualquer outra escala. Podemos, por exemplo, fazer o estágio falhar se a cobertura de testes cair abaixo de 60%, ou deixar que ele passe, mas com um status amarelo, e não verde, se estiver abaixo de 80%.

Nunca vimos nada tão sofisticado na vida real. Entretanto, já escrevemos scripts para o estágio de commit que o fazem falhar se o número de avisos aumenta ou se não diminui (uma prática que chamamos de *ratcheting*), como descrito na seção "Quebrar o processo de compilação em avisos e problemas de estilo", na página 73. É perfeitamente aceitável que seus scripts causem a falha do estágio se a quantidade de duplicações no código passar de algum limite aceitável ou se houver alguma outra violação na qualidade do código.

Lembre, entretanto, que, se o estágio de commit falhar, a responsabilidade imediata da equipe é parar o que estiver fazendo e corrigir o problema. Não cause falhas por razões que não tenham aceitação completa da equipe, pois as pessoas não vão levá-las a sério, e a prática de integração contínua não será mais seguida. Entretanto, revise continuamente a qualidade da aplicação e faça valer métricas no estágio de commit quando for apropriado.

Cuide do estágio de commit

O estágio de commit inclui tanto scripts de compilação como scripts de testes unitários, análise de código e assim por diante. Esses scripts devem ser cuidadosamente mantidos e tratados com o mesmo respeito com que você trataria qualquer outra parte da aplicação. Como qualquer sistema de software, quando a manutenção dos scripts desse estágio não for cuidadosa, o esforço para mantê-los começa a ser cada vez maior. Isso tem um efeito duplamente ruim. Um sistema de compilação ruim não apenas exige tempo e esforço valiosos de desenvolvimento que poderiam ser empregados na criação de funcionalidade de negócio para a aplicação, como também torna o processo de desenvolvimento mais lento. Já vimos vários projetos que efetivamente pararam devido a problemas no estágio de commit.

Trabalhe constantemente para melhorar a qualidade, a arquitetura e o desempenho de seus scripts para esse estágio à medida que evoluírem. Um estágio de commit eficiente, rápido e confiável é um fator fundamental para a produtividade de qualquer equipe de desenvolvimento, de modo que um pequeno investimento de tempo e esforço para fazê-lo funcionar bem é sempre recompensado rapidamente. Manter o estágio de commit rápido e garantir que quaisquer falhas, de qualquer tipo, sejam encontradas o mais cedo possível requer criatividade, como a seleção cuidadosa de casos de testes. Scripts tratados de forma secundária em relação ao código da aplicação rapidamente se tornam impossíveis de entender e manter. Nosso recorde até hoje foi um projeto que herdamos com um script Ant com 10.000 linhas de código XML. É desnecessário dizer que esse projeto precisava de uma equipe completa para manter o processo de compilação funcionando – um desperdício enorme de recursos.

Garanta que seus scripts sejam modulares, como descrito no Capítulo 6, "Scripts de Compilação e Implantação". Estruture-os para manter tarefas comuns, usadas a todo momento, mas que mudam pouco, separadas das tarefas que mudam frequentemente, como adicionar um novo módulo à base de código. Separe o código que roda em estágios diferentes do pipeline em scripts separados. E o mais importante: evite scripts que dependam de ambiente, ou seja, separe a configuração específica de ambiente dos próprios scripts.

Transforme os desenvolvedores em donos do processo

Em algumas organizações, há equipes especializadas na criação de pipelines modulares e eficientes, e na manutenção dos ambientes em que executam. Já trabalhamos dessa forma. Entretanto, consideramos isso um erro se chegar o ponto em que somente esses especialistas podem manter o sistema de IC.

É fundamental que toda a equipe seja coletivamente dona do estágio de commit (e, de fato, do resto da infraestrutura do pipeline). Isso está intimamente ligado ao seu trabalho e sua produtividade. Se colocar barreiras entre os desenvolvedores e sua capacidade de efetuar mudanças rápidas e efetivas, você atrasará o progresso e criará problemas posteriormente.

Mudanças simples, como adicionar novas bibliotecas, mudar arquivos de configuração, e assim por diante, devem ser executadas em conjunto por desenvolvedores e pessoal de operação à medida que se tornarem necessárias. Esse tipo de atividade não deve ser feito por um especialista, exceto talvez no início do projeto, quando a equipe estiver trabalhando na criação do estágio em si.

O conhecimento de especialistas não deve ser menosprezado, mas seu objetivo é estabelecer boas estruturas, padrões e uso de tecnologia, e transferir conhecimento para a equipe de entrega. Quando as regras básicas forem estabelecidas, esse conhecimento especializado deve ser usado somente para mudanças estruturais, não para manutenção diária do processo.

Para projetos muito grandes, às vezes há trabalho suficiente para manter os especialistas no processo de compilação e implantação ocupados permanentemente, mas nossa experiência mostra que isso deve ser tratado como uma medida temporária para resolver um problema complicado; e o conhecimento deve ser espalhado pela equipe por meio do trabalho conjunto entre desenvolvedores e especialistas.

Desenvolvedores e pessoal de operação, em conjunto, devem se sentir responsáveis pela manutenção de toda o pipeline de implantação e estar à vontade com isso.

Use um *build master* para equipes muito grandes

Em equipes trabalhando no mesmo local e de até vinte ou trinta pessoas, auto-organização funciona muito bem. Se a compilação estiver quebrada, em uma equipe desse tamanho é fácil descobrir os responsáveis e lembrá-los de que não estão trabalhando no problema ou ajudá-los se estiverem.

Em equipes maiores ou mais distribuídas, isso nem sempre é fácil. Nessas circunstâncias, pode ser útil ter um responsável pela compilação, um *build master* do processo de compilação. Seu trabalho é monitorar e dirigir a manutenção da compilação, além de incentivar e garantir a disciplina da compilação. Se a compilação quebra, o *build master* percebe e lembra gentilmente – ou não, se tiver passado muito tempo – os responsáveis que eles precisam corrigir o problema rapidamente ou reverter suas mudanças.

Outra situação em que esse papel é útil é em equipes pouco familiarizadas com o processo de integração contínua. Em tais equipes, a disciplina com o processo ainda não foi estabelecida, e são necessários lembretes frequentes para manter tudo no caminho certo.

O *build master* não deve ser uma função permanente. Membros da equipe devem se alternar no papel, por exemplo, em uma escala semanal. É bom para a disciplina – e um passo importante no aprendizado da equipe – que todos experimentem esse papel periodicamente. De qualquer forma, pessoas que querem fazer isso permanentemente são raras.

Os resultados do estágio de commit

O estágio de commit, como qualquer outro estágio do pipeline de implantação, tem tanto entradas como saídas. A entrada é código, e a saída são os binários e relatórios. Os relatórios produzidos devem incluir os resultados dos testes, que são essenciais para descobrir o que deu errado se os testes falharem, e os relatórios de análise da base de código. Os relatórios de análise devem incluir cobertura de testes, complexidade ciclomática, análises de duplicação, acoplamento eferente e aferente e outras métricas úteis para indicar a saúde do código. Os binários gerados pelo estágio de commit são os mesmos que serão reutilizados pelo restante dos estágios e potencialmente pelos usuários.

O repositório de artefatos

Os resultados do estágio de commit, seus relatórios e binários, devem ser armazenados em algum lugar para reúso pelos demais estágios do pipeline e para que a equipe possa acessá-los. O local óbvio pode parecer o sistema de controle de versão, mas há vários motivos pelos quais isso não é o ideal, sem levar em conta o fato de que dessa forma você usará mais espaço em disco e que alguns sistemas de controle de versão não suportam esse tipo de uso.

- O repositório de artefatos é um tipo incomum de controle de versão, pois precisa guardar somente algumas versões. Uma versão candidata falha em algum estágio do pipeline de implantação, não estamos mais interessados nela. Podemos, então, remover esses binários e relatórios do repositório de artefatos.

- É essencial ser capaz de rastrear o software entregue de volta às revisões no controle de versão que foram usadas para criá-lo. Para poder fazer isso, uma instância do pipeline deve ser correlacionada à revisão de código que a gerou. Colocar algo no controle de versão a partir do pipeline torna essa tarefa bem mais complexa, introduzindo novas revisões associadas a um pipeline.

- Um dos critérios de aceitação de uma boa estratégia de gerência de configuração é que o processo de criação de um binário deve poder ser repetido. Em outras palavras, se você remover os binários e rodar novamente o estágio de commit a partir da mesma revisão que o originou, deve obter exatamente os mesmos binários. É interessante manter *hashes* dos binários em algum repositório permanente para verificar que você recriou exatamente a mesma coisa e poder executar uma auditoria iniciando na produção e voltando até o estágio de commit.

A maioria dos servidores de IC modernos tem um repositório de artefatos embutido, incluindo configurações que permitem que artefatos indesejados sejam removidos depois de certo período. Geralmente há alguma maneira declarativa de especificar quais artefatos você deseja armazenar no repositório após a execução de um determinado estágio, além de uma interface Web que permite acesso remoto aos relatórios e binários. Você ainda pode usar um repositório dedicado como o Nexus, ou algum repositório no estilo Maven, para lidar com binários (embora eles não sejam apropriados para relatórios). Gerenciadores de repositórios tornam o processo de acessar binários de máquinas de desenvolvimento mais simples, sem depender de integração com o servidor de IC.

> **Crie seu próprio repositório de artefatos**
>
> É muito simples criar seu próprio repositório de artefatos se você quiser. Descrevemos os princípios para repositórios de artefatos em mais detalhes no Capítulo 13, "Como Gerenciar Componentes e Dependências".

A Figura 7.2 mostra um diagrama do uso de um repositório de artefatos em uma instalação típica. É um recurso fundamental que armazena binários, relatórios e metadados para cada uma das versões candidatas.

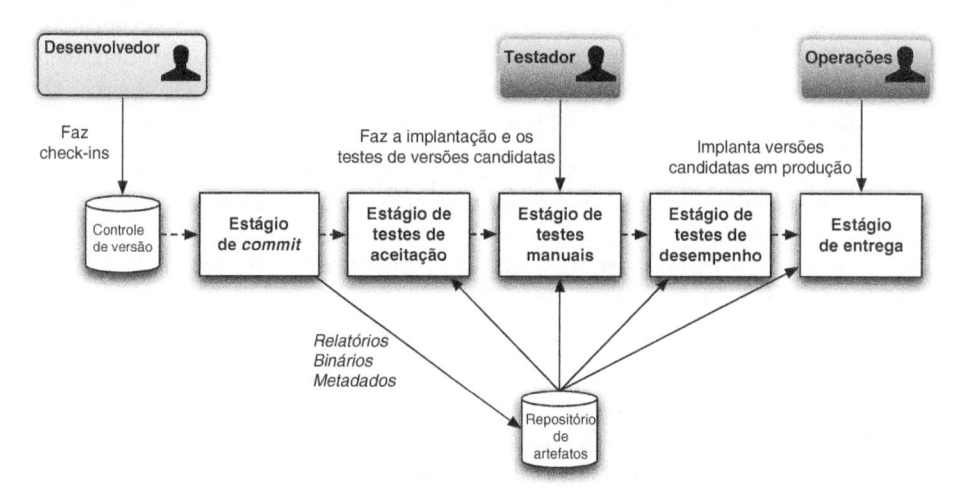

Figura 7.2   *O papel de um repositório de artefatos.*

Os passos a seguir detalham o caminho que uma *versão* deve fazer para chegar com sucesso à produção. Os números se referem aos passos enumerados na Figura 7.2.

1. Alguém na equipe faz um check-in de uma mudança.
2. O servidor de integração contínua executa o estágio de commit.
3. Após o sucesso do estágio, os binários gerados e os relatórios e metadados associados são salvos do repositório de artefatos.
4. O servidor de IC usa os binários gerados no passo anterior e faz a implantação destes em um ambiente similar ao de produção.

5. O servidor de IC executa os testes de aceitação, reutilizando os binários criados no estágio de commit.
6. Após o sucesso do estágio de testes de aceitação, a versão candidata é marcada como tendo passado por esse estágio.
7. Testadores podem então obter uma lista de versões candidatas que passaram pelos testes de aceitação e apertar um botão para implantá-las automaticamente em um ambiente de testes manuais.
8. Testadores executam testes manuais.
9. Após o sucesso dos testes manuais, os testadores atualizam a situação da versão candidata para indicar que ela passou nos testes manuais.
10. O servidor de IC recupera a última versão candidata que passou pelos testes de aceitação, ou testes manuais, dependendo da configuração do pipeline, e a implanta em um servidor de testes de produção.
11. Os testes de capacidade são executados sobre a versão candidata.
12. Se forem bem-sucedidos, a situação da versão candidata é atualizada para "testada para capacidade".
13. Esse padrão é repetido para todos os estágios do pipeline existentes.
14. Depois que a versão candidata passou por todos os estágios relevantes, ela está "pronta para entrega", e pode ser implantada em produção por qualquer pessoa autorizada a fazer isso, geralmente uma combinação de *sign-off* por QA* e pessoal de operações.
15. Ao final do processo, a versão candidata é marcada como "entregue" ou "implantada".

> Para simplificar, descrevemos isso como um processo sequencial. Isto vale para os estágios iniciais: eles devem ser executados em ordem. Entretanto, dependendo do projeto, é útil rodar alguns dos estágios após os testes de aceitação de forma não sequencial. Por exemplo, testes manuais e de capacidades podem ser acionados simultaneamente após um resultado positivo dos testes de aceitação. O time de testes ainda pode escolher testar diferentes versões candidatas em seus ambientes.

Princípios e práticas dos testes do estágio de commit

Há alguns princípios e práticas importantes que regem o projeto de um conjunto de testes de commit. A maioria dos testes de commit deve ser composta de testes unitários, e é neles que vamos nos concentrar nesta seção. A propriedade mais importante dos testes unitários é que eles devem executar rapidamente. Algumas vezes, fazemos esse estágio falhar se os testes não forem suficiente-

---

* N. de T.: A expressão "*sign-off* for QA" significa a aprovação por parte da equipe ou do responsável pela garantia da qualidade – *quality assurance*, QA.

mente rápidos. A segunda propriedade importante é que eles devem cobrir uma grande parte da base de código (cerca de 80% é um bom número), oferecendo um bom grau de confiança de que, quando eles resultam em sucesso, a aplicação está funcionando. Obviamente, cada teste unitário testa somente uma pequena parte da aplicação sem rodá-la – portanto, por definição, eles não podem lhe dar total certeza de que a aplicação funciona; é por isso que existe o restante do pipeline.

Mike Cohn criou uma boa maneira de visualizar como você deve estruturar seus testes automatizados. Em sua pirâmide de automação de testes, mostrada na Figura 7.3, os testes unitários representam a maioria dos testes. Porém, como executam rápido, eles devem rodar em apenas alguns minutos. Embora existam menos testes de aceitação (divididos em testes de serviço e de UI – interface de usuário), eles normalmente demoram muito mais para rodar, porque são executados sobre o sistema enquanto este último também está rodando. Todos os níveis são essenciais para garantir que a aplicação está funcionando e entregando o valor de negócio esperado. A pirâmide de testes cobre o lado esquerdo do diagrama de quadrantes de testes ("Suporte à programação") mostrado na seção "Tipos de testes", na página 85.

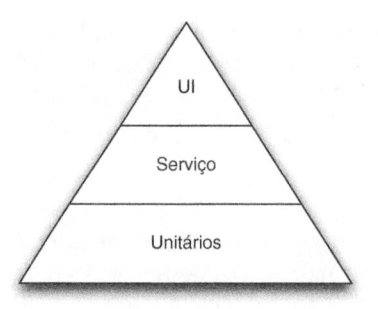

Figura 7.3 *Pirâmide de automação de testes (Cohn, 2009, Capítulo 15).*

Construir testes unitários que rodam rapidamente nem sempre é simples. Descreveremos várias estratégias a seguir. A maioria delas, entretanto, são técnicas para alcançar um objetivo simples: reduzir o escopo de determinado teste e mantê-lo, o máximo possível, focado em testar somente um aspecto do sistema. Em especial, testes unitários não devem tocar no sistema de arquivo, bancos de dados, bibliotecas, frameworks ou outros sistemas externos. Qualquer chamada para essas partes do sistema deve ser substituída por dublês de teste como *mocks* e *stubs* (tipos de dublês de testes são definidos na seção "Dublês de teste", na página 92). Muito já foi escrito sobre testes unitários e TDD, e iremos abordar esse assunto apenas superficialmente. Verifique a bibliografia para mais informações sobre esse tópico.[1]

---

[1] James Carr tem um bom artigo sobre padrões de TDD em seu blog [cX6V1k].

Evite a interface de usuário

A interface de usuário é, por definição, o lugar mais óbvio em que os usários encontrarão problemas. Como resultado, o foco natural dos testes muitas vezes acaba sendo esse – em alguns casos, à custa de outros tipos de testes.

Para os testes de commit, entretanto, recomendamos que você não teste algum aspecto da interface. Há duas dificuldades ao testar a UI. Primeiro, ela tende a envolver muitos componentes ou níveis da aplicação em teste. Isso é problemático porque demanda esforço e, consequentemente, tempo para fazer com que todas as peças estejam no estado necessário para a execução dos testes. Segundo, UI são feitas para operar em escalas humanas que, comparadas a escalas de computação, são muito mais lentas.

Se o seu projeto ou tecnologia lhe permite evitar essas questões, talvez seja interessante criar testes unitários que operem pela UI, mas acreditamos que testar a UI seja problemático o bastante para que se lide com ela apenas no estágio de testes de aceitação.

Discutiremos mais abordagens para testes de UI no capítulo sobre testes de aceitação.

Use Injeção de Dependências

Injeção de Dependências ou Inversão de Controle é um padrão de projeto que descreve como as relações entre objetos devem ser estabelecidas de fora dos objetos em vez de ser dentro deles. Obviamente, esse conselho só se aplica se você estiver usando uma linguagem orientada a objetos.

Se você criar uma classe Car, pode construí-la de forma que ela crie seu próprio Engine quando for instanciada. Alternativamente, pode-se criar a classe Car de modo que ela receba um Engine quando for instanciada.

Isso caracteriza a injeção de dependências. Ela é mais flexível porque permite a criação de Cars com diferentes tipos de Engine sem mudar o código de Car. Pode-se até mesmo criar seu próprio Car com o TestEngine especial que somente pretende ser um Engine quando você estiver testando seu Car.

Essa técnica não somente é uma grande forma de criar software flexível e modular, como também torna muito mais fácil limitar o escopo de um teste às classes que você quer testar, sem se importar com todas as suas dependências.

Evite o banco de dados

Pessoas que estão começando a escrever testes automatizados geralmente escrevem testes que interagem com alguma outra camada do código, guardam os resultados no banco de dados e, então, confirmam que os resultados foram armazenados. Embora isso seja simples de entender, em todos os outros aspectos não é uma estratégia muito eficiente.

Primeiramente, os testes criados assim são muito mais lentos para rodar. A manutenção de estado também pode ser uma limitação quando você quer repeti-los ou quando vários testes similares devem ser executados em sucessão rápida. A complexidade da configuração de infraestrutura também torna a abordagem mais complexa para criar e manter. Finalmente, se não for tão simples eliminar o banco de dados dos testes, isso implica em uma separação ruim de reponsabilidades e de camadas em seu código. Essa é outra área em que testabilidade e IC pressionam você e sua equipe a escrever código melhor.

Os testes unitários, que formam a parte principal de seus testes de commit, não devem depender do banco de dados. Para isso, você deve ser capaz de separar o código que está sendo testado de seu armazenamento. Isso exige que o código seja apropriadamente dividido em camadas e que técnicas como dependência de injeção sejam usadas. Bancos de dados em memória devem ser o último recurso.

Entretanto, você também deve incluir um ou dois *smoke tests* simples em seus testes de commit. Esses testes devem ser testes de ponta a ponta provenientes do conjunto de testes de aceitação que testam funcionalidades muito usadas e de alto valor, que provam que a aplicação realmente funciona.

Evite código assíncrono em seus testes unitários

Comportamento assíncrono dentro do escopo de um único teste pode fazer com que seja bem difícil de testar um sistema. A abordagem mais simples é evitar testes assíncronos separando-os de modo que um deles rode sobre o código até o momento em que a assincronia começa e o outro rode depois disso.

Por exemplo, se o sistema posta uma mensagem e depois reage a ela, esconda a tecnologia de mensagens com sua própria interface. Então confirme que a chamada foi feita como esperado em um dos casos de teste, talvez usando um *stub* simples que implementa a interface ou usando *mocks* como descrito na próxima seção. Você pode adicionar um segundo teste para verificar o comportamento do módulo de mensagens, simplesmente chamando o que seria normalmente chamado pela infraestrutura de mensagens. Algumas vezes, entretanto, dependendo da arquitetura, isso não é possível sem bastante esforço.

Recomendamos que você trabalhe bastante para evitar assincronia no estágio de commit. Testes que dependem de infraestrutura, como mensagens (mesmo em memória), são considerados testes de componentes e não testes unitários. Testes de componentes mais complexos e mais lentos devem fazer parte do estágio de aceitação e não do estágio de commit.

Use dublês de testes

O teste unitário ideal concentra-se em uma pequena quantidade de componentes de código fortemente relacionados, tipicamente uma única classe ou algumas poucas classes que operam em conjunto.

Entretanto, em um sistema bem arquitetado, cada classe é pequena e faz seu trabalho por meio de interações com outras classes. Essa é uma prática central para o bom encapsulamento do código – cada classe esconde das outras como opera para realizar suas tarefas.

O problema é que, em um sistema bem projetado, testar um objeto em meio a uma rede de relações pode exigir uma configuração longa das classes ao redor. A solução é criar interações falsas com as dependências da classe.

Stubs têm uma longa e honrada tradição para testar dependências. Já descrevemos como a injeção de dependência funciona com um exemplo simples em que sugerimos o uso de uma classe TestEngine no lugar de uma classe Engine quando usada para testes.

Stubs, portanto, são uma substituição de parte do sistema por uma versão simulada que retorna repostas pré-fabricadas. *Stubs* normalmente não respondem a nada além daquilo para o que forma programados. Essa é uma abordagem poderosa e flexível para qualquer nível – desde usar um *stub* de uma simples classe até *stubs* para sistemas inteiros.

> **Usando *stubs* para substituir sistemas de mensagens**
>
> Trabalhamos em um sistema de pregão que tinha como requisito interagir de forma complexa com outro sistema, desenvolvido por outra equipe, por meio de uma fila de mensagens. A conversação era bem rica, com uma coleção de mensagens que, em grande parte, moviam o ciclo de vida de uma transação e a mantinha em sincronia entre os dois sistemas. Sem o sistema externo, nosso sistema não era capaz de cobrir o ciclo de vida completo da transação, de modo que era difícil criar testes significativos.
>
> Implementamos um *stub* razoavelmente complexo que simulava a operação do sistema em produção. Isso nos trouxe vários benefícios: permitiu a redução da lacuna no ciclo de vida da transação para fins de testes no sistema; permitiu a simulação de casos complexos que seriam muito difíceis de testar nos sistemas reais; e quebrou a dependência que tínhamos no desenvolvimento paralelo do outro sistema.
>
> Em vez de manter uma rede complexa de sistemas se comunicando uns com os outros, escolhemos quando interagir com o sistema real e quando lidar com um simples *stub*. Gerenciávamos a implantação do *stub* por meio de configuração, de modo que podíamos variar, de acordo com o ambiente, se estávamos interagindo com o sistema real ou com o *stub*.

Tendemos a usar *stubbing* amplamente para grandes componentes e subsistemas, mas menos para componentes no âmbito da linguagem de programação; nesse nível, geralmente preferimos *mocks*.

Mocking é uma técnica mais recente. Foi criada com a mesma motivação de *stubs*, mas com o objetivo de usá-los amplamente sem exigir a criação de uma grande quantidade de código de *stubs*. Não seria ótimo se, em vez de criar código tedioso para fazer o *stub* de todas as dependências para as classes que estamos testando, pudéssemos deixar que o computador escrevesse alguns *stubs* automaticamente?

Mocking é essencialmente isso. Há vários frameworks de *mocking* como Mockito, Rhino, EasyMock, JMock, NMock, Mocha e outros. *Mocking* permite que você diga: "Crie-me um objeto que finja ser uma classe do tipo X".

Fundamentalmente, *mocking* vai além disso e permite que você especifique, com algumas afirmações simples, o comportamento que você espera do código que está testando. Essa é a diferença essencial entre *mocking* e *stubbing* – com *stubs*, não importa como o *stub* é chamado; com *mocks*, você pode verificar se o código interagiu com os *mocks* da maneira esperada.

Vamos retornar ao nosso exemplo de uma classe Car e considerar as duas abordagens lado a lado. Para o exemplo, vamos considerar que, quando chamamos Car.drive, esperamos que a chamada Engine.start seja seguida de Engine.accelerate.

Como descrevemos anteriormente, usaremos injeção de dependências nos dois casos para associar as classes.

```
class Car {
  private Engine engine;

  public Car(Engine engine) {
    this.Engine = engine;
  }

  public void drive() {
    engine.start();
    engine.accelerate();
  }
}

Interface Engine {
  public start();
  public accelerate();
}
```

Se estivermos usando *stubbing*, criaremos uma implementação *stub*, uma classe TestEngine que registrará o fato de que tanto Engine.start como Engine.accelerate foram chamadas. Já que é um requisito que Engine.start seja chamada primeiro, provavelmente invocaremos uma exceção, ou registraremos algum erro se isso não acontecer.

Nosso teste agora consiste na criação de uma nova instância da classe Car passando uma classe TestEngine para o construtor desta e chamando depois o método Car.drive. Finalmente, o teste pode confirmar que tanto Engine.start como Engine.accelerate foram chamadas e na ordem correta.

```
class TestEngine implements Engine {
  boolean startWasCalled = false;
  boolean accelerateWasCalled = false;
  boolean sequenceWasCorrect = false;

  public start() {
    startWasCalled = true;
  }
  public accelerate() {
    accelerateWasCalled = true;
    if (startWasCalled == true) {
      sequenceWasCorrect = true;
    }
  }
  public boolean wasDriven() {
    return startWasCalled && accelerateWasCalled && sequenceWasCorrect;
  }
}

class CarTestCase extends TestCase {
  public void testShouldStartThenAccelerate() {
    TestEngine engine = new TestEngine();
    Car car = new Car(engine);

    car.drive();

    assertTrue(engine.wasDriven());
  }
}
```

O teste equivalente usando *mocking* seria assim: criamos um *mock* de Engine fazendo uma chamada à classe de *mocking* e passamos uma referência à interface ou classe que define a interface para Engine.

Declaramos duas expectativas especificando, na ordem correta, que esperamos que Engine.start e Engine.accelerate sejam chamadas. Finalmente, pedimos ao sistema de *mocks* que verifique que aquilo que esperamos realmente aconteceu.

```
import jmock;

class CarTestCase extends MockObjectTestCase {
  public void testShouldStartThenAccelerate() {
    Mock mockEngine = mock(Engine);
    Car car = new Car((Engine)mockEngine.proxy());

    mockEngine.expects(once()).method("start");
    mockEngine.expects(once()).method("accelerate");

    car.drive();
  }
}
```

O exemplo aqui é baseado no uso de um sistema de *mock* livre chamada de JMock, mas os outros são similares. Nesse caso, o processo final de verificação é feito implicitamente no final de cada método de teste.

Os benefícios de usar *mocks* são óbvios. Há muito menos código, mesmo nesse exemplo trivial; em uso real, *mocks* podem poupar um grande esforço. *Mocking* também é uma boa forma de isolar código de terceiros do escopo de seus testes. Você pode usar *mocks* para esconder as interfaces para o código de terceiros e eliminar chamadas ao código real dos testes – uma abordagem excelente quando as interações ainda são caras do ponto de vista de comunicação remota e infraestrutura pesada.

Finalmente, comparados à montagem de todas as dependências e estado associados aos testes, testes que usam *mocks* geralmente são bem rápidos. *Mocking* é uma técnica com vários benefícios, e realmente recomendamos seu uso.

Minimizar estado nos testes

Idealmente, seus testes unitários devem focar o comportamento do sistema. Um problema comum, principalmente com iniciantes em testes, é a agregação de estado em seus testes. Na verdade, isso envolve dois problemas básicos. Primeiramente, é fácil criar um teste de qualquer formato em que você forneça entradas para algum componente do sistema e obtenha alguns resultados. Você pode escrever o teste organizando as estruturas relevantes de modo que possa enviar as entradas da forma correta e comparar os resultados esperados. De fato, quase todos os testes têm essa forma, de maneira mais ou menos geral. O problema é que, sem cuidado, sistemas e seus testes associados se tornam cada vez mais complexos.

É muito simples cair na armadilha de construir estruturas elaboradas, difíceis de entender e de manter, para suportar os testes. O teste ideal é rápido, e qualquer criação e eliminação de objetos relacionados é simples. Testes bem feitos tendem a ser limpos. Se seus testes parecem complexos e confusos, eles provavelmente refletem a arquitetura de seu sistema.

No entanto, esse é um problema difícil de resolver. Nosso conselho é minimizar as dependências de estado em seus testes. Você nunca conseguirá eliminá-los por completo, mas é sensato manter um foco constante na complexidade do ambiente necessário para um teste. Quanto mais o teste se torna mais complexo, mais óbvia é a necessidade de analisar a estrutura do código.

Simular tempo

Tempo pode ser um problema durante os testes por várias razões. Talvez seu sistema precise disparar um processo de fim de dia às 8h da noite. Ele também pode precisar esperar 500 milissegundos antes de ir para o próximo passo, ou pode fazer algo diferente no dia 29 de fevereiro de um ano bissexto.

Lidar com esses casos é sempre difícil e potencialmente desastroso para sua estratégia de testes unitários se você tentar manter uma ligação com o relógio real do sistema.

Nossa estratégia para testar qualquer comportamento relacionado a tempo é abstrair a necessidade de informação de tempo em outra classe que está sob nosso controle. Geralmente usamos injeção de dependências para injetar o invólucro para comportamento de tempo no âmbito do sistema que precisamos usar.

Dessa forma, podemos usar *stubs* e *mocks* para o comportamento de nossa classe `Clock` ou seja qual for a abstração que escolhermos. Se decidirmos, dentro do escopo dos testes, que este é um ano bissexto ou que isso é 500 milissegundos depois, está sob nosso controle.

Para testes rápidos, isso é mais importante do que qualquer comportamento que implique em mudanças ou demoras. Estruture seu código de forma que qualquer demora durante os testes seja nula para manter seu desempenho. Se os seus testes unitários dependem de um atraso, vale a pena reconsiderar a arquitetura do código e evitar isso.

Isso se tornou tão presente em nossos hábitos de desenvolvimento que, se precisamos escrever qualquer código que dependa de teste de alguma forma, esperamos uma abstração do acesso ao tempo do sistema em vez de chamá-lo diretamente de nossa lógica de negócio.

Força bruta

Desenvolvedores sempre argumentam a favor de um ciclo de commit mais rápido. Na realidade, porém, isso deve ser balanceado com a capacidade do estágio de commit de identificar os erros mais comuns que poderão ser causados no código. Esse é um processo de otimização que funciona somente por tentativa e erro. Algumas vezes, é melhor aceitar um estágio de commit mais lento do que gastar muito tempo otimizado seus testes em relação à velocidade e reduzindo a proporção de problemas encontrados.

Geralmente temos como meta manter o estágio de commit abaixo de dez minutos. Em nossa opinião, esse é o limite superior. É mais longo que o ideal, que seria cinco minutos. Desenvolvedores que trabalham em projetos grandes podem reclamar da meta de dez minutos, dizendo que é impossível de alcançar. Outras equipes podem ver isso como algo demorado demais, sabendo que estágios de commit podem rodar muito mais rápido do que isso. Consideramos esse número um guia útil, baseado em nossas observações de muitos projetos. Quando esse limite é quebrado, os desenvolvedores começam a fazer duas coisas, e ambas têm um péssimo efeito sobre o processo de desenvolvimento: eles começam a fazer menos check-ins e, se o estágio de commit demora *bem mais* do que dez minutos para rodar, deixam de se importar se ele obtém sucesso ou não.

Há dois truques que você pode usar para fazer seu estágio de commit rodar mais rápido. Primeiramente, você pode dividi-lo em vários conjuntos de testes e rodá-los em paralelo em várias máquinas. Servidores modernos de IC possuem uma funcionalidade chamada de *build grid*, que permite que você faça isso de maneira trivial. Lembre-se de que poder de computação é barato e que pessoas são caras. Obter feedback no tempo apropriado é mais valioso do que poupar no preço de alguns servidores. O segundo truque é, como parte do processo de otimização do estágio de commit, mover os testes que demoram mais e que não falham com frequência para o estágio de testes de automação.

Note, porém, que isso resulta em uma demora maior para obter feedback se algo quebrou no código.

Resumo

O estágio de commit deve se concentrar em detectar o mais rápido possível as falhas mais comuns que mudanças no sistema podem introduzir, notificando os desenvolvedores para que possam corrigir os problemas rapidamente. O valor do feedback que o estágio de commit fornece é tanto que vale a pena investir em mantê-lo funcionando de maneira eficiente e, acima de tudo, rápida.

O estágio de commit deve rodar toda vez que alguém introduz uma mudança no código ou configuração da aplicação. Dessa forma, ele deve ser exercitado diversas vezes por dia por todos os membros da equipe de desenvolvimento. A tendência natural dos desenvolvedores é reclamar se o seu desempenho cai abaixo de um mínimo aceitável. As reclamações começarão assim que você deixá-lo ultrapassar cinco minutos. É importante ouvir o feedback dos desenvolvedores e fazer o possível para manter esse estágio rápido, ficando atento ao seu real valor – falhar rapidamente e retornar feedback sobre erros que seriam mais difíceis de resolver mais tarde.

Assim, a criação de um estágio de commit – um processo automatizado instanciado a cada mudança, que gera binários, roda testes automatizados e gera métricas – é o mínimo que você pode fazer no processo de adoção das práticas de integração contínua. Um estágio de commit é uma das maiores vantagens no processo de entrega para a criação de aplicações de maior qualidade e mais confiáveis – assumindo que você segue as demais práticas de integração contínua, como check-ins regulares e correção de defeitos assim que forem descobertos. Embora seja somente o início do pipeline de implantação, é esse estágio que fornece o maior retorno do investimento: em saber qual é o momento exato em que uma mudança quebra sua aplicação e a capacidade de corrigi-la imediatamente.

Capítulo 8

Automação de Testes de Aceitação

Introdução

Neste capítulo, exploraremos testes de aceitação automatizados e seu papel no pipeline de implantação em mais detalhes. Testes de aceitação são um estágio fundamental no pipeline de implantação: eles são responsáveis por conduzir a equipe a um estágio além da integração contínua. Uma vez que tiver testes de aceitação em seu pipeline, você está testando os critérios de aceitação do negócio de sua aplicação, isto é, validando que o código entregue funcionalidade de valor aos usuários. Testes de aceitação normalmente rodam para cada versão que passa nos testes de commit. O fluxo do estágio de testes de aceitação no pipeline de implantação é mostrado na Figura 8.1.

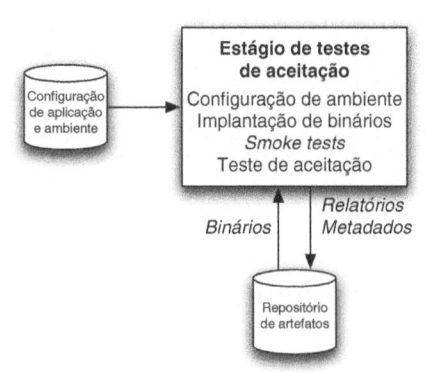

Figura 8.1 *O estágio de testes de aceitação.*

Começaremos o capítulo discutindo a importância dos testes de aceitação dentro do processo de entrega de software. Discutiremos então, em detalhes, como escrever testes de aceitação eficazes e como manter um conjunto eficiente destes. Finalmente, abordaremos os princípios e práticas que regem o estágio de testes de aceitação em si. Antes disso, porém, queremos definir o que significa para nós testes de aceitação. Qual é o papel de um teste de aceitação e em que ele difere de testes funcionais ou unitários?

Um teste de aceitação individual tem o objetivo de verificar se um critério de aceitação de uma história ou um requisito foi atendido. Critérios de aceitação variam de acordo com o que precisam verificar: podem ser funcionais ou não funcionais. Critérios não funcionais incluem capacidade, desempenho, capacidade de modificação, disponibilidade, segurança, usabilidade. A questão principal é que, quando um teste de aceitação associado com uma história ou requisito específico obtém sucesso, ele demonstra que os critérios de aceitação foram atendidos e que estão completos e funcionando.

O conjunto de testes de aceitação de uma aplicação tanto garante que ela entrega o valor de negócio esperado como a protege de regressões e defeitos que quebram funções preexistentes da aplicação.

O foco em testes de aceitação como uma forma de mostrar que a aplicação atende a seus critérios para cada requisito tem um benefício adicional. Ele faz todos envolvidos na entrega – clientes, testadores, desenvolvedores, analistas, pessoal de operações e gerentes de projeto – pensarem sobre o que sucesso significa para cada requisito. Abordaremos isso em mais detalhes na seção "Critérios de aceitação como especificações executáveis", na página 195.

Se você vem de uma prática de TDD (*Test Driven Development*, ou desenvolvimento Guiado por testes), provavelmente está se perguntando por que esses testes não são os mesmos que os testes unitários. A diferença é que testes de aceitação são voltados para o negócio, não para o desenvolvedor. Eles testam histórias completas em uma versão da aplicação em um ambiente como o de produção. Testes unitários são parte essencial de uma estratégia de testes automatizados, mas geralmente não garantem um nível alto de confiança de que a aplicação pode ser entregue. O objetivo dos testes de aceitação é provar que a aplicação faz o que o cliente espera, e não que funciona da maneira como os programadores acham que funciona. Testes unitários podem compartilhar esse foco algumas vezes, mas não sempre. O objetivo do teste unitário é mostrar que uma parte específica da aplicação faz o que o programador quer; isso não é, de forma alguma, a mesma coisa que dizer que ela faz o que o usuário precisa que ela faça.

Por que testes de aceitação automatizados são essenciais?

Sempre há bastante controvérsia a respeito de testes de aceitação automatizados. Gerentes de projetos e clientes geralmente pensam que eles são muito caros de criar e manter – e, se feitos de maneira incorreta, de fato são. Muitos desenvolvedores acreditam que conjuntos de testes unitários criados por meio de TDD são suficientes para proteger contra regressões. Nossa experiência demonstra que o custo de um conjunto de testes de aceitação automatizado bem criado e mantido é muito menor do que a realização de testes de aceitação manuais e testes de regressão, ou do que a alternativa de entregar aplicações de baixa qualidade. Também descobrimos que testes de aceitação automatizados podem detectar problemas mais sérios, que testes unitários e de componente, por mais abrangentes que sejam, não identificariam.

Primeiramente, vale a pena apontar os custos de testes manuais. Para evitar que defeitos sejam descobertos em produção, os testes de aceitação devem ser realizados toda vez que uma nova versão for implantada. Conhecemos uma organização que gasta 3.000.000 de dólares em testes manuais para cada entrega. Essa é uma limitação muito séria na capacidade de entregar software frequentemente. Qualquer esforço manual que valha seu custo, quando realizado em uma aplicação de qualquer complexidade, será muito caro.

Além disso, para cumprir seu papel de encontrar defeitos de regressão, o teste deve ser realizado depois que o desenvolvimento já terminou, mas a implantação ainda não ocorreu. O teste manual, portanto, geralmente acontece quando a equipe está sob pressão considerável para entregar o software o mais rápido possível. Como resultado, planeja-se tempo insuficiente para corrigir defeitos encontrados nos testes manuais. Finalmente, quando defeitos são descobertos, eles demandam correções complexas, e a chance de introduzir problemas adicionais na aplicação é ainda maior.[1]

Uma abordagem defendida por algumas pessoas na comunidade ágil é eliminar quase que completamente testes de aceitação e escrever testes unitários e de componente ainda mais abrangentes. Estes, juntamente a outras práticas de XP, como programação em par, refatoração e análise cuidadosa e testes exploratórios feitos por clientes, analistas e testadores trabalhando em conjunto, são considerados, por alguns, superiores a testes de aceitação automatizados em termos de custo.[2]

Há vários problemas em relação a esse argumento. Primeiro, nenhum outro tipo de teste prova que a aplicação, rodando mais ou menos como em produção, entrega o valor de negócio que os usuários esperam. Testes unitários e de componente não cobrem cenários de teste de usuário, e são incapazes de encontrar o tipo de defeitos que aparece quando usuários utilizam a aplicação em seus vários estados. Testes de aceitação são feitos exatamente para isso. Eles também são ótimos em encontrar problemas de threading, comportamento emergente em arquiteturas baseadas em eventos e outras classes de problemas causados por erros arquiteturais ou problemas de configuração e ambiente. Esses tipos de defeitos são difíceis de detectar com testes manuais, e ainda mais com testes unitários ou de componente.

Testes de aceitação também protegem a aplicação quando você está fazendo mudanças grandes nela. Nesse cenário, testes unitários e testes de componente geralmente precisarão ser radicalmente alterados junto com o domínio,

---

[1] Bob Martin articula as razões pelas quais testes de aceitação automatizados são tão importantes e por que não devem ser terceirizados [dB6JQ1].

[2] Defensores dessa abordagem incluem J. B. Rainsberger, como descrito em seu artigo *Integrated Tests Are a Scam* [a0tjh0], e James Shore, em seu artigo *The Problems with Acceptance Testing* [dsyXYv].

limitando sua capacidade de agir como defensores da funcionalidade da aplicação. Somente testes de aceitação são capazes de provar que sua aplicação ainda funciona depois de um processo como esse.

Finalmente, equipes que escolhem deixar testes de aceitação de lado colocam uma carga muito maior sobre os testadores, que precisam gastar muito mais tempo com testes de regressão entediantes e repetitivos. Os testadores que conhecemos não são a favor de testes manuais. Embora os desenvolvedores possam compartilhar um pouco dessa carga, muitos deles – que escrevem testes unitários e de componente – não são tão eficientes como testadores para encontrar defeitos em seu próprio trabalho. Testes de aceitação automatizados escritos com o envolvimento dos testadores são, em nossa experiência, muito mais eficientes para encontrar defeitos em cenários de usuário do que testes escritos somente por desenvolvedores.

A razão real pela qual as pessoas não gostam de testes automatizados é que são vistos como caros. Entretanto, é possível diminuir o custo de testes automatizado bem abaixo do nível em que se tornam eficientes com bom custo-benefício. Quando testes automatizados rodam para cada versão que passa pelos testes do estágio de commit, os efeitos no processo de entrega são enormes. Primeiramente, como o ciclo de feedback é muito mais curto, defeitos são descobertos mais rapidamente, quando são mais baratos de corrigir. Em segundo lugar, já que testadores, desenvolvedores e clientes precisam trabalhar com maior proximidade para criar um bom conjunto de testes de aceitação, há muito mais colaboração entre eles, e todos se focam no valor de negócio que a aplicação deve entregar.

Há outros efeitos positivos resultantes de uma estratégia eficiente de testes de aceitação. Testes de aceitação funcionam melhor com aplicações bem-fatoradas, que são estruturadas apropriadamente para ter uma camada fina de interface de usuário, e cuidadosamente projetadas para rodar tanto em máquinas de desenvolvimento como em ambientes de produção.

Dividimos o problema de criar e manter testes de aceitação automatizados de maneira eficiente em quatro seções: criação de testes de aceitação, criação de uma camada de abstração de aplicação, implementação de testes de aceitação, e manutenção de testes de aceitação. Introduziremos cada um desses assuntos brevemente antes de entrar em detalhes.

Como criar testes de aceitação fáceis de manter

Escrever testes de aceitação fáceis de manter requer, antes de tudo, atenção cuidadosa ao processo de análise. Testes de aceitação derivam de critérios de aceitação e, portanto, os critérios de aceitação de sua aplicação devem ser escritos tendo a automação em mente e seguir os princípios INVEST[3] com uma referência especial para agregarem valor *para usuários finais* e serem testáveis. Esta é uma das pressões sutis, mas importantes, que um foco em testes automatizados aplica ao processo de desenvolvimento como um todo: uma pressão em

---

[3] Em inglês, *independent* (independentes), *negotiable* (negociáveis), *valuable* (que possuem valor), *estimable* (passíveis de serem estimados), *small* (pequenos), *testable* (testáveis).

favor de requisitos melhores. A automação de critérios de aceitação mal escritos que não explicam como a funcionalidade a ser desenvolvida tem valor para o usuário é uma fonte de testes de aceitação pobres e de difícil manutenção.

Quando você tiver em mãos um conjunto de critérios de aceitação descrevendo o valor entregue aos usuários, o próximo passo é automatizá-los. Testes de aceitação automatizados devem ser sempre escritos em camadas, como mostrado na Figura 8.2.

```
┌─────────────────────────────┐
│   Critérios de aceitação    │
│         "Dado ...           │
│          Quando ...         │
│          Então ..."         │
└─────────────────────────────┘
              │
              ▼
┌─────────────────────────────┐
│ Camada de implementação de testes │
│  Código usa linguagem de domínio; │
│     nenhuma referência a          │
│     elementos de interface        │
└─────────────────────────────┘
              │
              ▼
┌─────────────────────────────┐
│  Camada de driver da aplicação    │
│  Entende como interagir com a     │
│ aplicação para executar ações     │
│      e retornar resultados        │
└─────────────────────────────┘
```

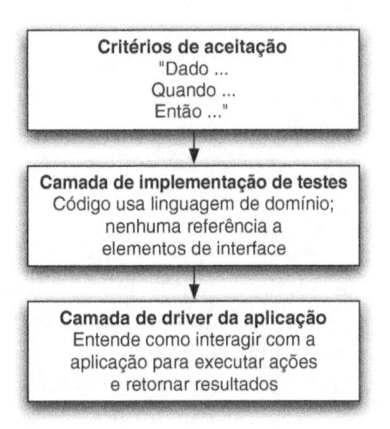

Figura 8.2 *Camadas em testes de aceitação.*

A primeira camada em um teste de aceitação são os próprios critérios de aceitação. Ferramentas como Cucumber, JBehave, Concordion, Twist e FitNesse permitem que você coloque critérios de aceitação diretamente em testes e os ligue à implementação subjacente. Entretanto, como descrito adiante neste capítulo, você também pode usar a abordagem de codificar os critérios de aceitação nos nomes dos testes xUnit. Além disso, você pode rodar seus testes de aceitação diretamente de um framework de testes xUnit.

É crucial que sua implementação de testes use a linguagem de domínio e não contenha detalhes de como interagir com a aplicação. Implementações de testes que referenciam diretamente a API ou interface da aplicação são facilmente quebradas, e mesmo pequenas mudanças na interface imediatamente quebram todos os testes que se referem ao elemento que foi alterado. Não é incomum que grandes partes de um conjunto de testes quebrem quando um único elemento da interface muda.

Infelizmente, esse antipadrão é comum. A maioria dos testes é escrita no âmbito de execução detalhada. "Aperte isso, aperte aquilo, olhe ali para um resultado." Tais testes geralmente são o resultado de produtos que gravam a sessão manualmente para então executá-la na forma de testes automatizados, uma das principais razões pelas quais testes de aceitação são considerados caros. Qualquer conjunto de testes de aceitação criado com esse tipo de ferramenta é extremamente acoplado à interface e, portanto, muito fácil de quebrar.

A maioria dos sistemas de teste de interface de usuário fornece operações que permitem que você coloque dados em campos, clique botões e leia resultados de áreas específicas da tela. Esse nível de detalhamento é necessário em última instância, mas está longe do significado – o valor real – de um caso de teste. O comportamento que qualquer teste de aceitação deve afirmar está, inevitavelmente, em um nível diferente de abstração. O que queremos ter são respostas para questões como "se eu fizer um pedido, ele realmente foi aceito?" ou "se eu exceder meu limite de crédito, sou informado corretamente?".

A implementação do teste deve chamar uma camada inferior, que chamamos de driver da aplicação, para interagir com o sistema que está sendo testado. Esse driver tem uma API que sabe como executar ações e retornar resultados. Se os seus testes rodam sobre a API pública da aplicação, é esse driver que conhece os detalhes da API e que chama as partes corretas dela. Se os testes rodam sobre uma interface, essa camada conterá um driver para manipular janelas de interface. Em um driver bem escrito, dado elemento de interface somente será referenciado poucas vezes, de modo que quando for modificado, somente essas poucas referências precisarão ser atualizadas.

Manter testes de aceitação em longo prazo exige disciplina. Deve-se dedicar atenção especial para garantir implementações eficientes e bem arquitetadas, com um foco particular em gerir estado, tempo limite e dublês de teste. Conjuntos de testes de aceitação devem ser refatorados quando novos critérios de aceitação são adicionados, para garantir que continuem consistentes.

Como testar interfaces de usuário

Uma preocupação importante ao escrever testes de aceitação é rodar ou não os testes diretamente sobre sua interface. Como os testes devem simular interações do usuário com o sistema, idealmente trabalharíamos pela interface de usuário, se o sistema tiver essa interface. Se não testarmos por meio dela, não estamos testando o mesmo caminho que os usuários do sistema usaram em interações reais. Entretanto, há vários problemas em se testar diretamente a interface: seu ritmo rápido de mudança, a complexidade ao configurar cenários, acesso aos resultados de teste e tecnologias de interface não testáveis.

A interface de usuário muda frequentemente durante o processo de desenvolvimento da aplicação. Se seus testes de aceitação estão acoplados à interface, mudanças pequenas nela podem quebrar todo o conjunto de testes. Isso não está limitado ao período de desenvolvimento da aplicação; também pode ocorrer durante os testes de usuário do sistema, em função de melhoria em usabilidade, correções de erros de grafia e assim por diante.

Em segundo lugar, a configuração de cenário pode ser bastante complexa se a interface é o único acesso ao sistema. Configurar um único cenário pode significar uma série de interações para fazer com que o sistema esteja no estado necessário para o teste. Da mesma forma, quando os testes forem concluídos, os resultados podem não ser prontamente evidentes por meio da interface, que pode não lhe dar acesso à informação de que você precisa para validar os resultados.

Finalmente, algumas tecnologias de interface, especialmente as mais novas, são muito difíceis de testar.[4] É importante verificar se é possível a tecnologia de interface que você escolher treinar de forma automatizada.

Há uma alternativa para testar por meio da interface. Se sua aplicação tem uma boa arquitetura, a interface representa um coleção bem definida de código que não contém qualquer lógica de negócio em si. Nesse caso, o risco associado ao pular essa etapa e escrever testes para a camada diretamente abaixo dela pode ser consideravelmente menor. Uma aplicação escrita tendo a testabilidade em mente tem uma API que tanto a interface quanto os testes podem usar. Rodar os testes diretamente sobre a camada de negócio é uma estratégia interessante, mas que somente recomendamos se sua aplicação a suporta, já que ela requer disciplina suficiente da sua equipe de desenvolvimento para manter a apresentação focada somente em *pixels* e não nos domínios de negócio e na lógica de aplicação.

Se sua aplicação não foi projetada para isso, você precisará testar a interface diretamente. Discutiremos estratégias para gerenciar isso mais tarde neste capítulo, e a estratégia principal é usar drivers para janelas.

Como criar testes de aceitação

Nesta seção, discutiremos como criar testes de aceitação automatizados. Começaremos com a identificação de critérios de aceitação pelo trabalho conjunto de analistas, testadores e clientes, e descreveremos como representar testes de aceitação de forma automatizada.

O papel de analistas e testadores

Seu processo de desenvolvimento deve ser customizado para atender as necessidades de seu projeto individualmente, mas como generalização recomendamos que a maioria dos projetos tenha um analista de negócios trabalhando como parte de cada equipe. O papel do analista de negócio é principalmente representar os clientes e usuários do sistema. Eles trabalham com o cliente para identificar e priorizar requisitos, e com os desenvolvedores para garantir que estes tenham um bom entendimento da aplicação da perspectiva do usuário. Eles guiam os desenvolvedores para garantir que as histórias entreguem o valor de negócio que devem. Além disso, trabalham com testadores para garantir que os critérios de aceitação sejam especificados apropriadamente e que a funcionalidade desenvolvida atenda a esses critérios e entregue o valor esperado.

Testadores são essenciais em qualquer projeto. Seu papel, em última instância, é garantir que a qualidade atual e a prontidão de produção do software que

---

[4] No momento em que escrevemos isto, o Flex estava nessa categoria – com um pouco de sorte, até o momento em que este livro chegou a suas mãos, novos frameworks foram desenvolvidos para ajudar a testar aplicações Flex.

está sendo desenvolvido sejam entendidas por todos na equipe de entrega, incluindo o cliente. Eles conseguem isso trabalhando com clientes e analistas para definir critérios de aceitação para histórias e requisitos, e realizando atividades manuais de teste como testes exploratórios, testes manuais de aceitação e demonstrações.

Nem toda equipe tem pessoas diferentes para realizar todas essas atividades 100% do tempo. Algumas vezes, desenvolvedores agem como analistas, ou analistas como testadores. Idealmente, o cliente está sentado junto à equipe atuando no papel de analista. O importante é que sempre existam esses papéis na equipe.

Análise em projetos iterativos

Em geral, neste livro tentamos evitar qualquer pressuposição sobre o processo de desenvolvimento que está sendo usado. Acreditamos que as práticas que descrevemos aqui são benéficas para qualquer equipe, seja qual for o processo usado. Entretanto, acreditamos que processos de desenvolvimento iterativos são essenciais para a criação de software de qualidade. Então, esperamos que você entenda por que parece relevante dar mais detalhes sobre processos iterativos, já que isso ajuda a delinear os papéis de analistas, testadores e desenvolvedores.

Em abordagens iterativas de desenvolvimento, analistas dedicam muito do seu tempo definindo critérios de aceitação. Esses são os critérios pelos quais equipes podem dizer se um requisito foi atendido ou não. Inicialmente, os analistas trabalharão em conjunto com testadores e clientes para definir os critérios de aceitação. Incentivar analistas e testadores a trabalhar de forma cooperativa nesse estágio ajuda a ambos e torna o processo mais eficiente. O analista ganha porque o testador pode lhe oferecer sua experiência ao dizer que tipos de coisas devem ser medidos para saber se uma história está completa. O testador se beneficia ao obter um entendimento da natureza dos requisitos antes que o teste desses requisitos se torne o foco principal.

Quando os critérios de aceitação estiverem definidos, logo antes da implementação, o analista e o testador se reúnem com os desenvolvedores que farão a implementação e com o cliente, se ele estiver disponível. O analista descreve o requisito e o contexto de negócio em que ele existe, e descreve os critérios de aceitação. O testador então trabalha com os desenvolvedores na criação de testes automatizados que provarão que os critérios de aceitação foram atendidos.

Essas reuniões curtas para iniciar uma história são uma parte vital da união das partes do processo de iteração, garantindo que cada envolvido na implementação de um requisito tenha um bom entendimento do que o requisito representa e qual o seu papel na entrega. Essa abordagem evita a criação de "torres de marfim" de análise, em que analistas criam requisitos difíceis de implementar e testar. Também evita que os desenvolvedores implementem algo que não tem muita relação com o que todos querem.

Enquanto o requisito está sendo implementado, os desenvolvedores consultam os analistas quando encontram uma área que não entendem bem, ou se descobrem algum problema ou alguma forma mais eficiente de resolver o problema que o requisito representa. Essa interação está no centro de processos iterativos de desenvolvimento, que são muito facilitados pela capacidade que o pipeline de implantação oferece em permitir que a aplicação rode em qualquer ambiente escolhido.

Quando os desenvolvedores chegarem ao ponto em que consideram o trabalho no requisito completo – o que significa que todos os testes unitários e de componente obtiveram sucesso, e que os testes de aceitação foram implementados e mostram que o sistema atende ao requisito em questão – eles farão uma demonstração para analistas, testadores e clientes. Essa demonstração permite que analistas e clientes vejam a solução para o requisito, e lhes dá uma oportunidade de confirmar que ela atende aos critérios especificados. Normalmente, alguns pequenos problemas aparecem nessa demonstração e podem ser resolvidos imediatamente. Algumas vezes, elas também geram discussões sobre alternativas e implicações da mudança. Essa é uma boa oportunidade para que a equipe veja se seu entendimento sobre a direção em que o sistema está indo é compartilhado.

Quando o analista e o cliente estiverem satisfeitos e o requisito foi atendido, inicia a fase de testes com os testadores.

Critérios de aceitação como especificações executáveis

Quando os testes automatizados se tornaram parte central do processo de entrega de projetos que usam desenvolvimento iterativo, muitos de seus praticantes começaram a perceber que testes automatizados não têm a ver apenas com testes. Na realidade, eles são especificações executáveis do comportamento do sistema em desenvolvimento. Essa é uma percepção significativa que gerou uma série de novas abordagens para testes automatizados conhecida agora como BDD, *Behavior-Driven Development*, ou Desenvolvimento Guiado por Comportamento. Um das ideias centrais em BDD é que seus critérios de aceitação devem ser escritos como as expectativas que o cliente tem sobre o comportamento da aplicação. Deve ser possível usar esses critérios e executá-los diretamente como testes de aplicação para verificar se ela atende aos seus requisitos.

Essa abordagem tem vantagens significativas. Muitas especificações se tornam desatualizadas à medida que a aplicação evolui. Isso não acontece com especificações executáveis: se elas não especificam de forma correta o que a aplicação faz, elas irão gerar uma exceção quando forem executadas. O estágio de testes de aceitação do pipeline falhará quando rodar sobre uma versão da aplicação que não atende a suas especificações, e essa versão, consequentemente, não estará disponível para implantação ou entrega.

Testes de aceitação são voltados para o negócio, o que significa que devem verificar se a aplicação entrega valor aos usuários. Analistas definem os critérios de aceitação das histórias – critérios que devem ser atendidos para que esta seja considerada completa. Chris Matts e Dan North criaram uma linguagem específica de domínio para escrever testes de aceitação:

> **Dado** algum contexto inicial,
> **Quando** um evento ocorre,
> **Então** há algum resultado.

Em termos da aplicação, a cláusula "dado" representa o estado de sua aplicação no início do caso de teste; a cláusula "quando" representa a interação entre um usuário e a aplicação; e a cláusula "então" descreve o estado da aplicação depois que a interação se completou. O trabalho do caso de teste é deixar a aplicação no estado inicial descrito pela cláusula "dado", executar as ações descritas na cláusula "quando" e verificar se o estado final da aplicação está como descrito pela cláusula "então".

Por exemplo, considere uma aplicação do mercado financeiro. Podemos escrever dado critério de aceitação no seguinte formato:

```
Funcionalidade: Realizar uma compra
   Cenário: Uma compra deve debitar em conta corretamente
   Dado um título chamado de debênture
   E um usuário chamado Dave com 50 reais em sua conta
   Quando eu entro no sistema como Dave
   E seleciono o título debênture
   E faço uma compra de 4 títulos a 10 reais cada
   E a compra termina com sucesso
   Então restam 10 reais na conta
```

Ferramentas como Cucumber, JBehave, Twist e FitNesse permitem que você escreva testes de aceitação como estes em arquivos de texto, mantendo-os sincronizados com a aplicação. Por exemplo, no Cucumber você gravaria o critério de aceitação descrito acima em um arquivo chamado de algo como funcionalidades/compra.funcionalidade. Esse arquivo representa um critério de aceitação como descrito na Figura 8.2. Você poderia, então, criar um arquivo Ruby, se o seu projeto fosse nessa linguagem, por exemplo, listando os passos que esse cenário requer, como funcionalidades/step_definitions/compra_steps.rb. O arquivo representa a camada de implementação na Figura 8.2.*

```
require 'application_driver/admin_api'
require 'application_driver/trading_ui'

Before do
   @admin_api = AdminApi.new
   @trading_ui = TradingUi.new
end

Dado /^ um título chamado (\w+)$/ do |instrument|
   @admin_api.create_instrument(instrument)
end

Dado /^um usuário chamado (\w+) com (\w+) reais em sua conta/ do |user, amount|
   @admin_api.create_user(user, amount)
end

Quando /^eu entro no sistema como (\w+)$/ do |user|
   @trading_ui.login(user)
end
```

---

* N. de T.: Dependendo da biblioteca de BDD usada – como Cucumber, por exemplo, é possível descrever as especificações inteiramente no idioma usado pela equipe, e não necessariamente em inglês – que pode ser reservado somente para o código, se a equipe assim desejar.

```
Quando /^eu seleciono o título (\w+)$/ do |instrument|
  @trading_ui.select_instrument(instrument)
end

Quando /^faço uma compra de (\d+) títulos a (\d+) reais cada$/ do |quantity, amount|
  @order = @trading_ui.place_order(quantity, amount)
end

Quando /^a compra termina com sucesso$/ do |quantity, instrument, amount|
  @trading_ui.confirm_order_success(instrument, quantity, amount)
end

Então /^restam (\d+) reais na conta$/ do |balance|
  @trading_ui.confirm_account_balance(balance)
end
```

Para suportar esse teste e outros, você precisa criar as classes `AdminApi` e `TradingUi` no diretório application_driver. Essas classes formam parte do driver de aplicação da Figura 8.2. Elas podem utilizar o Selenium, Sahi ou WebDriver, se sua aplicação for Web; ou White, se for um cliente rico; ou usar HTTP se sua aplicação tem uma API REST. Executar cucumber na linha de comando gera o seguinte resultado:

```
Funcionalidade: Realizar uma compra

  Cenário: Uma compra deve debitar em conta corretamente
    # funcionalidades/compra.funcionalidade:3
  Dado um título chamado debênture
    # funcionalidades/step_definitions/compra_steps.rb:9
  E um usuário chamado Dave com 50 reais em sua conta
    # funcionalidades/step_definitions/compra_steps.rb:13
  Quando eu entro no sistema como Dave
    # funcionalidades/step_definitions/compra_steps.rb:17
  E seleciono o título debênture
    # funcionalidades/step_definitions/compra_steps.rb:21
  E faço uma compra de 4 títulos a 10 reais cada
    # funcionalidades/step_definitions/compra_steps.rb:25
  E a compra termina com sucesso
    # funcionalidades/step_definitions/compra_steps.rb:29
  Então restam 10 reais na conta
    # funcionalidades/step_definitions/compra_steps.rb:33

1 cenário (1 passou)
7 passos (7 passaram)
0m0.016s
```

Essa abordagem de criar especificações executáveis é a essência do BDD. Para recapitular, este é o processo:

- Discuta os critérios de aceitação da história com o cliente.
- Escreva-os no formato executável descrito anteriormente.
- Escreva uma implementação para o teste que use a linguagem de domínio, acessando o driver da aplicação.
- Crie o driver da aplicação que fala com o sistema que está sendo testado.

O uso dessa abordagem é um avanço significativo em relação ao método tradicional de manter critérios de aceitação em documentos Word ou ferramentas de registro de defeitos ou usar métodos de gravação de interações de interface para registrar testes de aceitação. As especificações executáveis formam um sistema de registro de testes – realmente são especificações que executam. Não é mais necessário que testadores e analistas escrevam documentos Word que são jogados por baixo da porta para os desenvolvedores – analistas, clientes, testadores e desenvolvedores podem colaborar em especificações executáveis durante o processo de desenvolvimento.

Para leitores trabalhando no projeto com restrições regulamentares específicas, vale notar que as especificações executáveis geralmente podem ser convertidas em documentos válidos e úteis para auditoria usando algum processo simples e automatizado. Já trabalhamos em várias equipes em que isso foi feito com sucesso e em que os auditores ficaram contentes com os resultados.

A camada do driver de aplicação

A camada do driver de aplicação é a camada que entende como se comunicar com a sua aplicação – o sistema que está sendo testado. A API para essa camada é expressa em uma linguagem de domínio e pode ser considerada como uma linguagem específica de domínio.

Com uma camada de driver de aplicação bem desenhada, é possível dispensar completamente a camada de critérios de aceitação e expressar os testes de aceitação

> **O que é uma linguagem específica de domínio**
>
> Uma linguagem específica de domínio (normalmente chamada de DSL: *domain--specific language*) é uma linguagem de programação cuja intenção é resolver um problema específico em um determinado domínio de problema. Ela difere de linguagens de programação para fins gerais por não ser capaz de lidar com muitas classes de problemas, e é projetada para trabalhar dentro dos limites de uma área de problema específica.
>
> DSLs podem ser classificadas em dois tipos: internas e externas. Uma DSL interna requer *parsing* específico antes de poder ser executada. Os scripts de critérios de aceitação na camada superior do Cucumber, demonstrados no exemplo da seção anterior, são uma DSL externa. Outros exemplos incluem os scripts XML do Ant e Maven. DSL externas não precisam ser Turing completas.
>
> Uma DSL interna é expressa inteiramente em código. O exemplo em Java a seguir é uma DSL interna. O Rake é outro exemplo. Em geral, DSLs internas são mais poderosas, porque têm todas as funcionalidades da linguagem subjacente ao seu dispor, mas, dependendo da sintaxe dessa linguagem, podem ser menos legíveis.

> Existem diversos trabalhos interessantes na área de especificações executáveis que se sobrepõem a outros temas em computação moderna: programação intencional e DSLs. Você pode pensar em seu conjunto de testes, ou em suas especificações executáveis, como aquilo que define o objetivo da aplicação. A maneira como eles declaram esse objetivo pode ser considerada uma linguagem específica de domínio, em que o domínio é a especificação da aplicação.

como a implementação de um teste. A seguir está o mesmo teste de aceitação que escrevemos anteriormente em Cucumber, expressado como um simples teste JUnit. O exemplo foi ligeiramente adaptado do projeto em que Dave está trabalhando.

```
public class PlacingAnOrderAcceptanceTest extends DSLTestCase {
  @Test
  public void userOrderShouldDebitAccountCorrectly() {
    adminAPI.createInstrument("name: bond");
    adminAPI.createUser("Dave", "balance: 50.00");
    tradingUI.login("Dave");

    tradingUI.selectInstrument("bond");
    tradingUI.placeOrder("price: 10.00", "quantity: 4");
    tradingUI.confirmOrderSuccess("instrument: bond", "price: 10.00", "quantity: 4");

tradingUI.confirmBalance("balance: 10.00");
  }
}
```

Esse teste cria um novo usuário, registra-o com sucesso e garante que ele tenha fundos suficientes para operar. Também cria um novo título que possa ser comprado. Essas duas atividades são interações complexas em si mesmas, mas a DSL as abstrai em um grau que torna a tarefa de inicializar o teste muito simples. As características dos testes escritos dessa forma são que eles abstraem os testes dos detalhes de sua implementação.

Uma das características principais desses testes é o uso de aliases (pseudônimos) para representar valores importantes. No exemplo acima, criamos um instrumento chamado de bond e um usuário chamado de Dave. O que o driver da aplicação faz nos bastidores é criar instrumentos e usuários reais, cada um com um identificador único gerado pela aplicação. O driver usará esses valores internamente, de modo que sempre poderemos nos referir a Dave e bond, mesmo que o usuário real seja chamado de algo como testUser11778264441. O valor é randomizado e mudará toda vez que o teste executar, porque um novo usuário é criado a cada execução.

Isso traz dois benefícios. Primeiro, torna os testes de aceitação completamente independentes uns dos outros. Assim, é possível executá-los em paralelo sem se preocupar se modificarão dados entre si. Segundo, permite que você crie dados de testes com alguns comandos simples de alto nível, eliminando a necessidade de manter dados iniciais complexos para coleções de testes.

No estilo da DSL mostrada acima, cada operação (placeOrder, confirmOrderSuccess e assim por diante) é definida com diversos parâmetros do tipo string.

Alguns parâmetros são obrigatórios, mas muitos são opcionais com valores padrão simples. Por exemplo, a operação de login nos permite especificar, além do alias do usuário, uma senha específica e um código de produto. Se o teste não se preocupa com esses detalhes, a DSL usará valores padrão que funcionam.

Para ilustrar o nível de valores padrão que estão sendo usados, veja a seguir a lista completa de parâmetros para a instrução createUser:

- name (obrigatório)
- password (padrão password)
- productType (padrão DEMO)
- balance (padrão 15000.00)
- currency (padrão USD)
- fxRate (padrão 1)
- firstName (padrão Firstname)
- lastName (padrão Surname)
- emailAdress (padrão test@somemail.com)
- homeTelephone (padrão 02012345678)
- securityQuestion1 (padrão Favourite colour?)
- securityAnswer1 (padrão Blue)

Uma das consequências de uma camada de driver de aplicação bem projetada é que ela melhora a confiabilidade dos testes. O sistema do exemplo na verdade é altamente assíncrono, ou seja, nossos testes precisam esperar por resultados antes de seguir para o próximo passo. Isso pode levar a testes intermitentes ou frágeis, que são sensíveis a pequenas mudanças no tempo das coisas. Em função do alto grau de reúso implícito em uma DSL, interações complexas e operações podem ser escritas uma vez e usadas em muitos testes. Se aparecerem problemas intermitentes quando os testes rodarem como parte do conjunto de testes de aceitação, eles serão corrigidos em um único lugar, garantindo que o reúso dessas funcionalidades seja igualmente confiável.

Começamos com a construção de uma camada de driver de aplicação muito simples – criando alguns casos de teste e construindo testes mais simples. Em seguida, a equipe trabalha nos requisitos e adiciona aos testes o que acredita que esteja faltando em um teste específico. Em pouco tempo, o driver de aplicação, juntamente à DSL representada por sua API, tende a se tornar bem extensivo.

Como expressar seus critérios de aceitação

É interessante comparar o teste de aceitação do exemplo escrito em JUnit com o outro escrito em Cucumber. Ambas as abordagens funcionam bem, e cada uma tem vantagens e desvantagens. Ambas representam melhorias significativas em relação a abordagens tradicionais de testes de aceitação. Jez está usando uma abordagem parecida com o Cucumber em seu projeto atual (embora esteja usando Twist em vez do Cucumber), enquanto Dave está usando JUnit diretamente (como no exemplo acima).

O benefício de uma DSL externa é que você pode usar seus testes em vários contextos. Em vez de mapear os testes de aceitação em uma ferramenta de acompanhamento de histórias e depois expressá-los em xUnit, seus critérios de aceitação – e suas histórias – são especificações executáveis. Entretanto, embora ferramentas modernas reduzam a carga de escrever critérios de aceitação executáveis, mantendo-os sincronizados com a implementação de testes de aceitação, há sempre um trabalho a mais.[5]

Se os analistas e clientes forem suficientemente experientes em tecnologia e conseguirem trabalhar com testes xUnit usando a DSL interna, a abordagem de testes diretos xUnit é interessante. Ela demanda um ferramental menos complexo, e você pode usar a funcionalidade de *autocomplete* embutida nos ambientes usuais de desenvolvimento. Você também tem acesso direto à DSL de seus testes em vez de ter de usar vias indiretas – com todo o poder da técnica de parametrização já descrita. Entretanto, embora você possa usar uma ferramenta como AgileDox para converter os nomes de suas classes e métodos em documentos que listam as funcionalidades ("Realizar um compra" no exemplo acima) e cenários ("Uma compra deve debitar em conta corretamente"), é mais difícil converter os testes em um conjunto de arquivos texto. Além disso, a conversão só funciona em uma direção – você pode fazer mudanças nos testes e refletir nos arquivos de critérios de aceitação, mas não vice-versa.

O padrão driver de janelas: separando os testes da interface de usuário

Os exemplos neste capítulo ilustram claramente a separação dos testes de aceitação em três camadas: critérios de aceitação executáveis, implementação do teste, driver de aplicação. O driver de aplicação é a única camada que entende como interagir com a aplicação – as outras duas camadas somente usam a linguagem de domínio do negócio. Se sua aplicação tem interface de usuário, o driver de aplicação entende como interagir com ela. Essa parte que interage com a interface é conhecida como o driver de janelas.

O padrão driver de janelas tem como objetivo tornar os testes que rodam sobre uma interface de usuário menos frágeis, criando uma camada de abstração que reduz o acoplamento entre os testes de aceitação e a interface de usuário do sistema em teste. Assim, ele ajuda a isolar os testes do efeito de mudanças na interface visual do sistema. Essencialmente, escrevemos uma camada de abstração que finge ser a interface de usuários dos testes. Todos os testes interagem com a interface de usuário real por meio dessa camada. Se for feita uma mudança na interface, fazemos as mudanças correspondentes no driver de janelas, sem qualquer modificação em sua API e, consequentemente, nos testes.

---

[5] Twist, uma ferramenta comercial criada por um colaborador de Jez, permite que você use a funcionalidade de *autocomplete* do Eclipse e listas automáticas de parâmetros em seus critérios de aceitação diretamente, e que você refatore os scripts e a implementação subjacente mantendo ambos sincronizados.

A ferramenta aberta FitNesse usa uma abordagem similar: permite que *fixtures* Fit sejam criadas como "drivers" independentemente do que você precise testar. Essa é uma excelente ferramenta que faz a diferença nesse contexto.

Quando implementar o padrão driver de janelas, você deve escrever o equivalente a um driver de dispositivo para cada parte da interface. Testes de aceitação somente interagem com a interface de usuário por meio de um driver de janelas apropriado. O driver de janelas fornece uma camada de abstração, que faz parte do driver de aplicação e isola o código de testes de mudanças específicas na interface. Quando a interface muda, você muda o código no driver de janelas e todos os testes que dependem dele voltam a funcionar normalmente. O padrão driver de janelas é mostrado na Figura 8.3.

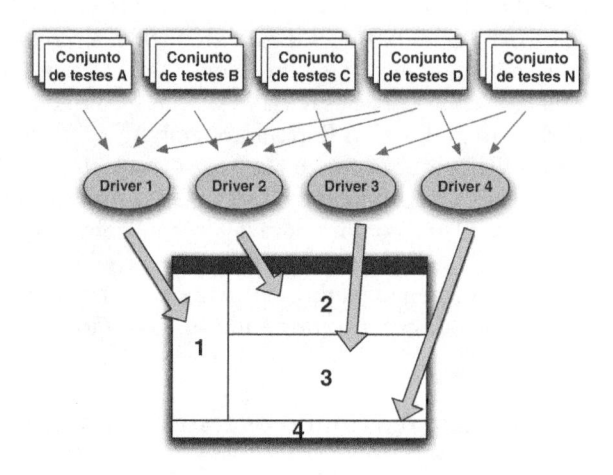

Figura 8.3   *O uso do padrão driver de janelas em testes de aceitação.*

A distinção entre o driver de aplicação e o driver de janelas é que o driver de janelas entende como interagir com a interface de usuário. Se você criar uma nova interface para a aplicação – por exemplo, um módulo cliente com mais recursos em vez de apenas uma interface Web –, pode criar um novo driver de janelas e usá-lo com o mesmo driver de aplicação.

Usando drivers de janelas para criar testes de fácil manutenção

Em um projeto bem grande, escolhemos usar uma ferramenta aberta para criar scripts de interface. Durante o desenvolvimento da primeira entrega, quase conseguimos manter o ritmo do desenvolvimento. Nossos testes de aceitação automatizados estavam rodando, ainda que atrasados em relação à versão atual do software em uma ou duas semanas.

Durante a segunda entrega, nossos testes de aceitação estavam ainda mais atrasados, e a situação estava piorando. No final da segunda entrega, estávamos tão atrasados que nenhum dos testes da primeira entrega rodava – realmente nenhum deles!

> Implementamos o padrão driver de janelas na terceira entrega e mudamos alguns aspectos do processo de criação e manutenção de testes; em especial, transformamos os desenvolvedores nos responsáveis pela manutenção dos testes. No final daquela entrega, tínhamos um pipeline de implantação funcionando, inclusive com testes automatizados que rodavam imediatamente depois de cada check-in.

Segue um exemplo de testes de aceitação escritos sem as camadas descritas neste capítulo:

```
@Test
public void shouldDeductPaymentFromAccountBalance() {
  selectURL("http://my.test.bank.url");
  enterText("userNameFieldId", "testUserName");
  enterText("passwordFieldId", "testPassword");
  click("loginButtonId");
  waitForResponse("loginSuccessIndicator");

  String initialBalanceStr = readText("BalanceFieldId");

  enterText("PayeeNameFieldId", "testPayee");
  enterText("AmountFieldId", "10.05");
  click("payButtonId");

  BigDecimal initialBalance = new BigDecimal(initialBalanceStr);
  BigDecimal expectedBalance = initialBalance.subtract(new BigDecimal("10.05"));
  Assert.assertEquals(expectedBalance.toString(), readText("BalanceFieldId"));
}
```

Veja agora um exemplo refatorado em duas camadas: implementação de testes e driver de janela. A classe `AccountPanelDriver` neste exemplo é o driver de janela. Esse é um bom ponto de partida para a decomposição dos testes:

```
@Test
public void shouldDeductPaymentFromAccountBalance() {
  AccountPanelDriver accountPanel = new AccountPanelDriver(testContext);

  accountPanel.login("testUserName", "testPassword");
  accountPanel.assertLoginSucceeded();

  BigDecimal initialBalance = accountPanel.getBalance();
  accountPanel.specifyPayee("testPayee");
  accountPanel.specifyPaymentAmount("10.05");
  accountPanel.submitPayment();

  BigDecimal expectedBalance = initialBalance.subtract(new BigDecimal("10.05"));

  Assert.assertEquals(expectedBalance.toString(), accountPanel.getBalance());
}
```

Vemos uma separação muito mais clara entre a semântica dos testes e os detalhes de interação com a interface subjacente. Se você considerar o código que forma o teste e o código que representa o driver de janela, há mais código para testar a mesma coisa, mas o nível de abstração é muito maior. Seremos capazes de reutilizar o driver em vários testes que interagem com essa página e melhorá-lo incrementalmente.

Se, por exemplo, o negócio decidisse que, em vez de usar uma interface Web, nosso produto seria muito mais eficiente com uma interface baseada em gestos em uma tela sensível ao toque, os fundamentos dos testes permaneceriam os mesmos. Poderíamos criar um novo driver de janela que interagiria com a interface baseada em gestos em vez da velha página Web, substituindo o driver original dentro da aplicação, e os testes continuariam funcionando.

Como implementar testes de aceitação

A implementação de testes de aceitação não se resume à separação em camadas. Testes de aceitação também envolvem pôr a aplicação em um estado específico, realizar várias ações a partir desse estado e verificar os resultados. Testes de aceitação precisam ser escritos de forma a lidar com tempo limite para evitar erros intermitentes. Os dados devem ser gerenciados cuidadosamente. Devem ser usados dublês de teste para permitir que a integração com sistemas externos seja simulada. Esses tópicos são o assunto desta seção.

Estado em testes de aceitação

No capítulo anterior, discutimos o problema de testes baseados em estado e oferecemos alguns conselhos sobre como minimizar sua dependência em relação ao estado. Esse é um problema ainda mais complexo para testes de aceitação. Testes de aceitação precisam simular as interações dos usuários com o sistema de maneira a exercitá-lo e provar que ele atende aos requisitos de negócio. Quando os usuários interagem com o sistema, eles acrescentam a informação que o sistema gerencia e dependem dela. Sem esse estado, os testes de aceitação não têm sentido. Estabelecer um bom estado inicial, o pré-requisito para qualquer teste real, e construir o teste para que dependa desse estado pode ser difícil.

Quando falamos em testes que dependem de estado, estamos resumindo um conceito maior. Isso significa que, para testar um comportamento da aplicação, o teste requer que ela esteja em um determinado estado inicial (a cláusula "dado" de BDD). Talvez a aplicação precise de uma conta com privilégios específicos, ou uma coleção específica de títulos sobre os quais operar. Independentemente do estado inicial requerido, fazer a aplicação exibir o comportamento esperado em teste é a parte mais difícil de escrevê-los.

Ainda que não seja possível eliminar totalmente o estado de um teste, em especial nos testes de aceitação, é importante se concentrar na redução da dependência do teste em estados complexos.

Em primeiro lugar, evite obter uma cópia dos dados de produção para preencher seu banco de dados de testes de aceitação (ainda que isso às vezes seja útil para testes de capacidade). Em vez disso, mantenha um conjunto mínimo e conhecido de dados. Um aspecto fundamental de testes é estabelecer um bom ponto inicial. Se você tentar rastrear o estado de um ambiente de produção em seu ambiente de testes – uma abordagem que já vimos em várias organizações –, vai perder mais tempo tentando fazer seu conjunto de dados funcionar do que testando. Afinal, o foco dos testes deve ser o comportamento do sistema, e não os dados.

Mantenha o mínimo de dados coerentes que permitam que você explore o comportamento do sistema. Naturalmente, esse estado inicial mínimo deve ser representado por uma coleção de scripts armazenados no sistema de controle de versão, que podem ser aplicados no início da execução dos testes de aceitação. Como descrevemos no Capítulo 12, "Gerência de Dados", o ideal é que os testes usem a API pública da aplicação para colocá-la no estado apropriado para o início dos testes. Isso gera testes menos quebradiços do que usando os dados diretamente do banco de dados da aplicação.

O teste ideal é atômico. Ter testes atômicos significa que a ordem em que são executados não importa, o que elimina uma das principais causas de erros de difícil identificação. Também significa que os testes podem rodar em paralelo, e isso é essencial para obter feedback rápido quando a aplicação começa a crescer.

Um teste atômico gera tudo o que precisa para executar e limpa o que gerou, não deixando qualquer traço do que fez, exceto um registro de sucesso ou falhas. Isso pode ser difícil, mas não impossível, de alcançar em testes de aceitação. Uma técnica usada com frequência para testes de componente que lidam com sistemas transacionais, particularmente bancos de dados relacionais, é estabelecer uma transação no começo do teste e executar um rollback no final. Assim, o banco de dados sempre volta ao mesmo estado em que estava quando o teste começou. Infelizmente, se você aceitar nosso conselho de tratar testes de aceitação como testes de ponta a ponta, essa abordagem não estará disponível.

A abordagem mais eficaz para testes de aceitação é usar as funcionalidades da aplicação para isolar o escopo dos testes. Por exemplo, se o software funciona com múltiplos usuários que têm contas independentes, use as funcionalidades de sua aplicação para criar uma conta nova no início de cada teste, como mostrado nos exemplos das seções anteriores. Crie uma infraestrutura simples de teste em seu driver de aplicação para tornar a criação de contas algo trivial. Quando seus testes rodarem, qualquer atividade e estado resultantes pertencerão à conta associada ao teste e serão independentes das demais atividades e do estado em outras contas. Essa abordagem não somente garante que os testes são isolados, como também testa o isolamento, particularmente quando você rodar os testes de aceitação em paralelo. Essa abordagem eficiente só é problemática se a aplicação for incomum a ponto de não ter meios naturais de isolar os casos.

Às vezes, porém, não há alternativa além de compartilhar estado entre os casos de teste. Nessas circunstâncias, os testes devem ser projetados com muito cuidado. Testes como esse tendem a ser frágeis, porque não operam sobre um ambiente cujo ponto inicial é conhecido. Simplificando, se você escrever um teste que grava quatro registros no banco de dados e lê o terceiro no próximo passo, precisa garantir que ninguém adicionou qualquer registro novo antes que o teste comece, ou obterá o registro incorreto. Você também deve ter cuidado para não rodar seus testes repetidamente sem um processo de limpeza entre eles. Testes assim são muito difíceis de manter. Infelizmente, às vezes é quase impossível evitá-los, mas vale tentar o máximo possível. Pense cuidadosamente sobre como criar testes de maneiras diferentes, de modo a não deixar o estado para trás.

Quando você chegar ao último recurso e descobrir que precisa criar testes cujo estado não pode ser garantido ou que não podem limpá-lo depois, recomendamos que eles sejam *muito* defensivos. Verifique se o estado no começo do teste é o esperado e faça o teste falhar imediatamente se algo estiver errado. Proteja o teste com pré-condições que garantam que o sistema está pronto para rodá-lo. Faça esses testes trabalharem em termos relativos, e não absolutos; por exemplo, não escreva um teste que grave três elementos em uma coleção e depois confirme que há três objetos nela, mas obtenha o número inicial de objetos na coleção e teste por $x + 3$.

Fronteiras do processo, encapsulamento e testes

Os testes mais diretos – e, portanto, os testes que devem ser seu modelo para todos os testes de aceitação – são os que comprovam os requisitos do sistema sem qualquer tipo de acesso privilegiado a ele. Iniciantes em testes automatizados reconhecem que, para que seu código seja testável, eles precisam modificar a abordagem de arquitetura, e isso está correto. Mas geralmente eles pensam que é necessário fornecer acesso privilegiado ao sistema para confirmar resultados, e isso não é verdade. Como descrevemos em outros momentos, testes automatizados o pressionam para que seu código seja mais modular e mais encapsulado, mas se você está quebrando o encapsulamento para que o sistema seja mais testável, está deixando de lado uma forma melhor de atingir o mesmo objetivo.

Na maioria dos casos, você deve encarar a criação de código exclusivamente para permitir a verificação do comportamento da aplicação com cautela. Trabalhe bastante para evitar esse tipo de acesso privilegiado, pense bem antes de ceder, seja duro consigo mesmo – e não aceite a opção mais fácil até que esteja certo de que não há outra maneira melhor.

Entretanto, às vezes a inspiração falha e você é forçado a usar algum tipo de acesso secundário ao sistema. Podem ser chamadas que permitem que você modifique o comportamento do sistema de alguma forma, por exemplo, para retornar alguns resultados importantes específicos, ou para colocar parte do sistema em modo de teste. Essa abordagem funciona se não houver outra escolha. Entretanto, sugerimos que você só faça isso com componentes externos ao sistema, e substitua o código responsável por interagir com componentes externos por um *stub* controlável ou algum tipo de dublê de teste. Recomendamos que você nunca adicione interfaces apenas de testes para componentes de sistemas remotos que serão implantados em produção.

> **Usando *stubs* para simular acesso a sistemas externos**
>
> O exemplo mais óbvio desse tipo de problema é quando temos uma fronteira de processo no meio de um teste. Certa vez queríamos escrever um teste de aceitação que incluísse comunicação com um sistema representando um *gateway* para outro sistema, fora do escopo de testes. Entretanto, queríamos ter certeza de que nosso sistema funcionava até aquele ponto. Precisávamos ter certeza de que nosso sistema respondia apropriadamente a qualquer problema de comunicação.
>
> Já tínhamos um *stub* para representar o sistema externo, e nosso serviço interagia com isso. No final, implementamos um método "o que fazer na próxima chamada" que nosso código de testes poderia usar para mudar o *stub* para o modo de espera, engatilhado para responder, como tínhamos definido, à próxima chamada.

Como alternativa para interfaces especiais, você pode fornecer componentes que reagem a valores "mágicos" de dados. Novamente, essa estratégia funciona, mas deve ser reservada para componentes que não serão implantados como parte do sistema de produção. É uma estratégia útil para dublês de testes.

Ambas as estratégias tendem a resultar em testes que demandam bem mais manutenção e frequentemente dependem de interferência. A solução real é tentar evitar esse tipo de concessão o quanto puder e depender do comportamento real do sistema em si para verificar o resultado bem-sucedido de qualquer teste. Use essas estratégias somente quando não tiver mais opções.

Como gerenciar tempo limite e assincronia

O teste de sistemas assíncronos apresenta seus próprios problemas. Para testes unitários, você deve evitar qualquer assincronia dentro do escopo de um teste, e mesmo entre testes. Este último caso pode causar falhas intermitentes de difícil depuração. Para testes de aceitação, dependendo da natureza da aplicação, pode ser impossível evitar assincronia. Esse problema pode ocorrer não somente com sistemas explicitamente assíncronos, mas também com sistemas que usam threads e transações. Em tais sistemas, a chamada que você precisa fazer pode ter de esperar até que outra thread ou transação seja completada primeiro.

O problema se resume a esta questão: o teste falhou ou simplesmente estamos esperando que os resultados cheguem? Descobrimos que a melhor estratégia é criar *fixtures* que isolem o teste do problema. A dica é, enquanto se tratar do teste em si, criar uma sequência de eventos que representam o teste que pareça ser síncrona. Isso é alcançado por meio do isolamento da assincronia com o uso de chamadas síncronas.

Imagine que estamos construindo um sistema que armazena arquivos recebidos. Nosso sistema tem uma caixa de entrada, ou uma localização no sistema de arquivo, que será verificada em intervalos regulares. Se um arquivo for encontrado nesta localização, ele será armazenado com segurança, e um e-mail será enviado a alguém dizendo que um novo arquivo chegou.

Quando estamos escrevendo testes unitários para o estágio de commit, podemos testar cada componente do sistema em isolamento e verificar se eles interagem com seus vizinhos de maneira apropriada com um pequeno conjunto de objetos usando dublês de teste. Tais testes não precisam acessar o sistema de arquivo, mas podem usar um dublê de teste para simulá-lo. Se tivermos de usar um conceito de tempo durante os testes – e usaremos devido à verificação regular – usaremos um dublê para o relógio, ou simplesmente forçaremos a verificação.

Para nossos testes de aceitação, precisamos saber se a implantação teve sucesso, se conseguimos configurar o mecanismo de verificação, se nosso servidor de e-mail está configurado apropriadamente e se o código funciona em conjunto.

Há dois problemas em nossos testes: o intervalo de verificação do sistema antes de ver se algum arquivo novo chegou, e o período de tempo que um e-mail leva para chegar.

Um teste ideal seria como descrito abaixo (em sintaxe C#):

```
[Test]
public void ShouldSendEmailOnFileReceipt() {
  ClearAllFilesFromInbox();
  DropFileToInbox();
  ConfirmEmailWasReceived();
}
```

Entretanto, se escrevermos o código de forma tão ingênua, simplesmente verificando se temos o e-mail esperado, nossos testes quase que certamente rodarão além da capacidade da aplicação. O e-mail não terá chegado no momento em que verificamos isso. O teste falhará, ainda que seja somente porque ele foi mais rápido ao chegar ao ponto da asserção do que a aplicação ao entregar um e-mail.

```
// ESTA VERSÃO NÃO FUNCIONARÁ
private void ConfirmEmailWasReceived() {
  if (!EmailFound()) {
    Fail("No email was found");
  }
}
```

Em vez disso, nosso teste deve fazer uma pausa, dando à aplicação a oportunidade de acompanhá-lo antes de se decidir por uma falha.

```
private void ConfirmEmailWasReceived() {
  Wait(DELAY_PERIOD);

  if (!EmailFound()) {
    Fail("No email was found in a sensible time");
  }
}
```

Se DELAY_PERIOD for um valor suficientemente alto, esse será um teste válido.

O problema dessa abordagem é que esses valores de DELAY_PERIOD tendem a se acumular. Certa vez reduzimos o tempo dos testes de aceitação de uma aplicação de 2 horas para 40 minutos, mudando a estratégia para algo mais refinado.

A nova estratégia era baseada principalmente em duas ideias. Uma era verificar com frequência os resultados, e a outra era monitorar eventos intermediários como um limite para o teste. Em vez de simplesmente esperar pelo tempo máximo aceitável, implementamos algumas tentativas.

```
private void ConfirmEmailWasReceived() {
  TimeStamp testStart = TimeStamp.NOW;
  do {
    if (EmailFound()) {
      return;
    }
    Wait(SMALL_PAUSE);
  } while (TimeStamp.NOW < testStart + DELAY_PERIOD);
  Fail("No email was found in a sensible time");
}
```

Nesse exemplo, ainda mantivemos uma pequena pausa, porque seria um desperdício de ciclos de CPU esperar por um e-mail, já que esse tempo poderia ser gasto com o próprio envio do e-mail. Mas mesmo com essa SMALL_PAUSE, o teste é muito mais eficiente do que a versão anterior, desde que SMALL_PAUSE seja realmente pequena comparada com DELAY_PERIOD (geralmente duas ou mais ordens de magnitude menor).

A melhoria final é mais oportuna e depende da natureza da aplicação. Descobrimos que, em sistemas que usam bastante assincronia, há outras coisas que podem ajudar. Em nosso exemplo, imagine que temos um serviço que lida com e-mails que chegam. Quando um e-mail chega, ele gera um evento em função disso. Nosso teste pode ser mais rápido (embora mais complexo) se esperarmos pelo evento em vez de verificar a chegada do e-mail regularmente.

```
private boolean emailWasReceived = false;

public void EmailEventHandler(...) {
  emailWasReceived = true;
}

private boolean EmailFound() {
  return emailWasReceived;
}
```

```
private void ConfirmEmailWasReceived() {
  TimeStamp testStart = TimeStamp.NOW;
  do {
    if (EmailFound()) {
      return;
    }
    Wait(SMALL_PAUSE);
  } while(TimeStamp.NOW < testStart + DELAY_PERIOD);
  Fail("No email was found in a sensible time");
}
```

Para os clientes de ConfirmEmailWasReceived, o passo de confirmação parece síncrono para todas as versões mostradas aqui. Isso torna os testes de alto nível que o utilizam mais simples de escrever, particularmente se há ações que derivam do teste. Esse tipo de código deve estar na camada do driver da aplicação de modo que possa ser reutilizado por diferentes casos de teste. Sua relativa complexidade vale o esforço, porque ele pode ser refinado para ser mais eficiente e confiável, tornando todos os testes que dependem dele refinados e confiáveis.

Como usar dublês de teste

Testes de aceitação dependem da capacidade de executar testes automatizados em um ambiente como o de produção. Entretanto, uma propriedade vital de tais ambientes é que eles devem suportar testes automatizados com sucesso. Testes automatizados não são o mesmo que testes de aceitação de usuário. Uma das diferenças é que testes de aceitação automatizados não devem rodar em um ambiente que inclua integração para todos os sistemas externos. Em vez disso, nossos testes de aceitação devem se concentrar em fornecer um ambiente controlável no qual o sistema em teste possa rodar. "Controlável" nesse contexto significa que você consegue criar o estado inicial para os testes; integrar com sistemas externos invalida isso.

Você deve se esforçar para minimizar o impacto de dependências externas durante os testes de aceitação. Entretanto, nosso objetivo é encontrar problemas o mais cedo possível e, para isso, precisamos integrar nossos sistemas continuamente. Há uma tensão clara aqui. Integração com sistemas externos pode ser difícil e é uma fonte comum de problemas. Isso implica que é importante testar esses pontos de integração cuidadosa e efetivamente. O problema é que, se você incluir os sistemas externos no escopo de testes de aceitação, terá menos controle sobre o sistema e seu estado inicial. Além disso, a intensidade dos testes de aceitação pode trazer carga inesperada para esses sistemas externos mais cedo no projeto do que os responsáveis por eles esperavam.

Essa necessidade de balancear opostos pode resultar em concessões criadas pela equipe como parte de sua estratégia de teste. Como qualquer outro aspecto do processo de desenvolvimento, há poucas respostas "corretas", e os projetos apresentarão variações. Nós temos duas estratégias: queremos criar dublês que representem as conexões de todos os sistemas com os quais nosso sistema interage, como mostrado na Figura 8.4. Também queremos construir pequenos conjuntos de testes ao redor de cada ponto de integração, com o objetivo de rodar em ambientes que têm conexões reais com esses sistemas externos.

Além de oferecer a capacidade de estabelecer um bom ponto inicial no qual basear os testes, criar dublês em vez de acessar sistemas tem outra vantagem: fornece pontos adicionais da aplicação em que podemos controlar comportamento, simular falhas de conexão, simular respostas de erro, respostas sob carga, e assim por diante – tudo sob nosso controle.

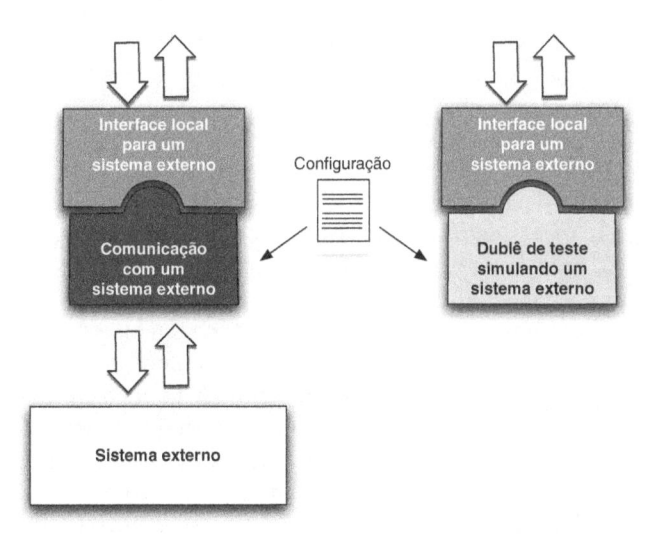

Figura 8.4 *Dublês de teste para sistemas externos*

Bons princípios de projeto devem levar à redução do acoplamento entre sistemas externos e o sistema que você está desenvolvendo. Nosso objetivo geralmente é ter um componente no sistema que represente todas as interações com um sistema externo – isto é, um componente (um *gateway* ou adaptador) para cada sistema externo. Esse componente concentra as comunicações e quaisquer problemas associados com elas em um local que isola os detalhes técnicos da comunicação do restante do sistema. Também permite a implementação de padrões para melhorar a estabilidade da aplicação, como o padrão *circuit breaker*, descrito no livro *Release It!*.[6]

Esse componente representa uma interface para o sistema externo. Essa interface representa o contrato que você precisa comprovar que funciona, e não importa se a interface exposta pertence ao sistema externo ou se ela é parte de sua base de código. A interface precisa ser comprovada tanto da perspectiva das interações do sistema com ela como de um ponto de comunicação genuíno

---

[6] Nygard, 2007, p. 115.

com o sistema externo. *Stubs* permitem que você garanta que o sistema interage corretamente com o sistema remoto. Testes de integração, que descrevemos em seguida, permitem que você garanta que o sistema externo se comporta da forma esperada em suas interações. Nesse sentido, dublês de testes e interações trabalham em conjunto para eliminar a chance de erros.

Como testar pontos de integração

Pontos de integração com sistemas externos são uma fonte comum de problemas por diversas razões. O código em que sua equipe está trabalhando pode mudar algo que é relevante para a comunicação bem-sucedida. Uma mudança nas estruturas de dados compartilhadas entre seu sistema e o sistema externo, ou na frequência das trocas de mensagens, ou na configuração dos mecanismos de endereçamento – quase qualquer tipo de diferença pode ser um problema. O código do outro lado da comunicação também pode mudar.

Os testes que escrevemos para afirmar o comportamento de tais pontos de integração devem se concentrar em possíveis problemas, e estes dependem muito da natureza da integração e em que ponto do seu ciclo de vida esses sistemas estão. Em um sistema externo maduro e em produção, os problemas serão diferentes daqueles enfrentados durante o desenvolvimento ativo. Esses fatores ditarão até certo ponto onde e quando rodar esses testes.

Se o sistema externo está sendo ativamente desenvolvido, é provável que a interface entre os dois sistemas mude. Esquemas, contratos, e outros podem mudar ou, mais sutilmente, a forma como o conteúdo da informação trocada pode mudar. Tal cenário depende de testes cuidadosos e frequentes para identificar pontos em que as duas equipes divergiram. Em nossa experiência, há geralmente alguns cenários óbvios a simular em quase todas as integrações. Recomendamos que você cubra esses cenários óbvios com uma pequena quantidade de testes, mas essa estratégia não conseguirá identificar alguns problemas. Para resolver isso, criamos novos casos de teste a cada problema encontrado. Com o tempo, haverá um pequeno conjunto de testes para cada ponto de integração que identificará problemas rapidamente. Essa estratégia não é perfeita, mas tentar obter cobertura perfeita nesses cenários geralmente é mais difícil, e o retorno sobre o investimento diminui rapidamente.

Testes devem ter um escopo que cubra as interações que seu sistema tem com sistemas externos. Eles não devem testar a interface externa completamente. Isso tem como base o retorno de investimento: se você não se importa com a presença ou a ausência de um determinado campo, não o teste. Da mesma forma, siga as indicações dadas na seção "Testes de integração", na página 97.

Como já foi dito, o momento de rodar os testes de integração não pode ser fixado previamente, pois varia de projeto para projeto, e de ponto de integração para ponto de integração. Ocasionalmente, pontos de integração podem executar ao mesmo tempo que testes de aceitação, mas em geral esse não é o caso. Pense com cuidado sobre as demandas a serem feitas feitas ao sistema externo. Lembre-se de que os testes rodam várias vezes ao dia. Se cada interação com o sistema externo resultar em uma interação real, seus testes podem criar carga similar à de produção no sistema. Isso pode não ser algo bem visto, particularmente se os fornecedores do sistema externo não fazem testes automatizados.

Nossa estratégia para amenizar esse problema é implementar um conjunto de testes que não roda toda vez que os testes de aceitação rodam, mas uma vez por dia ou por semana. Você pode rodar esses testes em um estágio separado do pipeline de implantação, ou como parte do estágio de testes de capacidade, por exemplo.

O estágio de testes de aceitação

Quando você tiver um conjunto de testes de aceitação, eles devem ser executados em seu pipeline de implantação. A regra é que os testes de aceitação devem executar para cada versão que passa pelo estágio de commit. Há algumas práticas que se aplicam a essa execução.

Uma versão que falha nos testes de aceitação não pode ser implantada. No padrão do pipeline de implantação, somente versões candidatas que passaram por esse estágio podem ser implantadas em estágios posteriores. Esses estágios subsequentes geralmente dependem de julgamento humano: se uma versão candidata falha no teste de capacidade, na maioria dos projetos alguém decidirá se a falha é importante o suficiente para encerrar o processo da versão candidata nesse momento ou permitir que ela prossiga apesar dos problemas de performance. Testes de aceitação dão margem para esses resultados vagos. Se os testes têm resultados positivos, essa versão pode ir adiante; caso contrário, ela é descartada.

Por causa dessa linha fixa, a barreira que os testes de aceitação formam é extremamente importante, e deve ser tratada como tal para que o processo de desenvolvimento siga com tranquilidade. Manter testes de aceitação complexos rodando sem problemas demandará tempo e esforço do time de desenvolvimento. Entretanto, esse investimento, em nossa experiência, é muitas vezes recompensado na redução de custos de manutenção, na proteção que permite que você faça mudanças grandes e abruptas em sua aplicação e em qualidade superior. Sabemos que, sem excelentes testes de aceitação automatizados, você perde um tempo considerável tentando encontrar e corrigir defeitos no fim do processo, quando já imaginava que estivesse tudo terminado; perde muito tempo e dinheiro em testes manuais de aceitação e em testes de regressão; ou produz software de qualidade inferior.

> **Gravando testes de aceitação para depuração**
>
> Um problema comum com testes automatizados é entender por que um teste falhou. Como os testes são necessariamente de alto nível, há muitos pontos de falha potenciais. Às vezes elas podem nem estar relacionadas ao projeto; outras, pode ser uma falha anterior no teste, em uma janela diferente, que leva a problemas posteriores. E algumas vezes a única maneira de descobrir o que deu errado é rodar o teste novamente e verificá-lo passo a passo.

> Em um projeto no qual trabalhamos, descobrimos como fazer isso de maneira mais fácil. Antes de os testes começarem, iniciávamos uma captura de tela na máquina de teste com uma ferramenta aberta chamada de Vnc2swf. Depois que os testes terminavam, se houvesse uma falha, publicávamos o vídeo como um artefato. Somente depois da criação do vídeo fazíamos o estágio falhar. Depois disso, depurar os testes se tornou uma tarefa bem fácil.
>
> Em certo ponto, descobrimos que alguém tinha acessado a máquina e deixado o gerenciador de tarefas rodando, provavelmente porque verificou o uso de memória ou o desempenho. Como a janela ficou aberta e era modal, ela escondida parte da janela da aplicação. Consequentemente, os testes de interface não conseguiam clicar alguns dos botões. O defeito foi reportado como "Botão X não foi encontrado", mas o vídeo revelou a causa real do problema.

É difícil enumerar as razões que tornam um investimento em testes de aceitação valioso para um projeto. Para o tipo de projeto em que nos envolvemos normalmente, nosso padrão é que os testes de aceitação automatizados e a implementação de um pipeline de implantação são um ponto de partida sensato. Para projetos muito curtos e com poucos desenvolvedores (talvez quatro desenvolvedores ou menos), pode ser um exagero – você pode querer ter somente alguns testes de ponta a ponta como parte de um único estágio de integração contínua. Porém, em qualquer projeto maior do que isso, o foco em valor de negócio que os testes de aceitação trazem aos desenvolvedores é tão benéfico que vale o esforço. Vale repetir também que projetos grandes começam como projetos pequenos, e quando eles chega ao ponto em que estão grandes o suficiente, invariavelmente é muito tarde para criar um conjunto abrangente de testes de aceitação sem um esforço enorme.

Recomendamos que o uso dos testes de aceitação criados e mantidos pela equipe de entrega seja o padrão para todos os seus projetos.

Como manter os testes de aceitação verdes

Já que demora muito para rodar um conjunto eficaz de testes de aceitação, muitas vezes pode ser útil rodá-los mais tarde no pipeline de implantação. O problema disso é que se os desenvolvedores não pararem para esperar pelo resultado dos testes, como fazem para os testes no estágio de commit, eles tendem a ignorar as falhas em testes de aceitação.

Essa ineficiência é o *trade-off* que aceitamos por um pipeline de implantação que permite que encontremos a maior parte das falhas rapidamente na barreira de testes commit, ao mesmo tempo em que mantemos boa cobertura de testes automatizados para a aplicação. Vamos abordar esse antipadrão rapidamente: em última instância, é uma questão de disciplina; todo o time é responsável por manter os testes de aceitação com resultados positivos.

Quando um teste de aceitação falha, a equipe precisa parar e fazer imediatamente uma triagem do problema. É um teste frágil, ou o ambiente está configurado incorretamente, ou alguma pressuposição não é mais válida, ou é uma falha real? Quando a causa for encontrada, alguém precisa agir logo para corrigir o problema.

> **A quem pertencem os testes de aceitação**
>
> Por algum tempo, usamos o modelo tradicional de que testes de aceitação são responsabilidade da equipe de testes. Essa estratégia nos trouxe vários problemas, principalmente em projetos maiores. A equipe de testes sempre está no fim da cadeia de desenvolvimento, de modo que nossos testes de aceitação falhavam na maior parte do tempo.
>
> Nossa equipe de desenvolvimento estaria fazendo mudanças que quebravam boa parte dos testes de aceitação sem perceber o impacto dessas mudanças. A equipe de testes descobriria as mudanças bem tarde no processo, depois de elas terem sido desenvolvidas e colocadas no controle de versão. Como a equipe de testes precisava corrigir testes o tempo todo, muito tempo se passava até que os erros mais recentes nos testes fossem corrigidos e, nesse momento, os desenvolvedores já estavam envolvidos em outra tarefa, muitas vezes sem o contexto ideal para corrigir os problemas reais encontrados. A equipe de testes rapidamente ficou presa ao processo de corrigir testes, e também precisava implementar novos testes para os requisitos que os desenvolvedores estavam implementando.
>
> Esse não é um problema insignificante. Testes de aceitação são complexos. Determinar a principal causa de uma falha geralmente leva tempo. É precisamente esse conjunto de circunstâncias que nos levou a tentar nosso primeiro uso de um pipeline. Queríamos melhorar o tempo entre uma mudança que quebrava um teste e sua identificação.
>
> Mudamos a responsabilidade dos testes de aceitação. Em vez de ter a equipe de teste como única responsável, tornamos toda a equipe responsável pelo desenvolvimento e pela manutenção dos testes, incluindo desenvolvedores e testadores. Isso teve alguns benefícios positivos: os desenvolvedores se concentraram em garantir a entrega dos critérios de aceitação atrelados aos requisitos e se tornaram mais conscientes do impacto que suas mudanças causavam, já que eram igualmente responsáveis por acompanhar os testes de aceitação. Isso também melhorou a capacidade dos desenvolvedores de predizer quais áreas dos testes de aceitação seriam afetadas por uma mudança, pois estavam pensando em termos dos testes de aceitação, de modo que o trabalho executado por eles era mais pontual.
>
> Para manter os testes de aceitação funcionando e manter o foco dos desenvolvedores no comportamento da aplicação, é importante que todo o time seja igualmente responsável pela criação e manutenção dos testes.

O que acontece se deixarmos os testes de aceitação para trás em relação ao desenvolvimento? À medida que a data de entrega se aproxima, você tentará fazer com que eles sejam bem-sucedidos, a fim de ter confiança na qualidade do software. Analisando os testes, você rapidamente descobrirá que é muito difícil distinguir entre testes de aceitação que estão falhando porque os critérios de aceitação mudaram, testes que estão falhando porque o código foi refatorado e o teste estava muito acoplado à implementação, e testes que estão falhando porque o comportamento da aplicação está incorreto. Nessas circunstâncias, é comum que testes sejam removidos ou ignorados, já que não há tempo para fazer a pesquisa de código necessária para encontrar as razões de uma falha. Você acaba ficando exatamente na situação que a integração contínua deveria evitar – uma corrida no final do desenvolvimento para fazer tudo funcionar como deveria, mas sem qualquer indicação de quanto tempo será necessário para isso e uma falta de clareza quanto ao estado atual do código.

É essencial corrigir problemas nos testes de aceitação o mais rápido possível; do contrário, eles não terão valor. O passo mais importante é tornar os erros visíveis. Tentamos várias abordagens, como *build masters* para rastrear os responsáveis pelas mudanças que provavelmente causaram a falha, e-mails para possíveis responsáveis e até mesmo levantar e gritar "Quem está corrigindo os testes de aceitação?" (isso funciona muito bem, por sinal). A abordagem mais eficaz é usar algum truque como lâmpadas de lava, um monitor enorme para o resultado do pipeline e outras técnicas descritas na seção "Extras", na página 63. Eis maneiras de manter seus testes em boa forma.

Identifique possíveis responsáveis

Determinar o que causou uma falha em um teste de aceitação não é tão simples quanto fazer isso em um teste unitário. Um teste unitário roda depois de uma única mudança feita por um desenvolvedor ou alguns desenvolvedores. Se você faz um check-in e algo que estava funcionando antes para de funcionar, restam poucas dúvidas sobre quem quebrou o quê.

Entretanto, como vários check-ins podem ocorrer entre duas execuções dos testes de aceitação, há mais chances de que eles falhem. Projetar o pipeline de modo que seja possível rastrear quais mudanças estão associadas a cada execução dos testes é um passo importante. Alguns servidores de integração contínua modernos têm funcionalidade embutida para rastrear versões durante seu ciclo de vida, e tornam a resolução desse problema trivial.

Testes de aceitação e *build master*

No primeiro projeto em que implementamos um pipeline complexo, escrevemos alguns scripts simples que rodavam como parte de uma versão multiestágio usando o CruiseControl. Os scripts juntavam os check-ins desde a última execução dos testes de aceitação, identificavam todos os *tags* de commit e, consequentemente, todos os desenvolvedores que os fizeram, de modo que podíamos enviar e-mails para todos que tinham feito um check-in ainda não testado pelo estágio de testes de aceitação. Isso funcionou muito bem nessa equipe, mesmo sendo grande, mas ainda precisávamos de alguém no papel de *build master* para garantir a disciplina e verificar que as falhas estavam sendo consertadas.

Testes de implantação

Como descrevemos, um bom conjunto de testes de aceitação tenta provar que os critérios de aceitação de uma história ou de um requisito foram atendidos. Os melhores testes de aceitação são atômicos – isto é, criam suas próprias condições iniciais e limpam qualquer estado modificado depois de sua execução. Esses testes ideais reduzem a dependência do estado da aplicação e a testam somente por meio de canais públicos, sem qualquer uso de acessos privilegiados. Entretanto, alguns tipos de testes não se qualificam da mesma forma, mas ainda vale a pena executá-los no estágio de aceitação.

Quando rodamos os testes de aceitação, projetamos o ambiente de testes de modo a ser o mais próximo possível do que podemos esperar do ambiente de produção. Se não for muito caro, eles devem ser idênticos. Do contrário, use virtualização para simular ambientes de produção o máximo possível. O sistema operacional e o middleware devem ser idênticos ao de produção, e as mesmas separações de processo que ignoramos ou simulamos em nosso ambiente de desenvolvimento devem ser representadas de forma realista no ambiente de testes.

Isso significa que, além de testar se os critérios de aceitação foram atendidos, essa é a primeira oportunidade de confirmar que nosso processo de implantação automatizada para um ambiente similar ao de produção funciona, e que nossa estratégia de implantação faz sentido. Geralmente optamos por rodar uma pequena seleção de *smoke tests* projetados para verificar se o ambiente está configurado como esperamos e se os canais de comunicação entre os vários componentes do sistema estão funcionando. Às vezes nos referimos a esses testes como testes de infraestrutura ou testes e ambiente, mas eles são na verdade testes de implantação que mostram que o processo funciona bem e que estabelecem um bom ponto de partida para a execução de mais testes funcionais.

Como sempre, nosso objetivo é falhar rapidamente. Queremos que os testes de aceitação falhem o mais rápido possível se houver algo errado. Por essa razão, geralmente tratamos os testes de implantação como um conjunto especial de testes. Se eles falharem, todo o estágio de aceitação falha imediatamente, e não precisamos esperar por sua longa execução. Isso é particularmente importante quando sistemas assíncronos são testados, já que geralmente, se a infraestrutura não estiver correta, os testes executarão até seus tempos limite máximos a cada ponto. Esse método, em um de nossos projetos, resultava em esperas de mais de 30 horas para que os testes falhassem completamente – testes que, em circunstâncias normais, terminavam em 90 minutos.

Esse conjunto de testes priorizado, de falha rápida, também é um local conveniente para colocar testes intermitentes ou testes que capturam problemas comuns a todo momento. Como mencionamos anteriormente, você deve colocar parte desses testes no estágio de commit, mas às vezes essa estratégia pode funcionar como um passo intermediário enquanto você descobre como testar um problema comum, mas de difícil detecção.

> **Testes *Aardvark***
>
> Em um dos projetos em que estávamos usando testes de aceitação baseados em JUnit, o único controle eficiente que tínhamos sobre quais testes rodavam era o nome do conjunto de testes – eles estavam ordenados alfabeticamente. Criamos um conjunto de testes de ambiente e os chamamos de testes *aardvark* para garantir que rodavam antes de quaisquer outros testes.
>
> Sempre se lembre de fazer a chamada de seus *aardvarks* antes de começar a depender deles.*

Desempenho dos testes de aceitação

Como nossos testes de aceitação automatizados existem para garantir que o sistema entrega o valor esperado aos usuários, seu desempenho não é uma preocupação fundamental. Uma das principais razões para criar um pipeline de implantação é o fato de que geralmente nossos testes de aceitação demoram muito para rodar, e não faz sentido esperar por seus resultados durante um ciclo de check-in. Algumas pessoas se opõem a esse ponto de vista, argumentando que testes de desempenho lentos são um sinal de um conjunto de testes mantido de forma ruim. Sejamos claros: acreditamos que é importante manter os testes de aceitação e garantir que eles estejam apropriadamente refatorados e coerentes, mas, em última instância, é mais importante ter um conjunto de testes abrangente do que um que roda em dez minutos.

Testes de aceitação verificam o comportamento do sistema. Eles devem fazer isso do ponto de vista do usuário externo e não por meio dos testes de alguma camada escondida dentro do sistema. Isso automaticamente implica perdas em termos de desempenho, mesmo para sistemas simples. O sistema e toda a infraestrutura associada a ele devem ser implantados, configurados, inicializados e parados, mesmo se considerarmos o tempo de que um único teste precisa para rodar.

Entretanto, uma vez que você começa a usar um pipeline de implantação, acostumar-se com ciclos de feedback rápidos e com a ideia de falhar o mais cedo possível. Quanto mais tempo passar entre o ponto em que um problema foi introduzido e o ponto em que foi identificado, mais difícil é de encontrar a causa e corrigi-la. Tipicamente, testes de aceitação levam várias horas para rodar em vez de alguns minutos. Esse é um estado satisfatório; muitos projetos funcionam muito bem com estágios de aceitação que demoram horas. Mas é possível ser mais eficiente. Há um espectro de técnicas que você pode usar para melhorar a eficiência da equipe reduzindo o tempo que leva para obter o resultado do estágio de aceitação.

---

* N. de T.: *Aardvarks* geralmente é o primeiro substantivo que aparece em um dicionário em inglês, daí seu uso para garantir que nenhum outro teste comece com uma palavra que influencie a ordem dos testes.

Refatore tarefas comuns

O primeiro passo óbvio é buscar resultados rápidos mantendo uma lista dos testes mais lentos e regularmente dedicando algum tempo para encontrar maneiras de torná-los mais eficiente. Essa é precisamente a mesma estratégia que recomendamos para testes unitários.

Um passo além disso é procurar por padrões comuns, particularmente na inicialização dos testes. De maneira geral, testes de aceitação são por natureza mais dependentes de estado do que testes unitários. Como recomendamos que você use abordagens ponta a ponta para os testes e reduza o estado compartilhado, isso significa que cada teste deve configurar suas próprias condições iniciais. Frequentemente, passos específicos nessa inicialização são iguais em vários testes, de modo que vale a pena garantir que sejam executados com eficiência. Se há uma API pública que pode ser usada em vez de fazer a inicialização pela interface, isso é o ideal. Às vezes, preencher a aplicação previamente com dados de teste ou usar algum acesso privilegiado para preencher esses dados é uma abordagem válida, mas você deve encarar tais acessos com cautela, já que é muito fácil que esses dados não sejam iguais aos dados que seriam criados na operação normal do sistema, o que invalida a exatidão dos testes posteriores.

Independentemente do mecanismo, refatorar testes para garantir que o código que executam para tarefas comuns seja o mesmo, por meio da criação de classes de suporte, é um passo importante para melhorar seu desempenho e sua confiabilidade.

Compartilhe recursos caros

Já descrevemos algumas técnicas para alcançar um estado inicial próprio para testes do estágio de commit anteriormente. Essas técnicas podem ser adaptadas para testes de aceitação, mas sua natureza sigilosa não permite certas opções.

A maneira direta de abordar esse problema é criar uma instância limpa da aplicação no começo do teste e descartar essa instância depois do teste. O teste é inteiramente responsável por preencher a instância com quaisquer dados necessários. Isso é simples e confiável e apresenta uma propriedade importante de que cada teste começa de um estado conhecido e completamente passível de reprodução. Infelizmente, para a maioria dos sistemas que criamos, isso é muito lento, porque até para os sistemas mais simples é necessário um tempo considerável para limpar o estado existente e inicializar a aplicação.

Dessa forma, é necessário chegar a um meio-termo. Precisamos escolher quais recursos serão compartilhados entre testes e quais serão gerenciados no escopo do teste. Na maioria dos sistemas de servidor, é possível começar isso compartilhando a própria instância do sistema. Crie uma instância limpa do sistema no início dos testes de aceitação, rode todos os testes nela, e destrua a instância no final. Dependendo da natureza do sistema que está sendo testado, há recursos que demandam tempo e que podem ser otimizados nesse momento para que os testes rodem mais rápido.

> **Acelerar testes usando Selenium**
>
> Em seu projeto atual Dave está usando a excelente ferramenta aberta Selenium para testar aplicações Web. Ele usa as funcionalidades remotas do Selenium para escrever testes JUnit usando as técnicas de DSL descritas anteriormente, e a DSL abstrai uma camada de drivers de janelas. Inicialmente, esses drivers de janelas devem rodar instâncias do Selenium com um navegador associado. Isso é conveniente, robusto, confiável, mas também é lento.
>
> Dave poderia modificar seu código para compartilhar as instâncias do Selenium em execução e o navegador entre todos os testes. Isso tornaria o código um pouco mais complexo e também criaria outras complexidades em termos do estado da sessão, mas poderia ser uma opção para melhorar a velocidade de um conjunto de testes que demora três horas para rodar.
>
> Em vez disso, Dave preferiu uma estratégia diferente: paralelizar os testes de aceitação e executá-los em um *grid*. Depois disso, ele otimizou cada cliente de teste para rodar sua própria instância do Selenium, como descrito na seção seguinte.

Testes paralelos

Quando o isolamento dos testes de aceitação é bom, outra possibilidade de acelerá-los é a paralelização dos testes. Para aplicações de servidor, multiusuários, esse é um passo óbvio. Você pode dividir seus testes de modo que não haja risco de interação entre eles, e executá-los em paralelo em uma mesma instância do sistema, o que reduzirá significativamente a duração do estágio de testes como um todo.

Usar *grids* de computação

Para sistemas que não são multiusuários, para testes caros ou para testes nos quais é importante simular usuários concorrentes, o uso de *grids* de computação traz enormes benefícios. Quando combinada com o uso de servidores virtuais, essa abordagem se torna muito flexível e escalável. Em casos extremos, você poderia executar cada teste em sua própria máquina, de modo que seu conjunto de testes levaria o tempo do teste mais lento.

Na prática, uma estratégia de alocação mais restrita faz mais sentido. Essa vantagem não foi ignorada pelos fornecedores nesse espaço. A maioria dos servidores de IC modernos possui alguma funcionalidade para gerenciar um *grid* com esse objetivo. Se você está usando Selenium, uma alternativa é usar o Selenium Grid, que permite o uso de testes de aceitação sem modificações escritos para Selenium Remoting e a execução destes em paralelo em um *grid*.

Usando computação em nuvem para testes de aceitação

Um dos projetos em que Dave trabalhou foi aumentando a sofisticação do seu ambiente de testes de aceitação com o tempo. No começou, os testes usavam JUnit e interagiam com a aplicação Web usando Selenium Remoting. Isso funcionou bem no começo, mas o tempo de execução dos testes foi aumentando rapidamente à medida que novos testes eram adicionados.

Começamos a tentar abordagens comuns de otimização identificando e refatorando padrões comuns em nossos testes de aceitação. Criamos algumas classes de apoio bem úteis que abstraíam e simplificavam muito a inicialização dos testes. Isso melhorou um pouco o desempenho, mas principalmente melhorava a confiabilidade de testes em uma aplicação assíncrona e difícil de testar.

Nossa aplicação tinha uma API pública e várias aplicações Web distintas que, por sua vez, interagiam com um sistema de back-end via outra API. Nossa próxima otimização foi separar os testes de API e rodá-los antes dos testes de interface. Se os testes de API (que rodavam muito mais rápido que os de UI) falhavam, o estágio falhava imediatamente. Isso nos dava um ciclo de feedback mais rápido e a capacidade de encontrar erros triviais e corrigi-los rapidamente.

Ainda assim, o tempo gasto com os testes de aceitação continuou aumentando.

Nosso próximo passo foi rodar os testes em paralelo, sem muita estratégia de separação. Dividimos os testes em conjuntos menores. Para simplificar, organizamos os conjuntos por ordem alfabética. Rodamos os conjuntos em paralelo, cada um com sua própria instância da aplicação, em máquinas virtuais separadas em nosso ambiente de desenvolvimento. Nesse ponto, já estávamos usando virtualização intensamente em nosso ambiente de desenvolvimento, ao ponto de todos servidores, tanto de desenvolvimento quanto de produção, serem virtuais.

Isso reduziu drasticamente o tempo de testes, e podíamos estender a abordagem com pouca configuração. Essa abordagem tinha a vantagem clara de exigir que os testes fossem menos isolados do que simplesmente paralelizando tudo. Cada instância parcial dos testes tinha sua própria instância da aplicação, mas, dentro do escopo dos conjuntos, os testes rodavam em série como antes. A vantagem era obtida a partir do custo de ter várias máquinas, virtuais ou físicas, nas quais os testes rodavam.

Entretanto, nesse momento decidimos mudar de estratégia. Começamos a usar a plataforma de nuvem da Amazon para permitir melhor escalabilidade. A Figura 8.5 mostra a organização lógica de nossas máquinas de teste. Um conjunto de VMs rodava em nosso ambiente; o outro, simulando clientes interagindo com o sistema, rodava na plataforma EC2 da Amazon.

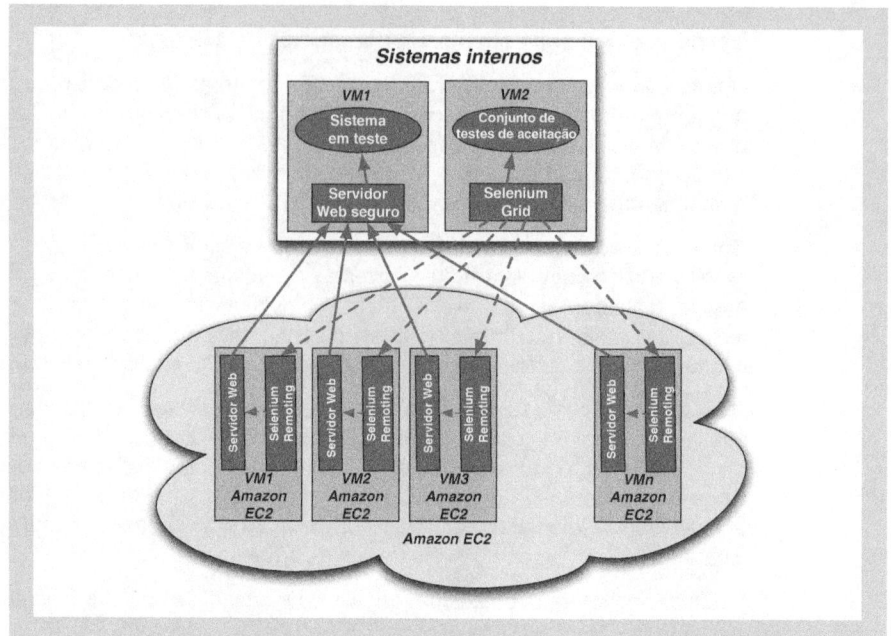

Figura 8.5 *Um exemplo específico do uso de grids de computação para testes de aceitação.*

Resumo

O uso de testes de aceitação é uma forma importante de aumentar a eficácia de nosso processo de desenvolvimento. Testes de aceitação ajudam os membros da equipe de entrega a se concentrar no que realmente importa: o comportamento do sistema de que os usuários precisam.

Testes de aceitação automatizados geralmente são mais complexos que testes unitários. Sua manutenção demanda mais tempo, e eles provavelmente passam boa parte do ciclo de vida em um estado de falha, em função do intervalo inerente entre a correção de um problema e a execução do teste correspondente. Entretanto, quando usados como garantia do comportamento do sistema da perspectiva do usuário, oferecem uma defesa inestimável contra problemas de regressão que surgem durante o ciclo de vida de aplicações de qualquer complexidade.

A dificuldade extrema, se não impossibilidade, de medir um projeto de software em relação a outro dificulta o fornecimento de quaisquer dados que apoiem nossa afirmação de que o uso de testes automatizados é, muitas vezes, recompensado. Podemos apenas garantir que, apesar de ter trabalhado em vários projetos em que manter os testes de aceitação representava trabalho duro e nos expunha a vários problemas complexos, nunca nos arrependemos de usá-los. De fato, eles nos salvaram várias vezes, dando-nos segurança para mudar grandes partes dos sistemas. Ainda acreditamos fortemente que o foco que esse teste incentiva dentro da equipe de desenvolvimento é um ingrediente poderoso para a entrega bem-sucedida de um software. Recomendamos que você procure adotar o foco em testes de aceitação descrito neste capítulo e veja por conta própria se vale a pena.

Adotar a estratégia de rejeitar qualquer versão candidata que não passe pelos testes de aceitação é outra prática que, em nossa opinião, representa um avanço na qualidade daquilo que a equipe de desenvolvimento entrega.

Nossa experiência na indústria de software é que testes manuais são a norma e muitas vezes representam a única forma de testes adotada por uma equipe. Descobrimos que testes manuais não só são muito caros como também raramente suficientes para garantir um resultado de qualidade. Testes manuais, é claro, têm seu espaço: testes exploratórios, testes de usabilidade, testes de aceitação do usuário, demonstração e assim por diante. No entanto, seres humanos simplesmente não possuem o que é necessário para trabalhar de maneira eficiente em tarefas comuns, repetitivas e complexas que os testes de regressão exigem – pelo menos não sem se sentirem muito infelizes. Baixa qualidade é o resultado inevitável desse processo.

Nos últimos anos, um foco cada vez maior em testes unitários ajudou a melhorar a situação para algumas equipes. Esse é um avanço significativo para além de testes somente manuais, mas nossa experiência mostra que o resultado continua sendo código que não faz o que os usuários querem. Testes unitários não têm seu foco no negócio. Acreditamos que a adoção de testes guiados por critérios de aceitação são um avanço, pois:

- Aumentam a confiança de que o software cumpre seu propósito.
- Garantem proteção contra mudanças grandes no sistema.
- Melhoram significativamente a qualidade do software por meio de testes de regressão abrangentes automatizados.
- Fornecem feedback rápido e confiável quando ocorre um defeito, de modo que este pode ser corrigido imediatamente.
- Liberam os testadores para criar estratégias de teste, desenvolver especificações executáveis e realizar testes exploratórios e de usabilidade.
- Reduzem o tempo de ciclo e capacitam implantações contínuas.

CAPÍTULO 9

Como Testar Requisitos Não Funcionais

Introdução

Descrevemos diversos aspectos de como a automação dos testes de uma aplicação é parte do processo de criação do pipeline de implantação. No entanto, até agora nos concentramos principalmente em testar os comportamentos da aplicação conhecidos como requisitos funcionais. Neste capítulo, descreveremos nossa abordagem para testar requisitos não funcionais, com foco específico em testes de capacidade, vazão e desempenho.

Primeiramente, precisamos esclarecer a confusão em relação a esses termos. Utilizaremos a mesma terminologia usada por Michael Nygard.[1] Parafraseando, *desempenho* é a medida do tempo gasto para processar uma única transação e pode ser medido tanto isoladamente quanto sob carga. *Vazão* é o número de transações que um sistema pode processar dentro de certo intervalo de tempo. A vazão está sempre limitada por algum gargalo no sistema. A vazão máxima que um sistema consegue manter, para certa carga de trabalho, com um tempo de resposta aceitável para cada requisição, é sua *capacidade*. Clientes geralmente estão interessados em vazão ou capacidade. Na realidade, o termo desempenho é utilizado de forma genérica; tentaremos ser mais precisos neste capítulo.

Requisitos não funcionais* (NFRs) são importantes, pois representam um risco significativo para a entrega de projetos de software. Mesmo quando você entende claramente quais são seus requisitos não funcionais, é muito difícil saber qual é a quantidade exata de trabalho necessário para garantir que eles sejam atendidos. Muitos sistemas falham por não conseguirem suportar a carga aplicada a eles, por não serem seguros, por rodarem muito devagar ou por não serem fáceis de manter devido à baixa qualidade do código. Outros projetos falham por irem ao outro extremo: preocupam-se tanto com os NFRs que o

---

[1] Nygard, 2007, p. 151

* N. de T.: *Nonfunctional requirements*.

processo de desenvolvimento se torna lento demais ou o sistema se torna tão complexo que ninguém consegue desenvolver eficiente ou apropriadamente.

Assim, de diversas formas, a divisão entre requisitos funcionais e não funcionais é artificial. Requisitos não funcionais como disponibilidade, capacidade, segurança e facilidade de manutenção são tão importantes e valiosos quanto os requisitos funcionais, e são essenciais para o funcionamento do sistema. A nomenclatura é confusa – alternativas como "requisitos *cross funcionais*" ou "características do sistema" foram sugeridas – e, em nossa experiência, a forma convencional de lidar com elas raramente funciona bem. Os *stakeholders* de um projeto deveriam poder priorizar a decisão de implementar a funcionalidade que permite ao sistema aceitar pagamentos feitos com cartão de crédito em vez da funcionalidade que permite que 1.000 usuários consigam acessá-lo ao mesmo tempo. Uma delas de fato pode ser mais valiosa para o negócio do que a outra.

É essencial identificar quais requisitos não funcionais são importantes no início do projeto. Então o time precisa encontrar formas de mensurá-los e de testá-los regularmente, incorporando-os na agenda de entrega e, quando for apropriado, no pipeline de implantação. Começaremos este capítulo abordando a análise dos requisitos não funcionais. Em seguida, discutiremos como desenvolver uma aplicação de modo a atender aos requisitos de capacidade. Depois, veremos como medir capacidade e como criar um ambiente para conduzir medições. Por fim, vamos analisar estratégias para criar testes de capacidade a partir do conjunto de testes de aceitação e para incorporar testes não funcionais no pipeline de implantação.

Gerenciar requisitos não funcionais

Por um lado, requisitos não funcionais (NFRs) são iguais a quaisquer outros: podem ter valor real de negócio. Por outro, eles são diferentes, pois tendem a ultrapassar os limites de outros requisitos. A natureza transversal de muitos NFRs torna difícil lidar com eles tanto durante a análise quanto durante a implementação.

A dificuldade de lidar com os requisitos não funcionais do sistema, diferentemente dos requisitos funcionais, vem da facilidade com que podem ser deixados de fora do plano do projeto ou não ter a atenção necessária durante a análise. Isso pode ser desastroso, pois NFRs são uma fonte comum de risco de projeto. Descobrir tardiamente no processo de entrega que a aplicação não cumpre seu propósito em função de uma falha fundamental de segurança ou em função do desempenho extremamente lento é muito comum – e pode fazer projetos atrasarem ou até mesmo serem cancelados.

Em termos de implementação, NFRs são complexos, pois geralmente exercem uma forte influência na arquitetura do sistema. Por exemplo, qualquer sistema que exija alto desempenho não deve envolver requisições que passam por diversas camadas. Como é difícil mudar a arquitetura do sistema mais tarde durante o processo de entrega, é essencial que se pense nos requisitos não funcionais no início do projeto. Isso significa fazer somente a análise inicial necessária para tomar uma decisão informada sobre qual arquitetura deve ser escolhida para o sistema.

Além disso, NFRs tendem a interagir entre si de forma indesejada: sistemas muito seguros têm sua facilidade de uso comprometida; sistemas muito flexíveis têm seu desempenho comprometido, e assim por diante. A questão é que, ainda que todos desejarem sistemas altamente seguros, com alto desempenho, flexíveis, extremamente escaláveis, fáceis de usar, fáceis de oferecer suporte e simples de desenvolver e fazer a manutenção, na verdade todas essas características têm um custo. Toda arquitetura envolve algum tipo de *trade-off* entre os requisitos não funcionais – daí vem o Método de Análise de *Tradeoff* Arquitetural (*Architectural Tradeoff Analysis Method* ATAM), do *Software Engineering Institute*, desenvolvido para ajudar times a escolherem uma arquitetura adequada por meio de uma análise detalhada de seus NFRs (chamados de "atributos de qualidade").

Em resumo, no início do projeto, todos os envolvidos na entrega – desenvolvedores, pessoal de operações, testadores e cliente – devem pensar nos NFRs da aplicação e no impacto que eles podem ter na arquitetura do sistema, no plano de projeto, na estratégia de testes e no custo global.

Analisar requisitos não funcionais

Para um projeto em andamento, às vezes capturamos NFRs como critérios de aceitação normais em histórias funcionais quando não prevemos que será necessário um esforço adicional significativo para atendê-los. No entanto, isso pode se tornar uma forma estranha e ineficiente de gerenciá-los. O que geralmente faz mais sentido é criar um conjunto de histórias ou tarefas específicas para os requisitos não funcionais, especialmente no início do projeto. Como nosso objetivo é reduzir o grau em que precisamos lidar com essas preocupações transversais, uma associação de ambas as abordagens – criando tarefas específicas para gerenciar os requisitos não funcionais e adicionando critérios de aceitação não funcionais a outros requisitos – é necessária.

Por exemplo, uma abordagem para gerenciar um NFR, como a capacidade de ser auditado, é dizer que "Todas as interações importantes com o sistema devem ser auditáveis" e talvez criar uma estratégia para adicionar os critérios de aceitação relevantes nas histórias que envolvem interações que precisam ser auditadas. Outra abordagem possível é capturar requisitos do ponto de vista de um auditor. O que um usuário com esse papel gostaria de ver? Nós simplesmente descrevemos os requisitos do auditor para cada relatório que ele queira ver. Dessa forma, a capacidade de ser auditado não é mais um requisito não funcional transversal; ela é tratada como qualquer outra, e pode ser testada e priorizada da mesma maneira que outros requisitos.

O mesmo vale para outras características, como capacidade. É útil definir as expectativas do sistema em formato de histórias, de forma quantitativa, e especificá-las com detalhes suficientes para permitir uma análise de custo-benefício e, dessa forma, priorizá-las adequadamente. Em nossa experiência, isso também faz os requisitos serem gerenciados de forma mais eficiente, resultando em usuários e clientes mais satisfeitos. Essa estratégia pode chegar até as classes mais comuns de requisitos não funcionais: segurança, capacidade de ser auditado, capacidade de configuração e assim por diante.

É essencial fornecer um nível razoável de detalhamento ao analisar NFRs. Não é suficiente dizer que o requisito para tempo de resposta é "o mais rápido possível". "O mais rápido possível" não estabelece um limite de quantidade de esforço ou de orçamento que pode ser usado de maneira sensata. Será que "o mais rápido possível" significa ficar atento a em que e como o cache é usado ou significa produzir sua própria CPU, como a Apple fez para o iPad? Todos os requisitos, funcionais ou não, devem ter um valor de negócio para que seja possível estimá-los e priorizá-los. Essa abordagem força o time a pensar sobre em que é melhor aplicar o orçamento de desenvolvimento.

Muitos projetos enfrentam o problema da falta de entendimento dos critérios de aceitação da aplicação. Eles podem ser aparentemente bem definidos, como "Todas as interações com o usuário serão respondidas em menos de dois segundos" ou "O sistema irá processar 80.000 transações por hora". Porém tais definições são muito genéricas para nossas necessidades. Esse tipo de discurso vago sobre o "desempenho da aplicação" geralmente é usado como uma forma resumida de descrever os requisitos de desempenho, usabilidade e muitos outros. Ao dizer que a aplicação deve responder em menos de dois segundos, isso vale para qualquer circunstância? Se um de nossos datacenters falhar, ainda precisamos cumprir o limite de dois segundos? Esse limite é relevante para interações raramente usadas ou apenas para as mais comuns? Quando dizemos dois segundos, isso significa dois segundos até a conclusão bem-sucedida da interação ou dois segundos até que o usuário receba algum tipo de feedback? Devemos responder com uma mensagem de erro em até dois segundos quando algo dá errado ou apenas nos casos de sucesso? O requisito dos dois segundos deve ser atendido quando o sistema está sobrecarregado, quando está lidando com sua carga de pico ou esse é o tempo de resposta médio?

Outra forma comum de uso equivocado dos requisitos de desempenho é usá-los como uma maneira negligente de descrever a usabilidade do sistema. O que a maioria das pessoas quer dizer quando diz "Responda em dois segundos" é "Eu não quero sentar em frente ao computador por muito tempo sem nenhum tipo de feedback". Problemas de usabilidade são mais bem abordados quando são reconhecidos como tal, e não disfarçados como requisitos de desempenho.

Como programar para capacidade

O problema de requisitos não funcionais mal analisados é que eles tendem a limitar as ideias e geralmente resultam em projetos exagerados e otimização inapropriada. É muito fácil perder tempo demais escrevendo código "de alto desempenho". Programadores não são muito bons em descobrir onde estão os gargalos de desempenho em uma aplicação. Eles tendem a escrever código desnecessariamente complexo e, por consequência, com manutenção cara, num esforço para obter ganhos de desempenho duvidosos. Vale a pena repetir a famosa declaração de Donald Knuth:

> Devemos deixar de lado pequenas eficiências em torno de, digamos, 97% dos casos: otimização prematura é a origem de todo o mal. Porém, não devemos deixar passar as oportunidades nos outros críticos 3%. Um bom programador não será levado à complacência com essa linha de raciocínio, ele terá sabedoria para olhar com cuidado para o código crítico; mas apenas depois que esse código foi identificado.

A última fase é fundamental. Antes de encontrar uma solução, é preciso identificar a origem do problema. E, antes ainda, precisamos saber que o problema existe. O objetivo do estágio de teste de capacidade é informar sobre a existência de um problema, para que possamos corrigi-lo. Não tente adivinhar; meça.

Otimização prematura em ação

Um de nossos projetos envolvia "melhorar" um sistema legado. O sistema havia sido escrito para uma comunidade de usuários relativamente pequena e tinha sido usado por um grupo ainda menor, pois seu desempenho era muito ruim. Para um conjunto de interações, era necessário mostrar uma mensagem de erro originada em uma fila de mensagens. Os erros eram coletados da fila e colocados em uma lista em memória. A lista era consultada de forma assíncrona em uma thread separada antes de encaminhar os erros para outro módulo, no qual eram colocados em uma segunda lista, que era então consultada. Esse padrão se repetia sete vezes antes de a mensagem ser finalmente mostrada na interface de usuário.

Você deve estar pensando que esse era um projeto ruim – e ele era. Mas a intenção por trás desse projeto era evitar gargalos de desempenho. O padrão de consulta assíncrona existia para lidar com picos de carga sem comprometer a capacidade geral da aplicação. Fazer isso sete vezes era demais, mas teoricamente essa não era uma estratégia ruim para proteger a aplicação quando a carga se tornasse muito alta. O problema real é que essa era uma solução complexa para um problema que não existia. Tal situação simplesmente nunca aconteceu, já que a fila de mensagens nunca foi tomada por erros. Mesmo se ela fosse, não conseguiria comprometer a aplicação, a menos que solicitasse essa informação muito frequentemente. Alguém inventou sete filas feitas à mão que ficavam na frente de uma fila de mensagens comercial.

Tal foco paranoico em capacidade é uma causa frequente de código complicado – e consequentemente pobre – demais. Projetar um sistema de alta capacidade já é difícil, porém se torna ainda mais difícil quando a preocupação com capacidade ocorre no momento errado do processo de desenvolvimento.

Focar muito cedo e demasiadamente na otimização da capacidade da aplicação é ineficiente, caro e quase nunca resulta em um sistema de alto desempenho. No caso mais extremo, isso pode até impedir que o projeto seja entregue.

Na realidade, código escrito para sistemas de alta capacidade precisa ser mais simples do que código escrito para sistemas do dia a dia. Adicionar complexidade gera atrasos, mas isso é algo que a maioria dos programadores acha difícil de entender e, mais ainda, de agir de acordo. Este livro não é um tratado sobre o projeto de sistemas de alto desempenho, mas mostra em linhas gerais a abordagem que usamos – apresentada aqui para pôr os testes de capacidade no contexto do processo de entrega.

No projeto de qualquer sistema, haverá gargalos que restringirão seu desempenho. Às vezes, esses gargalos são fáceis de prever, mas geralmente não são. É sensato identificar no início do projeto as causas mais comuns de problemas de capacidade e trabalhar de forma a evitá-los. Uma das coisas mais difíceis que os sistemas modernos fazem é comunicação em rede ou armazenamento de dados em disco. Comunicação entre processos ou além dos limites da rede custa muito em termos de desempenho e do impacto na estabilidade da aplicação; logo, tal forma de comunicação deve ser minimizada.

Escrever software de alta capacidade exige mais disciplina do que outros tipos de sistema, além de certo grau de simpatia em relação à forma de funcionamento do hardware e dos softwares que dão suporte à aplicação. Alto desempenho tem um custo adicional, e esse custo deve ser entendido e avaliado em relação ao valor de negócio trazido pela melhoria no desempenho. Focar em capacidade geralmente atrai o pessoal técnico. Isso acaba sendo a causa mais provável de soluções projetadas ao extremo e de custos de projeto inflacionados. É muito importante tentar colocar as decisões sobre as características de capacidade de um sistema nas mãos dos patrocinadores do negócio. Gostaríamos de reiterar o fato de que um software de alto desempenho na verdade é mais simples, e não mais complexo. A dificuldade é que encontrar uma solução simples para o problema pode exigir trabalho extra.

É preciso chegar a um equilíbrio. Construir sistemas de alto desempenho é complicado, mas fazer a suposição ingênua de que você será capaz de corrigir todos os problemas mais adiante também não é a melhor estratégia para o sucesso. Como as questões iniciais, provavelmente amplas, de desempenho da aplicação são tratadas no nível da definição de uma arquitetura que minimize interações entre processos, "otimizações" mais detalhadas durante o desenvolvimento devem ser evitadas, a menos que estejam corrigindo um problema que foi claramente identificado e mensurado. É nesse momento que a experiência compensa. Para ter sucesso, você deve evitar dois extremos: por um lado, assumir que será capaz de corrigir todos os problemas de capacidade mais adiante; por outro, escrever código defensivo, complicado demais, por medo de problemas de capacidade futuros.

Nossa estratégia é abordar a capacidade da seguinte maneira:

1. Escolha uma arquitetura para sua aplicação. Preste bastante atenção nos limites de processo e de rede, e em I/O em geral.
2. Entenda e use padrões, e evite antipadrões que afetem a estabilidade e a capacidade do sistema. O excelente livro *Release It!*, de Michael Nygard, descreve esses padrões e antipadrões em detalhes.

3. Mantenha o time trabalhando dentro dos limites da arquitetura escolhida, mas ignore a vontade de otimizar para capacidade, exceto quando estiver aplicando padrões apropriados. Incentive clareza e simplicidade do código em vez de obscuridade. Nunca comprometa a legibilidade em favor da capacidade sem um teste explícito que demonstre seu valor.
4. Preste atenção às estruturas de dados e algoritmos utilizados, e garanta que suas propriedades são adequadas para a aplicação. Por exemplo: não use um algoritmo O(n) se precisa de desempenho O(1).
5. Seja extremamente cauteloso em relação a threading. O atual projeto de Dave é o sistema de mais alto desempenho em que ele já trabalhou – seu sistema de negociação pode processar dezenas de milhares de transações por segundo – e uma das principais maneiras de alcançar isso foi manter o núcleo da aplicação *single-threaded*. Como Nygard diz, "O antipadrão das threads bloqueadas é a causa imediata da maioria das falhas... levando a reações em cadeia e falhas em cascata".[2]
6. Estabeleça testes automatizados que declarem o nível desejado de capacidade. Quando esses testes falharem, use-os como guias para corrigir problemas.
7. Use ferramentas de *profiling* como uma tentativa focada em resolver problemas identificados pelos testes, e não como uma estratégia geral para "fazer o sistema o mais rápido possível".
8. Sempre que possível, use medidas de capacidade do mundo real. Seu sistema de produção é a única fonte verdadeira de medição. Use-o e entenda o que ele está dizendo. Preste atenção especial ao número de usuários do sistema, seus padrões de comportamento e ao tamanho do conjunto de dados em produção.

Como medir capacidade

Medir a capacidade envolve a investigação de um espectro amplo das características de uma aplicação. Eis alguns dos tipos de medidas que podem ser feitas:

- *Teste de Escalabilidade*. Como o tempo de resposta de uma requisição individual e o número de possíveis usuários simultâneos mudam conforme adicionamos mais servidores, serviços ou threads?
- *Teste de Longevidade*. Isso envolve rodar o sistema por um longo período de tempo para ver se o desempenho muda após um período de operação prolongado. Esse tipo de teste pode encontrar problemas de vazamento de memória ou estabilidade.

---

[2] Nygard, 2007, p. 76.

- *Teste de Vazão*. Com quantas transações, mensagens ou páginas por segundo o sistema consegue lidar?
- *Teste de Carga*. O que acontece com a capacidade quando a carga sobre a aplicação aumenta para proporções parecidas com as de produção ou mais? Essa é talvez a classe mais comum de testes de capacidade.

Todos eles representam medidas interessantes e válidas do comportamento do sistema, mas podem exigir abordagens diferentes. Os dois primeiros tipos de teste são fundamentalmente diferentes dos outros, pois eles sugerem medições relativas: como o perfil de desempenho do sistema muda conforme mudamos atributos do sistema? O segundo grupo, no entanto, só é útil como medição absoluta.

Em nossa opinião, um aspecto importante do teste de capacidade é sua habilidade de simular cenários de uso realistas para determinada aplicação. A alternativa a essa abordagem é fazer *benchmark* de interações técnicas específicas do sistema: "Quantas transações por segundo o banco de dados consegue suportar?", "Quantas mensagens por segundo a fila de mensagens consegue transmitir?", e assim por diante. Apesar de haver momentos no projeto em que tais medições de *benchmark* tenham valor, elas são pouco práticas quando comparadas com questões mais focadas no negócio, como "Quantas vendas por segundo eu consigo administrar, dado que os padrões de uso são normais?" ou "Minha base de usuários prevista consegue usar o sistema de forma eficiente em períodos de pico de carga?".

Testes de capacidade do estilo *benchmark* focados são extremamente úteis para proteger o código contra problemas específicos e para otimizá-lo em uma área específica. Às vezes eles podem ser úteis ao fornecer informações que ajudam no processo de escolha de tecnologia. No entanto, representam apenas uma parte do todo. Se o desempenho ou a vazão são questões importantes para uma aplicação, então precisamos de testes que garantam a habilidade do sistema de atender às necessidades do negócio, e não que confirmem nossos palpites técnicos sobre como a vazão de um componente específico deve ser.

Por isso, acreditamos ser vital incluir testes baseados em cenários em nossa estratégia de testes de capacidade. Representamos um cenário específico de uso do sistema como um teste e o avaliamos em relação a nossas previsões de negócio sobre o que ele deve alcançar no mundo real. Descrevemos essa técnica em mais detalhe na seção "Como automatizar testes de capacidade", na página 238.

No mundo real, entretanto, a maior parte dos sistemas modernos – pelo menos aqueles com os quais geralmente trabalhamos – não está fazendo uma coisa por vez. Mesmo que o objetivo de um sistema de vendas seja processar vendas, ele também precisa atualizar posições de estoque, lidar com ordens de serviço, registrar folhas de ponto, dar suporte a auditorias na loja, e assim por diante. Se nossos testes de capacidade não testam tais combinações complexas de interações, eles não irão nos proteger contra diversos tipos de problemas. Isso implica que cada teste baseado em cenário deve ser capaz de rodar ao mesmo tempo que outros testes de capacidade envolvendo outros tipos de interação. Para ser mais eficazes, testes de capacidade devem ser combináveis em conjuntos de larga escala que rodarão em paralelo.

Descobrir quanto e que tipo de carga aplicar, e lidar com cenários alternativos, como ter sistemas de indexação não autorizados consumindo seu sistema, é, como Nygard diz, "tanto arte quanto ciência. É impossível duplicar o tráfego real de produção, então você usa análise de tráfego, experiência e intuição para obter uma simulação o mais próxima da realidade possível".[3]

Como definir sucesso e falha para testes de capacidade?

A maior parte dos testes de capacidade que já vimos é definitivamente mais medição do que teste. Sucesso ou falha são em geral determinados por uma análise humana das medições coletadas. A desvantagem de uma estratégia de medição de capacidade comparada com uma estratégia de teste de capacidade é que o processo de análise dos resultados pode ser longo. No entanto, a habilidade de gerar medições é uma propriedade muito útil de qualquer sistema de teste de capacidade, pois dá uma visão do que aconteceu e não apenas um resultado binário de falha ou sucesso. No contexto de testes de capacidade, um gráfico de fato vale muito – tendências podem ser tão importantes para o processo de decisão quanto valores absolutos. Por isso, gerar gráficos é sempre parte de nosso teste de capacidade, assim como garantir que eles sejam acessíveis pelo painel de controle do pipeline de implantação.

Entretanto, se vamos usar o ambiente de capacidade para realizar testes e medições, precisamos definir, para cada teste executado, o que significa um resultado positivo. Definir o nível em que o teste de capacidade deve obter sucesso é complicado. Por um lado, se você definir um nível tão alto que sua aplicação só consegue passar no teste quando tudo vai bem, provavelmente os testes irão falhar de forma intermitente. Seus testes podem falhar quando a rede está sendo usada por outras tarefas, ou quando seu ambiente de teste de capacidade está trabalhando ao mesmo tempo em outra tarefa.

Por outro lado, se o teste afirma que sua aplicação deve suportar 100 transações por segundo (tps) quando na verdade ela consegue suportar 200, ele não será capaz de detectar uma mudança que diminua a vazão quase pela metade. Isso significa que você estará adiando um problema potencialmente difícil para algum momento imprevisível no futuro, quando já tiver esquecido os detalhes da mudança responsável por introduzir tal variação. Mais adiante você poderá fazer outra pequena mudança que reduza a capacidade por um bom motivo, e o teste vai falhar, mesmo que a redução tenha sido bem pequena.

Nesse caso, você poderá adotar duas estratégias. Primeiramente, foque em resultados estáveis e reproduzíveis. Isole os ambientes de teste de capacidade de outras influências o máximo possível e dedique-os à tarefa de medição de capacidade. Isso reduz o impacto de outras tarefas não relacionadas ao teste e torna os resultados mais consistentes. Testes de capacidade são uma das poucas situações em que usar virtualização não é adequado (a menos que seu ambiente de produção seja virtualizado), em função do trabalho a mais de desempenho introduzido. Em seguida, ajuste o limite de sucesso de cada teste, aumentando-o aos poucos assim que ele estiver passando num limite mínimo aceitável. Isso

---

[3] Nygard, 2007, p. 142.

oferece proteção contra o cenário de falso-positivo. Se o teste começar a falhar após um commit e o limite estiver bem acima do seu requisito, então você sempre pode decidir por reduzi-lo, caso a queda da capacidade tenha um motivo bem entendido e aceitável, mas o teste irá manter seu valor como uma proteção contra mudanças que possam prejudicar a capacidade inadvertidamente.

> **Ajustando limites de capacidades iniciais**
>
> Imagine um sistema para recebimento de documentos. O sistema deve receber 100.000 documentos por dia. Cada documento passará por cinco passos de validação durante um período de três dias. Nesse exemplo, vamos assumir que a aplicação irá rodar em um único fuso horário e que, por sua natureza, terá carga de pico durante o horário comercial.
>
> Começando pelos documentos, podemos assumir que, se a carga for uniformemente distribuída, precisaremos receber cerca de 100.000 documentos a cada 8 horas por dia útil. Isso significa 12.500 documentos por hora. Se estivermos interessados principalmente na vazão da aplicação, não precisamos rodar por um dia inteiro, ou mesmo por uma hora inteira – trataremos o teste de longevidade como um exercício distinto. 12.500 documentos por hora são pouco menos de 210 documentos por minuto, ou 3,5 documentos por segundo. Podemos, então, rodar nosso teste por 30 segundos e, caso consigamos receber 105 documentos, teremos bastante confiança de que está tudo bem.
>
> Bem, quase. No mundo real, enquanto esses documentos estão sendo recebidos, há outros tipos de trabalho sendo executados pelo sistema. Se quisermos um teste que seja representativo da realidade, precisamos simular outros tipos de carga à qual o sistema estará sujeito enquanto recebe os documentos. Cada documento estará em andamento durante três dias, passando pelos cinco passos do processo de validação. Então, além da carga aplicada sobre o sistema para o recebimento dos documentos, precisamos adicionar a carga que essas validações representam. Em um dia qualquer, estaremos processando 5/3 das validações de dois dias atrás, 5/3 de ontem e 5/3 de hoje. Em média, para cada documento que o sistema recebe, precisamos simular cada um dos cinco passos de validação ao mesmo tempo. Logo, o sucesso para o nosso teste que roda a cada 30 segundos se parece agora com "Receber 105 documentos e realizar cada passo de validação 105 vezes dentro de 30 segundos".
>
> Este exemplo é baseado em testes que realizamos em um projeto real – e, para esse projeto, essa extrapolação foi precisa. No entanto, é importante lembrar que muitos sistemas têm um perfil de carga muito mais irregular, em que a carga varia significativamente, então quaisquer cálculos para um teste representativo devem ser baseados em uma estimativa da carga de pico.

Para que nossos testes sejam autênticos, em vez de medir desempenho, eles devem incorporar um cenário específico e comparar com um limite além do qual o teste é considerado um sucesso.

O ambiente de testes de capacidade

Medições absolutas da capacidade de um sistema devem ser de preferência coletadas em um ambiente que replique, da forma mais aproximada possível, o ambiente de produção em que o sistema irá rodar.

Ainda que seja possível obter informações úteis em ambientes configurados de forma diferente, qualquer extrapolação da capacidade no ambiente de teste para a capacidade no ambiente de produção, a menos que seja baseada em medições, é altamente especulativa. O comportamento de sistemas computacionais de alto desempenho é uma área complexa de especialização. Mudanças de configuração tendem a ter um efeito não linear nas características de capacidade. Coisas simples como mudar a razão entre a quantidade de sessões de UI permitidas e o número de conexões com o servidor de aplicação ou banco de dados podem aumentar a vazão global do sistema em uma ordem de magnitude (então essas são algumas das variáveis importantes a serem ajustadas).

Se capacidade ou desempenho são questões sérias para sua aplicação, faça um investimento e crie uma cópia perfeita de seu ambiente de produção para as principais partes do sistema. Use as mesmas especificações de hardware e software e siga nosso conselho de gerenciamento de configuração para garantir que esteja usando a mesma configuração em cada ambiente, incluindo configurações de rede, middleware e sistema operacional. Na maior parte das vezes, se você estiver construindo um sistema de alta capacidade, qualquer estratégia diferente será uma consessão que trará risco adicional – quando estiver em seu ambiente de produção, conectando com sistemas externos reais, recebendo carga real e com conjuntos de dados em proporções de produção, sua aplicação não será capaz de atender seus requisitos de capacidade.

Testando capacidade em um cluster de iPods

Um grupo de colegas estava trabalhando em um projeto para uma empresa bem conhecida baseada na Web. Tratava-se de uma empresa estabelecida há muito tempo, com histórico suficiente para criar seus próprios problemas legados. Nosso time estava construindo um sistema completamente novo para esse cliente, mas este estava tentando economizar dinheiro com a utilização de hardware de produção antigo num ambiente para teste de desempenho.

O cliente estava, com razão, preocupado com a capacidade do sistema, e gastou bastante tempo e dinheiro tentando fazer a equipe de desenvolvimento focar a questão da capacidade. Em diversas conversas, nosso time ressaltou que o hardware no ambiente de testes era antigo e que estava contribuindo significativamente para uma percepção de capacidade ruim da aplicação.

Após um resultado de teste especialmente ruim, o time fez algumas comparações e demonstrou que a capacidade do ambiente de testes podia ser superada por um cluster de iPods. Logo após a apresentação desse resultado, o cliente comprou hardware mais atualizado para o ambiente de teste.

Na realidade, nem sempre é possível obter um ambiente de capacidade ideal, que seja uma réplica exata do ambiente de produção. Às vezes isso nem faz sentido, por exemplo, quando o projeto é bem pequeno, ou quando o desempenho da aplicação não é suficientemente relevante para justificar os custos de duplicação do hardware de produção.

Uma réplica de produção também é inapropriada para projetos no outro extremo. Grandes provedores de software como serviço geralmente têm centenas ou milhares de servidores rodando seus ambientes de produção, tornando impraticável sustentar o *overhead* de manutenção e o custo do hardware decorrentes de uma replicação completa de seus ambientes de produção. Mesmo se o fizessem, a complexidade de gerar a carga para colocar tais ambientes sob tensão e criar um conjunto de dados representativo seria uma tarefa gigantesca. Em tais situações, testes de capacidade podem ser realizados como parte de uma estratégia de implantações canário (veja mais sobre isso na seção "Implantação canário", na página 264). O risco de novas mudanças alterarem a capacidade da aplicação pode ser reduzido com entregas mais frequentes.

A maioria dos projetos, no entanto, fica entre esses dois extremos, e esses projetos devem tentar rodar testes de capacidade em ambientes o mais semelhantes possível com a produção. Mesmo que o projeto seja muito pequeno para justificar os gastos de replicar um ambiente de produção, você deve lembrar que, apesar de os testes de capacidade realizados num hardware com especificação inferior conseguirem detectar problemas sérios de capacidade, eles não serão capazes de demonstrar que a aplicação cumpre completamente seus objetivos. Esse é um risco que deve ser avaliado para o projeto – mas não seja ingênuo em seus cálculos.

Não se engane pensando que sua aplicação irá escalar linearmente com algum parâmetro específico de seu hardware. Por exemplo, é ingênuo presumir que uma aplicação será duas vezes mais rápida em produção se o processador utilizado durante os testes tem metade dos ciclos de *clock* dos servidores de produção. Isso pressupõe não apenas que sua aplicação está limitada por CPU, mas também que ainda que a velocidade da CPU aumente, ela continuará sendo o gargalo. Sistemas complexos raramente se comportam de tal forma linear, mesmo quando são projetados para isso.

Caso você não tenha outra escolha, tente coletar uma série de execuções em escala para fazer um *benchmark* da variação entre os ambientes de teste e de produção, se possível.

As deficiências dos fatores de escala

Em um de nossos projetos, o cliente não quis gastar dinheiro em dois conjuntos de hardware no padrão de produção e, em vez disso, forneceu máquinas significativamente menos poderosas para execução dos testes de capacidade. Felizmente, conseguimos convencê-lo de que, se pudesse adiar em uma semana o comissionamento de seus novos servidores de produção, poderíamos diminuir melhor os riscos de capacidade a que, conforme lhe informamos, estava exposto.

> Durante essa semana, trabalhamos intensamente para rodar nossos testes de capacidade e coletar muitos dados. Repetimos os mesmos testes em nosso ambiente de testes de capacidade menos poderoso e estabelecemos uma série de fatores de escala que poderíamos usar para extrapolar resultados de testes de capacidade futuros.
>
> Esta é uma boa história, mas, na verdade, quando o sistema foi para produção, encontramos diversos problemas de capacidade imprevistos que teríamos encontrado se tivéssemos hardware no padrão de produção. Para esse projeto em particular, não replicar o ambiente de produção para testes de capacidade era uma economia ilusória, pois estávamos construindo um sistema de alto desempenho, e os problemas que encontramos só eram exibidos em níveis de carga que simplesmente não conseguíamos aplicar em nosso ambiente de teste de capacidade menos poderoso. Esses problemas custaram caro para corrigir.

Uma estratégia óbvia para limitar o custo do ambiente de testes e proporcionar medições de desempenho precisas está disponível quando a implementação da aplicação for feita em uma fazenda de servidores, como mostrado na Figura 9.1. Replique uma parte dos servidores, e não o conjunto inteiro, conforme mostrado na Figura 9.2.

Por exemplo, se sua aplicação estiver rodando em quatro servidores Web, oito servidores de aplicação e quatro servidores de banco de dados, tenha um servidor Web, um servidor de banco de dados e dois servidores de aplicação em seu ambiente de teste de desempenho. Isso lhe dará medições bastante precisas para uma única fatia, e pode revelar alguns problemas que surgem quando dois ou mais servidores estão disputando recursos de outra camada, como conexões com o banco de dados.

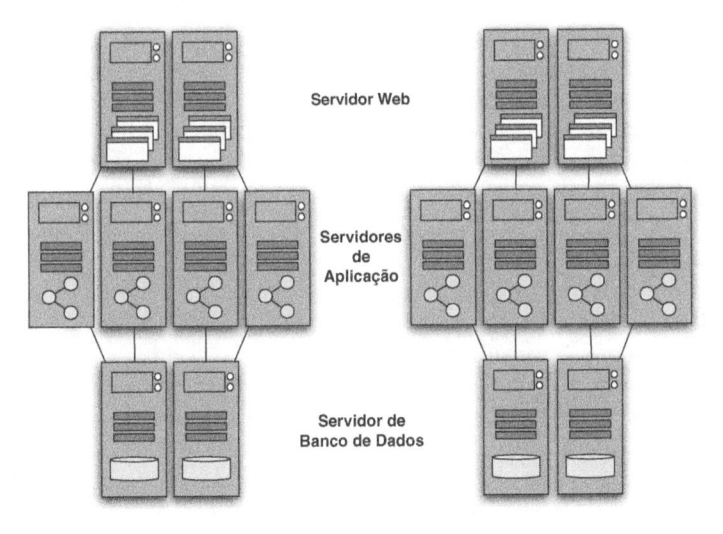

Figura 9.1   *Exemplo de uma fazenda de servidores de produção.*

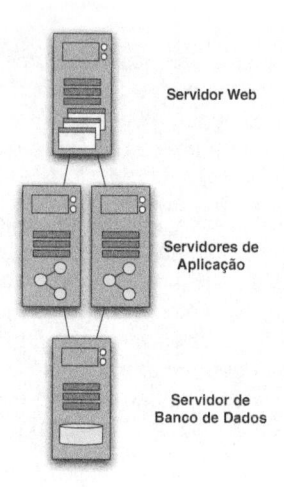

Figura 9.2 *Exemplo de um ambiente de teste de capacidade.*

Extrapolação de capacidade é uma heurística que irá variar bastante de projeto para projeto, tanto em relação à melhor forma de praticá-la quanto à chance de sucesso. Nós podemos apenas aconselhá-lo a encarar suposições sobre a extrapolação de resultados com muita cautela.

Como automatizar testes de capacidade

Em projetos anteriores, nós já cometemos o erro de tratar testes de capacidade como um exercício completamente separado: uma fase do processo de entrega. Essa abordagem foi uma reação ao custo do desenvolvimento e execução desses testes. Se ignorarmos o custo por um momento, quando a capacidade é uma questão específica para um projeto, torna-se tão importante saber que uma mudança introduzida afetou a capacidade do sistema quanto saber que foi introduzido um problema relacionado à funcionalidade do sistema. Você precisa estar ciente da redução da capacidade o mais cedo possível depois que a mudança correspondente foi introduzida, para que consiga corrigi-la de forma rápida e eficiente. Esse argumento sugere a adição de testes de capacidade no pipeline de implantação.

Se decidirmos adicionar os testes de capacidade no pipeline, um conjunto de testes de capacidade automatizados deve ser criado e executado contra cada mudança no sistema que passa pelo estágio de commit e (eventualmente) pelo estágio de testes de aceitação. Isso pode ser difícil, pois, muito mais do que outros tipos de teste de aceitação, os testes de capacidade podem ser frágeis e complexos, e podem quebrar por causa de pequenas mudanças no software – não são falhas úteis que indicam um problema de capacidade, mas sim resultados de uma mudança na interface com a qual os testes de capacidade interagem.

Testes de capacidade devem:

- Testar cenários específicos do mundo real, para que não deixemos passar defeitos importantes devido a testes muito abstratos.
- Ter um limite predefinido de sucesso, para que possamos dizer que passaram.
- Ter duração curta, para que sejam executados num período de tempo razoável.
- Ser robustos mesmo diante de mudanças, para evitar retrabalho constante em função de mudanças na aplicação.
- Poder ser compostos em cenários mais complexos de larga escala, para que possamos simular padrões de uso do mundo real.
- Ser capazes de rodar repetidamente, sequencialmente e em paralelo, para que possamos construir conjuntos de testes de carga e de longevidade.

Alcançar todos esses objetivos sem interferir no progresso do desenvolvimento com testes em excesso não é fácil. Uma boa estratégia é escolher alguns testes de aceitação existentes e adaptá-los para que se tornem testes de capacidade. Se seus testes de aceitação são eficazes, representando cenários realistas de interação com o sistema, eles serão robustos mesmo diante de mudanças na aplicação. As propriedades que estarão faltando são a habilidade de escalar, para que você consiga aplicar carga na aplicação, e a especificação de uma medida para o sucesso.

Em todos os casos, os conselhos dados nos capítulos anteriores sobre como escrever e gerenciar efetivamente os testes de aceitação farão com que eles consigam, até certo ponto, cumprir com a maioria dos critérios listados para definir bons testes de capacidade. Nossos objetivos são criar uma carga realista parecida com a produção, e escolher e implementar cenários que representam situações de carga realistas e patológicas do mundo real. O último ponto é essencial: assim como não testamos apenas o caso de sucesso nos testes de aceitação, o mesmo se aplica aos testes de capacidade. Por exemplo, uma técnica útil para testar como seu sistema escala, sugerida por Nygard, é "Identifique quais são suas transações mais caras e duplique ou triplique suas proporções".[4]

Se conseguir registrar as interações desses testes com o sistema, duplique-as diversas vezes e repita tais cópias, para que você aplique diversos tipos de carga no sistema e, assim, consiga testar diversos cenários.

Vimos essa estratégia geral funcionar em diversos projetos, que usavam tecnologias bem diferentes e com necessidades de testes de capacidade diferentes. Os detalhes de como as informações usadas pelos testes foram gravadas, de como escalaram e de como foram reproduzidas variaram bastante entre os projetos. O que foi consistente foram os fundamentos do registro da saída dos testes de aceitação funcionais, o pós-processamento para escalar o número de

---

[4] Nygard, 2007, p. 61

requisições, a adição de um critério de sucesso para cada teste, e a reprodução dos testes para aplicar um grande volume de interações com o sistema.

A primeira decisão estratégica a ser tomada é em que ponto da aplicação a gravação e subsequente reprodução devem ser realizadas. Nosso objetivo é simular o uso real do sistema o máximo possível; no entanto, isso terá um preço. Para alguns sistemas, simplesmente gravar as interações executadas via interface de usuário e reproduzi-las é suficiente. Porém, se você está desenvolvendo um sistema que será usado por dezenas de milhares de usuários, não tente aplicar a carga no sistema interagindo com ele via UI. Para que essa simulação seja realista, você precisará de milhares de máquinas dedicadas à tarefa de introduzir carga no sistema. Às vezes devem ser feitas concessões.

Sistemas construídos usando arquiteturas modernas orientadas a serviços, ou aqueles que usam comunicação assíncrona como principal forma de entrada, são particularmente bons para a aplicação de uma de nossas estratégias mais comuns: gravação e reprodução.

Dependendo de diversas variáveis do comportamento do sistema e de sua arquitetura fundamental, as escolhas de em que ponto gravar e reproduzir se limitam a (Figura 9.3):

1. Via interface de usuário.
2. Por meio de um serviço ou uma API pública – por exemplo, fazendo requisições HTTP diretamente no servidor Web.
3. Por meio de um API de nível mais baixo – por exemplo, fazendo chamadas diretas à camada de serviços ou até mesmo ao banco de dados.

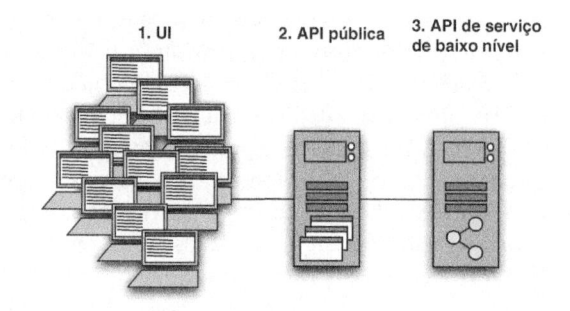

Figura 9.3 *Potenciais pontos de injeção para testes de capacidade.*

Testes de capacidade via interface de usuário

O ponto mais óbvio para gravar e futuramente reproduzir interações com o sistema é via interface de usuário. Esse é o ponto em que a maioria dos produtos comerciais de teste de carga opera. Tais ferramentas proporcionam a habilidade de escrever um script ou gravar as interações diretamente via interface do usuário, para então duplicar e escalar tais interações de teste e permitir que o teste simule centenas ou milhares de interações em cada caso de teste.

Como já mencionamos, para sistemas de alto volume, essa abordagem não é sempre apropriada, apesar da vantagem significativa de conseguir exercitar todo o sistema. Tal abordagem tem outra desvantagem significativa: em arquiteturas distribuídas, em que servidores contêm lógica de negócio importante – e em que os problemas de capacidade são mais prováveis de ocorrer – talvez não seja possível aplicar uma carga suficiente para testar o sistema apropriadamente. Isso pode valer para sistemas em que o cliente tem uma lógica complexa própria, ou muito simples, como UI leves para serviços centralizados. Nesses casos, a verdadeira medida é a razão entre clientes e servidores.

Para alguns sistemas, testar via UI é a coisa certa a fazer, mas na realidade, essa estratégia é apropriada apenas para sistemas que precisam lidar com volumes moderados. Mesmo assim, o custo de gerenciamento e manutenção desses testes centrados na UI pode ser muito alto.

Há um problema fundamental em testes via UI. Todo sistema bem projetado será composto por componentes com interesses distintos. Na maioria das aplicações, o papel da UI é fornecer, por definição, uma interface apropriada para o usuário interagir com o sistema. Essa interface geralmente condensa um conjunto amplo de interações em outro conjunto mais direcionado de interações com outros componentes do sistema. Por exemplo, uma sequência de entrada de texto, seleções numa lista, cliques em botões geralmente resultam em um único evento passado para outro componente. Esse segundo componente terá uma API mais estável, e testes que rodam usando essa API serão menos frágeis do que aqueles que rodam via GUI.

Para testes de capacidade numa aplicação distribuída, nosso interesse em testar o desempenho dos clientes de UI dependerá da natureza do sistema. Para clientes Web simples, com uma camada fina, geralmente estaremos menos interessados no desempenho do cliente e mais no desempenho dos recursos centralizados no servidor. Se nossos testes de aceitação foram escritos de forma a exercitar a UI e garantir que as interações feitas por ela operem de forma funcionalmente correta, gravar os testes de capacidade em outro ponto mais interno da aplicação pode ser uma opção mais eficiente. Por outro lado, alguns problemas de capacidade se manifestam apenas nas interações entre o cliente e o servidor, especialmente quando os clientes possuem lógica mais complexa.

Para sistemas distribuídos com aplicações clientes complexas e componentes de servidor centralizados, faz mais sentido separar os testes de capacidade, procurando um ponto intermediário de gravação e reprodução, como descrito anteriormente, para testar o servidor, e definindo testes do cliente independentes que operam a UI contra uma versão *stub* do sistema de *back-end*. Reconhecemos que esse conselho contraria nossa recomendação anterior de usar testes de capacidade de ponta a ponta do "sistema todo", mas ao testar a capacidade de sistemas distribuídos, consideramos a UI um caso especial, mais bem tratado como tal. Nesse caso, mais do que em outros, tudo depende da natureza do sistema testado.

Resumindo, apesar de ser a abordagem mais comum para testes de capacidade, certamente incentivada por produtos de teste de capacidade oferecidos no mercado, nós geralmente preferimos evitar escrever testes de capacidade via UI. A exceção é quando for importante provar que a UI em si, ou ainda as interações entre clientes e servidores, não é um gargalo de desempenho.

Gravar interações com um serviço ou API pública

Essa estratégia pode ser usada em aplicações que oferecem uma API pública além da interface gráfica com o usuário, como um *serviço Web*, filas de mensagem ou alguma outra forma de comunicação por meio de eventos. Esse pode ser um ponto ideal para gravar interações, pois permite que você contorne os problemas ao escalar os clientes, a complexidade de gerenciar centenas ou milhares de processos clientes e a relativa fragilidade da interação com o sistema via interface de usuário. Arquiteturas orientadas a serviço são particularmente boas para esse tipo de abordagem.

A Figura 9.4 mostra um diagrama de um componente de gravação de testes de capacidade gravando interações assim que elas ocorrem.

Usar modelos de interação gravados

Nosso objetivo inicial ao gravar interações é obter um tipo de modelo das interações que os testes de aceitação fazem com o sistema. Esses modelos de interação serão usados mais tarde para gerar dados para execução do teste de capacidade.

Nosso ideal é realizar uma execução especial dos testes de aceitação, ou um subconjunto deles, que representam os cenários de teste de capacidade. Durante essa execução especial, iremos instrumentar o código de alguma forma injetando um trecho de código adicional que irá gravar as interações, salvá-las no disco e repassá-las para o sistema de forma apropriada. Da perspectiva do restante do sistema, não há diferença entre as interações que ocorrem – a gravação é transparente: nós simplesmente redirecionamos uma cópia de todas as entradas e saídas para o disco.

A Figura 9.5 mostra um diagrama de um exemplo simples desse processo. Neste exemplo, alguns valores são marcados para substituição futura

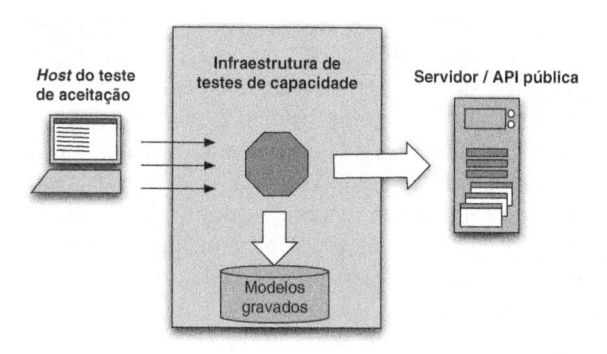

Figura 9.4 *Gravando interações por meio de uma API pública.*

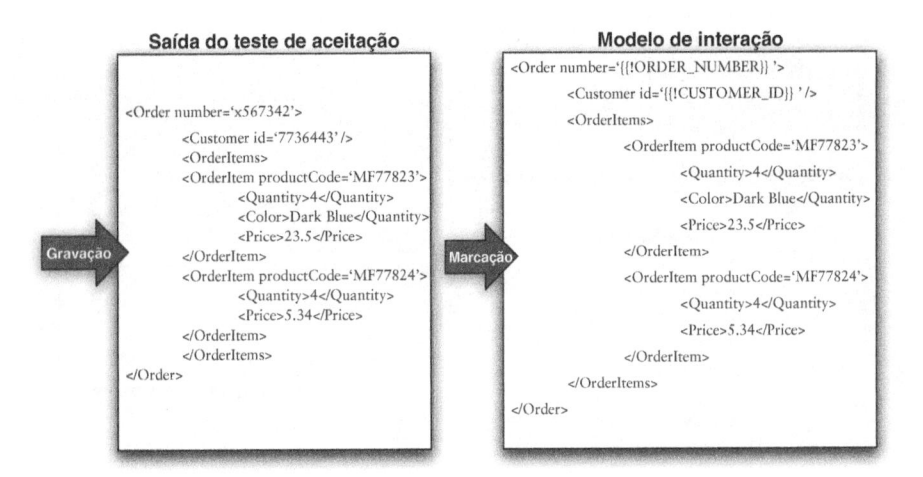

Capítulo 9 ▼ Como Testar Requisitos Não Funcionais

Saída do teste de aceitação

```
<Order number='x567342'>
    <Customer id='7736443' />
    <OrderItems>
        <OrderItem productCode='MF77823'>
            <Quantity>4</Quantity>
            <Color>Dark Blue</Quantity>
            <Price>23.5</Price>
        </OrderItem>
        <OrderItem productCode='MF77824'>
            <Quantity>4</Quantity>
            <Price>5.34</Price>
        </OrderItem>
    </OrderItems>
</Order>
```

Gravação → Marcação →

Modelo de interação

```
<Order number='{{!ORDER_NUMBER}} '>
    <Customer id='{{!CUSTOMER_ID}} ' />
    <OrderItems>
        <OrderItem productCode='MF77823'>
            <Quantity>4</Quantity>
            <Color>Dark Blue</Quantity>
            <Price>23.5</Price>
        </OrderItem>
        <OrderItem productCode='MF77824'>
            <Quantity>4</Quantity>
            <Price>5.34</Price>
        </OrderItem>
    </OrderItems>
</Order>
```

Figura 9.5 *Criando modelos de interação.*

e outros são ignorados, já que eles não afetam o propósito do teste. Claramente, a marcação das mensagens pode ser feita sempre que for necessário. Em geral, porém, preferimos substituir menos e não mais; devemos tentar substituir o mínimo necessário para atingir nosso objetivo. Isso irá limitar o acoplamento entre o teste e os dados usados nele, tornando os testes mais flexíveis e menos frágeis.

Uma vez que os modelos de interação foram gravados, iremos criar os dados de teste para acompanhá-los. Esses dados são gerados para complementar os modelos de interação, em que cada coleção de dados de teste representa, quando combinada com um modelo apropriado, uma instância válida de uma iteração com o sistema que está sendo testado. A Figura 9.6 mostra um diagrama representando esse passo do processo.

Além do conteúdo gravado no modelo, adicionamos um critério de sucesso para o teste representado por ele. Não temos experiência suficiente com esse modo de testar para recomendá-lo como a melhor e única maneira; usamos essa abordagem em apenas um projeto até hoje, mas ela funcionou muito bem para esse projeto e nos ajudou a criar um sistema de testes de capacidade muito simples, porém bastante poderoso. Uma vez criado, esse sistema exigia um esforço muito pequeno para gravar novos testes e nenhum esforço para preparar e executar o teste de capacidade.

Finalmente, chega o momento de executar o teste de capacidade, as instâncias de teste separadas são alimentadas de volta ao sistema no mesmo ponto.

Modelos de interação e dados de teste também podem ser usados como entrada para algumas ferramentas de teste de desempenho de código aberto, como o JMeter, da Apache, Marathon ou Bench. Também é possível escrever um *software* simples para gerenciar e executar testes dessa forma. Construir seu próprio *software* para testes de capacidade não é tão estúpido ou difícil quanto pode parecer; isso permitirá que seu *software* para testes de capacidade seja ajustado para medir precisamente o que você precisa para seu projeto.

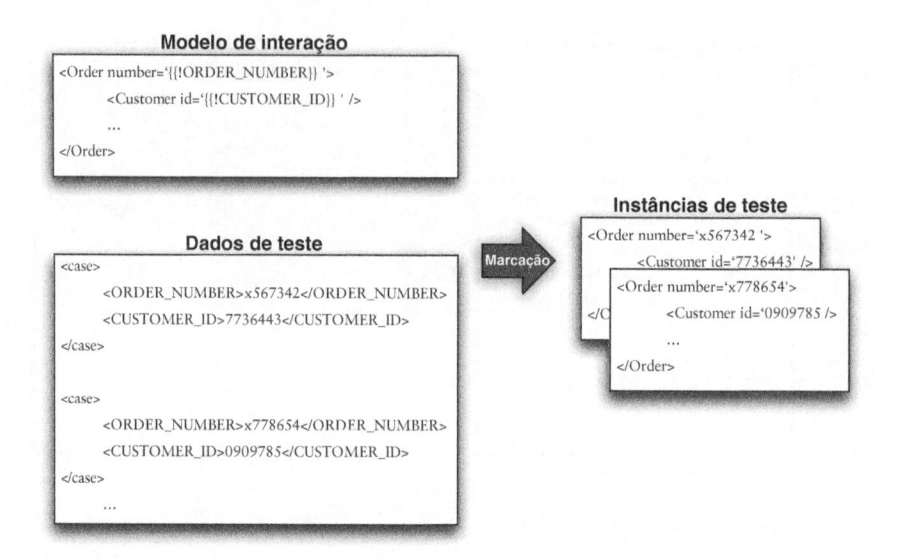

Figura 9.6 *Criando instâncias de teste a partir de modelos de interação.*

No entanto, precisamos fazer uma ressalva em relação ao conselho apresentado nesta seção. Para sistemas de alta capacidade e alto desempenho, a parte do sistema com o desempenho mais alto é necessariamente o teste, não o código de produção. O teste deve operar rápido o suficiente para conseguir aplicar carga e confirmar os resultados. Hardware moderno é tão rápido que os níveis de desempenho de que estamos falando são extremamente incomuns, mas se você está no nível em que precisa contar ciclos de processamento e ajustar o código de máquina criado por compiladores, modelos de interação se tornam caros demais. Pelo menos ainda não conseguimos encontrar uma forma de torná-los eficientes o bastante para testar a aplicação.

Usar *stubs* de testes de capacidade para desenvolver testes

Para testar a capacidade de sistemas de desempenho muito alto, a complexidade de escrever o teste de capacidade às vezes pode superar a complexidade de escrever código rápido o suficiente para passar no teste. Torna-se essencial garantir que o teste consiga executar em uma taxa necessária para reportar sucesso. Sempre que estiver escrevendo testes de capacidade, é importante começar implementando um *stub* simples, que não gera nenhuma operação, da aplicação, interface ou tecnologia que deseja testar, para que consiga demonstrar que o teste roda numa velocidade apropriada e reporte sucesso corretamente quando a outra parte do teste não está fazendo trabalho algum.

Isso pode soar exagerado, mas nós garantimos que já vimos diversos testes de capacidade reportando que a aplicação falhou quando, na verdade, foi o teste que não conseguiu manter o ritmo. No momento de escrita deste livro, Dave está trabalhando em um ambiente de computação de alto desempenho. Nesse projeto, rodamos uma bateria de testes de capacidade e de desempenho em todos os níveis. Esses testes rodam como parte da nosso pipeline de implantação, conforme o esperado, e a maioria deles possui um *benchmark* que roda primeiramente cada teste contra um *stub*, o que garante que o teste em si é válido antes de confiarmos em seus resultados. O resultado da execução desses *benchmarks* é reportado juntamente com os resultados dos outros testes de capacidade, para que possamos ter uma indicação clara de onde ocorrem as falhas.

Como incorporar testes de capacidade no pipeline de implantação

A maioria das aplicações precisa atender um limite mínimo de capacidade. Muitas aplicações comerciais modernas servirão diversos usuários simultâneos; logo, precisarão escalar de forma a atender seu perfil de pico de demanda enquanto apresentam um desempenho aceitável. Durante o desenvolvimento, precisamos garantir que nossa aplicação atingirá a capacidade requerida pelos clientes.

Assim como requisitos não funcionais relacionados à capacidade são uma parte importante do desenvolvimento de um projeto, também é importante especificar o que significa ser "bom o suficiente" de alguma forma mensurável. Essas medições devem ser avaliadas por algum tipo de teste automatizado que roda como parte do pipeline de implantação. Isso significa que cada mudança que passa pelos testes de commit e de aceitação deve rodar contra os testes de capacidade automatizados. Assim, torna-se possível identificar o momento em que a introdução de uma mudança afeta significativamente a capacidade da aplicação.

O sucesso dos testes de capacidade automatizados, com critérios de sucesso claramente delineados, garante que os requisitos de capacidade estão sendo alcançados. Dessa forma, evitamos soluções complicadas demais para resolver o problema de capacidade. Sempre aplicamos o ditado que diz que faremos o mínimo de esforço necessário para atingir o resultado desejado, também conhecido como o princípio do YAGNI (*You Ain't Gonna Need It*: "Você não precisará disto"). O YAGNI lembra que qualquer comportamento adicionado de maneira defensiva pode ser um esforço desnecessário. Aplicando o ditado de Knuth, otimizações devem ser postergadas até o ponto em que forem claramente necessárias e devem atacar os gargalos de desempenho obtidos por meio de *profiling* da aplicação em tempo de execução em ordem decrescente de importância.

Como sempre, nosso objetivo com qualquer tipo de teste é falhar o mais rápido possível, assim que uma mudança introduzida quebrar nossas premissas. Dessa forma, a mudança é facilmente identificada e rapidamente corrigida. No entanto, testes de capacidade são em geral relativamente complexos e podem demorar para rodar.

Se você tiver sorte e conseguir provar que sua aplicação atinge seus objetivos de desempenho dentro de alguns segundos, adicione seus testes de capacidade ao estágio de commit para que obtenha feedback imediato em qualquer tipo de problema. No entanto, nesse caso tome cuidado com qualquer tecnologia que dependa de compiladores com otimização em tempo de execução. As otimizações em tempo de execução em .NET e Java demoram várias iterações até que se estabilizem, e resultados sensíveis só podem ser colhidos após diversos minutos de "aquecimento".

Uma estratégia parecida pode ser útil para evitar que *hot spots* de desempenho conhecidos piorem com o tempo conforme é desenvolvido código novo. Quando tal *hot spot* é identificado, crie um "teste guardião" que roda muito rápido como parte do ciclo de testes de commit. Tal teste age como uma espécie de *smoke test* de desempenho – ele não irá dizer se sua aplicação atende a todos os critérios de desempenho, mas pode mostrar tendências na direção errada, permitindo que você as corrija antes de se tornarem um problema. No entanto, tome cuidado para não introduzir testes duvidosos, que falharão de maneira intermitente com essa estratégia.

A maioria dos testes de capacidade, no entanto, não estará apta a fazer parte do estágio de commit do pipeline de implantação. Eles geralmente demoram muito e exigem muitos recursos para rodar. Adicionar testes de capacidade no estágio de aceitação é possível se os testes de capacidade permanecerem relativamente simples e não demorarem muito para rodar. Em geral, no entanto, não recomendamos a adição de testes de capacidade no estágio de testes de aceitação do pipeline de implantação por diversas razões:

- Para serem realmente eficazes, testes de capacidade precisam rodar num ambiente especial próprio. Tentar identificar por que a última versão falhou seriamente em relação aos requisitos de capacidade pode ser bem difícil se o motivo foi a execução simultânea de outros testes automatizados no mesmo ambiente. Alguns sistemas de IC permitem que você especifique o ambiente alvo para testes. Você pode usar essa funcionalidade para particionar os testes de capacidade e rodá-los em paralelo aos testes de aceitação.
- Alguns tipos de teste de capacidade demoram muito para rodar, resultando em um atraso imenso até a obtenção do resultado do teste de aceitação.
- Muitas atividades posteriores aos testes de aceitação podem ser realizadas em paralelo aos testes de capacidade, como a demonstração da última versão do software funcionando, testes manuais, testes de integração, e assim por diante. Bloquear essas atividades enquanto se espera por uma execução bem-sucedida dos testes de capacidade é desnecessário e, para muitos projetos, ineficiente.
- Para alguns projetos, não faz sentido rodar os testes de capacidade tão frequentemente quanto os testes de aceitação.

Em geral, exceto pelos *smoke tests* de desempenho descritos, preferimos adicionar os testes de capacidade automatizados como um estágio completamente separado no pipeline de implantação.

A forma como esse estágio de capacidade do pipeline é tratado varia de projeto para projeto. Para alguns, faz sentido tratá-lo da mesma forma como o estágio de teste de aceitação – como uma barreira de implantação completamente automatizada. Isto é, a menos que todos os testes do estágio de teste de capacidade obtenham sucesso, você não pode fazer a implantação da aplicação sem uma intervenção manual. Isso é mais apropriado para aplicações de alto desempenho ou alta escala que não são consideradas adequadas se não cumprirem limites de capacidade bem conhecidos. Esse é o modelo para testes de capacidade mais rigoroso que, à primeira vista, parece ser o ideal para a maioria dos projetos. No entanto, esse não é sempre o caso.

Testes automatizados podem agir de forma muito eficaz como especificações executáveis que garantem que seus requisitos estão sendo atendidos, caso existam problemas reais de vazão ou latência, ou informações que são apenas relevantes ou precisas em determinados períodos de tempo.

Em um nível bem elevado, o estágio de testes de aceitação do pipeline de implantação é um modelo para os estágios de teste subsequentes, incluindo testes de capacidade, conforme mostrado na Figura 9.7. Para testes de capacidade, assim como para outros, o estágio começa com a preparação para a implantação, a implantação em si e a verificação de que o ambiente e a aplicação estão configurados e instalados corretamente. Só então os testes de capacidade são executados.

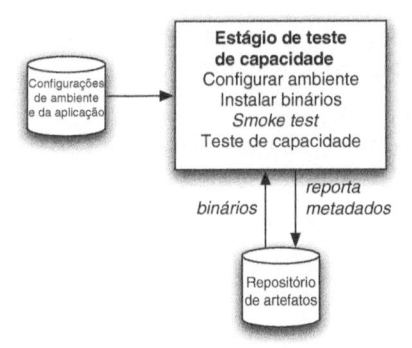

Figura 9.7 *O estágio de teste de capacidade do pipeline de implantação.*

Benefícios adicionais de um sistema de teste de capacidade

O sistema de teste de capacidade geralmente é análogo ao seu sistema de produção esperado. Como tal, ele se torna um recurso muito valioso. Além disso, se seguir nosso conselho e projetar seus testes de capacidade como uma série de testes combináveis, baseados em cenários, o que você realmente tem é uma simulação sofisticada do sistema de produção.

Esse recurso é inestimável por diversos motivos. Já discutimos a importância de testes de capacidade baseados em cenários, mas dada a abordagem muito mais comum de fazer *benchmark* de interações específicas, focadas em aspectos técnicos, vale a pena reiterar. Testes baseados em cenário proporcionam a simulação de interações reais com o sistema. Ao organizar coleções desses cenários em combinações complexas, você pode conduzir experimentos de forma eficaz em um sistema parecido com o de produção com diversos recursos de diagnóstico.

Usamos essa facilidade para ajudar a executar diversas atividades:

- Reproduzir defeitos de produção complexos
- Detectar e diagnosticar vazamentos de memória
- Fazer testes de longevidade
- Avaliar o impacto de *garbage collection*
- Ajustar parâmetros de *garbage collection*
- Ajustar parâmetros de configurações da aplicação
- Ajustar a configuração de aplicações de terceiros, como sistemas operacionais, servidores de aplicação e configuração de banco de dados
- Simular cenários patológicos de pior caso
- Avaliar diferentes soluções para problemas complexos
- Simular falhas de integração
- Medir a escalabilidade da aplicação após uma série de execuções em diferentes configurações de hardware
- Fazer testes de carga da comunicação com sistemas externos, mesmo que nossos testes de capacidade tenham sido originalmente escritos para rodar contra interfaces *stub*
- Ensaiar o rollback de implantações complexas
- Falhar partes da aplicação de maneira seletiva para avaliar a degradação progressiva de serviços
- Realizar *benchmarks* de capacidade do mundo real em hardware de produção temporariamente disponível para calcular fatores de escalabilidade mais precisos para um ambiente de teste de capacidade de longo prazo, mas especificação mais pobre.

Essa não é uma lista completa, mas cada um desses cenários surgiu de um projeto real.

Fundamentalmente, seu sistema de teste de capacidade é um recurso experimental que permite que você o acelere o tempo ou o torne mais lento para atender às suas necessidades. Você pode usá-lo para projetar e executar todo tipo de experimento que ajuda a diagnosticar problemas, ou para prever problemas e desenvolver estratégias para lidar com eles.

Resumo

Projetar sistemas para atender aos requisitos não funcionais é um tópico complexo. A natureza transversal de diversos NFRs significa que é difícil gerenciar os riscos que eles trazem para qualquer projeto. Isso, por sua vez, pode levar a dois comportamentos limitadores: não dedicar a atenção necessária ao início do projeto ou, no outro extremo, criar uma arquitetura defensiva e mais complicada do que o necessário.

O pessoal técnico tem a tendência de buscar soluções completas, fechadas – isto é, soluções totalmente automatizadas para todos os casos que conseguirem imaginar. Para eles, essa é geralmente a forma padrão de resolver um problema. Por exemplo, o pessoal de operações vai querer sistemas que possam ser reinstalados e reconfigurados sem a necessidade de desligá-los, enquanto desenvolvedores vão querer se proteger contra todo tipo possível de evolução futura da aplicação, necessária ou não. NFRs é uma área difícil, pois, comparada com requisitos funcionais, eles forçam o pessoal técnico a fornecer mais informações para os analistas, o que pode distraí-los do valor de negócio que foram solicitados a entregar.

Requisitos não funcionais são o equivalente em software ao construtor de pontes que tenta garantir que as vigas escolhidas são fortes o suficiente para suportar o tráfego e as condições meteorológicas esperadas. Esses requisitos são reais e precisam ser considerados, mas não são levados em conta pelos empresários que estão pagando pela ponte: eles querem algo que os leve de um lado para o outro do rio e que tenha boa aparência. Isso significa que, como técnicos, precisamos prestar atenção a nossa própria tendência de ver soluções técnicas em primeiro plano. Devemos trabalhar em conjunto com nossos clientes e usuários para determinar os pontos sensíveis da aplicação e definir requisitos não funcionais detalhados baseados no valor de negócio real.

Uma vez que esse trabalho esteja feito, o time de entrega pode decidir qual é a arquitetura correta a ser usada pela aplicação e criar requisitos e critérios de aceitação que capturem os requisitos não funcionais da mesma forma que os requisitos funcionais são capturados. Torna-se importante estimar o esforço envolvido para atender tais requisitos não funcionais e priorizá-los da mesma forma como os requisitos funcionais.

Quando essa etapa estiver concluída, o time de entrega precisa criar e manter testes automatizados que garantam que esses requisitos sejam atendidos. Esses testes devem rodar como parte do pipeline de implantação a cada mudança na aplicação, na infraestrutura ou na configuração que passe pelos estágios de teste de commit e teste de aceitação. Use seus testes de aceitação como ponto de partida para testes baseados em cenários mais amplos de seus NFRs – essa é uma ótima estratégia para conseguir uma cobertura clara e gerenciável das características do sistema.

Capítulo 10

Implantação e Entrega de Versões de Aplicações

Introdução

Há diferenças entre entregar um software em produção e implantá-lo em ambientes de teste – e não somente no nível de adrenalina da pessoa que está fazendo a entrega. Entretanto, em termos técnicos, essas diferenças devem ser encapsuladas em um conjunto de arquivos de configuração. Quando é feita uma implantação em produção, o mesmo processo de outras implantações deve ser seguido. Abra o sistema de implantação automática, escolha a versão e o ambiente alvo e aperte um botão. Esse mesmo processo deve ser usado para todas as implantações e entregas.

Já que o processo é o mesmo para ambas, este capítulo aborda tanto implantações específicas como a entrega final em ambientes de produção. Descreveremos como criar e seguir uma estratégia de entrega de software, incluindo implantações em ambientes de teste. A diferença principal entre uma implantação e uma entrega de versão é a capacidade de revertê-la (rollback), e discutiremos esse problema extensivamente neste capítulo. Também serão introduzidas duas técnicas poderosas que podem ser usadas para entregas sem qualquer tempo fora do ar e com a capacidade de reverter problemas mesmo nos maiores sistemas em produção: implantações azul-verde e implantações canário.

Todos esses processos – implantação em ambientes de testes e de produção, e a capacidade de revertê-las – formam parte da implementação de seu pipeline de implantação. Deve ser possível visualizar a lista de versões disponíveis para implantação em cada ambiente e executar o processo de implantação apertando um simples botão após a escolha da versão e do ambiente em que ela será implantada. Essa, de fato, deve ser a única forma de fazer mudanças em quaisquer ambientes – incluindo a configuração do sistema operacional e software de terceiros. Também deve-se poder visualizar exatamente quais versões da aplicação estão em quais ambientes, quem autorizou a implantação e que mudanças foram feitas na aplicação desde sua última implantação.

Neste capítulo, iremos nos concentrar no problema de implantar a aplicação em ambientes compartilhados por múltiplos usuários, embora os princípios sejam os mesmos para software instalado por usuário. Em particular, discutiremos como lançar produtos e garantir a entrega contínua de software instalado por usuários.

Como criar uma estratégia de lançamento

A parte mais importante de criar uma estratégia de lançamento é que os envolvidos nela se reúnam durante o processo de planejamento. Eles devem chegar a um entendimento comum quanto à implantação e manutenção da aplicação durante seu ciclo de vida. Esse entendimento deve ser capturado em uma estratégia de entrega, e esse documento será atualizando e mantido pelos envolvidos durante a vida da aplicação.

Ao criar a primeira versão dessa estratégia, no início do projeto, você deve considerar o seguinte:

- Quais são os envolvidos no processo de entrega de cada ambiente, bem como na entrega de versão
- Uma estratégia de gerência de configuração e ativos
- Uma descrição das tecnologias usadas na implantação. Isso deve ter a concordância das equipes de desenvolvimento e operações
- Um plano para implementar um pipeline de implantação
- Uma lista dos ambientes disponíveis para testes de aceitação, capacidade, integração e de aceitação de usuário, e do processo pelo qual as versões passarão ao longo desses ambientes
- Uma descrição dos processos a serem seguidos para implantação em ambientes de teste e produção, como requisições de mudança que devem ser abertas e quais aprovações precisam ser obtidas
- Requisitos para monitoração da aplicação, incluindo quaisquer APIs ou serviços que a aplicação deve usar para notificar a equipe de operações de seu estado
- Uma discussão do método pelo qual as configurações de tempo de implantação e tempo de execução serão feitas, e como isso se relaciona com o processo automatizado de implantação
- Uma descrição de como será a integração com sistemas externos, incluindo em que estágio e como serão testados como parte de uma entrega, e o que o pessoal de operações deve comunicar ao fornecedor em caso de problemas
- Detalhes de como a aplicação usará logs de eventos de modo que a equipe de operações possa determinar seu estado e identificar condições de erros

- Um plano de recuperação de desastres, de modo que o estado da aplicação possa ser recuperado caso isso aconteça
- O SLA (nível de serviço) esperado do software, que determinará se a aplicação demandará técnicas como redundância e outras estratégias de alta disponibilidade
- Planejamento de capacidade: qual é a quantidade de dados que será criada pela aplicação, quantos arquivos de logs e quantos bancos de dados serão necessários, quanta banda e espaço em disco serão usados, qual é a latência esperada pelos clientes e assim por diante
- Uma estratégia de arquivamento para dados de produção que não são mais necessários, mas que precisam ser armazenados para fins de suporte e auditoria
- Como será feita a implantação inicial em produção
- Como defeitos serão corrigidos e como entregas intermediárias de correção de problemas em produção serão feitas
- Como atualizações do ambiente de produção serão efetuadas, incluindo migrações de dados
- Como será feito o suporte à aplicação

O ato de criar essa estratégia é útil: geralmente ele será uma fonte de requisitos funcionais e não funcionais, tanto para o desenvolvimento do software quanto para o projeto, configuração e comissionamento dos ambientes de hardware. Esses requisitos devem ser reconhecidos como tal e adicionados ao plano de desenvolvimento à medida que forem identificados.

Criar a estratégia é somente o começo; ela será incrementada e mudada à medida que o projeto progredir.

Um componente virtual da estratégia de entrega é o *plano de entrega* descrevendo como as entregas são feitas.

O plano de entrega de versão

A primeira entrega de versão geralmente é a que tem um risco maior; demanda planejamento cuidadoso. Os resultados desse planejamento podem ser scripts de automação, documentação e outros procedimentos necessários para implantar a aplicação no ambiente de produção de maneira confiável e passível de repetição. Além do material na estratégia de entrega, esse plano deve incluir:

- Os passos necessários para implantar a aplicação em produção pela primeira vez
- Como realizar *smoke tests* da aplicação e quaisquer serviços que ela utiliza como parte do processo de implantação
- Os passos necessários para reverter o ambiente, caso algo de errado aconteça

- Os passos necessários para fazer um backup do estado da aplicação e os passos para restaurar esse backup
- Os passos necessários para atualizar a aplicação sem destruir seu estado
- Os passos necessários para reiniciar ou reimplantar a aplicação se ela falhar
- A localização dos arquivos de log e uma descrição da informação que eles contêm
- Os métodos de monitoração da aplicação
- Os passos para realizar migrações de dados necessárias como parte da entrega
- Um log de problemas com entregas anteriores e suas soluções

Às vezes são necessárias outras considerações. Por exemplo, se seu novo software está substituindo um sistema legado, você deve documentar os passos necessários para transferir os usuários para o novo sistema e para desativar o sistema anterior, sem esquecer de um processo para reverter as mudanças como um todo se algo der errado.

Novamente, esse plano será mantido à medida que o projeto progride e novas informações aparecem.

Lançamento de produtos

As estratégias e planos listados anteriormente são bem genéricos. Vale considerá-los para todos os projetos, mesmo se, depois disso, você decidir usar somente algumas das seções.

Uma classe de projetos em que você deve considerar outras questões é software que será lançado como um produto comercial. Eis uma lista de outros entregáveis que devem ser considerados se o resultado de seu projeto for um produto de software:

- Modelo de preços
- Estratégia de licenciamento
- Questões de *copyright* relacionadas a tecnologias de terceiro usadas
- Empacotamento
- Materiais de *marketing* – impressos, baseados na Web, *podcasts*, *blogs*, comunicados à imprensa, conferências, etc.
- Documentação do produto
- Instaladores
- Preparação de equipes de venda e suporte

Como implantar e promover sua aplicação

A solução para implantar uma aplicação de maneira consistente e confiável é a prática constante: use o mesmo processo para implantar em todos os ambientes, incluindo o de produção. A automação da implantação deve começar com a primeira implantação em um ambiente de teste. Em vez de juntar as peças manualmente, escreva um script simples que realize a mesma função.

A primeira implantação

A primeira implantação de qualquer aplicação deve ocorrer na primeira iteração, quando você demonstrar as primeiras histórias ou requisitos para o cliente. Escolha uma ou duas histórias ou requisitos de maior prioridade, mas fáceis de entregar na primeira iteração (assumindo que suas iterações duram uma ou duas semanas e você tem uma equipe pequena – você deve escolher mais se essas condições não se aplicam). Use a demonstração como uma razão para tornar a aplicação implantável em um ambiente similar ao de produção (UAT – *user acceptance test* – teste de aceitação de usuário). Para nós, um dos alvos principais da primeira iteração de um projeto é que os primeiros estágios do pipeline de implantação funcionem e sejam capazes de implantar e demonstrar *algo*, não importa quão pequeno, quando ela terminar. Essa é uma das poucas situações em que aconselhamos priorizar valor técnico em vez de valor de negócio. Você pode pensar nessa estratégia como um salto inicial de seu processo de desenvolvimento.

No final dessa primeira iteração, você terá os seguintes itens funcionando:

- O estágio de commit de seu pipeline de implantação
- Um ambiente similar ao de produção onde efetuar implantações
- Um processo automatizado que pega os binários criados pelo estágio de commit e implanta nesse ambiente
- Um *smoke test* simples que verifica que a implantação funcionou e que a aplicação está rodando

Nada disso será um problema se o desenvolvimento começou há alguns dias. O truque aqui é descobrir como um ambiente similar ao de produção deve ser. O ambiente alvo de implantação não precisa ser idêntico a um eventual ambiente de produção, mas há alguns aspectos de um ambiente de produção mais importantes que outros.

Uma boa questão a ser fazer é: quão diferente o ambiente de produção é do ambiente de desenvolvimento? Se o ambiente de produção roda em um sistema operacional diferente, você precisa usar o mesmo sistema operacional que será usado em produção no seu ambiente de UAT. Se o ambiente de produção é um cluster, você precisa construir um cluster pequeno e limitado em seu ambiente de homologação. Se o ambiente de produção é distribuído e tem vários nodos, você precisa de um ambiente de produção que tenha pelo menos um processo separado para representar cada fronteira necessária.

Virtualização e contagem de galinhas (0, 1, muitos) são boas técnicas. Virtualização torna o processo de criação de ambientes que representam aspectos importantes de produção mais fácil, ao mesmo tempo em que pode rodar em uma única máquina física. Contagem de galinhas significa que, se o ambiente de produção tem 250 servidores Web, dois servidores devem ser suficientes para representar fronteiras significativas entre processos. Mais tarde, à medida que o desenvolvimento progride, você pode aumentar a sofisticação.

De maneira geral, um ambiente similar ao de produção tem as seguintes características:

- Deve rodar o mesmo sistema operacional usado pelo sistema de produção

- Deve ter o mesmo software que o sistema de produção usará – e, em particular, nenhum ferramental de desenvolvimento (como compiladores e IDEs) instalado

- O ambiente deve, tanto quanto possível, ser gerenciado da mesma forma que o ambiente de produção, usando as mesmas técnicas descritas no Capítulo 11, "Gerência de Infraestrutura e Ambientes"

- No caso de software instalado pelo cliente, o ambiente de UAT deve ser representativo das estatísticas de hardware de seus clientes, ou pelo menos de estatísticas reais[1]

Como modelar seu processo de entrega e promover versões

À medida que a aplicação cresce e se torna mais complexa, o pipeline de implantação também cresce. Como ele modela seu processo de testes e implantação, você precisa primeiramente descobrir qual é esse processo. Embora geralmente ele seja expresso na promoção de versões entre ambientes, há mais detalhes com os quais precisamos nos preocupar. Em particular, é importante capturar:

- Por quais estágios a versão precisa passar para ser entregue (por exemplo, testes de integração, testes de aceitação pela equipe de testes, testes de aceitação do usuário, homologação e produção)

- Quais são os pontos em que é necessária aprovação manual

- Para cada ponto, quem tem a autoridade para aprovar a passagem de um estágio para o outro

No final desse exercício, você terá um diagrama muito similar ao da Figura 10.1. Obviamente, seu processo será mais ou menos complexo do que isso. Criar um diagrama assim é, de fato, o primeiro passo na criação de um mapa da cadeia de valor do seu processo de entrega. Discutimos esse mapeamento

---

[1] O *player* 3D para Web da Unity publica estatísticas em seu site [cFI7XI].

como uma forma de otimizar o processo de entrega no Capítulo 5, "Anatomia de um Pipeline de Implantação".

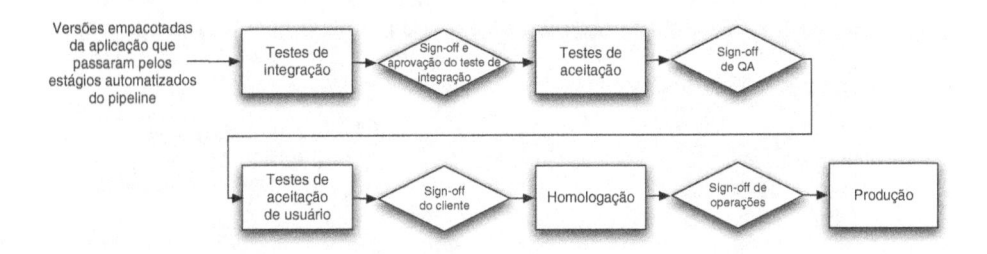

Figura 10.1 *Um exemplo de um diagrama de testes e implantação.*

Se você criou esse diagrama, pode criar estágios vazios para cada parte do processo de entrega na ferramenta que está usando para gerenciar suas implantações. Go e AntHill Pro permitem que você faça isso, e a maioria das ferramentas de integração contínua pode modelar e gerenciar esse processo com pouco trabalho. Uma vez que você tenha feito isso, as pessoas responsáveis pela aprovação devem poder usar a ferramenta para mover uma versão específica pelos estágios do pipeline.

Outra funcionalidade essencial da ferramenta usada para o pipeline de implantação é a capacidade, em cada estágio, de ver quais versões passaram pelos estágios anteriores e estão prontas para o estágio atual. Deve-se poder escolher uma das versões e apertar um botão para implantá-la. Esse processo é chamado de promoção. Promover versões apertando um botão é o que torna o pipeline de implantação um sistema *pull*, dando a todos envolvidos a capacidade de gerir seu próprio trabalho. Analistas e testadores podem fazer implantações por conta própria para realizar testes exploratórios, demonstrações ou testes de usabilidade. A equipe de operações pode implantar qualquer versão escolhida em um ambiente de homologação ou produção apertando um botão.

Um mecanismo de implantação automatizado torna as promoções simplesmente uma questão de selecionar as versões candidatas desejadas e esperar que elas sejam implantadas no ambiente correto. Esse mecanismo deve estar disponível para todos que precisam implantar a aplicação, sem demandar qualquer conhecimento especial ou entendimento dos aspectos técnicos da implantação em si. Para isso, é útil incluir *smoke tests* automatizados que rodam logo depois que o script de implantação declara que o sistema está pronto. Dessa forma, é possível garantir a quem requisita a implantação – seja um analista, testador ou de operações – que o sistema está pronto para uso e funcionando como esperado, ou facilitar o diagnóstico, caso ele não esteja.

> **Demonstrações contínuas para desenvolvimento de produtos**
>
> Um dos projetos em que trabalhamos era para uma start-up, desenvolvendo um sistema do zero para uma nova área de negócio. Era extremamente importante ser capaz de demonstrar o produto para potenciais clientes, parceiros e investidores. No início do projeto, essas tarefas eram realizadas com *mock-ups*, apresentações e protótipos simples.
>
> Logo, porém, a aplicação começou a ultrapassar os protótipos, e começamos a usar um dos ambientes manuais de teste para essas demonstrações, geralmente com pouco tempo de aviso antes da demonstração em si. Nosso pipeline de implantação era bom, de modo que tínhamos certeza de que qualquer versão que passasse nos testes de aceitação poderia ser demonstrada. Também tínhamos certeza de que poderíamos implantar uma versão qualquer bem rapidamente.
>
> Nosso analista de negócio podia controlar as implantações nos ambientes de teste. Ele podia escolher qual versão candidata queria mostrar e coordenar com a equipe de testes que ambiente usar sem atrapalhar os testes.

Cada estágio do processo de teste e implantação envolve basicamente o mesmo fluxo: testar uma determinada versão da aplicação para determinar se ela pode ser entregue de acordo com um conjunto de critérios de aceitação. Para realizar esses testes, a versão escolhida da aplicação deve ser implantada em um ambiente. Esse ambiente pode ser a estação de trabalho do testador, se a aplicação for um software que será instalado pelos usuários e precisa ser testada manualmente. No caso de software embutido, o ambiente requerido pode ser hardware especializado e dedicado. No caso de produtos hospedados, deve ser possível configurar um conjunto de máquinas que se pareça com a produção. Ainda é possível usar uma combinação de todas essas abordagens.

Em qualquer desses casos, o *workflow* para os estágios de testes no processo é similar:

1. A pessoa ou equipe que está realizando os testes deve ter uma forma de selecionar que versão da aplicação que quer implantar em seu ambiente de testes. A lista deve incluir todas as versões da aplicação que passaram pelos estágios anteriores do pipeline de implantação. Selecionar uma versão específica deve fazer com que os passos seguintes sejam executados automaticamente, até o passo de teste em si.

2. Preparação do ambiente e infraestrutura associada (incluindo middleware), de modo que a aplicação esteja em um estado limpo, pronto para implantação. Isso deve ser feito de forma automatizada, como descrito no Capítulo 11, "Gerência de Infraestrutura e Ambientes".

3. Implantação dos binários da aplicação. Esses binários serão obtidos do artefato de repositórios, nunca compilados novamente para cada implantação.

4. Configuração da aplicação. A informação de configuração deve ser gerenciada de forma consistente para todas as aplicações e aplicada em tempo

de implantação ou em tempo de execução, usando alguma ferramenta como Escape [apvrEr]. Há mais informações sobre o assunto no Capítulo 2, "Gerência de Configuração".

5. Preparação ou migração de quaisquer dados associados à aplicação, como descrito no Capítulo 12, "Gerência de Dados".
6. *Smoke tests* da implantação.
7. Execução dos testes (manuais ou automatizados).
8. Se a versão da aplicação passa nos testes, sua promoção para o próximo estágio pode ser aprovada.
9. Ser a versão da aplicação não passa os testes, registrar a causa.

Como promover configuração

Não são só os binários que precisam ser promovidos; a configuração do ambiente e da aplicação também precisa ser promovida ao mesmo tempo. Para tornar isso ainda mais complexo, você pode não desejar promover toda a configuração. Por exemplo, precisar garantir que as novas configurações sejam promovidas, mas não quiser promover para produção uma configuração que aponta para um banco de dados de testes ou um dublê de testes de um serviço externo. Gerenciar a promoção de certas partes da configuração associadas à aplicação – mas não outras associadas ao ambiente – é um problema complexo.

Uma maneira de resolver esse problema é fazer com que seus *smoke tests* verifiquem se você está apontando para as coisas certas. Por exemplo, você pode ter um serviço de dublê de teste que retorna como *string* o ambiente com o qual se espera que ele se comunique e verificar nos *smoke tests* se a *string* obtida do serviço externo está correta para o ambiente em que você está implantando. No caso de configurações de middleware – como *thread pools*, por exemplo – você pode monitorar essas configurações em uma ferramenta como Nagios. Você também pode escrever testes de infraestrutura que verifiquem configurações importantes e as registrem em software de monitoramento. A seção "Monitoramento guiado por comportamento", na página 324 fornece mais detalhes.

No caso de arquiteturas orientadas a serviço e aplicações separadas em componentes, todos os serviços ou componentes que formam a aplicação precisam ser promovidos em conjunto. Como discutimos na seção anterior, geralmente é no ambiente de testes de integração de sistemas que uma boa combinação de versões pode ser encontrada. Seu sistema de implantação precisa garantir que essa combinação seja promovida como um todo, para evitar uma situação em que alguém implanta uma versão incorreta de um dos serviços, fazendo toda a aplicação falhar – ou pior, introduzindo algum defeito intermitente e muito difícil de rastrear.

Orquestração

Muitas vezes, ambientes são compartilhados entre várias aplicações. Isso pode causar dois problemas. Primeiro, significa que você precisa ser ainda mais cuidadoso ao preparar um novo ambiente para uma nova implantação da aplicação, a fim de não perturbar a operação de outras aplicações no mesmo ambiente. Isso normalmente significa garantir que mudanças na configuração do sistema operacional ou de qualquer middleware usado não causem problemas na outra aplicação. Se o ambiente de produção é compartilhado entre as mesmas aplicações, há um valor adicional nesse trabalho: garantir que não há conflitos entre as versões escolhidas das aplicações. Se isso se tornar um exercício complexo, você precisa considerar o uso de alguma tecnologia de virtualização para isolar as aplicações.

Segundo, as aplicações que compartilham os ambientes podem depender umas das outras. Isso é comum em arquiteturas orientadas a serviços. Nessa situação, o ambiente de testes de integração (também conhecidos como testes de integração de sistemas) é o primeiro momento em que as aplicações estarão funcionando em conjunto em vez de usarem algum tipo de dublê de testes. Sendo assim, muito do trabalho no ambiente de testes de integração envolve implantar novas versões de cada uma das aplicações até que todas elas cooperem. Nessa situação, o conjunto de *smoke tests* é um conjunto completo de testes de aceitação que rodam sobre a combinação completa.

Implantações em ambientes de homologação

Antes de liberar a aplicação para os usuários, você precisa realizar alguns testes finais em um ambiente de homologação que seja o mais próximo possível do ambiente de produção. Se você tem um ambiente de testes de capacidade que é uma réplica aproximada de produção, às vezes pode ser melhor pular o estágio de homologação. Você pode usar o mesmo ambiente para testes de capacidade e homologação. De maneira geral, recomendamos que não faça isso a não ser para sistemas mais simples. Se sua aplicação inclui qualquer integração com sistemas externos, a homologação é o ponto em que se obtém a confirmação final de que todos os aspectos de integração funcionam entre as versões de produção previstas para cada sistema.

Você deve começar a criar o sistema de homologação no início do projeto. Se tiver o hardware para produção e ele não estiver sendo usado ainda, use-o como um ambiente de homologação até a primeira entrega. Eis algumas coisas que você deve planejar desde o começo do projeto:

- Garanta que os ambientes de produção, testes de capacidade e homologação sejam encomendados. Particularmente, em projetos novos, garanta que o ambiente de produção esteja pronto um bom tempo antes da entrega e faça implantações para ele como parte de seu pipeline.

- Tenha um processo automatizado para a configuração do seu ambiente, incluindo rede, serviços externos e infraestrutura.

- Garanta que o processo de implantação tenha *smoke tests*.
- Meça o período que a aplicação precisa para chegar a níveis apropriados de desempenho. Isso vale especialmente se a aplicação usa *caching* e JIT. Incorpore isso em seu plano de implantação.
- Teste a integração com sistemas externos. Não deixe que a entrega seja o primeiro momento em que sua aplicação se comunica com sistemas externos.
- Se possível, faça uma implantação final no ambiente de produção bem antes da entrega. Se a "entrega" for tão simples como reconfigurar um roteador para dirigir o tráfego de uma página de espera para seu ambiente de produção, melhor ainda. Essa técnica, conhecida como implantação azul-verde, é descrita em mais detalhes adiante.
- Se possível, peça a um pequeno grupo de usuários para experimentar a aplicação antes que ela seja liberada para todo o público. Essa técnica é conhecida como implantação canário, e também é descrita em mais detalhes adiante.
- Implante todas as versões que passam pelos testes de aceitação em seu ambiente de homologação (embora não necessariamente em produção).

Como reverter implantações e versões sem parada

É essencial poder reverter uma implantação caso ocorra algum problema. Depurar problemas em produção terá como consequência ficar até tarde trabalhando, cometer erros com consequências graves e irritar usuários. Você precisa ter uma maneira de restaurar o serviço aos usuários se algo der errado, de modo que possa depurar a falha em seu período normal de trabalho. Há vários métodos de reverter uma implantação, e estes serão discutidos aqui. Há técnicas mais avançadas – implantações azul-verde e implantações canário – que podem ser usadas para entregas sem parada ou para reverter implantações.

Antes de começarmos, há duas limitações importantes. Uma são seus dados. Se o processo de entrega altera os dados, isso pode ser difícil de reverter. Outra limitação está nos outros sistemas com os quais sua aplicação se integra. Se a entrega envolve mais de um sistema (algo conhecido como entregas orquestradas), o processo de reverter uma implantação pode ser bem mais complexo.

Há dois princípios gerais que devem ser seguidos ao criar um plano para reverter uma entrega. O primeiro é garantir que o estado da aplicação em produção, incluindo bancos de dados e estado no sistema de arquivos, esteja em um backup antes da entrega. O segundo é praticar o plano para reverter a implantação, incluindo restaurar de um backup ou migrar o banco de dados antes de uma entrega para garantir que a migração funciona.

Reverta uma aplicação para a última boa versão

Geralmente essa é a forma mais simples de reverter uma implantação. Se você tem um processo automatizado de implantação, a maneira mais simples de voltar a um bom estado conhecido é implantar novamente a última versão funcional conhecida a partir do zero. Isso inclui reconfigurar o ambiente em que a aplicação está rodando, de modo que ele volte ao estado em que estava anteriormente. Essa é uma das razões pelas quais é importante ser capaz de recriar o ambiente do zero.

Por que recriar o ambiente e fazer a implantação do zero? Há algumas boas razões:

- Se você não tem um processo automatizado para reverter uma implantação, mas tem um para a implantação, voltar à versão anterior é uma operação com um tempo de execução conhecido e baixo risco (porque há menos coisas que podem dar errado).

- É o mesmo processo que você (espera-se) testou centenas de vezes antes. Reverter uma implantação é algo que acontece com menos frequência e tem potencialmente mais problemas.

Não conseguimos imaginar situação alguma em que isso não funcionará. Entretanto, também há algumas desvantagens:

- Embora o tempo para implantar a versão anterior seja conhecido, ele não é nulo. Isso leva a paradas.

- É difícil depurar o que deu errado. Implantar a versão antiga geralmente sobrescreve a nova versão, eliminando a oportunidade de descobrir o que aconteceu. Isso pode ser amenizado se seu ambiente de produção é virtual, o que descreveremos mais tarde. Com aplicações mais simples, geralmente é mais fácil manter a versão anterior implantando a nova versão em um novo diretório e usando links simbólicos para apontar para a versão atual.

- Se você restaurar os dados de um backup criado antes da implantação que falhou, perderá quaisquer dados criados depois da implantação. Isso talvez não seja um problema se você reverter a implantação rapidamente, mas há situações em que isso não é aceitável.

Versões sem parada

Uma implantação sem parada é aquela em que o processo real de mudar os usuários de uma versão para outra acontece de maneira quase instantânea. É fundamental que os usuários possam voltar para a versão anterior quase que de imediato se algo der errado.

A questão principal para implantações sem parada é separar as várias partes do processo de entrega de modo que possam acontecer da maneira mais independente possível. Em especial, deve ser possível atualizar as versões de recursos compartilhados dos quais a aplicação depende, como bancos de dados, serviços e recursos estáticos, antes da atualização da própria aplicação.

Com recursos estáticos e serviços Web, isso é relativamente simples. Você pode incluir a versão do recurso ou serviço na URL de modo que várias versões dele possam estar ativas ao mesmo tempo. Por exemplo, a Amazon versiona seus AWS (*Amazon Web Services*) com base em datas, e a última versão da API EC2, por exemplo, está disponível em http://ec2.amazonaws.com/doc/2009-11-30/AmazonEC2.wsdl. Obviamente eles mantêm as versões antigas funcionando e também as URLs antigas. Para recursos como imagens, JavaScript, HTML e CSS, quando você mudar a versão do site, pode colocá-los em um novo diretório – por exemplo, as imagens para a versão 2.6.5 da aplicação podem estar no diretório /static/2.6.5/images.

Isso é um pouco mais complicado com bancos de dados. Há uma seção dedicada a gerenciar bancos de dados em cenários sem parada no Capítulo 12, "Gerência de Dados".

Implantações azul-verde

Essa é uma das técnicas mais poderosas que conhecemos para gerir implantações. A ideia é ter duas versões idênticas do ambiente de produção, que chamaremos de azul e verde.

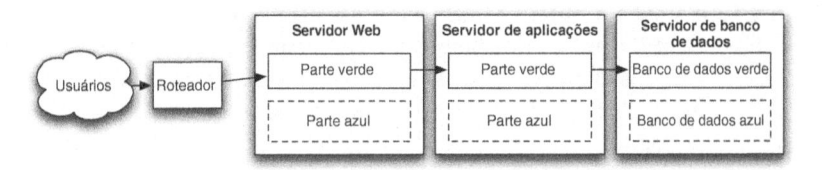

Figura 10.2 *Implantações azul-verde.*

No exemplo da Figura 10.2, usuários do sistema são roteados para o ambiente verde, que é o ambiente atual de produção. Quando quisermos, então, implantar uma nova versão da aplicação, fazemos a implantação para o ambiente azul e fazemos sua inicialização. Isso não afeta de maneira alguma o ambiente verde. Podemos rodar *smoke tests* para verificar se o ambiente azul está funcionando de maneira apropriada. Quando estivermos prontos, mudar para a nova versão é tão simples como mudar as configurações do roteador para apontar para o ambiente azul em vez do ambiente verde. O ambiente azul se torna a produção. Essa mudança geralmente pode ser efetuada em menos de um segundo.

Se algo der errado, simplesmente voltamos o roteador para a configuração anterior, restaurando o ambiente verde. Podemos então depurar o problema no ambiente azul.

É fácil perceber que essa abordagem apresenta várias melhorias em relação à abordagem de reimplantar uma versão anterior. Entretanto, é necessário certo cuidado com bancos de dados em implantações azul-verde. Geralmente não é possível mudar diretamente do banco de dados verde para o banco de dados azul, porque leva tempo migrar os dados de um banco para o outro, especialmente no caso de mudanças de estrutura.

Uma maneira de resolver isso é colocar a aplicação em modo de leitura um pouco antes da mudança. Você pode então fazer uma cópia do banco de dados verde, restaurá-lo no ambiente azul, fazer a migração e mudar para o ambiente azul. Se tudo correr bem, você pode tirar a aplicação do modo de leitura. Se algo der errado, simplesmente volte para o banco de dados verde. Se isso acontecer antes que a aplicação saia do modo de leitura, nada mais precisa ser feito, mas se algo já foi escrito no novo banco de dados e você deseja preservar isso, é necessária alguma forma de pegar esses registros novos e migrá-los de volta para o banco de dados verde antes de tentar uma nova implantação. Alternativamente, você pode encontrar uma forma de alimentar os dois bancos de dados ao mesmo tempo com as novas transações.

Outra abordagem é projetar a aplicação de forma que você possa migrar o banco de dados independentemente do processo de atualização, o que descrevemos em mais detalhes no Capítulo 12, "Gerência de Dados".

Mesmo que você tenha somente um ambiente de produção, ainda pode usar implantações azul-verde. Simplesmente mantenha duas cópias da sua aplicação rodando lado a lado no mesmo ambiente. Cada cópia tem seus próprios recursos – suas próprias portas, seus próprios diretórios no sistema de arquivos, e assim por diante – de modo que podem rodar ao mesmo tempo sem interferir uma na outra. Você pode implantar em cada ambiente de maneira independente. Outra abordagem é usar virtualização, ainda que antes disso você precise testar os efeitos dela na capacidade da aplicação.

Se você tiver orçamento suficiente, seus ambientes verde e azul podem ser réplicas completamente separadas umas das outras. Isso requer menos configuração, mas é obviamente mais caro. Uma variação dessa abordagem, também conhecida como *implantações em domínios sombra*, *implantações em ambientes sombra* ou *implantações produção-produção*, é usar seus ambientes de homologação e produção como ambientes verde e azul. Implante a nova versão da aplicação em homologação, e então mude os usuários do ambiente de produção para homologação para colocar a aplicação no ar. Nesse momento, homologação se torna produção e produção se torna homologação.

> Certa vez, trabalhamos com uma grande organização que tinha cinco ambientes paralelos de produção. Eles usavam essa técnica, mas também mantinham várias versões dos ambientes de produção rodando em paralelo, permitindo que migrassem diferentes áreas do seu negócio em velocidades diferentes. Essa abordagem tem várias características em comum com implantações canário, descritas abaixo.

Implantação canário

Geralmente é seguro assumir que você tem somente uma versão da aplicação em produção de cada vez. Isso torna mais fácil o trabalho de gerir correções e, na verdade, a infraestrutura como um todo. Entretanto, isso também gera um impedimento nos testes. Mesmo com uma estratégia abrangente e sólida de testes, aparecem defeitos em produção. E mesmo com um tempo de ciclo reduzido, equipes de desenvolvimento podem se beneficiar ainda mais de feedback mais rápido de novas funcionalidades ou qualquer coisa que estejam fazendo para trazer mais valor ao software em que estão trabalhando.

Além disso, se você tem ambientes enormes de produção, é impossível criar testes de capacidade significativos (a menos que a arquitetura de sua aplicação tenha compartilhamentos de ponta a ponta). Como garantir que a nova versão não tenha um desempenho ruim?

Implantação canário resolve esses problemas. Como mostrado na Figura 10.3, envolve liberar uma nova versão da aplicação para um subconjunto dos servidores de produção, a fim de obter feedback rápido. Como um canário em uma mina de carvão*, isso rapidamente detecta qualquer problema com novas versões sem atingir a maioria dos usuários, e é uma ótima forma de reduzir o risco de novas versões.

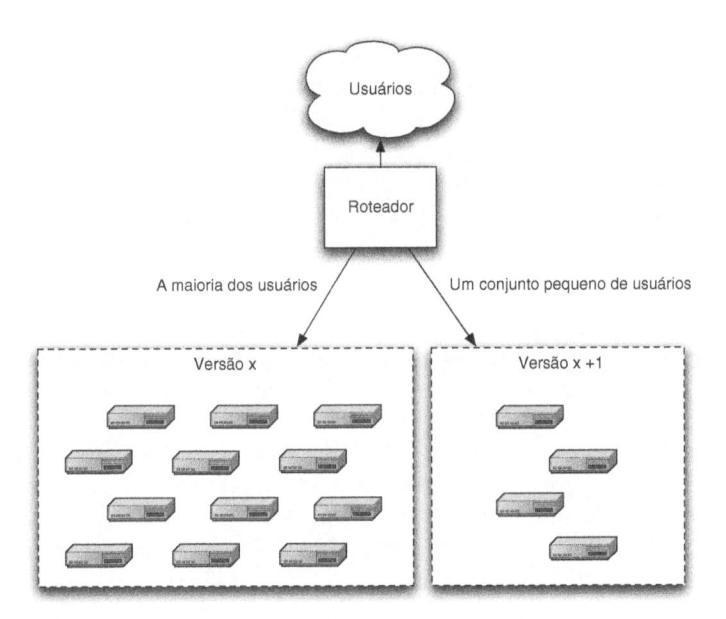

Figura 10.3 *Implantação canário.*

Como em implantações azul-verde, você precisa inicialmente implantar a nova versão da aplicação em um conjunto de servidores que não estejam expostos a usuários. Você pode então rodar os *smoke tests* e, se quiser, testes de capacidade, na nova versão. Finalmente, pode começar a rotear usuários

---

* N. de T.: Antigamente levavam-se canários para minas de carvão para que eles servissem como bioindicadores (um ser cujo comportamento ou estado de saúde alerta sobre problemas de contaminação ambiental): se ele parasse de cantar e morresse, era sinal de perigo, como vazamento de monóxido de carbono ou gás metano.

selecionados para a nova versão. Algumas empresas selecionam usuários mais ativos para usar a nova versão primeiro. Você pode ter várias versões da aplicação em produção ao mesmo tempo, roteando diferentes grupos de usuários para diferentes versões de acordo com a necessidade.

Há vários benefícios nessa técnica:

1. Reverter para uma versão anterior é fácil. Apenas deixe de rotear os usuários para versões ruins e investigue os logs sem pressa.
2. Você pode usá-la para testes A/B, roteando alguns usuários para a nova versão e alguns para a versão anterior. Algumas empresas medem o uso de novas funcionalidades, e as eliminam se não há uso suficiente. Outras medem a receita gerada pela nova versão, e revertem se a receita for menor.[2] Se o software gera resultados de busca, você pode comparar a qualidade obtida por usuários reais na nova versão comparada com a versão anterior. Você não precisa rotear para muitos usuários; um conjunto representativo é o suficiente.
3. Você pode verificar se a aplicação atende os requisitos de capacidade aumentando a carga aos poucos, lentamente roteando mais e mais usuários para a aplicação e medindo tempo de resposta e métricas como uso de CPU, I/O e memória, e verificando os logs em busca de exceções. Essa é uma forma de testar a capacidade no ambiente de produção com relativamente pouco risco se o ambiente for grande demais para permitir a criação de ambientes realistas de testes de capacidade.

Também há algumas variações sobre esse tema. Implantações canário não são a única forma de fazer testes A/B – você pode, em vez disso, usar configurações em sua aplicação para rotear usuários diferentes para diferentes comportamentos. Alternativamente, você pode usar configurações em tempo de execução para mudar o comportamento da aplicação. Entretanto, essas alternativas não têm os benefícios de implantações canário.

Implantação canário, no entanto, não vale para todas as situações. É mais difícil utilizá-la quando os usuários instalam o software em seus próprios computadores. Há uma solução para esse problema (usada em computação em *grid*) – fazer o software cliente ou aplicação desktop atualizar automaticamente para uma versão conhecida hospedada em seus servidores.

Implantação canário também impõe restrições adicionais em atualizações de bancos de dados (que também se aplicam a outros recursos compartilhados, como caches de sessão compartilhados e serviços externos): quaisquer recursos compartilhados precisam funcionar em todas as versões da aplicação que estarão em produção. A abordagem alternativa é usar uma arquitetura sem compartilhamentos em que cada nodo é realmente independente dos outros, sem bancos de dados ou serviços compartilhados[3], ou alguma abordagem híbrida.

---

[2] Para uma excelente análise da evolução da cesta de compras da Amazon, acesse [blrMWp].

[3] Google criou um framework chamado de Protocol Buffers para todos os serviços internos, projetado para lidar com versionamento [beffuK].

> **Implantação canário para pontos de venda**
>
> Implantações canário podem parecer um pouco teóricas, mas garantimos que estão aqui somente porque já as vimos sendo usadas em projetos reais (muito antes que Google, NetFlix ou IMVU surgissem com a ideia). Em um projeto para entregar um sistema de pontos de venda de alto volume, usamos essa estratégia por todas as razões descritas. Nossa aplicação era um sistema usando clientes ricos e altamente distribuído. Havia dezenas de milhares de clientes. Quando chegava a hora de implantar uma mudança nos sistemas clientes, às vezes simplesmente não tínhamos a banda necessária para propagar as mudanças para todos os clientes durante o tempo em que as lojas estavam fechadas. Em vez disso, enviávamos as mudanças ao longo de vários dias, e algumas vezes ao longo de várias semanas.
>
> Isso significava que diferentes lojas poderiam estar operando com diferentes versões do sistema cliente e se comunicando com diferentes versões do sistema servidor, mas todas compartilhando um banco de dados comum.
>
> As lojas que usavam nosso sistema estavam divididas em várias marcas. Nossa estratégia incremental de implantação implicava que diferentes grupos de lojas podiam decidir quando aceitar o risco de atualizar seus sistemas. Se uma versão tinha novas funcionalidades fundamentais para a operação de suas lojas, esses grupos queriam implantações o mais rápido possível, mas se era algo mais relevante para alguma de suas lojas irmãs, eles podiam esperar a implantação até que as funcionalidades fossem mais testadas em outro lugar.

Finalmente, é importante ter o menor número de versões da aplicação possível – tente limitar em duas. Suportar múltiplas versões é um processo árduo, então mantenha o número de canários no mínimo.

Correções de emergência

Em todo sistema, há um momento em que um defeito crítico é descoberto e precisa ser corrigido imediatamente. Nessa situação, é importante saber o seguinte: em hipótese alguma subverta o seu processo. Correções de emergência devem passar pelo mesmo processo de compilação, implantação, testes e entrega pelo qual qualquer outra mudança passa. Por que dizemos isso? Porque já vimos, em muitas ocasiões, correções serem feitas logando diretamente nos servidores de produção criando mudanças sem controle.

Isso tem duas consequências ruins. Primeiro, a mudança não é testada apropriadamente, o que pode levar a regressões e correções adicionais que não resolvem o problema e podem até mesmo piorá-lo. Segundo, a mudança não é registrada (e mesmo se for, as segundas, terceira e demais mudanças introduzidas com a primeira mudança provavelmente não serão). O ambiente acaba em um estado desconhecido, impossível de reproduzir, e transforma implantações posteriores em processo sem gestão.

A conclusão é a seguinte: suas correções de emergência devem passar pelo pipeline de implantação. Essa é outra razão para manter o tempo de ciclo baixo.

Às vezes não vale a pena corrigir um defeito emergencialmente. Você sempre deve considerar quantas pessoas o defeito afeta, quão frequentemente ele ocorre e quão severo ele é em termos de impacto para os usuários. Se ele afeta poucas pessoas, ocorre com pouca frequência e tem pouco impacto, não faz sentido corrigi-lo imediatamente se os riscos de uma implantação são relativamente altos. É óbvio que esse é um ótimo argumento em favor da redução do risco associado com implantações por meio de gerência de configuração eficiente e implantações automatizadas.

Uma alternativa a uma correção de emergência é reverter para uma versão anterior, como descrito anteriormente.

Há algumas considerações a se fazer quando um defeito surgir em produção:

- Nunca faça correções tarde da noite e sempre faça em conjunto com outra pessoa.
- Teste seu processo de correções de emergência anteriormente.
- Somente em circunstâncias extremas contorne seu processo usual de mudanças na aplicação.
- Garanta que o processo de correções de emergência inclua o uso do ambiente de homologação.
- Às vezes é melhor voltar para a versão anterior do que corrigir um erro imediatamente. Faça uma análise para descobrir qual é a melhor solução. Considere o que acontece se você perder dados ou tiver de lidar com integrações ou problemas de orquestração.

Implantação contínua

Seguindo o lema da XP – se é difícil, faça mais vezes –, o extremo lógico é implantar toda mudança que passa por testes automatizados em produção. Essa técnica é conhecida como implantação contínua, um termo popularizado por Timothy Fitz [aJA8lN]. É evidente que não se trata apenas de implantar continuamente (pode-se implantar continuamente para o ambiente de UAT sem problemas). O ponto fundamental é implantar continuamente *em produção*.

A ideia é simples: tornar o passo final do pipeline – implantação em produção – automático. Dessa forma, se um check-in passar por todos os testes automatizados, ele é implantado diretamente em produção. Para que isso não cause problemas, seus testes automatizados precisam ser fantásticos – testes unitários, testes de componentes e testes de aceitação precisam cobrir a aplicação como um todo. Você precisa escrever todos os seus testes – incluindo testes de aceitação – primeiro, de modo que quando uma história for finalizada, ela também passe pelos testes de aceitação.

Implantação contínua pode ser combinada com implantações canário usando um processo automatizado que implanta uma nova versão para um pequeno número de usuários, e para todos os outros quando tiver sido verificado (provavelmente por um processo manual) que não há problemas com a nova versão. As garantias adicionais fornecidas por implantações canário tornam a implantação contínua um risco mais gerenciável.

Implantação contínua não é uma técnica adequada em todos os casos. Às vezes não queremos que novas funcionalidades cheguem à produção imediatamente. Em empresas com limitações de observância, são necessárias aprovações para implantações. Empresas de produtos geralmente precisam manter suporte para todas as versões liberadas. Entretanto, elas certamente têm o potencial para funcionar em muitos lugares.

A objeção intuitiva à implantação contínua é que ela é mais arriscada. Mas, como mencionamos anteriormente, entregas mais frequentes levam a um risco menor para um entrega individual. Isso acontece porque a quantidade de mudanças entre uma entrega e outra é reduzida. Se você entrega a cada mudança, o risco é limitado àquele inerente a essa mudança. A implantação contínua é uma excelente maneira de *reduzir* o risco de uma entrega específica.

O mais importante talvez seja que a implantação contínua o força a fazer a coisa certa (como Fitz discute em seu artigo). Você não consegue fazer implantação contínua sem automatizar todo o processo de compilar, implantar, testar e entregar software. Também não consegue fazê-la se não tiver um conjunto abrangente, confiável de testes automatizados e sem escrever testes de sistema que rodam em ambientes similares ao de produção. É por isso que, mesmo que não entregue *realmente* cada conjunto de mudanças que passe por todos os testes, você deve ter como objetivo criar um processo que lhe permita fazer isso se quiser.

Os autores ficaram realmente encantados ao ver que o artigo sobre implantação contínua causou tanto impacto na comunidade. Ele reforça o que estamos dizendo sobre o processo de entrega há anos. Pipelines de implantação existem para criar um processo confiável, automatizado e passível de repetição, para que mudanças cheguem à produção o mais rápido possível. Elas existem para ajudar a criar software da mais alta qualidade usando um processo da mais alta qualidade, reduzindo massivamente o risco de entregas. Implantação contínua é simplesmente essa abordagem levada ao seu extremo lógico. Ela deve ser encarada com seriedade, porque representa uma mudança de paradigma na forma como software é entregue. Mesmo que você tenha boas razões para não implantar cada mudança feita em seu software imediatamente em produção – e há menos razões para isso do que você imagina – deve se comportar como se estivesse fazendo isso.

Entrega contínua de versão de software instalado pelo usuário

Implantar uma versão nova da aplicação em um ambiente de produção que você controla é uma coisa. Implantar uma nova versão de software instalado por usuários em suas próprias máquinas é outra. Há várias questões a se considerar:

- Gerenciar a experiência de instalação da nova versão
- Migrar binários, dados e configuração
- Testar o processo de atualização
- Obter relatórios de erros dos usuários

Um problema sério com software instalado pelo cliente é gerenciar o grande número de versões do software que, com o tempo, acabam sendo instaladas. Isso pode causar um pesadelo de suporte: para depurar problemas, você precisa reverter o código à versão correta e se concentrar nas peculiaridades da aplicação como eram naquele momento, juntamente a quaisquer problemas conhecidos. Idealmente, você quer que todos usem a mesma versão do software: a última versão estável. Para alcançar isso, você precisa que a experiência de atualização seja o mais indolor possível.

Há várias maneiras pelas quais clientes podem lidar com o processo de atualização:

1. Faça seu software verificar se há novas versões e perguntar ao usuário se ele deseja baixar e atualizar para a versão mais nova. Essa é a maneira mais fácil de implementar, mas a mais difícil de usar. Ninguém gosta de ficar olhando para uma barra de progresso.
2. Baixe a atualização em *background* e pergunte ao usuário se ele deseja instalar a nova versão. Nesse modelo, seu software verifica se há novas versões periodicamente enquanto está sendo usado e as baixa silenciosamente. Depois que o processo de obter a nova versão termina, ele pergunta com frequência ao usuário se ele deseja atualizar para a nova versão.
3. Baixe a atualização em *background* e a atualize silenciosamente na próxima vez que a aplicação rodar. Sua aplicação também pode pedir que você reinicie se tem algo a atualizar (como o Firefox faz, por exemplo).

Se você quer ser conservador, as opções 1 e 2 parecem as mais atrativas.

Entretanto, na maioria das vezes elas são a escolha errada. Como um desenvolvedor, você quer dar mais opções ao usuário. Mas no caso de atualizações, ele não tem qualquer entendimento de por que postergar uma atualização. Isso apenas os força a pensar sobre a atualização sem fornecer qualquer informação que os ajude a decidir. Como resultado, a escolha racional geralmente é não atualizar, já que qualquer mudança pode quebrar a aplicação.

De fato, esse é exatamente o mesmo processo que se passa na mente da equipe de desenvolvimento. A equipe pensa que a atualização pode quebrar a aplicação, de modo que é melhor dar ao usuário uma opção. Mas se o processo realmente é problemático, o usuário está certo em nunca atualizar. Se o processo não for problemático, não há motivo para oferecer a escolha: ela deve ser feita automaticamente. De fato, dar aos usuários a escolha simplesmente lhes diz que os desenvolvedores não confiam no processo de atualização.

A solução correta é tornar o processo isento de erros – e atualizar silenciosamente. Em especial se o processo falhar, a aplicação deve ser automaticamente revertida para a versão anterior, e um relatório de erros deve chegar aos desenvolvedores. Eles podem então corrigir o problema e disponibilizar uma nova versão que (espera-se) funcionará. Tudo isso pode acontecer sem que o usuário perceba coisa alguma. A única boa razão para perguntar algo ao usuário é se há alguma ação corretiva que deva ser tomada.

Obviamente, há razões pelas quais você pode não querer que seu software seja atualizado silenciosamente. Talvez não queira que a aplicação acesse servidores externos, ou faz parte da equipe de operações de uma rede corporativa que só permite que novas aplicações sejam instaladas depois de terem sido exaustivamente testadas com o restante das aplicações aprovadas, a fim de garantir que as estações de trabalho funcionem de maneira ótima. Ambos são casos de uso razoáveis e podem ser obtidos com uma opção de configuração que permita desligar as atualizações automáticas.

Para que a experiência de atualização seja indolor, você precisa lidar com a atualização dos binários, dados e configuração. Em cada caso, o processo de atualização precisa manter cópias das versões antigas até que esteja completamente certo de que a atualização foi bem-sucedida. Se ela falhar, as versões antigas devem ser revertidas silenciosamente. Uma maneira fácil de fazer isso é ter um diretório dentro do diretório de instalação com a versão atual de tudo isso e criar um diretório novo com a atualização. Mudar as versões, nesse caso, é somente uma questão de renomear diretórios ou colocar uma referência para a versão atual em algum lugar (em sistemas UNIX, isso é facilmente alcançado com links simbólicos).

Sua aplicação deve ser capaz de atualizar de qualquer versão para qualquer versão. Para fazer isso, você precisa versionar seus dados e arquivos de configuração. Toda vez que você mudar a estrutura de seus dados ou de sua configuração, precisa criar um script que permita que eles sejam movidos de uma versão a outra – e se quiser suportar mudanças para uma versão anterior, um script para mudar da nova versão para a anterior. Quando o processo de atualização rodar, ele determinará quais scripts relevantes rodar para migrar para a versão mais atual. Essa técnica é descrita em mais detalhes no Capítulo 12, "Gerência de Dados".

Você deve testar o processo de atualização como parte da pipeline de implantação. Pode-se ter um estágio na pipeline com esse propósito que pega uma seleção de estados iniciais com dados reais e configuração real, obtida com usuários amigáveis, e roda a atualização para a versão mais recente. Isso deve ser feito automaticamente com uma seleção representativa dos ambientes em que o software será instalado.

Finalmente, é essencial que software instalado por clientes seja capaz de reportar falhas à equipe de desenvolvimento. Em seu artigo sobre implantação contínua para software instalado no cliente [amYycv], Timothy Fitz descreve uma série de eventos hostis que softwares clientes encontram: "hardware com falhas, condições de falta de memória, sistemas operacionais em outros idiomas, DLLs randômicas, outros processos inserindo código no seu, drivers lutando uns com os outros para serem os primeiros a agir em caso de erros, e outros eventos progressivamente mais misteriosos e imprevisíveis de integração".

Isso torna um framework de relatórios de erros essencial. O Google liberou seu próprio framework para C++ no Windows, que pode ser chamado de dentro de aplicações .NET, se necessário [b84QtM]. Uma discussão de como fazer relatórios de erros de maneira apropriada e quais métricas são úteis depende do ferramental tecnológico que você está usando e está além do escopo deste livro. O artigo de Fitz é um bom ponto de partida, com algumas boas discussões sobre o assunto.

Dicas

As pessoas que fazem a implantação deveriam estar envolvidas na criação do processo

Geralmente, equipes de implantação precisam colocar em produção sistemas que não ajudaram a desenvolver. Recebem um CD e uma pilha de folhas fotocopiadas com instruções vagas como "Instalar o SQL Server".

Esse tipo de coisa é sintomático de um relacionamento ruim entre operações e desenvolvimento, e quando chegar o momento de colocar a aplicação em produção, o processo com certeza será árduo e cheio de recriminações e irritação.

A primeira coisa que os desenvolvedores devem fazer quando começam um projeto é procurar o pessoal de operações informalmente e envolvê-los no processo de desenvolvimento. Dessa forma, o pessoal de operações se envolve no processo desde o começo, e ambos os lados sabem e praticaram muitas vezes o que vai acontecer na implantação bem antes de ela ocorrer.

> **Tudo funciona melhor quando há diálogo entre as equipes de desenvolvimento e operações**
>
> Queríamos implantar um sistema com um cronograma bem apertado. Em uma reunião entre as equipes de operações e desenvolvimento, a equipe de operações era fortemente a favor de atrasar a implantação. Depois da reunião, algumas pessoas do lado técnico ficaram conversando e trocaram números de telefone. Nas próximas semanas, a comunicação continuou, e o sistema foi implantado para um servidor de produção e um pequeno grupo de usuários um mês depois.
>
> Um membro da equipe de implantação veio trabalhar com a equipe de desenvolvimento para criar os scripts de implantação, ao mesmo tempo em que escrevia documentação no *wiki*. Isso impediu surpresas na implantação. Nas reuniões de operações em que muitos dos sistemas eram discutidos e agendados para produção, o sistema quase nunca era discutido, já que a equipe de operações confiava em sua capacidade de implantá-lo e na qualidade do código em si.

Mantenha um log de atividades de implantação

Se o seu processo de implantação não é completamente automatizado, incluindo o provisionamento de ambientes, é importante criar um log de todos os arquivos que ele copia ou cria. Dessa forma, é fácil depurar quaisquer problemas que ocorrerem – você sabe exatamente onde procurar por informações de configuração, logs e binários.

Da mesma forma, é importante manter um manifesto com todos os aspectos do hardware em seu ambiente, quais mudanças foram feitas durante a implantação e os logs da implantação em si.

Não remova arquivos antigos: mova-os

Quando você implantar algum sistema, mantenha uma cópia da versão anterior em algum lugar. Garanta, então, que os arquivos antigos não estejam mais onde os novos serão implantados. Um arquivo antigo deixado ao acaso em um diretório de uma nova versão pode causar defeitos de difícil rastreamento. No pior dos casos, pode levar a dados corrompidos se, por exemplo, uma página administrativa antiga ainda estiver ativa.

Uma boa prática em sistemas UNIX é implantar cada versão em um novo diretório e usar um link simbólico para a versão atual. Implantar ou reverter versões é simplesmente uma questão de mudar o link simbólico para apontar para uma versão diferente. O modo de fazer isso em rede é ter versões diferentes de servidores diferentes ou em porta diferentes no mesmo servidor. Você pode trocá-las usando um *proxy* reverso ou um roteador, como descrevemos na seção "Implantações azul-verde", na página 263.

Implantações são responsabilidade de toda a equipe

Um especialista em implantações é um antipadrão. Cada membro da equipe deve saber como implantar e como manter os scripts de implantação. Para conseguir isso, garanta que o script real de implantação seja usado toda vez que o software é implantado, mesmo em máquinas de desenvolvimento.

Um script de implantação que não funciona deve causar uma falha no pipeline.

Aplicações de servidor não deveriam ter interfaces gráficas de usuário

Era comum ver aplicações de servidor com GUIs (*graphical users interfaces* – interfaces gráficas de usuário). Isso era especialmente comum com ferramentas como PowerBuilder ou Visual Basic. Essas aplicações geralmente tinham outros problemas que já mencionamos, como configuração que não pode ser feita via scripts, aplicações que dependiam de onde estavam instaladas, etc. O problema maior, entretanto, era que, para funcionarem, a máquina precisava ter um usuário logado com a interface de usuário visível. Isso significava que reiniciar a máquina, acidentalmente ou para atualizações, causava um log *out* e uma parada do servidor. Um engenheiro de suporte precisava entrar novamente na máquina e iniciar o servidor manualmente.

> **O gargalo do PowerBuilder de Chris Stevenson**
>
> Em um cliente, havia uma aplicação PowerBuilder que processava todas as transações que chegavam para uma corretora de títulos. A aplicação tinha uma GUI e precisava ser manualmente inicializada todos os dias. Ela também era uma aplicação com uma única thread, e se ocorresse um erro durante o processamento da transação, uma caixa de diálogo se abria dizendo "Erro. Continuar?" com um único botão de "OK".
>
> Quando essa caixa de diálogo aparecia, todo o processamento de transações era interrompido. Geralmente era necessária uma ligação de um corretor frustrado para que o pessoal de suporte fosse até a máquina e pressionasse o botão "OK", que continuava com o processamento. Em dado momento, alguém escreveu uma aplicação VB cujo trabalho era esperar que a caixa de diálogo aparecesse e clicar o botão "OK".
>
> Muito tempo depois, quando outras partes do sistema foram melhoradas, encontramos outra peculiaridade. Em algum ponto, a aplicação tinha sido instalada em uma versão antiga do Windows 3.x que não conseguia fechar de forma confiável os arquivos salvos. A aplicação funcionava incorporando uma pausa fixa de cinco segundos para cada transação. Em conjunto com a limitação de uma única thread, isso significa que, se muitas transações chegavam ao mesmo tempo, o sistema demorava muito para processar todas elas. Os níveis de frustração subiam, e os corretores acabavam abrindo as transações novamente, causando duplicações e um decréscimo na confiabilidade do sistema.
>
> Isso foi em 2003. Não subestime o tempo que sua aplicação será usada.

Tenha um período de transição para novas implantações

Não coloque seu site no ar antes do momento determinado. Quando um sistema entra oficialmente no ar, ele já deve estar rodando por algum tempo, permitindo que os servidores de aplicação e bancos de dados preencham seus caches, façam as conexões necessárias e, de maneira geral, se "aqueçam".

Para sites, isso pode ser alcançado com implantações canário. Os novos servidores e a nova versão podem começar servindo uma pequena proporção das requisições; então, quando o sistema estiver aquecido e funcional, você pode aumentar sua carga.

Muitas aplicações têm caches internos que são deliberadamente preenchidos durante a implantação. Até que os caches estejam com os dados adequados, a aplicação geralmente responderá de maneira lenta e poderá até falhar. Se sua aplicação funciona assim, garanta que isso seja considerado no plano de implantação, incluindo o tempo que demora para preencher o cache (que você terá, obviamente, testado em um ambiente similar ao de produção).

Falhe rapidamente

Scripts de implantação devem incorporar testes para garantir que a implantação foi bem-sucedida. Eles devem rodar como parte da própria implantação. Não devem ser testes unitários abrangentes, mas alguns *smoke tests* para garantir que a implantação funcionou.

Idealmente, o sistema deve realizar esses testes durante a sua inicialização e, se um erro for encontrado, falhar a inicialização.

Não faça mudanças diretamente no ambiente de produção

A maioria das paradas em ambientes de produção é causada por mudanças fora do controle do processo normal. Ambientes de produção devem ser inteiramente fechados, de modo que somente o pipeline de implantação possa fazer mudanças neles. Isso inclui desde a configuração do ambiente até as aplicações implantadas nele e os dados relacionados. Muitas organizações têm processos de controle de acesso severos para isso. Esquemas que podem ser usados para gerenciar acesso à produção incluem senhas com tempo de vida limitado, criadas por um processo de aprovação, e sistemas de autenticação de duas fases que requerem que um código seja digitado a partir de um *token* RSA, por exemplo. Conhecemos uma organização em que mudanças para produção só podem ser autorizadas de um terminal em uma sala fechada com uma câmera de TV de circuito fechado monitorando a tela.

Esses processos de autorização devem ser incluídos em seu pipeline de implantação. Fazer isso fornece um benefício considerável: significa que você tem um sistema de registro para cada mudança feita em produção, incluindo quem a autorizou e quando isso aconteceu. O pipeline de implantação lhe oferece justamente isso.

Resumo

Os estágios finais do pipeline de implantação têm como objetivo implantar uma versão candidata em ambientes de teste e produção. Esses estágios são diferentes dos estágios anteriores por não incluírem testes automatizados. Isso significa que esses estágios não têm sucesso ou falham. Mesmo assim, são uma parte integral do pipeline. Sua implementação deve garantir que seja possível implantar qualquer versão da aplicação que passou nos testes automatizados em qualquer ambiente apertando um botão, dadas as credenciais corretas. Todos na equipe devem poder ver exatamente o que foi implantando e onde foi implantando, incluindo quais as mudanças feitas naquela versão.

A melhor maneira de reduzir o risco de entrega é ensaiá-la. Quanto mais você implanta a aplicação em diversos ambientes, melhor. Especificamente, quanto mais você implanta em novos ambientes de teste pela primeira vez, mais confiável o processo será e menor será a probabilidade de que você encontre um problema em uma entrega em produção.

Seu processo automatizado de implantação deve ser capaz de provisionar um novo ambiente a partir do zero e de atualizar um ambiente existente.

Mesmo assim, para um sistema de qualquer tamanho e complexidade, a primeira entrega em produção sempre será uma ocasião importante. É vital pensar sobre o processo e planejar o suficiente para torná-lo o mais direto possível. Não importa quão ágil seja seu sistema, a estratégia de implantação é um desses aspectos do processo de desenvolvimento em que o último momento prudente para se tomar uma decisão não é alguns dias, ou mesmo algumas iterações, antes da entrega. Deve ser parte do seu planejamento e, pelo menos em parte, influenciar suas decisões de desenvolvimento desde o início do projeto. A estratégia de implantação irá, e deve, evoluir com o tempo, tornando-se mais correta e mais detalhada à medida que a primeira entrega se aproxima.

A parte mais crucial do planejamento de entrega é reunir os representantes de cada parte da organização envolvida na entrega: infraestrutura, operações, desenvolvimento, testes, DBAs e suporte. Essas pessoas devem se reunir regularmente durante o ciclo de vida do projeto e trabalhar continuamente para tornar o processo de entrega mais eficiente.

Parte III

O Ecossistema de Entrega

CAPÍTULO **11**

Gerência de Infraestrutura e Ambientes

Introdução

Como descrevemos no Capítulo 1, há três passos para a implantação de um software:

- Criar e gerenciar a infraestrutura em que a aplicação rodará (hardware, rede, middleware e serviços externos)
- Instalar a versão correta da aplicação nessa infraestrutura
- Configurar a aplicação, incluindo quaisquer dados ou estado necessários

Este capítulo aborda o primeiro desses passos. Já que nosso objetivo é que todos os ambientes de teste (incluindo ambientes de integração contínua) sejam similares ao de produção, principalmente na maneira como são geridos, este capítulo também abordará a gestão de ambientes de teste.

Vamos começar definindo o que queremos dizer com ambiente nesse contexto. Um *ambiente* é o conjunto de recursos que a aplicação precisa para rodar. Os seguintes atributos descrevem o ambiente:

- A configuração de hardware dos servidores que formam o ambiente (como número e tipo de CPUs, quantidade de memória, armazenamento físico, interfaces de rede e assim por diante) e a infraestrutura de rede que os conecta.

- A configuração do sistema operacional e middleware (como sistemas de mensagens, servidores Web e de aplicação, servidores de bancos de dados, e assim por diante) requerida para suportar a aplicação que rodará neles.

O termo geral *infraestrutura* representa todos os ambientes em sua organização com todos os serviços que os apoiam, como servidores de DNS, firewalls, roteadores, repositórios de controle de versão, armazenamento, aplicações de monitoramento, servidores de e-mail e assim por diante. De fato, a fronteira entre o ambiente de uma aplicação e o restante da infraestrutura de sua organização pode variar de claramente definida (como no caso de software embutido, por exemplo) até extremamente abstrata (como em arquiteturas orientadas a serviços, em que muito da infraestrutura é compartilhado e considerado parte da aplicação).

O processo de preparar os ambientes para implantação e a gestão destes após a implantação é o foco deste capítulo. Entretanto, o que torna isso possível é uma abordagem holística em relação ao gerenciamento de toda a infraestrutura, que se baseia nos seguintes princípios:[1]

- O estado desejado da infraestrutura deve ser especificado por meio de configuração sob controle de versão.

- A infraestrutura deve ser autônoma, isto é, deve corrigir a si mesma até chegar ao estado desejado de forma automática.

- Você deve sempre ser capaz de saber o estado atual da infraestrutura por meio de instrumentação e monitoramento.

Embora a infraestrutura deva ser autônoma, é essencial que ela seja simples de recriar, de modo que, no caso de falhas de hardware, por exemplo, seja rapidamente possível reestabelecer uma nova configuração conhecida. Isso significa que o provisionamento de infraestrutura deve ser um processo automatizado. Essa combinação de provisionamento automatizado e manutenção autônoma garante que a infraestrutura possa ser reconstruída em um período de tempo previsível no caso de uma falha.

Várias coisas precisam ser gerenciadas cuidadosamente para reduzir o risco de implantação em um ambiente similar ao de produção:

- O sistema operacional e sua configuração, tanto para ambientes de teste como de produção.

- O ferramental de middleware e sua configuração, incluindo servidores de aplicação, serviços de menssagens e bancos de dados.

- Software de infraestrutura, como repositórios de controle de versão, serviços de diretório e sistemas de monitoramento.

- Pontos de integração externos, como sistemas e serviços externos.

- Infraestrutura de rede, como roteadores, firewalls, *switches*, DNS, DHCP e assim por diante.

- O relacionamento entre a equipe de desenvolvimento da aplicação e a equipe de gerenciamento de infraestrutura.

Começaremos com o último item da lista. Ele pode parecer fora de contexto em uma enumeração técnica. Entretanto, todos os outros pontos se tornam muito mais fáceis se essas duas equipes conseguirem trabalhar juntas para

---

[1] Alguns desses princípios foram inspirados em James White [9QRI77].

resolver problemas. Elas devem colaborar em todos os aspectos da gerência de ambiente e implantação desde o começo do projeto.

Esse foco da colaboração é um dos princípios centrais do movimento DevOps, que tem como objetivo trazer uma abordagem ágil para o contexto de administração de sistemas e operações de TI. O outro princípio central desse movimento é que técnicas ágeis podem ser usadas na gerência de infraestrutura. Muitas das técnicas discutidas neste capítulo, como infraestrutura autônoma e monitoramento guiado por comportamento, foram desenvolvidas pelas pessoas envolvidas na criação desse movimento.

Enquanto você lê este capítulo, tenha em mente o princípio fundamental de que ambientes de teste devem ser similares ao de produção. Isso significa que eles devem ser parecidos (embora não necessariamente idênticos) na maioria dos aspectos técnicos listados acima. O objetivo é identificar problemas de ambiente o mais cedo possível e ensaiar atividades críticas como implantação e configuração antes de chegar à produção, para reduzir o risco das entregas. Ambientes de teste devem ser similares o bastante para conseguir isso. Fundamentalmente, as técnicas para gerenciá-los devem ser idênticas.

Essa abordagem pode representar bastante trabalho e ser potencialmente cara, mas há ferramentas e técnicas para ajudar, como virtualização e gestão automatizada de datacenters. Os benefícios dessa abordagem são tão grandes, em termos de identificar problemas de ambiente e integração obscuros e complicados de reproduzir o mais cedo possível no processo de desenvolvimento, que seu esforço será muitas vezes recompensado.

Finalmente, embora este capítulo assuma que o ambiente de produção de sua aplicação está sob o controle de uma equipe de operações, os princípios são os mesmos para produtos de software. Por exemplo, embora um produto de software não tenha necessariamente alguém fazendo backups regulares de seus dados, recuperação de dados é uma preocupação importante para os usuários. O mesmo se aplica a outros requisitos não funcionais, como capacidade de recuperação, suporte e auditoria.

Entender as necessidades da equipe de operações

É evidente que a maioria dos projetos falha devido a problemas de pessoal, e não a problemas técnicos. Em nenhum outro ponto do processo de desenvolvimento isso é tão válido quanto na parte que envolve a implantação de código para os ambientes de teste e produção. Quase todas as empresas de médio e grande porte separam as atividades de desenvolvimento e de gerência de infraestrutura (ou operações, como é geralmente conhecida) em dois grupos ou silos diferentes.[2] É muito comum que esses dois grupos tenham uma relação complicada. Isso acon-

---

[2] Para os propósitos destes capítulos, consideraremos suporte como parte de operações, embora esse não seja sempre o caso.

tece porque o time de desenvolvimento é incentivado a entregar software o mais rápido possível, enquanto o time de operações busca estabilidade.

Provavelmente, o mais importante a considerar é que todos os envolvidos têm um objetivo comum: tornar a entrega de software de valor aos usuários uma atividade de baixo risco. Em nossa experiência, descobrimos que a melhor maneira de fazer isso é entregar versões novas tão frequentemente quanto possível (daí *entrega contínua*). Isso garante que haja o mínimo de mudanças possível entre as entregas. Se você trabalha em uma organização em que uma implantação demora vários dias, com noites sem dormir e longas jornadas de trabalho, sem dúvida ficará horrorizado com essa ideia. Nossa resposta é que implantação pode e deve ser uma atividade realizada em poucos minutos. Isso pode parecer fora da realidade. Entretanto, já vimos muitos grandes projetos em grandes empresas em que a entrega de versão deixou de ser uma experiência de privação de sono guiada por diagramas de Gantt para se tornar uma atividade de baixo risco realizada em poucos minutos várias vezes ao dia.

Em organizações pequenas, a equipe de desenvolvimento geralmente também é responsável pelas operações. Entretanto, na maioria das organizações de médio e grande porte, esses são dois grupos separados. Cada um terá sua própria hierarquia e a quem responder: há um gerente ou diretor de operações e um gerente ou diretor de desenvolvimento. Toda vez que ocorre uma entrega de versão em produção, essas equipes e seus gerentes trabalham para garantir que qualquer problema que surgir não seja culpa deles. Isso é claramente uma causa potencial de tensão entre os grupos. Cada grupo quer minimizar o risco da entrega, mas cada um tem uma abordagem diferente.

Equipes de operações medem sua eficiência em termos de métricas fundamentais de qualidade de serviço, como tempo médio entre falhas (MTBF, ou *Mean Time Between Failures*) e tempo médio de reparo (MTTR, ou *Mean Time to Repair Failures*). Geralmente elas precisam atender a níveis de serviço (SLA, ou *Service Level Agreement*). Qualquer mudança, incluindo uma mudança no processo, que tem efeito na capacidade dessas equipes de cumprir esses e outros objetivos (como conformidade com regulamentações legais) representa um risco. Dado esse contexto, veja abaixo algumas das maiores preocupações de uma equipe de operações.

Documentação e auditoria

Gerentes de operações querem garantir que qualquer mudança feita em um ambiente que controlam seja documentada e auditada, de modo que, se algo der errado, possam descobrir quais mudanças relevantes causaram o problema.

Há outras razões pelas quais gerentes de operações se preocupam com a capacidade de rastrear mudanças; por exemplo, conformidade com legislações como Sarbanes-Oxley, a legislação norte-americana para incentivar boas práticas de auditoria e responsabilidade corporativas, e o desejo de garantir que os ambientes se mantenham consistentes. Essa é a principal forma de descobrir o que aconteceu entre a última versão boa do ambiente e qualquer problema ou quebra ocorridos.

Um dos processos mais importantes dentro de uma organização é o processo de gerência de mudança, usado para gerenciar qualquer mudança feita em ambientes controlados – e muitas vezes a equipe de operações controlará tanto os ambientes de produção como os ambientes de teste similares ao de produção. Isso geralmente significa que qualquer mudança em qualquer ambiente precisa ser requisitada. Muitos tipos de mudanças de configuração de baixo risco podem ser feitos por operações por conta própria (em ITIL, essas são as mudanças "padrão").

Entretanto, implantar uma nova versão da aplicação geralmente é uma mudança "normal" que exige a aprovação de um gerente de mudança, com apoio de um conselho consultivo de mudança (CAB, ou *Change Advisory Board*). Uma requisição de mudança precisa incluir detalhes sobre o risco e o impacto da mudança, e como ela pode ser corrigida em caso de falha. A requisição deve ser submetida antes que o trabalho na nova versão a ser implantada comece, e não algumas horas antes do momento em que a organização espera que a aplicação esteja em produção. Na primeira vez em que você passa pelo processo, esteja pronto para responder a muitas perguntas.

Membros da equipe de desenvolvimento têm a *responsabilidade* de se familiarizar com quaisquer sistemas e processos exigidos pela equipe de operações e de cumpri-los. Identificar os procedimentos que precisam ser seguidos para entregar uma versão do software deve ser parte do plano de implantação.

Alertas para eventos anormais

Gerentes de operações têm sistemas que monitoram sua infraestrutura e as aplicações que rodam nela, e querem receber alertas quando ocorrem condições anormais em qualquer um dos sistemas que gerenciam para conseguir minimizar qualquer problema.

Cada equipe de operações tem alguma forma de monitorar seus ambientes de produção. Algumas usam OpenNMS, ou algumas de suas alternativas, como Nagios ou HP Operations Manager. Algumas equipes criam seus próprios sistemas customizados de monitoramento. Independentemente do sistema usado, entretanto, elas querem que suas aplicações se registrem neles para receber alertas no momento em que alguma condição de erro ocorrer, e para saber onde procurar mais detalhes para determinar o que deu errado.

É importante descobrir, no começo do projeto, como a equipe de operações quer monitorar a aplicação e incluir isso como parte do plano de implantação. O que eles querem monitorar? Onde eles esperam que os logs estejam? Quais mecanismos sua aplicação deve usar para notificar a equipe de operações de funcionamento incorreto?

Por exemplo, um dos erros mais comuns que desenvolvedores inexperientes cometem é suprimir erros. Uma conversa rápida com a equipe de operações o convencerá da necessidade de registrar qualquer condição de erro em um local conhecido, com a severidade apropriada, de modo que ela saiba exatamente qual é o problema. Uma consequência disso é que, se a aplicação falhar por algum motivo, deve ser fácil reiniciá-la ou reimplantá-la.

Novamente, é responsabilidade da equipe de desenvolvimento determinar os requisitos de monitoramento da equipe de operações e torná-los parte do plano de implantação. A melhor forma de tratar esses requisitos é tratá-los da mesma forma que os outros requisitos da aplicação. Considere ativamente o uso de sua aplicação da perspectiva da equipe de operações – ela é uma parte importante dos usuários. Você precisa atualizar o plano de implantação com o procedimento para reiniciar e reimplantar a aplicação à medida que a primeira entrega se aproxima.

A primeira entrega de versão é somente o começo do ciclo de vida de qualquer aplicação. Cada nova versão da aplicação se comportará de forma diferente, inclusive os tipos de erros e mensagens que produzirá, e talvez a forma como será monitorada. Ela também poderá falhar de novas maneiras. É importante manter a equipe de operações informada quando você entregar novas versões da aplicação, para que ela possa se preparar para as mudanças.

Plano de continuidade de serviço de TI

Uma das atribuições de um gerente de operações é a criação, implementação e manutenção do plano de continuidade de serviço de TI da organização. Cada serviço que a equipe de operações gerencia possui um RPO (*Recovery Point Objective*) – o tempo anterior a um desastre para o qual perda de dados é aceitável – e um RTO (*Recovery Time Objective*) – o período máximo de tempo permitido até a restauração de um serviço.

O RPO rege a estratégia de backups e restaurações, já que os dados devem ser salvos com frequência suficiente para alcançar o RPO necessário. Obviamente os dados não importam muito sem a aplicação que opera sobre eles e os ambientes e a infraestrutura nos quais essa aplicação está, de modo que você precisa ser capaz de reimplantar as versões corretas da aplicação e todos os ambientes e a infraestrutura. Isso, por sua vez, depende de uma gestão cuidadosa da aplicação, dos ambientes e da infraestrutura para que ela possa ser reproduzida pela equipe de operações.

Para atender ao RTO desejado pelo negócio, pode ser necessário criar uma cópia dos ambientes de produção e infraestrutura em um local secundário, que possa ser usado caso os sistemas primários falhem. A aplicação deve ser capaz de lidar com essas eventualidades. Para aplicações de alta disponibilidade, isso significa replicar os dados e configurações destas durante seu uso normal.

Um requisito relacionado é o arquivamento: a quantidade de dados gerada por uma aplicação em produção pode ser tornar rapidamente muito grande. Deve haver um método simples de arquivamento de dados de produção, de modo que esses dados possam ser guardados para fins de auditoria e suporte sem esgotar o espaço em disco ou tornar a aplicação mais lenta.

Você deve testar a realização e a recuperação de backups e o arquivamento dos dados da aplicação como parte dos testes de continuidade de negócio, além da recuperação e da implantação de qualquer versão da aplicação, fornecer à equipe de operações o processo para realizar qualquer uma dessas atividades como parte do plano de implantação.

Use a tecnologia com a qual sua equipe de operações está familiarizada

Gerentes de operações querem que as mudanças feitas em seus ambientes usem tecnologias com as quais suas equipes estão familiarizadas, de modo que possam mantê-los.

É muito comum que a equipe de operações seja bem versada em Bash ou PowerShell, mas é menos provável que tenha tanto conhecimento de Java ou C#. Por outro lado, é quase certo que ela quer rever as mudanças feitas nas configurações de seus ambientes e infraestrutura. Se a equipe de operações não consegue entender o processo de implantação porque não está familiarizada com as tecnologias e linguagens usadas, há um risco inevitável em realizar essas mudanças. A equipe de operações pode eventualmente vetar a implantação de sistemas para os quais não tenha a capacidade de manutenção.

A equipe de desenvolvimento e a equipe de operações precisam se reunir no início de projeto e decidir como a implantação da aplicação será feita. Pode ser necessário que tanto a equipe de operações como a equipe de desenvolvimento aprendam alguma tecnologia que concordam em usar – talvez uma linguagem de script como Perl, Ruby ou Python ou uma tecnologia de empacotamento como pacotes do Debian ou WiX.

É importante que ambas as equipes entendam o sistema de implantação, porque o mesmo processo deve ser usado para implantação em todos os ambientes – desenvolvimento, integração contínua, testes e produção – e os desenvolvedores serão responsáveis por sua criação. Em algum ponto, ele será entregue para a equipe de operações, que será responsável por sua manutenção, o que implica que deve estar envolvida em sua criação. As tecnologias usadas para a implantação e para as outras mudanças nos ambientes e infraestrutura devem fazer parte do plano de implantação.

O sistema de implantação é uma parte integral da aplicação – ele deve ser testado e refatorado com o mesmo cuidado e atenção dedicados ao restante da aplicação, e deve ser mantido no sistema de controle de versão. Quando esse não é o caso (e já vimos vários projetos assim), o resultado é um conjunto de scripts pouco testados, frágeis e pouco entendidos, que tornam a gerência de mudança um trabalho difícil e arriscado.

Modelar e gerenciar a infraestrutura

Com exceção do gerenciamento das partes interessadas do projeto, todo o resto desse projeto pode ser considerado um ramo de gerência de configuração. Entretanto, implementar gerência de configuração completa em ambientes de teste e produção não é algo trivial, o que explica o espaço que dedicamos a esse tópico. Mesmo assim, abordaremos somente os princípios de alto nível relacionados a ele.

Há muitas classes diferentes de informação de configuração em qualquer ambiente, e todas devem ser provisionadas e gerenciadas de maneira automatizada. A Figura 11.1 mostra alguns exemplos dos tipos de servidores, divididos por nível de abstração.

Servidor de aplicação	
Aplicações / serviços / componentes	Configuração de aplicação
Middleware	Configuração de middleware
Sistema operacional	Configuração do sistema operacional
Hardware	

Servidor de banco de dados	
Banco de dados	Configuração do banco de dados
Sistema operacional	Configuração do sistema operacional
Hardware	

Servidor de infraestrutura	
DNS, SMTP, DHCP, LDAP, etc.	Configuração de infraestrutura
Sistema operacional	Configuração do sistema operacional
Hardware	

Figura 11.1 *Tipos de servidores e suas configurações.*

Se você tem controle completo sobre as escolhas de tecnologia para o sistema que está criando, deve perguntar, como parte do processo de concepção do projeto, quão fácil será automatizar a implantação e configuração do hardware e do software em si. Usar tecnologias que podem ser implantadas de maneira automatizada é uma condição necessária para criar todo o processo de integração, teste e implantação.

Mesmo se você não tem controle sobre a seleção da infraestrutura, se o pretende automatizar completamente o processo de compilação, integração, testes e implantação, precisa lidar com as seguintes questões:

- Como a infraestrutura será provisionada?

- Como implantaremos e configuraremos os vários elementos de software que serão parte da infraestrutura?

- Como gerenciaremos a infraestrutura depois de seu provisionamento e configuração?

Um sistema operacional moderno pode ser instalado de inúmeras maneiras: diferentes drivers de dispositivo, diferente configuração de sistema operacional e uma enorme quantidade de parâmetros que influenciam a maneira como o software roda nele. Alguns sistemas operacionais têm uma tolerância muito maior do que outros quanto a diferenças nesse nível. Espera-se da maioria dos softwares comerciais que eles rodem em uma ampla variedade de configurações de software e hardware e, portanto, que não se importem muito com diferenças nesse nível – embora você sempre deva verificar os requisitos necessários de softwares comerciais como parte do processo licitatório ou de atualização. Por outro lado, uma aplicação Web de alto desempenho pode ser sensível às menores mudanças, como tamanho de pacotes ou configuração do sistema de arquivos.

Para a maioria das aplicações multiusuário que rodam em servidores, as configurações padrão de sistemas operacionais e middleware não são apropriadas. Sistemas operacionais precisam de controle de acesso, firewalls e outras medidas de *hardening* (como desativar serviços não essenciais). Bancos de dados precisam ser configurados em termos de quais usuários e quais permissões são necessárias, servidores de aplicação precisam dos componentes apropriados implantados, serviços de menssagens dependem da definição de filas e mensagens e do registro de subscrições, e assim por diante.

Como qualquer aspecto de seu processo de entrega, você deve manter tudo o que é necessário para criar e manter a infraestrutura sob controle de versão. No mínimo, isso significa:

- Definições de instalação de sistemas operacionais (como as usadas por Debian Preseed, RedHat Kickstart ou Solaris Jumpstart).
- Configuração de ferramentas de automação de datacenters como Puppet ou CfEngine.
- Configuração geral de infraestrutura como arquivos de zona de DNS, arquivos de configuração de serviços de DHCP e SMTP, regras de firewalls, e assim por diante.
- Quaisquer outros scripts usados para gerenciar a infraestrutura.

Esses arquivos sob controle de versão são, assim como o código, a entrada do pipeline de implantação. O trabalho do pipeline de implantação, no caso de mudanças estruturais é triplo. Primeiro, ela deve verificar que a aplicação funciona com as mudanças de infraestrutura antes de permitir que elas sejam implantadas em algum ambiente de produção, garantindo que cada teste funcional e não funcional da aplicação afetada continua funcionando sob a nova infraestrutura. Segundo, ela deve ser usada para enviar as mudanças para ambientes de teste e produção gerenciados pela equipe de operações. Finalmente, o pipeline deve rodar testes de implantação para garantir que a nova configuração de infraestrutura foi implantada corretamente.

Voltando à Figura 11.1, vale observar que os scripts e ferramentas usados para implantar e configurar aplicações, serviços e componentes geralmente são distintos dos usados para provisionar e gerenciar o restante da infraestrutura. Algumas vezes, o processo criado para a implantação de aplicações também implanta e configura o middleware. Esses processos de implantação são criados pela equipe de desenvolvimento, mas obviamente têm dependências explícitas quanto ao restante de infraestrutura existente.

Uma consideração importante ao se lidar com infraestrutura é até que ponto ela é compartilhada. Se um determinado elemento de configuração de infraestrutura só é relevante para uma aplicação específica, então ela deve ser parte do pipeline de implantação da aplicação e não deve ter um ciclo de vida separado. Entretanto, se há infraestrutura compartilhada entre aplicações, então você tem um problema de gerenciamento de dependências entre as aplicações e versões da infraestrutura da qual dependem. Isso significa que é preciso registrar qual versão da infraestrutura cada versão da aplicação requer. Você precisa de um pipeline separado para fazer mudanças na infraestrutura, garantindo que mudanças que afetem várias aplicações se movam por um processo de entrega que obedece a regras de dependência.

Como controlar o acesso à infraestrutura

Se sua organização é pequena ou nova, você pode se dar ao luxo de criar uma estratégia de gerência de configuração para toda a infraestrutura. Se tem um sistema existente que não está sob um bom controle, precisará trabalhar para que ele chegue a esse ponto. Há três partes nesse trabalho:

- Controlar o acesso para evitar que alguém faça alguma mudança sem aprovação.
- Definir um processo automatizado de mudanças para a infraestrutura.
- Monitorar a infraestrutura para detectar quaisquer problemas assim que ocorrerem.

Apesar de em geral não gostarmos de travar as coisas e estabelecer um processo de aprovação, quando se trata de infraestrutura de produção isso é essencial. Uma consequência disso é que, já que acreditamos que você deve tratar seus ambientes de teste da mesma forma como seus ambientes de produção, o processo deve ser o mesmo para ambos.

É essencial impedir o acesso ao ambiente de produção para evitar acesso não autorizado, não só de pessoas de fora da organização, mas também de pessoas de dentro dela – incluindo a equipe de operações. Caso contrário, é muito tentador, quando algo dá errado, entrar no servidor e mexer diretamente na configuração para resolver problemas (um processo algumas vezes chamado de heurística de resolução de problemas). Isso quase sempre é uma péssima ideia por duas razões. Primeiro, geralmente leva a interrupções no serviço (as pessoas tendem a reiniciar a máquina ou aplicar pacotes de serviços – *service packs* – ao acaso). Segundo, se algo dá errado depois, não há registro do que foi feito, quando e por quem, o que significa que é impossível descobrir a causa do problema em questão. Nessa situação, talvez seja melhor recriar o ambiente do zero, de modo que ele chegue a um estado conhecido.

Se a infraestrutura não puder ser recriada do zero por meio de um processo automatizado, a primeira coisa que você precisa fazer é implementar controle de acesso, para que nenhuma mudança possa ser feita sem um processo de aprovação. O livro *Visible Ops Handbook* chama isso de "estabilizar o paciente". Isso sem dúvida causará bastante irritação, mas é um pré-requisito para o próximo passo: criar um processo automatizado para gerenciar infraestrutura. Sem limitar o acesso, a equipe de operações perderá muito tempo lidando com mudanças não planejadas que quebram as coisas. Uma boa maneira de manter as expectativas de quando o trabalho será feito e de limitar o acesso é criar janelas de manutenção.

Requisições para mudanças em ambientes de produção e teste devem passar por um processo de gerência de mudança. Isso não precisa ser burocrático: como mencionado em *The Visible Ops Handbook*, muitas das organizações que têm os melhores números para MTBF (*Mean Time Between Failures*, ou tempo médio entre falhas) e MTTR (*Mean Time to Repair*, ou tempo médio entre reparos) "[fazem] entre 1000-1500 mudanças por semana, com uma taxa de sucesso de 99%".

Entretanto, a aprovação para mudanças em ambientes de teste deve ser mais fácil de obter do que para mudanças em produção. Muitas vezes, mudanças em produção precisam ser aprovadas pelos chefes de departamento ou pelo CTO (dependendo do tamanho da organização e seu ambiente regulatório). A maioria dos CTOs, entretanto, ficaria irritada se precisasse aprovar mudanças para o ambiente de UAT. O que deve ser mantido é o processo, que deve ser o mesmo para os dois ambientes.

Como fazer mudanças na infraestrutura

Obviamente, algumas vezes é necessário fazer mudanças na infraestrutura. Há algumas características essenciais em um processo eficaz de gerência de mudança:

- Todas as mudanças, sejam para atualizar as regras do firewall ou para instalar uma nova versão do produto principal, devem passar pela gerência de mudança.
- Esse processo deve ser gerenciado usando um sistema simples de chamados no qual todos podem entrar e que gera métricas úteis como o tempo médio de ciclo por mudança.
- A mudança exata que foi feita deve ser registrada em logs que podem ser facilmente auditados.
- Deve ser possível ver um histórico das mudanças feitas em cada ambiente, inclusive implantações.
- A mudança que você quer fazer deve ser testada primeiro em um dos ambientes de testes similares a produção, e testes automatizados devem ser rodados para garantir que não quebra qualquer das aplicações que usam o ambiente.
- A mudança deve ser feita no controle de versão e aplicada por meio de processos automatizados de mudanças de infraestrutura.
- Deve haver um teste para garantir que a mudança funcionou.

Criar um processo automatizado para mudanças de infraestrutura por meio do controle de versão é o núcleo de uma boa gerência de mudança. A maneira mais eficaz de fazer isso é exigir que todas as mudanças sejam feitas nos ambientes por um sistema central. Use um ambiente de teste para descobrir as mudanças que precisam ser feitas, teste em um novo ambiente similar ao de produção, coloque na gerência de configuração para que novas compilações a incorporem, aprove-a e então use o sistema automatizado para aplicar as mudanças. Muitas empresas construíram suas próprias soluções para o problema, mas se você não tem uma solução pronta, pode usar uma ferramenta de automação de datacenters como Puppet, CfEngine, BladeLogic, Tivoli ou HP Operations Center.

A melhor maneira de garantir auditabilidade é fazer com que todas as mudanças sejam aplicadas por processos automatizados que podem ser referenciados depois, caso alguém precise descobrir exatamente o que foi feito. Em geral, preferimos automação em vez de documentação por essa razão. Documentação escrita nunca é uma garantia de que a mudança documentada foi feita corretamente, a as diferenças entre o que alguém diz que fez e o que realmente fez pode causar problemas que demoram horas para ser identificados.

Gerência do provisionamento e da configuração de servidor

O provisionamento e a configuração de servidores muitas vezes nem são considerados importantes em diversas operações de pequeno e médio porte, simplesmente porque parecem complicados. A experiência de quase todo mundo em configurar um servidor vem de tomar uma mídia de instalação, colocá-la no computador, fazer uma instalação iterativa e seguir com um processo não controlado de gerência de configuração. Entretanto, isso rapidamente leva a servidores que são "obras de arte", o que gera comportamento inconsistente entre servidores e sistemas que não podem ser recriados facilmente no caso de uma falha. Além disso, o provisionamento de novos servidores tende a ser um processo manual, repetitivo, intensivo em termos de recursos e passível de muitos erros – exatamente o tipo de problema que pode ser resolvido com automação.

Em alto nível, provisionar servidores – para ambientes de teste ou de produção – começa quando a nova máquina é colocada em um datacenter e ligada à alimentação e rede. Uma vez que isso foi feito, praticamente todo o restante do seu ciclo de vida, inclusive ligá-la pela primeira vez, pode ser feito remotamente por meio de automação. Você pode usar sistemas de gerenciamento *out-of-band* como IPMI ou LOM para ligar a máquina (como descrito abaixo) e usar um boot remoto para instalar um sistema operacional usando PXE (como descrito abaixo), o que deve incluir um agente para sua ferramenta de gestão de datacenters. Essa ferramenta de gestão (Puppet no diagrama abaixo) é responsável pela configuração a partir disso. Esse processo inteiramente automatizado é mostrado na Figura 11.2.

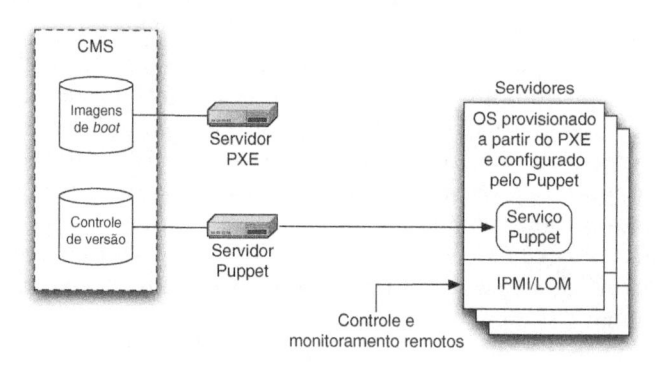

Figura 11.2 *Provisionamento e configuração automatizados de servidores.*

Como provisionar servidores

Há várias maneiras de criar baselines de sistemas operacionais:

- Manualmente
- Instalação remota automatizada
- Virtualização

Não consideraremos processos manuais, exceto para dizer que não podem ser repetidos de forma confiável e, por isso, não escalam. Entretanto, essa é a forma como muitas equipes de desenvolvimento gerenciam seus ambientes. Muitas vezes as estações de trabalho e mesmo os ambientes de integração contínua geridos pela equipe são obras de arte que acumularam lixo ao longo do tempo. Esses ambientes não têm qualquer relação com os ambientes em que a aplicação será instalada. Isso pode ser uma grande fonte de ineficiência. Esses ambientes realmente devem ser gerenciados da mesma forma como os ambientes de teste e produção.

Virtualização é uma forma de criar baselines de sistemas operacionais e gerenciar ambientes que será considerada mais tarde, na seção "Virtualização", na página 305.

Instalação remota automatizada é a melhor opção para configurar uma máquina recém adicionada (mesmo se você planeja usá-la mais tarde como um *host* para virtualização). Comece usando PXE (*Preboot eXecution Environment*) ou Windows Deployment Services.

PXE é um padrão para fazer o boot de máquinas sobre Ethernet. Quando você escolhe boot via rede em sua BIOS, o que realmente está acontecendo é que o PXE está sendo usado. O protocolo usa uma versão modificada de DHCP para encontrar servidores que oferecem imagens das quais o boot pode ser feito. Quando o usuário seleciona a imagem desejada, o cliente carrega a imagem em RAM usando TFTP. O servidor padrão DHCP do Internet Services Consortium, dhcpd, que vem com todas as distribuições Linux, pode ser configurado para fornecer o serviço de PXE. Ele também permite que você (se estiver rodando uma máquina com RedHat) crie novas máquinas virtuais com sua imagem escolhida. Há também um plugin para o Hudson, que adiciona serviços PXE a ele. Além disso, BladeLogic da BMC inclui um servidor PXE.

Quase todas as distribuições baseadas em UNIX possuem imagens que podem ser usadas com PXE. Obviamente, você também pode criar imagens customizadas – os gerenciadores de pacotes para RedHat e Debian permitem que você salve o estado de um sistema instalado em um arquivo que pode ser usado para inicializar outros sistemas.

Uma vez que o sistema base seja provisionado, você precisará configurá-lo. Para fazer isso, pode usar o processo automatizado sem intervenção humana que é fornecido pelo próprio sistema operacional: Kickstart, da RedHat; Preseed, da Debian; ou Jumpstart, da Solaris. Eles podem ser usados para atividades pós-instalação, como instalar patches do sistema operacional e decidir quais serviços rodar. O próximo passo depois da instalação é configurar um agente para o sistema de gerência de infraestrutura e fazer todas as mudanças de configuração com ele.

O análogo Windows do PXE é chamado de Windows Deployment Services – e, na verdade, ele usa o PXE. O WDS vem com o Windows Server 2008 Enterprise Edition, e também pode ser instalado no Windows Server 2003. Pode ser usado para fazer o boot de versões do Windows a partir do 2000 (não incluindo ME) – embora as coisas tenham melhorado bastante depois do Vista. Para usar o WDS, você precisa de um domínio do ActiveDirectory, um servidor DHCP e um servidor DNS. Você pode então instalar (se necessário) e habilitar o WDS. Para configurar um perfil para boot no WDS, você precisa de uma imagem de boot e uma imagem de instalação. A imagem de boot é carregada em RAM pelo PXE – no caso do Windows, por um software chamado de WinPE (*Windows Preinstallation Environment*), que é o que você roda quando instala o Windows Vista e versões mais recentes do Windows a partir de um DVD. A imagem de instalação é a imagem real completa que a imagem de boot carrega na máquina. Do Vista em diante, as duas imagens estão disponíveis no diretório Sources do DVD de instalação como BOOT.WIM e INSTAL.WIM. Com esses dois arquivos, o WDS pode fazer todas as configurações necessárias para que elas estejam disponíveis via rede para boot.

Você também pode criar imagens customizadas com o WDS. Isso é mais fácil com o Microsoft Hyper-V, como descrito por Ben Armstrong [9EQDL4]. Simplesmente comece com uma máquina virtual com base no sistema operacional do qual quer extrair uma imagem. Configure conforme necessário, rode o Sysprep nela e use o ImageX para transformar a imagem em um arquivo WIM que pode ser registrado com o WDS.

Gerência contínua de servidores

Uma vez que o sistema operacional esteja instalado, você precisa garantir que a configuração não mudará de maneira não controlada. Isso significa garantir primeiramente que ninguém consegue fazer o login nas máquinas, exceto a equipe de operações, e depois que quaisquer mudanças sejam feitas por um processo automatizado. Isso inclui a instalação de pacotes de serviços, atualizações, instalação de software, mudanças de configuração ou implantações.

O objetivo do processo de gerência de configuração é garantir que a gerência de configuração é declarativa e idempotente – o que quer dizer que você configura o estado desejado da infraestrutura e um sistema garante que a configuração seja aplicada de modo que, seja qual for o estado inicial da infraestrutura, o resultado final seja o mesmo, ainda que a mesma configuração seja reaplicada. Isso é possível tanto em Windows como em UNIX.

Quando esse sistema estiver funcional, é possível gerenciar todos os ambientes de teste e produção dentro da infraestrutura de um sistema central e versionado de gerência de configuração. Você obterá os seguintes benefícios:

- Terá consistência em todos os ambientes.

- Poderá facilmente provisionar novos ambientes que têm a mesma configuração de ambientes existentes – por exemplo, criar novos ambientes de homologação que têm a mesma configuração dos de produção.
- Se acontecer uma falha de hardware em alguma das máquinas, poderá instalar e configurar uma máquina idêntica à anterior usando um processo completamente automatizado.

> **Configuração incorreta equivale a depuração no dia da implantação**
>
> Em um de nossos projetos, uma das implantações em produção falhou misteriosamente. O script de implantação simplesmente travou. Rastreamos o problema e identificamos que os servidores de produção usavam sh como *shell* e os servidores de homologação usavam bash. Isso significava que, quando tentávamos executar um *detach* de um processo no servidor de produção, não funcionava. Esse não foi um problema difícil de resolver, mas foi somente essa intuição que impediu que revertêssemos a implantação. Tais diferenças sutis podem ser muito mais complicadas de identificar; gerência abrangente de configuração é essencial.

No Windows, a Microsoft fornece (além do Windows Deployment Service) uma solução para gerenciar infraestrutura Microsoft: o System Center Configuration Manager. O SCCM usa o Active Directory e o Windows Software Update Services para gerenciar configuração de sistema operacional, incluindo atualizações e configuração em cada máquina de sua empresa. Você também pode implantar aplicações usando o SCCM. Além disso, o SCCM também conversa com as tecnologias de virtualização da Microsoft, permitindo que você gerencie servidores virtuais da mesma forma como gerencia os físicos. Controle de acesso pode ser feito com Group Policy, que se integra com o ActiveDirectory e vem com todos os servidores Microsoft desde o Windows 2000.

Em UNIX, LDAP associado com as ferramentas de controle UNIX de costume pode ser usado para controlar o que fazer em cada máquina. Há várias soluções para gerenciar configuração de sistemas operacionais, incluindo quais softwares de atualização são instalados. As ferramentas mais populares provavelmente são CfEngine, Puppet e Chef, embora existam várias outras ferramentas similares, como Bcfg2 e LCFG [9bhX9H]. No momento em que escrevemos isto, a única ferramenta similar para o Windows é o WPKG, que não oferece suporte para plataformas UNIX. Entretanto, suporte ao Windows está sendo embutido tanto no Puppet quanto no Chef. Vale também mencionar o fantástico Marionette Collective (mcollective), uma ferramenta que usa um serviço de mensagens para gerenciar grandes quantidades de servidores. Ele oferece vários plugins para controle remoto de outros serviços, e pode se comunicar com Puppet e Facter.

Alternativamente, como você deve imaginar, há várias ferramentas comerciais, caras e poderosas que pode usar para gerenciar sua infraestrutura. Além da Microsoft, os principais fornecedores são BMC, com suas ferramentas BladeLogic; IBM, com Tivoli; e HP, com as ferramentas Operations Center.

Todas essas ferramentas – sejam abertas ou não – operam de maneira similar. Você pode especificar qual estado deseja para suas máquinas, e a ferramenta garante que a infraestrutura chegue nesse estado. Isso é feito com agentes que rodam em cada máquina e que recebem informações sobre a configuração e alteram o estado das máquinas para sincronizar com essas informações, instalando software e mudando arquivos de configuração. A característica principal desses sistemas é que eles forçam idempotência – isto é, independentemente do estado da máquina quando o agente começar seu trabalho, e de quantas vezes a configuração for aplicada, a máquina sempre terminará no estado desejado. Resumindo, você simplesmente pode especificar o estado final desejado, rodar a ferramenta, e ela continuamente fará os ajustes necessários. Isso nos leva ao objetivo maior de tornar a infraestrutura autônoma – em outras palavras, capaz de autocorreção.

> Você precisa conseguir pegar um conjunto limpo de servidores e implantar tudo neles a partir do zero. De fato, uma excelente maneira de acrescentar automação ou virtualização em sua estratégia de compilação, implantação, testes e entrega é torná-la um teste do processo de provisionamento. Uma boa pergunta a ser feita e testada é quanto tempo demoraria para provisionar uma nova cópia do ambiente de produção caso ele falhasse de forma catastrófica?

No caso da maioria das ferramentas abertas, a informação de configuração de um ambiente é armazenada em arquivos texto que podem ser mantidos sob controle de versão. Isso significa que a configuração é autodocumentada – você simplesmente pode verificar seu estado atual no sistema de controle de versão. Ferramentas comerciais tipicamente incluem bancos de dados para gerenciar a informação de configuração e UIs clicáveis para editá-la.

Discutiremos mais detalhadamente o Puppet, pois ele é um dos mais populares sistemas abertos disponíveis (juntamente a CfEngine e Chef). Os princípios subjacentes são os mesmos para qualquer ferramenta. O Puppet gerencia a configuração por meio de uma DLS externa declarativa voltada para informação de configuração. Isso permite que configurações complexas, que abrangem empresas inteiras com padrões comuns, possam ser extraídas em módulos que podem ser compartilhados. Isso evita duplicação de informação.

A configuração pelo Puppet é gerenciada por um servidor central. Esse servidor roda o processo primário do Puppet (puppetmasterd), que controla uma lista de máquinas. Cada máquina controlada roda um agente do Puppet (puppetd). Esses agentes se comunicam com o servidor para garantir que os servidores sob controle de Puppet estão sincronizados com a versão mais recente da configuração.

Mudanças guiadas por testes em seus ambientes

Matthias Marschall descreve como fazer mudanças em seus ambientes usando uma abordagem guiada por testes [9e23My]. A ideia é a seguinte:

> 1. No sistema de monitoramento, crie um serviço que monitore o problema que está tentando resolver e garanta que ele aparece como vermelho no local usado para verificá-lo.
> 2. Implemente a mudança de configuração e deixe que o Puppet se encarregue de propagá-la.
> 3. Uma vez que o serviço apareça como verde, deixe que o Puppet faça a mudança em produção.

Quando a configuração mudar, o Puppetmaster propagará a mudança para todos os clientes que precisam ser atualizados, e irá instalar e configurar o novo software, e reiniciar os servidores se for necessário. A configuração é declarativa e descreve o estado desejado final de cada servidor. Isso significa que eles podem ser configurados de qualquer estado inicial, incluindo uma cópia nova da VM ou uma máquina recentemente provisionada.

> **Uma abordagem automatizada para provisionamento**
>
> O poder dessa abordagem deve ficar óbvio por meio de um exemplo.
>
> Ajey mantém diversos servidores para uma consultoria global de TI. Esses servidores estão localizados em salas de servidores em Bangalore, Pequim, Sydney, Chicago e Londres.
>
> Ele faz o login em um sistema de gerência de mudança e vê que há uma requisição para um novo ambiente de UAT por parte de uma das equipes de projeto. Eles estão começando o processo de UAT para a versão mais recente do software e querem continuar desenvolvendo novas funcionalidades no branch principal. O novo ambiente requer três máquinas, e Ajey rapidamente localiza três máquinas com as especificações requisitadas. Já que o projeto possui um ambiente de teste, ele simplesmente reutiliza as definições desse ambiente.
>
> Ele adiciona três linhas na definição do Puppet e faz um check-in no sistema de controle de versão. O servidor principal do Puppet recebe as mudanças e configura as máquinas, enviando um e-mail para Ajey quando a configuração terminar. Ajey fecha o chamado e adiciona os nomes das máquinas e seus IPs como um comentário. O sistema de chamados envia um e-mail para a equipe, informando que os ambientes estão prontos.

Vamos usar a instalação do Postfix como um exemplo de como usar o Puppet. Queremos escrever um módulo definindo que queremos usar o Postfix como o servidor de e-mail. Módulos consistem em manifestos e podem incluir templates e outros arquivos. Vamos criar um novo módulo chamado de postfix com nosso manifesto, que definirá como o Postfix será instalado. Isso significa criar um diretório chamado de postfix/manifest sob o diretório raiz dos módulos (/etc/puppet/modules) e criar um manifesto em um arquivo chamado de init.pp:

```
# /etc/puppet/modules/postfix/manifests/init.pp
class postfix {

  package { postfix: ensure => installed }
  service { postfix: ensure => running, enable => true }

  file { "/etc/postfix/main.cf":
    content => template("postfix/main.cf.erb"),
    mode => 755,
  }
}
```

Esse arquivo define uma classe que descreve como instalar o Postfix. A declaração package garante que o pacote será instalado. O Puppet consegue usar todos os sistemas mais populares de empacotamento, incluindo Yum, Aptitude, RPM, Dpkg, Sun Package Manager, Ruby Gems e *ports* do BSD ou Darwin. A declaração service garante que o serviço do Postfix será habilitado e inicializado. A declaração file cria o arquivo /etc/postfix/main.cf na máquina, usando um template ERB. O template está no diretório /etc/puppet/modules/[module]/templates no sistema de arquivos do Puppet, de modo que você precisa criar um arquivo main.cf.erb no diretório /etc/puppet/modules/postfix/templates.

A definição de qual manifesto será aplicado em que máquina é definida no arquivo principal site.pp do Puppet:

```
# /etc/puppet/manifests/site.pp
  node default {
    package { tzdata: ensure => installed }
    file { "/etc/localtime":
      ensure => "file:///usr/share/zoneinfo/US/Pacific"
    }
  }

  node 'smtp.thoughtworks.com' {
    include postfix
  }
```

Nesse arquivo, configuramos o Puppet para que ele aplique o manifesto do Postfix na máquina smtp.thoughtworks.com. Há também uma definição para o nodo padrão, que é aplicada a qualquer máquina em que o agente esteja instalado. Usamos essa definição para garantir que todas as máquinas tenham o fuso horário configurado para o horário do Pacífico (a sintaxe usada cria um link simbólico).

A seguir está um exemplo mais avançado. Em muitas organizações, faz sentido empacotar aplicações e armazená-las em um repositório de pacotes da própria organização. Entretanto, você não quer configurar cada servidor para usar esse repositório manualmente. Nesse exemplo, configuramos o Puppet para adicionar o repositório Apt apropriado com as chaves GPG corretas em todas as máquinas e uma tarefa no cron para rodar uma atualização todas as noites, à meia-noite.

```
# /etc/puppet/modules/apt/manifests/init.pp
class apt {
  if ($operatingsystem == "Debian") {
    file { "/etc/apt/sources.list.d/custom-repository":
      source => "puppet:///apt/custom-repository",
      ensure => present,
    }
    cron { apt-update:
      command => "/usr/bin/apt-get update",
      user => root,
      hour => 0,
      minute => 0,
    }
  }
}
define apt::key(keyid) {
  file { "/root/$name-gpgkey":
    source => "puppet:///apt/$name-gpgkey"
  }

  exec { "Import $keyid to apt keystore":
    path => "/bin:/usr/bin",
    environment => "HOME=/root",
    command => "apt-key add /root/$name-gpgkey",
    user => "root",
     group => "root",
    unless => "apt-key list | grep $keyid",
  }
}
```

A classe principal apt, antes de tudo, verifica se o nó em que o manifesto está sendo aplicado está rodando o Debian. Esse é um exemplo do uso de um fato sobre o cliente – a variável $operatingsystem é um dos vários fatos que são automaticamente predefinidos baseados no que o Puppet conhece sobre o cliente. Rodamos facter na linha de comando para listar todos os fatos conhecidos pelo Puppet. Copiamos então o repositório de arquivos customizado para o local correto na máquina e adicionamos uma nova configuração no cron do usuário root para rodar uma atualização via apt-get todas as noites. Ações realizadas pelo crontab são idempotentes – isto é, a configuração não será recriada se já existe. A definição apt::key copia a chave GPG do servidor de arquivos do Puppet e roda o comando add do apt-key sobre ela. Garantimos idempotência dizendo ao comando para não rodar se o serviço Apt já conhece a chave (isso está na linha unless).

Você precisa garantir que os arquivos custom-repository, que definem o repositório customizado Apt, e custom-repository-gpgkey, que contêm a chave GPG para ele, estão no diretório /etc/puppet/modules/apt/files no servidor central do Puppet. Então, inclua as seguintes definições, usando a chave correta:

```
# /etc/puppet/manifests/site.pp

node default {
  apt::key { custom-repository: keyid => "<KEY_ID>" }
  include apt
}
```

Note que o Puppet foi projetado para trabalhar com um controle de versão: tudo dentro de /etc/puppet deve ser mantido sob controle de versão e alterado somente por controle de versão.

Gerência da configuração de middleware

Se a configuração do sistema operacional já está sendo gerenciada de maneira apropriada, você precisa pensar sobre o gerenciamento do middleware que está instalado nele. Middleware – servidores, sistemas de mensagens ou software comercial – pode ser decomposto em três partes: binários, configurações e dados. Os três possuem ciclos de vidas diferentes, e é importante tratá-los independentemente.

Como gerenciar configuração

Esquemas de bancos de dados, arquivos de configuração de servidores Web, informação de configuração de servidores de aplicação, configurações de serviços de mensagens e todos os outros aspectos dos sistemas que precisam ser mudados para que seu sistema funcione devem existir dentro de um sistema de controle de versão.

Para a maioria dos sistemas, a distinção entre o sistema operacional e middleware é pouco definida. Se você está usando ferramental de código aberto no Linux, por exemplo, quase todo o middleware que você precisa usar pode ser gerenciado da mesma forma como o sistema operacional, usando Puppet ou outra ferramenta similar. Nesse caso, você não precisa de nada especial para gerenciar seu middleware. Simplesmente siga o mesmo modelo usado do exemplo do Postfix na seção anterior: configure o Puppet para garantir que os pacotes corretos estão instalados e atualize a configuração de templates versionada no servidor central do Puppet. Operações como adicionar novos sites e novos componentes podem ser feitas da mesma maneira. Em contexto Microsoft, você pode usar o SCCM ou uma ferramenta comercial como BladeLogic ou Operations Center.

Se o middleware não é parte dos pacotes que o sistema operacional instala, a segunda melhor opção é empacotá-los usando o sistema de gerenciamento de pacotes do sistema operacional que você usa e colocar esse pacote no repositório interno de sua organização. Você pode usar o mesmo modelo descrito anteriormente.

Entretanto, normalmente há algumas partes da configuração de middleware que não podem ser feitas dessa maneira – geralmente aquelas que não podem ser usadas com *scripting* ou instalação silenciosa. Discutiremos esse cenário na seção seguinte.

> **Usando gerência de configuração com middlewares recalcitrantes**
>
> Um grande projeto em que trabalhamos tinha muitos ambientes diferentes de teste e produção. Nossa aplicação era hospedada por um conhecido servidor de aplicações Java. Cada servidor era configurado manualmente usando o console administrativo fornecido por esse servidor de aplicações. Cada um era diferente.
>
> Tínhamos uma equipe dedicada a manter a configuração. Quando precisávamos instalar a aplicação em um novo ambiente, era necessário bastante planejamento para garantir que o hardware estava pronto e que o sistema operacional estava configurado, para então instalar o servidor de aplicações, configurá-lo e implantar a aplicação, e finalmente testá-la para garantir que estava funcionando.
>
> Tentamos detalhar os passos manuais em nossos documentos, e gastamos bastante tempo para capturar e registrar a configuração ideal, mas ainda assim pequenas diferenças acabavam se acumulando. Geralmente tínhamos defeitos em um ambiente que não conseguíamos reproduzir em outros. Ainda não sabemos por que, em alguns casos.
>
> Para resolver o problema, pegamos o diretório de instalação no servidor e o colocamos sob controle de versão. Então escrevemos um script que obtinha os arquivos do controle de versão e simplesmente o copiava remotamente para o local correto no ambiente escolhido.
>
> Também anotamos onde a configuração era armazenada. Criamos um diretório em um sistema separado de controle de versão para cada ambiente em que tínhamos de instalar. No diretório para cada ambiente, colocamos o arquivo de configuração relevante para o ambiente.
>
> Nosso processo automatizado de implantação rodava o script que instalava os binários do servidor de aplicações, fazia o check-out dos arquivos relevantes de configuração do ambiente no qual estávamos implantando e copiava-os para o local correto no sistema de arquivos. O processo se tornou uma maneira mais robusta e confiável, além de poder ser facilmente repetido, de configurar os servidores de aplicação para nossas implantações.

O projeto que descrevemos na seção anterior terminou há alguns anos. Se estivéssemos começando agora, tomaríamos um cuidado muito maior desde o começo para gerenciar a informação de configuração associada com os vários ambientes de teste e produção. Também faríamos o trabalho inicial no começo do projeto para eliminar passos manuais nesse processo sempre que possível e poupar bastante trabalho a todos.

A informação de configuração associada com aplicações de middleware é tão parte do sistema quanto os programas associados com sua linguagem de programação favorita. A maioria das aplicações de middleware modernas pode ser configurada por meio de algum processo envolvendo scripts: arquivos de configuração XML são comuns e algumas possuem ferramentas de linha de comando que podem ser usadas por scripts. Aprenda e utilize essas funcionalidades. Use controle de versão para os arquivos que você criar da mesma forma como usa para o restante do código.

Se você puder escolher, selecione aplicações de middleware com essas características. Em nossa experiência, isso é mais importante do que a ferramenta mais atrativa de administração ou mesmo os níveis mais recentes de conformidade.

Infelizmente, há muitos produtos de middleware (geralmente bem caros) que, embora tenham o objetivo de fornecer "serviços adequados a empresas", falham completamente em facilitar sua implantação e configuração. Em nossa experiência, o sucesso de um projeto pode muitas vezes depender de sua facilidade de implantação de maneira confiável.

Acreditamos que nenhuma tecnologia pode ser considerada adequada para empresas a menos que seja capaz de ser implantada e configurada de maneira automatizada. Se você não consegue manter informação vital de configuração sob controle de versão e gerenciar mudanças de maneira controlada, a tecnologia se tornará um obstáculo à entrega de resultados de alta qualidade. Já fomos muitas vezes prejudicados por isso no passado.

> Quando você precisa corrigir uma falha crítica em produção às duas horas da manhã é muito fácil cometer um erro ao fazer uma mudança em uma ferramenta de configuração baseada em uma GUI. É nesses momentos que um procedimento automatizado pode salvá-lo.

Geralmente, ferramentas de código aberto e componentes lideram em termos de configurações por scripts. O resultado é que soluções de código aberto para problemas de infraestrutura são mais fáceis de gerenciar e integrar. Para desapontamento de todos, algumas áreas de indústria de software têm uma visão completamente diferente. Muitas vezes nos pedem para trabalhar em projetos em que não temos livre escolha da tecnologia. Sendo assim, quais são as estratégias a serem usadas quando você precisa enfrentar um sistema monolítico no meio de seu belo processo modular, configurável, versionado e automatizado de compilação e implantação?

Pesquise o produto

Quando você está procurando por uma solução de baixo custo e baixa energia, o ponto de partida óbvio é ter certeza absoluta de que o produto em questão não tem uma opção de configuração automatizada pouco conhecida. Leia a documentação cuidadosamente, procurando em especial por tais opções, faça pesquisas na Web em busca de conselhos, converse com o suporte do produto, verifique em fóruns e grupos. Em resumo, tenha certeza de que não há uma opção melhor antes de se focar em uma das estratégias descritas abaixo.

Estranhamente, descobrimos que a rota de suporte a produtos é supreendentemente pouco útil. Afinal, tudo o que estamos pedindo é a capacidade de versionar o trabalho que investimos no produto. Nossa resposta favorita de um fornecedor de grande porte foi: "Ah, sim, adicionaremos suporte ao nosso próprio sistema de controle de versão na versão depois da próxima". Mesmo se tivessem feito isso, e mesmo se obter a capacidade um ou dois anos depois pudesse fazer alguma diferença no projeto em que estávamos trabalhando na época, integrar com um sistema pobre e proprietário de controle de versão não teria nos ajudado a gerenciar um conjunto de configurações consistente.

Examine como o middleware lida com estado

Se você tem certeza de que seu middleware não suporta qualquer forma de configuração automatizada, o próximo passo é ver se você consegue pular essa limitação versionando o armazenamento dessa configuração. Muitos produtos atualmente usam arquivos XML para armazenar sua informação de configuração. Tais arquivos funcionam muito bem com sistemas de controle de versão modernos e apresentam poucos problemas. Se o seu sistema de terceiros armazena seu estado em arquivos binários, considere versionar esses binários. Eles mudam frequentemente à medida que o desenvolvimento avança.

Na maioria dos casos, quando arquivos texto de qualquer tipo são usados para suprir a informação de configuração, a principal questão é descobrir quando e como o produto lê as informações relevantes. Em alguns casos passíveis de automação, simplesmente copiar as novas versões para o local correto será suficiente. Se isso funcionar, você pode ir adiante e separar os binários do produto de sua configuração. Nesse caso, é necessário fazer uma engenharia reversa do processo de instalação e, essencialmente, escrever seu próprio instalador. Você precisará descobrir onde a aplicação instala seus binários e bibliotecas.

Nesse caso, você tem duas opções. A mais simples é armazenar os binários no controle de versão com um script que os instala para o ambiente em questão. A outra opção é escrever seu próprio instalador (ou um pacote como RPM, se estiver usando uma distribuição Linux derivada do RedHat, por exemplo). Criar arquivos RPM (ou outros instaladores) não é difícil e pode valer a pena, dependendo das circunstâncias. Você pode então implantar o produto no novo ambiente usando os instaladores e aplicar a configuração a partir do sistema de controle de versão.

Alguns produtos usam bancos de dados para armazenar configuração. Tais produtos geralmente possuem ferramentas administrativas sofisticadas que escondem as complexidades da informação que armazenam. Esses produtos criam dificuldades específicas para ambientes de gerência automatizada. Você basicamente precisa tratar o banco de dados como um *blob*. Entretanto, no mínimo o fornecedor deveria fornecer informações sobre como fazer backups e restaurar o banco de dados. Se esse for o caso, você deve usar um processo automatizado para isso. Pode ser possível usar o backup e descobrir como ele manipula seus dados, e restaurá-lo com suas mudanças.

Procure por uma API de configuração

Muitos produtos da classe que discutimos aqui suportam interfaces de programação de uma forma ou de outra. Alguns permitem que você configure o sistema o suficiente para suprir suas necessidades. Uma estratégia é definir um arquivo simples de configuração para o sistema em que você está trabalhando. Crie tarefas que interpretam esses scripts e usam a API para configurar o sistema. Essa estratégia de "inventar sua própria" configuração deixa a gerência da configuração em suas mãos – e permite que você versione os arquivos de configuração e automatize seu uso. O IIS, da Microsoft, é um sistema em que usamos essa abordagem no passado, usando sua metabase XML. Entretanto, novas versões do IIS permitem o uso de scripts via PowerShell.

Use uma tecnologia melhor

Teoricamente, você poderia tentar outras abordagens – por exemplo, criar sua própria informação de configuração que possa ser facilmente versionada e escrever código para mapeá-la para a configuração original do produto usando quaisquer métodos disponíveis, como gravar e rodar interações do usuário com a interface de administração ou fazer engenharia reversa da estrutura de banco de dados. Na realidade, ainda não chegamos a esse ponto. Chegamos perto algumas vezes, mas então encontramos APIs que nos permitiram fazer o que era necessário.

Embora seja possível fazer engenharia reversa de arquivos binários e mesmo de esquemas de banco de dados para produtos de infraestrutura, você deve verificar se, ao fazer isso, não está violando a licença de usuário. Se chegar a esse extremo, vale a pena perguntar ao fornecedor se ele pode ajudar, talvez se oferecendo para compartilhar alguma tecnologia que produziu e que lhes traga algum benefício em troca. Alguns fornecedores (particularmente os menores) são razoavelmente esclarecidos quanto a essas questões, e vale a pena tentar. Entretanto, muitos não estarão interessados devido à dificuldade de oferecer suporte a tal solução. Se esse for o caso, recomendamos fortemente adotar uma tecnologia alternativa que seja mais tratável.

Muitas organizações têm receio de mudar a plataforma que usam porque gastaram muito dinheiro com ela. Entretanto, esse argumento, conhecido como a falácia dos custos perdidos, não leva em conta o custo de oportunidade perdido quando se muda para uma tecnologia superior. Tente conseguir alguém em uma posição suficientemente alta, ou um auditor amigável, que entenda as ramificações financeiras da perda de eficiência que você está sofrendo e consiga que invistam em uma alternativa superior. Em um dos projetos em que trabalhamos, mantínhamos um relatório do tempo perdido com tecnologia ineficiente, que depois de um mês demonstrou o custo de lutar contra tecnologia que reduzia a velocidade de entrega.

Gerência de serviços de infraestrutura

É muito comum que problemas em serviços de infraestrutura – como roteadores, DNS ou serviços de diretório – causem problemas em softwares que estão em produção mesmo que tenham funcionado perfeitamente por toda o pipeline de implantação. Michael Nygard escreveu um artigo para a InfoQ em que ele conta a história de um sistema que falhava misteriosamente sempre na mesma hora do dia [bhc2vR]. O problema era um firewall que ignorava conexões TCP inativas depois de uma hora. Como o sistema ficava praticamente parado durante a noite, quando a atividade recomeçava pela manhã, os pacotes TCP das conexões ao banco de dados eram silenciosamente ignorados pelo firewall.

Problemas como esse acontecerão com você e, quando acontecerem, diagnosticá-los será incrivelmente difícil. Embora redes sejam uma tecnologia bem antiga, poucas pessoas conhecem em detalhes o funcionamento de um *stack* TCP/IP (e como certos elementos de infraestrutura, como firewalls, quebram as regras que regem esse *stack*), espcialmente quando várias implementações diferentes coexistem na mesma rede. Essa geralmente é a situação em ambientes de produção.

Podemos lhe dar vários conselhos:

- Cada parte da configuração de rede de sua infraestrutura, dos arquivos de zona TCP/IP ao DHCP, do firewall à configurações do roteador, dos detalhes dos servidores SMTP a todos os outros serviços dos quais sua aplicação depende, deve estar sob controle de versão. Use uma ferramenta como Puppet para aplicar as configurações ao seu sistema de modo que este se torne autônomo, e você saiba que não existe nenhuma outra forma de introduzir mudanças nos ambientes exceto mudando a configuração no controle de versão.

- Instale uma boa ferramenta de monitoramento de rede, como Nagios, OpenNMS, HP Operations Manager, ou um de seus equivalentes. Garanta que você saiba quando a conectividade falhou, e monitore cada porta em cada rota que sua aplicação usa. Esse tipo de monitoramento é discutido em mais detalhes na seção "Monitoramento de infraestrutura e aplicações", na página 319.

- Logs são seus amigos. Sua aplicação deve registrar um log no nível WARNING toda vez que uma conexão sofrer um *time-out* ou for inesperadamente fechada. Você também deve registrar no nível INFO ou, se os logs forem excessivos, no nível DEBUG, toda vez que uma conexão for fechada. Você deve registrar no nível DEBUG toda vez que uma conexão for aberta, incluindo o máximo de informação possível sobre o outro lado da conexão.

- Garanta que seus *smoke tests* verifiquem toda as conexões durante a implantação para descobrir problemas de roteamento ou conectividade.

- Garanta que a topologia de rede de seu ambiente de integração seja o mais similar possível ao de produção, incluindo os mesmos tipos de equipamentos com as mesmas conexões físicas entre eles (se possível, mesmos tipos de pinagem e mesmo tipo do cabo). Um ambiente construído assim pode servir de backup para o ambiente de produção se alguma falha ocorrer. De fato, muitas empresas têm um ambiente de homologação que serve tanto para replicar a produção – de modo que a implantação em produção possa ser testada – como para proteger o sistema principal em caso de falha. O padrão de implantação azul-verde que descrevemos na seção "Implantações azul-verde" na página 263, permite que você faça isso mesmo que tenha somente um ambiente físico de produção.

Finalmente, se algo der errado, garanta que haja ferramentas para análise forense disponíveis. Wireshark e Tcpdump são ferramentas muito úteis para visualizar os pacotes que estão passando pela rede, e filtrá-los de modo que você possa isolar exatamente os pacotes que procura. A ferramenta UNIX Lsof e suas correspondentes Handle e TCPView em Windows (parte do conjunto de ferramentas Sysinternals) também são bem úteis para ver que arquivos e conexões estão abertos em sua máquina.

Sistemas multihomed

Uma parte importante do processo de *hardening* de um sistema de produção é usar múltiplas redes isoladas para diferentes tipos de tráfego, em conjunto com servidores multihomed. Servidores desse tipo têm diversas interfaces de rede, cada uma das quais usa uma rede diferente. No mínimo, você precisa de uma rede para monitorar e administrar os servidores de produção, uma rede para rodar os backups e uma rede para os próprios dados de produção. Essa topologia é mostrada na Figura 11.3.

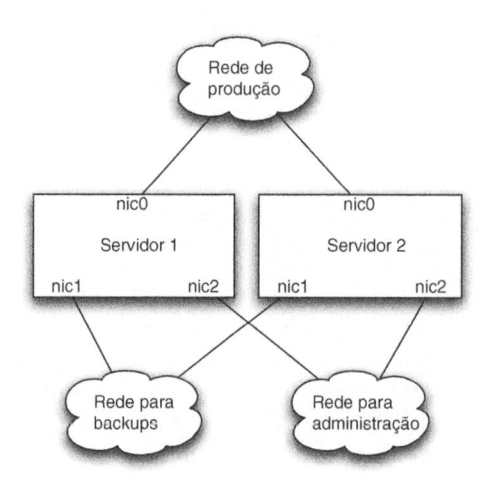

Figura 11.3 *Servidores multihomed.*

A rede de administração é fisicamente separada da rede de produção por razões de segurança. Normalmente, serviços como ssh ou SNMP necessários para controlar e monitorar os servidores de produção devem ser configurados para usar somente nic2, de modo que seja impossível acessar esses serviços da rede de produção. A rede de backup é fisicamente separada da rede de produção, de modo que os grandes volumes de dados que se movem por ela durante backups não afetem o desempenho ou a administração dos servidores. Sistemas de alta disponibilidade ou alto desempenho geralmente usam múltiplos NICs para a rede de produção, seja para garantir disponibilidade ou para serviços dedicados – por exemplo, você pode ter uma rede separada dedicada aos serviços de mensagens ou banco de dados da organização.

Primeiro, é importante garantir que cada serviço e aplicação que roda em um servidor multihomed somente use o NIC relevante. Em especial, desenvolvedores devem garantir que os endereços IP que a aplicação usa sejam configuráveis em tempo de implantação.

Segundo, toda a configuração (incluindo roteamento) de um servidor multihomed deve ser gerenciada e monitorada de forma centralizada. É muito fácil cometer um erro que exija uma visita do datacenter – como fez Jez, no começo de sua carreira, que desabilitou um NIC em produção, esquecendo que estava usando ssh e não um terminal físico. Como Nygard aponta[3], é possível cometer erros mais sérios de roteamento, como permitir tráfego de um NIC para outro em um servidor multihomed, potencialmente criando furos de segurança que podem expor dados dos usuários.

Virtualização

Já discutimos os problemas que ocorrem quando ambientes diferem porque servidores são obras de arte. Virtualização é uma forma de amplificar os benefícios das técnicas descritas até aqui, para automatizar o provisionamento de servidores e ambientes.

O que é virtualização?

De maneira geral, virtualização é uma técnica que adiciona uma camada de abstração em cima de um ou mais recursos computacionais. Entretanto, neste capítulo vamos nos concentrar em virtualização de plataformas.

Virtualização de plataforma significa simular um sistema computacional completo de modo a conseguir rodar múltiplas instâncias de um sistema operacional simultaneamente na mesma máquina. Nessa configuração, há um monitorador de máquinas virtuais (*virtual machine monitor*, ou VMM), ou hipervisor, que controla completamente os recursos físicos de hardware da máquina. Sistemas operacionais rodam em máquinas virtuais hospedeiras, gerenciados pelo VMM. Virtualização de ambiente envolve simular uma ou mais máquinas virtuais e as conexões de rede entre elas.

A técnica de virtualização foi desenvolvida originalmente pela IBM nos anos 1960 como uma alternativa à criação de sistemas operacionais multitarefa por compartilhamento de tempo. A principal aplicação de virtualização está na consolidação de servidores. De fato, houve um período em que a IBM evitou recomendar a família de VM para clientes, pois isso resultaria em queda nas vendas de hardware. Entretanto, há várias outras aplicações dessa tecnologia poderosa. Ela pode ser usada em uma grande quantidade de situações, como simular sistemas computacionais históricos em hardware moderno (uma prática comum em comunidades de *retrogaming*), como um mecanismo para garantir recuperação de desastres, ou como parte de um sistema de gerência de configuração para apoiar o desenvolvimento de software.

---

[3] Nygard, 2007, p. 222.

Aqui discutiremos o uso de virtualização de ambiente para ajudar a criar um processo controlado, confiável e passível de repetição para implantações e entregas. A virtualização pode ajudar a reduzir o tempo gasto na implantação e os riscos associados a ela de vários modos. O uso de máquinas virtuais na implantação é uma enorme ajuda para conseguir gerência de configuração eficaz vertical e horizontalmente em seus sistemas.

Em especial, o uso de virtualização traz os seguintes benefícios:

- *Resposta rápida para mudanças de requisitos.* Precisa de um novo ambiente de testes? Uma máquina virtual pode ser provisionada em segudos sem qualquer custo, ao contrário de dias ou semanas para um novo ambiente físico. Obviamente, você não pode rodar infinitos VMs em um único hospederio – mas o uso de virtualização pode, em alguma situações, dissociar a necessidade de compra de hardware do ciclo de vida dos ambientes em que rodam.

- *Consolidação.* Quando organizações ainda são imaturas, cada time provavelmente tem seus próprios ambientes de IC e de teste em máquinas físicas em suas mesas. O uso de virtualização torna fácil consolidar essa infraestrutura, de modo que ela possa ser oferecida como serviço para os times de desenvolvimento. Também é mais eficiente em termos de uso de hardware.

- *Padronização.* Diferenças funcionais entre componentes e subsistemas da aplicação não o forçam mais a manter configurações distintas de hardware, cada uma com suas especificações. Virtualização também permite que você padronize uma única configuração de hardware para ambientes físicos que rodam vários ambientes e plataformas virtuais heterogêneos.

- *Facilidade de manutenção de baselines.* Você pode manter uma biblioteca de imagens de baselines – sistemas operacionais e plataformas de aplicações – ou mesmo ambientes, e ser capaz de implantá-los em um cluster apertando um único botão.

A maior utilidade da virtualização para pipelines de entrega está na facilidade de manter e provisionar novos ambientes.

- O uso de virtualização oferece um simples mecanismo para criar baselines de ambientes nos quais seu sistema opera. Você pode criar e refinar os ambientes que hospedam sua aplicações como servidores virtuais e, quando estiver satisfeito com o resultado, salvá-los como imagens e configuração, e proceder com a criação de quantas cópias desejar, sabendo que serão clones fiéis do original.

- Já que as imagens dos servidores a partir das quais seus servidores são construídos são armazenadas como uma biblioteca e podem ser associadas com uma versão específica de sua aplicação, é fácil reverter qualquer ambiente de volta ao seu estado anterior – não somente a aplicação, mas qualquer aspecto do software que foi implantado.

- O uso de servidores virtuais como baselines torna fácil criar cópias do ambiente de produção, mesmo que ele consista em vários servidores, e reproduzi-los para fins de teste. Softwares modernos de virtualização oferecem um alto grau de flexibilidade e permitem que alguns aspectos do sistema, como a topologia de rede, sejam controlados programaticamente.

- Essa é a última parte do quebra-cabeça que permite a existência real de implantações de qualquer versão da aplicação com o apertar de um botão. Se você precisar de um novo ambiente para demonstrar as últimas funcionalidades implementadas para um cliente em potencial, pode criar um novo ambiente pela manhã, fazer a demonstração durante o almoço e removê-lo à tarde.

A virtualização também aumenta a capacidade de testar tanto requisitos funcionais como não funcionais.

- VMMs permitem o controle programático de características do sistema, como conectividade de rede. Isso torna o teste de requisitos não funcionais, como disponibilidade, muito mais simples e passível de automação. Por exemplo, é relativamente simples testar o comportamento de um cluster desconectando um ou mais dos nodos programaticamente e observar o efeito no sistema.
- O uso de virtualização também melhora a capacidade de rodar testes longos. Em vez de rodá-los em uma única máquina, você pode rodá-los em paralelo em um *grid* de VMs. Fazemos isso com frequência em nossos projetos. Em um dos maiores, isso nos permitiu reduzir o tempo de execução dos testes de 13 horas para 45 minutos.

Como gerenciar ambientes virtuais

Uma das características mais importantes de VMMs é que a máquina virtual é um único arquivo. Cada um desses arquivos é chamado de imagem de disco. A maior vantagem dessas imagens é que você pode copiá-las e versioná-las (não em um sistema de controle de versão, a não ser que seu sistema possa lidar com uma quantidade considerável de arquivos enormes). Você pode usá-las como templates (ou baselines, na terminologia de gerência de configuração). Alguns VMMs tratam templates como algo diferente de imagens, mas em última instância são a mesma coisa. Muitos VMMs inclusive permitem que você crie templates a partir de VMs em execução. Você pode criar quantas novas versões em execução quiser a partir desses templates em segundos.

Outra ferramenta útil que alguns fornecedores de VMMs implementam é a capacidade de criar uma imagem de um sistema físico transformando-o em um template para máquinas virtuais. Isso é incrivelmente útil, pois permite que você faça uma cópia das máquinas em seu ambiente de produção, salve-as como templates e rode várias cópias destes para integração contínua e testes.

Anteriormente neste capítulo, discutimos como provisionar novos ambientes usando um processo completamente automatizado. Se você tem infraestrutura virtualizada, pode criar imagens de servidores assim provisionados e usá-las como templates para todos os servidores que usarem as mesmas configurações. Alternativamente, você pode usar uma ferramenta como rBuilder para criar e gerenciar baselines. Assim que tiver templates para todos os tipos de máquina de que precisa em seus ambientes, pode usar o VMM para inicializar todos os ambientes a partir de templates conforme necessário. A Figura 11.4 demonstra isso.

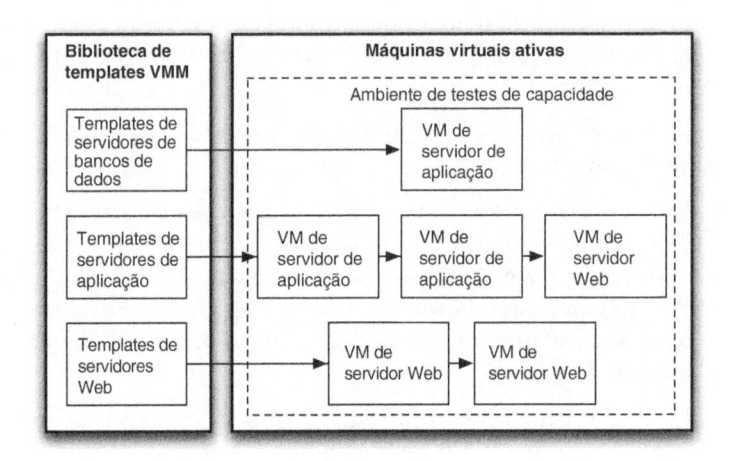

Figura 11.4 *Criando ambientes virtuais a partir de templates.*

Esses templates formam baselines, versões funcionais conhecidas de seus ambientes, sobre os quais o restante da configuração e implantação pode ser feita. Satisfazemos de maneira trivial nosso requisito de que deve ser mais rápido provisionar um novo ambiente do que depurar problemas e corrigir um ambiente que está em um estado desconhecido em função de mudanças não controladas – você pode simplesmente remover a VM defeituosa e criar uma nova a partir da baseline.

É possível, então, implementar um processo automatizado para o provisionamento de ambientes de maneira incremental. Em vez de sempre começar do zero, você pode começar o processo de provisionamento de uma baseline funcional conhecida, que pode ter somente o sistema operacional instalado. Você pode então instalar um agente de automação de datacenters (Puppet na Figura 11.5, a seguir) em cada template de modo que suas máquinas virtuais sejam autônomas e que cada mudança seja implantada consistentemente em todos os sistemas.

Você pode rodar um processo automatizado para configurar o sistema operacional e instalar cada software necessário à sua aplicação. Mais uma vez, quando chegar a esse ponto, salve uma cópia de cada tipo de máquina em seu ambiente como uma baseline. Esse fluxo é descrito na Figura 11.5.

Virtualização também torna dois outros cenários intratáveis, já discutidos neste capítulo, muito mais gerenciáveis: lidar com ambientes que evoluíram de maneira não controlada, e lidar com software em seu ambiente que não pode ser gerenciado de maneira automatizada.

Ambientes que evoluíram de maneira pouco ou não documentada, incluindo sistemas legados, são um problema para qualquer organização. Se um desses obras de arte começa a funcionar de maneira incorreta, é quase impossível depurar o problema, assim como copiá-lo para fins de teste. Se as pessoas que os configuraram estão de férias ou deixaram a organização e algo dá errado, você tem um enorme problema nas mãos. Também é muito arriscado fazer mudanças em tais sistemas.

```
┌─────────────────────┬──────────────────────────────────────────┐
│ Biblioteca de       │         Máquinas virtuais ativas         │
│ templates VMM       │                                          │
│                     │                                          │
│ ┌─────────────┐     │  1. Comece com uma      ┌─────────────┐  │
│ │ Templates de│     │     imagem de base      │ Sistema     │  │
│ │ servidores de├────┼──────────────────────→  │ operacional │  │
│ │ bancos de   │     │                         │ base + agente│  │
│ │ dados       │     │                         │ do Puppet   │  │
│ └─────────────┘     │  2. Configure o sistema └─────────────┘  │
│                     │     operacional, instale e      │        │
│ ┌─────────────┐     │     configure seu stack  ┌──────▼──────┐ │
│ │ Templates de│     │                          │ Servidor de │ │
│ │ servidores de├────┼──                        │ aplicação   │ │
│ │ aplicação   │     │  3. Salve a VM configurada└─────────────┘│
│ └─────────────┘     │     na biblioteca de templates           │
│                     │                                          │
│ ┌─────────────┐     │  4. Repita o processo                    │
│ │ Templates de│     │                                          │
│ │ servidores  │     │                                          │
│ │ Web         │     │                                          │
│ └─────────────┘     │                                          │
│                     │                                          │
│ ┌─────────────┐     │                                          │
│ │ Bancos de   │     │                                          │
│ │ dados       │     │                                          │
│ └─────────────┘     │                                          │
└─────────────────────┴──────────────────────────────────────────┘
```

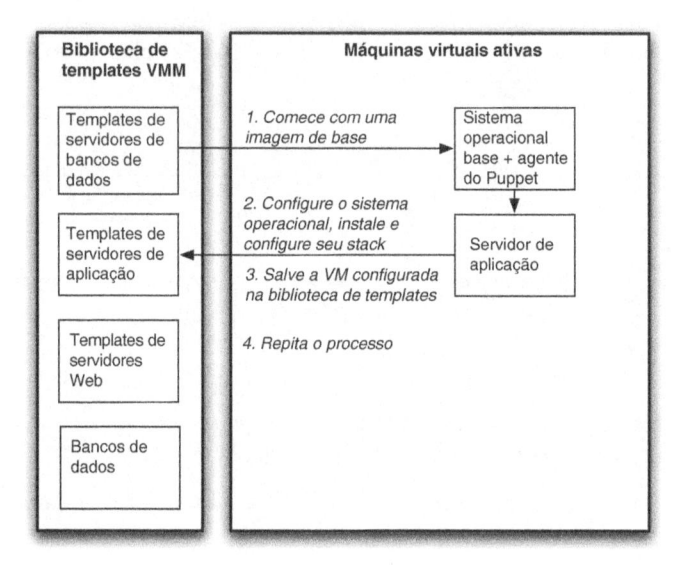

Figura 11.5 *Criando templates de VMs.*

Virtualização também é uma forma de reduzir esse risco. Você pode usar virtualização para criar uma cópia da máquina ou máquinas que formam esse ambiente sem precisar pará-las e transformá-las em VMs. Você pode então facilmente criar cópias do ambiente para fins de teste.

Essa é uma técnica valiosa para passar gradualmente de uma gerência de ambiente manual para uma gerência automatizada. Em vez de automatizar o processo de provisionamento do zero, você pode criar templates baseados nos sistemas que estão funcionando. Novamente pode substituir os ambientes reais pelos virtuais para confirmar que os templates são bons.

Por fim, virtualização também o permite lidar com softwares dos quais a aplicação precisa e que não podem ser instalados ou configurados de maneira automatizada, incluindo softwares comerciais. Simplesmente instale e configure o software de forma manual em uma máquina virtual e crie um template a partir dela. Isso pode servir como uma baseline que pode ser replicada como desejado.

Se você gerencia seus ambientes dessa forma, é essencial manter o controle das baselines. Toda vez que você fizer uma mudança em uma baseline, deve armazená-la como a nova versão e, como mencionamos anteriormente, rodar todos os estágios do pipeline baseados nesse baseline usando a versão candidata mais recente. Você também precisa correlacionar uma versão específica da baseline com as versões da aplicação que rodam sobre ela em cada ambiente, o que nos leva à próxima seção.

Ambientes virtuais e o pipeline de implantação

O objetivo principal do pipeline de implantação é fazer cada mudança que ocorre na aplicação passar pelo processo automatizado de compilação, implantação e testes para verificar sua viabilidade para implantação. Um pipeline simples é mostrado na Figura 11.6.

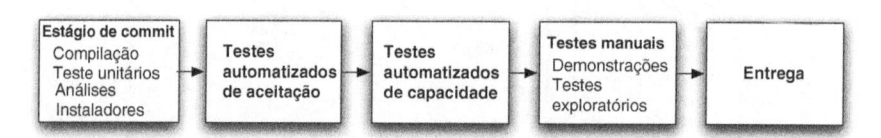

```
┌─────────────────┐    ┌──────────────┐    ┌──────────────┐    ┌──────────────┐    ┌─────────┐
│ Estágio de commit│    │   Testes     │    │   Testes     │    │Testes manuais│    │         │
│   Compilação    │───▶│ automatizados│───▶│ automatizados│───▶│Demonstrações │───▶│ Entrega │
│  Teste unitários│    │ de aceitação │    │ de capacidade│    │   Testes     │    │         │
│    Análises     │    │              │    │              │    │ exploratórios│    │         │
│   Instaladores  │    │              │    │              │    │              │    │         │
└─────────────────┘    └──────────────┘    └──────────────┘    └──────────────┘    └─────────┘
```

Figura 11.6 *Um pipeline simples.*

Há algumas características do pipeline que vale a pena revisitar para considerar como usá-las no contexto de virtualização:

- Cada instância do pipeline está associada a uma mudança no sistema de controle de versão que a criou.
- Cada estágio do pipeline subsequente ao estágio de commit deve ser executado em um ambiente similar ao de produção.
- Deve ser rodado exatamente o mesmo processo de implantação usando exatamente os mesmos binários em cada ambiente – diferenças nos ambientes devem ser capturadas como informação de configuração.

Vemos que o que está sendo testado no pipeline não é somente a aplicação. De fato, quando há uma falha em um teste no pipeline, a primeira coisa que acontece é uma triagem para determinar a causa das falhas. As cinco causas mais comuns de uma falha são:

- Um defeito no código da aplicação.
- Um defeito ou uma expectativa inválida em um teste.
- Um problema com a configuração da aplicação.
- Um problema com o processo de implantação.
- Um problema com o ambiente.

Assim, a configuração do ambiente representa um dos graus de liberdade no espaço de configuração. Segue-se que uma versão funcional conhecida da aplicação não é somente correlacionada com os números de revisão no sistema de controle de versão que são a fonte do código binário, testes automatizados, scripts de implantação e configuração. Uma versão funcional conhecida da aplicação também está correlacionada à configuração do ambiente em que o pipeline foi executada. Mesmo se ela roda em diversos ambientes, eles devem ter exatamente a mesma configuração similar à de produção.

Ao implantar em produção, você deve usar precisamente o mesmo ambiente em que os testes foram rodados. A consequência disso é que uma mudança na configuração do ambiente deve causar a execução de uma nova versão do pipeline da mesma forma que qualquer outra mudança (como com código, testes, scripts e assim por diante). Seu sistema de gerenciamento de compilação e implantação deve ser capaz de lembrar o conjunto de templates de VMs que foi usado para executar o pipeline e começar exatamente com o conjunto de templates que você usa para produção.

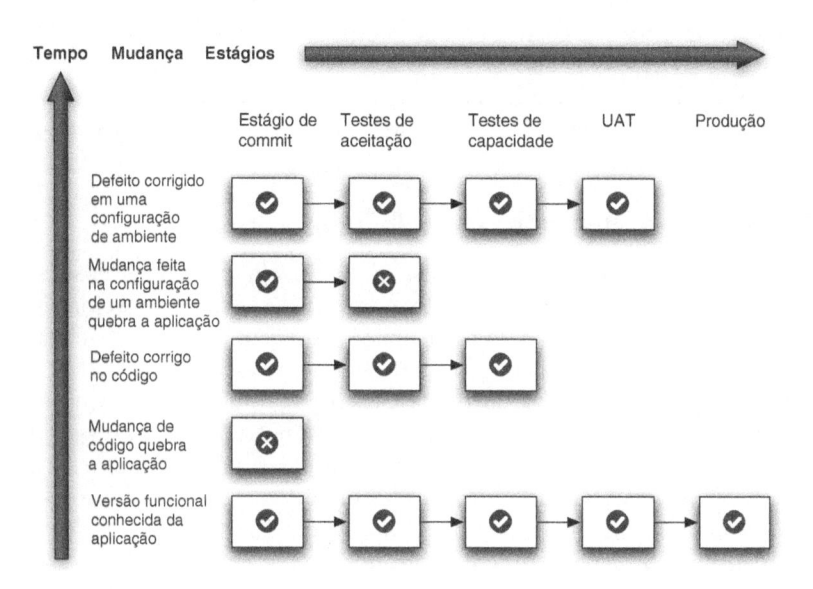

Figura 11.7 *Mudanças passando por um pipeline de implantação.*

Nesse exemplo, você pode ver as mudanças criando novas versões candidatas, e o progresso destas pelo pipeline de implantação. Primeiro, é feita uma mudança no código-fonte: talvez um desenvolvedor entrega uma correção ou parte da implementação de uma nova funcionalidade. Essa mudança quebra a aplicação; um teste no estágio de commit falha, notificando os desenvolvedores do defeito. O desenvolvedor corrige o defeito e faz um novo check-in. Isso causa uma nova compilação, que passa pelos estágios automatizados (estágios de commit, testes de aceitação e testes de capacidade). Depois disso, alguém de operações quer testar a atualização de um dos softwares do ambiente de produção. Essa pessoa cria um novo template de VM com a versão atualizada; isso cria uma nova instância do pipeline, e os testes de aceitação falham. A pessoa de operações trabalha em conjunto com alguém do desenvolvimento para encontrar a causa do problema (talvez alguma configuração) e a corrige. Dessa vez, a aplicação funciona no novo ambiente, e passa por todos os estágios automatizados e manuais. A aplicação, juntamente à baseline de ambiente em que foi testada, está pronta para ser implantada em produção.

Obviamente, quando a aplicação for implantada em UAT e produção, será usado o mesmo template de VM que foi usado para executar os testes de aceitação e capacidade. Isso garante que a configuração precisa do ambiente usado nessa versão possui capacidade aceitável e está livre de defeitos conhecidos. Esperamos que esse exemplo tenha demonstrado o poder da virtualização.

Entretanto, nem sempre é uma boa ideia fazer qualquer mudança no ambiente de homologação e produção fazendo cópias de uma baseline e criando uma nova. Isso não somente usará todo o espaço em disco disponível rapidamente, como também o fará perder os benefícios de infraestrutura autônoma gerenciada por configuração declarativa versionada. É melhor manter baselines relativamente estáveis de imagens de VMs – uma imagem básica do sistema operacional com as correções mais recentes e alguns serviços de middleware ou outras dependências de software instalados, mais um agente para a ferramenta de automação de datacenter instalada. Então, a ferramenta é usada para completar o processo de provisionamento e levar a baseline à configuração correta.

Testes altamente paralelizados em ambientes virtuais

Isso é um pouco diferentes no caso de software instalado pelo usuário, particularmente fora de um ambiente corporativo. Nesse caso, você normalmente não tem muito controle sobre o ambiente de produção, porque este é o computador do usuário. Nessa situação é importante testar o software em diversos ambientes "similares ao de produção". Por exemplo, aplicações desktop muitas vezes são multiplataforma, rodando em Linux, Mac OS X e Windows, e geralmente suportam configurações e versões diferentes dessas três plataformas.

Virtualização é uma forma excelente de lidar com testes em múltiplas plataformas. Simplesmente crie máquinas virtuais com exemplos de cada um dos potenciais ambientes em que sua aplicação será executada, e crie templates a partir deles. Então execute todos os estágios de seu pipeline (aceitação, capacidade, UAT) em todos eles em paralelo. Ferramentas modernas de integração contínua tornam isso trivial.

Você pode usar a mesma técnica de paralelização para diminuir o ciclo vital de *feedback* de testes caros, como aceitação e capacidade. Assumindo que todos os testes são independentes (veja nossos conselhos sobre isso na seção "Desempenho dos testes de aceitação", na página 218), você pode executá-los em paralelo em múltiplas máquinas virtuais (obviamente, também pode executá-los em paralelo em threads separadas, mas há um limite para quão bem isso escala). Essa abordagem de criar um *grid* dedicado para o processo de testes e compilação pode melhorar incrivelmente sua velocidade. Em última instância, o desempenho dos testes é limitado somente pelo tempo que o mais lento deles leva para rodar e o tamanho do orçamento de hardware. Novamente, ferramentas modernas de IC e software como o Selenium Grid tornam essa abordagem algo bem simples.

Redes virtuais

Ferramentas modernas de virtualização têm configurações de rede poderosas, que tornam trivial o processo de configurar redes virtuais privadas. Usando essas ferramentas, é possível criar ambientes virtuais ainda mais similares ao de produção por meio da replicação exata da topologia de rede do ambiente de produção (incluindo endereços IP e endereços MAC). Já vimos técnicas similares serem usadas para criar várias versões de ambientes grandes e complexos. Em um projeto, o ambiente de produção tinha cinco servidores: um servidor Web, um servidor de aplicação, um servidor de banco de dados, um servidor para o Microsoft BizTalk e um servidor para uma aplicação legada.

A equipe de desenvolvimento criou templates a partir da baseline de cada um desses servidores e usou sua ferramenta de virtualização para criar diversas cópias do ambiente para executar testes de aceitação e capacidade, e para rodar testes automatizados em paralelo. A configuração final pode ser vista na Figura 11.8.

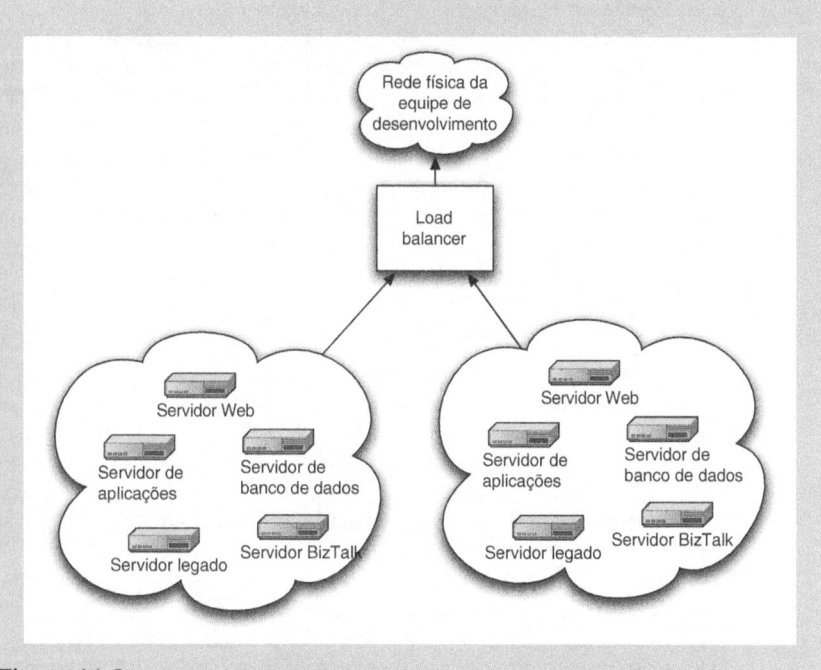

Figura 11.8 *Usando redes virtuais.*

Cada um desses ambientes estava conectado ao mundo externo por redes internas virtuais. Era possível simular programaticamente a conexão entre o servidor de aplicação e o servidor de banco de dados usando a API de virtualização como parte dos testes não funcionais automatizados. Nem precisamos dizer que fazer isso sem virtualização é muito mais complicado.

Computação em nuvem

Computação em nuvem é uma ideia antiga que nos últimos anos se tornou ubíqua. Na computação em nuvem, a informação é armazenada na Internet e acessada e manipulada via serviços de software também disponíveis na Internet. A característica que define esse tipo de computação é que os recursos usados – como CPU, memória, armazenamento e assim por diante – podem se expandir ou se contrair de acordo com a necessidade, e você só paga pelo que usa. Computação em nuvem pode se referir tanto aos serviços de software em si como aos ambientes de hardware e software em que são executados.

> **Computação utilitária**
>
> Um conceito comum associado a computação em nuvem é o de computação utilitária. É a ideia de que recursos computacionais (como CPU, memória, armazenamento e banda) são fornecidos como serviços medidos da mesma forma como eletricidade ou gás natural são fornecidos em sua casa. John McCarthy propôs o conceito pela primeira vez em 1961, mas foram necessárias várias décadas para que a infraestrutura computacional ganhasse maturidade suficiente para que serviços em nuvem pudessem ser fornecidos de maneira confiável em grandes quantidades. HP, Sun e Intel já forneciam serviços em nuvem há algum tempo, mas foi somente com o lançamento dos serviços EC2 da Amazon, em agosto de 2006, que esse processo realmente acelerou. Uma razão simples para a popularidade dos serviços web da Amazon é que ela já estava usando a mesma infraestrutura internamente há algum tempo – o que quer dizer que já sabia como e quais serviços seriam úteis. Desde então, o ecossistema de computação em nuvem explodiu, e uma grande quantidade de fornecedores passou a oferecer serviços similares e ferramentas para gerenciá-los.
>
> O benefício principal de computação utilitária é que não há necessidade de investimento capital em infraestrutura. Muitas start-ups começaram a usar o AWS (*Amazon Web Services*) porque ele não exige contrato mínimo ou pagamento inicial. Como resultado, as start-ups podem pagar suas contas AWS com um cartão de crédito e são cobradas somente depois que receberam o pagamento de seus usuários. Computação utilitária também é atrativa para grandes clientes, porque aparece como custo recorrente em vez de custos de CAPEX. Já que os custos são relativamente pequenos, as aquisições também não dependem de aprovação superior. Ela também permite que escala seja gerenciada de maneira muito simples – assumindo que seu software seja capaz de rodar em um conjunto de máquinas e é inicializado em uma máquina (ou 1.000, se for o caso) com uma simples chamada a uma API. Você pode começar com uma única máquina, e se sua ideia não for incrivelmente bem-sucedida, suas perdas serão pequenas.
>
> Dessa forma, a computação em nuvem incentiva o empreendedorismo. Na maioria das organizações, uma das maiores barreiras à adoção de computação em nuvem é a sensação de nervosismo ao colocar os recursos de informação de uma empresa na mão de um terceiro, com as implicações de segurança disso. Entretanto, com o surgimento de tecnologias como Eucalyptus, também é possível rodar a própria nuvem em infraestrutura privada.

É comum distinguir três categorias de computação em nuvem [9i7RMz]: aplicações em nuvem, plataformas em nuvem e infraestrutura em nuvem. Aplicações em nuvem são serviços como WordPress, SalesForce, Gmail e Wikipédia – serviços Web tradicionais que agora estão hospedados em nuvem. O SETI@Home foi talvez um dos usos iniciais mais disseminados de uma aplicação em nuvem.

Infraestrutura em nuvem

A infraestrutura em nuvem existe no nível mais alto de configurabilidade, como o AWS. O AWS fornece muitos serviços de infraestrutura, como filas, hospedagem de conteúdo estático, serviços de *streaming*, balanceamento de carga, armazenamento, e também um serviço de hospedagem de máquinas virtuais (EC2). Com essas ofertas, é possível ter controle quase completo sobre o sistema, mas também é necessário executar quase todo o trabalho para juntar as peças.[4]

Muitos projetos estão usando o AWS para seus sistemas em produção. Assumindo que seu software possui uma arquitetura correta, escalar a aplicação é relativamente simples em termos de infraestrutura. Há muitos provedores de serviços que podem ser usados para simplificar o gerenciamento dos recursos, e uma quantidade impressionante de serviços e aplicações especializadas construídos sobre o AWS. Entretanto, quanto mais você usa esses serviços, mais fica preso à sua arquitetura proprietária.

Mesmo que você não use o AWS em infraestrutura de produção, ele pode ser uma ferramenta extremamente útil em seu processo de desenvolvimento de software. O EC2 torna trivial o processo de criar novos ambientes de teste sob demanda. Outros usos incluem rodar testes em paralelo para aumentar sua velocidade, executar testes de capacidade e realizar testes de aceitação em múltiplas plataformas, como descrito inicialmente neste capítulo.

Há duas questões importantes que surgem quando se começa a migrar para uma infraestrutura de nuvem: segurança e níveis de serviço.

Segurança é geralmente o primeiro impedimento mencionado por empresas de médio e grande porte. Com seu ambiente de produção nas mãos de terceiros, o que impede que seus dados e serviços sejam comprometidos ou roubados? Provedores de serviços em nuvem estão cientes da questão e estabeleceram vários mecanismos para lidar com ela, como firewalls altamente configuráveis e redes privadas que se conectam à VPN de sua organização. Em última instância, não há uma razão fundamental para que serviços baseados em computação em nuvem não sejam mais seguros do que serviços publicamente acessíveis hospedados em infraestrutura que você controla, embora os riscos com infraestrutura em nuvem sejam diferentes, e você também precisa estar preparado para o caso de ter de deixar um ambiente em nuvem.

---

[4] A plataforma Azure da Microsoft fornece alguns serviços que contam como infraestrutura em nuvem. Entretanto, as opções de máquinas virtuais fornecidas têm algumas características de plataforma em nuvem, já que, quando este livro foi escrito, não era possível obter acesso administrativo às VMs, de modo que sua configuração não podia ser modificada, nem podiam ser instalados serviços com privilégios elevados.

Conformidade também é mencionada como uma limitação no uso de computação em nuvem. Entretanto, o problema não é que a regulamentação proíbe o uso de computação em nuvem, mas que ainda não se adaptou a ela. Como muitas regulamentações ignoram o uso de computação em nuvem, as implicações de regulamentação para serviços hospedados dessa forma não são suficientemente compreendidas, ou exigem interpretação. Com planejamento cuidadoso e gerenciamento de risco, é possível reconciliar as duas necessidades. A empresa de saúde TC3 usa criptografia de dados para conseguir hospedar seus serviços na Amazon, e permanece em conformidade com regulamentações HIPAA dessa forma. Alguns fornecedores de serviços de computação fornecem algum tipo de conformidade com PCI DSS, e alguns fornecem serviços de pagamento em conformidade com PCI, de modo que você não precisa lidar com pagamentos com cartões de crédito. Mesmo grandes organizações que precisam de conformidade de primeiro nível podem usar uma abordagem heterogênea em que o serviço de pagamento é hospedado internamente e o restante do sistema é hospedado em nuvem.

Níveis de serviço são particularmente importantes quando a infraestrutura como um todo é terceirizada. Assim como com segurança, é necessária alguma pesquisa para garantir que seu fornecedor é capaz de atender seus requisitos. Isso vale especialmente para desempenho. A Amazon fornece serviços em diferentes níveis de desempenho dependendo das necessidades do cliente – mas mesmo o nível de serviço mais alto que fornecem é inferior a servidores de alto desempenho. Se você precisa de um RDBMS com um conjunto enorme de dados e uma carga alta, provavelmente não desejará colocá-lo em um ambiente virtualizado.

Plataformas em nuvem

Exemplos de plataformas em nuvem incluem serviços como o Google App Engine e o Force.com, em que o fornecedor dá a você um *stack* padrão para executar suas aplicações. Em troca, eles cuidam de questões como escalabilidade e infraestrutura. Essencialmente, você sacrifica flexibilidade para que o fornecedor cuide mais facilmente de requisitos não funcionais como capacidade e disponibilidade. As vantagens de plataformas em nuvem são as seguintes:

- Você tem os mesmos benefícios de infraestrutura em nuvem em termos de custo de estrutura e flexibilidade de provisionamento.

- O fornecedor se encarrega de todos os requisitos não funcionais, como escalabilidade, disponibilidade e (até certo ponto) segurança.

- Você implanta em um *stack* padronizado, o que significa que não é necessário se preocupar com configurar ou manter ambientes de teste, homologação e produção, ou lidar com imagens de máquinas virtuais.

O último ponto é especialmente revolucionário. Dedicamos boa parte deste livro à discussão sobre como automatizar o processo de compilação, teste e implantação e como configurar e gerenciar os ambientes de teste e implantação. O uso de plataformas em nuvem dispensa quase que completamente muitas dessas considerações. Normalmente, você pode rodar um simples comando para implantar suas aplicações; pode partir do zero para uma aplicação entregue em minutos, literalmente. Implantações com o apertar de um botão praticamente não demandam investimento.

A própria natureza de plataformas em nuvem significa que há sempre restrições severas em sua aplicação. Isso permite que esses serviços forneçam implantações simples e alto desempenho e escalabilidade. Por exemplo, o Google App Engine permite somente o uso de sua implementação de BigTable, e não um RDBMS padrão. Você não pode criar novas threads, invocar servidores SMTP e assim por diante.

Plataformas em nuvem sofrem com as mesmas questões que tornam infraestrutura em nuvem pouco apropriadas. Em especial, vale apontar que preocupações com portabilidade e *lock-in* são ainda mais severas com plataformas em nuvem.

Ainda assim, esperamos que, para muitas aplicações, esse tipo de computação em nuvem seja um grande avanço. De fato, esperamos que a disponibilidade desses serviços mude a forma como as pessoas arquitetam aplicações.

Tamanho único não serve para todos

Obviamente você pode misturar diferentes tipos de serviço para implementar seu sistema. Por exemplo, pode colocar o conteúdo estático e fazer *streaming* de vídeo no AWS, hospedar sua aplicação no Google App Engine e rodar serviços proprietários em sua própria infraestrutura.

Para que isso seja possível, as aplicações devem ser projetadas para rodar em ambientes heterogêneos. Esse tipo de implantação exige arquitetura de baixo acoplamento. O valor de uma solução heterogênea em termos de custo e capacidade de satisfazer requisitos não funcionais é um bom caso para arquitetura de baixo acoplamento. Projetar uma que funciona é difícil e está além do escopo deste livro.

A *computação em nuvem* está em um estágio relativamente inicial da evolução. Em nossa opinião, ela não é mais um caso de tecnologia que se deve ter por estar na moda, mas um avanço genuíno que crescerá em importância nos próximos anos.

> **Computação em nuvem por conta própria**
>
> Computação em nuvem não precisa de tecnologias caras ou radicais. Conhecemos várias organizações que usaram capacidade não utilizada em computadores desktop para executar tarefas de sistema durante momentos em que as máquinas eram pouco usadas.
>
> Um banco com o qual trabalhamos diminuiu seus custos capitais de hardware pela metade usando capacidade que sobrava nos computadores de seus funcionários depois do horário de trabalho para executar operações noturnas em lote. O hardware que estava usando anteriormente para esses cálculos não era mais necessário, e os cálculos rodavam mais rápido quando divididos em pedaços que podiam ser alocados em nuvem.
>
> Essa organização era uma multinacional enorme, de modo que, a qualquer momento do dia, havia milhares de pessoas no outro lado do mundo dormindo, mas seus computadores estavam em uso, contribuindo com pequenas fatias de capacidade computacional para a nuvem. No total, a capacidade de computação da nuvem a qualquer momento era enorme, e era necessário apenas dividir o problema em pequenas partes alocáveis.

Críticas à computação em nuvem

Embora estejamos convencidos de que o uso de computação em nuvem continuará a crescer, vale a pena ter em mente que nem todos estão satisfeitos com seu incrível potencial, como divulgado por empresas como Amazon, IBM ou Microsoft.

Larry Ellison comentou notoriamente que "A coisa interessante sobre computação em nuvem é que redefinimos computação em nuvem para incluir tudo o que já fazemos... Eu não entendo o que faríamos de forma diferente à luz da computação em nuvem além de mudar algumas palavras em nossos anúncios" (Wall Street Journal, 26 de setembro de 2008). Ellison encontrou um aliado improvável em Richard Stallman, que foi ainda mais incisivo: "É uma estupidez. É pior do que estupidez: é uma campanha de *marketing hype*.* Alguém está dizendo que é inevitável – e quando você escuta alguém dizer isso, é muito provável que um grupo de empresas esteja fazendo uma campanha para tornar isso verdade" (The Guardian, 29 de setembro de 2008).

Primeiramente, "a Nuvem" não é, de fato, a Internet – um sistema com uma arquitetura aberta projetado desde o começo para ser interoperável e resiliente. Cada fornecedor provê um serviço diferente, e você está, até certo ponto, preso à sua escolha de plataforma. Durante algum tempo, serviços *peer-to-peer* (P2P) pareciam a escolha mais provável para construir sistemas distribuídos e escaláveis de grande escala. Entretanto, a visão P2P ainda não se materializou, e a computação em nuvem ainda segue muito o modelo de serviços utilitários,

---

* N. de T.: *Hype* significa a promoção extrema de algo ou alguém que está "dando o que falar".

um modelo cujas características de receita são bem entendidas. Essencialmente, isso significa que sua aplicação e seus dados estão, em última instância, à mercê dos fornecedores. Isso pode ou não ser uma melhoria em relação à sua infraestrutura atual.

No momento, não há um padrão comum nem mesmo para as plataformas mais básicas de virtualização usadas por serviços utilitários de computação. Parece ainda menos provável que haja alguma padronização no nível da API. O projeto Eucalyptus foi criado como uma implementação de partes da API do AWS, que permitem que as pessoas criem suas nuvens privadas, mas as APIs fornecidas pelo Azure ou Google App Engine são ainda mais difíceis de serem implementadas. Isso torna difícil criar aplicações portáveis. Ficar preso a um fornecedor é uma realidade muito mais comum em nuvem do que em outras plataformas.

Finalmente, dependendo da aplicação, o modelo econômico pode tornar impossível usar computação em nuvem. Projete os custos e reduções de migrar para um modelo de computação utilitária versus ter sua própria infraestrutura e execute um prova de conceito para validar suas suposições. Considere fatores como o ponto de equilíbrio (*break-even point*) para os dois modelos, levando em conta depreciação, manutenção, recuperação de desastres, suporte e os benefícios de não gastar CAPEX. Se computação em nuvem é o modelo correto para você depende mais de seu modelo de negociações e restrições organizacionais do que de interesses tecnológicos.

Há uma discussão detalhadas dos prós e contras de computação em nuvem, incluindo alguns modelos econômicos interessantes, no artigo *Above the Clouds: A Berkeley View of Cloud Computing*, por Armbrust et al. [bTAJ0B].

Monitoramento de infraestrutura e aplicações

É essencial entender o que está acontecendo em seus ambientes de produção por três razões. Primeiro, o negócio pode obter feedback sobre suas estratégias muito mais rápido se tiver informações em tempo real, como quanta receita está gerando e de onde ela está vindo. Segundo, quando algo dá errado, a equipe de operações precisa ser informada imediatamente de que houve um incidente e ter as ferramentas necessárias para rastrear sua causa inicial e corrigi-lo. Finalmente, dados históricos são essenciais para planejamento. Se você não tem dados detalhados sobre como seu sistema de comporta quando há um pulo inesperado em demanda ou quando novos servidores são adicionados, é impossível planejar a evolução da infraestrutura para atender aos requisitos de negócio.

É preciso considerar quatro áreas ao criar uma estratégia de monitoramento:

- Instrumentação da aplicação e da infraestrutura para que você possa coletar os dados necessários.
- Armazenamento dos dados de modo que possam ser facilmente recuperados para análise.

- Criação de dashboards (painéis de controle) que agregam dados e os apresentam em um formato apropriado para operações e para o negócio.
- configuração de notificações para que as pessoas possam receber informações sobre eventos importantes.

Coleta de dados

Primeiramente é importante decidir quais dados você precisa coletar. Dados de monitoramento podem vir das seguintes fontes:

- Seu *hardware*, por meio de gerenciamento *out-of-band* (também conhecido como gerenciamento *lights-out* ou LOM). Quase todo hardware moderno de servidores implementa a especificação Intelligent Platform Management Interface (IPMI), que permite que você monitore tensão, temperatura, velocidade de ventiladores, saúde de periféricos, e assim por diante, e também realize ações como reinicializar o suprimento de energia ou acender uma luz de identificação no painel frontal, mesmo se a máquina está desligada.

- O *sistema operacional* nos servidores que compõem sua infraestrutura. Todos os sistemas operacionais possuem interfaces para obter informações de desempenho como uso de memória, uso de *swap*, espaço em disco, uso de banda de I/O (por disco e NIC), uso de CPU, e assim por diante. Também vale a pena monitorar os processos em execução para descobrir que recursos cada um deles está consumindo. Em Unix, collectd é o modo padrão de colher esses dados. Em Windows, isso geralmente é feito com contadores de desempenho, que também podem ser usados por outros fornecedores de dados de desempenho.

- Seu middleware. Informações podem ser fornecidas sobre o uso de recursos como memória, *pools* de conexões de bancos de dados e de threads, e também informações como número de conexões, tempo de resposta e assim por diante.

- Suas *aplicações*. Aplicações devem ser escritas de modo que tenham pontos de integração para monitorar questões que tanto o pessoal de operações como o próprio negócio consideram importantes, como o número de transações de negócio, seu valor, taxas de conversão, e assim por diante. Aplicações também devem facilitar a análise de informações demográficas sobre usuários e seu comportamento e registrar a situação de conexões a serviços externos dos quais dependem. Finalmente, devem ser capazes de reportar qual é o número de versão e as versões de seus componentes externos, se isso for aplicável.

Há várias maneiras de colher dados. Em primeiro lugar, há várias ferramentas – tanto comerciais como abertas – que colherão todos os dados descritos acima em todo o seu datacenter, irão armazená-los e produzir relatórios, gráficos e dashboards, além de fornecer mecanismos de notificação. As ferramentas abertas dominantes nesse espaço incluem Nagios, OpenNMS, Flapjack, Zenoss, embora existam muitas outras [dcgsxa]. As ferramentas comerciais mais comuns são Tivoli, da IBM; Operations Manager, BMC; e CA, da HP. Um concorrente relativamente novo nesse contexto é o Splunk.

> **Splunk**
>
> Um das "killer apps" a surgirem na área de operações de TI nos últimos anos é o Splunk. O Splunk indexa os arquivos de logs e outros dados textuais que incluam datas (o que é o caso da maioria das fontes de dados que descrevemos anteriormente) em todo o datacenter. Você pode executar buscas em tempo real que permitem identificar eventos fora do comum e executar análises quanto à causa inicial do que está acontecendo. O Splunk também pode ser usado como um dashboard de operações e ser configurado para enviar notificações.

Esses produtos usam várias ferramentas abertas para monitoramento. As principais são SNMP, seu sucessor CIM e JMX (para sistemas Java).

SNMP é o mais respeitável e comum dos padrões para monitoramento. Ele tem três componentes: *dispositivos gerenciados*, que são os sistemas físicos como servidores, *switches*, *firewalls* e assim por diante; *agentes* que se comunicam com aplicações individuais ou dispositivos que você deseja monitorar e gerenciar via SNMP; e um *sistema de gerenciamento de rede* que monitora e controla os dispositivos gerenciados. Os sistemas de gerenciamento de rede e os agentes se comunicam por meio do protoloco de rede SNMP, que é um protocolo na camada de aplicação sobre o *stack* padrão TCP/IP. A arquitetura SNMP é mostrada na Figura 11.9.

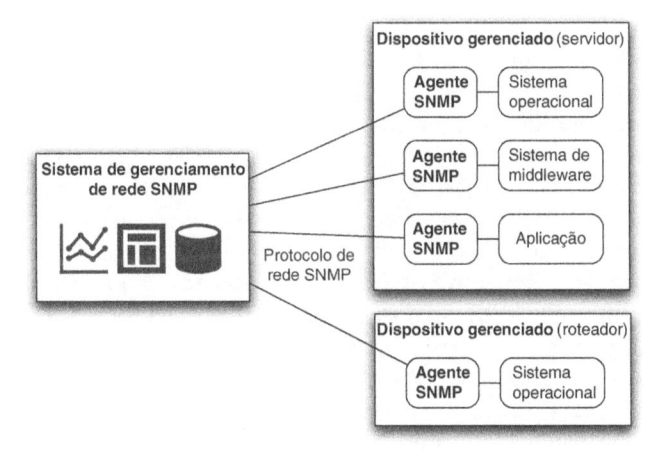

Figura 11.9   *Arquitetura SNMP.*

Em SNMP, tudo é uma variável. Você monitora um sistema observando variáveis e controla o sistema mudando variáveis. Um MIB (*Management Information Base*, ou Base de Informações de Gerenciamento) descreve quais variáveis estão disponíveis para dado tipo de agente SNMP, com suas descrições, tipos, e se podem ser mudadas ou são somente para leitura, em um formato de banco de dados extensível. Cada fornecedor define MIBs para os sistemas para os quais fornece agentes SNMP, e o IANA mantém um registro central [aMiYLA]. Basicamente qualquer sistema operacional e middlewares mais comuns (Apache, WebLogic e Oracle, por exemplo), como também muitos dispositivos, possuem suporte nativo a SNMP. É claro que você também pode criar agentes SNMP e MIBs para suas próprias aplicações, embora isso não seja algo tão trivial e exija colaboração substancial entre as equipes de desenvolvimento e operações.

Logs

Logs são uma parte central de sua estratégia de monitoramento. Sistemas operacionais e middleware produzem logs muito úteis, tanto para entender o comportamento do usuário como para rastrear problemas.

Sua aplicação também precisa produzir logs de qualidade. Em especial, é importante prestar atenção nos níveis em que a informação será gerada. A maioria dos sistemas de *logging* possuem vários níveis, como DEBUG (depuração), INFO (informacional), WARNING (avisos), ERROR (erros) e FATAL (fatal). Como padrão, sua aplicação somente deve mostrar mensagens nos níveis WARNING, ERROR e FATAL. Entretanto, ela também deve ser configurável para mostrar outros níveis quando necessário. Como os logs estão disponíveis apenas para a equipe de operações, é aceitável imprimir as exceções geradas nas mensagens. Isso pode ajudar significativamente no processo de depuração.

Tenha em mente que a equipe de operações é a principal usuária dos logs. Um atividade instrutiva para os desenvolvedores é passar algum tempo trabalhando em suporte, resolvendo os problemas reportados pelos usuários, ou com operações, resolvendo problemas em produção. Os desenvolvedores rapidamente aprenderão que erros recuperáveis como falhas de login não devem aparecer em nenhum local acima no nível DEBUG, mas que tempos limite em comunicações com sistemas externos dos quais sua aplicação depende devem estar no nível ERROR ou no nível FATAL (dependendo da capacidade da aplicação de continuar funcionando sem um serviço externo).

Logs, que são parte da capacidade de auditar a aplicação, devem ser tratados como requisitos de primeiro nível, da mesma forma que outros requisitos não funcionais. Converse com sua equipe de operações para descobrir de que ela precisa, e construa a partir desses requisitos desde o começo do desenvolvimento. Considere, em especial, o *trade-off* entre os logs serem extremamente completos e legíveis. É essencial que humanos sejam capazes de paginar ao longo de um arquivo de log ou usar grep facilmente para encontrar a informação de que precisam – ou seja, cada entrada no arquivo deve usar um única linha em um formato tabular ou baseado em colunas que exponha imediatamente o momento em que a entrada ocorreu, o nível, de que parte da aplicação o erro provém, e o código e a descrição deste.

Criação de dashboards (painéis de controle)

Assim como com integração contínua para a equipe de desenvolvimento, a equipe de operações deve ter um monitor grande e bem visível com informações de alto nível sobre quaisquer incidentes. Eles precisam, a partir daí, obter detalhes sobre o que aconteceu de errado para descobrir qual é o problema. Quase todas as ferramentas abertas e comerciais oferecem esse tipo de funcionalidade, incluindo a capacidade de visualizar dados e padrões históricos e alguma forma de relatório. Um tela do Nagios é mostrada na Figura 11.10. Também é muito útil saber qual versão da aplicação está em qual ambiente, e isso exige instrumental e integração adicionais.

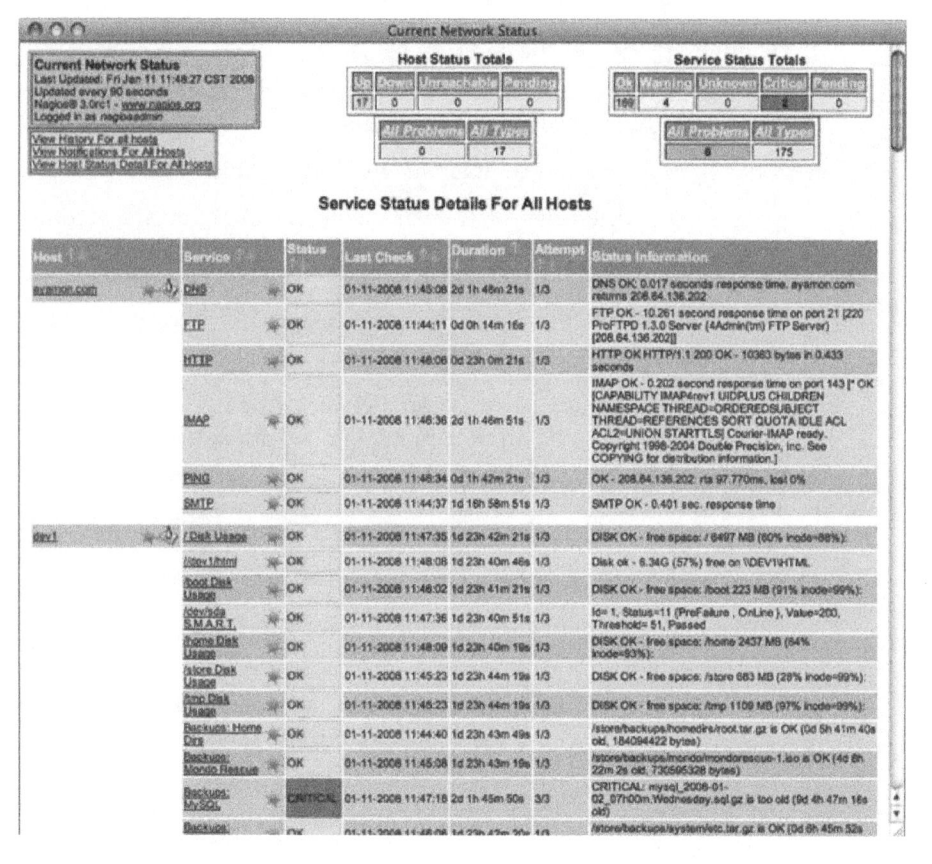

Figura 11.10   *Tela do Nagios.*

Há milhares de coisas que você pode monitorar, e é essencial planejar com antecedência para que o dashboard de operações não esconda as informações úteis em um mar de informações adicionais. Faça uma lista de riscos, categorizada por probabilidade e impacto. Sua lista deve incluir riscos genéricos, como esgotamento do espaço em disco ou acesso não autorizado aos ambientes, e riscos específicos de seu negócio, como transações que não puderam ser completadas. Você precisa descobrir exatamente como monitorar e exibir essas informações.

Em termos de agregação de dados, a agregação baseada em sinais de trânsito – verde, amarelo, vermelho – é bem entendida e usada. Primeiramente, você precisa descobrir quais entidades agregar. Pode-se criar sinais para ambientes, para a aplicação ou para funções de negócios. Públicos-alvo diferentes exigem diferentes entidades. Quando tiver feito isso, você precisa criar limites para cada um dos sinais. Nygard fornece os seguintes princípios úteis (Nygard, 2007, p. 273).

Verde significa que todos os seguintes fatos são verdadeiros:

- Todos os eventos esperados ocorreram.
- Nenhum evento anormal ocorreu.
- Todas as métricas estão em seus valores nominais (dentro de dois desvios-padrão para um dado período de tempo).
- Todos os estados estão completamente operacionais.

Amarelo quer dizer que pelo menos um dos seguintes fatos é verdadeiro:

- Um evento esperado não ocorreu.
- Pelo menos um evento anormal, com severidade média, ocorreu.
- Um ou mais parâmetros estão acima ou abaixo de seus valores nominais.
- Um estado não crítico não está completamente operacional (por exemplo, um *circuit breaker* está ativo para uma funcionalidade não crítica).

Vermelho significa que pelo menos um dos seguintes fatos é verdadeiro:

- Um evento requerido não ocorreu.
- Pelo menos um evento anormal, com alta severidade, ocorreu.
- Um ou mais parâmetros estão muito acima ou muito abaixo de seus valores nominais.
- Um estado crítico não está completamente operacional (por exemplo, "aceitar requisições" está falso quando deveria estar verdadeiro).

Monitoramento guiado por comportamento

Assim como desenvolvedores executam o desenvolvimento dirigido por comportamento escrevendo testes automatizados para verificar o comportamento de suas aplicações, as equipes de operações podem escrever testes automatizados para verificar o comportamento de sua infraestrutura. Você pode começar escrevendo um teste, verificar que ele falha, e então definir um manifesto do Puppet (ou seja qual for sua ferramenta de gerenciamento de configuração) que coloca a infraestrutura no estado esperado. Em seguida, execute o teste para verificar se a configuração funcionou e se sua infraestrutura se comporta como esperado.

Martin Englund, que criou essa ideia, usa Cucumber para escrever seus testes. Abaixo está um exemplo de um artigo em seu blog [cs9LsY]:

```
Feature: sendmail configure
  Systems should be able to send mail

  Scenario: should be able to send mail # features/weblogs.sfbay.sun.com/mail.feature:5
    When connecting to weblogs.sfbay.sun.com using ssh # features/steps/ssh_steps.rb:12
    Then I want to send mail to "martin.englund@sun.com" # features/steps/mail_steps.rb:1
```

Lindsay Holmwood escreveu um programa chamado de Cucumber-Nagios [anKH1W], que permite escrever testes do Cucumber que produzem saída no formato esperado para plugins do Nagios, de modo que você pode escrever seus testes no estilo BDD no Cucumber e monitorar os resultados no Nagios.

Você também pode usar esse paradigma para colocar os *smoke tests* de sua aplicação sob monitoramento. Simplesmente use uma seleção de seus *smoke tests* aliada ao Cucumber-Nagios para poder verificar não somente se seu servidor está funcional, mas se a aplicação também está funcionando como esperado.

Resumo

É compreensível que, depois de ter lido este capítulo, você sinta que estamos indo longe demais – estamos seriamente sugerindo que sua infraestrutura deva ser completamente autônoma? Realmente acreditamos que você deva tentar subverter o uso de ferramentas de administração fornecidas em seu caro software corporativo? Bem, na verdade, sim; estamos sugerindo exatamente essas coisas, dentro de limites que consideramos razoáveis.

Como mencionamos anteriormente, o grau a que você precisa levar sua gerência de configuração depende da natureza dela. Um simples ferramenta de linha de comando tem menos expectativas do que o ambiente em que roda, enquanto um site disponível ao público precisa considerar todas essas coisas e mais. Em nossa experiência, a maioria das aplicações corporativas precisa levar gerência de configuração mais a sério do que de fato leva, e sua falha em fazer isso resulta em atrasos, perda de eficiência no desenvolvimento e aumento de custo continuado.

As recomendações que fizemos e as estratégias que descrevemos neste capítulo certamente adicionam complexidade à implantação dos sistemas que você está criando. Elas o desafiam a inventar soluções criativas para suporte e gerência de configuração deficitários em seus aplicativos de terceiros. Mas se você está criando um sistema grande e complexo com muitos pontos de configuração, e talvez esteja dependendo de muitas tecnologias, esse tipo de abordagem pode salvar seu projeto.

Se fosse algo fácil e barato, todos desejaríamos infraestrutura autônoma, de modo que seria simples criar cópias dos ambientes de produção. Esse fato é tão óbvio que quase não vale a pena expô-lo. Entretanto, se pudéssemos considerar que isso seria gratuito, a única objeção a ter a capacidade de reproduzir perfeitamente qualquer ambiente a qualquer momento seria custo. Então, em algum ponto do espectro de custo, entre gratuito e muito caro, está algum preço que valha a pena pagar.

Acreditamos que, ao usar as técnicas descritas neste capítulo, bem como as escolhas estratégicas maiores do pipeline de implantação, você será capaz de gerenciar esses custos em certo grau. Embora sem dúvida aumentem o custo de criar o sistema de versionamento, compilação e implantação, esses custos são muito menores do que os de gerenciar manualmente ambientes, não somente ao longo do ciclo de vida da aplicação, mas mesmo em sua fase inicial de desenvolvimento.

Se você está avaliando produtos de terceiros para usar em seus sistemas corporativos, garantir que se enquadram em sua estratégia de gerência automatizada de configuração deve ser uma das suas maiores prioridades. E por favor incomode seus fornecedores se os produtos não satisfizerem esses requisitos. Muitos são decididamente descuidados e indiferentes em seu suporte à gerência séria de configuração.

Finalmente, garanta que você possui um estratégia de gerenciamento de infraestrutura já no começo do projeto, e inclua todos os envolvidos no projeto, desde as equipes de desenvolvimento até as de operação já nesse estágio.

Capítulo 12

Gerência de Dados

Introdução

O gerenciamento e a organização de dados impõem um conjunto específico de problemas para os processos de teste e implantação por duas razões. Em primeiro lugar, geralmente há um volume considerável de informações envolvido. A quantidade de bytes necessária para codificar o comportamento da aplicação – seu código-fonte e informações de configuração – geralmente é ultrapassada em muito pelo volume de dados necessário para guardar seu estado. Em segundo lugar está o fato de que o ciclo de vida dos dados de uma aplicação difere do das outras partes do sistema. Os dados da aplicação precisam ser preservados – na verdade, os dados geralmente vivem por mais tempo que a aplicação usada para criá-los e acessá-los. Fundamentalmente, os dados precisam ser preservados e migrados durante novas implantações ou rollbacks do sistema.

Na maioria dos casos, quando fazemos implantação de novo código, podemos apagar a versão anterior e substituí-la completamente por uma nova cópia. Dessa forma, podemos ter certeza de nossa posição inicial. Essa opção é viável para gerenciar dados em alguns casos limitados, mas, para a maioria dos sistemas do mundo real, essa abordagem é inviável. Quando o sistema for entregue em produção, os dados associados a ele irão crescer e agregarão valor significativo por si só. Na verdade, possivelmente será a parte mais valiosa de seu sistema. Isso apresenta problemas quando precisamos modificar tanto sua estrutura quanto seu conteúdo.

Conforme sistemas crescem e evoluem, é inevitável que tais modificações sejam necessárias, então precisamos de mecanismos que permitam que mudanças sejam feitas de forma a minimizar a interrupção e maximizar a confiabilidade da aplicação e seu processo de implantação. A chave para isso é automatizar o processo de migração do banco de dados. Já existem diversas ferramentas que permitem a automação da migração de dados de forma relativamente simples, permitindo que esses scripts sejam incorporados ao processo automatizado de implantação. Essas ferramentas também permitem que você versione seu banco de dados e migre-o de uma versão para qualquer outra. Isso tem a vantagem de desacoplar o processo de desenvolvimento do processo de implantação – você pode criar uma migração para cada mudança necessária no banco de dados, mesmo que não faça a implantação de cada mudança de esquema independentemente. Isso também significa que seus administradores de banco de dados (DBAs) não precisam de um grande plano inicial – eles podem trabalhar de forma incremental conforme a aplicação evolui.

Outra área importante que discutiremos neste capítulo é o gerenciamento de dados de teste. Ao realizar testes de aceitação ou testes de capacidade (ou até mesmo testes unitários), a opção padrão para muitos times é usar uma cópia dos dados de produção. Isso cria problemas por diversas razões (não apenas o tamanho do conjunto de dados), e iremos oferecer estratégias alternativas aqui.

Uma ressalva que vale para o restante deste capítulo: a maioria das aplicações utiliza tecnologias de banco de dados relacionais para gerenciar seus dados. Essa não é a única forma de armazenar dados, e certamente não é a melhor escolha para todos os casos, como o crescimento do movimento NoSQL tem demonstrado. Os conselhos que oferecemos neste capítulo são relevantes para qualquer sistema de armazenamento de dados, porém, quando discutirmos detalhes, estaremos falando de sistemas RDBMS, uma vez que eles ainda representam a maioria dos sistemas de armazenamento para aplicações.

Scripting de banco de dados

Assim como qualquer mudança em seu sistema, qualquer mudança em qualquer banco de dados usado como parte de seus processos de compilação, implantação, teste e entrega deve ser gerenciada por um processo automatizado. Isso significa que a inicialização do banco de dados e todas as migrações necessárias devem ser capturadas como scripts e armazenadas no sistema de controle de versões. Deve-se poder usar esses scripts para gerenciar todos os bancos de dados usados em seu processo de entrega, seja para criar um banco de dados local para um desenvolvedor que está trabalhando em novo código, para atualizar um ambiente de teste de integração do sistema (SIT) para testadores, ou para migrar o banco de dados de produção como parte do processo de entrega.

Obviamente, o esquema de seu banco de dados deve evoluir junto com a aplicação. Isso representa um problema, pois é importante que o banco de dados tenha um esquema correto para determinada versão da aplicação. Por exemplo, ao fazer implantação para *staging*, é essencial podermos migrar o banco de dados de *staging* para o esquema correto que funcione com a versão da aplicação que está sendo implantada. Um gerenciamento cuidadoso dos scripts permite que isso seja possível, conforme descreveremos na seção "Mudanças incrementais", na página 330.

Finalmente, seus scripts de banco de dados devem ser usados como parte do processo de integração contínua. Enquanto os testes unitários não devem, por definição, precisar de um banco de dados para rodar, qualquer tipo de teste de aceitação que faça sentido, rodando contra uma aplicação que use um banco de dados, precisará de um banco de dados corretamente inicializado. Assim, parte do processo de preparação do teste de aceitação deve criar um banco de dados com um esquema correto, que funcione com a versão mais recente da aplicação, e carregá-lo com qualquer tipo de dados de teste necessários para rodar os testes de aceitação. Um procedimento similar pode ser usado para estágios mais avançados do pipeline de implantação.

Inicializar banco de dados

Um aspecto extremamente importante para nossa abordagem de entrega é a habilidade de reproduzir um ambiente, juntamente à aplicação que roda nele, de forma automatizada. Sem essa habilidade, não podemos ter certeza de que o sistema irá se comportar da maneira esperada.

Esse aspecto da implantação de banco de dados é o mais simples de acertar e de manter conforme sua aplicação muda durante o processo de desenvolvimento. Quase todo sistema de gerenciamento de dados dá suporte à inicialização de um armazém de dados, incluindo esquema e credenciais de usuário, a partir de scripts automatizados. Então, a criação e manutenção de um script de inicialização do banco de dados é um ponto de partida simples. Seu script deve primeiramente criar a estrutura do banco de dados, instâncias, esquemas, e assim por diante, e então preencher as tabelas do banco de dados com qualquer dado de referência necessário para que sua aplicação seja inicializada.

Este script, assim como todos os outros scripts envolvidos na manutenção do banco de dados, deve obviamente ser armazenado no sistema de controle de versão, juntamente com o código-fonte.

Para alguns projetos simples, isso pode ser suficiente. Para projetos em que o conjunto de dados operacional é de alguma forma transitório – ou quando ele é predefinido, como sistemas que usam o banco de dados em tempo de execução como um recurso somente para leitura – apenas apagar a versão anterior e substituí-la por uma nova cópia, recriada a partir do que está armazenado no controle de versões, é uma estratégia simples e eficaz. Se isso é o suficiente para você, faça isso!

Em sua forma mais simples, o processo de implantação de um novo banco de dados é:

- Apague o que estava lá antes.
- Crie a estrutura do banco de dados, instâncias, esquemas, etc.
- Carregue o banco de dados com dados.

A maioria dos projetos usa o banco de dados de forma mais sofisticada. Nós precisaremos considerar o caso mais complexo, porém mais comum, em que estaremos fazendo mudanças após um período de uso. Nesse caso, dados existentes precisam ser migrados como parte do processo de implantação.

Mudanças incrementais

Integração contínua exige que mantenhamos nossa aplicação funcionando depois de cada mudança. Isso inclui mudanças tanto na estrutura como no conteúdo dos dados. Entrega contínua demanda que sejamos capazes de fazer implantação de qualquer versão candidata da aplicação, incluindo mudanças no banco de dados, em produção (o mesmo vale para software instalado pelo usuário que contenha um banco de dados). Para qualquer sistema não trivial, isso significa que precisamos atualizar o banco de dados operacional de forma a manter os valiosos dados que estão guardados nele. Finalmente, devido à restrição de que os dados em um banco de dados precisam ser preservados durante uma implantação, precisamos ter uma estratégia de rollback, caso algo dê errado durante a implantação.

Versionar o banco de dados

O mecanismo mais eficaz para migrar dados de forma automatizada é versionar banco de dados. Simplesmente crie uma tabela em seu banco de dados que contenha seu número de versão. Então, toda vez que fizer uma mudança no banco de dados, precisa criar dois scripts: um que leva o banco de dados da versão x para a versão $x + 1$ (um script de avanço), e um que leva o banco de dados da versão $x + 1$ para a versão x (um script de rollback). Você também precisará de uma configuração na aplicação especificando qual versão do banco de dados ela está preparada para suportar (isso pode ser armazenado como uma constante no controle de versões e atualizado toda vez que uma mudança no banco de dados é necessária).

Durante a implantação, pode-se usar uma ferramenta que compara a versão atual do banco de dados com a versão do banco de dados necessária para a versão da aplicação que está sendo entregue. A ferramenta irá decidir quais scripts precisam ser executados para migrar o banco de dados da versão atual para a versão necessária e executá-los em ordem. Ao avançar versões, ela irá aplicar a combinação correta dos scripts de avanço, da mais antiga para a mais recente; ao fazer rollbacks, ela irá aplicar os scripts de rollback relevantes em ordem reversa. Essa técnica já é utilizada por aplicações que usam Ruby on Rails, na forma de migrações do ActiveRecord. Se você está usando Java ou .NET, alguns de nossos colegas desenvolveram uma aplicação de código livre simples chamada de DbDeploy (a versão .NET se chama DbDeploy.NET) para gerenciar esse processo. Existem também diversas outras soluções similares, incluindo Tarantino, DbDiff da Microsoft, e Dbmigrate do IBatis.

Veja um exemplo simples. Quando você começa a desenvolver a aplicação, escreve o primeiro arquivo SQL, 1_criar_tabelas_iniciais.sql:

```
CREATE TABLE cliente (
    id BIGINT GENERATED BY DEFAULT AS IDENTITY (START WITH 1) PRIMARY KEY,
    primeironome VARCHAR(255)
    ultimonome VARCHAR(255)
);
```

Em uma versão posterior de seu código, você descobre que precisa adicionar a data de nascimento do cliente em sua tabela; então cria outro script, 2_adicionar_data_de_nascimento_do_cliente.sql, que descreve como adicionar essa mudança e como fazer rollback:

```
ALTER TABLE cliente ADD COLUMN datadenascimento DATETIME;

--//@UNDO

ALTER TABLE cliente DROP COLUMN datadenascimento;
```

A parte do arquivo antes do comentário --//@UNDO representa como avançar o banco de dados da versão 1 para a versão 2. A parte do arquivo após o comentário representa como fazer rollback da versão 2 para a versão 1. Essa sintaxe é usada pelo DbDeploy e DbDeploy.NET.

Escrever os scripts de rollback não é muito difícil se os scripts de avanço adicionam novas estruturas no banco de dados. Seus scripts de rollback podem simplesmente removê-las, lembrando que restrições de integridade devem ser removidas primeiro. Geralmente também é possível criar scripts de rollback correspondentes a mudanças que alteram estruturas existentes. No entanto, em alguns casos é preciso remover dados. Nessa situação, ainda é possível que o script de avanço seja não destrutivo. Faça seu script criar uma tabela temporária em que os dados que serão removidos são copiados antes de serem removidos da tabela principal. Ao fazer isso, é essencial copiar também as chaves primárias da tabela, para que os dados possam ser copiados de volta pelo script de rollback de forma a reestabelecer as restrições de integridade.

Existem alguns limites práticos para o grau de facilidade com que você consegue avançar e fazer rollback do banco de dados. Em nossa experiência, o problema mais comum é a alteração do esquema do banco de dados. Se tais mudanças são aditivas, de forma a criar novos relacionamentos, você geralmente não terá problemas – a não ser que faça coisas como adicionar uma restrição que os dados atuais violam, ou adicionar novos objetos sem definir um valor padrão. Se as mudanças no esquema são subtrativas, aparecem os problemas, pois uma vez que você perdeu a informação de como um registro se relaciona com outro, é mais difícil reconstruir esse relacionamento novamente.

Essa técnica de gerenciamento de mudanças no banco de dados atinge dois objetivos: permite que você consiga fazer implantação contínua de sua aplicação sem se preocupar com o estado atual do banco de dados no ambiente em que está fazendo implantação. Seu script de implantação simplesmente avança ou faz rollback do banco de dados para a versão que sua aplicação está esperando.

No entanto, também permite que você desacople, até certo ponto, as mudanças no banco de dados das mudanças na aplicação. Seus DBAs podem trabalhar nos scripts para migrar o banco de dados e colocá-los no controle de versão sem se preocupar em quebrar a aplicação. Para isso, seu DBA precisa simplesmente garantir que os scripts são parte de uma migração para uma versão mais nova do banco de dados, que não será executada até que o código que a use seja desenvolvido e os desenvolvedores atualizem a versão do banco de dados usada pela aplicação para a versão mais nova.

Para mais detalhes sobre como gerenciar mudanças incrementais no banco de dados, recomendamos o excelente livro *Refactoring Databases*, de Scott Ambler e Pramod Sadalage, bem como o minilivro que o acompanha: *Recipes for Continuous Database Integration*.

Gerenciar mudanças orquestradas

Em muitas organizações, é comum integrar todas as aplicações por meio de um único banco de dados. Essa não é uma prática que recomendamos; é melhor que as aplicações se comuniquem diretamente entre si e fatorem serviços comuns quando necessário (como, por exemplo, em uma arquitetura orientada a serviços). No entanto, existem situações em que a integração via banco de dados faz sentido, ou é simplesmente muito trabalhoso mudar a arquitetura da aplicação.

Nesse caso, fazer uma mudança no banco de dados pode ter um efeito dominó em outras aplicações que usam esse banco de dados. Primeiramente é importante testar tais mudanças em um ambiente orquestrado – em outras palavras, em um ambiente em que o banco de dados é razoavelmente parecido com produção e que tenha versões de outras aplicações que o usam. Tal ambiente geralmente é conhecido como um ambiente para testes de sistemas integrados (SIT)*, ou também *staging*. Dessa forma, se assumirmos que testes são executados frequentemente por outras aplicações que usam esse banco de dados, iremos descobrir rapidamente se a mudança afetou alguma outra aplicação.

Gerenciando dívida técnica

Vale a pena considerar como o conceito de Ward Cunningham de "dívida técnica" se aplica ao projeto do banco de dados. Existe um custo inevitável em qualquer decisão de projeto. Alguns custos são óbvios, como, por exemplo, a quantidade de tempo necessária para desenvolver uma funcionalidade. Outros custos são menos óbvios, como o custo de dar manutenção ao código no futuro. Quando decisões ruins de projeto são tomadas para acelerar a entrega de um sistema, o custo geralmente é na forma de defeitos no sistema. Isso inevitavelmente afeta a qualidade do projeto e, mais importante, o custo de manutenção do sistema. Então a analogia da dívida é boa.

Se tomarmos decisões de projeto ruins, estamos fazendo um empréstimo para o futuro. Assim como qualquer outra dívida, existem pagamentos de juros a serem feitos. Para dívida técnica, os juros são pagos em forma de manutenção. Da mesma forma como acontece com dívida financeira, projetos que acumulam uma dívida técnica significativa em algum momento apenas estarão pagando os juros da dívida em vez do montante inicial. Tais projetos estão em constante manutenção para se manter funcionando, mas não ganham qualquer funcionalidade que poderia aumentar o valor entregue a seus donos.

Em geral, um axioma da abordagem ágil de desenvolvimento é que você precisa tentar minimizar sua dívida técnica por meio de refatorações no projeto que

---

* N. de T.: Do inglês, *Systems Integration Testing*.

> visam otimizá-lo. Na realidade, existe um *trade-off*; algumas vezes, faz sentido emprestar do futuro. A parte importante é prestar atenção aos pagamentos. Em nossa experiência, a maior parte dos projetos tende a acumular dívida técnica rapidamente, e seu pagamento é muito lento, então é melhor ter mais precaução e refatorar após cada mudança. Sempre que chegar a um ponto em que vale a pena aceitar uma dívida técnica para atingir algum objetivo de curto prazo, é importante primeiramente traçar um plano para seu pagamento.
>
> A dívida técnica é uma consideração importante no gerenciamento de dados, pois bancos de dados são frequentemente usados como pontos de integração em um sistema (esse não é um padrão arquitetural recomendado, mas é um bem comum). O resultado é que o banco de dados geralmente representa um ponto em que mudanças no projeto podem causar efeitos generalizados.

Em tais ambientes, também é útil manter um registro de qual aplicação usa qual objeto do banco de dados, para que você consiga saber quais mudanças irão afetar quais aplicações.

> Uma abordagem que vimos ser usada é a autogeração de uma lista dos objetos do banco de dados usados pela aplicação por meio de análise estática do código-fonte. Essa lista é gerada como parte do processo de compilação de cada aplicação, e os resultados são disponibilizados para todos, tornando fácil saber se você irá afetar alguma outra aplicação.

Finalmente, você precisará trabalhar com os times que mantêm as outras aplicações para que cheguem a um consenso sobre quais mudanças podem ser feitas. Uma forma de gerenciar mudanças incrementais é fazer com que as aplicações funcionem com diversas versões do banco de dados; assim, o banco de dados pode ser migrado independentemente das aplicações que dependem dele. Essa técnica também é útil para entregas sem parada, que descreveremos em mais detalhes na próxima seção.

Rollback de banco de dados e versões sem parada

Uma vez que você possui scripts de avanço e rollback para cada versão da aplicação, conforme descrevemos na seção anterior, é relativamente fácil usar uma aplicação como DbDeploy durante a implantação para migrar o banco de dados existente para a versão correta usada pela versão da aplicação da qual você está fazendo implantação.

No entanto, existe um caso especial: implantação em produção. Existem dois requisitos comuns que impõem restrições extras durante a implantação para produção: a habilidade de fazer rollback sem perder transações executadas após a atualização, e a necessidade de manter a aplicação disponível de acordo com sua SLA, conhecida como implantação quente ou versões sem parada.

Rollback sem perda de dados

No caso de um rollback, seus scripts de rollback (conforme descrevemos na seção anterior) podem ser escritos de forma a preservar quaisquer transações que ocorram após a atualização. Em especial, você não terá problemas se seus scripts de rollback satisfizerem os seguintes critérios:

- Eles envolvem mudanças de esquema que não resultam em perda de dados (como uma normalização ou desnormalização, ou mover uma coluna entre tabelas, por exemplo). Nesse caso, você simplesmente executa os scripts de rollback.

- Eles removem alguns dados que apenas o novo sistema entende, mas não será um problema crítico se esses dados forem perdidos. Nesse caso, você simplesmente executa os scripts de rollback.

No entanto, existem circunstâncias em que não é possível apenas rodar os scripts de rollback.

- O processo de rollback envolve readição de dados de tabelas temporárias. Nesse caso, restrições de integridade podem ser violadas pelos novos registros que foram adicionados desde a atualização.

- O processo de rollback envolve remoção de dados das novas transações, e é inadmissível para o sistema que estes sejam perdidos.

Nesse caso, existem algumas soluções que podem ser usadas para fazer o rollback para uma versão anterior da aplicação. Uma solução é fazer cache de transações que você não quer perder e criar uma forma de reproduzi-las. Quando você atualizar seu banco de dados e sua aplicação para uma nova versão, certifique-se de que fez uma cópia de cada transação feita no novo sistema. Isso pode ser feito por meio da gravação de eventos que se originam na interface de usuário, da interceptação de mensagens maiores que são trocadas entre os componentes de seu sistema (isso é relativamente fácil se a aplicação usa um paradigma orientado a eventos), ou simplesmente copiando cada transação que ocorre no banco de dados por meio do log de transações. Esses eventos podem ser reproduzidos quando a nova implantação da aplicação tiver sido feita com sucesso. Obviamente essa abordagem exige atenção especial ao projeto e aos testes para que funcione, mas essa pode ser um *trade-off* aceitável se você realmente precisa garantir que nenhum dado seja perdido no caso de um rollback.

Outra solução pode ser usada se você estiver usando implantações azul-verde (veja o Capítulo 10, "Implantação e Entrega de Versões de Aplicações"). Para refrescar sua memória, em implantações azul-verde tanto a versão antiga como a versão nova da aplicação executam lado a lado, uma no ambiente azul e outra no ambiente verde. A "entrega" é simplesmente o envio de requisições de usuário da versão antiga para a versão nova, e o "rollback" significa trocá-las de volta para a versão antiga.

Em implantações azul-verde, um backup do banco de dados de produção (vamos assumir que seja o banco de dados azul) precisa ser agendado no momento da entrega. Se o seu banco de dados não permite *hot backups*, ou se há alguma outra restrição que o impeça de fazê-lo, você precisará colocar sua aplicação em modo de somente leitura para que o backup possa ser realizado. Esse backup é então restaurado no banco de dados verde, e o processo de migração é realizado nele. Usuários são transferidos para o ambiente verde como parte do processo de entrega.

Se houver a necessidade de um rollback, os usuário são simplesmente transferidos de volta para o ambiente azul. Novas transações do banco de dados no ambiente verde podem então ser recuperadas, seja para serem reaplicadas no banco de dados azul antes da próxima atualização ser executada ou para serem reaplicadas quando outra atualização tiver sido realizada.

Alguns sistemas têm tantos dados que tais operações de backup e restauração simplesmente não são possíveis sem causar níveis inaceitáveis de tempo de queda. Nesse caso, essa abordagem não pode ser usada – mesmo que seja possível usar ambientes azul-verde, a troca do banco de dados usado acontece no momento da entrega, em vez de usar banco de dados independentes para cada ambiente.

Desacoplar a implantação da aplicação da migração do banco de dados

No entanto, pode ser usada uma terceira abordagem para gerenciar implantações quentes: por meio do desacoplamento do processo de migração do banco de dados do processo de implantação da aplicação, executando-os independentemente, como mostrado na Figura 12.1. Esta solução também pode ser aplicada para gerenciar mudanças orquestradas e os padrões de implantação azul-verde e implantações canário descritos no Capítulo 10, "Implantação e Entrega de Versões de Aplicações".

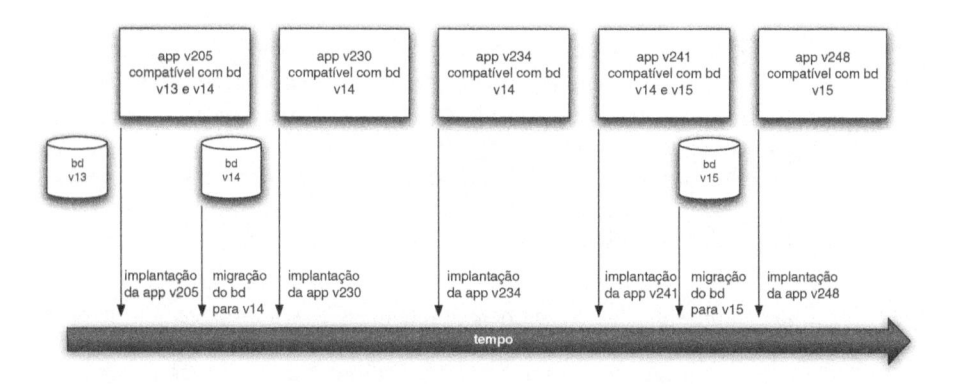

Figura 12.1 *Desacoplando a migração do banco de dados da* implantação *da aplicação.*

Se você está entregando frequentemente, não precisa migrar seu banco de dados toda vez que entregar a aplicação. Quando precisa migrar o banco de dados, em vez de exigir que a aplicação funcione apenas com a versão mais nova do banco de dados, você precisa garantir que ela funciona tanto com a nova versão quanto com a versão atual. No diagrama, a versão 241 da aplicação foi projetada para funcionar tanto com a versão atual do banco de dados, versão 14, quanto com a nova versão, versão 15.

Você faz a implantação dessa versão de transição da aplicação e a faz funcionar com a versão atual do banco de dados. Quando tiver certeza de que a nova versão da aplicação está estável e não precisa fazer rollback, pode atualizar o banco de dados para a nova versão (versão 15 no diagrama). É claro que você precisa fazer um backup antes da atualização. Então, quando a próxima versão da aplicação estiver pronta (versão 248 no diagrama), você pode fazer a implantação sem precisar migrar o banco de dados. Essa versão da aplicação só precisa funcionar com a versão 15 do banco de dados.

Essa abordagem também pode ser útil em circunstâncias em que é difícil reverter o banco de dados para uma versão anterior. Nós a usamos numa situação em que a nova versão do banco de dados trouxe mudanças significativas, incluindo mudanças no esquema do banco de dados que perderam informação. Como resultado, a atualização exigiria a habilidade de reverter para uma versão anterior do software se ocorresse algum problema. Nós fizemos a implantação da nova versão da aplicação que, por ser compatível com a versão anterior, podia executar com o esquema do banco de dados da versão antiga sem precisar fazer a implantação das novas mudanças no banco de dados. Então observamos o comportamento da nova versão, confirmando que ela não introduzia problemas que exigissem uma reversão para a versão anterior. Finalmente, uma vez que estávamos confiantes, fizemos a implantação das mudanças do banco de dados.

Compatibilidade com versões futuras também não é uma solução genérica, apesar de ser uma estratégia útil para mudanças comuns. Compatibilidade com versões futuras é, nesse contexto, a habilidade de uma versão anterior da aplicação funcionar com uma versão futura do esquema do banco de dados. Naturalmente, se existem campos ou tabelas adicionais no novo esquema, eles serão ignorados pelas versões da aplicação que não estão preparadas para usá-los. No entanto, as partes do esquema do banco de dados que são comuns entre ambas as versões devem permanecer as mesmas.

É melhor adotar essa abordagem como padrão para a maior parte das mudanças. Isto é, a maioria das mudanças deve ser aditiva, adicionar novas tabelas ou colunas no banco de dados, mas sem mudar sua estrutura.

> Outra abordagem para gerenciar mudanças e refatorações no banco de dados é usar uma camada de abstração, na forma de *stored procedures* e *views* [cVVuV0]. Se a aplicação acessa o banco de dados por meio de uma camada de abstração, é possível fazer mudanças nos objetos do banco de dados mantendo a interface apresentada para a aplicação constante por meio de *views* e *stored procedures*. Este é um exemplo de "branch por abstração", descrito na seção "*Branching* por abstração", na página 353.

Gerência de dados de teste

Dados de teste são importantes para todos os testes, sejam manuais ou automatizados. Quais dados nos permitirão simular as interações mais comuns com o sistema? Quais dados representam casos excepcionais que provarão que a aplicação funciona mesmo com entradas não usuais? Quais dados forçarão a aplicação a condições de erro para que possamos avaliar como ela responde em tais circunstâncias? Essas perguntas são relevantes em todos os níveis de teste do sistema, mas representam um conjunto especial de problemas para testes que exigem que os dados de teste estejam em um banco de dados em algum lugar.

Iremos destacar duas questões nesta seção. A primeira é o desempenho dos testes. Queremos garantir que nossos testes rodem o mais rápido possível. No caso dos testes unitários, isso significa evitar rodar usando um banco de dados ou rodar usando um banco de dados em memória. Para outros tipos de testes, isso significa gerenciar cuidadosamente os dados de teste e não utilizar uma cópia do banco de dados de produção exceto em alguns casos limitados.

A segunda questão é o isolamento dos testes. Um teste ideal roda em um ambiente bem definido em que as entradas são controladas de forma a facilitar a avaliação das saídas. Um banco de dados, por outro lado, é uma forma de armazenamento de informações durável que permite que as mudanças permaneçam entre a invocação dos testes – a não ser que você faça algo explicitamente para impedir isso. Isso pode tornar as condições iniciais obscuras, particularmente quando você não tem controle direto sobre a ordem de execução de seus testes, o que geralmente é o caso.

Como criar um banco de dados fictício para testes unitários

É importante que testes unitários não rodem contra um banco de dados real. Geralmente testes unitários irão injetar dublês de teste no lugar de serviços que se comunicam com o banco de dados. No entanto, se isso não é possível (por exemplo, se você quer testar esses serviços), você pode aplicar duas outras estratégias.

Uma delas é substituir o código de acesso ao banco de dados por um dublê de testes. É uma boa prática encapsular esse código de acesso dentro da aplicação. Um padrão comumente usado para atingir esse objetivo é o padrão do repositório [blIgdc]. Nesse padrão, cria-se uma camada de abstração em cima do código de acesso aos dados que desacopla a aplicação do banco de dados que está sendo usado (esta é, na verdade, a aplicação do padrão de branch por abstração descrito no Capítulo 13, "Como Gerenciar Componentes e Dependências"). Uma vez feito isso, pode-se trocar o código de acesso aos dados por um dublê de testes. Essa abordagem é mostrada na Figura 12.2.

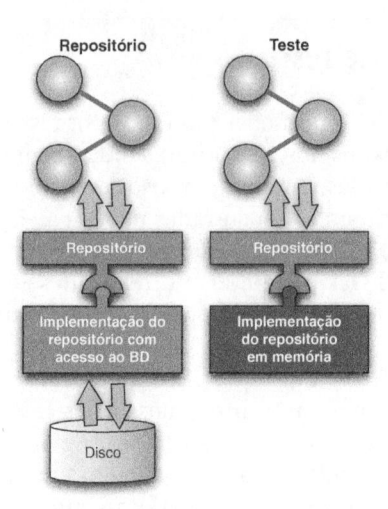

Figura 12.2 *Abstraindo o acesso ao banco de dados.*

Essa estratégia não apenas oferece um mecanismo que dá suporte aos testes, conforme descrevemos, como também incentiva um foco maior no comportamento de negócio do sistema separadamente de suas necessidades de armazenamento de dados. Ela também tende a garantir que todo o código de acesso aos dados permaneça unido, facilitando a manutenção do código. Essa combinação de benefícios em geral ultrapassa o custo relativamente pequeno de manter uma camada separada para fornecer a abstração relevante.

Quando esta abordagem não for usada, ainda é possível simular o banco de dados. Existem diversos projetos de código livre que fornecem um banco de dados relacional em memória (por exemplo, H2, SqlLite ou JavaDB). Tornando a instância do banco de dados utilizada pela aplicação configurável, você pode organizar seus testes unitários para rodar contra o banco de dados em memória. Então os testes de aceitação podem rodar contra o banco de dados em disco mais comum. Novamente, esta abordagem tem alguns benefícios adicionais: ela incentiva que o código seja escrito de forma ligeiramente mais desacoplada, pelo menos no sentido de que ele roda contra duas implementações diferentes do banco de dados. Isso, por sua vez, garante que mudanças futuras – para uma versão mais nova, ou talvez para uma tecnologia de RDBMS diferente – sejam mais fáceis de fazer.

Como gerenciar o acoplamento entre testes e dados

Quando falamos de dados de teste, é importante que cada teste individual em um conjunto de testes tenha algum estado do qual possa ser dependente. No formato "dado, quando, então" para escrita de critérios de aceitação, o estado inicial quando o teste começa é o "quando". Somente quando o estado inicial é conhecido é que você pode compará-lo em relação ao estado após o teste ter terminado e, assim, verificar o comportamento testado.

Isso é simples para um único teste, mas requer algum esfoço para um conjunto de testes, particularmente para testes que dependem do banco de dados. De forma geral, existem três abordagens para gerenciar estado para os testes.

- **Isolamento dos testes:** organize seu testes de forma que os dados de cada um sejam visíveis apenas para aquele teste.
- **Testes adaptativos:** cada teste é projetado para avaliar seu ambiente de dados e adaptar seu comportamento de acordo com o dados que vê.
- **Sequenciamento de testes:** testes são projetados para rodar numa sequência conhecida, e cada um depende, para suas entradas, da saída de seus predecessores.

Em geral, recomendamos fortemente a primeira dessas abordagens. Isolar testes uns dos outros os torna mais flexíveis e, muito importante, capazes de rodar em paralelo para otimizar o desempenho do conjunto de testes.

As outras abordagens são possíveis, porém, em nossa experiência, não escalam muito bem. Conforme o conjunto de testes cresce e as interações se tornam mais complexas, essas estratégias tendem a resultar em falhas muito difíceis de detectar e corrigir. Interações entre os testes se tornam cada vez mais obscuras, e o custo de manter um conjunto de testes funcionando começa a crescer.

Isolamento de testes

Isolamento de testes é uma estratégia para garantir que cada teste individual seja atômico. Isto é, ele não deve depender do resultado de outros testes para estabelecer seu estado, e outros testes não devem afetar seu sucesso ou falha de maneira alguma. Este nível de isolamento é relativamente simples de atingir para os testes de commit, mesmo aqueles que testam a persistência de dados num banco de dados.

A abordagem mais simples é garantir que, ao final do teste, os dados no banco de dados sempre retornem ao estado em que estavam antes de o teste rodar. Você pode fazer isso manualmente, mas a abordagem mais simples é usar a natureza transacional da maioria dos sistemas RDBMS.

Para testes relacionados com o banco de dados, criamos uma transação no início do teste, realizamos todas as operações e interações com o banco de dados necessárias dentro daquela transação, e no final do teste (independentemente do resultado), fazemos um rollback da transação. Isso usa as propriedades de isolamento de transações do sistema de banco de dados para garantir que nenhum outro teste ou usuários do banco de dados verá as mudanças feitas pelo teste.

Outra abordagem para isolamento de testes é fazer algum tipo de particionamento funcional dos dados. Esta é uma estratégia eficaz tanto para testes de commit quanto para testes de aceitação. Para testes que precisam modificar o estado do sistema como seu resultado, as principais entidades criadas em seu teste devem seguir alguma convenção de nomenclatura específica para os testes, para que cada teste veja apenas os dados criados especificamente para ele. Nós descrevemos esta abordagem em mais detalhes na seção "Estado em testes de aceitação", na página 204.

A facilidade de encontrar um nível apropriado de isolamento de testes por meio do particionamento de dados depende muito do domínio do problema. Caso seu domínio seja apropriado, esta é uma estratégia excelente e simples para manter os testes independentes uns dos outros.

Preparação (*setup*) e finalização (*tear down*)

Qualquer que seja a estratégia escolhida, é vital estabelecer uma posição inicial bem conhecida para o teste antes de ele ser executado e restabelecê-la após sua conclusão, para evitar dependências entre testes.

Para testes bem isolados, um estágio de preparação (*setup*) geralmente é necessário para preencher o banco de dados com os dados de teste relevantes. Isso pode envolver a criação de uma nova transação que será desfeita na conclusão do teste, ou simplesmente a escrita de alguns registros de informações específicas para o teste.

Testes adaptativos irão avaliar o ambiente de dados para estabelecer a posição inicial conhecida durante sua preparação.

Cenários de teste coerentes

Geralmente surge a tentação de criar uma "história" coerente que os testes irão seguir. A intenção dessa abordagem é que os dados criados sejam coerentes, minimizando assim a preparação e a finalização. Isso deveria significar que cada teste é, em si, um pouco mais simples, uma vez que eles não são mais responsáveis por gerenciar seus próprios dados de teste. Isso também significa que o conjunto de testes como um todo irá rodar mais rápido, pois não perde tanto tempo criando e destruindo dados de teste.

Há momentos em que essa abordagem é tentadora, mas acreditamos que é preciso resistir a ela. O problema com essa abordagem é que, ao tentar criar uma história coerente, criamos um forte acoplamento entre os testes. Há diversas desvantagens importantes nesse acoplamento. Os testes se tornam mais difíceis de ser projetados conforme o tamanho do conjunto de testes cresce. Quando um teste falha, ele pode criar um efeito cascata em testes subsequentes que dependem de suas saídas, fazendo-os falhar também. Mudanças no cenário de negócio, ou na implementação técnica, podem levar a um retrabalho árduo do conjunto de testes.

Porém, o mais importante é que esta visão de ordem sequencial não representa de fato a realidade dos testes. Na maioria dos casos, mesmo quando existe uma sequência clara de passos dos quais a aplicação precisa, a cada passo queremos explorar o que significa sucesso, o que acontece durante falhas, o que acontece em condições limites, e assim por diante. Existe uma série de testes diferentes que devemos rodar em condições iniciais similares. Uma vez que passamos a apoiar esta visão, precisaremos necessariamente estabelecer e restabelecer o ambiente de dados de teste, então voltamos ao contexto em que precisamos criar testes adaptativos ou testes isolados uns dos outros.

Gerenciamento de dados e o pipeline de implantação

Criar e gerenciar dados para uso em testes automatizados pode ter um custo significativo. Vamos retroceder por um momento. Qual é o foco de nossos testes?

Testamos a aplicação para garantir que ela possui diversas características comportamentais que desejamos; rodamos testes unitários para nos proteger contra os efeitos de uma mudança que inadvertidamente quebra nossa aplicação. Rodamos ainda testes de aceitação para garantir que a aplicação entrega o valor esperado para os usuários. Realizamos testes de capacidade para garantir que a aplicação atinge seus requisitos de capacidade. Nós também podemos rodar um conjunto de testes de integração para confirmar que a aplicação se comunica corretamente com os serviços dos quais depende.

Quais são os dados de teste necessários em cada um desses estágios de teste no pipeline de implantação, e como devemos gerenciá-los?

Dados no estágio de teste de commit

Testes de commit são o primeiro estágio no pipeline de implantação. É vital para o processo que os testes de commit rodem rapidamente. O estágio de commit é o ponto em que os desenvolvedores estão sentados esperando os testes serem bem-sucedidos antes de seguirem em frente. Quaisquer 30 segundos a mais nesse estágio são caros.

Além do desempenho dos testes no estágio de commit, testes de commit são a defesa fundamental contra mudanças inadvertidas no sistema. Quanto mais atrelados aos detalhes da implementação esses testes estiverem, pior eles estarão cumprindo seu papel. O problema é que quando precisa refatorar a implementação de algum aspecto de seu sistema, você quer que esses testes o protejam. Se os testes são muito atrelados aos detalhes da implementação, você descobrirá que uma pequena mudança na implementação resulta em uma mudança maior nos testes envolvidos. Em vez de defender o comportamento do sistema – e assim facilitar a mudança necessária – testes muito atrelados a detalhes de implementação irão inibir tal mudança. Se você é obrigado a fazer mudanças significativas nos testes por mudanças relativamente pequenas na implementação, eles não estão cumprindo de maneira eficaz seu papel de especificações executáveis de comportamento.

Isso pode soar um tanto abstrato em um capítulo sobre dados e banco de dados, mas acoplamento forte em testes em geral é o resultado de dados de teste excessivamente elaborados.

Este é um dos pontos principais em que o processo de integração contínua resulta em comportamentos positivos aparentemente não relacionados.

Bons testes de commit evitam a preparação elaborada de dados. Se você está trabalhando duro para criar os dados para um teste específico, este é um bom indicador de que seu projeto precisa ser mais bem decomposto. Você precisa separar o projeto em mais componentes e testá-los independentemente, usando dublês de teste para simular dependências, como descrito na seção "Use dublês de testes", na página 180.

Os testes mais eficazes não são dirigidos por dados; eles usam o mínimo de dados de teste para garantir que a unidade testada exibe o comportamento esperado. Os testes que precisam de dados mais sofisticados para demonstrar o comportamento desejado devem criá-los de forma cuidadosa e reutilizar o máximo possível o código em comum ou dados fictícios de teste para criá-los, para que mudanças no projeto das estruturas de dados que o sistema suporta não representem uma explosão catastrófica para a capacidade de teste do sistema.

Em nossos projetos, geralmente isolamos o código que cria as instâncias de teste de tais estruturas de dados comuns e o compartilhamos entre diversos casos de teste diferentes. Nós podemos ter uma classe `ClienteHelper` ou `ClienteFixture` que irá simplificar a criação de objetos `Cliente` em nossos testes, para que eles sejam criados de maneira consistente com uma coleção de valores padrão comuns para cada `Cliente`. Cada teste pode então ajustar os dados para suas necessidades, mas eles começam em um estado conhecido e consistente.

Fundamentalmente, nosso objetivo é minimizar os dados específicos de cada teste para aquilo que impacta diretamente o comportamento que o teste está tentando estabelecer. Este deve ser o objetivo para todo teste que você escrever.

Dados nos testes de aceitação

Testes de aceitação, ao contrário dos testes de commit, são testes de sistema. Isso significa que seus dados de testes são necessariamente mais complexos e precisam ser gerenciados de forma mais cuidadosa se você quiser evitar que seus testes se tornem pesados. Novamente, o objetivo é minimizar a dependência dos testes em estruturas complexas de dados o máximo possível. Esta abordagem é fundamentalmente a mesma usada nos testes de estágio de commit: queremos alcançar o reúso na criação de nossos casos de testes e minimizar a dependência de cada teste de dados de teste. Devemos criar apenas os dados suficientes para testar o comportamento esperado do sistema.

Ao considerar como preparar o estado da aplicação para um teste de aceitação, é útil distinguir entre três tipos de dados.

1. **Dados específicos do teste:** estes são os dados que guiam o comportamento que está sendo testado. Eles representam o que é específico para o caso de teste.
2. **Dados de referência do teste:** geralmente existe uma segunda classe de dados relevantes para o teste, mas na verdade têm pouco a ver com o comportamento testado. Eles precisam estar lá, mas são parte da equipe de coadjuvantes, não os atores principais.

3. **Dados de referência da aplicação:** comumente, existem dados que são irrelevantes para o comportamento que está sendo testado, mas que precisam estar lá para que a aplicação funcione.

Dados específicos do teste devem ser únicos e usar estratégias de isolamento de testes para garantir que o teste inicie em um ambiente bem definido e que não seja afetado por efeitos colaterais de outros testes.

Dados de referência do teste podem ser gerenciados por meio de dados pré-preenchidos que são reutilizados em diversos testes para estabelecer o ambiente geral no qual o teste roda, mas que permanecem inalterados pela operação dos testes.

Dados de referência da aplicação podem tomar qualquer valor, mesmo valores nulos, contanto que os valores escolhidos não causem nenhum efeito no resultado do teste.

Dados de referência da aplicação e, quando aplicável, dados de referência do teste – o que quer que seja necessário para sua aplicação iniciar – podem ser guardados na forma de *dumps* do banco de dados. Obviamente você precisará versioná-los e garantir que eles sejam migrados como parte da inicialização da aplicação. Esta é uma forma útil de testar a estratégia de migração automatizada do banco de dados.

Esta categorização não é rigorosa. Muitas vezes, as divisões entre as classes de teste podem ser confusas no contexto de um teste específico. No entanto, achamos essa ferramenta útil para nos ajudar a focar nos dados que precisamos gerenciar ativamente, para que nossos testes sejam confiáveis, em vez de dados que apenas precisam estar lá.

Fundamentalmente, é um erro fazer testes muito dependentes no "universo" de dados que representam a aplicação toda. É importante que você possa considerar cada teste em certo grau de isolamento, ou todo o conjunto de testes se torna frágil demais e passa a falhar constantemente a cada pequena mudança nos dados.

No entanto, ao contrário dos testes de commit, não recomendados o uso do código da aplicação ou *dumps* do banco de dados para colocar a aplicação no estado inicial correto para o teste. Em vez disso, mantendo a natureza dos testes no nível de sistema, recomendamos usar a API da aplicação para colocá-la no estado correto.

Isso tem diversas vantagens:

- Usar o código da aplicação, ou qualquer outro mecanismo que pule a lógica de negócio, pode colocar o sistema em um estado inconsistente. Usar a API da aplicação garante que a aplicação nunca estará num estado inconsistente durante os testes de aceitação.

- Refatorações do banco de dados ou da própria aplicação não terão efeito nos testes de aceitação, uma vez que, por definição, refatorações não alteram o comportamento da API pública da aplicação. Isso tornará seus testes de aceitação significativamente menos frágeis.

- Seus testes de aceitação também passam a servir como testes da API da aplicação.

> **Tipos de dados de teste: um exemplo**
>
> Considere que estamos testando uma aplicação que lida com operações financeiras. Se um teste específico foca em confirmar que a posição de um usuário é atualizada corretamente após a realização de uma operação, a posição inicial e a posição final são fundamentais para esse teste.
>
> Para um conjunto de testes de aceitação que mantêm seu estado e estejam rodando em um ambiente com um banco de dados real, isso provavelmente significa que esse teste precisará de uma nova conta de usuário com uma posição inicial conhecida. Consideramos a conta e sua posição como dados específicos do teste, então para os objetivos de um teste de aceitação, podemos registrar uma nova conta e fornecer alguns fundos, para permitir que sejam realizadas operações, como parte da preparação do caso de teste.
>
> O instrumento ou instrumentos financeiros usados para estabelecer a posição esperada durante a execução do teste são peças importantes para o teste, mas podem ser tratados como dados de referência do teste, de forma que a existência de uma coleção de instrumentos reutilizados por uma série de testes não comprometeria o resultado de nosso "teste da posição". Esses dados podem inclusive ser dados de referência de teste pré-preenchidos.
>
> Finalmente, os detalhes das opções necessárias para estabelecer uma nova conta são irrelevantes para o teste da posição, a não ser que eles afetem diretamente a posição inicial ou os cálculos da posição do usuário de alguma forma. Assim, para esses dados de referência da aplicação, qualquer valor padrão irá servir.

Dados nos testes de capacidade

Testes de capacidade apresentam um problema de escalabilidade dos dados necessários para a maioria das aplicações. Esse problema se manifesta em duas áreas: na habilidade de gerar um volume suficiente de dados de entrada para o teste e no provisionamento de dados de referência apropriados para suportar diversos casos de teste simultâneos.

Conforme descrevemos no Capítulo 9, "Como Testar Requisitos Não funcionais", vemos testes de capacidade primeiramente como um exercício de reexecução dos testes de aceitação, mas para diversos casos ao mesmo tempo. Se a aplicação tem o conceito de realizar uma compra, esperaríamos realizar diversas compras simultaneamente quando estamos executando testes de capacidade.

Preferimos automatizar a geração desses grandes volumes de dados, tanto entradas como dados de referência, usando mecanismos como modelos de interação, descritos em mais detalhes na seção "Usar modelos de interação gravados", na página 242.

Esta abordagem de fato nos permite amplificar os dados que criamos e gerenciamos para dar suporte aos nossos testes de aceitação. Tendemos a aplicar esta estratégia de reutilização de dados da forma mais ampla possível, usando o raciocínio de que as interações que codificamos em nosso conjunto de testes de aceitação e os dados associados com tais interações são principalmente especificações executáveis do comportamento do sistema. Se nossos testes de aceitação são eficazes nesse papel, eles capturam as interações importantes suportadas pela aplicação. Algo está errado se eles não codificam os comportamentos importantes do sistema que queremos medir como parte dos testes de capacidade.

Além disso, se temos mecanismos e processos para manter esses testes rodando de forma alinhada com a aplicação conforme ela evolui, por que jogar tudo isso fora e começar do zero quando chega a hora de testar a capacidade, ou mesmo para qualquer estágio que ocorra após o estágio de teste de aceitação?

Nossa estratégia se baseia, então, nos testes de aceitação como um registro das interações interessantes com nosso sistema, usando tais registros como ponto de partida para os estágios de teste subsequentes.

Para os testes de capacidade, usamos ferramentas que usam os dados associados a um teste de aceitação selecionado e os escalam para diversos "casos", de forma a conseguirmos realizar várias interações com o sistema baseados naquele teste.

Essa abordagem para geração de dados de teste nos permite concentrar nossos esforços de gerenciamento dos dados do teste de capacidade na essência dos dados que é, por necessidade, única para cada interação individual.

Dados em outros estágios de teste

Pelo menos no nível de filosofia de projeto, se não em uma abordagem técnica específica, aplicamos a mesma abordagem para todos os estágios de teste automatizados após o estágio de aceitação. Nosso objetivo é reutilizar as "especificações de comportamento" representadas por nossos testes de aceitação automatizados como ponto de partida para qualquer teste cujo foco não é puramente funcional.

> Ao criar aplicações Web, usamos nosso conjunto de testes de aceitação para derivar não apenas os testes de capacidade, mas também os testes de compatibilidade. Para testes de compatibilidade, executamos novamente nosso conjunto completo de testes de aceitação contra todos os navegadores Web mais populares. Esse não é um teste exaustivo – não nos diz nada sobre usabilidade –, mas nos avisa se tivermos feito uma mudança que quebra a interface de usuário completamente em algum navegador. Como reutilizamos tanto nossos mecanismos de implementação quanto nosso conjunto de testes de aceitação, além de usar máquinas virtuais para rodar tais testes, ganhamos a habilidade de realizar testes de compatibilidade praticamente de graça – exceto pelo custo do tempo de CPU e espaço em disco usados para rodar os testes.

Para estágios de teste manuais, como testes exploratórios ou ambientes de teste de aceitação do usuário, existem algumas abordagens para dados de teste. Uma delas é rodar contra um conjunto mínimo de dados de referência dos testes e da aplicação para permitir que a aplicação inicie num estado inicial vazio. Testadores podem então experimentar cenários que ocorrem quando os usuários começam a trabalhar com a aplicação. Outra abordagem é carregar um conjunto de dados muito maior, para que os testadores possam criar cenários que assumem que a aplicação está em uso há algum tempo. Também é útil ter um conjunto de dados de teste grande para fazer testes de integração.

Ainda que seja possível usar um *dump* do banco de dados de produção para estes cenários, não recomendamos tal abordagem na maioria dos casos. Isso se deve ao fato de que o tamanho do conjunto de dados é tão grande que se torna incontrolável. Migrar um conjunto de dados de produção pode demorar horas. No entanto, existem casos em que é importante testar com um *dump* de produção – por exemplo, quando testamos a migração do banco de dados de produção, ou quando tentamos determinar em que ponto os dados de produção precisam ser arquivados para evitar que a aplicação rode muito devagar.

Em vez disso, recomendamos criar um conjunto de dados customizado para ser usado durante testes manuais, baseado num subconjunto dos dados de produção ou em um *dump* do banco de dados realizado depois que uma série de testes automatizados de aceitação ou de capacidade tenham rodado. Você pode até customizar seu framework de teste de capacidade para produzir um banco de dados que representa um estado realista da aplicação após seu uso contínuo por um conjunto de usuários. Esse conjunto de dados pode então ser armazenado e reutilizado como parte da implantação para os ambientes de teste manuais. Obviamente ele precisará ser migrado como parte do processo de implantação. Às vezes os testadores irão manter diversos *dumps* do banco de dados por perto para usar como ponto de partida para diversos tipos de testes.

Esses conjuntos de dados, inclusive o conjunto de dados mínimo necessário para inicializar a aplicação, também devem ser usados por desenvolvedores em seus ambientes. Em hipótese alguma desenvolvedores devem usar conjuntos de dados de produção em seus ambientes.

Resumo

Em função de seu ciclo de vida, o gerenciamento de dados representa uma série de problemas diferentes daqueles que discutimos no contexto do pipeline de implantação. No entanto, os princípios fundamentais que regem o gerenciamento de dados são os mesmos. O principal é garantir que exista um processo completamente automatizado para criar e migrar bancos de dados. Esse processo é usado como parte do processo de implantação, garantindo que possa ser repetido e que seja confiável. O mesmo processo deve ser usado tanto para fazer a implantação da aplicação em um ambiente de desenvolvimento ou de teste de aceitação com um conjunto mínimo de dados, quanto para migrar um conjunto de dados de produção durante uma implantação para produção.

Mesmo com um processo de migração de banco de dados automatizado, ainda é importante gerenciar de forma cuidadosa os dados usados para fins de testes. Ainda que um *dump* do banco de dados de produção possa parecer um ponto de partida tentador, ele geralmente é muito grande para ser útil. Em vez disso, faça com que seus testes criem o estado de que precisam e garanta que eles o façam de forma que cada teste seja independente dos outros. Mesmo para testes manuais, há poucas circunstâncias em que um *dump* do banco de dados de produção é o melhor ponto de partida. Testadores devem criar e gerenciar conjuntos de teste menores para seus próprios propósitos.

Veja alguns dos princípios e práticas mais importantes apresentados neste capítulo.

- Versione seu banco de dados e use uma ferramenta como o DbDeploy para gerenciar migrações automaticamente.

- Tente manter compatibilidade tanto com versões antigas quanto com futuras com mudanças do esquema, de forma que consiga separar a implantação dos dados e problemas com migrações das implantações e problemas da aplicação.

- Garanta que os testes criem os dados necessários para sua execução durante o processo de preparação, e que os dados sejam particionados de forma a garantir que não afetem outros testes que estejam rodando ao mesmo tempo.

- Reserve o compartilhamento do estágio de preparação (*setup*) entre testes apenas para os dados necessários para que a aplicação inicie, e talvez alguns dados de referência gerais.

- Tente usar a API pública da aplicação para preparar o estado dos testes sempre que possível.

- Na maioria dos casos, não use *dumps* dos dados de produção para fins de testes. Crie conjuntos de dados customizados selecionando cuidadosamente um subconjunto dos dados de produção, ou a partir da execução de testes de aceitação ou capacidade.

Obviamente, esses princípios precisarão ser adaptados à sua situação. No entanto, se usados como abordagem padrão, eles irão ajudar qualquer projeto de software a minimizar os efeitos dos problemas mais comuns associados com gerenciamento de dados em testes automatizados e ambientes de produção.

Capítulo 13

Como Gerenciar Componentes e Dependências

Introdução

Entrega contínua oferece a capacidade de entregar versões novas e funcionais da aplicação várias vezes ao dia. Isso significa que você precisa manter sua aplicação pronta para entrega em todos os momentos. Mas o que fazer se você está engajado em uma grande refatoração ou adicionando uma funcionalidade complexa? Criar branches no controle de versão pode parecer a solução para esse problema. Entretanto, acreditamos fortemente que essa é a resposta errada.[1] Este capítulo descreve como manter a aplicação continuamente pronta para entrega, a despeito de mudanças constantes. Uma das técnicas fundamentais é a componentização de aplicações maiores, de modo que trataremos de componentização, inclusive de compilar e gerenciar grandes projetos com muitos componentes, em detalhes.

O que é um componente? Esse é um termo extremamente sobrecarregado em software, então tentaremos esclarecer o que queremos dizer com ele. Entendemos componentes como uma estrutura razoavelmente grande dentro de uma aplicação, com uma API bem definida que pode ser trocada por outra implementação. Um software baseado em componentes distingue-se pelo fato de que a base de código é dividida em pequenas porções que fornecem comportamento por meio de interações limitadas e bem definidas com outros componentes.

A oposição a um sistema baseado em componentes é um sistema monolítico, sem fronteiras claras ou separação de interesses entre os elementos responsáveis por tarefas diferentes. Sistemas monolíticos geralmente têm baixo encapsulamento ou forte acoplamento entre estruturas logicamente independentes, o que infringe a Lei de Demeter. A linguagem e a tecnologia não são importantes – isso não tem a ver com componentes de interface em Visual Basic ou Java. Algumas pessoas chamam esses componentes de "módulos". No Windows, um

---

[1] Discutimos estratégias de criação de branches no próximo capítulo, "Controle de Versão Avançado".

componente normalmente é empacotado como uma DLL. No Unix, ele pode ser um arquivo SO. Em Java, provavelmente é um arquivo JAR.

Usar uma abordagem baseada em componentes geralmente é descrito em termos de incentivar reúso ou ter boas propriedades arquiteturais como baixo acoplamento. Isso é verdade, mas há outro benefício: também é uma das maneiras mais eficientes de colaboração para grandes equipes. Neste capítulo, descrevemos como criar e gerenciar processos para compilação, implantação, testes e entrega de aplicações baseadas em componentes.

Se você trabalha em um projeto pequeno, pode pensar em pular este capítulo depois de ler a próxima seção (que você deve ler independentemente do tamanho de seu projeto). Muitos projetos funcionam perfeitamente com um repositório único de código e um pipeline de implantação simples. Entretanto, muitos outros evoluíram para uma massa de código impossível de manter, porque ninguém tomou a decisão de criar componentes pequenos quando ainda era possível fazer isso. O ponto em que projetos pequenos se transformam em projetos grandes é fluido e chegará sem que se perceba. Uma vez que um projeto ultrapassa certo limiar, é muito caro mudar o código dessa maneira. Poucos líderes de projeto terão a audácia de pedir que sua equipe pare o desenvolvimento por tempo suficiente para rearquitetar a aplicação em componentes. Descobrir como criar e gerenciar componentes é outro tópico que exploraremos neste capítulo.

O material deste capítulo depende de um bom entendimento do pipeline de implantação. Se você precisa relembrar, consulte o Capítulo 5, "Anatomia de um Pipeline de Implantação". Neste capítulo também descreveremos como componentes interagem com branches. No final do capítulo, teremos abordado os três graus de liberdade de um sistema de compilação: pipeline de implantação, branches e componentes.

Não é incomum, quando se trabalha com grandes sistemas, ter as três dimensões em uso. Em tais sistemas, componentes formam uma série de dependências que, por sua vez, dependem de bibliotecas externas. Cada componente pode ter vários branches de entrega. Encontrar boas versões desses componentes que podem ser configuradas em um sistema que compila é um processo extremamente difícil – já ouvimos falar de projetos em que isso demora meses. Somente depois que você fizer isso é que pode começar a mover o sistema pelo pipeline de implantação.

Esse, essencialmente, é o problema que a integração contínua deve resolver. Como sempre, as soluções que iremos propor aqui dependem de melhores práticas com as quais esperamos que você esteja familiarizado agora.

Manter a aplicação pronta para entrega

O objetivo da integração contínua é fornecer um alto grau de confiança de que a aplicação está funcionando. O pipeline de implantação, uma extensão da IC, existe para garantir que o software sempre está em um estado de entrega.

Ambas as práticas dependem de que a equipe execute seu desenvolvimento no trunk.[2]

No curso do desenvolvimento, as equipes estão continuamente adicionando funcionalidades, e algumas vezes precisam fazer grandes mudanças arquiteturais. Durante essas atividades, a aplicação não está em um estado de entrega, embora ainda tenha sucesso no estágio de commit da integração contínua. Geralmente, antes da entrega as equipes param de desenvolver funcionalidade nova e entram em uma fase de estabilização durante a qual ocorrem apenas correções. Quando a aplicação é entregue em produção, um branch é criado para aquela versão específica, e o desenvolvimento recomeça no trunk. Entretanto, esse processo geralmente resulta em semanas ou meses entre entregas. O objetivo da entrega contínua é que a aplicação possa ser colocada em produção a qualquer momento. Como conseguimos isso?

Uma abordagem é criar branches no controle de versão que passam por um merge quando o trabalho está completo, de modo que o trunk sempre possa ser colocado em produção. Examinamos essa abordagem em detalhes no próximo capítulo, "Controle de Versão Avançado". Apesar disso, acreditamos que ela não leva a resultados ideais, já que a aplicação não está sendo continuamente integrada. Em vez disso, defendemos que todos na equipe façam check-ins somente no trunk. Como é possível que todos trabalhem no trunk e ao mesmo tempo mantenham um estado de entrega para a aplicação?

Podem ser usadas quatro estratégias para atingir esse objetivo:

- Esconda novas funcionalidades até que estejam prontas.

- Faça todas as mudanças incrementalmente como uma série de pequenas mudanças, todas prontas para serem implantadas em produção.

- Use branching por abstrações para fazer mudanças em grande escala em sua aplicação.

- Use componentes para reduzir o acoplamento entre partes da aplicação que mudam em velocidades diferentes.

Discutiremos as primeiras três estratégias abaixo. Essas estratégias são suficientes para projetos menores. Para projetos maiores, você precisa considerar componentes, que discutiremos no restante do capítulo.

Esconda novas funcionalidades até que estejam prontas

Um problema comum quando ocorre implantação contínua é que uma funcionalidade, ou um conjunto de funcionalidades, pode levar um longo tempo para ficar pronta. Se não faz sentido entregar um conjunto de funcionalidades incrementalmente, muitas vezes é tentador começar o desenvolvimento delas em um novo branch e integrar a funcionalidade quando ela estiver pronta, para não interromper o trabalho no restante do sistema, o que poderia impedir uma entrega.

---

[2] Há algumas exceções quanto ao uso de sistemas de controle de versão distribuídos que discutiremos no próximo capítulo.

Uma solução é fazer as novas funcionalidades, mas torná-las inacessíveis aos usuários. Por exemplo, considere um site que forneça serviços de viagens. A empresa que opera o site quer oferecer um novo serviço: reservas de hotéis. Para isso, os desenvolvedores começam a trabalhar nessa nova funcionalidade como um componente separado, acessível por uma URI separada /hotel. Esse componente pode ser implantado junto com o restante do sistema, se desejado – desde que o acesso a ele seja protegido (isso pode ser feito com uma configuração simples em seu servidor Web).

> **Trocando uma UI completa de maneira incremental**
>
> Em um dos projetos em que Jez trabalhou, os desenvolvedores começaram a trabalhar em uma nova UI (interface de usuário) usando esse método. Durante o desenvolvimento, a nova UI estava escondida sob a URI /new/ sem que houvesse qualquer link para essa URI no restante da aplicação. À medida que começamos a usar novas partes da UI, começamos a criar links no site existente para as partes prontas. Isso nos permitiu substituir incrementalmente a UI antiga, mantendo a aplicação funcional durante todo o desenvolvimento da nova UI. Ambas as UIs compartilhavam *stylesheets*, de modo que eram parecidas, embora fossem implementadas em tecnologias completamente diferentes; os usuários não tinham ideia de qual tecnologia estava sendo usada em quais páginas a menos que olhassem para a URI.

Uma maneira alternativa de garantir que componentes semicompletos possam ser implantados sem estarem acessíveis aos usuários é permitir que o acesso a eles seja ligado e desligado por meio de configurações. Por exemplo, em uma aplicação rica, você pode ter dois menus – um com a nova funcionalidade e outro sem ela. Você pode usar configurações para alternar entre os menus. Isso pode ser feito por meio de opções de linha de comando ou de qualquer outra configuração em tempo de implantação ou execução (veja o Capítulo 2, "Gerência de Configuração" para mais detalhes). A capacidade de ligar ou desligar funcionalidade (ou trocar implementações) por meio de configuração é muito útil no momento de exccutar testes automatizados.

Mesmo grandes organizações desenvolvem software dessa maneira. Um dos maiores mecanismos de busca do planeta em que um de nossos colegas trabalhou precisou modificar o *kernel* do Linux para aceitar a grande quantidade de configurações de linha de comando necessárias para ligar ou desligar as funcionalidades em seu software. Esse é um exemplo extremo, e não recomendamos ter muitas opções – elas devem ser eliminadas quando não forem mais necessárias. É possível marcar opções de configuração no código e usar análise estática como parte do estágio de commit para criar uma lista de opções de configuração.

Implantar funcionalidade ainda incompleta é uma boa prática, porque significa que você sempre está integrando todo o sistema. Isso torna o planejamento e a entrega da aplicação muito mais fáceis, já que não há necessidade de introduzir dependências e fases de integração no projeto. Isso garante que novos componentes possam ser desenvolvidos e implantados junto ao restante da aplicação desde o começo. Também significa que você está testando a aplicação como um todo, inclusive serviços novos ou modificados que novos componentes exigem no que tange a regressões.

Escrever software dessa maneira exige certo planejamento, arquitetura cuidadosa e desenvolvimento disciplinado. Entretanto, os benefícios em termos de capacidade de entregar novas versões do software ao mesmo tempo em que adiciona novas funcionalidades vale o esforço adicional. Essa alternativa também é muito superior a usar branches para controle de versão para novos desenvolvimentos.

Faça todas as mudanças incrementalmente

O exemplo citado – fazer a transição da aplicação para uma UI completamente nova – é apenas um exemplo específico de uma estratégia geral: faça mudanças incrementalmente. Às vezes é tentador criar branches para fazer mudanças. A teoria é que os desenvolvedores podem trabalhar mais rápido se puderem fazer grandes mudanças na aplicação e depois ajustar tudo para o desenvolvimento feito no trunk. Na prática, isso é muito difícil. Se outras equipes estão trabalhando ao mesmo tempo, o merge ao final pode ser extremamente complexo – quanto maior a mudança, mais difícil será. Quando maior for a razão aparente para criar um branch, mais motivos para não criá-lo.

Mesmo se converter uma grande mudança em uma série de pequenas mudanças incrementais seja algo difícil, pelo menos significa que você está resolvendo o problema de manter a aplicação funcionando enquanto trabalha nelas e evitando mais sofrimento no fim da implementação. Também significa que você pode parar a qualquer momento se precisar, evitando os custos irrecuperáveis de chegar ao meio de uma grande mudança e ter de abandoná-la.

Análise apropriada é uma parte importante da capacidade de fazer grandes mudanças em uma sequência de pequenos passos. O mesmo tipo de pensamento usado para dividir requisitos em pequenas tarefas é exigido. O que você faz na sequência é converter essas tarefas em um conjunto de mudanças incrementais ainda menores. Essa análise adicional geralmente leva a menos erros e a mudanças mais específicas – e, é claro, se você está fazendo as mudanças incrementalmente, pode parar a qualquer momento para analisar a situação e decidir como seguir adiante.

Entretanto, às vezes há mudanças que não aceitam essa abordagem incremental. Nesse ponto, você deve considerar branching por abstração.

Branching por abstração

Esse padrão é uma alternativa a criar branches quando você precisa fazer uma mudança em grande escala em uma aplicação. Em vez de criar um branch, você cria uma camada de abstração para o código que precisa ser modificado. Uma nova implementação é criada em paralelo, e quando está completa, a implementação anterior e (eventualmente) a camada de abstração são removidos.

> **Criando camadas de abstração**
>
> Criar camadas de abstração pode ser difícil. Por exemplo, em uma aplicação desktop escrita em Visual Basic no Windows, é muito comum que toda a lógica da aplicação esteja em eventos. Criar uma camada de abstração para uma aplicação assim envolve adequar a lógica a uma estrutura orientada a objetos e implementá-la refatorando o código existente nos eventos em um conjunto de classes Visual Basic (ou talvez C#). A nova UI (talvez uma UI para a Web) pode então usar a nova lógica. Note que não há necessidade de criar interfaces para a implementação lógica – você só precisa fazer isso se quiser implementar branching por abstração em sua lógica.
>
> Um exemplo em que você não removeria a camada de abstração no fim é quando usuários de seu sistema podem escolher a implementação. Nesse caso, você está essencialmente criando uma API de plugins. Ferramentas como OSGi, usadas pelo Eclipse, podem simplificar esse processo para equipes usando Java. Em nossa experiência, é melhor não criar uma API assim desde o começo do projeto. Em vez disso, crie a implementação inicial, então crie a segunda, e extraia uma API a partir dessas implementações. À medida que você adiciona novas implementações, verá que sua API muda rapidamente. Se planeja expor essa API publicamente para que outros desenvolvam seus próprios plugins, você precisa esperar que ela estabilize.

Embora esse padrão seja chamado de "branching por abstração" por nosso colega Paul Hammant [aE2eP9], é de fato uma alternativa ao uso de branches para fazer grandes mudanças em uma aplicação. Quando alguma parte da aplicação precisa de uma mudança que não pode ser feita em pequenos passos incrementais, faça o seguinte.

1. Crie uma abstração em cima da parte do sistema que você precisa mudar.
2. Refatore o restante da aplicação para usar essa camada.
3. Crie um nova implementação, que não faz parte do código de produção até que fique pronta.
4. Atualize a camada de abstração para delegar para a nova implementação.
5. Remova a implementação anterior.
6. Remova a camada de abstração se não for mais apropriada.

Branching por abstração é uma alternativa ao uso de branches ou a implementar mudanças complexas de uma só vez. A técnica permite que você continue desenvolvendo a aplicação usando integração contínua ao mesmo tempo em que troca grandes partes do código, tudo no trunk. Se alguma parte do código precisa ser modificada, primeiramente você precisa achar um ponto de entrada para isso – uma costura, por assim dizer – e colocar uma camada de abstração que delega para a implementação atual. Você pode então desenvolver a nova implementação simultaneamente. Uma opção de configuração que pode ser mudada em tempo de implementação ou execução decide qual a implementação será usada.

> Você pode usar branching por abstração em um nível bem alto, como mudar toda uma camada de persistência. Você também pode usá-la em um nível muito baixo – como trocar uma classe por outra usando o padrão conhecido como *strategy*. Injeção de dependências é outro mecanismo que torna possível o uso dessa técnica. O truque é encontrar ou criar costuras que permitam inserir uma camada de abstração.

Esse também é um padrão excelente para usar como parte de uma estratégia para transformar uma base de código monolítica que usa o "padrão" bola de lama em algo mais modular e estruturado. Escolha uma parte do código que você quer separar como um componente ou reescrever. Desde que você consiga gerir os pontos de entrada para essa parte do código, talvez usando o padrão *façade*, você pode isolar a bagunça e usar branching por abstração para manter a aplicação rodando com o código antigo ao mesmo tempo em que cria uma versão nova e modularizada da funcionalidade. Essa estratégia também é conhecida como "varrer para baixo do tapete" ou "vila Potemkin" [ayTS3J].

As duas partes mais difíceis da técnica são isolar os pontos de entrada para a parte do código em questão e gerenciar quaisquer mudanças que precisam ser feitas na funcionalidade que está sendo desenvolvida, talvez como parte de um processo de correção de problemas. Entretanto, é muito mais fácil lidar com esses problemas do que se você estiver criando branches reais. Mesmo assim, às vezes é difícil encontrar uma costura em sua base, e branches são a única solução. Use o branch para fazer as mudanças necessárias para que sua aplicação chegue a um estado em que seja possível usar branching por abstração.

Fazer mudanças grandes na aplicação, seja por branching ou por outra técnica, depende de um conjunto abrangente de testes de aceitação automatizados. Testes unitários ou de componentes não possuem o nível necessário para proteger a funcionalidade de negócio quando grandes partes da aplicação estão sendo modificadas.

Dependências

Uma dependência é criada quando uma parte do software depende de outra para ser compilada ou executada. Dependências sempre existem, com exceção talvez de aplicações muito triviais. A maioria das aplicações depende, minimamente, do sistema operacional em que será executada. Aplicações Java dependem de uma JVM com a implementação da API Java SE, aplicações .NET dependem da CLR, aplicações Rails dependem do Ruby e de uma versão específica do Rails, aplicações C dependem da biblioteca padrão C, e assim por diante.

Há duas distinções úteis neste capítulo: a distinção entre componentes e bibliotecas, e entre dependências em tempo de compilação e execução.

Distinguimos componentes e bibliotecas da seguinte maneira: bibliotecas se referem a pacotes de software que sua equipe não controla, exceto na escolha de uso; bibliotecas raramente são atualizadas. Em contrapartida, componentes são elementos de código dos quais sua aplicação depende, mas que foram desenvolvidos pela própria equipe ou por outras equipes na organização. Componentes são, na maioria das vezes, atualizados com frequência. Essa distinção é importante porque quando você está criando seu processo de compilação, há mais coisas a considerar quanto a componentes do que a bibliotecas. Por exemplo, você compila a aplicação toda de uma só vez ou compila cada componente independentemente? Como você gerencia dependências entre componentes, evitando dependências circulares?

A distinção entre dependências em tempo de compilação ou tempo de execução é a seguinte: dependências em tempo de compilação precisam estar presentes quando o código é compilado ou passa pelo processo de vinculação (se necessário); dependências de tempo de execução devem existir quando a aplicação está rodando, executando suas funções normais. A distinção é importante por várias razões. Primeiro, seu pipeline de implantação usará vários elementos de código irrelevantes para a cópia de produção, como bibliotecas de testes unitários, bibliotecas de testes de aceitação, scripts de compilação, e assim por diante. Segundo, as versões das bibliotecas que sua aplicação usa em tempo de execução podem diferir daquelas que você usa em tempo de compilação. Em C ou C++, obviamente suas dependências de compilação são apenas arquivos de cabeçalho, enquanto em tempo de execução serão necessários binários, na forma de DLLs ou SOs. Você pode fazer coisas similares com outras linguagens compiladas, como compilar usando um arquivo JAR que contenha somente as interfaces para o sistema e rodar com um JAR que contém a implementação real (por exemplo, usando um servidor de aplicativos J2EE). Seu sistema de compilação deve levar isso em conta.

Gerenciar dependências pode ser difícil. Começaremos com uma lista dos problemas mais comuns que ocorrem com dependências de tempo de execução.

Inferno de dependências

Talvez o problema mais famoso de gestão de dependências seja o conhecido "inferno de dependências"*, informalmente chamado de "inferno de DLLs". Ele ocorre quando sua aplicação depende de uma versão específica de algo, mas é implantada com uma versão diferente, ou sem qualquer versão requerida.

Esse problema era comum nas versões mais antigas do Windows. Todas as bibliotecas compartilhadas, na forma de DLLs, eram armazenadas em um diretório de sistema (windows\system32) sem qualquer versionamento – novas versões simplesmente substituíam as anteriores. Além disso, em versões anteriores ao Windows XP, a tabela de uma classe COM era virtual, de modo que se a aplicação dependia de um determinado objeto COM, ele receberia a primeira

---

* N. de T: Do original, *dependency hell*.

versão carregada, seja qual fosse.[3] Tudo isso significava que era impossível que aplicações diferentes dependessem de versões diferentes de uma DLL, ou mesmo que soubessem qual versão receberam em tempo de execução.

O lançamento do .NET resolveu o problema introduzindo o conceito de assemblies. Assemblies assinados por criptografia podem receber números de versão que permitem que versões diferentes da mesma biblioteca sejam distinguidas, e o Windows os armazena em um cache global (conhecido como o "GAC") que pode diferenciar versões de uma biblioteca mesmo se tiverem o mesmo nome. Agora é possível ter várias versões de um biblioteca disponível para várias aplicação. A vantagem de usar o GAC é que, se correções críticas ou de segurança precisam ser implantadas, você pode atualizar de uma só vez todas as aplicações que usam a versão afetada. Ainda assim, o .NET permite o uso de implantações "xcopy" de DLLs, por meio das quais são armazenadas no mesmo diretório da aplicação em vez de serem armazenadas no GAC.

O Linux evita esse problema usando uma convenção simples: um inteiro é adicionado ao nome de cada .so no diretório global (/usr/lib), e um link simbólico é usado para determinar a versão canônica da biblioteca. Administradores podem facilmente mudar qual a versão que deve ser usada pelas aplicações. Se uma aplicação depende de uma versão específica, ela pode usar o arquivo com o número de versão correspondente. Obviamente, ter uma versão canônica significa que toda a aplicação instalada funciona com essa versão (a abordagem usada pelo Gentoo) ou que é preciso executar testes de regressão sofisticados dos binários de cada aplicação (a abordagem dos criadores da maioria das distribuições). Isso significa que você não pode instalar novas distribuições binárias de uma aplicação que dependem de uma nova versão de uma biblioteca de sistema sem uma ferramenta sofisticada de gestão de dependências. Felizmente, essa ferramenta existe: o gerenciador de pacotes do Debian – possivelmente a melhor ferramenta de gestão de dependências existente e a razão principal pela qual o Debian é uma plataforma tão sólida e por que o Ubuntu consegue produzir versões estáveis duas vezes por ano.

Uma solução simples para o problema de dependências no âmbito do sistema operacional é a aplicação sensata de compilação estática. Isso significa que as dependências mais importantes de sua aplicação são agregadas em um único pacote em tempo de compilação de modo que há menos dependências em tempo de execução. Embora isso torne implantações mais simples, também tem algumas desvantagens. Além de criar binários maiores, também acopla fortemente os binários criados a uma versão específica do sistema operacional e torna impossível corrigir defeitos ou furos de segurança por meio de atualizações do sistema operacional. Sendo assim, compilação estática não é recomendada.

Para linguagens dinâmicas, a abordagem equivalente é empacotar todos os frameworks ou bibliotecas dos quais a aplicação depende junto com ela.

---

[3] No Windows XP, a introdução de componentes COM que não precisam de registro permite que aplicações armazenem as DLLs das quais dependem em seu próprio diretório.

Essa é a abordagem do Rails, que permite que o framework completo seja embutido na própria aplicação. Isso significa que diversas aplicações podem rodar ao mesmo tempo, cada uma usando uma versão diferente do Rails.

Java enfrenta um problema particularmente severo com dependências em tempo de execução devido à forma como seu carregador de classes (*classloader*) foi projetado. Originalmente, a implementação impedia que existisse mais de uma versão da mesma classe em uma JVM. Essa restrição foi contornada com o framework OSGi, que permite carregamento e múltiplas versões, e também troca dinâmica de classe e atualizações em tempo de execução. Sem o uso do OSGi, a restrição permanece, o que significa que dependências precisam ser cuidadosamente gerenciadas em tempo de compilação. Um cenário comum e desagradável é quando uma aplicação depende de duas bibliotecas (JARs, nesse caso), cada uma das quais depende da mesma biblioteca (por exemplo, uma biblioteca para *logging*), mas em versões diferentes. A aplicação provavelmente compilará, mas com certeza falhará em tempo de execução com uma exceção `ClassNotFound` (se a classe ou método exigido não estão presentes) ou terá problemas sutis. Esse problema é conhecido como o problema de dependências em formato de diamante.

Discutiremos uma solução para esse problema e outro caso patológico – dependências circulares – mais adiante neste capítulo.

Como gerenciar bibliotecas

Há duas formas razoáveis de gerenciar bibliotecas em projetos de software. Uma é armazená-las no sistema de controle de versão. Outra é declará-las e usar uma ferramenta como Maven ou Ivy para baixá-las de repositórios na Internet ou (preferencialmente) do repositório de artefatos de sua organização. A limitação principal a cumprir é que as compilações devem ser repetíveis – isto é, se fizermos um check-out a partir do controle de versão e executarmos a compilação automatizada, podemos garantir que obteremos os mesmos binários que qualquer outra pessoa no projeto conseguiria, e que podemos recriá-los exatamente daqui a três meses se recebermos uma notificação de um problema reportado por um usuário rodando uma versão antiga.

Fazer o check-in de bibliotecas no controle de versão é a solução mais simples e funciona bem para projetos pequenos. Tradicionalmente, um diretório lib é criado na raiz de seu projeto e as bibliotecas residem ali. Sugerimos que você adicione três subdiretórios: build, test e run – para dependências em tempo de compilação, em tempo de teste e em tempo de execução. Também sugerimos usar uma convenção para os nomes das bibliotecas que inclua seu número de versão. Não guarde simplesmente nunit.dll, mas sim nunit-2.5.5.dll. Dessa forma, você saberá exatamente o que está usando e será simples determinar se está usando uma versão atualizada ou não. Os benefícios disso são que tudo o que você precisa para compilar a aplicação está sob versionamento – depois de um check-out, tudo o que precisa para recriar um binário qualquer está em mãos.

> É uma boa ideia colocar todo o seu ferramental sob controle de versão, já que ele representa uma dependência de compilação do projeto. Entretanto, você deve colocá-lo em um repositório diferente do restante da aplicação, porque ele rapidamente pode ficar enorme. Você deve impedir que o repositório do projeto fique tão grande que sejam necessários mais do que poucos segundos para uma operação qualquer nele, como visualizar mudanças locais ou fazer check-ins no repositório central. Outra opção é manter seu ferramental em algum armazenamento disponível pela rede.

Há, porém, alguns problemas com essa abordagem. Primeiramente, com o tempo, o repositório pode ficar enorme e poluído, e pode ser difícil de saber quais das bibliotecas ainda estão sendo usadas pela aplicação. Outro problema pode aparecer quando sua aplicação precisa rodar com outras da mesma plataforma. Algumas plataformas suportam múltiplos projetos usando versões diferentes da mesma biblioteca, enquanto outros (por exemplo, a JVM sem OSGi, ou Ruby Gems) não permitem múltiplas versões em uso. Nesse caso, você precisa ter o cuidado de usar as mesmas versões usadas por outros projetos. Gerenciar essas dependências transitivas entre projetos é algo que se torna rapidamente difícil.

Existe uma abordagem automática para a questão na forma de ferramentas com Maven e Ivy, que permitem que você declare quais versões das bibliotecas precisa para a configuração de seu projeto. Essas ferramentas baixam as versões apropriadas exigidas pela aplicação, resolvem transitivamente as dependências com outros projetos (se aplicável) e garantem que não há inconsistência no gráfico de dependências, como dois componentes exigindo versões mutuamente incompatíveis da mesma biblioteca. Em seguida, essas ferramentas criam um cache local na máquina do usuário, de modo que embora o projeto leve um bom tempo para compilar da primeira vez, compilações posteriores têm a mesma velocidade de manter as bibliotecas no repositório de código. O problema com o Maven é que, para tornar compilações repetíveis, você precisa configurá-lo para usar versões específicas de seus plugins e garantir que especifique versões exatas das dependências dos projetos. Falaremos mais sobre esse assunto adiante.

Outra prática importante ao gerenciar dependências de ferramentas é gerenciar seu próprio repositório de artefatos. Dois exemplos de repositórios com código aberto são Artifactory e Nexus. Isso ajuda a garantir que compilações possam ser repetidas exatamente e evita um inferno de dependências controlando quais versões de cada biblioteca estão disponíveis para os projetos dentro da organização. Essa prática também torna mais fácil fazer a auditoria de bibliotecas e evita violações de restrições legais, como usar bibliotecas sob licenças GPL ou BSD.

Se o Maven ou Ivy não são apropriados para sua organização, é possível criar seu próprio sistema declarativo usando um arquivo de propriedades simples que especifica quais são as versões corretas das bibliotecas das quais seu projeto depende. Você pode então escrever um script que baixa as versões corretas das bibliotecas do repositórios de artefatos de sua organização – que pode ser simplesmente um sistema de arquivos compartilhado e sob *back-ups* – exposto por um simples serviço Web. Obviamente, você precisará de uma solução mais poderosa se precisar tratar problemas complexos como a resolução de dependências transitivas.

Componentes

Quase todos os sistemas modernos consistem em uma coleção de componentes. Esses componentes podem ser DLLs, arquivos JAR, pacotes OSGi, módulos Perl ou qualquer outro. Componentes têm um longa história dentro da indústria de software. Entretanto, descobrir como montá-los em um artefato que pode ser implantando, e como implementar um pipeline de implantação que leva em conta as interações entre componentes, não é uma tarefa trivial. Os resultados dessa complexidade são muitas vezes demonstrados por processos de compilação que demoram horas para criar uma aplicação que possa ser implantada e testada.

A maioria das aplicações começa seu ciclo de vida como um único componente. Algumas começam como dois ou três (por exemplo, uma aplicação cliente-servidor). A questão é por que sua aplicação deveria ser dividida em componentes e quais as relações entre eles? A menos que esses relacionamentos sejam gerenciados de maneira eficiente, eles podem comprometer o uso destes mesmos como parte de um sistema de integração contínua.

Como dividir uma base de código em componentes

A ideia de um "componente" em software é algo que a maioria das pessoas consegue reconhecer, embora ela tenha muitas definições diferentes, e algumas vezes bem vagas. Já definimos mais ou menos o que significa um componentes para os objetivos deste capítulo na introdução, mas há algumas outras propriedades de componentes sobre as quais existe certa concordância. Uma declaração pouco controversa poderia ser feita da seguinte forma: "um componente é reusável e pode ser substituído por outra coisa que implementa a mesma API, que pode ser implantada independentemente, e que encapsula um conjunto coerente de comportamentos e responsabilidade no sistema".

Claramente uma única classe poderia, em princípio, ter essas características – embora geralmente esse não seja o caso. O requisito para componentes é que possam ser implantados independentemente, e classes não atendem a esse critério. Não há nada que impeça que empacotemos uma única classe para implantação, mas a complexidade associada a isso não faz sentido nesse detalhe. Além disso, classes geralmente trabalham em grupos que entregam algum comportamento útil e são, em termos relativos, mais acopladas com seus colaboradores mais próximos.

Disso podemos assumir que há um limite mínimo para o que constitui um componente. Um componente deve ter certo nível de complexidade antes que possa ser considerado uma peça independente da aplicação. E o que dizer de um limite superior? Nosso objetivo ao dividir um sistema em componentes é aumentar a eficiência de uma equipe. Há várias razões pelas quais componentes tornam o processo mais eficiente:

1. Eles dividem o problema em porções menores e mais expressivas.
2. Componentes geralmente representam diferenças nas taxas de mudança de diferentes partes do sistema e têm ciclos de vida diferentes.
3. Eles incentivam a definição e manutenção de um delineamento claro de responsabilidade, o que por sua vez limita o impacto de mudanças e torna o entendimento e a alteração da base de código mais simples.
4. Eles podem dar um grau maior de liberdade na otimização do processo de compilação e implantação.

Uma característica significativa da maioria dos componentes é que eles expõem algum tipo de API. As bases técnicas da API podem ser diferentes: uso de processos de vinculação estática ou dinâmica, serviços Web, transferência de arquivos, troca de mensagens, e assim por diante. A natureza da API pode diferir, mas é importante que ela represente uma troca de informação entre colaboradores externos – e assim, o grau de acoplamento dos componentes aos seus colaboradores. Mesmo quando a interface de um componente é um formato de arquivo ou um esquema de mensagens, ele ainda representa um acoplamento de informação que, por sua vez, exige que sejam consideradas as dependências entre componentes.

É o grau de acoplamento entre componentes, tanto em termos de interface como de comportamento, que adiciona complexidade quando são separados e tratados como unidades independentes no processo de compilação e implantação.

A seguir estão algumas boas razões para separar um componente de sua base de código:

1. Parte da base de código precisa ser implantada independentemente (por exemplo, um servidor ou um cliente).
2. Você quer converter uma base de código monolítica em um núcleo e um conjunto de funções, talvez para substituir parte de um sistema com implementações alternativas ou para criar mecanismos de extensibilidade para os usuários.
3. O componente é uma interface para outro serviço (por exemplo, um framework ou um serviço com uma API).
4. A compilação e montagem tomam muito tempo.
5. Demora muito para que o projeto abra no ambiente de desenvolvimento.
6. Sua base de código é muito grande para uma só equipe.

Embora os últimos três itens possam parecer subjetivos, eles são razões perfeitamente válidas para separar componentes. O último ponto é especialmente importante. Equipes funcionam melhor quando têm por volta de dez pessoas que entendem o código de dentro para fora, seja no âmbito de um componente funcional ou em algum outro âmbito. Se você precisa de mais de dez pessoas para desenvolver na velocidade que precisa, uma maneira eficiente é dividir em componentes o sistema e a equipe.

Não recomendamos criar equipes responsáveis por componentes individuais. O motivo é que requisitos funcionais geralmente não podem ser separados no âmbito de componentes. Nossa experiência tem mostrado que equipes multifuncionais que desenvolvem funcionalidade de ponta a ponta são mais eficientes. Embora uma equipe por componente pareça mais eficiente, esse não é o caso.

É difícil escrever e testar requisitos para um único componente em isolamento, já que implementar dada funcionalidade geralmente toca mais do que um componente. Se as equipes são separadas por componentes, você pode precisar de duas ou mais equipes colaborando em uma funcionalidade, o que automaticamente adiciona um custo alto e desnecessário de comunicação. Além disso, pessoas em equipes baseadas em componentes tendem a formar silos e otimizar localmente, perdendo a capacidade de julgar o que é melhor para o projeto como um todo.

É melhor dividir a equipe de modo que cada equipe trabalhe em uma frente de histórias (talvez todas com um tema comum) que toque quaisquer componentes de que precise para completar o trabalho. Equipes com um mandado para implementar uma funcionalidade de negócio e com a liberdade de mudar qualquer componente de que precisam são muito mais eficientes. Organize equipes por áreas funcionais e não por componentes, e garanta que todos têm o direto de mudar qualquer parte do código, fazendo rotações regulares de pessoas entre as equipes e mantendo uma boa comunicação entre elas.

Essa abordagem tem o benefício adicional de garantir que todos tenham a responsabilidade de manter os componentes funcionando e que isso não seja trabalho de uma equipe de integração. Um dos perigos mais sérios de ter uma equipe por componente é que a aplicação como um todo pode não funcionar ao fim do projeto, porque ninguém tem o incentivo de integrar os componentes.

As razões quatro e cinco na lista acima são muitas vezes sintomas de uma arquitetura ruim e pouco modular. Uma base de código bem arquitetada que segue o princípio DRY (*Don't repeat yourself*, ou "Não se repita") e é composta de objetos bem encapsulados que obedecem a Lei de Demeter é mais eficiente, fácil de trabalhar e pode ser facilmente dividida em componentes quando for o momento. Entretanto, um processo lento de compilação também pode ser causado por componentização excessiva. Isso é comum em .NET, em que as pessoas tendem a criar vários projetos em uma solução sem uma boa razão para isso, o que torna a compilação insuportavelmente lenta.

Não há regras estritas sobre como organizar a aplicação como uma coleção de componentes além das considerações anteriores sobre boa arquitetura. Há, entretanto, duas falhas comuns: "componentes em toda parte" e "um componente para governar todos". A experiência nos mostra que nenhum extremo é apropriado, mas entender as fronteiras entre componentes é um julgamento específico de desenvolvedores e arquitetos, seja qual for seu nível de experiência. Esse é um dos fatores que torna a criação de software uma arte e uma ciência social tanto quanto uma disciplina de engenharia.

> **Usar componentes não implica usar uma arquitetura em N camadas**
>
> A Sun popularizou a ideia de arquiteturas em N camadas quando introduziu o J2EE. A Microsoft continua apresentando isso como uma boa prática para .NET, e podemos argumentar que o Rails também incentiva uma arquitetura similar, embora facilite o uso inicial e imponha mais limitações no sistema. Arquiteturas em N camadas geralmente são uma boa abordagem para alguns problemas, mas não para todos.
>
> Em nossa opinião, arquiteturas em N camadas são muitas vezes usadas como defesa. Elas podem ajudar a evitar que uma equipe grande e inexperiente crie uma emaranhado de código [aHiFnc]. Também têm características de escalabilidade e capacidade bem conhecidas (é claro que isso vale para todas as tecnologias e padrões). Vale notar que, em especial, ter várias camadas que executam em ambientes separados pode introduzir altas latências na resposta de requisições. Isso, por sua vez, leva à criação de estratégias de *caching* difíceis de manter e depurar. Em ambientes de alto desempenho, arquiteturas baseadas em eventos ou em modelos de atores distribuídos podem oferecer desempenho superior.
>
> O arquiteto de um grande projeto com quem nos encontramos exigia exatamente sete camadas na arquitetura. Na maioria das vezes, uma ou mais camadas eram redundantes. Entretanto, as classes exigidas sempre precisavam ser criadas, e as chamadas aos métodos registradas. Nem precisamos dizer que era difícil encontrar problemas na aplicação, dado o número enorme de logs irrelevantes. Também era difícil de entendê-la, em função da quantidade enorme de código inútil e difícil de modificar devido às dependências entre as camadas.
>
> Usar componentes não implica usar uma arquitetura em N camadas; significa separar a lógica em módulos encapsulados, encontrando abstrações que façam sentido e facilitem a separação. Camadas podem ser úteis, mas não são um sinônimo para desenvolvimento baseado em componentes.
>
> Por outro lado, se camadas não implicam automaticamente componentes, elas não devem definir componentes. Se você usa uma arquitetura em camadas, não crie componentes por camada. Você quase sempre terá diversos componentes por camada, e alguns componentes serão usados por diversas camadas. Projeto baseado em componentes é um conceito ortogonal a camadas.

Finalmente, vale ressaltar a Lei de Conway, que declara que "organizações que projetam sistemas... são limitadas a produzir projetos de sistemas que são cópias da estrutura de comunicação destas organizações".[4] Por exemplo, projetos de código aberto em que desenvolvedores somente se comunicam por e-mail tendem a ser modulares com poucas interfaces. Um produto desenvolvido por uma equipe pequena, toda no mesmo local, tende a ser mais acoplado

---

[4] Melvin E. Conway, *How Do Committees Invent*, Datamation 14:5:28–31.

e pouco modular.⁵ Tenha cuidado com a maneira como configura sua equipe de desenvolvimento – isso afetará sua arquitetura. Se sua base de código já é grande e monolítica, uma boa maneira de começar a separar em componentes é usar branching por abstração, como descrito anteriormente.

Componentes no pipeline

Mesmo quando sua aplicação estiver separada em componentes, pode não ser necessário ter um processo de compilação separado para cada um. De fato, uma abordagem mais simples – e que escala surpreendentemente bem – é ter uma único pipeline para a aplicação. Toda vez que uma mudança é feita, tudo é compilado e testado. Na maioria dos casos, recomendamos recompilar o sistema como uma única entidade até que o processo de feedback se torne muito lento. Como mencionamos, se você seguir os conselhos deste livro, descobrirá que pode compilar sistemas surpreendentemente grandes e complexos dessa forma. Essa abordagem tem a vantagem de permitir que se rastreie facilmente quais linhas de código falharam na compilação.

Entretanto, na realidade em algumas circunstâncias há benefícios em separar o sistema em vários pipelines. A seguir estão alguns exemplos em que faz sentido fazer isso.

- Partes da aplicação têm um ciclo de vida diferente (talvez você compile sua própria versão do *kernel* de um SO como parte da aplicação, mas somente precisa fazer isso uma vez a cada poucas semanas).
- Equipes diferentes (talvez distribuídas) trabalham em áreas funcionais diferentes da aplicação com componentes específicos dessas equipes.
- Componentes usam tecnologias ou processos de compilação diferentes.
- Existem componentes compartilhados com outros projetos.
- Componentes estáveis que já não mudam com tanta frequência.
- A aplicação demora a ser compilada e a criação de processos separados para cada componente torna o processo todo mais rápido (mas cuidado: o ponto em que isso acontece geralmente está muito mais à frente do que muitas pessoas imaginam).

A questão central da perspectiva do processo de compilação e implantação é que há sempre um custo adicional no gerenciamento de compilação separada de componentes. Para transformar um processo em vários, você precisa criar um novo sistema de compilação para cada um. Isso significa criar novas estruturas de diretórios e novos scripts de compilação para cada pipeline, e cada um deve seguir o mesmo padrão do sistema em geral. Isso, por sua vez,

---

⁵ MacCormack, Rusnak, Baldwin, *Exploring the Duality between Product and Organizational Architectures: A Test of the Mirroring Hypothesis*, Harvard Business School [8XYofQ].

implica que a estrutura de diretórios para cada processo deve incluir testes unitários, testes de aceitação, bibliotecas das quais o componente depende, scripts de compilação, informações de configuração e qualquer coisa que você normalmente teria no repositório do projeto. Cada componente ou conjunto de componentes precisa de um pipeline completa para provar sua condição para entrega. O pipeline executará os seguintes passos:

- Compilar o código, se necessário.
- Empacotar um ou mais binários que podem ser implantados em qualquer ambiente.
- Executar os testes unitários.
- Executar os testes de aceitação.
- Suportar testes manuais quando for apropriado.

O processo, como para todo um sistema, garante que haja feedback o mais cedo possível, verificando a viabilidade de cada entrega.

Depois que os binários tenham passado por seu miniprocesso de entrega, eles estão prontos para serem promovidos a uma compilação de integração (mais detalhes na próxima seção). Você precisará publicar os binários em algum repositório de artefatos com metadados suficientes para identificar de qual versão do código vieram. Um servidor moderno de IC deve ser capaz de fazer isso, mas se quiser fazer por conta própria, isso é simplesmente uma questão de armazenar os binários em um diretório com o nome do pipeline que os produziu. Outra opção é usar Artifactory, Nexus ou outro repositório de artefatos de código aberto.

Note que estamos enfatizando que você não deve criar um pipeline para cada DLL ou JAR. Por isso tomamos o cuidado de dizer componente ou conjunto de componentes várias vezes nas seções acima. Um componente pode consistir em vários binários. De maneira geral, o princípio pelo qual você deve se guiar deve ser o de minimizar o número de pipelines que opera. Uma é melhor do que duas, duas são melhores do que três, e assim por diante. Preocupe-se em otimizar o pipeline e torná-lo o mais eficiente possível antes de criar outro.

O pipeline de integração

O pipeline de integração tem como ponto inicial os binários resultantes dos componentes que formam o sistema. O primeiro estágio do pipeline de integração é a criação de um pacote (ou pacotes) que pode ser implantado por meio da composição dos binários adequados. O segundo estágio é implantar a aplicação resultante em um ambiente similar ao de produção e executar seus *smoke tests* para obter uma indicação rápida de problemas de integração. Se esse estágio for bem-sucedido, então o pipeline pode passar para os estágios convencionais de testes de aceitação, executando os testes completos da aplicação da maneira normal. Os estágios subsequentes são os estágios normais apropriados para a aplicação, como mostrado na Figura 13.1.

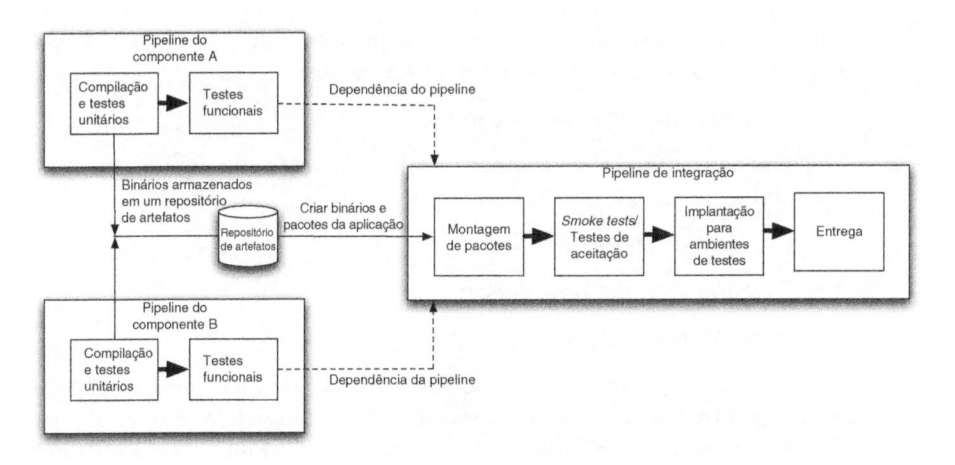

Figura 13.1 *Pipeline de integração.*

Há dois princípios gerais de pipelines de implantação que você deve considerar ao criar o pipeline de integração: a necessidade de feedback rápido e a necessidade de dar visibilidade quanto ao estágio do processo para todos os interessados. O feedback pode ser comprometido por pipelines longas ou por cadeias de pipelines. Se você estiver nessa situação e tiver hardware suficiente, uma solução é invocar os próximos pipelines na sequência, os binários assim que tenham sido criados e os testes unitários resultem em sucesso para um dado componente.

Em termos de visibilidade, se qualquer estágio falha, devemos poder descobrir exatamente onde isso aconteceu. Isso significa que ter a capacidade de rastrear, a partir de uma compilação de integração, as versões que foram usadas em cada componente que contribuiu para a compilação em questão é um ponto fundamental no processo. A manutenção desse relacionamento é essencial se você quiser descobrir quais mudanças no código causaram uma falha. Ferramentas modernas de IC fazem isso para você – se a sua não faz, troque por uma que faça. Descobrir as mudanças problemáticas não deve demorar mais do que alguns segundos depois de uma falha.

Uma consequência do processo é que nem toda versão "verde" de um componente será boa quando combinada com os outros componentes que compõem a aplicação. Portanto, a equipe que trabalha nos componentes deve ter visibilidade sobre quais versões dos componentes chegaram ao fim do pipeline de integração (e, portanto, podem ser consideradas como "verdes" para integração). *Somente essas versões dos componentes realmente são "verdes".* O pipeline de integração é uma extensão dos pipelines individuais dos componentes. Sendo assim, visibilidade em ambas as direções é fundamental.

Se vários componentes mudam entre uma execução do pipeline e outra, ele provavelmente ficará quebrada a maior parte do tempo. Isso é problemático porque torna mais difícil descobrir o que deu errado, já que há muitas mudanças desde a última versão aceita.

Exploraremos, no restante do capítulo, várias técnicas para resolver isso. A abordagem mais simples é compilar todas as combinações possíveis de versões boas dos componentes. Se os componentes não mudam com tanta frequência ou se você tem bastante poder de processamento em seus pipelines, pode usar essa estratégia. Essa é a melhor abordagem, porque não envolve ação humana ou algoritmos inteligentes, e poder computacional é, em última instância, barato se comparado com humanos executando trabalhos de investigação. Se você puder fazer isso, faça.

A estratégia seguinte é compilar tantas versões da aplicação quanto puder. Isso pode ser feito com um algoritmo simples de enfileiramento que obtém as últimas versões de cada componente e monta a aplicação com a maior frequência possível. Se isso for rápido o bastante, você pode executar os *smoke tests* em cada versão. Se os testes forem lentos, por outro lado, você pode acabar executando-os somente para algumas versões.

Você também pode ter alguma forma manual de selecionar um conjunto de componentes e dizer: "Crie uma instância do pipeline com esse conjunto específico", o que algumas ferramentas de IC implementam.

Como gerenciar grafos de dependências

O versionamento de dependências é vital para um projeto, inclusive bibliotecas e componentes. Se você falhar nessa tarefa, não será capaz de reproduzir binários a partir de versões específicas. Isso significa, entre outras coisas, que se sua aplicação parar de funcionar em função de uma dependência, não será possível encontrar a mudança que causou a falha, ou a última versão "boa" de uma biblioteca.

Nas seções anteriores, discutimos um conjunto de componentes, cada um com seu pipeline, alimentando um pipeline posterior de integração que monta a aplicação e roda testes automatizados e manuais nela. Entretanto, isso nem sempre é tão simples. Componentes podem depender de outros componentes, inclusive de bibliotecas de terceiros. Se você desenhar um diagrama de dependências entre componentes, terá um grafo acíclico dirigido (DAG, do inglês *directed acyclic graph*). Se esse não é o caso (e em especial se seu grafo tiver ciclos), você tem um problema patológico de dependências com o qual lidaremos em breve.

Construir grafos de dependências

Em primeiro lugar, é importante considerar como criar um grafo de dependências. Considere o conjunto de componentes mostrado na Figura 13.2:

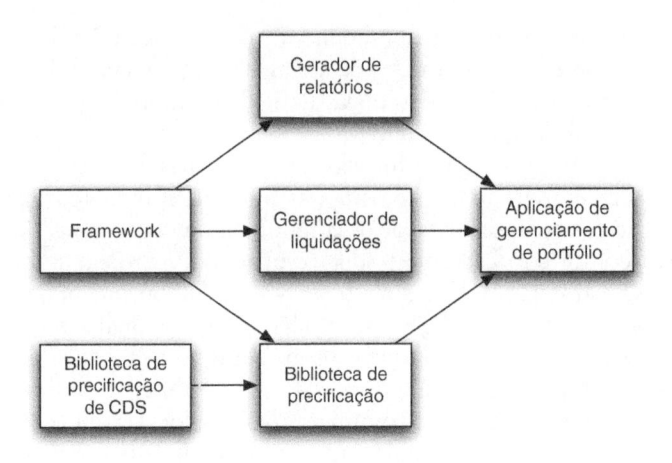

Figura 13.2 *Um grafo de dependências.*

A aplicação acima depende de três componentes: um gerador de relatórios, um gerenciador de liquidações e uma biblioteca de precificação. Estes, por sua vez, dependem de um framework. A biblioteca de precificação depende de uma biblioteca de precificação de CDS (*credit default swap*) fornecida por terceiros (com problemas agora). Em geral nos referimos aos componentes à esquerda do diagrama como dependências *upstream* e componentes à direta como dependências *downstream*. Sendo assim, a biblioteca de precificação tem duas dependências upstream, a biblioteca de precificação de CDS e o framework, e uma dependência downstream, a aplicação de gerenciamento de portfólio.

Cada componente deve ter sua próprio pipeline, invocada por mudanças no código-fonte do próprio componente, ou por mudanças em dependências upstream. Dependências downstream terão seus pipelines invocadas por componentes que passaram por todos os testes automatizados. É preciso considerar vários cenários possíveis a quando o grafo de componentes é criado.

1. *Uma mudança foi feita na aplicação de gerenciamento de portfólio*. Nesse cenário, somente a própria aplicação precisa ser recompilada.
2. *Uma mudança foi feita no gerador de relatórios*. Nesse cenário, o gerador de relatórios precisa ser recompilado e passa por todos os testes automatizados. A aplicação de gerenciamento de portfólio também precisa ser recompilada usando a nova versão do gerador de relatórios e as versões atuais da biblioteca de precificação e do gerenciador de liquidações.
3. *Uma mudança é feita na biblioteca de precificação de CDS*. Essa biblioteca é uma dependência binária. Se a versão for atualizada, é necessário recompilar a biblioteca de precificação com a nova versão da biblioteca de precificação de CDS e a versão atual do framework. Isso, por sua vez, faz a aplicação de gerenciamento de portfólio também ser recompilada.
4. *Uma mudança é feita no framework*. Se uma mudança bem-sucedida é feita no framework – ou seja, seu pipeline completa todos os estágios com

sucesso – suas dependências downstream imediatas precisam ser recompiladas: o gerador de relatórios, a biblioteca de precificação e o gerenciador de liquidações. Se todas essas dependências forem bem-sucedidas, a aplicação de gerenciamento de portfólio também precisa ser recompilada com todas as novas versões de suas dependências upstream. Se qualquer desses pipelines intermediárias falha, ela não será recompilada, e o componente de framework será considerado não funcional. Ele deve ser corrigido de modo que as três dependências passem pelos testes, e isso deve fazer a aplicação também passar pelos testes.

Pode-se fazer uma observação importante a partir desse exemplo. Quando o cenário 4 é considerado, pode parecer que há algum tipo de relação aditiva entre as dependências upstream da aplicação. Entretanto, esse não é o caso – se uma mudança é feita somente no código do gerador de relatórios, ele deve causar a recompilação da aplicação mesmo que nenhuma mudança tenha sido feita nas demais dependências. Além disso, considere o próximo cenário.

5. *Uma mudança é feita no framework e na biblioteca de precificação de CDS.* Nesse caso, o gráfico inteiro precisa ser recompilado. Há vários resultados possíveis, cada um com suas ramificações. O caminho esperado é que todos os componentes tenham resultado positivo com as novas versões do framework e da biblioteca de precificação de CDS. Mas o que acontece se o gerenciador de liquidações falhar? Claramente, a aplicação não deve ser recompilada em cima de uma nova versão (considerada quebrada) do framework. Entretanto, você pode querer que a aplicação seja compilada com a nova versão da biblioteca de precificação que (fundamentalmente) deve ser compilada com a nova versão da biblioteca de precificação de CDS usando a versão anterior (considerada "boa") do framework. Obviamente, agora você tem um problema, já que não existe tal versão da biblioteca de precificação.

A limitação mais importante nesse cenário é que a aplicação de portfólio somente deve ser recompilada usando uma única versão do framework. Em especial, não queremos terminar com uma versão (digamos) da biblioteca de precificação que dependa de certa versão do framework e uma versão do gerenciador de liquidações que dependa de uma versão diferente. Esse é o problema clássico de dependências em forma de diamante – o equivalente em tempo de compilação ao inferno de dependências que ocorre em tempo de execução e que discutimos anteriormente neste capítulo.

Pipelines para grafos de dependências

Como construir um pipeline de implantação baseado na estrutura de projeto que descrevemos acima? Os elementos principais do pipeline são que a equipe deve ter feedback o mais rápido possível quanto a problemas, e que as regras de compilação de dependências descritas anteriormente devem ser seguidas. Nossa abordagem é mostrada na Figura 13.3.

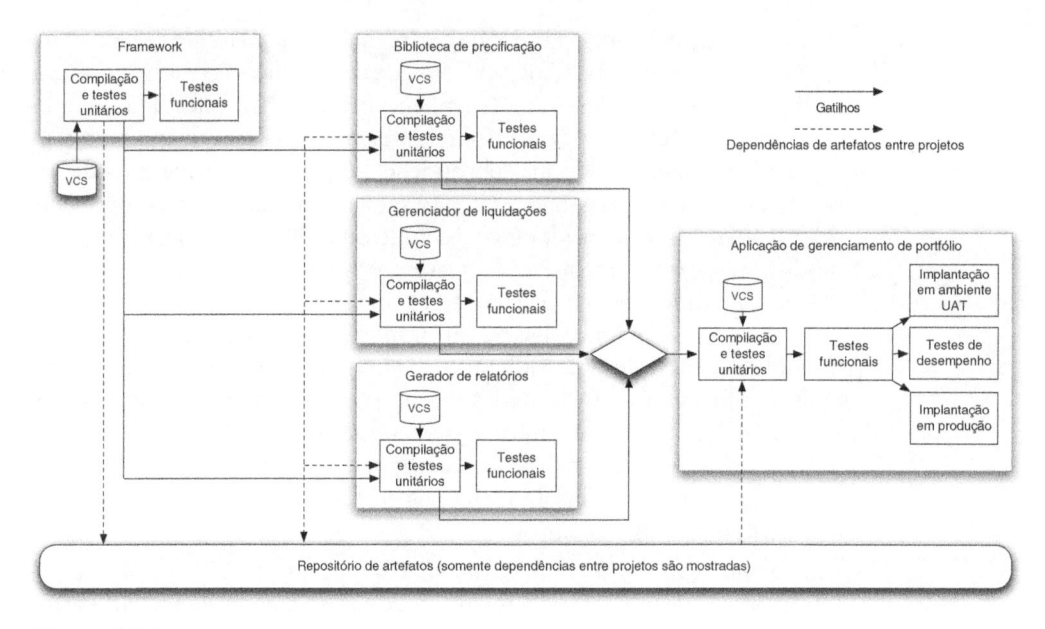

Figura 13.3   *Pipeline de componentes.*

Algumas características importantes precisam ser identificadas. Primeiramente, para aumentar a velocidade do feedback, o processo de compilação de projetos dependentes inicia assim que o estágio de commit do pipeline de cada projeto for concluído. Você não precisa esperar que os testes de aceitação sejam bem-sucedidos – apenas que os binários sejam criados para os projetos downstream que dependem deles. Esses binários são armazenados no repositório de artefatos. Obviamente os testes de aceitação e os vários estágios de implantação recusarão esses binários (isso não é mostrado no diagrama para evitar confusão).

Todos os gatilhos são automáticos, com exceção de implantações para os ambientes de teste manual e para a produção, que geralmente dependem de autorização manual. Esses gatilhos automáticos garantem que, a qualquer momento em que seja feita uma mudança, por exemplo, no framework, os pipelines da biblioteca de precificação, do gerenciador de liquidações e do gerador de relatórios serão invocados. Se todas essas invocações tiverem resultado positivo com a nova versão do framework, a aplicação também é recompilada com novas versões de seus componentes upstream.

É essencial que as equipes possam rastrear de onde vêm os componentes que estão em uma versão específica da aplicação. Uma boa ferramenta de IC não somente mostrará isso, como também quais versões dos componentes integraram com sucesso. Por exemplo, na Figura 13.4, você pode ver que a versão 2.0.63 da aplicação foi compilada com as versões 1.0.217 da biblioteca de precificação, 2.0.11 do gerenciador de liquidações, 1.5.5 do gerador de relatórios e 1.3.2396 do framework.

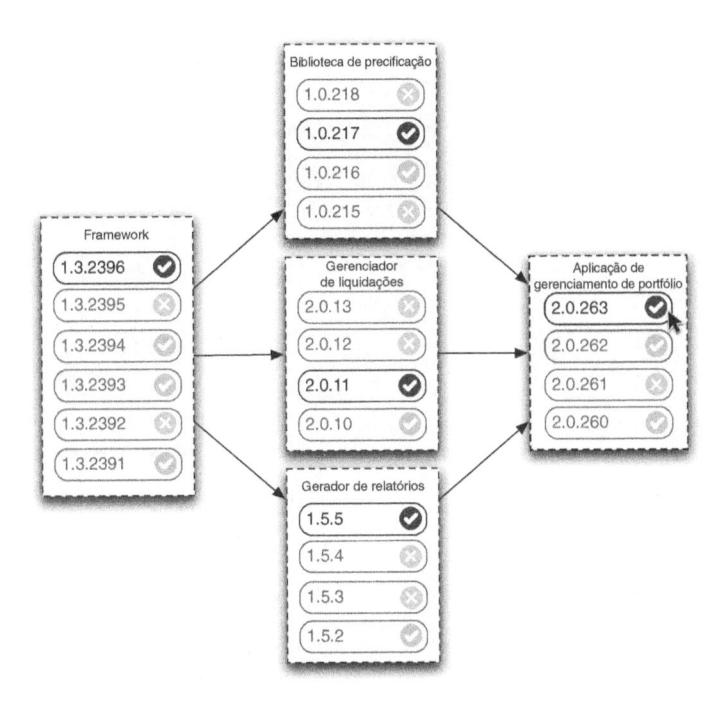

Figura 13.4 *Visualização de dependências upstream.*

A Figura 13.5 mostra todos os componentes downstream compilados usando a versão selecionada do framework.

Sua ferramenta de IC deve garantir que versões consistentes dos componentes sejam usadas no pipeline. Isso evita o referido "inferno de dependências" e garante que uma mudança que afeta diversos componentes se propague pelo pipeline apenas uma vez.

Todos os conselhos dados no começo deste capítulo sobre desenvolvimento incremental também se aplicam a componentes. Faça suas mudanças de maneira incremental para não causar problemas nas dependências. Quando adicionar uma nova funcionalidade, crie um novo ponto de entrada na API do componente que mudou. Se quiser remover funcionalidade antiga, use análise estática como parte de seu pipeline para detectar quem está consumindo as APIs antigas. Seu pipeline deve ser capaz de dizer rapidamente se uma mudança causou erros em uma dependência por engano.

Se precisar fazer mudanças grandes em um componente, você pode fazer uma nova entrega completa. Na Figura 13.6, assumimos que a equipe que trabalha no gerador de relatórios criou uma nova versão que quebra algumas APIs. Para fazer isso, criou um novo branch para a versão 1.0 e começou o desenvolvimento da versão 1.1 no trunk.

A equipe do gerador de relatórios continuará adicionando novas funcionalidades no trunk. Enquanto isso, usuários downstream do gerador continuarão usando os binários criados no branch da entrega 1.0. Se precisarem de uma correção, essas modificações podem se feitas no branch 1.0 e portadas para o

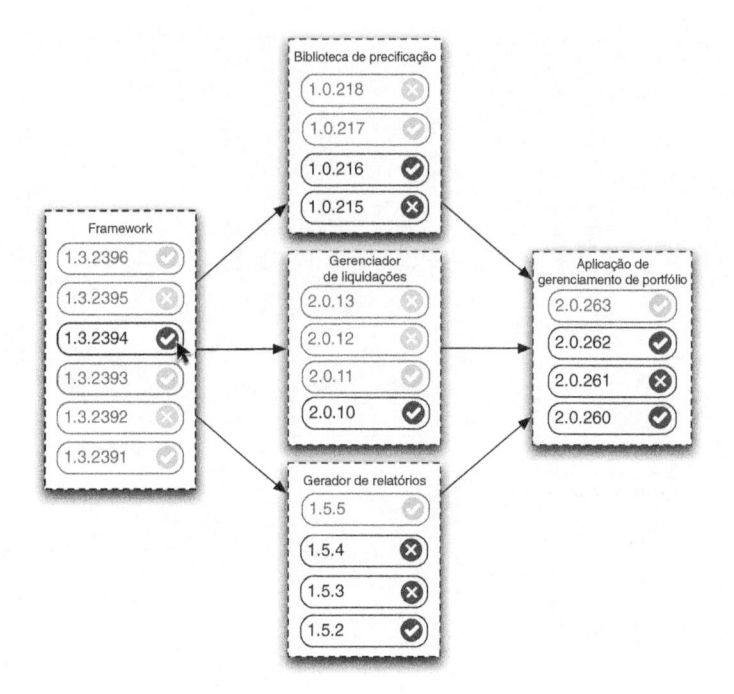

Figura 13.5 *Visualização de dependências downstream.*

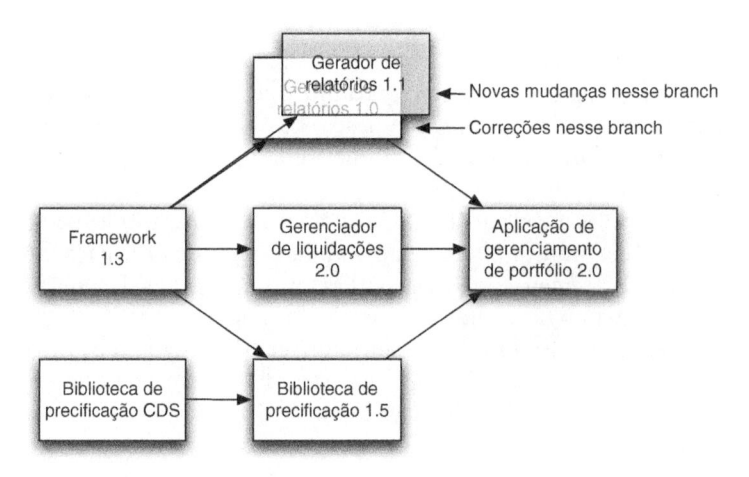

Figura 13.6 *Branching de componentes.*

trunk. Quando os usuários downstream estiverem prontos para usar a nova versão, podem mudar. Para ser claro, o padrão "branch por entrega" descrito aqui, ainda apresenta os mesmos problemas de adiar a integração, mas é o segundo melhor em termos de integração contínua. Entretanto, o fato de que componentes são (ou pelo menos devem ser) menos acoplados significa que os riscos de integrações árduas adiante são mais controláveis. Sendo assim, essa é uma estratégia útil para gerenciar mudanças complexas de um componente.

Quando devemos acionar compilações?

Todos os exemplos discutidos acima assumem que acionamos uma nova compilação quando há alguma mudança nos componentes upstream. Essa é a opção correta, mas não é a norma em muitas equipes – pelo contrário, essas equipes tendem a atualizar suas dependências somente quando sua própria base de código se estabiliza, talvez em tempo de integração ou quando o desenvolvimento chegou a certo ponto. Esse comportamento enfatiza estabilidade, mas com o risco potencial de gastar um bom tempo com integração.

Fica claro aqui que há uma tensão no processo de desenvolvimento quanto a dependências. Por um lado, é melhor manter o ritmo com as versões mais recentes das dependências para garantir o acesso a novas funcionalidades e correções. Por outro lado, há um custo de integração com versões mais novas de cada dependência, porque você gasta um bom tempo corrigindo erros causados por novas versões. A maioria das equipes chega a um meio-termo e atualiza as dependências depois das entregas, quando os ricos de atualizações são menores.

Uma consideração básica ao se decidir com que frequência atualizar dependências é quanto se confia nelas. Se você tem poucos componentes que dependem de um componente que também é desenvolvido por sua equipe, geralmente consegue corrigir problemas causados por mudanças de API rapidamente e sem maiores inconvenientes, e integrar com frequência é o melhor. Se os componentes são pequenos, é preferível ter um único processo compilando todos os componentes e a aplicação – o que minimiza o tempo de feedback geral.

Se as dependências upstream são desenvolvidas por outra equipe dentro da organização, provavelmente é preferível que esses componentes sejam compilados separadamente usando pipelines próprios. Você pode, então, decidir se usará ou não uma nova versão desses componentes quando eles forem modificados. Essa decisão baseia-se na frequência de modificação desses componentes e quão rápido as equipes que trabalham neles respondem aos problemas encontrados.

Quanto menos controle, visibilidade e influência você tiver sobre mudanças em componentes, menos pode confiar neles, e mais conservador deve ser em relação a aceitar novas versões. Não aplique atualizações de bibliotecas de terceiros cegamente, por exemplo, a menos que haja uma necessidade evidente de atualizar. Se as mudanças não corrigem os problemas, ignore a atualização, a menos que a versão que você está usando não seja mais suportada.

Na maioria dos casos, é melhor que as equipes tendam a adotar atualizações contínuas. É claro que atualizar constantemente custa mais em termos de recursos gastos em integração (tanto hardware como compilações) e em termos de tempo gasto corrigindo problemas e integrando versão "incompleta" de componentes.

É preciso, portanto, fazer um balanço entre obter feedback rápido se a aplicação conseguirá integração e ter uma compilação hiperativa que enche continuamente sua caixa de entrada com problemas com os quais você não se preocupa. Um solução possível é "otimismo cauteloso", como descrito em um artigo de Alex Chaffee [d6tguh].

Otimismo cauteloso

A proposta de Chaffee é introduzir uma nova informação de estado no grafo de dependências – marcar uma dependências upstream específica com um indicador dizendo se está "estática", "suspensa" ou "fluida". Mudanças em uma dependência upstream marcada como estática não geram um nova compilação. Mudanças em uma dependência fluida sempre geram uma compilação. Se uma mudança em uma dependência fluida causa uma falha na compilação, ela é marcada como "suspensa", e o componente fica travado na última versão "boa" da dependência. Uma dependência suspensa funciona como uma dependência estática – não gera uma nova compilação – mas serve com um lembrete para a equipe de que há um problema com a dependência upstream que precisa ser resolvido.

Efetivamente, estamos tornando nossas preferências explícitas em termos de quais dependências queremos que sejam atualizadas continuamente. Também garantimos que a aplicação sempre esteja funcional – nosso sistema reverte automaticamente qualquer mudança que causou um problema devido a uma versão ruim de uma dependência upstream.

Vamos analisar parte do gráfico de dependências, como visto na Figura 13.7. Marcamos a dependência entre a biblioteca de precificação e a biblioteca de precificação de CDS como fluida, e a dependência entre o framework e a biblioteca de precificação como estática.

Considere o caso em que tanto a biblioteca de precificação de CDS quanto o framework sejam atualizados. A nova versão do framework é ignorada, porque a dependência está marcada como estática. Entretanto, a nova versão da biblioteca de precificação de CDS irá gerar uma nova compilação da biblioteca de precificação, porque a dependência é fluida. Se a compilação falhar, a dependência é marcada como suspensa, e quaisquer mudanças posteriores na biblioteca de precificação de CDS não irão gerar novas compilações na biblioteca de precificação. Se a compilação passar, o marcador continua fluido.

Entretanto, o otimismo cauteloso pode levar a comportamento complexo. Se a dependência entre o framework e a biblioteca de precificação for fluida, por exemplo, no caso de tanto o framework como a biblioteca de precificação de CDS serem atualizados, somente uma nova compilação da biblioteca de precificação será feita. Se ela falhar, você não saberá quem causou o problema: a nova versão da biblioteca de terceiros ou a nova versão do framework. Você precisará tentar descobrir qual é a causa – e, ao mesmo tempo, as duas dependências serão marcadas como suspensas.

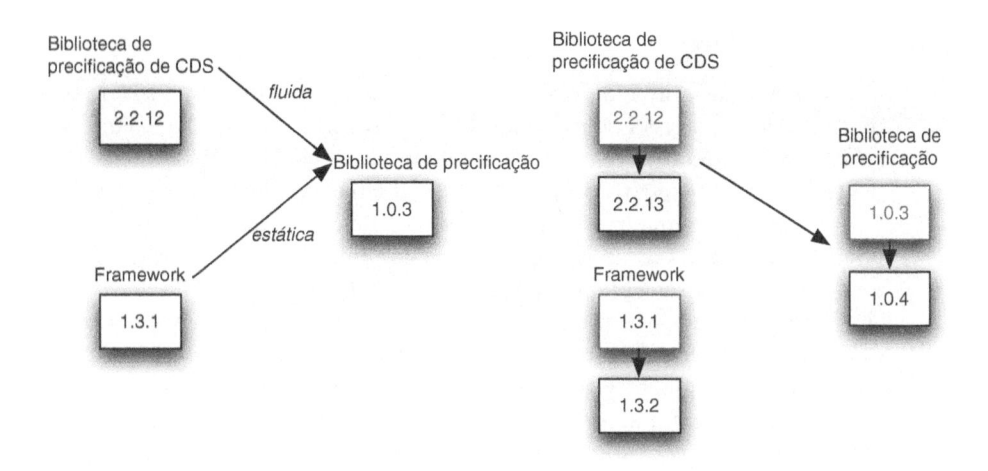

Figura 13.7 *Otimismo cauteloso.*

Chaffee menciona uma estratégia chamada de "pessimismo informado" como o ponto inicial para a implementação de um algoritmo de rastreamento de dependências. Nessa estratégia, todas as dependências são marcadas como estáticas, mas os desenvolvedores que trabalham em dependências downstream são notificados quando uma nova versão de uma dependência upstream foi disponibilizada.

> **Apache Gump para gerenciar dependências**
>
> O Apache Gump provavelmente foi a primeira ferramenta de gerenciamento de dependências em Java. Foi criado no início dos projetos Java da Fundação Apache, quando todas as diferentes ferramentas (Xerces, Xalan, Ant, Avalon, Cocoon e assim por diante) dependiam de versões específicas das outras. Os desenvolvedores que trabalhavam nessas ferramentas precisavam de uma maneira de selecionar quais versões dessas dependências usariam, de modo que conseguissem que uma versão da aplicação em que estavam trabalhando funcionasse. Isso era feito manipulando o caminho de carregamento (*classpath*). O Gump foi criado para automatizar a geração de scripts para manipular o *classpath* usado durante a compilação, para que os desenvolvedores pudessem experimentar versões diferentes das dependências até chegar a uma compilação bem-sucedida. Isso contribuiu bastante para a estabilidade desses projetos, apesar do fato de que se gastava um bom tempo parametrizando o processo de compilação. Você pode ler mais sobre a história do Gump em [9CpgMi] – é uma leitura rápida e interessante.
>
> O Gump se tornou obsoleto mais ou menos no mesmo momento em que os componentes usados em projetos Java se tornaram parte da API padrão do Java, e outros projetos como Ant e os componentes Common se tornaram compatíveis com versões anteriores, de modo que não eram necessárias diversas versões instaladas na maioria dos casos. Isso ensina uma lição valiosa: mantenha os gráficos de dependência pequenos e faça o possível para manter compatibilidade com versões anteriores – testes de regressão agressivos do gráfico de componente, como descrevemos nesta seção, podem ajudar.

Dependências circulares

O problema mais desagradável de dependências provavelmente é o de dependências circulares. Isso ocorre quando o grafo contém ciclos. O exemplo mais simples é quando você tem um componente, A, que depende de outro componente, B. Infelizmente, o componente B também dependente do componente A.

Pode parecer que há um problema fatal de compilação mútua. Para compilar A, precisamos compilar B; mas para compilar B, precisamos de A.

Surpreendentemente, já vimos projetos bem-sucedidos com dependências circulares. Você pode argumentar quanto à definição de "bem-sucedido" nesse caso, mas havia código funcional em produção, o que é suficiente para nós. O conceito aqui é que você nunca começa um projeto com dependências circulares – elas tendem a aparecer depois. É possível (mas não recomendamos, se puder evitar) que você simplesmente sobreviva com o problema desde que haja uma versão do componente A que possa ser usada para compilar o componente A. Você pode então usar a nova versão de B para compilar uma nova versão de A. Isso resulta em uma espécie de "escada" de versões, como mostrado na Figura 13.8.

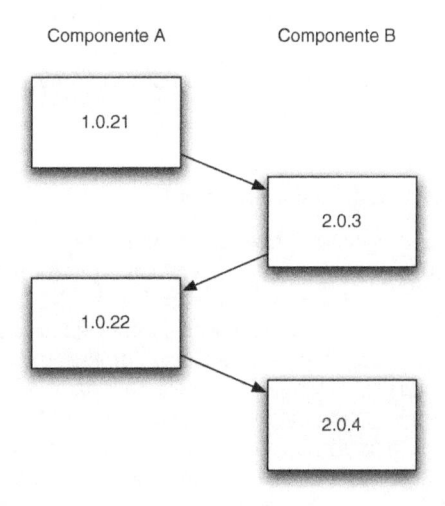

Figura 13.8 *Escada de compilação de dependências circulares.*

Em tempo de execução, não há problemas, desde que os dois componentes estejam disponíveis juntos.

Como dissemos, não recomendamos que você use dependências circulares. Porém, se você se deparar com uma que é impossível de evitar, a estratégia anterior pode ajudar. Nenhum sistema de compilação suporta isso diretamente, de modo que você precisará interferir no ferramental para que isso seja suportado. Você também precisará ser cuidadoso ao verificar como as partes do processo de compilação interagem umas com as outras: se cada componente causa a compilação de suas dependências automaticamente, os dois componentes continuarão compilando em alternância para sempre devido à circularidade. Sempre procure se livrar de dependências circulares; mas se acabar trabalhando em uma base de código que contém esse tipo de dependências, não se desespere – você pode usar a "escada" de compilações como uma solução temporária até que elimine o problema.

Como gerenciar binários

Passamos um bom tempo discutindo como organizar compilações de software dividido em componentes. Descrevemos como criar um pipeline para cada componente, estratégias para acionar pipeline de componentes downstream quando um componente muda e como criar branches de componentes. Entretanto, não discutimos como gerenciar binários de componentes. Isso é importante, porque, na maioria dos casos, os componentes devem ter dependências binárias e não de código. A seguir, abordaremos esse tópico.

Primeiramente, discutiremos os princípios gerais envolvidos no funcionamento de um repositório de artefatos. Depois descreveremos como gerenciar binários usando somente o sistema de arquivo. Na seção seguinte, descreveremos como usar o Maven para gerenciar dependências.

Você não precisa criar seu próprio repositório de artefatos. Há vários produtos no mercado, incluindo projetos de código aberto como Artifactory e Nexus. Várias ferramentas, como AntHill Pro e Go, incluem seu próprio repositório.

Como um repositório de artefatos deve funcionar

A propriedade mais importante de um repositório de artefatos é que ele não deve conter nada que não possa ser reproduzido. Você deve ser capaz de apagar seu repositório de artefatos sem se preocupar com a possibilidade de não poder recuperar algo importante. Para que isso seja possível, seu sistema de controle de versão deve conter tudo o que é necessário para recriar qualquer binário, inclusive os scripts de compilação em si.

A razão pela qual artefatos precisam ser apagados é que eles são grandes (e se ainda não forem, serão). Em última instância, você precisa apagá-los para recuperar espaço. Por isso, não recomendamos que você coloque artefatos sob controle de versão. Se puder recriá-los, não precisa de qualquer maneira. Obviamente, vale a pena guardar os artefatos que passaram pelos testes e são candidatos a uma entrega. Qualquer coisa que passou vale a pena guardar para o caso de precisar reverter para uma versão anterior ou dar suporte a uma versão mais antiga do software.

Não importa quanto tempo guarde os artefatos, você deve sempre guardar um *hash* deles para que possa verificar a procedência de um binário qualquer. Isso é importante por questões de auditoria – por exemplo, se você não tem certeza de qual aplicação está implantada em qual ambiente. Deve ser possível obter um *hash* MD5 de um binário qualquer e usar isso para determinar exatamente qual revisão no controle de versão foi usada para criá-lo. Você pode usar seu próprio sistema de compilação para isso (alguns servidor de IC fazem isso) ou seu sistema de controle de versão. Seja qual for sua escolha, gerenciar *hashes* é uma parte importante da estratégia de gerência de configuração.

O repositório mais simples possível é uma estrutura de diretórios em disco. Geralmente, essa estrutura está em RAID ou SAN, porque, embora artefatos sejam descartáveis, você deve tomar essa decisão, e não delegá-la para um hardware qualquer.

A limitação mais importante de uma estrutura de diretórios é que um repositório deve permitir que você associe um binário à versão que foi usada para criá-lo. Normalmente, o processo de compilação gera um rótulo, como um número de sequência, para cada compilação feita. O rótulo deve ser curto para poder se comunicar facilmente com os outros. Além disso, deve incluir um identificador da revisão usada para criá-lo (assumindo que você não está usando uma ferramenta como o Git ou Mercurial, que usam *hashes* como identificadores). Esse rótulo pode ser incluído no manifesto do binário (no caso de JARs ou assemblies do .NET, por exemplo).

Crie um diretório para cada pipeline e, dentro dele, um diretório para cada nova compilação. Todos os artefatos dessa compilação devem ser armazenados nesse diretório.

O próximo passo em sofisticação é adicionar um arquivo com um índice simples que permita associar a situação de cada compilação, de modo que você consiga registrar a situação de cada mudança enquanto ela procede dentro do pipeline de implantação.

Se não quiser usar uma partição de rede compartilhada como repositório de artefatos, adicione um serviço Web que pode armazenar e recuperar artefatos. Entretanto, se chegou a esse ponto, considere usar um dos vários produtos comerciais ou abertos existentes no mercado.

Como seu pipeline de implantação deve interagir com o repositório de artefatos

Seu pipeline de implantação precisa guardar os artefatos gerados pelo processo de compilação no repositório de artefatos e recuperá-los para uso posterior.

Considere um pipeline com os seguintes estágios: compilação, testes unitários, testes de aceitação, testes de aceitação de usuário manuais e produção.

- O estágio de compilação criará os binários que serão colocados no repositório de artefatos.

- Os estágios de testes unitários e de testes de aceitação recuperarão esses binários, executarão os testes com eles, e armazenarão os relatórios gerados pelos testes no repositório de artefatos, para que os desenvolvedores possam ver os resultados.

- O estágio de testes de aceitação manuais usará os mesmos binários e os implantará em um ambiente de UAT para testes manuais.

- O estágio de produção pegará os binários e os tornará disponíveis para os usuários ou os implantará em produção.

À medida que a versão candidata avança pelo pipeline, o sucesso ou falha no estágio é registrado no índice. Estágios posteriores dependem da situação guardada nesse arquivo, de modo que somente binários que passam nos testes de aceitação estarão disponíveis para testes manuais e estágios posteriores.

Há uma série de opções para armazenar os artefatos no repositório e recuperá-los posteriormente. Você pode usar um sistema de arquivos compartilhado acessível de todos os ambientes que precisam dos binários, por exemplo. Seus scripts de implantação podem referenciar esse caminho. Alternativamente, pode usar uma solução como Artifactory ou Nexus.

Como gerenciar dependências com Maven

O Maven é uma ferramenta extensível de gerenciamento do processo de compilação e empacotamento para projetos Java. Em especial, ele fornece um mecanismo sofisticado de gerenciamento de dependências. Mesmo que você não goste do restante do Maven, pode usar sua funcionalidade poderosa de gerenciamento de dependências de forma independente. Você ainda pode usar o Ivy, que lida somente com o problema de gerenciamento de dependências sem o restante do ferramental de apoio à compilação do Maven. Se não estiver usando Java, pode pular esta seção, a menos que esteja interessado em saber como o Maven resolve o problema de dependências.

Como discutimos, projetos têm dois tipos de dependências: dependências de biblioteca externas, que discutimos na seção "Como gerenciar bibliotecas", na página 358, e dependências entre componentes da aplicação. O Maven fornece uma abstração que permite que você as trate mais ou menos da mesma forma. Todos os objetos de domínio do Maven, como projetos, dependências e plugins, são identificados por um conjunto de coordenadas: groupId, artifactId e version, que juntas devem identificar um objeto de maneira única (algumas vezes esses eixos recebem o nome de GAV), assim como seu empacotamento. Eles geralmente são escritos no seguinte formato, que você também pode usar no Buildr: groupdId:artifactId:packaging:version. Se seu projeto, por exemplo, depende do Commons Collections 3.2, você descreverá essa dependência assim: commons-collections:commons-collections:jar:3.2.

A comunidade Maven mantém um repositório espelhado que contém uma grande quantidade de bibliotecas abertas com seus metadados associados (inclusive suas dependências transitivas). Esses repositórios contêm quase todas as bibliotecas de código aberto de que você pode precisar em qualquer projeto. Você pode acessar esses repositórios em um navegador usando a URI http://repo1.maven.org/maven2. Declarar uma dependência de uma biblioteca do Maven fará o Maven baixá-la quando você compilar seu projeto.

Você pode declarar um projeto no Maven usando um arquivo chamado de pom.xml, como mostrado a seguir:

```xml
<project>
  <modelVersion>4.0.0</modelVersion>
  <groupId>com.continuousdelivery</groupId>
  <artifactId>parent</artifactId>
  <packaging>jar</packaging>
  <version>1.0.0</version>
  <name>demo</name>
  <url>http://maven.apache.org</url>
  <dependencies>
    <dependency>
      <groupId>junit</groupId>
      <artifactId>junit</artifactId>
      <version>3.8.1</version>
      <scope>test</scope>
    </dependency>
    <dependency>
      <groupId>commons-collections</groupId>
      <artifactId>commons-collections</artifactId>
      <version>3.2</version>
    </dependency>
  </dependencies>
</project>
```

Esse arquivo causará o download da versão 3.8.1 do JUnit e da versão 3.32 do Commons Collections para seu repositório de artefatos local do Maven, localizado em ~/.m2/repository/<groupId>/ <artifactId>/<version>/, quando o projeto for compilado. O repositório local tem dois objetivos: é um cache para as dependências do projeto e também é onde o Maven guarda os artefatos criados por seus projetos (veja mais sobre esse assunto adiante). Note que você também pode especificar o escopo de uma dependência: test, por exemplo, quer dizer que a dependência somente estará disponível durante a compilação dos testes e sua montagem. Outros escopos válidos incluem runtime para dependências que não são necessárias para compilação, provided para bibliotecas necessárias em tempo de compilação, mas serão fornecidas em tempo de execução, e compile (o padrão) para dependências tanto em tempo de compilação quanto de execução.

Você também pode especificar faixas de versões, como [1.0,2.0) que lhe dará qualquer versão na série 1.x. Parênteses indicam quantificadores de exclusão; e colchetes, de inclusão. Você pode deixar qualquer lado vazio – por exemplo [2.0,) indica qualquer versão maior que 2.0. Entretanto, mesmo que queira dar ao Maven algum espaço para escolher versões, é uma boa ideia informar um limite superior para evitar que o projeto use revisões que podem quebrar sua aplicação.

Esse projeto também criará um artefato próprio: um arquivo JAR que será armazenado em seu repositório local nas coordenadas especificadas no arquivo POM. No exemplo citado, executar `mvn install` resultará na criação do seguinte diretório em seu repositório: ~/.m2/repository/com/continuousdelivery/parent/1.0.0/. Como você selecionou o empacotamento JAR, o Maven empacotará seu código em um JAR chamado de parent-1.0.0.jar, que será instalado nesse diretório. Qualquer outro projeto que executarmos localmente terá acesso a esse JAR especificando suas coordenadas como dependências. O Maven também instalará uma versão modificada no arquivo POM no mesmo diretório que incluirá informação sobre suas dependências, para que o Maven possa processar suas dependências transitivas corretamente.

Geralmente você não quer sobrescrever seus artefatos toda vez que usa `mvn install`. Para isso, o Maven utiliza o conceito de *snapshots*. Simplesmente coloque -SNAPSHOT depois da versão (no exemplo anterior, isso seria 1.0.0-SNAPSHOT). Então, quando rodar `mvn install`, em vez de um diretório com o número de versão, o Maven criará um diretório no formato version-yyyymmdd-hhmmss-n. Projetos que usam o *snapshot* podem especificar somente 1.0.0-SNAPSHOT, em vez de toda a marca temporal (*timestamp*), e receberão a versão mais recente do repositório local.[6]

Entretanto, você deve usar *snapshots* com cuidado, pois dificultam a reprodução de binários. É melhor fazer com que o servidor de IC produza uma versão canônica de cada dependência, usando um rótulo de compilação como parte do número de versão do artefato, e armazenar esses rótulos no repositório central de artefatos da organização. Você pode, então, usar quantificadores de versão em seu arquivo POM para especificar uma faixa de versões aceitáveis. Se realmente precisar executar algum tipo de trabalho exploratório em sua máquina local, você sempre pode editar a definição temporariamente para permitir *snapshots*.

Discutimos apenas os detalhes mais básicos no Maven nesta seção. Em especial, não discutimos como gerenciar seus próprios repositórios do Maven, o que é importante se você quiser gerenciar dependência em toda a organização ou em projetos multimódulos, que são o modo Maven de compilar componentes. Embora esses sejam tópicos importantes, eles estão além do escopo deste capítulo. Se você está interessado em usos avançados do Maven, recomendamos o excelente livro *Maven: The Definitive Guide*, escrito pela Sonatype e publicado pela O'Reilly. Enquanto isso, abordaremos algumas refatorações básicas de dependências que podem ser feitas com o Maven.

Refatorações de dependências do Maven

Digamos que você tenha um conjunto de dependências que são usadas por diversos projetos. Se você quer definir as versões dos artefatos apenas uma vez, pode definir um projeto principal que inclui versões de cada artefato que será usado. Simplesmente use as definições do arquivo POM dadas anteriormente e envolva o bloco de <dependencyManagement> dentro de um bloco <dependencies>. Você pode definir um projeto subordinado da seguinte forma:

---

[6] Repositórios locais são periodicamente atualizados a partir de repositórios remotos – embora seja possível armazenar *snapshots* em repositórios remotos, essa não é uma boa ideia.

```xml
<project>
  <modelVersion>4.0.0</modelVersion>
  <parent>
    <groupId>com.continuousdelivery</groupId>
    <artifactId>parent</artifactId>
    <version>1.0.0</version>
  </parent>
  <artifactId>simple</artifactId>
  <packaging>jar</packaging>
  <version>1.0-SNAPSHOT</version>
  <name>demo</name>
  <url>http://maven.apache.org</url>
  <dependencies>
    <dependency>
      <groupId>junit</groupId>
      <artifactId>junit</artifactId>
      <scope>test</scope>
    </dependency>
    <dependency>
      <groupId>commons-collections</groupId>
      <artifactId>commons-collections</artifactId>
    </dependency>
  </dependencies>
</project>
```

Isso usará as versões dessas dependências definidas no projeto principal – note que as referências junit e commons-collections não especificam versões.

Você também pode refatorar seu projeto Maven para remover duplicações de dependências comuns. Em vez de criar um JAR como produto final, você pode fazer o Maven criar um arquivo POM que é então referenciado por outros projetos. Na primeira listagem de código (com o principal artifactId), você pode mudar o valor de <packaging> para pom em vez de jar. Você pode então declarar uma dependência para este POM em qualquer projeto em que queira usar as mesmas dependências.

```xml
<project>
  ...
  <dependencies>
    ...
    <dependency>
      <groupId>com.thoughtworks.golive</groupId>
      <artifactId>parent</artifactId>
      <version>1.0</version>
      <type>pom</type>
    </dependency>
  </dependencies>
</project>
```

Uma característica realmente útil do Maven é que você pode analisar dependências do projeto para verificar se há dependências que não foram declaradas ou que não são usadas. Simplesmente execute `mvn dependency:analyze` para rodar o relatório. Você pode ler mais sobre gerenciamento de dependências com o Maven aqui: [cxy9dm].

Resumo

Neste capítulo, discutimos técnicas que garantem que sua equipe consiga desenvolver da maneira mais eficiente possível, ao mesmo tempo em que a aplicação sempre está em um estado em que pode ser implantada. Como sempre, o princípio é garantir que a equipe tenha feedback rápido sobre o efeito das mudanças quanto à prontidão do código para entrega. Uma estratégia é garantir que mudanças sejam realizadas em etapas pequenas e incrementais feitas no trunk. Outra é dividir a aplicação em componentes.

Dividir uma aplicação em uma coleção de componentes de baixo acoplamento e bom encapsulamento que colaboram não é somente boa arquitetura; também permite colaboração mais eficiente e feedback mais rápido em grandes sistemas. Até que sua aplicação fique suficientemente grande, não há necessidade de compilar os componentes de maneira individual – é mais simples ter um único pipeline para toda a aplicação que compila os componentes e a própria aplicação no primeiro estágio. Se você se concentrar em compilação eficiente e testes unitários rápidos e implementar *grids* para testes de aceitação, seu projeto pode crescer até um grau mais alto do que você imagina. Uma equipe de até 20 pessoas trabalhando em tempo integral por alguns anos não precisa de diversos pipeline de compilação, embora ainda deva separar a aplicação em componentes.

Quando você exceder esses limites, porém, o uso de componentes, de pipelines de compilação baseados em dependências e de gerenciamento eficiente de artefatos são fundamentais para entrega eficiente e feedback rápido. A beleza da abordagem que descrevemos neste capítulo é que ela se fundamenta nas mesmas práticas benéficas de arquitetura baseada em componentes. Essa abordagem evita o uso de estratégias complexas usando branches, que geralmente levam a problemas complexos de integração. Entretanto, ela também depende de uma aplicação com boa arquitetura e que pode ser componentizada. Infelizmente, já vimos muitas aplicações grandes em que isso não é fácil. É muito difícil levar uma aplicação assim a um estado em que ela seja facilmente modificada e integrada. Portanto, garanta que está usando seu ferramental tecnológico adequadamente para escrever código que pode ser compilado como um conjunto de componentes independentes quando ficar grande o suficiente.

Capítulo 14

Controle de Versão Avançado

Introdução

Sistemas de controle de versão, também conhecidos como sistemas de controle de fonte (*source control*) e de controle de revisão (*revision control*), são projetados para permitir que organizações mantenham um histórico completo de cada mudança feita em suas aplicações, incluindo código-fonte, documentação, definições de banco de dados, scripts de compilação, testes e assim por diante. Entretanto, eles também têm outro propósito importante: capacitam equipes a trabalharem juntas em partes separadas de uma aplicação enquanto mantêm um sistema de registro – a base de código definitiva da aplicação.

Quando sua equipe cresce, pode ser difícil ter muitas pessoas trabalhando continuamente no mesmo repositório de controle de versão. As pessoas quebram a funcionalidade das outras por acidente, incomodando umas as outras. O objetivo deste capítulo é examinar como equipes podem trabalhar de forma produtiva com controle de versão.

Começaremos com um pouco de história e então abordaremos diretamente o tópico mais controverso de controle de versão: branching e *merging*. Depois discutiremos alguns paradigmas modernos que evitam os problemas da maioria das ferramentas tradicionais: controle de versão baseado em frentes de trabalho e controle de versão distribuído. Finalmente, apresentaremos um conjunto de padrões para trabalhar com branches – ou, em alguns casos, evitá-los.

Passaremos algum tempo discutindo branching e *merging* neste capítulo. Vamos, então, pensar um pouco sobre como isso se encaixa no pipeline de implantação, que também discutimos em detalhes. O pipeline de implantação é um paradigma para mover código do check-in à produção de maneira controlada. Entretanto, ele é somente um dos graus de liberdade com o qual você pode trabalhar em um grande sistema de software. Este capítulo e o anterior discutem as outras duas dimensões: branches e dependências.

Há três boas razões para criar um branch do código. Primeiro, um branch pode ser criado para uma nova versão da aplicação. Isso permite que os desenvolvedores continuem trabalhando em novas funcionalidades sem afetar a versão pública lançada. Quando são encontrados defeitos, eles são corrigidos primeiramente no branch público, e as mudanças são então aplicadas na linha principal. Segundo, quando você precisa fazer um *spike** de uma nova funcionalidade ou de uma refatoração; o branch com o *spike* é descartado e nunca passa por um merge. Finalmente, é aceitável criar um branch com um curto tempo de vida quando for necessário fazer uma grande mudança na aplicação que não é possível com os métodos descritos no capítulo anterior – um cenário muito raro se seu código for bem estruturado. O único objetivo desse branch é levar a base de código a um estado em que a mudança possa ser feita de maneira incremental ou por meio de branches por abstrações.

Um breve histórico do controle de revisão

O precursor de todos os sistemas de controle de versão é o SCCS, escrito em 1972 por Marc J. Rochkind, em seu trabalho no Bell Labs. Dele evoluíram muitos dos mais populares sistemas abertos de controle de versão, todos ainda em uso: RCS, CVS e Subversion.[1] Obviamente, há várias ferramentas comerciais no mercado, e cada uma tem uma abordagem para ajudar desenvolvedores a gerenciarem colaboração. As mais populares são Perforce, StarTeam, ClearCase, AccuRev e Microsoft Team Foundation System.

A evolução dos sistemas de controle de versão não parou, e atualmente há um movimento interessante na direção de sistemas de controle de versão distribuídos (DVCSs). DVCSs são criados para suportar os fluxos de grandes projetos abertos, como o time desenvolvimento do *kernel* do Linux. Abordaremos sistemas de controle de versão distribuídos em outra seção.[2]

Como SCCS e RCS raramente são usados atualmente, não os discutiremos aqui; os fãs de VCSs podem encontrar muita informação sobre eles online.

CVS

CVS é o acrônimo de *Concurrent Version System* (Sistema Concorrente de Versão). Concorrente, nesse contexto, significa que vários desenvolvedores podem trabalhar ao mesmo tempo no mesmo repositório. O CVS, na verdade, foi construído sobre o RCS[3] para oferecer capacidades extras, como uma arquitetura

---

* N. de T.: Um *spike* acontece quando criamos uma implementação descartável apenas para testar ideias, novas ferramentas, mudanças de *design*, esclarecer dúvidas, etc., com o propósito de adquirir mais informações e/ou criar uma prova de conceito.

[1] Embora a distinção entre sistemas abertos e comerciais seja importante para sua liberdade como consumidor, vale notar que o Subversion é mantido por uma organização comercial, a Collabnet, que fornece a ele suporte pago.

[2] Para uma visão humorística dos maiores sistemas de controle de versão aberto, veja [bnb6MF].

[3] O RCS, como o SCCS, funciona somente no sistema de arquivos locais.

cliente-servidor e funcionalidades mais poderosas de branching e *merging*. Originalmente escrito entre 1984 e 1985 por Dick Grune e tornado disponível publicamente em 1986 como um conjunto de scripts, foi portado para C em 1998 por Brian Berliner. Por muitos anos, o CVS foi o mais popular e conhecido sistema de controle de versão no mundo, principalmente porque foi o primeiro gratuito.

O CBS trouxe várias inovações, tanto para versionamento como para o processo de desenvolvimento de software. Provavelmente, a inovação mais importante é que o comportamento padrão do CVS não é travar os arquivos (daí, "concorrente") – de fato, essa foi a principal motivação para o desenvolvimento do CVS.

Apesar das inovações, o CVS tem muitos problemas, alguns dos quais se devem à herança do RCS de rastrear as mudanças arquivo por arquivo:

- Branching no CVS envolve copiar cada arquivo em um novo repositório. Isso pode levar muito tempo e usar muito espaço se você tem um repositório grande.

- Como branches são cópias, fazer um merge entre eles pode gerar vários conflitos fantasmas e não faz um merge automático de novos arquivos adicionados em um dos branches. Há várias maneiras de contornar isso, mas todas consomem muito tempo, estão sujeitas a erros e geralmente são desagradáveis.

- Criar *tags* envolve acessar cada arquivo no repositório – um processo que consome tempo em repositórios grandes.

- Check-ins no CVS não são atômicos. Isso significa que se o processo for interrompido, seu repositório pode ficar em um estado intermediário. Da mesma forma, se duas pessoas fizerem um check-in ao mesmo tempo, as mudanças podem acabar sendo mescladas incorretamente. Isso torna difícil saber quem mudou o que ou desfazer uma das mudanças.

- Renomear arquivos não é uma operação de primeira classe: você precisa remover o arquivo anterior e adicionar um novo, e perde a história das revisões no processo.

- Configurar e manter um repositório é trabalhoso.

- Arquivos binários são apenas blobs no CVS. Não há mecanismo para lidar com esses arquivos, de modo que o uso de disco é ineficiente.

Subversion

O Subversion (SVN) foi projetado para ser um "CVS melhorado". Ele corrige muito dos problemas do CVS e em geral é uma substituição superior do CVS em qualquer situação. Ele foi projetado para ser familiar para os usuários do CVS e tem essencialmente a mesma estrutura de comandos. Essa familiaridade ajudou o CVS a substituir rapidamente o CVS no uso em desenvolvimento de software.

Muitas das qualidades do SVN derivam de abandonar o formato comum ao SCCS, RCS e seus derivados. No SCCS e RCS, arquivos são a unidade de versionamento: há um arquivo no repositório para cada arquivo que passa por um check-in. No SVN, a unidade de versionamento é a *revisão*, que é um conjunto de mudanças feitas em arquivos em um conjunto de diretórios.[4] Você pode pensar em cada revisão como um retrato do repositório naquele momento. Além de descrever as mudanças nos arquivos, as revisões contêm instruções para copiar e remover arquivos. No SVN, cada commit aplica todas as mudanças atomicamente e cria uma nova revisão.

> O Subversion possui uma funcionalidade chamada de "externals", que permite que você monte um repositório remoto em um diretório especificado em seu repositório. Isso é útil se seu código depende de outra base de código. O Git oferece uma funcionalidade similar chamada de "submodules". Essa é uma forma simples e barata de gerenciar dependências entre componentes em seu sistema, ao mesmo tempo em que mantém um repositório por componente. Você também pode usar esse método para separar seu código-fonte e binários grandes (compiladores, outras partes de seu ferramental, dependências externas e assim por diante) em repositórios distintos, ao mesmo tempo em que permite que os usuários vejam as relações entre eles.

Uma das características mais importantes do modelo de repositório do Subversion é que os números de versões são globais ao repositório e não a arquivos individuais. A ideia de um arquivo se movendo da revisão 1 para a revisão 2 não existe mais. Em vez disso, você quer saber o que aconteceu com um determinado arquivo quando o repositório mudou da revisão 1 para a revisão 2. O Subversion trata diretórios, atributos de arquivos e metadados da mesma forma como trata arquivos, ou seja, as mudanças nesses objetos podem ser versionadas da mesma forma que mudanças em arquivos.

Branching e *tagging* no Subversion também são muito melhores. Em vez de atualizar cada arquivo individualmente, o Subversion usa a velocidade e simplicidade de seu repositório *copy-on-write*. Por convenção, há três subdiretórios em cada repositório Subversion: trunk, tags e branches Para criar um branch, simplesmente crie um diretório com o nome do branch no diretório branches e copie o conteúdo do trunk na revisão desejada a partir do diretório recém-criado.

O branch que você acabou de criar é simplesmente um ponteiro para o mesmo conjunto de objetos para o qual o trunk aponta – até que o branch e o trunk comecem a divergir. O resultado é que branching no Subversion é uma operação com tempo constante. *Tags* são gerenciados da mesma forma, exceto que são armazenados em um diretório chamado de tags. O Subversion não distingue entre *tags* e branches, e a diferença é somente uma convenção. Se você quiser, pode tratar uma revisão com um *tag* como seu fosse um branch.

O Subversion também melhora o modelo do CVS ao manter uma cópia local da versão de cada arquivo como ele existia da última vez em que você fez um check-out do repositório central. Isso significa que muitas operações

---

[4] Preferimos o termo mais geral *change set* (conjunto de mudanças) à palavra revisão, mas o SVN usa apenas revisão (*revision*).

(como, por exemplo, verificar o que mudou em sua cópia local) podem ser realizadas localmente, o que as torna muito mais rápidas do que no CVS. Isso também vale quando o repositório central não está disponível, o que torna possível continuar trabalhando mesmo fora da rede.

Entretanto, esse modelo cliente-servidor também tem algumas dificuldades.

- Você somente pode efetuar commits quando estiver online. Embora seja óbvio, uma das maiores vantagens de sistemas de controle de versão distribuídos é o fato de que check-ins são operações separadas de enviar as mudanças para outros repositórios.

- Os dados que o SVN usa para controlar mudanças localmente no cliente são armazenados em diretórios .svn em cada diretório do repositório. É possível atualizar diferentes repositórios do sistema local para revisões diferentes ou mesmo *tags* e branches diferentes. Embora isso seja desejável em raras ocasiões, também pode levar a confusão e erros.

- Embora as operações sejam atômicas no servidor, elas não são no cliente. Se uma atualização no cliente é interrompida, a cópia local pode ficar em um estado inconsistente. Geralmente, isso é simples de resolver, mas em alguns casos é necessários excluir diretórios e recomeçar com um novo check-out.

- Números de revisão são únicos em dado repositório, mas não são globalmente únicos entre repositórios. Isso significa, por exemplo, que se um repositório for separado em outros repositórios menores por alguma razão, os números de revisão nos novos repositórios não terão qualquer relação com os antigos. Embora isso possa parecer algo trivial, significa que o SVN não suporta algumas características de sistemas de controle de versão distribuídos.

O Subversion certamente representa um grande avanço sobre o CVS. Versões mais recentes possuem características como rastreamento de merges, que o aproximam em funcionalidade de ferramentas comerciais como o Perforce. Entretanto, quando comparado à nova safra de ferramentas distribuídas como Git e Mercurial, ele começa a mostrar as limitações impostas por sua inspiração original de ser um "CVS melhorado". Como Linus Torvalds notavelmente disse, "não há uma forma de fazer o CVS de maneira correta" [9yLX5I].

Ainda assim, se você se sente à vontade com as limitações de um sistema de controle de versão centralizado, o Subversion pode ser bom o bastante.

Sistemas de controle de versão comerciais

O mundo de ferramentas de software muda muito rápido – esta seção estará rapidamente desatualizada. Confira o site http://continuousdelivery.com para informações mais atualizadas (em inglês). No momento em que escrevemos este texto, as únicas ferramentas comerciais que podíamos recomendar eram:

- *Perforce*. Desempenho superior, escalabilidade e excelente ferramental. O Perforce é usado em algumas organizações de desenvolvimento de software realmente enormes.
- *AccuRev*. Oferece capacidades similares ao ClearCase de desenvolvimento de software baseado em frentes de trabalho sem o desempenho inferior e a carga administrativa associados ao ClearCase.
- *BitKeeper*. O primeiro sistema de controle verdadeiramente distribuído e o único comercial.

Sua escolha talvez seja o Microsoft Team Foundation Server (TFS) se você usa o Visual Studio – a integração com este último é sua única distinção. Não há outra razão para usá-lo além disso, já que ele é uma cópia inferior do Perforce. O Subversion é amplamente superior ao TFS. Sugerimos que você evite ClearCase, StarTeam e PCVS sempre que possível. Qualquer pessoa que use o Visual SourceSafe deve migrar para uma ferramenta que não corrompe o banco de dados (algo desastroso em um sistema de controle de versão)[5] [c5uyOn]. Para uma migração relativamente fácil, sugerimos o excelente Vault, da SourceGear (o TFS também oferece um caminho de migração, mas não podemos recomendá-lo).

Não use *locking* pessimista

Se o seu sistema de controle suporta *locking* otimista, em que editar um arquivo na cópia local não impede que outros editem suas cópias, você deve usá-lo. *Locking* pessimista, em que você precisa de um *lock* exclusivo do arquivo para editá-lo, pode parecer uma boa ideia para evitar conflitos em merges. Entretanto, na prática isso reduz a eficiência do processo de desenvolvimento, especialmente em equipes grandes.

Sistemas de controle de versão que usam *locks* pessimistas agem em termos de posse. A estratégia garante que somente uma pessoa pode trabalhar com dado objeto em dado momento. Se Tom tentar adquirir um *lock* em um componente A enquanto Amrita já fez um check-in dele, ele será recusado. Se ele tentar realizar um commit sem um *lock*, a operação falhará.

Sistemas otimistas de *locking* funcionam de maneira completamente diferente. Em vez de controlar acesso, eles agem com o pressuposto de que, na maior parte do tempo, as pessoas não trabalharão nas mesmas coisas, e permitem livre acesso a todos os objetos sob seu controle a todos os usuários. O sistema controla mudanças nos objetos e, quando chega o momento de um commit, usam um algoritmo para fazer um merge. Em geral, o merge é automático, mas se o sistema detectar um conflito que não consegue resolver, ele marcará o conflito e pedirá ao usuário que o resolva.

A maneira como sistemas otimistas de *locking* funcionam depende da natureza do conteúdo que estão gerenciando. Para arquivos binários, eles

---

[5] De fato, o VSS sugere que você execute uma verificação de integridade do banco de dados pelo menos uma vez por semana [c2M8mf].

tendem a ignorar deltas, e simplesmente usam a última mudança enviada. Entretanto, seu poder está na maneira como lidam com código-fonte. Para tais arquivos, esses sistemas geralmente assumem que uma linha de código dentro de um arquivo é uma unidade válida de mudança. Sendo assim, se Ben trabalha no componente A e muda a linha 5 ao mesmo tempo em que Tom está trabalhando no componente A e muda a linha 6, depois de ambos os commits o sistema manterá tanto as mudanças de Ben quanto as de Tom. Se ambos decidem mudar a linha 7, e Tom faz o check-in primeiro, Ben receberá uma mensagem perguntando sobre como resolver o conflito antes de fazer seu check-in. Ele poderá decidir entre manter a mudança que Tom fez, manter sua própria mudança, ou editar a linha para manter as partes importantes das duas mudanças.

Para pessoas acostumadas com *locks* pessimistas, *locks* otimistas parecem otimistas demais. "Como podem realmente funcionar?". Na verdade, eles funcionam surpreendentemente bem e são, em muitos aspectos, bem melhores que *locks* pessimistas.

Já ouvimos usuários de sistemas de *locking* pessimista expressarem receios de que usuários de sistemas otimistas perderam bastante tempo resolvendo conflitos, ou que *merging* automático resultará em código que não executa ou compila. Esses receios nunca se materializam na prática. Conflitos realmente acontecem – em grandes equipes, com relativa frequência – mas em geral todos podem ser resolvidos em segundos em vez de minutos. Eles só demoram mais se você ignorar nossa recomendação anterior e não fazer check-ins frequentes.

> O único momento em que *locking* pessimista faz sentido é para arquivos binários, como imagens e documentos. Nesse caso, é impossível fazer um merge que tenha sentido, então o *lock* é razoável. O Subversion permite que você use *locks* sob demanda e também aplique uma propriedade, `svn:needs--lock`, nesses arquivos para garantir o *lock*.

Sistemas de *locking* pessimista geralmente forçam equipes de desenvolvimento a alocarem comportamento por componente para evitar longas esperas por acesso ao mesmo código. O fluxo de criatividade – uma parte natural e essencial do processo de desenvolvimento – é frequentemente interrompido pela necessidade de fazer o check-out de um arquivo do qual o desenvolvedor não percebeu que precisaria. Eles também tornam impossível fazer mudanças que afetam uma grande quantidade de arquivos sem incomodar muitos usuários. Em grandes equipes trabalhando no branch principal, é quase impossível refatorar quando *lock* pessimista está habilitado.

Locking pessimista impõe menos limitações no processo de desenvolvimento. O sistema de controle de versão não impõe qualquer estratégia sobre o desenvolvedor. De fato, é significativamente menos intrusivo e mais leve, sem perder a flexibilidade e a confiabilidade, e com um grande aumento de escalabilidade, em especial para equipes grandes e distribuídas. Se o seu sistema de controle de revisão oferece a opção, use *locking* otimista. Se não, considere migrar para um sistema que oferece.

Branching e *merging*

A capacidade de criar branches, ou frentes de trabalho, em uma base de código é uma característica fundamental em sistemas de controle de versão. Essa operação cria uma réplica de uma revisão escolhida dentro do controle de versão. Essa réplica pode então ser manipulada da mesma forma (mas independentemente) como a revisão original e permite que elas sejam divergentes. O propósito principal de branches é suportar o desenvolvimento paralelo: a capacidade de ter duas ou mais linhas de trabalho ao mesmo tempo sem que uma afete a outra. Por exemplo, é comum criar um branch para uma entrega, o que permite que o desenvolvimento da próxima entrega continue no branch principal (chamado de *mainline* ou trunk) e que ocorram correções no branch especificamente criado para a entrega anterior. Há várias razões pelas quais as equipes decidem criar branches em seu código:[6]

- *Físicas*: Criar branches para configurações físicas do sistema – branches são criados para arquivos, componentes e subsistemas.

- *Funcionais*: Branches da configuração funcional do sistema – branches são criados para funcionalidades; mudanças lógicas, tanto correções como melhorias; e outras unidades significativas de funcionalidade que pode ser entregue (p.ex., patches, entregas e produtos).

- *Ambientais*: Branches do ambiente do sistema operacional – branches são criados para os vários aspectos da compilação e plataformas de execução (compiladores, sistemas de janelas, bibliotecas, hardware, sistema operacional, etc.) e/ou plataformas inteiras.

- *Organizacionais*: Branches por esforço de trabalho – branches são criados para atividades/tarefas, subprojetos, papéis e grupos.

- *Processuais*: Branches por comportamento de equipe – branches são criados para apoiar políticas, processos e estados.

Essas categorias não são mutuamente exclusivas, mas ajudam a entender as razões pelas quais as pessoas criam branches. É claro que você pode criar branches ao longo de várias dimensões ao mesmo tempo; isso não tem muita importância se esses branches não precisam interagir uns com os outros. Entretanto, esse normalmente não é o caso – precisamos pegar um conjunto de mudanças de um branch e copiá-lo para outro branch em um processo chamado de *merging*.

Antes de examinarmos o tópico de *merging*, vale a pena analisar os problemas que branches criam. Na maioria dos casos em que você cria um branch, sua base de código como um todo irá evoluir separadamente em cada branch – incluindo os casos de testes, configuração, scripts de bancos de dados, e assim por diante. Primeiramente, isso coloca em evidência o imperativo de manter absolutamente tudo sob controle de versão. Antes que você comece a criar

---

[6] Appleton et al., 1998 [dAI5I4].

branches, garanta que está pronto – tem absolutamente tudo de que precisa para compilar seu software sob controle de versão.

> **Histórias de terror de controle de versão: #1**
>
> De longe, a razão mais comum para criar branches é funcional. Entretanto, criar branches para uma nova entrega de versão é só o começo. Um grande provedor de infraestrutura de rede para o qual trabalhamos tinha branches para cada grande cliente de seu produto. Também tinha branches hierárquicos para cada correção e cada nova funcionalidade. Números de versão para o software estavam no formato *w.x.y.z*, onde *w* era a versão, *x* era uma entrega pontual, *y* era o identificador do cliente e *z* era uma revisão específica. Fomos chamados porque eles gastavam de 12 a 24 meses em cada grande entrega. Um dos primeiros problemas que identificamos era que os testes estavam em um repositório separado do código. Por isso, era muito difícil descobrir quais testes deveriam ser aplicados a cada versão. Isso efetivamente impedia que eles criassem novos testes na base de código.

Criar branches pode parecer uma boa maneira de resolver muitos dos problemas que afetam o processo de desenvolvimento de software em grandes equipes. Entretanto, o requisito de eventualmente fazer o *merging* desses branches significa que é importante pensar cuidadosamente sobre o assunto e garantir que você tem algum processo sensato para suportar isso. Em especial, você precisar definir uma política para cada branch descrevendo seu papel no processo de entrega, e prescrever quem tem permissões para fazer check-ins nele e sob quais circunstâncias. Por exemplo, uma equipe pequena pode ter uma *mainline* em que todos os desenvolvedores fazem check-ins em um branch para a versão em produção para o qual somente a equipe de testes pode aprovar mudanças. A equipe de testes é responsável, nesse caso, por fazer o processo de *merging* de correções no branch que representa o sistema em produção.

Em organizações maiores e mais regulamentadas, cada componente ou produto pode ter sua própria *mainline* e branches de integração, de entrega e de manutenção nos quais somente o pessoal de operações pode fazer mudanças. Enviar mudanças para esses branches pode envolver a criação de requisições de mudanças e exigir que o código seja bem-sucedido em um conjunto de testes (manual ou automatizado). Deve haver um processo de promoção definido, de modo que, por exemplo, mudanças devam ir da *mainline* para o branch de integração antes que possam ser promovidas para o branch de produção. Políticas de linha de código são discutidas com mais detalhes em Berczuk (2003), p. 117–127.

Merging

Branches são como a infinidade de universos postulados pela interpretação muitos mundos da mecânica quântica.* Cada um existe em completa independência e ignorância dos outros. Entretanto, na vida real, a menos que você

---

* N. de T.: Segundo esta interpretação, haveria muitos outros mundos, além do qual somos conscientes, coexistindo no espaço.

esteja criando branches para entregas ou para *spikes*, chegará ao ponto em que precisa aplicar as mudanças de um branch em outro. Isso pode consumir bastante tempo, embora praticamente todos os VCSs no mercado possuam funcionalidades para tornar o processo mais simples, e VCSs distribuídos tornam o processo de fazer um merge entre branches sem conflito relativamente trivial.

O problema real aparece quando duas mudanças diferentes e conflitantes foram feitas nos dois branches que você precisa juntar. Onde as mudanças literalmente se sobrepõem, seu sistema de controle de versão as detectará e lhe informará do problema. Entretanto, os conflitos podem ser somente diferenças em intenção que passaram despercebidas pelo sistema de controle de versão e foram automaticamente unificadas. Quando se passa muito tempo entre merges, conflitos de código são geralmente sinônimos de implementações conflitantes de funcionalidade, e exigem reescrita substancial de grandes partes do código para harmonizar as mudanças que ocorreram nos dois branches. É impossível fazer isso sem entender o que os autores do código queriam – de modo que conversas são necessárias talvez semanas depois que o código em questão foi escrito.

Conflitos semânticos que não são detectados pelo sistema de controle de versão estão entre os problemas mais fatais que podem ocorrer nesse momento. Por exemplo, se Kate fez uma refatoração que renomeia uma classe em uma de suas mudanças e Dave introduz uma referência à classe em uma de suas mudanças, esse problema só será encontrado quando alguém tentar compilar o código. Em linguagem dinâmica, talvez ele não seja encontrado até que o código seja executado em produção. Conflitos semânticos ainda mais sutis podem ser criados por merges; e sem um conjunto abrangente de testes automatizados, você talvez não consiga identificá-los até que ocorra um defeito.

Quanto mais você espera para fazer um merge e mais pessoas trabalham nos branches afetados, mais desagradável ele será. Há algumas maneiras de reduzir esse sofrimento:

- Você pode criar mais branches para reduzir o número de mudanças em dado branch. Por exemplo, você pode criar um branch toda vez que começar a trabalhar em uma funcionalidade. Entretanto, isso se traduz em mais trabalho para manter controle de todos os branches, e você está simplesmente adiando o sofrimento de fazer mais merges.

- Você pode ser mais cauteloso ao criar branches, como criar somente um branch por entrega. Para reduzir o sofrimento de fazer merges, você pode realizá-los mais frequentemente, ou seja, eles serão menos desagradáveis. Você só precisa se lembrar de fazer isso em intervalos regulares – todos os dias, por exemplo.

De fato, há muitos *padrões* possíveis para a criação de branches, e cada um tem suas políticas, vantagens e desvantagens. Exploraremos alguns estilos possíveis neste capítulo.

Branches, frentes de trabalho e integração contínua

Leitores atentos terão notado que há uma tensão entre usar branches e integração contínua. Se membros diferentes da equipe estão trabalhando em branches separados ou diferentes frentes, por definição não estejam fazendo integração contínua. A prática mais importante para viabilizar integração contínua é garantir que todos os membros da equipe estejam fazendo check-ins no branch principal de desenvolvimento pelo menos uma vez por dia. Se fizer um merge de seu branch separado no principal todos os dias (e não somente um merge do que está no branch principal no seu), você está seguro. Se não estiver fazendo isso, não está fazendo integração contínua. De fato, há uma linha de pensamento que diz que qualquer trabalho em um branch é, na visão *lean*, desperdício – inventário que não será usado no produto final.

Não é incomum ver integração contínua sendo basicamente ignorada e branches ocorrendo de maneira indiscriminada, levando a um processo de entrega que envolve muitos branches. Nosso colega Paul Hammant nos forneceu um exemplo, na Figura 14.1, de um projeto em que trabalhou.

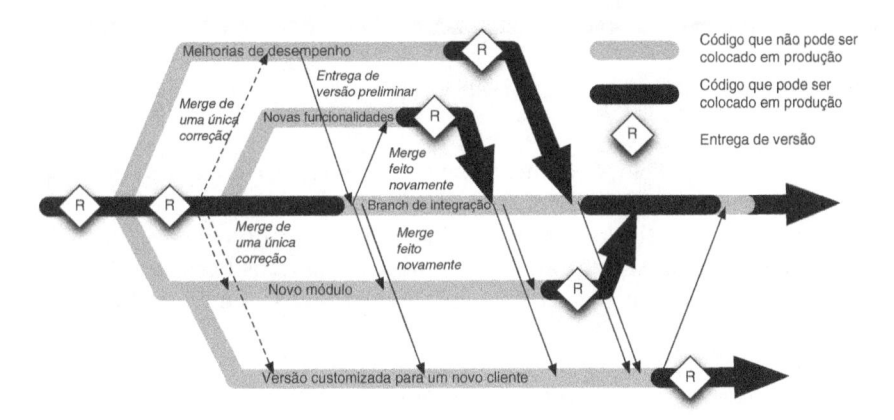

Figura 14.1 *Um exemplo típico de branch descontrolado.*

Nesse exemplo, branches são criados para vários projetos que ocorrem como parte de um programa de trabalho para desenvolver a aplicação. Merges ocorrem de volta para o trunk (ou o branch de integração, como é referenciado aqui) de maneira irregular e, quando acontecem, tendem a causar problemas. O resultado é que o trunk possui código quebrado por longos períodos de tempo até a "fase de integração" do projeto antes da entrega.

O problema com essa (infelizmente bem típica) estratégia é que os branches tendem a ficar em um estado que impede que sejam colocados em produção por um grande período de tempo. Além disso, é comum que branches tenham dependências de outros branches. No exemplo dado, correções do branch de integração e correções de desempenho do branch de melhorias de desempenho. O branch para a versão customizada é um trabalho em andamento que não pode ser colocado em produção por bastante tempo.

Manter controles do branches, descobrir de qual realizar merges e quando e então realmente executar esses merges toma tempo e recursos significativos, mesmo com as funcionalidades de controle de merges existentes em ferramentas como Perforce e Subversion. Mesmo depois de tudo isso, a equipe ainda precisa colocar o código em forma para produção – o problema que deveria ser resolvido por integração contínua.

Uma estratégia mais gerenciável – e nossa recomendação, além de ser o padrão da indústria – é criar branches que serão mantidos por um bom tempo somente para a entrega de versão, como mostrado na Figura 14.2.

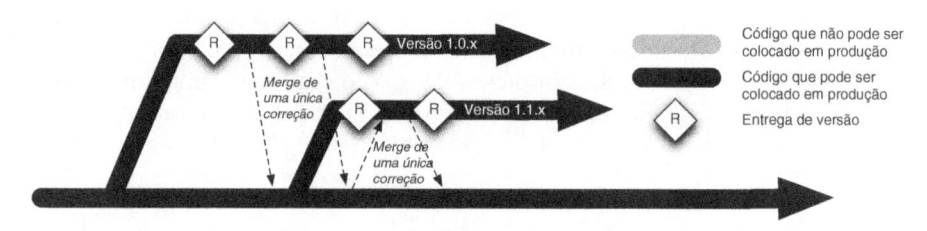

Figura 14.2 *Estratégia para branches para entregas de versão.*

Nesse modelo, qualquer novo código sempre é criado no trunk. Um merge ocorre apenas quando precisa ser feita uma correção em um dos branches já entregues, a partir do qual também é portado para o trunk. Correções críticas também podem ser portadas do trunk para um dos branches. Esse modelo é melhor, porque o código sempre está pronto para ser entregue, e as entregas são consequentemente mais fáceis. Há menos branches e, portanto, menos trabalho a ser feito em merges e controle dos branches.

Talvez você esteja preocupado quanto a sua capacidade de criar novas funcionalidades sem afetar outras pessoas, já que não há branches para isso. Como é possível, por exemplo, reestruturar grande parte da aplicação sem criar um novo branch para o trabalho? Já discutimos detalhadamente essa questão no capítulo anterior, na seção "Manter a aplicação pronta para entrega", na página 350.

Essa abordagem incremental certamente requer mais disciplina e mais cuidado – e, de fato, mais criatividade – do que apenas criar um branch e logo re-arquitetar ou desenvolver uma nova funcionalidade. Porém, ela reduz significativamente o risco de as mudanças causarem algum problema em sua aplicação, e você poupará sua equipe de uma grande quantidade de merges, problemas e tempo para colocar a aplicação em um estado em que ela possa ser implantada em produção. Tais atividades tendem a ser difíceis de planejar, gerenciar e rastrear, o que as torna, em última instância, muito mais custosas do que a prática disciplinada de sempre desenvolver no trunk.

Se você trabalha em equipes médias ou grandes, provavelmente está balançando a cabeça com ceticismo neste momento. Como é possível trabalhar em um grande projeto sem criar branches? Se 200 pessoas estão fazendo check-ins no trunk diariamente, isso são 200 merges e 200 compilações no pipeline. Ninguém vai conseguir fazer coisa alguma – todos vão perder o seu tempo em merges!

Na prática, mesmo se todos estiverem trabalhando em uma grande base de código, isso pode funcionar. Duzentos merges não são um problema, desde que todos estejam trabalhando em áreas diferentes do código e que as mudanças sejam feitas em pequenas partes. Em um projeto tão grande, se vários desenvolvedores estão trabalhando sobre as mesmas áreas regularmente, isso indica que o código está mal-estruturado, sem encapsulamento suficiente e com alto acoplamento.

As coisas são muito piores se os merges são deixados para o fim do desenvolvimento. Nesse momento, é praticamente certo que todos os branches gerarão conflitos uns com os outros. Já vimos projetos em que a fase de integração começou com semanas de tentativas de resolver conflitos de merge para conseguir que a aplicação estivesse em um estado em que pudesse rodar sem problemas. Somente depois disso é que começou a fase de testes.

A solução correta para equipes médias e grandes é dividir a aplicação em componentes e garantir que haja baixo acoplamento entre eles. Essas são as propriedades de sistemas bem projetados. Uma consequência dessa abordagem incremental para merges, em que a aplicação sempre está funcionando no trunk, é que há uma pressão sutil para melhorar a arquitetura da aplicação. Integrar componentes em uma aplicação funcional é um problema complexo e interessante, que exploramos no capítulo anterior. Entretanto, é um meio infinitamente superior de resolver o problema de desenvolver grandes aplicações.

Vale dizer novamente: você nunca deve usar branches que não passam por merges frequentes e de longa duração como a principal maneira de gerenciar a complexidade de um grande projeto. Fazer isso apenas adia o problema para o momento em que você tentar implantar a aplicação. Seu processo de integração será um exercício de alto risco e imprevisibilidade que lhe custará tempo e dinheiro. Qualquer fornecedor de sistemas de controle de versão que lhe disser que tudo o que você precisa fazer é usar suas ferramentas de merge não está dizendo toda a verdade.

Sistemas de controle de versão distribuídos

Nos últimos anos, sistemas de controle de versão distribuídos (DVCSs, para *Distributed Version Control Systems*) têm se tornado muito populares. Existem vários DVCSs de código aberto, como Git [9Xc3HA] e Mercurial. Nesta seção, examinaremos o que há de especial sobre DVCSs e como usá-los.

O que é um sistema de controle de versão distribuído?

O princípio fundamental de um DVCSs é que cada usuário mantém um repositório autocontido, de primeira classe, em seu computador. Não há necessidade de um repositório central privilegiado, embora a maioria das equipes designe um por convenção (de outra forma, seria impossível fazer integração contínua). A partir desse princípio, surgem várias características interessantes:

- Você pode começar a usar um DVCS em segundos – apenas o instale e faça o check-in de suas mudanças no repositório local.
- Você pode receber atualizações individualmente de outros usuários, sem precisar passar pelo repositório central.
- Você pode enviar atualizações para um grupo selecionado de usuários sem que todos sejam forçados a recebê-las.
- Patches podem se propagar efetivamente por meio de uma rede de usuários, tornando muito mais fácil aprovar ou rejeitar patches individuais (uma prática conhecida como *cherry-picking*).
- Você pode fazer o check-in de mudanças mesmo quando estiver offline.
- Você pode fazer o check-in de funcionalidade incompleta em seu repositório local como um *check-point* sem afetar outros usuários.
- Você pode modificar, reordenar e mesclar commits localmente com facilidade antes de enviar suas mudanças para outras pessoas (isso é conhecido como *rebasing*).
- É fácil testar novas ideias em um repositório local sem precisar criar um branch em um repositório central.
- Dada a habilidade de criar vários commits locais antes de enviá-los para outros, o repositório central não é acessado tão frequentemente, tornando DVCSs mais escaláveis.
- Repositórios *proxies* podem ser estabelecidos e sincronizados facilmente para alta disponibilidade.
- Como há diversas cópias do repositório como um todo, DVCSs são mais resistentes a falhas, embora os repositórios centrais ainda devam passar por *back-ups* regulares.

Se está pensando que ter um DVCS se parece muito com cada um ter seu próprio SCCS ou RCS, você está correto. A diferença entre DVCSs e outros sistemas descritos na seção anterior é que eles suportam múltiplos usuários, ou concorrência. Em vez de ter um servidor central com um sistema de controle de versão para garantir que várias pessoas possam trabalhar no mesmo branch ao mesmo tempo, a abordagem é a oposta: cada repositório local é de fato um branch em si mesmo, e não há um trunk por assim dizer (Figura 14.3).

Muito do trabalho feito ao projetar um DVCSs é gasto em tornar fácil aos usuários o compartilhamento das mudanças entre si. Como Mark Shuttleworth, fundador da empresa Canonical, responsável pelo Ubuntu, diz: "A beleza de sistemas de controle de versão distribuídos está na forma como equipes se formam espontaneamente, quando pessoas com um interesse comum em uma correção ou em uma funcionalidade começam a trabalhar nela, trocando o trabalho entre si por meio da publicação de branches e dos merges entre eles. Essas equipes se forma mais facilmente quando o custo de branching e *merging* é reduzido, e levar isso ao extremo sugere que vale a pena investir na experiência de *merging* para os desenvolvedores".

Esse fenômeno é especialmente visível com o surgimento do GitHub, BitBucket e Google Code. Usando esses sites, fica fácil para um desenvolvedor fazer uma cópia do repositório de um projeto existente, fazer uma mudança nele e tornar essa mudança disponível para outros usuários interessados. O mantenedor do projeto original pode ver as mudanças e aplicá-las em seu projeto, se gostar delas.

Isso representa uma mudança de paradigma em colaboração. Em vez de precisar enviar patches para o dono do projeto para que sejam aplicados no repositório oficial, as pessoas agora podem publicar sua própria versão para que outras pessoas as experimentem. Isso leva a uma evolução muito mais rápida de projetos, mais experimentação e entrega mais rápida de funcionalidades e correções. Se alguém faz algo interessante, outras pessoas podem ver e usar isso. Isso significa que acesso para commit não é mais um gargalo em novas funcionalidades ou correções.

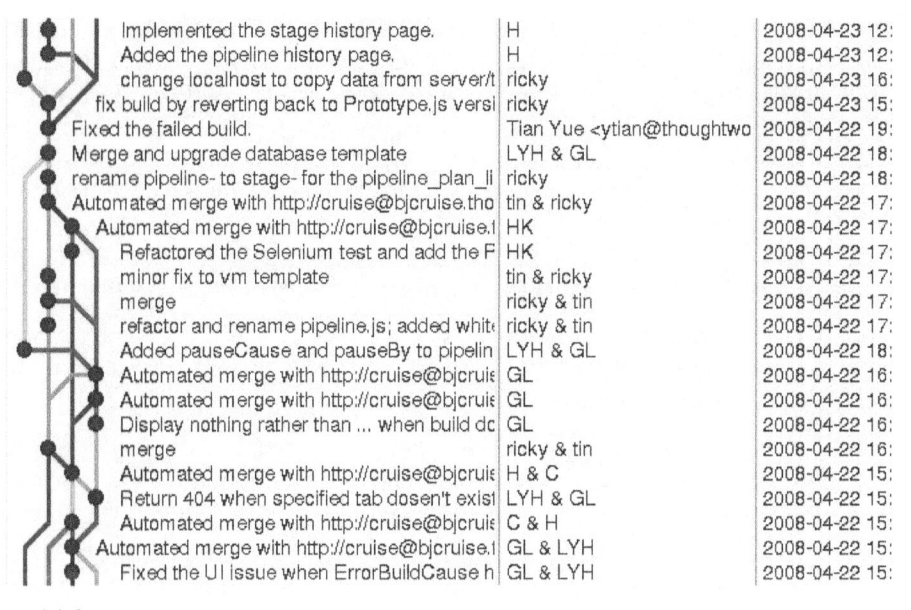

Implemented the stage history page.	H		2008-04-23 12:
Added the pipeline history page.	H		2008-04-23 12:
change localhost to copy data from server/t	ricky		2008-04-23 16:
fix build by reverting back to Prototype.js versi	ricky		2008-04-23 15:
Fixed the failed build.	Tian Yue <ytian@thoughtwo		2008-04-22 19:
Merge and upgrade database template	LYH & GL		2008-04-22 18:
rename pipeline- to stage- for the pipeline_plan_li	ricky		2008-04-22 18:
Automated merge with http://cruise@bjcruise.tho	tin & ricky		2008-04-22 17:
Automated merge with http://cruise@bjcruise.t	HK		2008-04-22 17:
Refactored the Selenium test and add the F	HK		2008-04-22 17:
minor fix to vm template	tin & ricky		2008-04-22 17:
merge	ricky & tin		2008-04-22 17:
refactor and rename pipeline.js; added whit	ricky & tin		2008-04-22 17:
Added pauseCause and pauseBy to pipelin	LYH & GL		2008-04-22 18:
Automated merge with http://cruise@bjcrui	GL		2008-04-22 16:
Automated merge with http://cruise@bjcrui	GL		2008-04-22 16:
Display nothing rather than ... when build do	GL		2008-04-22 16:
merge	ricky & tin		2008-04-22 16:
Automated merge with http://cruise@bjcrui	H & C		2008-04-22 15:
Return 404 when specified tab dosen't exis	LYH & GL		2008-04-22 15:
Automated merge with http://cruise@bjcrui	C & H		2008-04-22 15:
Automated merge with http://cruise@bjcruise.t	GL & LYH		2008-04-22 15:
Fixed the UI issue when ErrorBuildCause h	GL & LYH		2008-04-22 15:

Figura 14.3   *Linhas de desenvolvimento em um repositório distribuído.*

Um breve histórico dos sistemas de controle de versão distribuídos

Por muitos anos, o *kernel* do Linux foi desenvolvido sem o uso de controle de versão. Linus Torvalds desenvolvia em sua própria máquina e tornava disponível o código em *tarballs** que eram rapidamente copiadas para uma grande quan-

---

* N. de T.: Trocadilho para designar os arquivos produzidos pela ferramenta tar do sistema Unix.

tidade de sistemas ao redor do mundo. Todas as mudanças eram enviadas a ele como patches, e podia facilmente aplicá-los ou rejeitá-los. Como resultado, ele não precisava de controle de versão – nem para backup de seu código, nem para permitir que múltiplos usuários trabalhassem no repositório ao mesmo tempo.

Entretanto, em dezembro de 1999, o projeto Linux PowerPC começou a usar o BitKeeper, um sistema de controle de versão distribuído proprietário, lançado em 1998. Linus começou a considerar adotar o BitKeeper para manter o *kernel*. Ao longo dos anos seguintes, alguns dos mantenedores de seções do *kernel* começaram a usá-lo. Finalmente, em fevereiro de 2002, Linus adotou o BitKeeper e o descreveu como "a melhor ferramenta para o trabalho", embora ele não fosse código aberto.

O BitKeeper foi o primeiro sistema de controle de versão distribuído amplamente utilizado, e foi construído sobre o SCCS. De fato, um repositório BitKeeper consiste em um conjunto de arquivos SCCS. Para manter a filosofia de controle de versão distribuído, o repositório SCCS de cada usuário é um repositório de primeira classe em si próprio. O BitKeeper é uma camada no topo do SCCS que permite que usuário tratem *deltas*, ou mudanças em cima de uma revisão específica, como objetos de domínio de primeira classe.

Seguindo nos passos do BitKeeper, vários projetos de DVCSs de código aberto foram criados. O primeiro foi o Arch, criado por Tom Lord em 2001. O Arch não existe mais, e foi trocado pelo Bazaar. Hoje há vários DVCSs de código aberto. Os mais populares e funcionais são o Git (criado por Linus Torvalds para manter o *kernel* do Linux e outros projetos), o Mercurial (usado pela Mozilla Foundation, Open Solaris e OpenJDK) e o Bazaar (usado pelo Ubuntu). Outros DVCSs ativamente desenvolvidos incluem o Darcs e o Monotone.

Sistemas de controle de versão distribuídos em ambientes corporativos

No momento em que escrevemos isto, organizações comerciais estão lentamente começando a adotar DVCSs. Além de atitudes conservadoras, há três objeções evidentes ao uso de DVCSs em empresas:

- Ao contrário de sistemas de controle de versão centralizados, que guardam uma única versão do repositório do computador do usuário, qualquer pessoa que tem uma cópia de um repositório de um DVCS tem sua história completa.

- Auditoria e *workflow* são conceitos vagos no mundo de DVCSs. Sistemas de controle de versão centralizados exigem que todos os usuários enviem todas as mudanças para um repositório central. DVCSs permitem que usuários enviem mudanças uns para os outros e que mudem a história de seu repositório local, sem que essas mudanças retornem para o repositório central.

- O Git realmente permite que você mude a história. Isso pode ser um problema em ambientes corporativos sujeitos a regimes de regulamentação, que precisam fazer cópias regulares de seus repositórios para manter um registro de tudo o que aconteceu.

Na prática, essas considerações não devem ser uma barreira para a adoção corporativa na maioria dos casos. Embora usuários possam, em teoria, evitar check-ins em um repositório central designado, isso faz pouco sentido, já que, em um sistema continuamente integrado, é quase impossível conseguir compilações baseadas em seu código sem enviar as mudanças para um repositório compartilhado. Enviar mudanças para seus colegas sem um check-in central causa mais problemas do que vale a pena – exceto, obviamente, se você precisar fazer isso. Nesse caso, um DVCSs é incrivelmente útil. No momento em que você designa um repositório central, todas as propriedades deste se tornam disponíveis.

Algo a se ter em mente é que, com um DVCS, muitos *workflows* são possíveis com pouco esforço da parte de desenvolvedores ou administradores. Por outro lado, VCSs centralizados só podem suportar modelos de desenvolvimento descentralizados (como equipes distribuídas, a capacidade de suportar *workspaces* e *workflows* de aprovação) com funcionalidades complexas que subvertem o modelo centralizado.

Usando sistemas de controle de versão distribuídos

A principal diferença entre sistemas de controle de versão distribuídos e centralizados é que nos primeiros, quando você faz um check-in, ele ocorre somente em sua cópia local – efetivamente, em seu branch isolado. Para compartilhar as mudanças com outras, há um conjunto adicional de passos a seguir. Para fazer isso, os DVCSs possuem duas novas operações: obter mudanças de um repositório remoto e enviar mudanças para ele.

Por exemplo, abaixo está um *workflow* típico do Subversion:

1. `svn up` – obtenha a versão mais recente.
2. Escreva algum código.
3. `svn up` – faça um merge das mudanças com quaisquer mudanças feitas do repositório central e resolva os conflitos.
4. Compile e teste localmente.
5. `svn ci` – envie as mudanças, inclusive o merge, para o controle de versão.

Em um sistema de controle distribuído, o fluxo se parece com o descrito abaixo:

1. `hg pull` – obtenha as últimas atualizações do repositório remoto e as armazene em seu repositório local.
2. `hg co` – atualize a cópia de trabalho em seu repositório local.
3. Escreva algum código.
4. `hg ci` – salve as mudanças em seu repositório local.
5. `hg pull` – obtenha mudanças adicionais do repositório remoto.
6. `hg merge` – atualize a cópia local com o resultado do merge, mas não crie um commit com o resultado.

7. Compile e teste localmente.
8. `hg ci` – salve o resultado do merge em seu repositório local.
9. `hg push` – envie as atualizações para o repositório remoto.

> Usamos o Mercurial em nosso exemplo porque sua sintaxe de comando é similar ao Subversion, mas os princípios são os mesmos de outras DVCSs.

O resultado aparece na Figura 14.4 (cada caixa representa uma revisão, e as setas indicam as revisões principais).

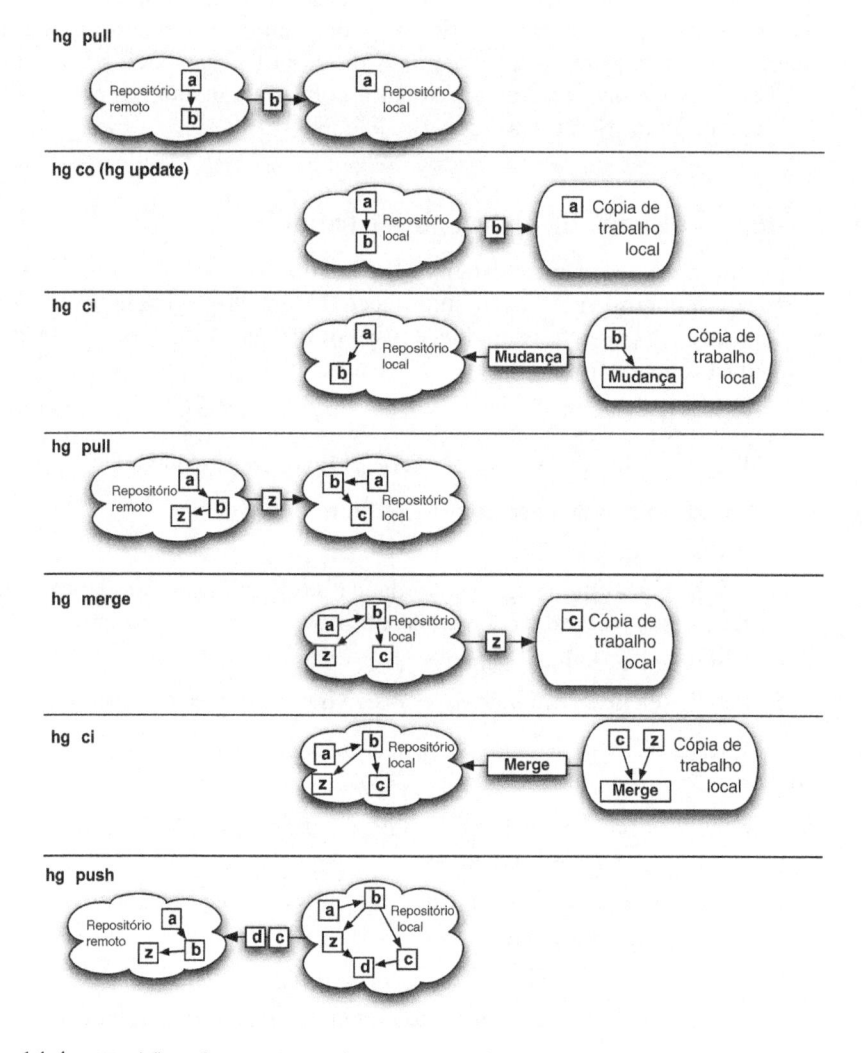

Figura 14.4 *Workflow de um DVCS (diagrama por Chris Turner).*

O processo de merge é um pouco mais seguro do que o equivalente do Subversion em função do passo 4. Esse passo extra de check-in garante que mesmo que o merge seja ruim, você possa voltar para antes dele e tentar outra vez. Isso também significa que você registrou a mudança representando apenas o merge, de modo que pode ver precisamente o que ele fez (assumindo que não atualizou suas mudanças para o repositório central) e desfazê-lo se decidir mais tarde que ele foi ruim.

Você pode repetir os passos 1-8 tantas vezes quando quiser antes de executar o passo 9 para enviar suas mudanças à compilação de integração contínua. Você pode até mesmo usar uma excelente funcionalidade do Mercurial e do Git conhecida como *rebasing*. Isso permite que você mude a história de seu repositório local, de modo que pode (por exemplo) converter todas as mudanças em um único commit. Dessa forma, pode continuar fazendo o check-in de suas mudanças e o merge delas, e, obviamente, rodando seus testes localmente sem afetar outros usuários. Quando a funcionalidade em que estiver trabalhando estiver completa, você pode fazer um *rebase* e mandar todas as mudanças para o repositório central de uma só vez.

Quanto à integração contínua, ela funciona da mesma forma com um DVCS. Você ainda pode ter um repositório central e atrelar seu pipeline a ele. Entretanto, um DVCS lhe dá a opção de tentar vários outros *workflows* possíveis, se preferir. Discutimos esses detalhes na seção "Sistemas distribuídos de controle de versão", na página 79.

> Até que você envie suas mudanças locais para o repositório central que alimenta o pipeline de implantação, elas não estão integradas. Fazer commits frequentes é uma das práticas fundamentais de integração contínua. Para que ela aconteça, você deve enviar suas mudanças para o repositório central pelo menos uma vez por dia – o ideal seria mais do que isso. Por isso, alguns dos benefícios dos DVCSs podem comprometer a eficiência da IC se usados de forma incorreta.

Sistemas de controle de versão baseados em frentes de trabalho

O ClearCase da IBM não é somente um dos mais populares sistemas de controle de versão em grandes organizações; ele também introduziu um novo paradigma no meio: frentes de trabalho. Nesta seção discutiremos como elas funcionam e como fazer integração contínua em um sistema baseado nelas.

O que é um sistema de controle de versão baseado em frentes de trabalho?

Sistemas de controle de versão baseados em frentes de trabalho como o ClearCase e o AccuRev são projetados para amenizar o problema com merges tornando possível a aplicação de conjuntos de mudanças a diversos branches de uma só vez. Nesse paradigma, branches são substituídos por um conceito mais poderoso, as frentes de trabalho, que têm uma diferença crucial: podem herdar umas das outras. Sendo assim, se você aplicar uma mudança em dada frente, todas as suas descendentes herdarão as mesmas mudanças.

Considere como esse paradigma ajuda em duas situações comuns: aplicar uma correção a várias versões da aplicação e adicionar uma nova versão de uma biblioteca de terceiros à base de código.

A primeira situação é comum quando você tem branches que permanecem por um longo tempo após as entregas. Digamos que precise fazer uma correção em uma das versões já entregues. Como você aplica a correção a todos os outros branches ao mesmo tempo? Sem ferramentas baseadas em frentes de trabalho, a resposta é que isso precisa ser feito manualmente. Esse trabalho é tedioso e sujeito a erros, especialmente quando a mudança deve ser aplicada a vários branches. Com um controle de versão baseado em frentes de trabalho, você simplesmente promove a mudança de seu branch para o ancestral comum de todos os branches que precisam de mudanças. Usuários desses branches podem atualizar suas cópias para obter as mudanças e compilar uma nova versão com a correção.

As mesmas considerações se aplicam a gerenciar bibliotecas de terceiros. Digamos que você precisa atualizar uma biblioteca de processamento de imagens para uma nova versão e que cada componente que precisa atualizar depende da mesma versão. Com um controle de versão baseado em frentes de trabalho, você pode fazer um check-in com a nova versão para o ancestral de todas as frentes que precisam da atualização, e todas elas serão automaticamente atualizadas.

Você pode pensar em um sistema de controle de versão baseado em frentes de trabalho como uma união de sistemas de arquivos, em que cada sistema forma uma estrutura de árvore (um gráfico acíclico diretamente conectado). Sendo assim, cada repositório tem uma frente raiz, que todas as outras herdam. Você pode criar novas frentes baseadas em frentes já existentes.

No exemplo da Figura 14.5, a frente raiz contém um único arquivo, foo, na revisão 1.2, e um diretório vazio. As entregas 1 e 2 herdam dela. Na frente da entrega 1, podem ser encontrados os arquivos presentes da frente raiz, além de dois arquivos: a e b. Na frente da entrega 2, dois arquivos estão presentes: c e d; e o arquivo foo foi modificado e agora está na versão 1.3.

Dois desenvolvedores estão trabalhando da entrega 2 em seus espaços de trabalho. O desenvolvedor 1 está modificando o arquivo c e o desenvolvedor 2 está modificando o arquivo d. Quando o desenvolvedor 1 faz um check-in com suas mudanças, todos que estejam trabalhando na entrega 2 verão essas mudanças. Se o arquivo c passou por uma correção necessária para a entrega 1, o desenvolvedor 1 poderia promover o arquivo c para a frente raiz, e ele seria então visível para todas as outras frentes.

Sendo assim, fazer mudanças para uma frente não afeta nenhuma das outras, a menos que as mudanças sejam promovidas. Uma vez que isso aconteça, elas serão visíveis para todas as frentes que herdam da frente original. É importante entender que promover mudanças dessa forma não muda a história. Em vez disso, é como adicionar uma camada com essas mudanças sobre o conteúdo já existente da frente de trabalho.

CAPÍTULO 14 ▼ CONTROLE DE VERSÃO AVANÇADO

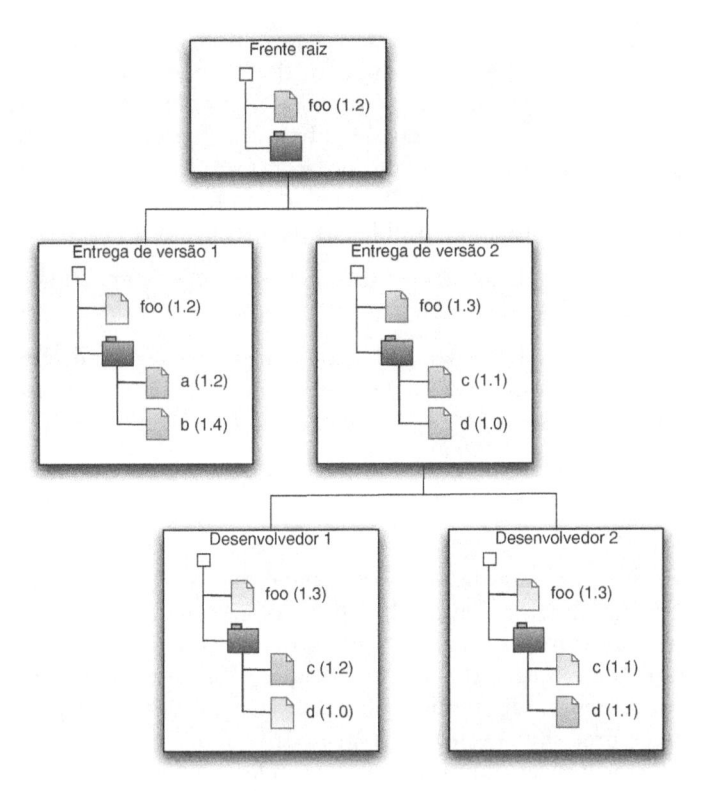

Figura 14.5 *Desenvolvimento com frentes de trabalho.*

Modelos de desenvolvimento com frentes de trabalho

Em sistemas baseados em frentes de trabalho, os desenvolvedores são incentivados a desenvolver em seus próprios espaços de trabalho. Dessa forma, eles podem refatorar o código, experimentar novas soluções e desenvolver nova funcionalidade sem afetar os outros usuários. Quando estiverem prontos, podem promover suas mudanças e torná-las disponíveis para os outros.

Por exemplo, você pode estar trabalhando em uma frente que criou para uma funcionalidade específica. Quando a funcionalidade estiver pronta, pode promover todas as mudanças dessa frente para a frente da equipe, que será continuamente integrada. Quando seus testadores quiserem testar o trabalho terminado daquela funcionalidade, podem ter sua própria frente, para onde todas as funcionalidades prontas para testes são promovidas. Funcionalidades que passaram por testes podem, então, ser promovidas para a frente que representa a entrega.

Assim, equipes médias e grandes podem trabalhar em diversas funcionalidades ao mesmo tempo sem que os desenvolvedores afetem uns aos outros, e testadores e gerentes de projetos podem selecionar a funcionalidade que desejam. Esse é um avanço real quando comparado com o problema que as equipes enfrentam quanto a entregas. Normalmente, criar uma entrega exige fazer um branch da base como um todo e estabilizá-lo – mas, obviamente, quando você cria um branch, não há uma forma simples de selecionar mudanças (veja a seção "Branches para entrega de versão", na página 412, para mais detalhes sobre esse problema e como lidar com ele).

É claro que na vida real as coisas não são tão simples. Uma funcionalidade nem sempre é independente de outra e, em especial se sua equipe refatora o código tão vigorosamente como deveria, problemas em merges ocorrem com frequência à medida que você promove grandes partes de código entre frentes. Assim, não é surpresa que problemas de integração resultem de:

- merges complexos, à medida que equipes diferentes compartilham código de maneiras diferentes;
- problemas de gerenciamento de dependência, quando novas funcionalidades introduzidas no código dependem de outras que ainda não foram promovidas;
- problemas de integração, quando testes de integração e regressão quebram em novas frentes de entregas porque o código está em uma nova configuração.

Esses problemas ficam piores quando há mais equipes ou mais camadas. O efeito geralmente é multiplicativo, já que uma reação comum de ter mais equipes é criar mais camadas. A intenção é isolar o impacto entre essas equipes. Uma grande empresa certa vez disse que tinha cinco camadas de frentes: no âmbito da equipe, do domínio, da arquitetura, do sistema e da produção. Cada mudança precisava se mover através de cada nível até chegar à produção. É desnecessário dizer que eles tinham grandes problemas para fazer entregas, já que as questões mencionadas apareciam a cada promoção.

> **ClearCase e o antipadrão de recompilar do código**
>
> Um dos problemas com o modelo baseado em frentes de trabalho é que a promoção é feita no âmbito do código e não dos binários. O resultado é que, a cada promoção para uma frente mais alta, você precisa obter o código novamente e recompilar. Em muitas empresas que utilizam o ClearCase, é normal que a equipe de operações insista em usar em produção somente binários recompilados do zero baseados em código que eles obtiveram do branch de entrega. Mesmo sem considerar outros problemas, isso resulta em um grande desperdício.
>
> Além do mais, isso viola um dos princípios fundamentais que descrevemos – os binários de sua entrega devem ser os mesmos que passaram pelo restante do pipeline, para que você tenha certeza do que testou. Além do fato de que ninguém testou os binários que vieram da frente que define a entrega, também há uma chance de que tenham sido introduzidas diferenças no processo de compilação, talvez pelo fato de a equipe de operações usar uma revisão ligeiramente diferente do compilador ou de alguma dependência. Tais diferenças podem levar a erros em produção que demoram dias para ser identificados.

É importante lembrar que não fazer check-ins para um branch principal várias vezes ao dia é contra a prática de integração contínua. Há várias maneiras de gerenciar isso, mas todas exigem bastante disciplina – e mesmo assim não resolverão completamente o dilema que equipes médias e grandes enfrentarão. A regra básica é promover o mais rápido possível e rodar o máximo de testes automatizados com a maior frequência possível nas frentes que são compartilhadas entre desenvolvedores. Nesse sentido, a prática é similar a criar branches por equipe, descrita mais adiante neste capítulo.

Porém, nem todas as notícias são ruins. A equipe de desenvolvimento do *kernel* do Linux usa um processo similar ao descrito acima, mas cada branch tem um dono cujo trabalho é manter essa frente estável, e obviamente a frente de "entrega" é mantida por Linus Torvalds, que é bem exigente sobre o que ele traz para sua própria frente. Da maneira como a equipe do *kernel* do Linux funciona, há uma hierarquia de frentes com a de Linus do topo, e as mudanças são escolhidas pelos donos das frentes em vez de serem empurradas para eles. Isso é o oposto do que acontece na maioria das empresas, em que as equipes de operações ou de entrega têm a infeliz obrigação de fazer o merge de tudo.

Finalmente, um último detalhe sobre esse estilo de desenvolvimento: você não precisa de uma ferramenta com suporte explícito a frentes para fazer isso. Na verdade, os desenvolvedores do *kernel* do Linux usam o Git para gerenciar seu código, e todos os novos DVCSs são versáteis o bastante para suportar esse tipo de processo – embora sem algumas das sofisticadas ferramentas gráficas que produtos como o AccuRev fornecem.

Visões estáticas e dinâmicas

O ClearCase tem uma funcionalidade conhecida como "visões dinâmicas". Essa funcionalidade atualiza cada visão que o desenvolvedor tem de sua frente no momento em que um arquivo é atualizado em alguma frente cuja a sua herda. Isso significa que os desenvolvedores podem usar qualquer dessas mudanças imediatamente, se desejarem. Na visão estática tradicional, as mudanças não serão vistas até que o desenvolvedor decida atualizar.

Visões dinâmicas são uma excelente forma de obter as mudanças no momento em que o check-in for feito, o que ajuda a resolver conflitos e facilita a integração – assumindo que os desenvolvedores façam check-ins frequentes. Entretanto, há problemas tanto no âmbito técnico quanto no âmbito prática de gerenciamento de mudança. No técnico, a funcionalidade é muito lenta: nossa experiência mostrou que ela diminui drasticamente a velocidade de acesso ao sistema de arquivos. Como muitos desenvolvedores realizam com frequência tarefas que exigem muito do sistema do arquivo – como compilações ou buscas – o custo é inaceitável. De maneira mais prática, se você está no meio de uma tarefa e um merge aparece subitamente, exigindo ação, isso irá tirar sua concentração, e a visão que você tem da tarefa pode ser comprometida.

Integração contínua com sistemas de controle de versão baseados em frentes de trabalho

Um dos supostos benefícios de desenvolver com frentes de trabalho é que se torna mais fácil para os desenvolvedores usarem suas próprias frentes privadas, com a promessa de que depois os merges serão mais fáceis. Em nossa perspectiva, essa abordagem tem uma falha fundamental: tudo funciona bem quando as mudanças são promovidas frequentemente (isto é, mais de uma vez por dia), mas isso limita o benefício da abordagem em si. Se você está promovendo frequentemente, soluções mais simples funcionam tão bem ou melhor. Se não faz isso, sua equipe terá mais chance de incorrer em problemas na hora de realizar uma entrega. Ela gastará muito tempo para garantir que tudo funciona bem, corrigir funcionalidades que todos assumiram que funcionavam e corrigir problemas introduzidos em merges complexos. Esse é o problema que a integração contínua deveria resolver.

Ferramentas como o ClearCase realmente têm funcionalidades poderosas para realizar merges. Entretanto, o ClearCase também possui um modelo de desenvolvimento baseado em um servidor em que tudo o que acontece, de merges a *tagging*, depende de grandes atividade nesse servidor. De fato, promover mudanças para uma frente da qual aquela em que se está trabalhando herda exige que a pessoa que está fazendo a promoção resolva problemas de merges causados em todas as frentes irmãs.

Nossa experiência com o ClearCase, e a de nossos colegas, é que, em um repositório de qualquer tamanho, operações que deveriam ser triviais, como check-ins, remoções e (especialmente) criações de *tags*, demoram muito. Isso introduz, por si só, um custo enorme no desenvolvimento feito com tais ferramentas se você quer realizar check-ins frequentes. De fato, ao contrário do AccuRev, que tem commits atômicos, o ClearCase exige *tagging* para poder voltar a uma versão conhecida do repositório. Se você tem administradores talentosos e experientes com o ClearCase, o processo de desenvolvimento pode ser gerenciável. Infelizmente, nossa experiência sempre foi ruim. O resultado é que em geral acabamos usando uma ferramenta como o Subversion dentro da equipe de desenvolvimento, e fazemos commits em uma única direção com merges automáticos para o ClearCase periodicamente para que todos fiquem satisfeitos.

A característica mais importante de sistemas de controle de versão baseados em frentes de trabalho – a habilidade de promover conjuntos de mudanças – também causa problemas com integração contínua. Considere uma aplicação que tem várias frentes para entregas pontuais. Se uma correção for feita em uma ancestral de todas essas frentes, ela causará uma nova compilação em todas as frentes descendentes. Isso pode acabar rapidamente com a capacidade de seu sistema de compilação. Em uma equipe com certo número de frentes ativas, com promoções regulares, isso pode significar que todas as frentes são compiladas de maneira contínua.

Há duas opções para lidar com esse problema: gastar bastante dinheiro com hardware ou recursos virtuais, ou mudar a forma com que a compilação é invocada. Uma estratégia útil é compilar somente quando for feita uma mudança na frente associada com o pipeline de implantação, não quando forem feitas mudanças em seus ancestrais. Obviamente, versões candidatas criadas dessa forma ainda obtêm as últimas mudanças realizadas, inclusive mudanças promovidas para ancestrais. Compilações manuais também causarão a inclusão de mudanças na versão candidata, e a equipe de infraestrutura precisa garantir que invoquem manualmente compilações para garantir que versões candidatas sejam criadas, quando for apropriado.

Desenvolvendo no trunk

Nesta seção e na próxima, consideraremos várias formas de usar branches e merges, suas vantagens e desvantagens e as circunstâncias nas quais são mais apropriados. Começaremos com o desenvolvimento na linha principal, porque este é o método mais ignorado. De fato, essa é uma forma bastante eficaz de desenvolvimento, e a única que permite que você faça integração contínua.

Nesse modelo, os desenvolvedores sempre fazem check-ins em um branch único comum, chamado de trunk. Branches adicionais são usados raramente. Os benefícios de usar essa abordagem incluem os seguintes:

- Todo o código é integrado continuamente
- Os desenvolvedores obtêm as mudanças realizadas uns pelos outros imediatamente
- Não há um "inferno de merges ou integrações" ao fim do projeto

Nessa abordagem, no desenvolvimento normal, os desenvolvedores trabalham no trunk e fazem check-ins pelo menos uma vez por dia. Quando há necessidade de fazer uma mudança complexa, seja desenvolver nova funcionalidade, refatorar parte do sistema, fazer melhorias de grande alcance ou refazer a arquitetura de camadas do sistema, o padrão é não usar branches. Em vez disso, as mudanças são planejadas e executadas como uma série de passos pequenos e incrementais que mantêm o sucesso nos testes e não quebram a funcionalidade existente. Isso é descrito extensivamente na seção "Manter a aplicação pronta para entrega", na página 350.

Desenvolvimento no trunk não exclui branches. Na realidade, isso significa que "todas as atividades de desenvolvimento em curso terminam em uma única linha em algum momento" (Berczuk, 2003, p. 54). Entretanto, branches somente devem ser criados quando não forem integrados com o trunk, como quando uma nova entrega é feita ou uma mudança é pesquisada. Berczuk (idem) cita Wingerd e Seiward sobre as vantagens de desenvolvimento no trunk: "90% do 'processo' de SCM é garantir a promoção de certa linha de código para compensar a ausência de um trunk" (Wingerd, 1998).

Uma das consequências de desenvolvimento no trunk é que nem todo check-in feito pode ser implantado. Isso pode parecer uma refutação absoluta da prática, se você estiver acostumado com branches para nova funcionalidade ou com o uso de frentes de trabalho para promover mudanças por várias camadas até uma versão que possa ser entregue. Como gerenciar grandes equipes trabalhando em diversas entregas se todo o código passa pelo trunk? A resposta está em uma boa componentização da aplicação, desenvolvimento incremental e controle de visualização de funcionalidades. Isso requer muito mais cuidado com a arquitetura e o desenvolvimento, mas os benefícios de não ter uma fase de integração grande e imprevisível, em que o trabalho de múltiplas frentes precisa passar por merges para criar uma entrega viável, supera em muito o esforço.

Um dos objetivos de um pipeline de implantação é permitir check-ins frequentes no trunk que podem resultar em instabilidade temporárias, mas ainda permitir que você faça entregas sólidas. Nesse sentido, o pipeline de implantação é contrária ao modelo de promoção de código. A principal vantagem do pipeline de implantação é o ciclo rápido de feedback que você consegue ter a partir de cada mudança imediatamente integrada – o que é possível com o modelo de promoção de código. O valor do feedback é que você sabe exatamente em que estado a aplicação está a qualquer momento – não é preciso esperar até a fase de integração para descobrir se a aplicação levará semanas ou meses para ser entregue.

Fazendo mudanças complexas sem branches

Em uma situação em que você quer fazer uma mudança complexa no código, criar um branch para ela de modo que não interrompa os outros desenvolvedores pode parecer o plano de ação mais simples. Entretanto, na prática isso leva a diversos branches de longa duração que divergem substancialmente do trunk. Efetuar os merges desses branches, quando a entrega se aproxima, é sempre um processo complexo, que pode levar um tempo imprevisível. Cada merge quebra uma funcionalidade diferente e é seguido por um processo de estabilizar o trunk antes que o próximo merge ocorra.

O resultado é que entregas demoram mais do que o planejado, têm escopo menor e são de qualidade inferior ao desejado. Refatorar é mais difícil nesse modelo, a menos que sua base tenha baixo acoplamento e obedeça a Lei de Demeter, que diz que dívidas técnicas são pagas lentamente. Isso logo resulta em bases de código que não podem ser mantidas, e isso torna ainda mais difícil adicionar nova funcionalidade, corrigir erros e refatorar.

Em resumo, você enfrentará todos os problemas que a integração contínua deveria resolver. Criar branches de longa duração é uma ação fundamentalmente contrária a uma estratégia bem-sucedida de integração contínua.

Nossa proposta não é uma solução técnica, mas uma prática: sempre faça seus check-ins no trunk, pelo menos uma vez por dia. Se isso parece incompatível com fazer grandes mudanças no código, sugerimos humildemente que você não tentou o bastante. Em nossa experiência, embora algumas vezes demore mais implementar uma funcionalidade como uma série de pequenos passos incrementais que mantêm o código em um estado funcional, os benefícios são imensos. Ter código que sempre funciona é fundamental – voltamos a enfatizar a importância dessa prática para capacitar a entrega contínua de software funcional de valor.

Há momentos em que pode parecer que essa abordagem não funciona, mas são casos raros e há estratégias para reduzir os efeitos (veja a seção "Manter a aplicação pronta para entrega", na página 350). Entretanto, é melhor evitar a necessidade de fazer isso. Mover de A para B com mudanças incrementais no trunk é sempre a coisa certa a fazer e, portanto, você deve colocá-la no topo de sua lista de opções.

Histórias de terror de controle de versão: #2

Em um grande projeto de desenvolvimento em que trabalhamos, fomos forçados a manter uma série de branches paralelos. Em dado estágio, tínhamos uma versão em produção que continha alguns erros (entrega 1). Como esses erros estavam em produção, era fundamental que fossem corrigidos, e tínhamos uma pequena equipe dedicada a fazer isso. Um segundo branch era usado para desenvolvimento ativo, e centenas de pessoas trabalhavam nele (entrega 2). Esse branch visava à entrega iminente, mas tinha uma série de problemas estruturais que sabíamos que precisavam ser corrigidos para manter o projeto em um estado saudável. Para preparar o terreno para uma futura entrega mais estável, outra equipe pequena estava trabalhando nessa reestruturação em um terceiro branch (entrega 3).

As entregas 1 e 2 compartilhavam a mesma estrutura de código até certo ponto. A entrega 3 divergiu logo depois que seu desenvolvimento começou. Isso aconteceu em razão da dívida técnica acumulada ao longo das duas outras entregas. A função da entrega 3 era pagar a parte mais cara dessa dívida.

Logo percebemos que teríamos de ser extremamente disciplinados em nossa abordagem para merges. As mudanças feitas na entrega 1 eram menos extensivas do que as mudanças feitas nas outras versões, mas eram correções vitais. O volume de mudanças feitas pela equipe que trabalhava na entrega 2 seria avassalador se não fosse cuidadosamente gerenciado, e as mudanças da entrega 3 eram vitais para o sucesso do projeto como um todo.

Estabelecemos três questões que nos ajudaram:

1. Uma estratégia claramente definida de merges.
2. Um servidor de integração contínua separado para cada um desses branches.
3. Uma pequena equipe dedicada a gerenciar o processo e, na maioria dos casos, realizar os merges.

A Figura 14.6 mostra um diagrama da estratégia que empregamos nesse projeto. Essa não é a estratégia correta para todos os projetos, mas era a correta para nós. A entrega 1 estava em produção, e somente mudanças críticas eram feitas em seu branch. Todas as mudanças nesse branch eram importantes; elas eram feitas o mais rápido possível e, se necessário, eram implantadas em produção. Todas as mudanças feitas na entrega 1 eram então aplicadas na entrega 2.

A entrega 2 estava sendo ativamente desenvolvida. Todas as mudanças, sejam iniciadas na entrega 1 ou feitas diretamente nela eram portadas para a entrega 3. Novamente, todas essas mudanças eram feitas em ordem.

A equipe de merges trabalhava em tempo integral para mover as mudanças entre as três versões, usando o sistema de controle de versão para manter a ordem das mudanças. Eles usavam as melhores ferramentas de merge que pudemos encontrar, mas, em função das mudanças funcionais entre as entregas 1 e 2, e as mudanças estruturais entre as entregas 2 e 3, apenas um merge nem sempre era suficiente. Em alguns casos, correções para problemas em versões anteriores desapareciam da entrega 3 devido a melhorias que estavam sendo feitas. Em

> outros casos, precisavam ser rescritas do zero, já que o problema permanecia de alguma forma, mas a implementação era completamente diferente.
>
> Esse era um trabalho difícil e frustrante, mas a equipe se tornou muito boa em executá-lo. Fazíamos rotação das pessoas entre as equipes, mas um núcleo de desenvolvedores resolveu permanecer até o fim, porque entendia quão importante era o trabalho. No auge, a equipe de merges tinha quatro pessoas trabalhando integramente no processo por vários meses.
>
> **Figura 14.6** *Projeto e adoção de uma estratégia consistente de merges.*
>
> Criar branches nem sempre é caro, mas sempre há algum custo. Se precisássemos fazer tudo de novo, teríamos escolhido outra estratégia, como branches por abstrações, que nos permitiriam refatorar enquanto continuávamos trabalhando no trunk.

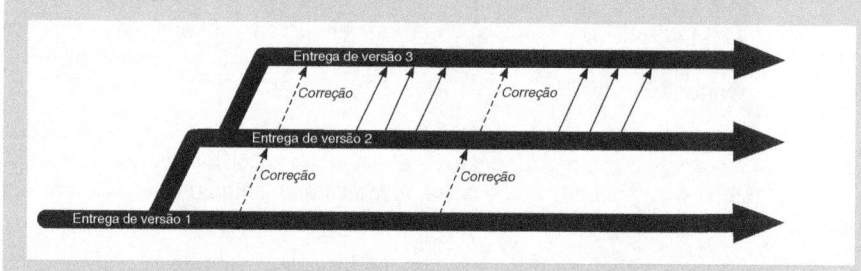

Branches para entrega de versão

A única situação em que é aceitável criar um branch é pouco antes de uma entrega de versão. Uma vez que o branch tenha sido criado, os testes e a validação da entrega são feitos no código do branch, e o novo desenvolvimento é feito no trunk.

Criar um branch para entrega de versão substitui a má prática de congelar o código, no qual check-ins no controle de versão são proibidos nos dias ou semanas que antecedem a entrega. A criação de um branch para a entrega permite que os desenvolvedores continuem o trabalho no trunk, enquanto mudanças são feitas do branch de entrega para problemas críticos. O resultado é mostrado na Figura 14.2.

Nesse padrão:

- Novas funcionalidades são desenvolvidas no trunk.

- Um branch é criado quando o código tem todas as funcionalidades necessárias para uma determinada entrega e você deseja começar a trabalhar em novas funcionalidades.

- Somente correções para problemas críticos são feitas nos branches, e elas são imediatamente portadas para o trunk.

- Quando você executa a entrega em si, o branch recebe um *tag* (esse é um passo obrigatório se seu sistema de controle de versão gerencia mudanças por arquivo como o CVS, StarTeam ou ClearCase).

O cenário que motiva o uso dessa abordagem é o seguinte. A equipe de desenvolvimento precisa começar a trabalhar em novas funcionalidades enquanto a entrega atual está sendo testada e preparada para produção, e a equipe de testes quer corrigir defeitos na entrega atual sem afetar o desenvolvimento futuro. Nesse cenário, faz sentido separar logicamente o trabalho em novas funcionalidades do trabalho em correções. É importante lembrar que as correções devem, em última instância, ser portadas para o trunk; em geral, é sensato fazer isso imediatamente depois que a correção foi efetuada em um branch.

No desenvolvimento de produtos, entregas pontuais de manutenção são necessárias para corrigir problemas cuja solução não pode ficar para a próxima versão. Por exemplo, problemas de segurança precisam ser corrigidos imediatamente. Às vezes, o limite entre funcionalidade e correções pode ser difuso, levando a desenvolvimento substancial em um branch. Clientes pagantes podem estar usando versões anteriores e não ter vontade ou capacidade para atualizar para a versão mais nova, e precisarão que novas funcionalidades sejam implementadas em entregas antigas. As equipes devem tentar minimizar isso, se possível.

Esse estilo de branching não funciona muito bem em projetos realmente grandes, porque é bem difícil que grandes equipes ou que diversas equipes terminem o trabalho em uma entrega simultaneamente. Nesse caso, a abordagem ideal é uma arquitetura componentizada com entregas separadas por componente, de modo que as equipes possam criar branches e trabalhar em novas funcionalidades em seus componentes enquanto as outras estão trabalhando em seus próprios componentes. Se isso não for possível, considere a criação de branches por equipes, descrita mais adiante neste capítulo, e veja se ela faz mais sentido para seu projeto. Se você precisar separar funcionalidades específicas para uma entrega, considere o próximo padrão: branches por funcionalidade.

É importante, quando se criam branches por entrega, não criar novos branches a partir do branch de entrega. Branches para entregas posteriores sempre devem ser criados a partir do trunk. Criar branches a partir de outros cria um padrão "escada em espiral" (Berczuk, 2003, p. 150), que torna difícil descobrir qual código está em que entrega.

Quando você alcança certa frequência de entregas, em torno de uma por semana, não faz sentido criar branches para cada entrega. Nesse cenário, é mais barato e mais simples implantar uma nova versão do software em vez de corrigir um branch anterior. Nesse caso, seu pipeline de implantação deve manter um registro de quais entregas foram feitas e de qual versão vieram.

Branches por funcionalidade

Esse padrão tem o objetivo de tornar mais fácil o trabalho simultâneo de grandes equipes em várias funcionalidades ao mesmo tempo em que o trunk permanece em um estado de prontidão para entregas.

A motivação aqui é o desejo de manter o trunk sempre funcional e fazer todo o desenvolvimento em um branch de modo a não interferir em outros desenvolvedores ou equipes. Muitos desenvolvedores não gostam de ter seu trabalho exposto e publicamente disponível até que esteja pronto. Além disso, a história no controle de versão é semanticamente mais rica se cada commit representa uma funcionalidade inteira ou uma correção completa.

Há alguns pré-requisitos para que isso funcione de forma adequada:

- Todas as mudanças do trunk devem ser portadas para todos os branches diariamente.
- Os branches não devem durar muito; o ideal é poucos dias, e nunca mais do que uma iteração.
- O número de branches ativos deve se limitar ao número de histórias em progresso. Ninguém deve criar um novo branch a menos que o branch que representa a história anterior em que se estava trabalhando tenha sido portado para o trunk.
- Considere exigir que as histórias sejam aprovadas por testadores *antes* de um merge. Somente permita que os desenvolvedores portem para o trunk histórias que tenham sido aprovadas.
- Código refatorado deve ser portado imediatamente para o trunk para evitar conflitos. Essa limitação pode ser difícil e limita ainda mais a utilidade desse padrão.
- Parte do trabalho do líder técnico é ser responsável por manter o trunk em um estado de prontidão para entregas. Ele deve revisar todos os merges, por exemplo na forma de patches, e tem o direito de recusar patches que podem levar a erros no trunk.

Muitos branches que sobrevivem por muito tempo é algo ruim devido ao problema combinatório de merges. Se você tem quatro branches, cada um fará somente merges com o trunk, e não uns com os outros. São necessários apenas dois branches divergentes em uma base com forte acoplamento para que toda a equipe pare até que um merge seja realizado. Vale a pena repetir que branches são fundamentalmente contrários à integração contínua. Mesmo que você faça integração contínua em todos os branches, isso não resolve o problema de *integração*, já que não há integração entre os branches. O mais próximo que você pode chegar de uma integração contínua real é fazer com que o servidor de IC faça merges automáticos de cada branch em um "trunk" hipotético que representa como o trunk seria se todos fizessem seus merges e rodassem os testes automatizados sobre o resultado. Essa é uma prática que descrevemos no contexto de equipes distribuídas, na página 79. Obviamente, tais merges provavelmente falharão na maior parte do tempo, o que demonstra o problema com a abordagem.

> **Equipes de funcionalidade, Kanban e branches por funcionalidade**
>
> Branches por funcionalidades geralmente são mencionados na literatura sobre "equipes de funcionalidade" o padrão [cfyl02] e por alguns defensores do processo Kanban de desenvolvimento. Entretanto, é possível desenvolver com Kanban e equipes de funcionalidades sem usar branches para cada funcionalidade, e isso funciona muito bem (melhor até do que usar branches por funcionalidade). Esses padrões são completamente ortogonais.
>
> Nossa crítica a branches por funcionalidade não deve ser interpretada como um ataque a equipes de funcionalidade ou ao processo de desenvolvimento com Kanban – já vimos ambos funcionarem com muita eficiência.

Sistemas de controle de versão distribuídos (DVCSs) são projetados exatamente para esse tipo de uso, e tornam muito fácil portar código tanto do trunk para branches como na outra direção, e também criar patches. Projetos abertos que usam o GitHub (por exemplo) conseguem obter grandes ganhos em velocidade de desenvolvimento e tornar fácil para seus usuários criar seus próprios repositórios a partir de outros, adicionar alguma funcionalidade e tornar essas mudanças disponíveis para que outras pessoas possam usá-las em seus próprios projetos. Entretanto, há vários atributos fundamentais de projetos abertos que os tornam especialmente apropriados para esse tipo de abordagem.

- Embora muitas pessoas contribuam para eles, esses projetos são gerenciados por uma equipe relativamente pequena de desenvolvedores experientes que têm a palavra final na aceitação ou rejeição de patches.

- Datas de entrega são relativamente flexíveis, o que permite que as pessoas que gerenciam o projeto tenham bastante flexibilidade em rejeitar patches com qualidade inferior. Embora isso valha parcialmente para projetos comerciais, essa não é a norma.

Portanto, no contexto do código aberto, esse padrão pode ser mais eficaz. Ele também pode funcionar para projetos comerciais em que a equipe é pequena e experiente. Pode ainda funcionar em grandes projetos, mas somente se as seguintes condições forem aplicáveis: a base de código é modular e bem fatorada; a equipe está dividida em pequenos grupos, cada um com líderes experientes; a equipe como um todo está dedicada a fazer integração frequente com o trunk; e a equipe não está sujeita a pressão indevida para entrega, o que pode levar a decisões que não são as ideais.

Recomendamos essa abordagem com cautela, porque ela está muito relacionada a um dos *antipadrões* mais comuns no desenvolvimento de software comercial. Nesse contexto ruim, mas extremamente comum, desenvolvedores criam branches para novas funcionalidades que ficam isolados por um longo tempo. Enquanto isso, outros desenvolvedores estão criando ainda mais branches. Quando chega a hora da entrega, todos esses branches devem passar por *merging* com o trunk.

Nesse ponto, a algumas semanas da entrega, a equipe inteira de testes que estava basicamente sem trabalho além de encontrar um ou outro problema menor no trunk, tem uma entrega completa de várias funcionalidade em mãos, cheia de problemas de integração e sistemáticos a serem descobertos, assim como problemas em funcionalidades que não foram encontrados, porque ninguém pediu que os testadores verificassem os branches antes da integração. Os testadores nem precisam se preocupar, na verdade, pois a equipe de desenvolvimento não terá tempo de corrigir tantos problemas antes da entrega. Gerência, testadores e desenvolvedores passarão várias semanas em um fluxo de repriorização e lutas para corrigir problemas críticos antes que todo o problema seja entregue à equipe de operações que, de alguma forma, precisa colocar o código em produção ou fazê-lo chegar aos usuários. Os usuários, por sua vez, não ficarão muito contentes em receber algo de qualidade tão duvidosa.

Essa pressão é muito forte, e é necessária uma equipe muito disciplinada para evitar esse problema. É muito fácil usar essa abordagem para adiar o sofrimento de manter a aplicação em um estado de prontidão para entregas. Já vimos até mesmo equipes pequenas e muito experientes em apuros em razão dessa abordagem – ou seja, há poucas esperanças para o resto dos desenvolvedores. Você sempre deve começar com a abordagem de desenvolver no trunk e, então, se quiser experimentar com branches por funcionalidade, proceder de acordo com as regras acima. Martin Fowler escreveu um artigo que demonstra nitidamente os riscos da abordagem [bBjxbS], em especial sua relação desconfortável com integração contínua. Veja mais sobre o uso de DVCSs com integração contínua na seção "Sistemas distribuídos de controle de versão", na página 79.

Em geral, você precisa ter certeza de que os benefícios dessa abordagem superam seu peso, e que isso não levará a uma explosão quando o momento da entrega chegar. Você sempre deve considerar outras abordagens, como branches por abstração usando componentes em vez de branches para gerenciar escala, ou simplesmente aplicar princípios sólidos de engenharia para fazer mudanças pequenas e incrementais e fazer check-ins regulares no trunk. Todas essas práticas foram descritas extensivamente no capítulo anterior.

Vale enfatizar que branches por funcionalidade são o contrário da integração contínua, e todos os nossos conselhos sobre como fazer a técnica funcionar são somente para garantir que o sofrimento não seja excessivo na hora dos merges. É muito mais simples tentar evitar esse sofrimento. De fato, como todas as "regras" em desenvolvimento, há exceções que fazem sentido, como projetos de código aberto e equipes pequenas de desenvolvedores experientes trabalhando com DVCSs. Entretanto, tenha em mente que você está correndo sérios riscos quando usa essa abordagem.

Branches por equipe

Essa abordagem é uma tentativa de resolver o problema de grandes equipes de desenvolvimento que trabalham em diversas frentes de trabalho ao mesmo tempo em que precisam manter um trunk sempre em condições de entrega. Como com branches por funcionalidade, o objetivo principal da abordagem é garantir que o trunk sempre possa ser implantado. Um branch é criado para cada equipe e passa por um merge com o trunk apenas quando estiver estável. Cada merge feito com o trunk deve ser imediatamente aplicado a todos os outros branches.

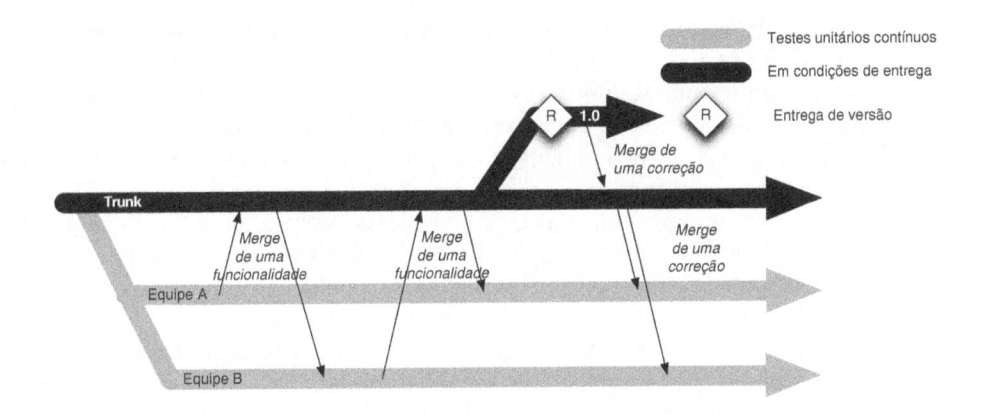

Figura 14.7 *Branches por equipes.*

Eis um *workflow* para o branch por equipe:[7]

1. Crie pequenas equipes, cada uma trabalhando em seu próprio branch.
2. Quando uma funcionalidade for completada, o branch é estabilizado e o trunk recebe o código via um merge.
3. Todas as mudanças no trunk são aplicadas aos demais branches diariamente.
4. Testes unitários e de aceitação rodam para cada check-in em cada branch.
5. Todos os testes, inclusive testes de integração, rodam no trunk toda vez que é feito um merge.

Quando os desenvolvedores fazem check-in diretamente no trunk, é difícil garantir que você sempre pode fazer uma entrega, como necessário para métodos iterativos de desenvolvimento. Se você tem várias equipes trabalhando em histórias, o trunk sempre terá algum trabalho que ainda não está completo e que impede que a aplicação seja implantada em produção como está, a menos que você seja disciplinado o bastante para seguir as regras da seção "Manter a aplicação pronta para entrega", na página 350. Nessa abordagem, os desenvolvedores somente fazem check-ins no branch de sua equipe. Esse branch só vai para o trunk quando todas as funcionalidades que estão nele estiverem completadas.

Essa abordagem funciona quando há várias equipes pequenas e relativamente independentes trabalhando em áreas funcionalmente independentes do sistema. Um ponto fundamental é que cada branch precisa ter um dono, res-

---

[7] Como descrito em *Version Control for Multiple Agile Teams*, por Henrik Kniberg [ctlRvc].

ponsável por definir e manter sua política, incluindo quem pode fazer check-ins nele. Se você quer fazer check-in em um branch, precisa descobrir primeiro quais as políticas aplicáveis. Se não conseguir descobrir, um novo branch é criado.

O objetivo desse padrão é manter o trunk em um estado de prontidão para entregas. Entretanto, cada branch nessa abordagem enfrenta exatamente os mesmos problemas – seu código pode ir para o trunk somente quando estiver "estável". A política atual considera um branch estável apenas se ele passar por um merge com o trunk sem quebrar quaisquer de seus testes automatizados, inclusive testes de aceitação e regressão. Assim, cada branch efetivamente demanda seu próprio pipeline de implantação, de modo que as equipes possam determinar o que é bom e, portanto, quais versões do código podem ser promovidas para o trunk sem violar a política. Qualquer dessas versões deve ter o código mais recentes do trunk antes que a compilação seja iniciada, de forma a assegurar que o merge deste branch com o trunk não cause a falha da compilação do trunk.

Da perspectiva de IC, a estratégia tem alguns problemas. Um problema fundamental é que a unidade de trabalho nessa abordagem tem o escopo de um branch inteiro e não somente de uma determinada mudança. Em outras palavras, você não pode fazer o merge de uma única mudança para o trunk – precisa fazer o merge do branch como um todo; do contrário, não há como saber se você violou a política do trunk. Se a equipe descobrir um problema depois do merge e houver outras mudanças no branch, você não pode simplesmente aplicar a correção. Nessa situação, a equipe precisaria tornar branch estável novamente, ou criar outro branch apenas para as correções.

Alguns desses problemas podem ser amenizados pelo uso de um DVCS. Os desenvolvedores do *kernel* do Linux usam uma versão dessa abordagem, mantendo branches lógicos para partes diferentes do sistema operacional – *scheduler* e rede, por exemplo – em repositórios independentes. DVCS têm a capacidade de evitar mudanças selecionadas de um repositório para o outro, um processo conhecido como *cherry-picking*. Isso significa que, em vez de fazer o merge de um branch completo, você pode selecionar somente o código ou as funcionalidades desejados. DVCSs modernos têm funcionalidades significativas de *rebasing* que permitem aplicar retroativamente patches para mudanças já ocorridas e acumulá-las. Assim, se você descobrir um problema, pode adicionar uma correções, rodar essa versão em seu pipeline para verificar se não introduz problemas no trunk e fazer o merge de patches adicionais. O uso de DVCS nos leva a indicar essa abordagem como algo que você pode usar em certas condições, em vez de repudiá-lo completamente, desde que as equipes ainda façam check-ins regulares no trunk.

Se os merges não são suficientemente frequentes, essa abordagem enfrenta os mesmos problemas de qualquer abordagem em que a equipe não faz check-ins continuamente no trunk: a integração contínua fica comprometida. Isso significa que há um risco de conflitos sérios e frequentes. Por essa razão, Kniberg recomenda que a equipe faça um merge sempre que uma história estiver completa, e receba merges do trunk diariamente. Entretanto, mesmo com esses cuidados, há sempre todo o excesso de trabalho envolvido em manter todos os branches sincronizados com o trunk. Se um branch diverge substancialmente de outro – por exemplo, em razão de refatoração em um banco de dados muito acoplado – as equipes precisam sincronizar essas mudanças assim que possível para evitar problemas no merge. Isso significa que merges devem ser feitos em versões estáveis de um branch para que possam ser integrados imediatamente no trunk.

Na prática, essa abordagem não é muito diferente de criar branches para funcionalidades. A vantagem é que há menos branches, e a integração ocorre de maneira mais frequente – pelo menos no âmbito da equipe. A desvantagem é que os branches divergem muito mais rápido, porque a equipe inteira está fazendo check-ins em cada branch. O processo de fazer merges pode se tornar proporcionalmente mais complexo do que seria com branches por funcionalidade. O risco principal é que equipes raramente são disciplinadas o suficiente para manter o fluxo de merges. Branches de equipes divergirão rapidamente do trunk e uns dos outros, e conflitos se tornarão muito complicados. Já vimos essa abordagem ser usada muitas vezes, e o resultado sempre era esse.

Como já descrevemos em detalhes na seção "Manter a aplicação pronta para entrega", na página 350, recomendamos uma abordagem incremental para o desenvolvimento em conjunto com esconder funcionalidade de forma seletiva como a melhor maneira de manter a aplicação em um estado de prontidão para entrega, mesmo quando você está no meio do desenvolvimento de novas funcionalidades. Em geral, embora isso exija mais disciplina, é menos arriscado do que gerenciar vários branches, com merges constantes e sem o feedback rápido dos efeitos das mudanças na aplicação como um todo que a integração contínua oferece.

Entretanto, se você está trabalhando em uma base de código monolítica, essa abordagem (junto com branches por abstração) é uma parte útil de uma estratégia em direção a criar componentes de baixo acoplamento.

> **Histórias de terror de controle de versão #3**
>
> Trabalhamos em um grande projeto em que uma parte da equipe estava na Índia. Naquela época, a infraestrutura de rede entre os dois locais de desenvolvimento era lenta e pouco confiável. O custo de cada commit era alto. Criamos repositórios locais separados para a equipe da Índia no qual commits eram feitos frequentemente, usando um ciclo normal de integração contínua. A equipe de lá rodava uma cópia local do CruiseControl e tinha um ciclo independente e local de integração contínua. No fim de cada dia, um membro da equipe tinha de fazer o merge de todas as mudanças feitas naquele dia para o trunk que estava na Inglaterra e garantir que o repositório local recebesse as mudanças feitas no trunk para que o desenvolvimento pudesse recomeçar no dia seguinte.

Resumo

Controle eficaz dos ativos que você cria e dos quais depende no curso do desenvolvimento de software é essencial para o sucesso de um projeto de qualquer tamanho. A evolução de sistemas de controle de versão e de práticas de gerenciamento de configuração que os cercam é uma parte importante da história da indústria de software. A sofisticação de sistemas modernos de controle de versão e sua fácil disponibilidade é uma afirmação de sua importância central para o desenvolvimento moderno de software baseado em equipes.

Há duas razões pelas quais gastamos tanto tempo em um tópico que pode ser considerado tangencial. A primeira é que abordagens de controle de versão estão no centro da maneira como você projeta seu pipeline de implantação. A segunda é que nossa experiência mostra que práticas ruins de controle de versão são uma das barreiras mais comuns a entregas rápidas e de baixo risco. Algumas das características mais poderosas desses sistemas de controle de versão podem ser aplicadas de maneiras que colocam em perigo as chances de uma entrega segura, confiável e de baixo risco. Entender as funcionalidades disponíveis, escolher as ferramentas corretas e usá-las apropriadamente é um atributo importante de projetos de software bem-sucedidos.

Passamos algum tempo comparando diferentes paradigmas de sistemas de controle de versão: o modelo centralizado padrão, o modelo distribuído e o modelo baseado em frentes de trabalho. Acreditamos que sistemas de controle de versão distribuídos continuarão tendo um impacto extremamente positivo na maneira como software é entregue. Entretanto, sempre é possível criar um processo eficiente usando o modelo padrão. Para a maioria das equipes, uma consideração mais importante é qual estratégia usar para a criação de branches.

Há uma tensão fundamental entre o desejo de integração contínua e o desejo de criar branches. Toda vez que uma equipe toma a decisão de criar um branch em um sistema baseado em integração contínua, há certo grau de comprometimento. A questão de qual abordagem usar é uma escolha que deve ser feita com base na identificação de um processo ótimo para a equipe e o projeto. Por outro lado, uma visão absoluta de IC diz que cada mudança deve ser feita assim que possível no trunk. O trunk sempre é a declaração mais completa e atualizada do estado de seu sistema, porque é de lá que as entregas são feitas. Quando mais as mudanças são mantidas separadas do trunk – não importa qual a tecnologia ou quão sofisticado seja seu processo de merge – maior o risco de surgirem problemas quando um merge ocorrer. Por outro lado, há fatores, como redes ruins, compilação lenta ou conveniência, que tornam o uso de branches mais eficaz.

Este capítulo apresentou uma série de opções para lidar com as situações em que é mais eficiente para uma equipe de desenvolvimento comprometer seu uso de IC até certo ponto. Entretanto, é importante notar que cada vez que você criar um branch, reconhece que há um custo associado a ele. O custo está no aumento de risco, e a única maneira de minimizar esse risco é garantir que qualquer branch ativo, seja por qual razão tenha sido criado, tenha seu código devolvido para o trunk diariamente ou com mais frequência. Sem isso, o processo não pode mais ser considerado como sendo baseado em integração contínua.

Como dissemos, as únicas razões para criar branches sem ressalvas são para entregas, para *spikes* e em casos extremos, quando não há outra maneira de levar a aplicação a um ponto em que será possível fazer uma mudança por outros métodos.

Capítulo 15

Como Gerenciar Entrega Contínua

Introdução

Este livro tem como principal público-alvo os profissionais. Entretanto, implementar entrega contínua exige mais do que apenas comprar algumas ferramentas e automatizar algumas coisas. A entrega contínua depende da colaboração efetiva entre todos os envolvidos na entrega, de suporte executivo e da vontade de fazer mudanças. Escrevemos este capítulo para orientar sobre como fazer entrega contínua funcionar em sua organização. Primeiramente apresentamos um modelo de maturidade para configuração e gestão de entregas. Depois exploramos como planejar o ciclo de vida de seu projeto, inclusive entregas. Em seguida, descrevemos uma abordagem de gestão de riscos de integração e entrega em projetos de software. Finalmente, consideramos os riscos organizacionais mais comuns e os antipadrões envolvidos em implantações, bem como as melhores práticas e padrões para evitá-los.

Antes de começar, gostaríamos de apresentar a proposta de valor da entrega contínua. Entrega contínua é mais do que uma metodologia de entrega: é um paradigma completamente novo para gerir um negócio que depende de software. Para entender a razão disso, precisamos examinar uma tensão fundamental existente no núcleo da governança corporativa.

O Chartered Institute of Management Accountants define governança corporativa como "o conjunto de responsabilidades e práticas exercidas pelo conselho e pelos executivos com o objetivo de oferecer direção estratégica, garantir que os objetivos sejam alcançados, determinar que os riscos sejam geridos apropriadamente e verificar se os recursos da organização são usados com responsabilidade". O texto continua afirmando que governança corporativa se preocupa mais com *conformance* (conformidade) – em outras palavras, observância, garantias, fiscalização e gestão transparente e responsável –, enquanto governança de negócio está mais preocupada com *performance* (desempenho) do negócio e a criação de valor.

De um lado, o negócio quer que software novo e de valor esteja à disposição dos usuários o mais rápido possível para aumentar a receita. De outro, os responsáveis pela governança corporativa querem garantir que a organização entenda os riscos que podem levar à perda de receita ou mesmo ao fim do negócio, como a violação de regulamentação aplicável e quais processos existem para gerir esse risco.

Embora todos no negócio tenham um objetivo comum, desempenho e conformidade são forças que muitas vezes estão em conflito. Isso pode ser visto na relação entre as equipes de desenvolvimento, que querem entregar o mais rápido possível, e as equipes de operações, que tratam mudança como um risco.

Nossa afirmação aqui é que essas duas partes da organização não estão envolvidas em um jogo de soma zero. É possível conseguir tanto desempenho como conformidade. Esse princípio está bem no centro da entrega contínua. O pipeline de implantação é projetado para alcançar desempenho garantindo que as equipes tenham feedback constante sobre a viabilidade para implantação que sua aplicação possui.

Ele também é projetado para ajudar as equipes a obter conformidade garantindo que o processo de entrega seja transparente. Tanto a TI como o negócio podem executar a aplicação a qualquer momento, como para experimentar com alguma nova funcionalidade, fazendo uma implantação automática em um ambiente de testes de aceitação. Para fins de auditoria, o pipeline fornece um sistema de registro que indica exatamente quais versões do software passaram por quais estágios do processo e a capacidade de rastrear precisamente de qual versão veio cada revisão instalada em cada ambiente. Muitas das ferramentas nesse espaço também podem gerenciar permissões de acesso, de modo que somente pessoas autorizadas possam efetuar implantações.

As práticas descritas neste livro, em especial entregas incrementais e automação do processo de compilação, testes e entrega, são projetadas para ajudar a gerenciar o risco de entrega de novas versões do software. Um conjunto abrangente de testes automatizados fornece um alto nível de confiança na qualidade da aplicação. A automação de implantações permite que novas entregas sejam feitas ou revertidas com o apertar de um botão. Práticas com usar o mesmo processo de implantação em cada ambiente e automatizar a gestão de ambientes, dados e infraestrutura são projetadas para garantir que o processo de entrega seja escrupulosamente testado, que a possibilidade de erro humano seja minimizada e que quaisquer problemas – sejam funcionais, não funcionais ou de configuração – sejam descobertos muitos antes de uma entrega.

Ao usar essas práticas, até mesmo grandes organizações com aplicações complexas podem entregar novas versões do software de maneira rápida e confiável. Isso significa que o negócio consegue um retorno mais rápido de seu investimento e com riscos menores sem incorrer nos custos de oportunidade de longos ciclos de desenvolvimento – ou pior, entregar software que não cumpre seu propósito. Para usar uma analogia com a manufatura baseada em práticas *lean*, software que não está sendo entregue continuamente é como estoque armazenado em um depósito. Custa dinheiro para ser feito e não está gerando nenhum dinheiro – de fato, está custando para ser armazenado.*

---

* N. de T.: Ou seja, que uma só pode ganhar se outra perder.

Um modelo de maturidade para gerência de configuração e entrega de versão

Ao discutir o tópico de governança, é muito útil ter uma visão clara dos objetivos de mudanças organizacionais. Ao longo de muitos anos de trabalho com consultoria – uma ocupação que nos deu a oportunidade de conhecer muitas organizações diferentes e entender os detalhes de suas práticas de trabalho –, nós e nossos colegas criamos um modelo para avaliar as organizações com as quais trabalhamos. Esse modelo ajuda a identificar em que ponto uma organização está, em termos da maturidade de seus processos e práticas, e define uma progressão que ela pode usar para melhorar.

Particularmente, tomamos o cuidado de abordar todos os papéis envolvidos na entrega de software em uma organização e como eles trabalham em conjunto. A Figura 15.1 mostra esse modelo.

Como usar o modelo de maturidade

O principal objetivo do modelo é melhorar sua organização. Os resultados desejados são:

- Tempo de ciclo reduzido, de modo que você consiga entregar valor mais rápido e aumentar seu lucro.
- Esforço reduzido, de modo que você possa melhorar sua eficiência e gastar menos em suporte.
- Previsibilidade aumentada do ciclo de vida de entrega de software para tornar o planejamento mais eficaz.
- Capacidade de adotar e manter uma atitude de observância com qualquer regime de regulamentação a que você esteja sujeito.
- Capacidade de determinar e gerenciar os riscos associados com a entrega de software efetivamente.
- Custos reduzidos por meio de melhor gestão de risco e menos problemas na entrega de software.

Acreditamos que esse modelo de maturidade possa agir como um guia para ajudá-lo a alcançar todos esses objetivos. Recomendamos, como sempre, que você aplique o ciclo de Deming – planejar, executar, verificar e agir.

1. Use o modelo para classificar a maturidade da gerência de configuração e entrega de versão de sua organização. Você pode descobrir que diferentes partes de sua organização têm níveis diferentes em cada uma das categorias.
2. Escolha uma área de foco em que a imaturidade é particularmente complicada. Mapeamento da cadeia de valor pode ajudar a identificar áreas que

Prática	Gestão de compilação e integração contínua	Ambientes e implantação	Gestão de entrega de versão e observância	Testes	Gestão de dados	Gerência de configuração
Nível 3 – Otimização Foco em melhoria de processo	Equipes se reúnem regularmente para discutir problemas de integração e como resolvê-los com automação, feedback mais rápido e melhor visibilidade.	Todos os ambientes são geridos efetivamente. O provisionamento é completamente automatizado. Virtualização é usada se aplicável.	As equipes de operações e de desenvolvimento colaboram regularmente para gerir riscos e reduzir tempo de ciclo.	Rollbacks são raros. Defeitos são encontrados e resolvidos imediatamente.	Existe um ciclo de feedback de entrega e entrega quanto ao desempenho do banco de dados e processos de implantação.	Há validação regular de que a política de gerência de configuração apoia colaboração eficaz, uma processo rápido de desenvolvimento, um processo de gestão de mudança auditável.
Nível 2 – Gerido quantitativamente Processos medidos e controlados	Métricas de compilação são coletadas, disponibilizadas de forma visível e mudanças são feitas com base nelas. Compilações com erro são corrigidas imediatamente.	Implantações gerenciadas e orquestradas. Processos de entrega e de reversão de problemas são testados.	A saúde de ambientes e aplicações é monitorada e gerida proativamente. O tempo de ciclo é monitorado.	Métricas e tendências de qualidade são rastreadas. Requisitos não funcionais são definidos e medidos.	Atualizações de bancos de dados e rollbacks são testadas a cada implantação. O desempenho do banco de dados é monitorado e otimizado.	Os desenvolvedores fazem check-in no trunk pelo menos uma vez por dia. Branches são usados somente para entregas.
Nível 1 – Consistente Processos automatizados aplicados ao longo de todo o ciclo de vida da aplicação	Compilação e testes automáticos são executados para cada check-in. Dependências são gerenciadas. Há reuso de scripts e ferramentas.	Processos completamente automatizados para implantação apertando-se um botão. O mesmo processo é usado para implantar em todos os ambientes.	Gestão de mudança e processos de aprovação são definidos e seguidos. Condições regulatórias e de observância são obtidas.	Existem testes unitários e de aceitação; estes últimos são escritos por testadores. Teste é parte do processo de desenvolvimento.	Mudanças no banco de dados são executadas automaticamente como parte do processo de implantação.	Bibliotecas e dependências são gerenciadas. Políticas de controle de versão são determinadas pelo processo de gestão de mudança.
Nível 0 – Repetível Processo documentado e parcialmente automatizado	Compilação e testes são regulares. Qualquer binário pode ser recriado do código-fonte usando um processo automatizado.	Implantação automatizada para alguns ambientes. A criação de novos ambientes é barata. Toda a configuração foi externalizada e versionada.	Entregas infrequentes e árduas, mas confiáveis. Rastreabilidade limitada de requerimentos por entregas.	Testes automatizados escritos como parte do desenvolvimento de uma história.	Mudanças para o banco de dados são feitas com scripts automatizados versionados por aplicação.	Controle de versão é usado para tudo que é exigido para recriar o software: código-fonte, configuração, scripts de compilação e implantação, migrações de dados.
Nível -1 – Regressivo Processos que não podem ser repetidos, pouco controlados e reativos.	Processos manuais para compilação de software. Nenhum gerenciamento de artefatos e relatórios.	Processos manuais de implantação. Binários específicos por ambiente. Ambientes provisionados manualmente.	Entregas infrequentes e sem confiabilidade.	Testes manuais após a implantação.	Migrações de dados sem versionamento e feitas manualmente.	Controle de versão pouco ou não usado.

Figura 15.1 *Modelo de maturidade.*

precisam de melhoria. Este livro o ajudará a entender o que cada melhoria traz para a organização e como implementá-la. Também é preciso decidir quais melhorias fazem sentido para sua organização, estimar os custos e benefícios e priorizar. Também é preciso definir critérios de aceitação para especificar os resultados esperados e como serão medidos, para que você possa decidir se a mudança foi bem-sucedida.

3. Implemente as mudanças. Primeiro, crie um plano de implementação. Provavelmente é melhor começar com uma prova de conceito. Se esse for o caso, escolha uma parte da organização que está realmente com dificuldades – essas pessoas terão a melhor motivação para implementar mudanças, e é lá que você verá as mudanças mais significativas.
4. Uma vez que as mudanças tenham sido feitas, use os critérios de aceitação que criou para medir se elas tiveram os efeitos desejados. Faça uma retrospectiva com todos os envolvidos para definir quão bem foram executadas e quais são as potenciais áreas de melhoria.
5. Repita esses passos e construa seu conhecimento. Execute melhorias de maneira incremental e ao longo de toda a organização.

Mudança organizacional é difícil, e um guia detalhado está além do escopo deste livro. O conselho mais importante que podemos oferecer é implementar mudanças em partes, medindo o impacto ao longo do caminho. Se tentar pular do nível um para o cinco em toda a organização, você falhará. Mudar a organização leva vários anos. Encontrar as mudanças que entregarão o maior valor e descobrir como executá-las deve ser feito de maneira científica: crie uma hipótese e então teste. Repita e aprenda com o processo. Não importa quão bom você seja, sempre é possível ser melhor. Se algo não funciona, não abandone o processo: tente algo diferente.

Ciclo de vida de projetos

Todo projeto de desenvolvimento de software é diferente, mas não é tão difícil abstrair os elementos comuns. Em especial, podemos generalizar de maneira útil o ciclo de vida de uma entrega de software. Cada aplicação, como cada equipe, tem um arco narrativo. Tornou-se comum falar de equipes passando por cinco fases: formação, sublevação, normatização, desempenho e luto/reforma. Da mesma forma, todo desenvolvimento passa por fases. Uma visão de alto nível inicial pode incluir as seguintes fases: identificação, concepção, iniciação, desenvolvimento e entrega de versão e operação. Discutiremos brevemente essas fases antes de entrar em um exame mais detalhado de como engenharia de compilação e implantação se encaixa nisso.

> **ITIL e entrega contínua**
>
> O ITIL* fornece uma estrutura de serviços de entrega de software que acreditamos ser compatível com a abordagem que descrevemos neste livro. Compartilhamos com o ITIL um foco preciso na entrega de valor aumentado para clientes, tornando a TI um ativo estratégico para o negócio. Da mesma maneira que o ITIL se concentra em serviços com *utilidade*, ou capacidade para um propósito, e com *garantia*, ou capacidade para uso, discutimos sistemas que atendem requisitos funcionais ou não funcionais claramente definidos.
>
> Entretanto, o ITIL tem um escopo muito mais amplo do que este livro. Seu objetivo é fornecer boas práticas para todos os estágios do ciclo de vida de um serviço, de práticas e funções para gerenciar a estratégia de TI e um portfólio de serviços até como gerir uma equipe de suporte. Em contrapartida, este livro assume que você já tem uma estratégia definida e processos para gerenciá-la, bem como uma ideia geral dos serviços que quer fornecer. Focamos principalmente na fase ITIL conhecida como transição de serviço, com algumas discussões sobre operações de serviços (principalmente no Capítulo 11, "Gerência de Infraestrutura e Ambientes").
>
> No contexto de ITIL, a maior parte deste livro pode ser considerada como um conjunto de boas práticas para a gestão de entrega e implantação e para processos de testes e validação, inclusive seu relacionamento com os ativos de serviço e gerência de configuração e processos de gestão de mudança. Entretanto, como usamos uma visão holística de entrega, o que discutimos neste livro também tem implicações para o projeto e operação de serviços.
>
> A diferença principal entre nossa abordagem e o ITIL é que nosso foco está em entrega incremental e iterativa e colaboração multifuncional. ITIL considera que essas questões são importantes do ponto de vista de projeto e operação de serviço, mas as negligencia quando discute o processo de transição de serviço – particularmente desenvolvimento, testes e implantação. Consideramos a entrega incremental e iterativa de software de valor e alta qualidade fundamental para a capacidade de um negócio de criar e manter uma vantagem competitiva.
>
> ---
> * N. de T.: A sigla ITIL refere-se a um framework de serviços na área de TI: Information Technology Infraestructure Library.

Identificação

Organizações de médio e grande porte terão estratégias de governança. Os negócios determinarão quais são os objetivos estratégicos, levando à identificação de programas de trabalho que atingirão esses objetivos. Esses programas serão divididos em projetos durante seu curso.

Não obstante, em nossa experiência é muito comum que um programa de TI comece sem um plano de negócio. Isso provavelmente resultará em fracasso, pois é impossível obter sucesso sem um plano de negócio. Você poderia usar a estratégia dos *Underpants Gnomes* do *South Park*:*

---
* N. de T.: Referência a um episódio do desenho *South Park* em que um grupo de gnomos rouba roupas de baixo.

1. Obter roupas de baixo.
2. ?
3. Lucro

É muito difícil levantar requisitos e impossível priorizar com objetividade os requisitos eventualmente levantados sem um plano de negócio (isso também se aplica a serviços internos). Mesmo com um plano, você pode ter certeza de que o serviço ou aplicação resultante dele será bem diferentes da solução que você imaginava durante a fase inicial de requisitos.

Outro aspecto essencial antes do levantamento de requisitos é uma lista das partes interessadas – e, principalmente, quem está patrocinando o esforço dentro da organização (conhecido no PRINCE2 como o responsável sênior). Só deve existir um patrocinador dentro da organização; caso contrário, qualquer projeto de tamanho razoável sofrerá um colapso sob o peso de brigas políticas antes de seu término. Esse responsável é conhecido no Scrum como o PO (*product owner*) e em outras disciplinas ágeis como o cliente. Entretanto, além do responsável pelo negócio, cada projeto precisa de um comitê diretor das partes interessadas – em uma empresa, isso incluirá outros executivos e representantes dos usuários do serviço; para um projeto, isso pode incluir clientes maiores – ou clientes que possam representá-lo de alguma forma. Outros interessados em um projeto de TI são operações, vendas, *marketing*, suporte e, é claro, as equipes de desenvolvimento e testes. Todos esses interessados devem ter alguma representação na próxima fase do projeto: concepção.

Concepção

Essa fase pode ser descrita como a fase antes que qualquer código de produção seja escrito. Normalmente, requisitos são levantados e analisados durante essa fase, e o escopo e o plano do projeto são feitos em um nível mais alto. Pode ser tentador desconsiderar essa fase como isenta de valor, mas mesmo os autores – "agilistas" até a alma – aprenderam a partir de experiências dolorosas que essa fase precisa ser cuidadosamente planejada e executada para se obter sucesso.

Há muitos artefatos que resultam dessa fase, alguns dos quais variam de acordo com a metodologia e o tipo de projeto. Entretanto, os mais comuns incluem:

- Um plano de negócio, incluindo o valor estimado do projeto.
- Uma lista de requisitos funcionais e não funcionais de alto nível (lidando, em especial, com capacidade, disponibilidade, continuidade de serviço e segurança) com detalhes suficientes para que o trabalho seja estimado e o projeto seja planejado.
- Um plano de entrega de versões que inclua um cronograma do trabalho e o custo associado ao projeto. Para obter essa informação, é comum estimar o tamanho relativo dos requisitos, o esforço de codificação necessário, os riscos associados a cada requisito e um plano de pessoal.

- Uma estratégia de testes.
- Uma estratégia de entrega de versões (veja mais sobre isso adiante).
- Uma avaliação arquitetural, levando a uma decisão sobre quais plataformas e ferramentas usar.
- Um log de riscos e problemas.
- Uma descrição do ciclo de desenvolvimento.
- Uma descrição do plano para executar essa lista.

Esses artefatos devem conter detalhes suficientes para que o trabalho comece, com o objetivo de que algo seja entrega em alguns meses – em menos, se possível. Um horizonte máximo razoável para um projeto, em nossa experiência, é de três a seis meses – de preferência tendendo para um limite mais baixo. Uma decisão de execução deve ser feita após essa fase, com base na estimativa de valor do projeto, custos levantados e riscos previstos.

A parte mais importante de uma concepção – que garantirá que o projeto tenha uma chance de sucesso – é reunir todas as partes interessadas frente a frente. Isso significa desenvolvedores, clientes, operações e gerência. A conversa entre essas pessoas, que leve a um entendimento do problema a ser resolvido e como resolvê-lo, é a entrega real da fase. A lista anterior foi projetada para estruturar as conversas de modo que as questões importantes sejam discutidas, os riscos sejam identificados e as estratégias para lidar com eles sejam criadas.

Essas entregas devem ser guardadas, mas como são documentos vivos, esperamos que mudem ao longo do projeto. Para que essas mudanças sejam controladas de forma confiável – de modo que todos possam ver qual é o cenário atual – você deve mantê-los sob controle de versão.

Um aviso: cada decisão que você toma nesse estágio é baseada em especulação e mudará. O que você produz é sua melhor estimativa no momento, com base na pouca informação que possui. Muito esforço nesse estágio do projeto – um estágio em que você não sabe quase nada sobre ele – é um erro. Essas discussões de planejamento e direção são essenciais, mas espere precisar redefinir e refinar todas elas à medida que o projeto avança. Projetos bem-sucedidos lidam bem com mudanças. Os que tentam evitá-las geralmente fracassam. Planejamento, estimativas ou arquitetura detalhados nesse estágio são tempo e dinheiro perdidos. Decisões de alto nível são as únicas decisões duráveis nesse estágio.

Iniciação

Depois da fase de concepção, você deve criar uma infraestrutura inicial de projeto. Essa fase geralmente dura de uma a duas semanas. A lista abaixo descreve atividades típicas da fase de iniciação.

- Garantir que a equipe (analistas, gestores e desenvolvedores) tenha hardware e software de que precisa para o início dos trabalhos.

- Garantir que haja infraestrutura básica – como conexões de Internet, quadros brancos, papel e caneta, impressora, comida e bebidas.
- Criar contas de e-mail e dar à equipe permissões de acesso aos recursos necessários.
- Configurar um controle de versão.
- Configurar um ambiente básico de integração contínua.
- Chegar a um acordo quanto a papéis, responsabilidades, horas de trabalho e de reunião (por exemplo, apresentações, reuniões de planejamento e demonstrações).
- Preparar o trabalho para a primeira semana e chegar a um acordo quanto a objetivos (não datas).
- Criar um ambiente simples de testes e dados.
- Ter uma visão um pouco mais detalhada sobre o projeto do sistema: explorar as possibilidades é o objetivo nessa fase.
- Identificar e reduzir quaisquer riscos de análise, desenvolvimento e testes por meio de *spikes* (implementações descartáveis de um requisito específico criadas como provas de conceito).
- Desenvolver a lista (*backlog*) de histórias ou dos requisitos.
- Configurar a estrutura do projeto e usar a história mais simples possível, o equivalente arquitetural de um programa do tipo "Hello, World" para criar os scripts de compilação e alguns testes que possam iniciar a integração contínua.

É vital dar tempo suficiente à equipe para completar essas tarefas com tranquilidade. Iniciar o trabalho sem que a equipe tenha os critérios de aceitação para os requisitos iniciais a serem desenvolvidos e se ela estiver usando máquinas mal provisionadas, com ferramentas ruins e acesso ruim à Internet, é improdutivo e pode desmoralizar o grupo.

Embora esse estágio se destine a criar a infraestrutura básica de um projeto e não deva ser tratado como uma iteração real, é muito útil usar um problema real para que as coisas comecem a ser feitas. Construir um ambiente de testes onde não há nada para testar ou configurar um sistema de controle de versão sem nada para armazenar é um exercício estéril e ineficiente. Pegue o requisito mais simples do projeto que resolva algum problema real e estabeleça algumas direções iniciais de arquitetura. Use essa história para garantir que o sistema de controle de versão funciona, que os testes podem ser executados no ambiente de integração contínua e que os resultados podem ser implantados em um ambiente de testes manuais. O objetivo é terminar a história de forma que ela possa ser demonstrada, mostrando assim que a infraestrutura está funcionando e que a fase de iniciação terminou.

Depois disso, é hora de começar com o desenvolvimento propriamente dito.

Desenvolvimento e entrega de versão

Naturalmente, recomendamos um processo iterativo e incremental para o desenvolvimento e a entrega de versão do software. Os únicos projetos em que isso pode não ser aplicável são grandes projetos de defesa militar envolvendo muitas partes – até mesmo o processo de desenvolvimento do software do ônibus espacial foi iterativo.[1] Embora muitas pessoas concordem sobre os benefícios de um processo iterativo, já vimos muitas equipes que dizem estar fazendo isso, mas que, na verdade, não estão. Vale reiterar quais são as condições que consideramos essenciais para um processo iterativo.

- Seu software deve estar sempre funcionando, como demonstrado por um conjunto de testes que incluem testes unitários, de componente e de aceitação de ponta a ponta que rodam a cada check-in.

- Você implanta software funcional, a cada iteração, em um ambiente similar ao de produção para demonstrá-lo aos usuários (isso é o que torna o processo incremental, mais que somente iterativo).

- As iterações não são maiores do que duas semanas.

Há várias razões para usar um processo iterativo:

- Se prioriza funcionalidade por valor de negócio, você descobrirá que seu software começa a ser útil muito antes do final do projeto. Há várias boas razões para não tornar um software disponível no momento em que ele tem alguma funcionalidade útil – mas não há maneira melhor de transformar a preocupação sobre o sucesso de um projeto em entusiasmo quanto à nova funcionalidade do que um sistema funcional que as pessoas podem usar.

- Você obtém feedback regular de seus clientes ou patrocinadores sobre o que funciona e sobre quais requisitos precisão de esclarecimentos e mudanças, ou seja, o que você está fazendo tem mais chances de ser útil. Ninguém sabe realmente o que está fazendo no começo de um projeto.

- Algo só está completo quando o cliente diz que está completo. Ter demonstrações regulares em que isso acontece é a única maneira confiável de controlar o progresso.

- Manter o software funcionado o tempo todo (porque você precisa demonstrá-lo) gera disciplina na equipe e evita problemas como longas fases de integração, refatoração que quebra tudo e experimentos que perdem o foco e não levam a lugar algum.

- Talvez o mais importante: métodos iterativos enfatizam a obtenção de código pronto para produção ao fim de cada iteração. Essa é a única medida real de progresso em projetos de software, e somente processos iterativos são capazes de fornecê-la.

---

[1] ACM, 1984, volume 27, edição 9.

Uma razão muitas vezes citada para não ter desenvolvimento iterativo é que o projeto como um todo não entregará valor até que uma grande parte da funcionalidade esteja pronta. Embora esse princípio possa ser real para muitos projetos, o último ponto da lista acima é particularmente aplicável a essa situação. Quando se gerencia grandes projetos que não são desenvolvidos de maneira iterativa, todas as medições são subjetivas, e não há uma maneira geral de quantificar o progresso. Os belos gráficos que você vê em métodos não iterativos são baseados em estimativas do tempo restante e em suposições de riscos e custos de integração, implantação e testes posteriores. O desenvolvimento iterativo fornece medidas objetivas da taxa de progresso baseada na taxa em que a equipe produz código que funciona, e que o usuário concorda que atende a seu objetivo. Somente código pronto para produção e código que o usuário pode usar, mesmo que em um ambiente de testes de aceitação, garantem que uma funcionalidade está de fato pronta.

De maneira crucial, prontidão para produção também significa que o software teve seus requisitos não funcionais testados em um ambiente similar ao de produção com dados similares em tamanho e carga aos de produção. Sejam quais forem as características não funcionais nas quais nos concentramos – como capacidade, disponibilidade, segurança e assim por diante – elas devem ser testadas sobre cargas e padrões de uso realistas. Esses testes devem ser automatizados e executados para cada revisão que passou nos testes de aceitação, de modo que você saiba a todo momento se o software realmente pode ser usado. Abordamos isso em mais detalhes no Capítulo 9, "Como Testar Requisitos Não Funcionais".

As questões fundamentais para um processo iterativo são priorização e paralelização. O trabalho é priorizado de modo que os analistas podem trabalhar nas funcionalidades de maior valor, fornecer trabalho aos desenvolvedores e, portanto, aos testadores, e finalmente demonstrar aos usuários reais e seus representantes. Com o uso de técnicas *lean*, é possível paralelizar esse trabalho, e o número de pessoas trabalhando em cada tarefa pode ser ajustado para remover gargalos. Isso leva a um processo de desenvolvimento extremamente eficiente.

Há várias abordagens para o desenvolvimento incremental e iterativo. Uma das mais populares é o Scrum, um processo de desenvolvimento ágil. Já vimos muitos usos bem-sucedidos de Scrum, mas também falhas. A seguir, listamos algumas das razões mais comuns para falha.

- *Falta de comprometimento*. A transição para o Scrum pode ser um processo assustador, especialmente para a liderança do projeto. Garanta que todos se reúnam regularmente para discutir o que está acontecendo, e estabeleça retrospectivas para analisar o desempenho e buscar melhorias. Processos ágeis dependem de transparência, colaboração, disciplina e melhoria contínua. A súbita riqueza de informação útil que surge quando projetos ágeis são implementados pode trazer à tona verdades inconvenientes, que antes estavam escondidas. A chave é perceber que esses problemas estavam lá o tempo todo. Agora que são conhecidos, é possível resolvê-los.

- *Ignorar boa engenharia*. Martin Fowler, entre outros, descreve o que acontece se as pessoas seguem o Scrum pensando que é possível ignorar práticas técnicas como TDD, refatoração e integração contínua [99QFUz]. Um processo de desenvolvimento não consegue corrigir sozinho uma base de código mutilada por desenvolvedores inexperientes.

- *Adaptar até que o processo não seja mais ágil*. É comum que as pessoas "adaptem" processos ágeis para algo que acham que se aplica melhor à sua organização. Processos ágeis são projetados para serem customizados de acordo com a necessidade de projetos específicos. Entretanto, os elementos desses processos muitas vezes interagem de maneiras sutis, e é muito fácil não entender onde está o valor, particularmente para pessoas sem experiência com eles. Voltamos a enfatizar a importância de começar assumindo que o que está escrito é corrigido e seguir isso. Somente depois que você conseguir ver o processo funcionando é que deve tentar adaptá-lo para sua organização.

O último ponto perturbou tanto a Nokia que ela criou um teste para avaliar se uma equipe estava realmente praticando Scrum. O teste foi dividido em duas partes:

Você realmente está fazendo desenvolvimento iterativo?

- Interações devem ser limitadas a quatro semanas ou menos.[2]
- As funcionalidades do software devem ser testadas e estar funcionando ao fim de cada iteração.
- A iteração deve começar antes que a especificação esteja completa.

Você realmente está usando Scrum?

- Você sabe quem é o *product owner*?
- Seu *backlog* de histórias está priorizado por valor de negócio?
- O *backlog* tem estimativas criadas pela equipe?
- Os gerentes de projeto e (outros) estão perturbando o trabalho da equipe?

Esclarecendo o último ponto, acreditamos que gerentes de projeto podem participar de maneira útil na gestão de riscos, remoção de impedimentos como falta de recursos, e na facilitação de entrega eficiente. Mas há alguns gerentes de projetos que não fazem isso.

Operação

Em geral a primeira entrega de versão não é a última. O que acontece depois depende de cada projeto. A fase de desenvolvimento e entrega de versão pode continuar a todo vapor, ou a equipe pode ser reduzida. Se o projeto é um piloto, o oposto pode acontecer e a equipe cresce.

Um aspecto interessante de um processo genuinamente iterativo e ágil é que, de muitas formas, a fase operacional do projeto não é necessariamente dife-

---

[2] Como mencionamos anteriormente, acreditamos que iterações devem durar no máximo duas semanas, não quatro.

rente da fase regular de desenvolvimento. Muitos projetos, como mencionamos, não param na primeira entrega de versão e continuam desenvolvendo novas funcionalidades. Alguns projetos terão uma série de entregas de manutenção, por exemplo, para corrigir problemas imprevistos, para refinar o projeto para atender a necessidades recém-descobertas dos usuários ou como parte de um programa de desenvolvimento. Em todos esses casos, novas funcionalidades serão identificadas, priorizadas, analisadas, desenvolvidas, testadas e entregues. Isso não difere da fase regular de desenvolvimento do projeto. Nesse aspecto, unir as fases de desenvolvimento e operação pode ser a melhor maneira de eliminar risco, e é a proposta central da entrega contínua, como descrito no restante deste livro.

Como mencionamos anteriormente, é útil adiantar o momento da entrega para o momento mais cedo possível que faz sentido para dado sistema. O melhor feedback que você pode obter é dos usuários reais; o principal é entregar o software para uso real assim que possível. Dessa forma, você pode reagir a problemas e feedback sobre usabilidade e utilidade o mais rápido possível. Apesar disso, deve-se considerar algumas diferenças entre as fases antes e depois que o projeto foi aberto para uso geral. Gestão de mudança, particularmente no que tange a dados gerados pela aplicação e suas interfaces públicas, torna-se uma questão de significado muito maior depois da primeira entrega pública (veja o Capítulo 12, "Gerência de Dados").

Um processo de gestão de risco

Gestão de risco é o processo de garantir que:

- os riscos principais do projeto foram identificados;
- estratégias de redução para esses riscos foram criadas;
- os riscos continuam sendo identificados e gerenciados ao longo do projeto.

Há várias características principais que um processo de gestão de risco deve ter:

- Uma estrutura padrão para que equipes reportem a situação.
- Atualizações regulares do progresso da equipe, seguindo o padrão.
- Um painel de controle (dashboard) em que gestores possam visualizar a situação atual e tendência em todos os projetos.
- Auditorias regulares por alguém de fora do projeto para garantir que os riscos sejam geridos de maneira eficaz.

Gestão de risco 101

É importante notar que nem todos os riscos associados ao projeto exigem uma estratégia de redução. Alguns eventos são tão catastróficos que, se ocorrem, nada poderá ser feito para amenizá-los. Um enorme asteroide que destrua toda a vida no planeta é um exemplo extremo, mas você entendeu nosso ponto. Há alguns cenários da vida real que podem levar ao cancelamento de projeto, como mudanças econômicas ou de legislação, mudanças na estrutura de gestão da organização ou a remoção de patrocinadores do projeto. Não há motivos para planejar estratégias de redução muito caras ou que demandem enormes quantidades de tempo para sua realização – por exemplo, um sistema de múltiplos nodos e localizações para backup dos sistemas de tempo e material de uma pequena empresa.

Um modelo comum de gerenciamento de risco (veja *Waltzing with Bears*, de Tom DeMarco e Timothy Lister) categoriza todos os riscos em termos de seu *impacto* – quanto dano podem causar se forem concretizados – e sua *probabilidade* – a probabilidade de que realmente ocorram. Esses dados são combinados para avaliar a severidade do risco. É mais fácil considerar o impacto em termos financeiros: quanto dinheiro será perdido se o risco se concretizar? A probabilidade deve ser modelada entre 0 (impossível) e 1 (certa). A severidade é, então, o impacto multiplicado pela probabilidade, o que lhe dá uma estimativa do risco em termos de quantidade de dinheiro. Isso permite que você faça um cálculo simples ao decidir quais estratégias serão usadas para reduzir o risco: a estratégia custa mais do que o próprio risco? Se sim, não vale a pena implementá-la.

Linha de tempo de gestão de risco

Em termos do modelo de ciclo de vida de um projeto que apresentamos anteriormente nesta seção, o processo de gestão de risco deve começar no fim da fase de concepção, ser revisitado no fim da fase de iniciação e ser regularmente visitado ao longo da fase de desenvolvimento e implantação.

Fim da concepção

Duas coisas devem estar prontas nesse estágio. A primeira é a estratégia de entrega que foi criada como parte da concepção do projeto. Você deve garantir que todas as considerações que discutimos na seção sobre criar uma estratégia de entrega foram consideradas. Se não foram, como a equipe poderá planejar a gestão dos riscos relevantes?

A segunda é um plano para a fase de iniciação. Às vezes há um intervalo entre a fase de concepção e a fase de iniciação; nesse caso, pode-se deixar o plano para alguns dias antes da iniciação. Caso contrário, ele precisa ser feito como parte do fim da fase de concepção.

Fim da iniciação

O ponto principal aqui é garantir que a equipe esteja pronta para começar a desenvolver. Ela precisa ter um servidor de integração contínua que compile o código e execute um conjunto de testes automatizados. Além disso, deve ter um ambiente similar ao de produção no qual pode implantar o software. Deve haver uma estratégia de testes que estabelece os requisitos funcionais e não funcionais (em especial capacidades) da aplicação que serão testados de forma automatizada como parte do pipeline de implantação.

Redução de ricos de desenvolvimento e entrega de versão

Mesmo com os melhores preparativos, há muitas maneiras como as fases de desenvolvimento e entrega podem dar errado, algumas vezes mais rápido do que se imagina. Todos nós experimentamos ou ouvimos histórias trágicas sobre projetos que não entregavam código até muito depois da data de implantação; ou sistemas que foram implantados, mas falharam instantaneamente devido a problemas de capacidade. Ao longo dessa fase, a pergunta a se fazer é: "O que pode dar errado?", porque se você não se fizer essa pergunta, não saberá a resposta quando algo acontecer.

Em muitos aspectos, o valor real de gestão de risco é que ele estabelece um contexto para o desenvolvimento e traz uma abordagem bem-pensada e ciente de riscos para as atividades de desenvolvimento. O ato de considerar, como uma equipe, o que pode dar errado pode ser uma fonte concreta de requisitos que teriam sido vistos de outra forma, mas também permite que prestemos atenção ao risco antes que ele se torne um problema. Se você acredita que um fornecedor pode perder uma data de entrega, precisa monitorar o progresso dele com antecedência, e assim ter tempo para planejar e corrigir o problema antes que ele ocorra.

Nessa fase, você precisa identificar, rastrear e gerenciar quaisquer riscos gerenciáveis que possa imaginar. Há várias formas de identificar riscos:

- Verificar o plano de implantação.
- Ter minirretrospectivas regulares depois de cada demonstração e fazer atividades de *brainstorming* com a equipe durante essas reuniões.
- Tornar a identificação de riscos parte regular de suas reuniões diárias.

Há vários riscos relacionados aos processos de compilação e entrega que devem ser monitorados. Abordaremos alguns deles na próxima seção.

Como fazer um exercício de gestão de risco

É importante não perturbar uma equipe que está entregando software funcional regularmente com poucos defeitos. Entretanto, é importante descobrir rapidamente se um projeto que parece estar indo bem na verdade está falhando lentamente. Um dos grandes benefícios de métodos iterativos é que é simples descobrir se esse é o caso. Se você pratica desenvolvimento iterativo, demonstrará o software ao fim de cada iteração a partir de um ambiente similar ao de produção. Essa é a melhor demonstração de progresso tangível. A taxa em que a sua equipe produz código funcional real, bom o bastante para usuários, e implanta o resultado em um ambiente similar ao de produção – velocidade – não mente, mesmo que as estimativas mintam.

Compare isso com modelos não iterativos – ou mesmo com modelos iterativos em que a iteração demora demais. Em tais projetos, é necessário entrar nos detalhes do funcionamento da equipe, dos vários documentos e sistemas de rastreamento existentes para descobrir quanto trabalho foi feito e quanto ainda falta. Depois dessa análise, é preciso validar os resultados com a realidade, um processo muito difícil e pouco confiável, como qualquer pessoas que já o tentou pode atestar.

Um bom ponto de partida para analisar um projeto é colocar as seguintes questões (essa lista funcionou bem em vários de nossos projetos):

- Como você está controlando o progresso?
- Como você está evitando os defeitos?
- Como você está descobrindo defeitos?
- Como você está rastreando defeitos?
- Como você sabe quando uma história terminou?
- Como você gerencia seus ambientes?
- Como você gerencia configuração, como casos de teste, scripts de implantação, ambientes, configurações da aplicação, scripts de bancos de dados e bibliotecas externas?
- Como você demonstra as funcionalidades do sistema?
- Quão frequentemente você tem retrospectivas?
- Quão frequentemente você executa seus testes automatizados?
- Como você implanta seu software?
- Como você compila seu software?
- Como você garante que seu plano de entrega de versão funciona e que é aceitável para a equipe de operações?
- Como você garante que seu log de riscos e problemas está atualizado?

Essas questões não são fixas, o que é importante porque cada equipe precisa de flexibilidade para escolher o processo mais adequado às suas necessidades. Em vez disso, são abertas e garantem que você obtenha a maior quantidade possível de informação sobre o contexto e a abordagem do processo. Entretanto, elas focam o resultado, de forma que você possa validar o que a equipe é capaz de entregar e seja capaz de identificar sinais de aviso.

Problemas comuns de entrega: sintomas e causas

Nesta seção, descrevemos alguns problemas comuns que surgem durante o processo de compilar, implantar, testar e entregar a versão de um software. Embora quase tudo possa dar errado em um projeto, algumas coisas são mais prováveis que outras. Geralmente é difícil descobrir o que está errado no projeto – tudo o que você tem são sintomas. Quando as coisas são funcionam, tente entender como poderia ter identificado os sinais antes e garanta que os sintomas sejam monitorados.

Quando observar os sintomas, você precisa descobrir a causa-raiz. Qualquer sintoma pode ser a manifestação de várias causas possíveis. Para fazer isso, usamos uma técnica chamada de "análise de causa-raiz". Esse é um nome sofisticado para uma técnica muito simples. Quando confrontado com um conjunto de sintomas, simplesmente comporte-se como uma criança pequena e pergunte "Por quê?" pelo menos cinco vezes. Embora esse processo pareça absurdo, descobrimos que ele é incrivelmente útil e infalível.

Quando você descobrir a causa-raiz, precisa corrigi-la. Entretanto, isso está além do âmbito da garantia. Dessa forma, apresentamos a seguir uma lista de causas comuns, listadas de acordo com sua causa-raiz.

Implantações infrequentes e com erros

Problema

A compilação demora muito e o processo de implantação é frágil.

Sintomas

- Os testadores demoram muito para encerrar relatórios de defeitos. Note que esse sintoma não é exclusivamente causado por implantações infrequentes.
- Os clientes demoram muito para testar ou confirmar que histórias estão completas.
- Os testadores encontram problemas que os desenvolvedores corrigiram há muito tempo.
- Ninguém confia nos ambientes de UAT, de desempenho ou de IC, e as pessoas demonstram ceticismo em relação a quando uma nova entrega estará disponível.
- Demonstrações acontecem raramente.
- A aplicação raramente é demonstrada de maneira funcional.
- A velocidade da equipe (taxa de progresso) é menor que a esperada.

Causas possíveis

Há muitas razões possíveis. Eis algumas das mais comuns:

- O processo de implantação não é automatizado.
- Não há hardware suficiente disponível.
- A configuração de hardware e do sistema operacional não é gerenciada corretamente.
- O processo de implantação depende de sistemas que estão fora do controle da equipe.

- Não há pessoas suficientes que entendem dos processos de compilação e implantação.
- Testadores, desenvolvedores, analistas e equipe de operações não estão colaborando o suficiente durante o desenvolvimento.
- Os desenvolvedores não estão sendo disciplinados o suficiente em manter a aplicação funcional por meio de pequenas mudanças incrementais e frequentemente causam problemas em funcionalidades existentes.

Baixa qualidade da aplicação

Problema

As equipes de entrega não conseguem implementar uma estratégia eficaz de testes.

Sintomas

- Defeitos de regressão aparecem o tempo todo.
- O número de defeitos continua aumentando mesmo quando a equipe gasta a maior parte do tempo corrigindo-os (obviamente, esse sintoma só se manifestará se você tiver um processo de testes).
- Os clientes reclamam de um produto de baixa qualidade.
- Os desenvolvedores suspiram ou fazem cara de pânico quando um novo pedido de funcionalidade chega.
- Os desenvolvedores reclamam da capacidade de manutenção do código, mas nada melhora.
- O tempo de implementar uma funcionalidade qualquer continua aumentando, e a equipe está sempre atrasada.

Possíveis causas

Há essencialmente duas fontes principais desse problema: colaboração ineficiente entre testadores e o restante da equipe de entrega e/ou testes implementados de maneira inadequada ou pouco automatizados.

- Testadores não colaboram com desenvolvedores durante o desenvolvimento da funcionalidade.
- Histórias ou funcionalidades são marcadas como completadas sem que testes automatizados sejam escritos, sem que sejam aprovadas por testadores e sem serem demonstradas para os usuários em ambientes similares ao de produção.
- Defeitos são frequentemente introduzidos no *backlog* sem serem logo corrigidos com testes automatizados para demonstrar problemas de regressão.

- Os desenvolvedores ou testadores não têm experiência suficiente em desenvolver testes automatizados.
- A equipe não entende os tipos mais eficientes de testes a escrever para a tecnologia ou plataforma em que estão trabalhando.
- Os desenvolvedores estão trabalhando sem cobertura suficiente de testes, talvez porque a gerência do projeto não lhes concede tempo suficiente para implementar testes automatizados.
- O sistema é um protótipo que seria descartado (embora já tenhamos visto importantes sistemas em produção que originalmente foram desenvolvidos como protótipos e nunca foram descartados).

Note que é possível, é claro, exagerar com testes automatizados – conhecemos um sistema em que a equipe gastou semanas apenas escrevendo testes. Quando o cliente descobriu que não havia software escrito, a equipe foi demitida. Entretanto, esse alerta deve ser considerado em seu contexto: a falha mais comum observada até agora é a existência de pouca automação, não de muita.

Processo de integração contínua mal gerenciado

Problema

O processo de compilação não é gerenciado de forma apropriada.

Sintomas

- Os desenvolvedores não fazem check-ins frequentes (pelo menos uma vez por dia).
- O estágio de commit não está funcionando.
- Há uma grande quantidade de defeitos.
- Há uma longa fase de integração antes de qualquer entrega.

Possíveis causas

- Os testes automatizados demoram muito para rodar.
- O estágio de commit demora muito para rodar (menos do que cinco minutos é ideal, mais do que dez minutos é inaceitável).
- Os testes automatizados falham de maneira intermitente, com falsos positivos.
- Ninguém se sente à vontade para reverter check-ins.
- Quase ninguém entende ou consegue fazer mudanças no processo de IC.

Processo ruim de gerência de configuração

Problema

Ambientes não podem ser comissionados e nem aplicações podem ser instaladas de maneira confiável usando um processo automatizado.

Sintomas

- Falhas misteriosas acontecem em ambientes de produção.
- Novas implantações são eventos assustadores e carregados de tensão.
- Equipes substanciais se dedicam à configuração e gestão de ambientes.
- Implantações em produção precisam passar por rollbacks ou patches frequentes.
- Tempo de queda inaceitável de ambientes de produção.

Possíveis causas

- Diferenças nos ambientes de aceitação e produção.
- Um processo de gestão de mudanças ruim ou que não é seguido nos ambientes de produção e homologação.
- Colaboração insuficiente entre as equipes de operação, gestão de dados e entrega.
- Monitoramento ineficiente dos ambientes de produção e homologação, levando a problemas na detecção de incidentes.
- Instrumentação e *logging* insuficientes nas aplicações.
- Testes não funcionais insuficientes.

Observância e auditoria

Muitas grandes empresas são obrigadas a se adequar a regulamentações legais que regem seus negócios. Por exemplo, todas as empresas publicamente registradas nos Estados Unidos precisam se adequar ao Sarbanes-Oxley Act de 2002 (geralmente abreviado como Sarbox ou SOX). Empresas de saúde dos Estados Unidos precisam seguir as disposições da HIPAA. Sistemas que lidam com informações de cartão de crédito precisam atender às regras do padrão PCI DSS. Praticamente todos os campos são regulamentados de uma forma ou de outra, e sistemas de TI precisam ser projetados considerando essas regulamentações.

Aqui, não temos nem espaço, nem vontade para examinar as regulamentações de cada indústria em cada país, que, de qualquer forma, mudam frequentemente. Entretanto, gostaríamos de passar algum tempo discutindo regulamentação em geral, especificamente em ambientes que definem controles estritos sobre o processo de entrega de software. Muitos regimes de regulamentação exigem auditoria para possibilitar a identificação, para cada mudança feita em produção, de quais linhas de código mudaram, quem as alterou e quem aprovou os passos no processo. Tais regulamentações são comuns em várias áreas, de finanças a saúde.

A seguir estão algumas estratégias que já empregamos para nos adequar a tais regimes de regulamentação:

- Garantir que somente as pessoas com as permissões adequadas tenham acesso a ambientes "privilegiados".

- Criar e manter um processo eficiente de gestão de mudanças em ambientes privilegiados.

- Exigir aprovação da gerência antes que sejam feitas implantações.

- Exigir que cada processo, da compilação à entrega, seja documentado.

- Criar barreiras de autorização para garantir que as pessoas que podem criar o software não sejam capazes de implantá-lo em ambientes de produção como uma proteção contra potenciais intervenções maliciosas.

- Exigir que cada implantação seja auditada para ver exatamente quais mudanças estão sendo feitas.

Estratégias como essas são essenciais em organizações sujeitas a regulamentação e podem levar a reduções drásticas de tempo de queda e defeitos. Entretanto, elas também têm uma reputação ruim, porque é muito fácil implementá-las de maneira que torna as mudanças difíceis. Entretanto, o pipeline de implantação torna possível garantir que essas estratégias sejam seguidas de maneira simples ao mesmo tempo em que capacitam um processo eficiente de entrega. Nesta seção, apresentamos alguns princípios e práticas que garantem observância em regimes de regulamentação ao mesmo tempo em que são mantidos tempos curtos de ciclo.

Automação em vez de documentação

Muitas empresas insistem que documentação é central no processo de auditoria, mas nós discordamos. Um papel que diz que você fez algo de certa maneira não é uma garantia de que você realmente fez tal coisa. O mundo de consultoria é cheio de histórias de pessoas que passaram (por exemplo) por auditorias ISO 9001 entregando um monte de papéis que "provam" que implementaram a certificação e treinando seu pessoal para dar as respostas corretas aos inspetores.

Documentação também tende a ficar desatualizada. Quanto mais detalhado um documento, mais rápido ele fica desatualizado. E quando ele difere do que está acontecendo, as pessoas não se incomodam mais em atualizá-lo. Todo mundo já ouviu esta conversa pelo menos uma vez:

Operador: "Eu segui o processo de implantação que você me mandou por e-mail no mês passado, mas ele não funciona".

Desenvolvedor: "É que nós mudamos o processo de implantação. Você precisa copiar esses novos arquivos e mudar a permissão X". Ou pior, "Isso é estranho. Vou ver o que está acontecendo..." seguido de horas tentando entender o que mudou e como fazer a implantação.

Automação resolve todos esses problemas. Scripts automatizados são documentação do processo que funcionam. Ao exigir seu uso, você garante que eles estejam sempre atualizados e que o processo foi executado exatamente como você queria.

Garantindo rastreabilidade

Muitas vezes é necessário conseguir rastrear o histórico de mudanças do que está em produção voltando às versões que foram usadas para produzir a implantação. Duas práticas ajudam nesse processo, e gostaríamos de enfatizá-las.

- Crie os binários apenas uma vez, e implante em produção os mesmos binários que você criou no primeiro estágio do processo. Você pode garantir que os binários são os mesmos criando um *hash* deles (usando MD5 ou SHA1, por exemplo) e armazenando esses *hashes* em um banco de dados seguro. Muitas ferramentas fazem isso automaticamente.

- Use um processo completamente automatizado para mover os binários pelo processo de compilação, teste e entrega que registre quem fez o quê. Novamente, há várias ferramentas no mercado que podem ajudar com isso.

Mesmo com essas precauções, há um momento em que mudanças não autorizadas podem ser introduzidas: quando os binários são criados pela primeira vez. Basta alguém obter acesso à máquina em que isso é feito e inserir arquivos no sistema de arquivos durante a compilação. Uma maneira de garantir isso é criar os binários em um único passo, usando um processo automatizado que roda em uma máquina com acesso limitado. Nesse caso, é essencial provisionar e gerenciar esse ambiente automaticamente para que seja possível depurar quaisquer problemas com o processo de criação.

> **Controle de acesso e rastreabilidade**
>
> Um de nossos colegas, Rolf Russel, trabalhou em uma equipe de serviços financeiros com requisitos particularmente estritos de rastreabilidade para proteger seu capital intelectual. Para garantir que o código implantado em produção era o mesmo armazenado em controle de versão, eles descompilavam os binários que seriam implantados. Os resultados foram comparados com a versão descompilada do que estava em produção para ver quais mudanças foram feitas.
>
> Na mesma empresa, somente o diretor de tecnologia tinha autorização para implantar certas aplicações fundamentais para o negócio. A cada semana, ele reservava algumas horas para a entrega, durante as quais as pessoas vinham ao seu escritório para que ele pudesse executar o script necessário à implantação. Enquanto escrevíamos este livro, a empresa estava mudando para um sistema em que certos usuários podem implantar algumas aplicações, de um único terminal em uma sala que exige acesso via cartão de identificação. A sala contém uma câmera de TV que registra todas as atividades 24 horas.

Trabalhando em silos

Em grandes organizações, muitas vezes há departamentos separados para funções diferentes. Muitas organizações têm equipes separadas para desenvolvimento, testes, operações, gerência de configuração, gestão de dados e arquitetura. Ao longo deste livro, promovemos a comunicação livre e aberta entre e dentro dessas equipes, de modo que há alguns riscos em criar barreiras entre partes da organização responsável por diferentes aspectos da criação e entrega do software. Entretanto, há algumas responsabilidades que claramente pertencem a um grupo e não ao outro. Em ambientes regulamentados, muitas atividades importantes estão sujeitas à revisão por auditores e equipes de segurança, cujo trabalho é garantir que a empresa não esteja exposta a riscos legais ou furos de segurança de qualquer natureza.

Tal separação de responsabilidades, no momento correto e gerenciada adequadamente, não precisa ser algo ruim. Na teoria, todos que trabalham na organização devem zelar pelos seus melhores interesses, o que significa que cooperarão efetivamente com os outros departamentos. Entretanto, muitas vezes esse não é o caso. Quase sempre, tal falta de colaboração resulta de pouca comunicação entre os grupos. Acreditamos fortemente que as equipes mais eficientes desenvolvem software em grupos multifuncionais compostos de pessoas de todas as disciplinas exigidas para definir, desenvolver, testar e implantar software. Esses grupos devem se reunir – quando isso não acontece, não se beneficiam do conhecimento dos outros.

Alguns regimes de regulamentação tornam difícil a criação de tais equipes. Se você pertence a uma organização separada em silos, os processos e técnicas descritos neste livro – em especial, a implementação de um pipeline de implantação – ajudam a evitar que esses silos tornem o processo de entrega ineficiente. Entretanto, a solução mais importante é a comunicação entre os silos desde o começo do projeto, o que pode acontecer de várias formas.

- Todos os envolvidos na entrega do projeto, inclusive alguém de cada silo, encontram-se no começo de cada projeto. Podemos chamar essas pessoas de grupo de trabalho de entrega, já que seu trabalho é garantir que o processo de entrega continue funcionando. Sua tarefa é a produção de uma estratégia de entrega para o projeto, como detalhado no Capítulo 10, "Implantação e Entrega de Versões de Aplicações".

- Esse grupo deve se encontrar regularmente ao longo do projeto e fazer uma retrospectiva sobre o projeto desde a última vez em que se encontrou, planejar como melhorar as coisas e executar um plano. Use o ciclo de Deming.

- Mesmo que ainda não existam usuários, o software deve ser entregue o mais rápido possível – isto é, pelo menos uma vez a cada iteração – para um ambiente similar ao de produção. Algumas equipes praticam implantações contínuas, ou seja, entregar cada mudança que passa por todos os estágios do pipeline. Essa é uma aplicação do princípio "Se for difícil, faça mais vezes". Voltamos a destacar a importância desse princípio.

- A situação do projeto, inclusive o painel de controle (dashboard) que mencionamos na seção "Um processo de gestão de risco", na página 433, deve ser visível a todos os envolvidos no processo, de preferências em grandes monitores que todos podem ver.

Gestão de mudança

Em um ambiente regulado, muitas vezes é essencial que seja necessária aprovação para partes do processo de compilação, implantação, testes e entrega. Particularmente, ambientes de teste manual, de homologação e de produção devem estar sob controle estrito, para que mudanças neles somente sejam feitas dentro do processo de gestão de mudança da empresa. Isso pode parecer desnecessariamente burocrático, mas, na verdade, pesquisas demonstram que organizações que fazem isso têm seu tempo médio entre falhas (MTBF) e seu tempo médio de falhas (MTTR) reduzidos (veja *The Visible Ops Handbook*, p. 13).

Se sua organização tem problemas com seus níveis de serviço em função de mudanças não controladas em ambientes de testes e produção, sugerimos o seguinte processo de gerência de aprovação.

- Crie um Conselho Consultivo de Mudanças (CCM) com representantes de todas as equipes (desenvolvimento, operações, segurança, mudança) e do negócio.

- Decida quais ambientes estão dentro da ação do processo de gestão de mudanças. Garanta que esses ambientes tenham um processo controlado de mudança.

- Estabeleça um sistema automatizado de gestão de mudanças que pode ser usado para criar requisições de mudanças e gerenciar aprovação. Todos devem poder ver o estado de uma requisição de mudança e quem a aprovou.

- Qualquer equipe que deseje fazer uma mudança, seja implantar uma nova versão da aplicação, criar um novo ambiente virtual ou fazer uma mudança de configuração, deve fazer isso por meio de uma requisição de mudança.

- Estabeleça uma estratégia de correção, com a capacidade de fazer o rollback de qualquer mudança.

- Crie critérios de aceitação para o sucesso de uma mudança. Idealmente, crie um conjunto automatizado de testes que agora falha, mas que resulte em sucesso quando a mudança for bem-sucedida. Coloque um indicador em seu dashboard de operações com a situação de testes (veja "Monitoramento guiado por comportamento", na página 324).

- Crie um processo automatizado para aplicar mudanças, de modo que quando a mudança for aplicada, ela seja feita com o clicar de um botão (ou um link, ou qualquer outra coisa).

A última parte parece difícil, mas esperamos que ela lhe seja familiar agora, já que foi o foco principal do livro. O mecanismo para implantar uma mudança auditável e autorizada para um ambiente de produção é o mesmo que para implantar a mudança em qualquer outro ambiente, com a adição de autorização: adicionar controle de acesso à pipeline de implantação é algo trivial. É tão simples que muitas vezes faz sentido estender a auditoria e a autorização: todas as mudanças são aprovadas pelo dono do ambiente. Isso significa que você pode usar a mesma automação que criou para os ambientes de testes para fazer mudanças nos ambientes sob gestão de mudança. Também significa que você testou o processo automatizado que criou.

Como o CMM decide que uma mudança deve ser executada? Essa é uma questão de gestão de risco. Qual é o risco de fazer uma mudança? Qual o benefício? Se o risco supera os benefícios, a mudança não deve ser feita, ou outra mudança menos arriscada é feita. O CCM também deve poder comentar chamados de mudança, requisitar mais informação ou sugerir modificações. Todos esses processos devem ser geridos por um sistema automático.

Finalmente, há três princípios que devem ser seguidos quando se implementa e gerencia um processo de aprovação de mudanças.

- Mantenha métricas quanto ao sistema e torne-as visíveis. Quanto demora para que uma mudança seja aprovada? Quantas mudanças estão esperando por aprovação? Qual a proporção das mudanças negadas?

- Mantenha métricas sobre o sucesso do sistema e torne-as visíveis. Quais são os MTBF e MTTR? Qual é o tempo de ciclo para uma mudança? Há uma lista mais completa de métricas definida na literatura ITIL.

- Faça retrospectivas regulares do sistema, convidando representantes de cada uma das unidades organizacionais, e trabalhe para melhorar o sistema com base no feedback dessas retrospectivas.

Resumo

Gestão é essencial para o sucesso de qualquer projeto. Boa gestão cria processos que capacitam a entrega eficiente de software, garantindo ao mesmo tempo que os riscos sejam gerenciados adequadamente e que regimes de regulamentação sejam seguidos. Mesmo assim, muitas organizações – com a melhor das intenções – criam estruturas ruins de gestão que não atingem esses objetivos. Este capítulo teve como objetivo descrever uma abordagem de gestão que lide tanto com conformidade como com desempenho.

Nosso modelo de maturidade de compilação e entrega de versão visa melhorar o desempenho da organização. Isso permite identificar quão eficazes são suas práticas de entrega e sugerir maneiras de melhorá-las. O processo de gestão de riscos descrito aqui, juntamente a uma lista comum de antipadrões, é projetado para ajudá-lo a criar uma estratégia para identificar problemas assim que ocorrerem, de modo que você possa corrigi-los cedo, quando ainda são fáceis de corrigir. Passamos boa parte deste capítulo (e deste livro) descrevendo processos incrementais e iterativos; isso se deve ao fato de que tais processos são cruciais para a gestão de risco. Sem um processo iterativo e incremental, você não tem uma maneira objetiva de medir o progresso do projeto ou a aptidão de sua aplicação em atender a seus objetivos.

Finalmente, esperamos ter demonstrado que entregas iterativas, combinadas com um processo automatizado de compilação, implantação, testes e entregas de versão embutidas no pipeline de implantação, não somente são compatíveis com os objetivos de conformidade e desempenho, mas também são a maneira mais eficaz de atingir esses objetivos. Esse processo possibilita maior colaboração entre os envolvidos na entrega, fornece feedback mais rápido, de modo que problemas e funcionalidades implementadas desnecessariamente ou de maneira inadequada possam ser descobertas logo, e mostra o caminho para a redução da métrica vital: tempo de ciclo. Isso, por sua vez, leva a entregas mais rápidas de software de valor e alta qualidade e a uma rentabilidade maior com risco menor. Assim os objetivos de uma boa governança são alcançados.

Bibliografia

1. Adzic, Gojko, *Bridging the Communication Gap: Specification by Example and Agile Acceptance Testing*, Neuri, 2009.
2. Allspaw, John, *The Art of Capacity Planning: Scaling Web Resources*, O'Reilly, 2008.
3. Allspaw, John, *Web Operations: Keeping the Web on Time*, O'Reilly, 2010.
4. Ambler, Scott, and Pramodkumar Sadalage, *Refactoring Databases: Evolutionary Database Design*, Addison-Wesley, 2006.
5. Beck, Kent, and Cynthia Andres, *Extreme Programming Explained: Embrace Change (2nd edition)*, Addison-Wesley, 2004.
6. Behr, Kevin, Gene Kim, and George Spafford, *The Visible Ops Handbook: Implementing ITIL in 4 Practical and Auditable Steps*, IT Process Institute, 2004.
7. Blank, Steven, *The Four Steps to the Epiphany: Successful Strategies for Products That Win*, CafePress, 2006.
8. Bowman, Ronald, *Business Continuity Planning for Data Centers and Systems: A Strategic Implementation Guide*, Wiley, 2008.
9. Chelimsky, Mark, *The RSpec Book: Behaviour Driven Development with RSpec, Cucumber, and Friends*, The Pragmatic Programmers, 2010.
10. Clark, Mike, *Pragmatic Project Automation: How to Build, Deploy, and Monitor Java Applications*, The Pragmatic Programmers, 2004.
11. Cohn, Mike, *Succeeding with Agile: Software Development Using Scrum*, Addison-Wesley, 2009.
12. Crispin, Lisa, and Janet Gregory, *Agile Testing: A Practical Guide for Testers and Agile Teams*, Addison-Wesley, 2009.
13. DeMarco, Tom, and Timothy Lister, *Waltzing with Bears: Managing Risk on Software Projects*, Dorset House, 2003.
14. Duvall, Paul, Steve Matyas, and Andrew Glover, *Continuous Integration: Improving Software Quality and Reducing Risk*, Addison-Wesley, 2007.
15. Evans, Eric, *Domain-Driven Design*, Addison-Wesley, 2003.
16. Feathers, Michael, *Working Effectively with Legacy Code*, Prentice Hall, 2004.
17. Fowler, Martin, *Patterns of Enterprise Application Architecture*, Addison-Wesley, 2002.
18. Freeman, Steve, and Nat Pryce, *Growing Object-Oriented Software, Guided by Tests*, Addison-Wesley, 2009.
19. Gregory, Peter, *IT Disaster Recovery Planning for Dummies*, For Dummies, 2007.

20. Kazman, Rick, and Mark Klein, *Attribute-Based Architectural Styles*, Carnegie Mellon Software Engineering Institute, 1999.
21. Kazman, Rick, Mark Klein, and Paul Clements, *ATAM: Method for Architecture Evaluation*, Carnegie Mellon Software Engineering Institute, 2000.
22. Meszaros, Gerard, *xUnit Test Patterns: Refactoring Test Code*, Addison-Wesley, 2007.
23. Nygard, Michael, *Release It!: Design and Deploy Production-Ready Software*, The Pragmatic Programmers, 2007.
24. Poppendieck, Mary, and Tom Poppendieck, *Implementing Lean Software Development: From Concept to Cash*, Addison-Wesley, 2006.
25. Poppendieck, Mary, and Tom Poppendieck, *Lean Software Development: An Agile Toolkit*, Addison-Wesley, 2003.
26. Sadalage, Pramod, *Recipes for Continuous Database Integration*, Pearson Education, 2007.
27. Sonatype Company, *Maven: The Definitive Guide*, O'Reilly, 2008.
28. ThoughtWorks, Inc., *The ThoughtWorks Anthology: Essays on Software Technology and Innovation*, The Pragmatic Programmers, 2008.
29. Wingerd, Laura, and Christopher Seiwald, "High-Level Best Practices in Software Configuration Management," paper read at *Eighth International Workshop on Software Configuration Management*, Brussels, Belgium, July 1999.

Índice

A
Aardvarks, 218
AccuRev, 389–390, 403, 407
Acesso privilegiado em testes de aceitação, 206
ActiveDirectory, 292–293
ActiveRecord
　migrações, 330–331
Adaptabilidade, 201–202
Adaptando processos ágeis, 431–432
Adequação para uso, 425–426, 431–432
Administradores de bancos de dados, 328–329, 331–332
AgileDox, 201–202
Albacore, 151
Alertas, 283–285
Algoritmos e desempenho da aplicação, 230–231
Alta disponibilidade
　como parte da estratégia de entrega, 253
　e planejamento de continuidade de negócio, 284–285
　e sistemas multihomed, 304–305
Amazon, 318–319
Amazon EC2, 221, 262–263, 314
Amazon Web Services (AWS), 262–263, 314–318
Ambientes
　baselines, 51, 155
　como parte da estratégia de entrega, 252
　compartilhados, 260
　definição, 279
　gestão, 49–54, 130–131, 279, 290–298, 310–311
　homologação, 260–261, 332–333
　provisionamento, 290–293
　recriando o controle de versão, 33–34
　testes de capacidade, 234–238, 260
　testes de integração de sistemas, 332–333
Ambientes de desenvolvimento
　dados de teste, 345–346
　gerência de configuração, 33–34, 50–51, 291–292
　gerenciando como parte do desenvolvimento, 62
　scripts de implantação, 154
　testes de aceitação, 125
Ambientes de produção
　e mudanças não controladas, 275
　logging, 160
Ambientes similares aos de produção, 107, 117, 129–130, 310–311
　características, 256

Análise, 193–196
　e desenvolvimento incremental, 353
　e requisitos não funcionais, 226–229
　e testes de aceitação, 190–191
Análise de acoplamento, 121, 135–136, 139–140, 174–175
　de migrações de bancos de dados a mudanças na aplicação, 331–332, 335–337
　de sistemas externos e testes de aceitação, 211–212
　de testes a dados, 338–339
　de UI a testes de aceitação, 125, 192–193, 201–202
　dentro do processo de entrega, 262–263, 327
　e arquitetura com baixo acoplamento, 317–318
　e desenvolvimento no trunk, 396–397
　em testes de capacidade, 242–243
Análise de causa-raiz, 440
Análise de código, 120, 135–136
Análise de particionamento de equivalência, 86–87
Análise de valor limite, 86–87
Análise estática, 333–334
Analistas, 193–194
Ant, 147–149
AntHill Pro, 58, 126, 257, 377
Antipadrões
　branches de longa duração, 415
　de requisitos não funcionais, 230–231
　gestão manual de configuração, 9–11
　implantação após o desenvolvimento, 7–10
　implantação manual, 5–8
　resolvidos pelo pipeline de implantação, 105
Apache, 322
Apagando incêndios, 288–289
API, 342–343, 361, 371, 373
Aptitude, 296
Aquecimento, 245–246, 261–263, 274
Aquisição, 285–286
Arch, 400–401
Arquitetura
　como parte da concepção, 427–428
　e a Lei de Conway, 364
　e componentes, 350
　e requisitos não funcionais, 105, 226–229
Arquitetura de serviço, 425–426
Arquitetura em camadas
　e componentes, 363
　e implantação, 155
　smoke tests, 164

Arquitetura excessiva, 228–229
Arquitetura orientada a objetos, 354
Arquiteturas monolíticas, 349, 361
Arquiteturas sem compartilhamento, 266, 315
Arquivamento
    como parte da estratégia de entrega, 253
    como requisitos de operações, 284–285
Arquivos de sistemas, compartilhado para armazenamento de binários, 166
Arquivos de zonas de DNS, 287–288
Artefatos, 111
Artifactory, 111, 359, 365, 377, 379
Assemblies
    e gestão de dependências, 356–357
    e rastreabilidade, 166
    e rótulos, 378
Assincronia
    e testes de aceitação, 200–201, 207–211
    e testes de capacidade, 239–240
    e testes de unidade, 180–181
ATAM (*Architectural Tradeoff Analysis Method*), 227–228
Ativos de serviço e gerência de configuração, 425–426
Atualizações, 262–263
    como parte
        da estratégia de entrega, 253
        do plano de entrega, 254
    e scripts de implantação, 153
    e software instalado pelo usuário, 269–272
Auditoria
    como parte de
        entrega, 433–434
        estratégia de entrega, 253
    como requisito de operações, 282–284
    como um requisito não funcional, 227–228
    do pipeline de implantação, 422
    e arquivamento de dados, 284–285
    e controle de infraestrutura, 288–289
    e ferramentais ruins, 302–303
    e gestão de ambientes, 129–130
    e implantação, 275
    e recompilação de binários, 114
    e testes de aceitação, 198–199
    gestão, 440–445
    mudanças de infraestrutura, 289–290
    processos manuais, 6–7
    repositórios de artefatos, 377
    sistemas de controle de versão distribuídos, 400–401
Autenticação em duas fases, 275
Automação
    benefícios, 5–8
    como um princípio de entrega contínua, 25–26
    da implantação, 152–153
    de inicialização de bancos de dados, 328–330
    de migrações de bancos de dados, 329–334, 342–343
    efeito no feedback, 14–15

importância, 12–13
para redução de risco, 422
vs. documentação, 289–290, 441–442
Autosserviço de implantações, 112, 257
Azure, 315, 319–320

B

Backlogs
    como parte de
        plano de continuidade de negócio, 284–285
        plano de entrega, 253
    defeitos, 99–102
    rede, 304–305
    requisitos, 429–430
Bancos de dados
    atualizações, 262–263
    chaves primárias, 331–332
    compatibilidade passada e futura, 336–337
    e atomicidade dos testes, 205
    e orquestração, 331–336
    e testes unitários, 179–181, 337–339
    em memória, 154, 180–181, 338–339
    esquemas, 329–330
    inicialização, 328–330
    integridade referencial, 331–332
    migração, 329–337
    monitoramento, 320–321
    mudança incremental, 329–334
    normalização e desnormalização, 333–334
    para configuração de middleware, 301–302
    refatoração, 336–337, 343–344
    rollbacks, 330–331, 333–337
    tabelas temporárias, 331–332, 334–335
    transações, 334–335
    versionamento, 330–332
Barreiras. *Veja* Processo de aprovação
Bash, 284–285
Bazaar, 400–401
Bcfg2, 293–294
BDD, 195–196, 204, 324–325
Bench, 243–244
Bibliotecas
    definição, 355–356
    gerência de configuração, 38–40, 358–360, 367
    gestão como parte do desenvolvimento, 62
    gestão de dependências, 379
Bibliotecas compartilhadas, 355–356
BigTable, 317–318
Binários
    compilando, 442
        somente uma vez, 113–115
    definição, 134–135
    e controle de versão, 35–36, 377
    e empacotamento, 154
    e locking pessimista, 391
    em sistemas de arquivos compartilhados, 166
    específicos do ambiente, 115
    gerenciando, 377–379

ÍNDICE

no CVS, 387-388
recriando do controle de versão, 33-34, 175-176, 358, 367, 377
separando da configuração, 50-51
BitBucket, 398-399
BitKeeper, 390-391, 399-400
BizTalk, 313
BladeLogic, 161, 289-294, 298-299
BMC, 156, 161, 291-294, 320-321
Boot via rede, 291-292
Branches de entregas. *Veja* Controle de Versão
Branches de funcionalidade. *Veja* Práticas de Controle de Versão
Branching
adiados, 394-395
adiantados, 394-395
ambientais, 392
definição, 392-398
e IC, 59, 394-398
entrega, 393-394
físicos, 392
funcionais, 392
gestão, 393-394
integrando, 393-394
no CVS, 387-388
no Subversion, 388-389
organizacional, 392
políticas, 393-394
por entrega, 350, 371
por equipe, 416-419
por funcionalidade, 36-37, 81, 353, 409, 414-416
procedurais, 392
razões, 385
Branching por abstração, 336-338, 353-355, 364, 419
Brian Marick, 84-85
BSD (*Berkeley Software Distribution*), 359
versões, 296
BuildForge, 58
Buildr, 151

C

C#, 284-285
C/C++
compilando, 146-147
compilando com Make e SCons, 147-148
CA, 320-321
CAB (*Change Advisory Board*), 282-283, 443-444
Cadeia de valor, 106-113, 133-134, 256, 423-425
Camada de abstração
acesso a banco de dado, 337-338
branches de abstrações, 353
para testes de aceitação, 198-204
testes de UI, 88-89, 201-202
Camadas
em software, 363
em testes de aceitação, 190-191

Caminho alternativo, 86-87
Caminho esperado, 85-89, 94-95
Caminhos absolutos em scripts de compilação, 164
Caminhos não esperados, 88-89
Caminhos relativos em scripts de compilação, 164
Capacidade
como causa de falhas em projetos, 435-436
definição, 225
e computação em nuvem, 316
medindo, 232-235
planejando, 253, 319-320, 427-428
projetando para, 230-231
Capistrano, 162
Características de sistema, 226
Carregador de classes, 358
Casos de uso e testes de aceitação, 86-87
CCTV (*Closed-circuit television*), 275
Cenários em testes de capacidade
CfEngine, 51-53, 155, 161, 286-287, 289-290, 293-294
Chaves primárias, 331-332
Check points, 398-399
Check-ins
e duração dos testes, 185-186
frequência, 439
quando a compilação está quebrada, 66
CheckStyle, 74, 158
Chef, 293-294
Cherry picking, 398-399, 413, 418
Ciclo de Deming, 28-29, 423-425, 443-444
Ciclo de vida, 425-434
Ciclo de vida da aplicação
e estratégia de entrega, 252
fases, 425-434
CIM (*Common Information Model*), 321
CIMA (*Chartered Institute of Management Accountants*), 421
Classloader, 358
ClearCase, 389-391, 403, 408, 413
Cliente, 426-427
CMS, 292-293
Cobbler, 291-292
Cobertura de código, 135-136, 172-173
Cobertura de testes, 87-88, 121, 174-175, 439
Código aberto, 143
e Maven, 379
e sistemas de controle distribuídos, 81
Colaboração
ad-hoc, 8-9
com o objetivo de
componentes, 350
controle de versão, 32-33, 385
em organizações com silos, 442-443
entre equipes envolvidas na entrega, 18-19, 438, 438, 440
e controle de versão distribuído, 399-400
e o pipeline de implantação, 107
e testes de aceitação, 99-100, 190-191
COM (*Component Object Model*), 356-357

Comformidade, 421
Commit pré-testado, 37-38, 67, 120, 171-172
Commits atômicos, 387-389
Compatibilidade futura, 336-337
Compatibilidade retroativa, 375
Compilação
  automação como pré-requisito para IC, 57-58
  avisos, 74
  como parte do estágio de commit, 120
  contínua, 65
  estática, 356-357
  e alvos de testes, 166-167
  e componentes, 364
  enfileirando, 65, 118-119, 127
  escada, 376
  falhando em função de testes lentos, 73
  ferramentas, 145-146
  gatilhos, 373-374
  grid, 111, 185-186
  incremental, 146-147
  luzes, 63
  master, 174-175
  mútua, 376
  noturna, 65, 127
  otimização, 365
  pipeline, 110
  promovendo, 108
  qualidade, 26-28, 83
  quebrada
    ir para casa quando está, 68-69
    no check-in, 66
    responsabilidade, 70-72, 174-175
    revertendo, 69
    viva, 110
Completude de Turing, 198-199
Complexidade ciclomática, 121, 135-136, 139-140, 174-175
Componentes
  criando, 360-364
  definição, 349
  e estrutura de projeto, 160
  e implantação, 156
  e o pipeline de desenvolvimento, 364-365
  gerência de configuração, 39-40, 360-364, 367
  gestão de dependências, 39-40, 379
  para branching por entrega, 413
  vs. bibliotecas, 355-356
Computação em nuvem
  críticas, 318-320
  definição, 314
  e arquitetura, 315, 317-318
  e compliance, 316
  e desempenho, 316
  e lock-in, 317-318
  e requisitos não funcionais, 316
  e segurança, 315
  e SLA, 316
  infraestrutura, 315-316
  para testes de aceitação, 220-222

plataformas, 316-318
Computação utilitária, 314, 318-319
Conceito de finalizado ou pronto
  definição, 27-29
  e testes, 101-102
  e testes de aceitação, 85-86
  sign-off, 430-431, 438
Concepção, 285-286, 426-429
Concordion, 85-86, 191-192, 196-197
Condição de corrida, 136-137
Condições de recursos, 136-137
Confiança e gestão de dependências, 373
Configuração da aplicação
  e testes, 46-47
  gestão, 39-40
Conflitos durante merges, 390-391, 394-395, 419
Congelar o código, 412
Consistência, 292-293
Consolidação
  de IC com um serviço central, 76
  por meio de virtualização, 306-307
Contagem de galinhas, 256
Controle de acesso, 286-287, 442-443
  para infraestrutura, 287-289
Controle de versão
  baseado em frentes de trabalho, 392, 403-408
  como parte da iniciação do projeto, 428-429
  como pré-requisito para IC, 56-58
  como princípio de entrega contínua, 25-27
  definição, 32-33
  distribuído. *Veja* Controle de versão distribuído
  e configuração de middleware, 298-301, 303-304
  para bibliotecas, 38-39, 358
  para scripts de bancos de dados, 329-330
Controle de versão de binários, 166
Controle de versão distribuído, 79-81, 397-403, 415, 418
ControlTier, 161
Coordenadas no Maven, 379
Correções de emergência, 267-268
Costuras, 354
COTS (*Commercial, off-the-shelf software*), 286-287, 297-298, 309-310
CPAN (*Comprehensive Perl Archive Network*), 155
Criação de valor, 421, 423-424, 445-446
Critérios de aceitação
  dados de teste, 338-339
  especificações executáveis, 195-199
  gerenciando, 197-198
  gestão de mudança, 444-445
  ida e volta, 200-201
  mudança organizacional, 423-425
  requisitos não funcionais, 227-229
  testes automatizados, 93-94
  testes de aceitação, 85-86, 89-90
Crontab, 296
CruiseControl, 58, 127
Cucumber, 85-87, 191-192, 196-197, 200-201, 324-325

Cucumber-Nagios, 324–325
Custo de oportunidade, 302–303
Custo irrecuperável, 302–303, 353
CVS (*Concurrent Versions System*), 32–33, 386–388, 413

D

Dado-quando-então (*given-when-then*), 86–87, 195–196, 338–339
Dados
    arquivamento em produção, 284–285, 345–346
    ciclo de vida, 327
    e rollbacks, 261
    em testes de aceitação, 204
Dados de testes
    dados de referência de aplicação, 342–343, 345–346
    em testes de aceitação, 341–344
    em testes de capacidade, 243–244, 343–345
    em testes de commit, 340–342
    específicos de testes, 342–343
    gestão, 336–341
    particionamento funcional, 339–340
    por meio do banco de dados, 342–343, 345–346
    referência de testes, 342–343, 345–346
    removendo acoplamento dos testes, 338–339
DAG, 367, 404–405
Darcs (*Darcs Advanced Revision Control System*), 400–401
Darwin Ports, 296
Dashboards
    e IC, 82
    e situação da entrega, 433–434, 443–444
    importância, 16–17
    para operações, 322–324
Datacenters
    ferramentas de automação, 286–287
    gestão, 292–298
DbDeploy, 330–331, 333–334, 347
DbDeploy.NET, 330–331
DbDiff, 330–331
Dbmigrate, 330–331
Deadlocks, 136–137
Debian, 154, 285–287, 356–357
Decisão de execução, 427–428
Defeitos
    ausência, 100–101
    backlogs, 99–102
    como sintomas de IC ruim, 439
    críticos, 131–132, 267–268, 413
    e a estratégia de entrega, 253
    medição, 138–139
    reproduzindo, 247–248
Demanda de pico, 244–245
Deming, W. Edwards, 27–28, 83
Demonstrações, 128–129, 430–431
    como estratégias de redução de risco, 437
    como forma de teste manual, 90–91

Dependências
    analisando com o Maven, 382
    circulares, 375–377
    downstream, 368
    e integração, 374
    e rastreabilidade, 367
    em ferramentas de compilação, 146–147
    em software, 354–360
    em tempo de compilação, 355–356
    em tempo de execução, 355–356
    entre branches, 395–396
    estáticas, 374
    fluidas, 374
    gerenciando com o Maven, 379–382
    no projeto, 352
    refatoração, 381
    suspensas, 374
    transitivas, 359
    upstream, 368
Dependências em formato diamante, 358, 369
Desempenho
    ajustes, 247–248
    definição, 225
    e governança, 421
    testes de aceitação, 218–222
Desempenho de testes
    aumentando por meio de virtualização, 307–308, 312
    e bancos de dados, 337–339
    e tempo, 184–185
Desenvolva e entregue, 429–433
Desenvolvimento ágil, 431–432
    demonstrações
    entregas frequentes, 131–132
    refatoração, 332–333
Desenvolvimento distribuído
    comunicação, 75
    e controle de versão, 78
    e IC, 75–78
    e pipeline para componentes, 364
Desenvolvimento guiado pelo domínio, 152
Desenvolvimento guiado por comportamento, 195–196, 204, 324–325
Desenvolvimento incremental, 36–37, 328–329, 350–355, 371, 409–410, 429–430, 438
Desenvolvimento interativo, 429–430
Desenvolvimento no trunk, 35–38, 59, 350–355, 396–397, 409–412
Desperdício, 105, 395–396
DevOps, 28–29
    criando um processo de implantação, 272
    e infraestrutura ágil, 281–282
    responsabilidade do sistema de compilação, 174–175
    Veja também Operações
DHCP (*Dynamic Host Configuration Protocol*), 287–288, 291–292
Diagnósticos, 139–140
Diagrama de quadrantes de testes, 84–85, 178–179

Dimensionamento de produção, 253
Diretório de serviços, 302–303
Disciplina
  e desenvolvimento incremental, 353, 396–397,
    430–431, 438
  e IC, 57–58
  e testes de aceitação, 214
Disjuntor, 98–99, 211–212
Disponibilidade, 91–92, 316, 427–428
Dispositivos gerenciados, 321
Dívida técnica, 332–333, 410
Divisórias, 98–99
DLL (*Dynamic-Link Library*), 355–356, 360
DNS, 302–303
Documentação
  como parte de
    observância e auditoria, 441
    plano de entrega, 254
  como um requisito de operações, 282–284
  e infraestrutura autodocumentável, 294–295
  gerando a partir dos testes de aceitação, 86–87
  vs. automação, 289–290, 441–442
Donald Knuth, 228–229
Dpkg, 296
Driver de aplicação, 191–192, 198–204
Drivers de janela, 201–204
Drives de dispositivos para testes de GUI, 202
DRY, 362
Dublês de testes, 89–90, 91–92, 178–179
  e testes de aceitação, 210–213
  e testes unitários, 180–184, 337–338
  velocidade, 89–90
Dummies, 92–93 *Veja também* Dublês de testes
Duplicação, 139–140
Duplicação de código, 121

E

EARs, 159
EasyMock, 181–182
EC2, 221
Eclipse, 354
Efeito Hawthorne, 137–138
Eficiência, 423–424
Eggs, 155
ElectricCommander, 58
Ellison, Larry, 318–319
Emaranhado, 354–355, 363
Empacotamento, 298–299
  como parte de
    integração, 365
    pipeline de implantação, 135–136, 285–286
  e configuração, 41–42
  ferramentas, 154–155
Encapsulamento
  e componentes, 362
  e desenvolvimento no trunk, 396–397
  e testes unitários, 180–181
  em testes de aceitação, 206–207

sistemas monolíticos, 349
Engenharia reversa, 301–302
Entendimento compartilhado, 427–428
Entrega
  automação, 129–130
  como parte do pipeline de implantação, 110
  gestão, 107, 423–426
  manutenção, 413
  modelagem de processo, 256–259
  sem parada, 262–263
Entrega incremental, 333–334, 350–355, 422–425,
  445–446
Entrega iterativa, 445–446
  e análise, 193–196
Equipe de integração, 362
Equipe de merges, 411
Equipe toda, 124
  e a entrega, 28–29
  e a implantação, 273
  e o estágio de commit, 172–173
  e testes de aceitação, 125
Equipes de funcionalidade, 415
Equipes distribuídas, 143
Equipes grandes
  branches por entrega, 413
  branches por equipe, 416
  colaboração por meio de componentes, 350
  e desenvolvimento no trunk, 396–397, 409
  Veja também Tamanho da equipe
Equipes multifuncionais, 105, 362
Escala
  para testes de capacidade, 236–237
  por meio de computação em nuvens, 315
Escape, 44–45, 47–48, 259
Escondendo funcionalidade, 351–353
Especificações. *Veja* Critérios de aceitação
Especificações executáveis, 195–199, 246–247,
  341–342, 344–345
Espiões, 92–93 *Veja também* Dublês de testes
Esqueleto, 134–135
Estabilidade, 230–231, 373
Estabilização do paciente, 129–130, 288–289
Estado
  em testes de aceitação, 204–206
  em testes unitários, 179–180, 183–184
  no middleware, 300–302
Estágio de commit
  como parte de:
    IC, 61
    pipeline de implantação, 110, 120–122
  e dados de testes, 340–342
  e desenvolvimento incremental, 351
  workflow, 169
  scripting, 152
Estágio de testes de aceitação
  como parte do pipeline de implantação, 110
  e dados de testes, 341–344
  fluxo, 187
Estilo de código, 121

ÍNDICE

Estimativas, 432–433
Estratégia de entrega, 252–254, 427–428, 434–435
Estratégia de testes
   como parte da conceituação, 427–428
   em novos projetos, 92–95
   em sistemas legados, 95–97
   importância, 438
   no meio do projeto, 94–96
Estrutura de projetos JVM e .NET, 156–160
Estruturas de dados
   e desempenho da aplicação, 230–231
   e testes, 184–185
Eucalyptus, 314, 318–319
Externals (SVN), 388–389
Extrapolação em testes de capacidade, 234–235
Extreme programming, 26–27, 268
   e IC, 55, 71–72

F

Fabric, 162
Façade, 354–355
Facter, 293–294
Failover como parte da estratégia de entrega, 253
Falhas intermitentes
   em testes de aceitação, 200–201, 207
   em testes de capacidade, 233–234, 245–246
Falhe rapidamente
   estágio de commit, 171–172
   implantação, 274–275
Fase de estabilização, 351
Fase de integração, 55, 352, 409, 430–431, 439
Feedback
   ao colocar componentes no pipeline, 364
   ao modelar dependências, 369
   como parte do ciclo de vida do projeto, 430–431
   criado pelo pipeline de implantação, 106–107
   e gestão de dependências, 373–374
   e implantações canário, 264–265
   e métricas, 137–141
   e monitoramento, 319–320
   e o pipeline de integração, 366
   e testes de aceitação automatizados, 86–87
   importância, 12–17
      durante o estágio de commit, 120
   melhorando com virtualização, 312
Ferramental
   e controle de versão, 34–35, 359
   e o pipeline de implantação, 114
   e testes de ambientes, 256
Ferramentas de compilação e redes de dependências, 144–145
Ferramentas de compilação orientadas a produtos, 145–146
Ferramentas de compilação orientadas a tarefas, 145–146
Ferramentas de profiling, 231–232
Ferramentas declarativas de implantação, 161
Ferramentas forenses, 303–304

Filesystem Hierarchy Standard, 165
FindBugs, 74, 158
Firewalls
   computação em nuvem, 315
   configuração, 118, 286–287, 302–303
   e testes de integração, 96–97
FitNesse, 191–192, 196–197, 201–202
Flapjack, 320–321
Flex, 192–193
Force.com, 316
Forks. *Veja* Práticas de Controle de Versão
Formatos binários, 302–303
Fragilidade. *Veja* Testes de aceitação
Fronteiras de processos
   e testes de aceitação, 206
   requisitos não funcionais, 229–230
Func, 162
"Funciona na minha máquina", 116
FxCop, 74

G

GAC, 356–357
Gantt, 151
Garantia, 425–426
Garbage collection, 247–248
Gargalos, 106–107, 138–139
GAV, 379
Gems, 155
Gentoo, 356–357
Gerência de configuração
   antipadrão de gestão manual, 9–11
   como infraestrutura, 285–290, 292–298
   como parte de uma estratégia de entrega, 252
   como um ativo de serviços, 425–426
   de ambiente, 279, 290–291, 310–311
   de ambientes virtuais, 307–310
   de bancos de dados, 330–332
   de binários, 377
   de middleware, 297–303
   de servidores, 290–298
   de software, 39–40
   definição, 31
   e correções de emergência, 268
   e implantação, 154
   e scripts de implantação, 155
   importância, 18–21
   migração, 129–130
   modelo de maturidade, 423–426
   para tempo de implantação, 42–43
   promoção, 259
   ruim, 439–440
   tempo de execução, 42–43, 352, 354–355
Gerenciamento Out-of-band, 290–291, 320–321
Gerentes de projeto, 432–433
Gestão de bases de informações, 322
Gestão de dependências, 38–40, 149, 356–357
   e confiança, 373
   entre aplicações e infraestrutura, 287–288

Gestão de mudança, 9–10, 52–54, 282–283, 289–290, 425–426, 433–434, 440–441, 443–445
Gestão declarativa de implantação, 292–293
Gestão do espaço de trabalho, 62
Git, 32–33, 79–81, 378, 397–398, 400–401, 407
GitHub, 79, 398–399, 415
Gmail, 315
Go, 58, 113, 126, 257, 377
Google App Engine, 316–320
Google Code, 398–399
Governança de negócio, 421
    boa, 445–446
    corporativa, 421
    empresarial, 421
GPG (*GNU Privacy Guard*), 296
GPL (*General Public License*), 359
Gradle, 151
Gráficos de Gantt, 282–283
Grafos de dependência
    gerenciando, 359, 367–377
    limitando, 375
    modelando com o pipeline de implantação, 369–373
Grafos dirigidos acíclicos. *Veja* DAG
Gravação de tela, 136–137, 213–214
Gravação e reprodução
    em testes de aceitação, 191–192, 197–198
    em testes de capacidade, 239–242
    em transações de bancos de dados, 334–335
GUI (*Graphical user interface*)
    e testes de aceitação, 192–194
    em camadas, 192–193
    para implantação, 165
    Veja também UI
Gump, 375

H

H2, 338–339
Hardening, 286–287
Hardware
    e testes de capacidade, 236–237
    virtualização para padronização, 306–307
Hashing, 114, 166, 175–176, 377, 442
Herói mítico, 108
Hibernate, 159
HIPAA, 316, 440
Histórias
    e componentes, 362
    e critérios de aceitação, 195–196
    e defeitos, 101–102
    e requisitos não funcionais, 227–229
    e saída, 138–139
    e sistemas legados, 95–96
    e testes de aceitação, 85–86, 99–100, 188, 193–194
    INVEST, 93–94
Homologação, 260–261, 292–293
Horizonte de projeto, 427–428

HP (*Hewlett-Packard*), 156, 293–294, 320–321
HP Operations Center, 289–290, 298–299
Hudson, 58, 63, 127, 291–292
Hyper-V, 292–293

I

IANA (*Internet Assigned Numbers Authority*), 322
IBM, 156, 293–294, 305–306, 318–321
IDE (*Integrated Development Environment*), 57–58, 143, 160
Idempotência
    e ferramentas de implantação, 161
    e gestão de infraestrutura, 292–294, 297–298
    e implantação de aplicações, 155–156
Identificação, 426–427
IIS (*Internet Information Services*), 301–302
IM, 75
Imagens de disco, 307–308
Impacto, 434–435
Implantação
    antipadrões, 7–10
    atualizações de scripts, 153
    automação, 152–153
    de máquinas remotas, 161
    de tudo do zero, 156
    de tudo junto, 156
    e componentes, 361
    e idempotência, 155–156
    falhas, 117
    falhe rapidamente, 274–275
    gerenciando, 425–426
    implementação incremental, 156–157
    logs, 272–273
    manual, 5–8, 116, 165
    orquestração, 161
    planejamento e implementação, 255–256
    scripting, 160–164
    smoke tests, 117, 163
    testando por meio de automação, 130–131, 153
    usando o mesmo processo para todos os ambientes, 22–23, 115–117, 153–154, 255, 281–282, 285–286, 288–289, 310–311, 442
    validando ambientes, 155
Implantação canário, 235–236, 263–267
    e entrega contínua, 269
    e migrações de bancos de dados, 335–336
Implantação contínua, 126, 268–272, 281–282, 443–444
Implantações apertando um botão, 17–18, 112, 126, 135–136, 156–157, 257, 317–318
Implantações azul-verde, 262–264, 303–304, 334–336
Implantações lado a lado, 263–264
Inferno de dependências, 355–358, 369
Inferno de DLLs, 355–356
Infraestrutura
    auditoria, 289–290
    como parte da iniciação do projeto, 428–429

definição, 279
evolução, 319-320
gestão, 285-290
testes, 289-290
Infraestrutura autônoma, 280, 294-295, 303-304
Infraestrutura em nuvem, 315-316
Iniciação, 428-430
Injeção de dependências
  e branching por abstração, 354-355
  e Maven, 149
  e tempo em testes, 184-185
  testes unitários, 179-181
Instalação remota, 290-291
Instaladores, 51
InstallShield, 118
Integração
  e bancos de dados, 331-332
  e dependências, 373-374
  e gestão de infraestrutura, 303-304
  e testes de aceitação, 210-211
Integração contínua (IC)
  com sistemas de controle de versão baseado em frentes de trabalho, 407-408
  como parte da iniciação do projeto, 428-429, 434-435
  como pré-requisito para qualidade, 431-432
  como um serviço centralizado, 75-76
  definição, 55
  e branches, 36-37, 394-398, 414, 418
  e desenvolvimento no trunk, 409
  e gestão de dados de testes, 341-342
  gestão de ambientes, 291-292
  mecanismo de feedback, 63-65
  práticas básicas, 57-59
  práticas essenciais, 66-72
  ruim, 439
  scripts de bancos de dados, 328-330
Integração promíscua, 81
Integridade referencial, 331-332
Inteligência de negócio, 319-320
Interoperabilidade, 318-319
Interrupções de serviço, 288-289
Inventário, 395-396, 422
Inversão de controle. *Veja* Injeção de dependências
INVEST, 93-94, 190-191
IPMI (*Intelligent Platform Management Interface*), 290-291, 320-321
ISO 9001, 441
Isolamento em testes de aceitação, 205, 220
Iteração um, 255
Iteração zero, 134-135
ITIL (*Information Technology Infrastructure Library*), 425-427
Ivy, 150, 154, 160, 166, 359, 379

J

J2EE (*Java 2 Platform, Enterprise Edition*), 363
JARs, 159, 360, 378

Java
  compilando com o Ant, 147-148
  convenções, 158
  dependências em tempo de execução, 358
  em componentes, 349
  estrutura de projeto, 156-160
  migrações de bancos de dados, 330-331
  no classloader, 358
Javac, 146-147
JavaDB, 338-339
Javadoc, 149
JBehave, 85-86, 191-192, 196-197
JDepend, 74
Jikes, 146-147
JIT, 146-147
JMeter, 243-244
JMock, 181-182
JMX, 321
John McCarthy, 314
JRuby, 151
Jumpstart, 286-287, 291-292

K

Kaizen. *Veja* Melhoria contínua
Kanban, 415
Kickstart, 286-287, 291-292

L

LCFG, 293-294
LDAP (*Lightweight Directory Access Protocol*), 44-45, 293-294
Lean
  como um princípio de entrega contínua, 27-28
  e gestão de projeto, 431-432
  influência neste livro, 16-17
  o custo de não entregar continuamente, 422
Lei de Conway, 363
Lei de Demeter, 349, 362, 410
Licenciamento
  como parte do plano de entrega, 254
  de middleware, 302-303
Linguagem ubíqua, 125
Linguagens de domínio, 198-199
Linguagens específicas de domínio (DSLs)
  definição, 198-199
  em testes de aceitação, 198-204
  ferramentas de compilação, 144-151
  Veja também Puppet
Linha de parada, 119-120
Linha de produção, 110
Linhas de código, 137-138
Linus Torvalds, 389-390, 399-400
Linux, 154, 312, 399-400
Lista de defeitos. *Veja* Backlogs, defeitos
Lock-in, 317-320
Locking. *Veja* Práticas de Controle de Versão
Locking otimista, 390-391

Locking pessimista, 390-391
Logging
  como requisito de operações, 283-284
  de implantação, 272-273
  de mudanças de infraestrutura, 289-290
  e a estratégia de entrega, 252
  e gestão de infraestrutura, 303-304
  importância, 440
LOM (*Lights Out Management*), 290-291, 320-321
Lsof, 303-304

M

Mac OS, 312
Make, 144-148
Makefile, 146-147
Manifestos
  de hardware, 273
  e rastreabilidade, 166
Manutenção
  como parte da estratégia de entrega, 252, 413
  de testes de aceitação, 190-193
  de testes de capacidade, 240-241
  do processo de compilação, 174-175
  e desenvolvimento no trunk, 410
  e qualidade, 438
Marathon, 243-244
Marimba, 155
Marionette Collective, 161, 293-294
Mark Shuttleworth
Marketing, 254
Maven, 38-39, 148-150, 154, 156-157, 160, 166, 359, 379-382
  comparado ao Buildr, 151
  coordenadas, 379
  repositório, 379
  snapshots, 381
  subprojetos, 158
  usando para análise de dependências, 382
Maven Standard Directory Layout, 156-157
Medição, 266, 423-425
Melhoria contínua, 15-16, 28-30, 444-445
Mensagens
  como API, 361
  gerência de configuração, 298-299
  testes de capacidade, 241-242
Mensagens de commit, 37-39
Mercurial, 32-33, 79-81, 378, 397-398, 400-402, 407
Merges
  com sistemas de controle distribuídos, 403
  como locking otimista, 390-391
  definição, 393-395
  em branches de funcionalidades, 353, 414
  em branches por equipe, 417
  em sistemas baseados em frentes de trabalho, 406
  na fase de integração, 410
  no ClearCase, 408
  rastreamento, 389-390
Metabase, 301-302

Métricas, 106-107, 172-173, 289-290, 444-445
  como parte do pipeline de implantação, 137-141
Microsoft, 318-319, 363
Middleware
  e desenvolvimento de aplicações, 155
  gerência de configuração, 297-303
  gestão, 130-131, 286-287
  monitoramento, 320-321
Migrações de dados, 118, 129-130, 263-264, 266
  como parte dos testes, 259
  como parte do plano de entrega, 254
Mitigação, 434-435
Mocha, 181-182
Mockito, 181-182
Mocks, 92-93, 178-179 *Veja também* Dublês de testes
Modelagem de processos, 133-134
Modelo de atores, 363
Modelo de maturidade, 423-426
Modelos de interação, 241-245, 344-345
Monitoramento
  aplicações, 320-321
  como parte da estratégia de entrega, 252
  comportamento do usuário, 320-321
  e inteligência de negócio, 319-320
  importância, 440
  infraestrutura e ambientes, 319-325
  middleware, 320-321
  rede, 304-305
  requisitos, 283-285
  sistemas operacionais, 320-321
Monitoramento guiado em comportamento, 324-325
Monotone, 400-401
MSBuild, 148-149
MTBF, 282-283, 288-289, 443-444
MTTR, 280, 282-283, 288-289, 443-444
Mudança organizacional, 423-424
Mudanças sem controle, 20-21, 267, 275, 290-293, 308-309

N

Nabaztag, 63
Nagios, 259, 283-284, 303-304, 320-321, 323
Nant, 148-149
NDepend, 74
.NET
  dicas e truques, 167
  estrutura de projetos, 156-160
  inferno de dependências, 356-357
  migrações de bancos de dados, 330-331
  testes de aceitação, 197-198
Nexus, 111, 166, 175-176, 359, 365, 377, 379
NICs (*Network Interface Cards*), 304-305
NMock, 181-182
NoSQL, 328-329
Notificações
  como parte de monitoramento, 319-320
  e IC, 63-65

O

Objetos falsos, 92–93
Obras de arte, 49–50, 290–292, 308–309
Observância
 como objetivo de controle de versão, 31
 e computação em nuvem, 316
 e entrega contínua, 269
 e maturidade organizacional, 423–425
 gerenciando, 440–445
 gestão de bibliotecas, 160
OpenNMS, 283–284, 303–304, 320–321
Operação de serviços, 425–426
Operações, 105, 281–286, 432–434 *Veja também* DevOps
Operations Center, 293–294
Operations Manager, 283–284, 303–304, 320–321
Oracle, 154, 322
Orquestração, 259–260, 331–336
OSGi, 354, 358–360
Otimismo cauteloso, 374–375
Otimização do tempo de execução, 245–246
Otimização global, 138–139
Otimização prematura, 228–229

P

Pacotes de serviços, 292–293
Padrões e requisitos não funcionais, 230–231
Painéis de controle. *Veja* Dashboards
Panopticode, 139–140
Papéis, 428–429
Partes interessadas, 426–427
Patches, 253
Patrocinador, 426–427
PCI DSS, 316, 440
PDCA. *Veja* Ciclo de Deming
Perforce, 389–390
Perl, 155, 285–286, 360
Pesquisa contextual, 90–91
Pessimismo informado, 375
Pipeline de implantação
 como parte da iniciação do projeto, 434–435
 correções de emergência, 268
 definição, 106–113
 e bancos de dados, 328–329
 e branches por entrega, 413
 e compliance, 441
 e componentes, 364–367
 e controle de versão, 408, 420
 e dados de teste, 340–346
 e desenvolvimento no trunk, 409
 e governança, 422, 445–446
 e implantação contínua, 269
 e repositórios de artefatos, 378–379
 e testes de capacidade, 244–247
 e testes de integração, 212–213
 e virtualização, 306–307, 309–312
 em organizações com silos, 442–443
 estágio de testes de aceitação, 213–218
 evolução, 136–138
 falhando, 119–120
 grafos de dependência, 369–373
 implementação, 133–138
 origem do termo, 122
 scripting, 152
 templates de VMs, 311
Pipeline de integração, 365–367
Pipeline de integração contínua, 110
Pipeline hiperativo, 374
Pirâmide de automação de testes, 178–179
Plano de continuidade de serviço, 284–285
Plano de entrega, 129–130, 253–254, 283–286, 427–428
Plano de negócios, 426–427
Plataformas em nuvem, 316–318
POM, 379
Postfix, 295
PowerBuilder, 273
PowerShell, 162, 284–285, 301–302
Práticas de controle de versão
 baseado em frentes de trabalho, 409
 branching. *Veja* Branching
 de tudo, 33–36
 forks, 81
 importâncias de check-ins regulares, 36–37, 59, 409
 locking, 387–388
 merging. *Veja* Merging
 no trunk. *Veja* Desenvolvimento no trunk
Precificação, 254
Pré-condições em testes de aceitação, 206
Preseed, 286–287, 291–292
Previsibilidade, 423–424
Priorização
 como parte do ciclo de vida do projeto, 431–432
 de defeitos, 101–102
 de requisitos, 426–427
 de requisitos não funcionais, 226
Probabilidade, 434–435
Processamento em lote, 167
Processo de aprovação, 112, 252, 256, 269, 287–288, 441
Product Owner, 426–427
Produtividade, 50–51, 82, 173–174
Programação declarativa, 147–149 *Veja também* Ant, Make
Programação intencional, 198–199
Programas beta, 90–91
Projetos novos, 92–95
Projetos-piloto, 432–433
Promoção, 46–47, 256–259, 406, 410
Prontidão para produção, 350–355, 430–431
Prova de conceito, 423–425
Provisionamento, 290–298, 305–306
Proxies reversos, 273
Psake, 151
PsExec, 162
Pulse, 58

Puppet, 51–53, 118, 155–156, 161, 286–287, 289–299, 302–303, 308–309, 324–325
PVCS (*Polytron Version Control System*), 390–391
PXE (*Preboot eXecution Environment*), 290–293
Python, 147–148, 155, 285–286

Q

Qualidade, 12–13, 62, 422, 426–427, 438–439
  atributos, 227–228
Questões, 435–436

R

RAID, 378
Rake, 150–151
Rastreabilidade
  como componentes no pipeline, 364, 370
  de binários no controle de versão, 165–166, 422
  e dependências, 367
  e o pipeline de implantação, 114
  e o pipeline de integração, 366
  e repositório de artefatos, 377
  gerenciando e fazendo valer, 442–443
rBuilder, 307–308
RCS (*Revision Control System*), 32–33, 386–387
RDBMS (*Relational Database Management System*), 316, 328–329
Rebasing, 398–399, 418
Receita, 266, 318–320
Recovery point objective (RPO), 284–285
Recovery time objective (RTO), 284–285
Recuperação de desastres, 252, 284–285
Recursos compartilhados, 262–263
Redes
  administração, 304–305
  e requisitos não funcionais, 229–230
  gerência de configuração, 302–303
  topologia, 118
  virtuais, 313
RedHat Linux, 154, 286–287
Refatoração
  como parte do ciclo de vida do projeto, 430–431
  como pré-requisito para qualidade, 431–432
  de testes de aceitação, 192–193, 218–219
  e controle de versão, 36–37
  e desenvolvimento no trunk, 410
  e IC, 72
  em branches por abstração, 354
  em branches por equipes, 419
  possibilitada por testes de regressão, 87–88
Regressão
  causada por mudanças sem controle, 267
  como sintoma de baixa qualidade, 438
  e entrega contínua, 353
  em sistemas legados, 96–97
Reimplantação como forma de rollback, 132–133, 261–262
Relatório de situação, 433–434
Relatórios de erros, 269–272
Remediação, 444–445
Rentabilidade, 423–424
Repetibilidade, 358
Repositório de padrões, 337–338
Repositórios APT, 296
Repositórios de artefatos
  auditoria, 377
  e dependências do pipeline, 370
  e implantação, 258
  específico da organização, 359
  gerenciando, 377–379
  implementando em um sistema de arquivos compartilhado, 379
  limpando, 175–176
  o pipeline de implantação, 175–177, 378–379
  vs. o controle de versão, 166
Reprodutibilidade, 377
Requisição de gestão de mudança, 443–444
Requisitos
  da equipe de operações, 281–286
  vindos da estratégia de entrega, 253
Requisitos não funcionais
  a estratégia de entrega como fonte de, 253
  análise de, 226–229
  e computação em nuvem, 316
  e o pipeline de implantação, 136–137
  em testes de aceitação, 227–229
  gestão, 226–229, 440
  logging, 322
  trade-offs para, 227–228
  virtualização para testes, 307–308
Requisitos transversais, 226–228
Resiliência, 318–319
Responsabilidade
  da correções de problemas, 70–72, 174–175
  da entrega, 273
  dos desenvolvedores para entender operações, 283–284
REST, 197–198
Retrospectivas
  como parte de melhoria contínua, 28–29, 423–425, 444–445
  gestão de risco, 435–436
  para aumentar a colaboração, 443–444
Reunião inicial, 194–195
Reversão de compilações quebradas, 439
Reverter
  formas, 131–133
  planejamento, 129–130, 253, 444–445
Rhino, 181–182
Richard Stallman, 318–319
Risco de
  de desenvolvimento, 434–436
  de entrega, 4–12, 281–282
  de implantação, 280
  e implantações canário, 264–265
  e maturidade organizacional, 423–425
  e registro de problemas, 427–428
  gestão, 421, 433–436, 445–446

redução
	via entrega contínua, 281–282
	via implantação contínua, 269
	via retrospectivas, 435–436
	via virtualização, 305–306
	requisitos não funcionais, 225
Rollbacks
	automação, 10–11
	de bancos de dados, 330–331, 333–337
	e artefatos, 377
	e sistemas legados, 254
	estratégias, 132–133, 261–267
	frequentes por gerência de configuração ruim, 440
	para redução de risco em entregas, 109
	vs. correções de emergência, 268
Rolling builds, 65
Roteadores, 264–265
	e gerência de configuração, 302–303
	e implantações azul-verde, 262–263
Rótulos, 378
rPath, 307–308
RPM, 296, 301–302
RSA, 275
Rsync, 156, 162
Ruby, 155, 285–286
Ruby Gems, 38–39, 151, 296, 359

S

Sahi, 134–135, 197–198
Saída, 171–172
SalesForce, 315
SAN, 378
Sarbanes-Oxley. *Veja* SOX
SCCS (*Source Code Control System*), 32–33, 386–387
SCons, 147–148
Scp, 162
Scripting e o pipeline de implantação, 152
Scrum, 426–427, 431–432
Segurança
	como parte de uma estratégia de teste, 91–92
	como um requisito não funcional, 427–428
	de infraestrutura, 287–289
	e computação em nuvem, 315
	e gerência de configuração, 43–44
	e monitoramento, 324
	e roteamento de rede, 305–306
	furos, 131–132
Selenium, 197–198
Selenium Grid, 221, 312
Selenium Remoting, 221
Senhas. *Veja* Segurança
Sequencimento de testes, 338–339
Serviços Web
	como API, 361
	testes de capacidade, 241–242
Servidores de aplicação, 298–299
Servidores Web, 298–299
SETI@Home, 315

Severidade, 434–435
Silos
	e componentes, 362
	e implantações, 8–9
	entre desenvolvimento e operações, 281–282
	gerenciando durante a entrega, 442–444
Simian, 74
Simplicidade e requisitos não funcionais, 229–230
Simulação para testes de capacidade, 239–240
Sinais de trânsito, 172–173, 324
Sistema "pull", 17–18, 106–107, 257
Sistema de arquivos unificado, 404–405
Sistema de registro, 385, 422
Sistemas baseados em eventos
	e componentes, 363
	e testes de capacidade, 241–242
Sistemas de arquivos compartilhados como repositório de artefatos, 379
Sistemas de gerenciamento de redes, 321
Sistemas externos ou de terceiros
	atualização, 262–263
	configuração, 50–51
	e a estratégia de entrega, 252
	e logs, 322
	e testes de aceitação, 125, 210–211
	e testes de integração, 96–99
Sistemas legados, 95–97, 308–309
Sistemas multihomed, 303–306
Sistemas operacionais
	configuração, 118
	monitoramento, 320–321
Skype, 75
SLA (*service-level agreements*), 128–129, 253, 282–283, 316, 333–334
	e ambientes, 280
	e bancos de dados, 331–332
	e implantações, 156, 260
	e promoção, 259
	e testes de capacidade, 239–242
Smoke tests
	como parte de
		para implantações, 275
		para implantações azul-verde, 262–263
		para scripting de entrega, 167, 257
		pipeline de integração, 365
		plano de entrega, 253
		testes de aceitação, 217
	e gestão de infraestrutura, 303–304
	e monitoramento guiado por comportamento, 324–325
	e orquestração, 260
	e sistemas legados, 95–96
SMTP (*Simple Mail Transfer Protocol*), 287–288, 302–303
Snapshots
	de máquinas virtuais, 307–308
	no Maven, 381
SNMP (*Simple Network Management Protocol*), 304–305, 321

Software embarcado, 258, 279
Software Engineering Institute, 227–228
Software funcional, 56, 429–430
Software instalado pelo usuário
　atualização, 269–272
　e automação de implantação, 129–130
　e entrega contínua, 269–272
　e implantação canário, 266
　e testes de aceitação, 125
　relatórios de erros, 269–272
　testando com virtualização, 312
Software que não pode ser implantado, 105, 395–396
Solaris, 286–287
SOX (*Sarbanes-Oxley*), 282–283, 440
Spikes, 386–387, 429–430
Splunk, 320–321
SqlLite, 338–339
Ssh, 162, 304–305
StarTeam, 390–391, 413
Stored procedures, 336–337
Strategy, 354–355
Streaming de vídeo, 317–318
Stubs, 92–93, 178–179
　para desenvolvimento de testes de capacidade, 244–245
　Veja também Dublês de testes
Subversion, 32–33, 387–390, 401–402
Sun, 296, 363
Suporte
　como parte de
　　estratégia de entrega, 253
　　plano de entrega, 254
　　redução de custos, 423–424
　e arquivamento de dados, 284–285
SuSE Linux, 154
Sysinternals, 303–304
System Center Configuration Manager, 293–294, 298–299

T

Tabelas temporárias, 331–332, 334–335
Tagging
　de entregas, 413
　no ClearCase, 408
　no CVS, 387–388
　no Subversion, 388–389
　Veja também Práticas de controle de versão
Tamanho da equipe
　build master, 174–175
　e componentes, 361
　e testes de aceitação, 214
　entrega contínua é escalável?, 16–17
　Veja também Equipes grandes
Tarantino, 330–331
TC3, 316
TCP/IP, 302–303
Tcpdump, 303–304

TCPView, 303–304
TDD, 71–72, 178–179, 431–432 *Veja também* BDD
Team Foundation Server, 390–391
TeamCity, 58
Tela sensível ao toque, 204
Templates, 307–308, 311–312
Tempo de ciclo
　e correções de emergência, 268
　e implantação canário, 264–265
　e maturidade organizacional, 423–424
　e observância, 441
　importância, 11–12, 138–139
　medição, 137–138
　para mudanças de infraestrutura, 289–290, 444–445
Tempo de queda, 262, 440
Tempo em testes unitários, 184–185
Tempo limite e testes de aceitação, 207–211
Tempo médio entre falhas. *Veja* MTBF
Tempo médio para reparos. *Veja* MTTR
Teoria de Limitações, 138–139
Testadores, 193–194
Teste de carga, 231–232
Teste e validação de serviços, 425–426
Testes, 105
　adaptativos, 338–341
　falhando, 310–311
　isolamento, 338–340
　manuais, 126, 128–129, 138–139, 189–191, 223, 345–346
　sequenciamento, 338–339
　setup e tear down, 339–340, 342–343
　tipos, 84–85
　Veja também Testes automatizados, Testes manuais
Testes A/B, 266
Testes adaptativos, 338–341
Testes atômicos, 205, 339–340
Testes automatizados
　com parte na iniciação do projeto, 434–435
　como pré-requisito para:
　　IC, 59–60
　　merges, 394–395
　　qualidade, 438
　e configuração em tempo de execução, 352
　e controle de versão baseado em frentes de trabalho, 407
　e implantação contínua, 268
　para infraestrutura, 324–325
　que estão falhando, comentando, 70
　Veja também Testes de Aceitação, Testes de Capacidade, Testes unitários
Testes de aceitação
　acesso privilegiado, 206
　acoplamento com a UI, 125, 192–193, 201–202
　automação, 86–89, 136–137
　casos de uso para, 86–87
　com falhas, 124
　como barreira, 122–126

como parte de
　　estágio de commit, 120
　　IC, 61
　　pipeline de integração, 366
confiabilidade, 200–201, 219
definição, 85–86
desempenho, 218–222
drivers de janelas, 201–204
e a camada de drivers de aplicação, 198–204
e análise, 190–191
e assincronia, 200–201, 207–211
e computação em nuvem, 220–222, 315
e dublês em testes, 210–213
e o pipeline de implantação, 213–218
e o processo de entrega, 99–102
e sistemas externos, 210–211
e tamanho da equipe, 214
e tempos limite, 207–211
e virtualização, 312
em camadas, 191–192
em UIs,
encapsulamento, 206–207
execução em máquinas de desenvolvimento, 62, 190–191
execução paralela, 199–200, 220, 338–339
fragilidade, 88–89, 125, 200–201, 205
funcional, 124
gerenciamento de dados de testes, 338–339, 341–344
gravação, 191–192, 197–198
gravando vídeo durante a execução, 136–137, 213–214
isolamento, 205, 220
manuais, 86–87, 189–191
manutenção, 190–193
proposta de valor, 188–194, 354–355
recursos compartilhados, 219–220
responsáveis, 125, 215
testes de UI, 192–194
transformando em testes de capacidade, 238–239
validação, 192–193
vs. testes unitários, 188
Testes de aceitação do usuário, 86–87, 135–136
e dados de teste, 345–346
no pipeline de implantação, 112
Testes de capacidade
ambientes para, 234–238
automação, 238–245
cenários, 238–239
como parte de uma estratégia de testes, 91–92
computações em nuvem, 315
curva de utilização, 245–246
de sistemas distribuídos, 240–241
desempenho de, 238–239
e implantação canário, 266
e virtualização, 312
extrapolando, 234–235
gestão de dados de testes, 343–345
limites, 238–239

medições, 232–235
modelos de interação, 241–245
no pipeline de implantação, 112, 244–247
simulações, 239–240
via UI, 240–242
via uma API, 239–240
via uma camada de serviços, 239–240
Testes de commit
características, 14–15
executando antes de um check-in, 66–67
falhando, 73, 171–172
gestão de dados, 340–342
princípios e práticas, 177–186
Veja também Testes unitários
velocidade, 60–62, 73, 439
Testes de compatibilidade, 344–345
Testes de componentes, 89–90
e IC, 60
Testes de escalabilidade, 231–232
Testes de implantação, 89–90, 216–218, 287–288
Testes de integração, 96–99
Testes de longevidade, 231–232, 238–239
Testes de ponta a ponta
de aceitação, 205
de capacidade, 241–242
Testes de regressão, 87–88, 124, 128–129, 189–191
Testes exploratórios, 87–88, 90–91, 128–129, 257, 345–346
Testes frágeis, 125, 191–192
Testes funcionais. *Veja* Testes de aceitação
Testes lentos
causando falhas no processo de compilação, 73
testes unitários e dublês de testes, 89–90
Testes manuais, 110, 126, 189–191, 223, 345–346
Testes multifuncionais. *Veja* Testes não funcionais
Testes não funcionais
definição, 91–92
no pipeline de implantação, 128–129
Testes unitários, 89–90
automação, 135–136
como parte do estágio de commit, 120
e assincronia, 180–181
e bancos de dados, 179–181, 337–339
e dublês de testes, 180–184
e estado, 183–184
e IC, 60
e injeção de dependências, 179–180
e UI, 178–180
princípios e práticas, 177–186
uso de tempo, 184–185
Veja também Testes de commit
velocidade, 89–90, 177
vs. testes de aceitação, 188
TFTP (*Trivial File Transfer Protocol*), 291–292
Thread pools, 320–321
Threading
e desempenho da aplicação, 230–231
　limites em testes de capacidade, 238–239

problemas de caching em testes de aceitação, 189–191
Throughput, 225, 231–232
Timeboxing, 432–433
Tivoli, 289–290, 293–294, 320–321
TODOs, 74
Trade-offs em requisitos não funcionais, 227–228
Transações para gerenciamento de estado de testes, 339–340
Transição de serviços, 425–426
Tupla, 43–44
Twist, 85–87, 191–192, 196–197

U

Ubuntu, 154, 356–357, 398–399
UI (*User Interface* – interface de usuário)
   e testes de capacidade, 240–242
   e testes unitários, 178–180
   Veja também GUI
Usabilidade
   e requisitos não funcionais, 228–229
   testes, 87–88, 90–91, 128–129, 257
Utilitário, 425–426

V

Valor de negócio
   e análise, 193–194
   e requisitos não funcionais, 226
   protegidos por testes de aceitação, 189–191
Varrer para baixo do tapete, 354–355
Vazamento de memória, 247–248
Velocidade, 139–140, 435–436, 437
Versões candidatas
   ciclo de vida, 132–133
   definição, 22–25
   e a barreira de testes de aceitação, 124
   e estágios manuais de teste, 127
Versões de referências (baselines)
   ambientes, 51, 155
   e controle de versão, 166
   e virtualização, 307–308
Vile Potemkin, 354–355
Vinculação dinâmica, 361
Vinculação estática, 361
Vinculação simbólica, 271, 273, 296
Virtualização
   baselines, 52–53, 307–308
   de implantação azul-verde, 263–264
   de redes, 313
   de scripts de implantação, 155
   definição, 305–306
   e o pipeline de implantação, 306–307, 309–312
   e orquestração, 260
   e provisionamento de servidores, 305–306
   gestão de ambientes virtuais, 307–310
   para aumento de velocidade de testes, 307–308, 312
   para consolidação de infraestrutura, 306–307
   para criação de ambientes de teste, 256
   para gestão de ambientes, 118
   para gestão de sistemas legados, 308–309
   para redução de risco de entrega, 305–306
   para testes de aceitação, 217, 220
   para testes de requisitos não funcionais, 307–308
   para testes de software instalado por usuários, 312
   Snapshot, 307–308
   templates, 307–308
Visibilidade, 4–5, 113, 366
Visual Basic, 273, 349
Visual SourceSafe, 390–391
Visualizações, 336–337, 407
Visualizações dinâmicas, 407
Visualizações estáticas, 407
Vnc2swf, 136–137, 213–214

W

WARs, 159
WebDriver, 134–135, 197–198
WebLogic, 322
WebSphere, 153
White, 197–198
Wikipédia, 315
Windows, 154, 312, 355–356
Windows Deployment Services, 290–293
Windows Preinstallation Environment, 292–293
   Wireshark, 303–304
WiX, 285–286
WordPress, 315
Workflow
   do estágio de testes de aceitação, 187
   e o pipeline de implantação, 111
   e sistemas de controle distribuído, 400–401
WPKG, 293–294
Wsadmin, 153

X

Xcopy, 356–357
XDoclet, 158
XML (*Extensible Markup Language*), 43–44, 147–148, 299–300
XUnit, 135–136, 191–192, 200–201

Y

YAGNI (*You ain't gonna need it!*), 245–246
   YAML, 43–44
Yum, 296

Z

Zenoss, 320–321
Zero defeitos, 100–101